マーケティング・リサーチの理論と実践

~理論編~

ナレシュ・K・マルホトラ 著
日本マーケティング・リサーチ協会 監修
小林 和夫 監訳

Marketing Research

同友館

Marketing Research, An Applied Orientation, 4th edition
by Naresh K. Malhotra
Copyright © 2004 by Naresh K. Malhotra
Japanese translation rights arranged with Pearson Education, Inc.,
publishing as Prentice Hall, Upper Saddle River, New Jersey, USA
through Tuttle-Mori Agency, Inc., Chiyoda-ku, Tokyo Japan

発刊にあたって

　待望の書の日本語版がついに完成した。ジョージア工科大学のナレシュ・K・マルホトラ博士による本書は1993年に初版が出版されてから、米国の140を越える大学、大学院のマーケティング・リサーチの教科書として採用され、リサーチのプロフェッショナルを目指す人たちはもちろんのこと、リサーチのユーザーにとっても絶好のテキストになっているという。すでに中国語、ロシア語、スペイン語、ポルトガル語、フランス語、インドネシア語、ハンガリー語の7ヵ国語に翻訳されているというから、日本語版の発刊は遅きに失したかもしれない。

　しかしながら、日本におけるマーケティング・リサーチの現状を鑑みれば、このタイミングでの日本語版の発刊は、まことに時宜を得たものであると私は認識している。それは日本のマーケティング・リサーチが大きな転換期に差し掛かっているからに他ならない。個人情報保護の意識の高まりを背景に、住民基本台帳を抽出台帳とする伝統的な調査手法とそれを支える理論は、根本から見直しを迫られている。また一方では、インターネット調査の台頭は目を見張るものがあるが、それを支えるセオリーはまだまだ、暗中模索の状態である。今、日本でわれわれが経験していることに対して、本書は何らかの理論的示唆を与えてくれるはずだ。本書の発刊を機に、日本のマーケティング・リサーチの新しいパラダイムの模索が、業界内の専門家だけではなく、リサーチ・ユーザー、アカデミシャンをも巻き込んだ形で進むことを期待する。

　日本語版の発刊にこぎつけることができたのは、小林和夫氏の個人的な力によるものである。どんなに言葉を尽くしても、氏の崇高な志と献身的な努力をお伝えすることはできないのではないかと、私は思う。小林氏にはこの場を借りてあらためて感謝申し上げたい。

　そういう日本語版にJMRA（社）日本マーケティング・リサーチ協会監修の冠をつけさせていただいたのは、本書の発刊を機に、協会として日本のマーケティング・リサーチの「新しいパラダイムの確立」に取り組むという決意の表明でもある。マーケティング・リサーチに関わるすべての人が、本書をマスターした上で、その目標に挑戦していただきたいと思う。

2006年9月

社団法人日本マーケティング・リサーチ協会
会長　田下　憲雄

日本の読者の方々へ

『Marketing Research: An Applied Orientation（第4版）』が日本語に翻訳されたことを喜ばしく光栄に存じます。本書はすでに、中国、ロシア、スペイン、ポルトガル、フランス、ハンガリー、そしてインドネシアの7ヵ国語に訳されています。さらに数種類の英語版（米国、国際、ヨーロッパ、インド、およびオーストラリア版など）が出版されています。

ずっと以前から私は日本の賛美者でありました。それは日本が世界第2の経済大国であるばかりでなく、日本人により体現されている人々の資質のためです。その資質とは、勤勉、注意深さ、旺盛な好奇心、規律の正しさ、そして物事を組織的・系統的に取り扱うアプローチなどですが、これはまさに優れたマーケティング・リサーチャーが備えるべき資質であり、高い品質のリサーチ結果を生み出すものです。

今日、日本のマーケティング・リサーチ産業はかなりの大きさに達していますが、世界における指導的立場にある国にふさわしいものではありません。ESOMARが行っているマーケティング・リサーチ産業に関する調査（Industry Study 2004: ESOMAR World Research Report）によれば、日本の調査売上げの規模は、米国、英国、ドイツ、フランスに遅れをとり第5位にランクされています。そればかりか、日本は人口1人当たりのマーケティング・リサーチ支出では第20位です。

低い地位に甘んじていなければならない理由のひとつとして、マーケティング・リサーチに関連する分野をすべてカバーした標準的なテキストが日本語で存在しないことが考えられます。包括的・標準的テキストの欠如は、マーケティング・リサーチをしっかりと系統立てて教師が教え、学生が学ぶことを困難にしております。そのため、適切な教育・訓練を受けたマーケティング・リサーチャーを産業界、リサーチ業界に提供することが著しく制約されています。こうした中で、本書の翻訳は包括的・標準的なテキストを日本語で提供するという意味で、日本におけるマーケティング・リサーチの成長を阻んでいる壁に穴を開け、その成長にいささか貢献できると考えています。

『An Applied Orientation』（応用志向）という副題が示すように、本書は、リサーチの実例、事例、演習、実習などを豊富に取り入れてマーケティングとマーケティング・リサーチの課題と機会を明確にし、それらを解決できるようにしています。このような実践的な配慮に加え、本書ではマーケティング・リサーチの全領域をバランスよく包括的にカバーしております。日本語版は上下2巻より成り、上巻はリサーチ・プロセスの最初の3ステップを中心に定性調査を含めて扱い、下巻は報告書作成・プレゼンテーションに至る後半の3ステップを扱っており、リサーチ・データの定量的側面および統計解析に力を注いでいます。

日本の読者の方々へ

　本書はリサーチ・ユーザー（実施者および利用者）の見地に立って執筆されております。それ故、国際マーケティング、調査倫理、インターネット・情報通信技術・コンピュータの統合等に関する最新の動向や、バーク社をはじめとする調査機関のリサーチ実務（プラクティス）にも注意を払っております。

　日本マーケティング・リサーチ協会および小林和夫氏に心からの謝意を表します。本書日本語訳の企画を進めるに当たり、洞察力を持ってたゆまぬ努力を惜しまず、リーダーシップを発揮されました。また，この企画を成功させるために努力された多くの方々にも深く感謝いたします。

　「知識は部屋を満たし、貴く喜ばしい財産となる」（旧約聖書　箴言第24章4節）

　日本の学生、教師、リサーチャー、経営者そして政治家の方々がそれぞれの顧客、市場、選挙区についての知識を獲得する上で、本書の日本語版が役立ち、豊かな実りをもたらすことを心から願っております。神の恵みがすばらしい国日本と日本人にありますようお祈り申し上げます。

2006年5月

米国より
ナレッシ・K・マルホトラ

監訳者のことば

　わが国のマーケティング・リサーチ（以下 MR と略称）のビジネス活動としての規模が、国際的に見てこの国の水準にふさわしくなく小さいものであることは、世界のマーケティング・リサーチの専門家の組織である ESOMAR（ヨーロッパ世論・市場調査協会）が毎年実施している調査から明らかとなっている。このことは本書の原著者マルホートラ教授も「日本の読者の方々へ」のメッセージで引用されている。

　わが国における MR の状況を改善するためには、日本の企業・組織の意思決定プロセスそのものと、そのプロセスに情報活動とくに MR がどのように組み込まれているかの実態とその理由を明らかにする必要がある。

　ここでこの大きな問題について深入りするつもりはないが、これに密接に関連して明らかなことは、MR のビジネス活動の担い手であるリサーチャーの育成のための体制が大学および企業・組織の現場の双方ともに貧弱なことであろう。その端的な事実が MR のプロセスおよび関連する諸問題を最近の MR ビジネスのトピックスを含めて包括的に取り扱った日本語で書かれた上級レベルの標準的テキスト、レファレンス・ブックが存在しないことである。

　ちなみに、米国では大学院課程（MBA）、学部上級課程向けのこうした標準的テキストが数多くあり、いずれも 700 ページ程度、中には 1,000 ページを超えるものまであり、有力なテキストはいずれも 3〜5 年ごとに改訂されている。そして、これらのテキストは学生向けであるばかりでなく、実務に携わるリサーチャーにとっても役に立つレファレンス・ブックとなっている。もうひとつの MR 大国、英国においては約 50 カ国に 8,000 人を超える会員数を擁する MRS（英国市場調査協会）が MR の包括的テキストや各領域の専門書の刊行に積極的に関わっている。

　日本語で書かれた上級のテキスト、レファレンス・ブックが存在しない理由としては、研究者、教育者、学生、リサーチャー、MR のユーザーの数の少なさのために MR のテキスト、レファレンス・ブック市場が小さいこと、出版されたとしてもテキストとしてはかなり高額にならざるを得ず、リスクが大きいことなどを挙げることができよう。ただ現状の放置はビジネスとしての MR のポテンシャル、機会を人材育成不足のために失ってしまうことにつながるので、社団法人日本マーケティング・リサーチ協会（JMRA）では何らかの手段を講じる必要性が強く認識されていた。

　マルホートラ教授の著書の翻訳プロジェクトはこのような背景から JMRA が現状打破の一石として意思決定を下されたものである。本書は、*Malhotra, Naresh K., Marketing Research : An Applied Orientation, 4th edition*（Peason Education, 2004）の全訳である。原著者の「日

監訳者のことば

本の読者の方々へ」のメッセージ、「序文」などから明らかのように、原書は米国における大学院課程（MBA）、学部上級課程のマーケティング・リサーチのテキストとして多くの大学で採用されているとともに数多くの翻訳版や海外版も刊行されている。さらに同書は Marketing Research Institute International（MRII）が推進するウェブベースの資格付与認定つきの通信教育コースである Principles of Marketing Research でのテキストとしても採用されている。このコースはリサーチャーおよびリサーチ・ユーザーをターゲットに MRII がジョージア大学、米国の MRA（マーケティング・リサーチ協会）と協力して設立したもので米国の ARF（広告調査財団）、ESOMAR もそのプロモーションを積極的に支援している。1996 年のコース開設以来すでに 60 ヵ国を超える国々から 3,500 人が受講しているグローバルなコースである。

本書の特徴は、その副題である Applied Approach にある。この点については著者自身が「日本の読者の方々へ」および「序文」で述べている通りである。そして、この Applied Approach こそが日本のリサーチャーおよびリサーチ・ユーザーの最大の弱点とされている点である。今日のリサーチャーは、クライアントのマーケティング課題を明確に定義し、その上でマーケティング課題を解決するための調査課題を定義し、調査課題解決に必要な情報を特定し、数多くあるデータ収集方法、分析手段の中から最適なもの選び、確実に実施し、調査課題に答えるに留まらずマーケティング課題解決についても適切な示唆・提案をすることが求められている。こうしたスキルは各人が日々の実務における成功と失敗を積み重ねることにより培われることとはもちろんであるが、MR の応用・適用に力を注いだ本書が有力な道しるべとなることは疑いないであろう。

次に日本語版について 2、3 述べておく。

① 日本語版は全体のページ数が 1,300 を超えるため 2 分冊とした。
② 本書は事例が豊富に紹介されているため、多数の個人、企業・組織が紹介されているが、それらの名前は原則としてカタカナで表記した。
③ 企業・組織名、URL はすべて原書のままとした。MR の世界でも買収・合併、組織改革が急速に行われているため原書が刊行された 2004 年以後にも多くの変化があるが、それらを追跡・更新することはしていない。
④ 本書の各章には「キーワードとコンセプト」の欄が設けてあるが、それぞれにつき日本語とともに英語も併記した。若干のものについては原書には記載されていない英語の同義語も示した。
⑤ 米国に住んでいないわれわれにとり、なじみのない製品、TV 番組、広告など、については分かる範囲で、とくに「訳注」と断らずに本文の中で説明した。
⑥ 翻訳は月谷真紀氏のグループが行ったものを参照して小林が行った。

日本語版が実現できたのは、多くの方々のご理解、ご協力、ご努力のお蔭である。このプロジェクトの推進者の一人そして翻訳者として、謝意を表明させていただく。なかでも次の方々についてはお名前を挙げ改めて感謝させていただく。

立派なテキストを執筆され、われわれに「知識」をもたらす端緒を創られたばかりでなく、日本の読者に特別なメッセージを送ってくださったマルホトラ教授。社団法人日本本マーケティング・リサーチ協会の前会長三木康夫氏、現会長田下憲雄氏、事務局長高柳忠明氏。三木氏は在任中リスクの大きいこのプロジェクトにゴーの意思決定を下されたばかりでなく、翻訳の初校をつぶさに検討され、数々の有益なアドバイスをしてくださいました。田下氏は三木氏の決定を理解され全面的にサポートされました。高柳氏はこのプロジェクト推進のための諸配慮につき両会長を補佐するばかりでなく、出版社との折衝等を引き受けてくださいました。

月谷真紀氏の翻訳グループの方々（50音順、敬称略）、秋葉洋子、岡村桂、佐野真裕美、中瀬英樹、平林祥、保科京子、山根みどり。MRという特殊な分野の翻訳に積極的に取り組まれ、示唆に富んだ訳注を数多く提供してくださいました。

日本語版の出版社である株式会社同友館の菊地公平氏。遅延する進行を忍耐強く待ってくださり励ましてくださいました。

本書は何分にも1,000ページを超える大冊である。誤訳、誤記は避けられぬところであるが、その責任は訳者にあることは言うまでもない。お気づきの点はぜひ指摘していただきたい。

最後にこの日本語版がリサーチャー、リサーチ・ユーザーの方々、これらを目指す学生の方々、そしてその教育・トレーニングに携わる方々のためにお役に立ち、優秀な人材がMRのビジネスの世界に数多く輩出されることを心より願っている。そのためにはこれらの方々が日本語版を入手することが先決であるが、本人にとっては安価とは言いがたいとも考えられるので、教育機関、調査会社、MRのユーザーサイドの企業・組織におかれては日本語版を積極的に購入され人材育成をサポートしていただければ幸いである。

2006年9月

小林　和夫

まえがき

　ビジネスの世界は今、かつてないほど急速に変化しています。そうした変化に遅れを取らないようにするためには、リサーチを英知をもって用心深く利用することが決定的に重要です。競争を挑んでくるビジネス機会に対し成功を収める人々の多くは疑いなく幅広い知識、高いコミュニケーション能力、そして創造的なアプローチを身につけています。マルホトラ博士が執筆されたテキストが、こうした技能の源泉となるために教育の場で役立てられることは、実にすばらしいことです。

　本書はすでにマーケティング・リサーチの分野で最も優れたテキストの1つとして知られ、アメリカでは優に140校を超える大学で使用されています。また、5カ国語に翻訳されているほか、英語版も4種類の版が存在します。リサーチャーとなるため、そして高い能力を備えたリサーチの利用者となるために必要な基礎を学ぶテキストとして、本書を凌ぐものはありません。実際のさまざまな事例「リサーチの実例」に触れることで、ビジネスの世界に身を置いている人々が日々直面する出来事を、より間近な視点から捉えることができるようになります。また、すべてのステップにおいて、進展する「アクティブ・リサーチ：百貨店プロジェクト」や短文解説つきの写真を参照することができ、教材に現実性・実践性を加味しています。さらに、最新のリサーチ事情を取り入れるための工夫がなされており、インターネット、コンピュータ解析ソフト、最近の経営慣行などが現代的なリサーチ・ツールに統合されています。

　バーク社は、第4版の編纂に際しても一層の力添えを依頼され、これまでの経験を生かせたことを光栄に思っています。私どもはこうした経験をお伝えしたほか、弊社の経営哲学、専門技術、またリサーチの将来についての見解も示しました。この『Marketing Research：An Applied Orientation』（第4版）には、どなたでも身につけておく必要があると思われる基礎が提供されています。読者の方々が、理論と実務、そして的確なアドバイスを統合させた本書に大きな価値を見出されることを、私たちは確信しています。

ロン・テイタム（博士、バーク会長）

序　文

　本書執筆の動機は、包括的であると同時に実用性・応用性をもち、経営に役立ち、そのうえ、定性に関する素材と定量に関する素材をバランスよく示したマーケティング・リサーチのテキストを提供することであった。本書はマーケティング・リサーチの利用者の観点から書かれている。また、国際マーケティング、倫理的課題、そしてインターネットとコンピュータの統合など、最新の動向を内容に反映するほか、バーク社をはじめとするマーケティング・リサーチ企業各社に見るマーケティング・リサーチの実例にも焦点を当てている。素材の内容や提示の方法に他にない工夫を試みていることが、本書を特徴づけている。

　初版から第3版までの反響はまことに満足すべきもので144校を超えるアメリカの大学でテキストとして採用された。また、すでに中国語、ロシア語、スペイン語、ポルトガル語、ハンガリー語の5カ国語に翻訳されている。英語版自体にも、4つの版（北米版、インターナショナル版、ヨーロッパ版、オーストラリア・ニュージーランド版）がある。本書の選定・使用・評価に関わり、貴重なフィードバックや励ましの言葉を与えてくださったすべての教授・学生の方々に、心より感謝を表したいと思う。第4版では、いっそう時代の最先端の事柄を扱い、実例を豊富にあげ、利用者のニーズに敏感に対応することで、前回までの成功をより強固なものへと築き上げることを意図している。

対象読者

　本書は、マーケティング・リサーチとデータ解析の大学院課程および学部上級課程に適している。このポジショニングは、その目的で本書を選定された方々からの意見を含む第3版までの反応から確認されている。一方、やはり私の著書である『Basic Marketing Research：Application to Contemporary Issues』は、中程度かあるいはもう少し下のレベルの学部課程に適している。本書『Marketing Research：An Applied Orientation』が扱っている範囲は広く、素材は、読みやすく、分かりやすい方法で示されている。さらに、図、表、写真、図解などを随所に挿入しながら基本的な概念を説明するようにした。また、包括的な演習（復習問題、応用問題、インターネット／コンピュータ演習）および実習（ロール・プレイ、フィールドワーク、グループ・ディスカッション）をも収録している。

　本書はマーケティング・リサーチのみならず、マーケティング・データ解析の課程で使うテキストとしても適している。一般によく使われる一変量解析、多変量解析によるデータ解析の手法はすべて扱っており、網羅的かつ平易に述べるようにした。それらの手法は本書および同

封のデータ・ファイルとして扱いやすいデータ・セットで解説している。

本書の構成

　本書は、マーケティング・リサーチを実施する際の6つのステップにもとづく、3つの部から構成されている。第1部では、序論を述べると同時に、課題の定義という第1ステップ（最も重要なステップである）について検討する。また第2ステップである、課題へのアプローチの展開のため実施するリサーチの性質や範囲についても述べる。第2部では、第3ステップであるリサーチ設計を扱い、探索的リサーチ、記述的リサーチ、また因果的リサーチについて詳細に述べる。マーケティング・リサーチから通常得られる情報の種類や、そうした情報を得るために適した尺度についても見ていく。さらに、調査票の設計にあたってのガイドラインを示すとともに、標本抽出の際に必要となる手順や手法、統計上の配慮などについて解説している。第3部では、第4ステップであるフィールドワークについて、実践的でマネジメント志向の論議を提示する。第5ステップではデータの調製・データ解析について論及する。基礎的および高度の統計手法を詳細に議論するが、その立場は手法の優雅さを追求するものではなく、解析の手順と結果の解釈の仕方、そして経営上の問題に適応した時の意味づけに重点を置く。また、SPSS、SAS、MINITAB、そしてEXCELの4つの統計ソフトウェアについても随時、紹介していく。なお、本書で使用されている入力データ・セットのSPSSファイルは、すべてウェブサイトからダウンロードできるようになっている。第3部ではまた、マーケティング・リサーチ・プロセスの第6ステップである正式な報告書の作成・提示のしかたについても言及し、そのガイドラインを示す。さらに、国際マーケティング・リサーチの複雑なプロセスにもページを割いている。本書が、終始一貫して志向しているものは、マーケティング・リサーチを適切に応用し経営上の課題に答えることである。

第4版の改訂点

　第4版の刊行にあたっては、多くの長所をこれまでどおり残したうえで、大幅な改訂を施した。そのうちのいくつかは非常に重要な変更である。これらの変更は、教授陣（本書のユーザーとノンユーザーの両方を含む）や学生について実施した調査のほか、批判的見直し作業や詳細にわたる評価をもとに決定された。主な改訂点は、以下のとおりである。
① 章単位での改訂。いくつかの章では、新しいアイデアや最新の情報を盛り込み、また場合によってはコンセプトを明確化するための変更がなされている。こうした修正は、第1章から行われ、全般的な改訂を施した。その結果はテキスト全体に反映されている。
② インターネットに関する記述の統合化。各章の「インターネットおよびコンピュータ・アプリケーション」の節を拡張し、情報を最新のものにした。この節は、各章で扱ったコ

ンセプトをインターネットやコンピュータでどのように実行するかを解説、検討するものである。

③ SPSSへの強調度を高めた。データ解析の章ではSPSS、SAS、MINITAB、そしてEXCELという4つの統計ソフトや、その他一般によく使われるプログラムを視野に入れているが、中でも力点を置いているのがSPSSである。関連する章では、SPSS Windowsのセクションを特に設け、SPSSの関連プログラムとその操作ステップについて記述している。また、以下に挙げるデータの提供のために、SPSSファイルを作成した。①データ解析に関するすべての章（15～21章）で扱った入力データ・セット、②「インターネット／コンピュータ演習」での入力データ・セット、③各事例（3.3、3.4、3.5、4.1、4.2）の入力データ・セット、そして、④対応する出力ファイルである。これらのデータ・セットは、テキスト・ファイル（タブ区切り使用）やEXCELファイルでも作成されている。そしてwww.prenhall.com/malhotraで、オンラインで閲覧できるようになっている。SPSS Windowsの学生向けバージョンには、学生がSPSSの知識の獲得・改善のために利用できるガイドラインが載せられている。

④ ビデオによる事例。それぞれの部には、ビデオによる事例を紹介するコーナーを設けた。これらはプレンティス・ホール社のビデオ・ライブラリーに収蔵されているもので、いずれもマーケティング・リサーチの観点から描かれている。ビデオによる事例紹介の終わりの部分に掲載した演習は、すべてマーケティング・リサーチに関する設問である。これらの事例を収録したビデオは、本書を採用した教師が利用することができるようになっている。各事例の解決策については、インストラクターズ・マニュアルに述べられている。

⑤ 新たな図解、表、一覧表、文書の追加。本書全体にわたり適切な箇所に新しい資料を追加することで、新たなアイデアを提示するほか、テクノロジーの最新情報を追加し、主題を明確に説明するようにした。

⑥ 例や事例の更新。新しい例を追加する一方、古いものは削除した。それ以外の例についても適切な形に更新した。事例についても、いくつかを新たに追加し、残りのものもすべて現在のマーケティングおよびマーケティング・リサーチ環境を反映したものになるようにした。特筆すべきは、データ・セットを添付した2つの包括的または総合的事例（4.1、4.2）の追加である。この2つの事例には、各章の内容に関連する設問を付した。

⑦ 参考文献の更新。各章の参考文献には、2000年以降のものを数多く含んでいる。しかし、いくつかの古典的文献は引き続き掲載しておいた。

⑧ 章立ての再編。ページ確保のため、章立てにしてあった「マーケティング・リサーチの倫理」（第3版、第24章）を削り、それに関連した記述を、テキスト全体に織り込んでいくようにした。データ解析以外の章には、「マーケティング・リサーチの倫理」という節を設けた。また、データ析の章に関しては、「マーケティング・リサーチの倫理」に関する事例を別途設けている。

本テキストの主な特徴

本書は、内容においても教授法においても、際立って独創的な特徴をいくつも備えている。

内容の特徴

① 課題定義とアプローチの展開のために独立した章を当てた。課題定義とアプローチの展開はマーケティング・リサーチのプロセスにおける重要なステップであり、徹底的かつ広範囲に検討を行っている（第2章）。

② 本書のはじめのところで、さまざまな種類のリサーチ設計を概観している（第3章）。すなわち、探索的リサーチ、記述的リサーチ、そして因果的リサーチについて紹介し、解説を加えた。

③ 二次データの分析についても一章を費やしている。従来のデータ・ソースに加え、コンピュータ化されたデータ・ベースや、シンジケート・データ・ソースも広範囲に見ていく。二次データの分析のためのインターネットの利用方法についても詳細に検討した（第4章）。

④ 定性調査について、ひとつの章を当てて議論している。集団面接、深層面接、投影法については、これらの手法の応用に重点を置いて詳細に論じている。また、定性調査へのインターネット利用法についても詳しく論じている（第5章）。

⑤ 質問法および観察法についても一章を割いた（第6章）。実験法についても同様である（第7章）。したがって、記述的および因果的リサーチの調査設計が詳しくカバーされたこととなる。

⑥ 尺度化の技法については、二章に分けて解説する。まず、尺度化の技法の基本と相対尺度について検討する（第8章）。次に、多項目尺度を含む絶対尺度法およびそれらの信頼性、妥当性、そして一般化可能性を検証するための手順について述べる（第9章）。

⑦ 調査票の設計についても、一章を費やして検討する。調査票の作成手順を段階的に示し、いくつかの指針を提供する（第10章）。

⑧ 標本抽出の手法については、二章に分けて言及する。まず初めに、標本抽出や、さまざまな非確率抽出法・確率抽出法に関わる定性的な問題について検討する（第11章）。続いて、統計上の諸問題、初期段階および最終段階での標本サイズの決定について解説する（第12章）。

⑨ フィールド・ワーク（現地作業）についても一章を割いている。面接調査員のトレーニング、面接方法、現地作業者の監督についていくつかの指針を示す（第13章）。

⑩ 本書は、マーケティング・リサーチのデータ解析を独創的に扱っている。個々の章で以下のことを説明する。

序文 xv

　　a．データの調製（第14章）
　　b．度数分布、クロス集計、仮説検定（第15章）
　　c．分散・共分散分析（第16章）
　　d．回帰分析（第17章）
　　e．判別分析（第18章）
　　f．因子分析（第19章）
　　g．クラスター分析（第20章）
　　h．多次元尺度構成法とコンジョイント分析（第21章）

　各手法を説明するために用いられるデータ・セットは、章のはじめの部分に提示されている。データ解析の解説は、SPSS、SAS、MINITAB、そして EXCEL の4つの統計ソフトについて行っている。SPSS Windows には特に重点を置き、各手法を実施するため必要なステップについて述べる。

⑪　報告書の作成と発表の仕方についても、一章を費やして詳述する。この章ではリサーチの調査結果の伝達方法についていくつかのガイドラインを示す（第22章）。

⑫　本テキスト全体の議論を補完するために、国際マーケティング・リサーチについて解説した章を追加した。国際マーケティング・リサーチをとりまく環境を検討した上で、いくつかの新しいコンセプトを提示する（第23章）。

教授法の特徴

①　本書で提供する学識は、高水準の応用ならびに経営上の視点と適切に調和させている。マーケティング・リサーチャーによるさまざまなコンセプトと手法の応用ならびにマーケティング業務の改善を目指す経営者による調査結果の適用につき広範に解説する。各章でかなり重点を置くバーク社の事例では、マーケティング・リサーチの応用についてさらに深く掘り下げることになる。バークに焦点を当てるのは、バークをマーケティング・リサーチ会社として推奨したいからではない。私にはバークとのビジネスの上のつながりはないし、同社にコンサルティング・サービスを提供したこともない。主なねらいは、すでに地位を確立しているマーケティング・リサーチ会社が、本書の各章で議論したコンセプトをどのように実行しているのかを示すことなのである。

②　現実のリサーチも「リサーチの実例」と題する欄を設け、一層の明確化と印象の強化を図った。これらの事例で詳細に述べられていることは、特定の経営上の課題の解決のために実施したマーケティング・リサーチと、その調査結果にもとづく意思決定である。これらの事例の効果を高めるために、適切と判断された場合には追加マーケティング・リサーチ情報で情報ソースを補った。全編に事例が追加されており、各章のコンセプトがさらに詳しく解説・描写されている。

③　さらに、現実のリサーチ・プロジェクトを例として示している。テキストで述べられているさまざまなコンセプトをより詳しく説明するためである。これらは「アクティブ・リサーチ：百貨店プロジェクト」として記載し、目立たせている。マーケティング・リサーチのあらゆる側面をカバーして、この事例を包括的なものにするために、私が実際に行っている百貨店プロジェクトに加え、やはり私が関わった類似のプロジェクトで補完した。ただし、これらプロジェクトのいくつかの局面については実名を隠した箇所もある。それ以外の、因果的リサーチデザイン等に関する事例においても、関連するコンセプトをどのように百貨店経営に適用していくかを示している。このように、百貨店の事例は全編にわたり活用されており、どの章でもすぐ見つけだすことができる。

④　時代の動きに合わせるもう1つの方法として、国際マーケティング・リサーチと、マーケティング・リサーチの倫理とを、テキスト全体を通じて取りあげた。各章で紹介しているコンセプトを国際的な舞台でどのように活用するか示すと同時に、コンセプトを利用するときに国内外を問わず生じうる倫理上の問題について検討する。

⑤　インターネットとコンピュータ・アプリケーションについても、テキスト全体を通じて取りあげた。各章に「インターネットおよびコンピュータ・アプリケーション」の節を設けている。マーケティング・リサーチの各ステップにおいてインターネットとコンピュータをどのように併用していくか述べ、それを通じて各章のコンセプトをどう実施していくか見ていくことにする。また、各章に「インターネット／コンピュータ演習」を添えて、実際の現場でコンセプトを実施する機会についても示している。

⑥　データ解析の手順は、SPSS、SAS、MINITAB、EXCEL、そしてその他一般によく使用されるプログラムに関連させて述べることにする。しかし特に重点を置くのはSPSSである。関連する章では、「SPSS Windows」と題して独立した節を設けてある。この節では、適正なSPSSのプログラムと、その運用に必要なステップについて検討する。SPSSのインプット・データおよびアウトプット・ファイルが提供されている。

⑦　第1部、第2部、第3部とも、最後に、マーケティング・リサーチの観点から描いたビデオによる事例を掲載している。ビデオによる事例の後に付されている設問は、すべてマーケティング・リサーチに関する演習である。これらの事例を収録したビデオは、本書を採用した教師であれば利用することができるようになっている。

⑧　第1部、第2部、第3部とも、短い実例を簡潔に紹介している。これらの事例では、いずれも議論したコンセプトを解説している。事例の簡潔さは試験に使用するのに向いているであろう。なかには、統計データを扱った事例など、かなりの行数を割いたものもいくつかある。いずれも、最新の情報に基づき、学生の興味を引くような題材を取りあげている。

⑨　広範囲にわたる「演習」および「実習」は、復習問題、応用問題、インターネット／コンピュータ演習、ロール・プレイ、フィールドワーク、そしてグループ・ディスカッショ

ンから構成され、各章の終わりに収録されている。これらの節は、その章で扱われているコンセプトを学習・テストするのに十分な機会を提供している。

⑩ 補助教材も用意している。利用価値の高いウェブサイト、インストラクターズ・マニュアル、パワーポイントのスライド、そしてテスト・バンクなどが含まれている。

⑪ SPSS Windows の最新学生向けバージョンも提供可能である。SPSS のデータ・セットが使用されているのは、各章の冒頭部分と対応する SPSS 出力ファイル、それに関連する「インターネット／コンピュータ演習」のための SPSS のデータ・セット、そしてウェブサイトからダウンロードする事例である。

インストラクション援助

教師をサポートするために、機能的で利用価値の高いウェブサイトを設けた。このサイトは、www.prenhall.com/malhotra よりアクセス可能である。サイトのコンテンツには以下のものが含まれている。

- インストラクターズ・マニュアルの全部分。
- テスト・アイテム・ファイル。
- 章の概略と、すべての図解や表、またそれに関連する内容をパワーポイントのスライドに記載したもの。なお、第3版の内容に比べ、題材を増やし、パワーポイントのスライドの質を向上させた。
- 事例3.3（松下）、3.5（パンパース）、3.6（ダイムラークライスラー）、4.1（アステック）、4.2（小児病院）の全データ。データは、テキストファイル（タブ区切り使用）と SPSS ファイルのどちらの形式でもダウンロードできる。また、SPSS のデータは、第15～21章で扱っている統計上のコンセプトを示すために使われたデータや、これらの章のインターネット／コンピュータ演習でも使われている。
- 2つの追加されたデータとともに提示した包括的な事例。デュポンのカーペット（消費者向け製品）や、グッチ・カタログ（ダイレクト・マーケティング）の事例である。それぞれ、以下のものに関連している。①23の各章に付けられた質問、②調査票、③コーディング・シート、④ファイルからの抜粋、⑤ダウンロードできるデータ、⑥パスワード保護のかかったディレクトリに入っている事例の質問への回答。
- その他、利用価値あるウェブサイトへのリンク
  ウェブサイトは継続的に増強されている。地域のプレンティス・ホール社の代表者あるいは私に連絡すれば、ユーザー ID とパスワードを入手できる。
- インストラクターズ・マニュアル。私が個人的に執筆したものであり、本テキストと密接に結びついている。各章には、以下のものが記載されている。OHP 用のトラペン、各章の目的、著者の注釈、章の概略、教育上の示唆、そして章の最後にある演習（復習問題、

応用問題、インターネット／コンピュータ演習）、実習（ロール・プレイ、フィールドワーク、グループ・ディスカッション）への全回答、である。それに加え、全事例への解決策が提示されている。その中には、データ解析やすべてのビデオ事例に関わるものも含まれている。またインストラクターズ・マニュアルには、2つの包括的な事例をデータとともに追加してある。すなわち、デュポンのカーペット（消費者向け製品）、グッチ・カタログ（ダイレクト・マーケティング）の事例である。同封されているディスクには、本書で扱われた事例3.3（松下）、3.5（パンパース）、3.6（ダイムラークライスラー）、4.1（アステック）、4.2（小児病院）の統計データが収められている。また、第15～21章で扱っている統計上のコンセプトを示すために使われたSPSSのデータ・ファイルや、これらの章のインターネット／コンピュータ演習のデータも収録している。関連するSPSSの出力データ・ファイルも含まれている。

■テスト・アイテム・ファイル。この貴重なテスト・アイテム・ファイルには、各章について幅広い種類の試験問題を盛り込み、教師自身の試験問題を「創作」するのに役立てることができる。

謝　辞

　本書の執筆にあたっては、何人もの方々から極めて有益なご支援をいただいた。その方々に謝意をお伝えしたいと思う。忘れがたい方法で私にマーケティング・リサーチを教えてくださされたアラン・K・ジェイン教授（ニューヨーク州立バファロー大学）。私の学生、特に博士課程の学生（ジェームズ・アガーウォル、イマード・バールバキ、アシュトシュ・ディクシット、ダン・マッコート、リック・マクファーランド、シャーラ・マスウィック、ジーナ・ミラー、マーク・ピーターソン、ジェイミー・プレゼント、カサンドラ・ウェルズ）、および他の博士課程の学生（マーク・リーチ、タイラ・ミッチェル）も、さまざまな面で助けになってくれた。また、倫理のセクションおよび章の執筆に関しては、マーク・リーチとジーナ・ミラーに、コンピュータの活用に関するセクションについてはマーク・ピーターソンに、そして前の2版における国際マーケティング・リサーチの事例の執筆に関してはジェームズ・アガーウォルに、それぞれ特に感謝する。MBAの学生であるデビッド・ボール、学部の学生のチャールズ・フラナリーもリサーチ・アシスタントとして尽力してくれた。私が受け持つマーケティング・リサーチ課程の学生も、数年にわたり教材をクラスで試行し、有用なフィードバックを提供してくれた。そしてジョージア工科大学での同僚、中でもフレッド・オールビンの助けは大きかった。さらに、励ましと援助を与えてくれたロナルド・L・テイタム（バーク社会長）、および本書を通じて登場するバーク社の多大な貢献に感謝したい。また、ウィリアム・D・ニール（SDR創立者、上級役員）も長年にわたって大変な援助をしてくれた。旧版では、ロジャー・L・バシク（エルリック・アンド・ラビッジ社）その他の実務家の方々の貢献があった。

　また、校閲者の方々からも、多くの建設的で貴重な提言をいただいた。特に下記の方々には厚く謝意を表したい。

第4版の校閲者

　ヨン・スー・カン、ニューヨーク州立ビンガムトン大学
　カート・ドメヤー、カリフォルニア州立大学、ノースリッジ
　ジョン・サリキス、フロリダ・インターナショナル大学
　ジェラルド・カバロ、フェアフィールド大学、コネチカット
　チャールズ・ホファカー、フロリダ州立大学

第3版の校閲者

トム・アナスタスティ、ボストン大学
ジョン・ワイス、コロラド州立大学
スバシュ・ロニアル、ルイビル大学
ジョエル・ハーシュ、パシフィック大学
ポール・ソーア、カニシアス・カレッジ

第2版の校閲者

リック・アンドリューズ、デラウェア大学
ホランド・ブレーズ Jr.、ミズーリ・サザン州立カレッジ
シャーミラ・チャタジー、サンタ・クララ大学
ラシェカー・ジャバルジ、クリーブランド州立大学
ムシュタク・ルークマニ、ウェスタン・ミシガン大学
ジーン・マンガー、サザン・メイン大学
オーデシュ・パスワン、サウス・ダコタ大学
ベンカトラム・ラマスワミー、ミシガン大学
ギリアン・ライス、サンダーバード大学
ポール・L・ソーア、カニシアス・カレッジ
ハンス・スリニバサン、コネチカット大学

初版の校閲者

デビッド・M・アンドラス、カンザス州立大学
ジョー・バレンジャー、スティーブン・F. オースティン州立大学
ジョセフ・D. ブラウン、ボール州立大学
トーマス・E・ブザス、イースタン・ミシガン大学
ラジェンダ・K・ガーグ、ノースイースタン・イリノイ大学
ローレンス・D・ギブソン、コンサルタント
ロナルド・E・ゴールドスミス、フロリダ州立大学
ラジシェカ・G・ジャバルジ、クリーブランド州立大学
シャーロット・H・メイスン、ノースカロライナ大学
ケント・ナカモト、コロラド大学

謝　辞

トマス・J・ページ Jr.、ミシガン州立大学
ウィリアム・S・パーキンス、ペニンシルバニア州立大学
スーディ・セシャドリ、メリーランド大学、カレッジパーク
デビッド・シャーニ、バルーチ・カレッジ

　プレンティス・ホールのチームは、卓越した支援を提供してくださった。とくに以下の方々に厚く感謝したい。編集長のジェル・シェフスタッド、上級アクイジション編集者のウェンディ・クレーブン、メディア・プロジェクトマネジャーのアンソニー・パルミオット、編集アシスタントのメリッサ・パレラーノ、上級マーケティングマネジャーのミシェル・オブライエン、プロダクション・エディターのマルチェラ・マスランズク、編集助手のダニエル・R・セーラ、コピー・エディターのリーン・スタインズ、写真編集者のテリー・スタットフォード。そして、本書のマーケティングで抜群の成果を挙げられたフィールドリプレゼンタティブならびに営業スタッフの方々のご活躍を特記させていただく。

　母サーヤ・マルホトラと亡き父H・N・マルホトラにも厚い敬意と謝辞を表したい。彼らの愛情、励まし、援助、そして献身的な働きは絶大なものがあった。また、妻ビーナ、娘ルース、息子ポールの私への信頼、期待、そして愛に心から感謝する。

　何よりも、私の人生に多くの奇跡をもたらしてくださった救世主に感謝の意を表明させていただく。本書はまさに神の恩寵の賜物である――「これは神の御業。わたしたちの目には驚くべきこと」（旧約聖書詩篇118編：23節）

ナレシュ・K・マルホトラ

著者経歴

　ナレシュ・K・マルホトラ博士は、ジョージア工科大学において、経営学のデュプリー大学のリージェンツ・プロフェッサー（ジョージア大学の制度上、大学教授として最高位）を務めている。『マーキス・フーズ・フー・イン・アメリカ』には、1997年の第51号から、また『フーズ・フー・イン・ザ・ワールド』には2000年から継続して掲載されている。

　ウィートリーとウィルソンの記事（1987、『AMA（アメリカ・マーケティング協会）エデュケーターズ・プロシーディングス』）でマルホトラ教授は、全米1位にランクされている。この評価は1980年から85年にかけて掲載された『ジャーナル・オブ・マーケティング・リサーチ』の論文にもとづいて行われたものである。また『ジャーナル・オブ・ヘルスケア・マーケティング』での掲載回数の記録保持者でもある。『ジャーナル・オブ・ザ・アカデミー・オブ・マーケティング・サイエンス（JAMS）』でも、創刊から1995年発刊の23巻までを通じて掲載回数1位にランクされている。また同誌への登場回数は、1986年から95年の10年間にわたる期間で見ても、1位である。

　マルホトラは、以下のような有力学術誌に、90を超える論文をすでに発表している。『ジャーナル・オブ・マーケティング・リサーチ』『ジャーナル・オブ・コンシューマー・リサーチ』『マーケティング・サイエンス』『ジャーナル・オブ・マーケティング』『ジャーナル・オブ・アカデミー・オブ・マーケティング・サイエンス』『ジャーナル・オブ・リテーリング』『マーケティング・ジャーナル・オブ・ヘルスケア・マーケティング』、そしてその他、統計学、経営科学、心理学の有力誌。さらに、国内外の主要な国際会議の席上で数多くの論文を発表している。最優秀論文として賞を受けたものも数点ある。

　1996年から98年にかけてアカデミー・オブ・マーケティング・サイエンス・ファウンデーション会長、1994年から96年はマーケティング・サイエンス学会プレジデント、そして1990～92年にかけて同学会のボード・オブ・ガバナーズ会長を歴任。また、デシジョン・サイエンス・インスティテュート、アカデミー・アンド・フェローの特別会員である。18年にわたり『ディシション・サイエンス』アソシエイト・エディターを務め、また『ジャーナル・オブ・ヘルス・ケア・マーケティング』の『ヘルスケア・マーケティング・アブストラクツ』のセクション・エディターを担当した。また、8つの学会誌の編集委員も務めている。

　著書『Marketing Research：An Applied Orientation』は、この分野をリードする書となっている。すでに中国語、ロシア語、スペイン語、ポルトガル語、ハンガリー語の5カ国語に翻訳されている。英語版は4種類が刊行されており、北米版、インターナショナル版、ヨーロッパ版、オーストラリア版がある。本書は幅広く採用され、144校を超えるアメリカの大学で、大

学院レベル・学部レベルの双方で使用されている。近作である『ベーシック・マーケティング・リサーチ：アプリケーション・トゥ・コンテンポラリー・イシューズ』は、2002年にプレンティス・ホールから刊行されている。

　同博士は、国内外の民間企業、非営利団体、政府機関においてコンサルティングを行っている。また、法規制の訴訟で専門家の立場から証人を務めた。博士のデータ解析や統計手法についての専門的知識・技能には定評がある。また、調査研究、教育法、学会への貢献などにより受けた賞・栄誉も多数にのぼる。

　マルホトラ博士は、アトランタのファースト・バプティスト教会のメンバーで助祭の1人である。現在は、妻ビーナと2人の子供、ルース、ポールとともにアトランタに在住している。

「理論編」の目次

第1部　マーケティング・リサーチ　序論と初期段階

第1章　マーケティング・リサーチ序論 …… 3

- マーケティング・リサーチの定義 …… 9
- マーケティング・リサーチの分類 …… 11
- マーケティング・リサーチのプロセス …… 14
- マーケティング・リサーチの本質 …… 17
- マーケティング・リサーチ供給者とサービス …… 20
- リサーチ供給者の選択 …… 27
- マーケティング・リサーチにおけるキャリア …… 28
- MISとDSSにおけるマーケティング・リサーチの役割 …… 30
- 国際マーケティング・リサーチ …… 34
- マーケティング・リサーチにおける倫理 …… 36
- インターネットおよびコンピュータ・アプリケーション …… 37
- まとめ …… 41
- 演習 …… 42
- インターネット／コンピュータ演習 …… 43
- 実習 …… 43

第2章　マーケティング・リサーチ　課題定義とアプローチの展開 …… 45

- 課題定義の重要性 …… 48
- 課題定義とアプローチの展開のプロセス …… 49
- 関連するタスク …… 51
- 課題を取り巻く経営環境 …… 57
- 経営上の意思決定課題とマーケティング・リサーチ課題 …… 64
- マーケティング・リサーチ課題を定義する …… 66
- マーケティング・リサーチ課題 …… 67

アプローチの構成要素 ·· 69
国際マーケティング・リサーチ ·· 78
マーケティング・リサーチにおける倫理 ································ 81
インターネットおよびコンピュータ・アプリケーション ············ 82
まとめ ··· 86
演習 ·· 87
実習 ·· 89

第1部の事例 ·· 91

ビデオによる事例 ·· 101

第2部　調査設計の策定

第3章　調査設計 ··· 111

調査設計：定義 ·· 114
調査設計：分類 ·· 114
探索的リサーチ ·· 116
記述的リサーチ ·· 119
因果的リサーチ ·· 129
探索的リサーチ、記述的リサーチ、因果的リサーチ間の関係 ······· 131
誤差の潜在的な原因 ··· 134
プロジェクトの予算立案とスケジューリング ·························· 139
マーケティング・リサーチの企画書 ······································ 139
国際マーケティング・リサーチ ·· 141
マーケティング・リサーチにおける倫理 ································ 142
インターネットおよびコンピュータ・アプリケーション ············ 143
まとめ ·· 147
演習 ··· 148
インターネット／コンピュータ演習 ······································ 149
実習 ··· 149

第4章　探索的リサーチの設計：二次データ …………………… 151

- 一次データ対二次データ ……………………………………………… 154
- 二次データの優れた点と利用法 ……………………………………… 154
- 二次データの不利な点 ………………………………………………… 155
- 二次データを評価するための基準 …………………………………… 155
- 二次データの分類 ……………………………………………………… 161
- 内部二次データ ………………………………………………………… 161
- 公表された外部二次資料の出所 ……………………………………… 165
- コンピュータ化されたデータベース ………………………………… 168
- 二次データのシンジケート・ソース ………………………………… 171
- 世帯から得られるシンジケート・データ …………………………… 172
- シンジケート・データ：事業所 ……………………………………… 184
- さまざまなソースからの情報を組み合わせる：シングルソース・データ …… 187
- 国際マーケティング・リサーチ ……………………………………… 189
- マーケティング・リサーチにおける倫理 …………………………… 192
- インターネットおよびコンピュータ・アプリケーション ………… 193
- まとめ …………………………………………………………………… 197
- 演習 ……………………………………………………………………… 198
- インターネット／コンピュータ演習 ………………………………… 199
- 実習 ……………………………………………………………………… 200

第5章　探索的リサーチの設計：定性調査 …………………… 201

- 一次データ：定性調査対定量調査 …………………………………… 204
- 定性調査を使う理論的根拠 …………………………………………… 206
- 定性調査手順の分類 …………………………………………………… 207
- 集団面接 ………………………………………………………………… 208
- 個人深層面接 …………………………………………………………… 219
- 投影法 …………………………………………………………………… 225
- 国際マーケティング・リサーチ ……………………………………… 235
- マーケティング・リサーチにおける倫理 …………………………… 237
- インターネットおよびコンピュータ・アプリケーション ………… 238
- まとめ …………………………………………………………………… 243
- 演習 ……………………………………………………………………… 244

実習 ··· 245

第6章　記述的リサーチの設計：質問法と観察法 ········· 247

　　質問法 ·· 250
　　実査方法による質問法の分類 ·· 252
　　電話調査 ··· 252
　　個人面接調査 ·· 254
　　郵送調査 ··· 257
　　電子調査法 ·· 260
　　質問法の各調査法の比較検討 ·· 263
　　質問法における調査方法の選択 ·· 273
　　観察法 ·· 274
　　実施方法からみた観察法の分類 ·· 275
　　観察法の比較検討 ·· 282
　　質問法と観察法の比較 ·· 283
　　国際マーケティング・リサーチ ·· 285
　　マーケティング・リサーチにおける倫理 ·· 287
　　インターネットおよびコンピュータ・アプリケーション ············ 289
　　まとめ ·· 293
　　演習 ··· 294
　　インターネット／コンピュータ演習 ·· 295
　　実習 ··· 295

第7章　因果的リサーチの設計：実験法 ························ 297

　　因果関係の概念 ·· 300
　　因果関係の条件 ·· 300
　　定義と概念 ·· 303
　　記号の定義 ·· 305
　　実験の妥当性 ·· 306
　　関心外変数 ·· 307
　　関心外変数の制御 ·· 310
　　実験的デザインの分類 ·· 312
　　前実験デザイン ·· 313

真正実験デザイン……316
　準実験デザイン……319
　統計的実験計画……322
　実験室実験対フィールド実験……325
　実験法対非実験法……327
　実験法の限界……327
　応用：テスト・マーケティング……328
　国際マーケティング・リサーチ……332
　マーケティング・リサーチにおける倫理……333
　インターネットおよびコンピュータ・アプリケーション……335
　まとめ……338
　演習……339
　インターネット／コンピュータ演習……340
　実習……341

第8章　測定と尺度化：基本原理と相対尺度……343

　測定と尺度化……345
　測定の本源尺度……346
　尺度化技法の比較……353
　相対尺度化技法……354
　国際マーケティング・リサーチ……360
　マーケティング・リサーチにおける倫理……361
　インターネットおよびコンピュータ・アプリケーション……362
　まとめ……365
　演習……366
　インターネット／コンピュータ演習……367
　実習……368

第9章　測定と尺度化：絶対尺度……369

　絶対尺度法……371
　カテゴリー尺度法……373
　絶対評価のカテゴリー尺度の決定……379
　多項目尺度……384

尺度の評価 …………………………………………………………………… 385
尺度法の選択 ………………………………………………………………… 393
数学的に導かれた尺度 ……………………………………………………… 393
国際マーケティング・リサーチ …………………………………………… 393
マーケティング・リサーチにおける倫理 ………………………………… 395
インターネットおよびコンピュータ・アプリケーション …………… 397
まとめ ………………………………………………………………………… 400
演習 …………………………………………………………………………… 401
インターネット／コンピュータ演習 ……………………………………… 402
実習 …………………………………………………………………………… 402

第10章 調査票と観察フォームの設定 …………………………… 405

調査票および観察フォーム ………………………………………………… 407
調査票設計のプロセス ……………………………………………………… 408
必要な情報を指定する ……………………………………………………… 409
インタビュー方法の種類 …………………………………………………… 410
個々の質問の内容 …………………………………………………………… 411
回答不能を克服する ………………………………………………………… 414
回答したくない気持ちを克服する ………………………………………… 417
質問構成を選択する ………………………………………………………… 420
質問ワーディングの選択 …………………………………………………… 425
質問順を決める ……………………………………………………………… 430
調査票の印刷 ………………………………………………………………… 436
事前テスト …………………………………………………………………… 437
観察フォーム ………………………………………………………………… 439
国際マーケティング・リサーチ …………………………………………… 439
マーケティング・リサーチにおける倫理 ………………………………… 443
インターネットおよびコンピュータ・アプリケーション …………… 445
まとめ ………………………………………………………………………… 448
演習 …………………………………………………………………………… 449
インターネット／コンピュータ演習 ……………………………………… 451
実習 …………………………………………………………………………… 452

第11章　標本抽出：設計と実行手順 ……………………… 453

標本調査か全数調査か ……………………………………… 455
標本設計プロセス …………………………………………… 457
標本抽出法の分類 …………………………………………… 463
非確率抽出法 ………………………………………………… 464
確率抽出法 …………………………………………………… 469
非確率抽出法、確率抽出法のどちらを選ぶか …………… 478
非確率・確率抽出法の利用の仕方 ………………………… 481
国際マーケティング・リサーチ …………………………… 481
マーケティング・リサーチにおける倫理 ………………… 483
インターネットおよびコンピュータ・アプリケーション … 483
まとめ ………………………………………………………… 487
演習 …………………………………………………………… 488
インターネット／コンピュータ演習 ……………………… 489
実習 …………………………………………………………… 489

第12章　標本抽出：最終段階および初期段階における標本サイズの決定 ……………………… 491

定義と記号 …………………………………………………… 493
標本分布 ……………………………………………………… 494
標本サイズ決定のための統計的アプローチ ……………… 496
信頼区間に基づくアプローチ ……………………………… 496
多数の特性値と母数 ………………………………………… 504
その他の確率抽出法 ………………………………………… 505
統計的に決定された標本サイズの調整 …………………… 505
標本抽出における無回答の問題 …………………………… 507
国際マーケティング・リサーチ …………………………… 514
マーケティング・リサーチにおける倫理 ………………… 516
インターネットおよびコンピュータ・アプリケーション … 517
まとめ ………………………………………………………… 520
演習 …………………………………………………………… 521
インターネット／コンピュータ演習 ……………………… 522
実習 …………………………………………………………… 523

付録 12.1 ·· 523

第 2 部の事例 ·· 527

ビデオによる事例 ·· 547

付録 ·· 付 1

注 ·· 注 1

索引 ·· 索 1

「技術編」の主な目次

第 3 部　データの収集・準備とその分析・報告

第 13 章　フィールド・ワーク（実査作業）
第 14 章　データ作成
第 15 章　度数分析、クロス集計、仮説検定
第 16 章　分散分析、共分散分析
第 17 章　相関・回帰分析
第 18 章　判別分析
第 19 章　因子分析
第 20 章　クラスター分析
第 21 章　多次元尺度構成法とコンジョイント分析
第 22 章　報告の準備とプレゼンテーション
第 23 章　国際マーケティング・リサーチ

第 3 部の事例
ビデオによる事例

第1部

マーケティング・リサーチ
序論と初期段階

　第1部では、マーケティング・リサーチの本質とその領域を論じ、意思決定支援システムにおける役割について説明する。また、マーケティング・リサーチ業界と、この分野の刺激に満ちた数多くの就業機会についても述べていく。そして、6つのステップから成るマーケティング・リサーチのプロセスを説明し、最初のステップであり、しかも最も重要なステップである課題の定義に関して詳しく述べる。最後に、マーケティング・リサーチのプロセスで2番目のステップとなる課題へのアプローチの展開に言及し、アプローチのさまざまな要素に関して詳細に説明する。

　第1章、第2章で提示する展望は、意思決定者とマーケティング・リサーチャー双方に役に立つことであろう。

第1章　マーケティング・リサーチ序論
第2章　マーケティング・リサーチ課題の定義とアプローチの展開
第1部の事例
第1部のビデオ事例

第1章

マーケティング・リサーチ序論

マーケティング・リサーチャーの役割は、コンサルティングのスキルと技術的な熟練、そして、健全なマネジメントから成る。その役割の中心は、マーケティングの課題と実施可能な解決策を特定するための情報を提供することにある。

——ロン・テイタム（バーク社、会長）

本章の目的

この章では、以下の点を学習する。

① マーケティング・リサーチを定義し、課題特定リサーチと課題解決リサーチとを区別する。

② マーケティング・リサーチのプロセスにおける6つのステップ、およびマーケティング・リサーチを行うための枠組みについて説明する。

③ マーケティング・リサーチの本質と領域、そして、成功するマーケティング・プログラムを設計し実行する際にマーケティング・リサーチが果たす役割を理解する。

④ 組織内、組織外、フルサービス、限定サービスを含めたリサーチ供給者のタイプと役割を論じる。

⑤ マーケティング・リサーチを学ぶことによって就くことができる職業と、その仕事で成功するために必要な経験とスキルについて解説する。

⑥ 意思決定支援システム、マーケティング・モデル、および専用ソフトウエアにおいてデータを提供するマーケティング・リサーチの役割を説明する。

⑦ 国際マーケティング・リサーチにおける独特な側面や複雑さを認識する。

⑧ マーケティング・リサーチの倫理的な側面と、マーケティング・リサーチのステークホルダー各人が自分や関係者相互、リサーチ・プロジェクトに対して担う責任について理解を得る。

⑨ インターネットとコンピュータがマーケティング・リサーチのプロセスをいかに容易にするかを説明する。

本章の概要

マーケティング・リサーチは、マーケティングにおいて最も重要で、やりがいがある分野の1つである。本章では、マーケティング・リサーチを正式に定義し、マーケティング・リサーチを課題特定リサーチと課題解決リサーチという2つの領域に区別する。また、マーケティング・リサーチの基本的な概念をはっきりさせるために実例をいくつか紹介していく。そして、マーケティング・リサーチのプロセスとリサーチを行うための6つのステップについて説明し、マーケティングの意思決定のための情報を提供するというマーケティング・リサーチの役割を強調しながら、マーケティング・リサーチの本質について論じる。

次に、マーケティング・リサーチ供給者とそのサービスについて概観する。また、供給者選択の際のガイドラインも提示する。効果的なマーケティング・リサーチは大いに必要とされており、その需要がすばらしい就業機会を生み出しているが、ここではその就業機会についても紹介する。また、マーケティング・リサーチはマーケティング情報システムや意思決定支援システムにも不可欠な部分であることを示す。

より具体的に説明するために、著者が行った実際のマーケティング・リサーチ・プロジェクトである百貨店のひいき客プロジェクトを検証する。本書では、このプロジェクトを事例として繰り返し取り上げていく。国際マーケティング・リサーチに関しては、次章以降で紹介し、体系的に述べる。また、マーケティング・リサーチの倫理面や、マーケティング・リサーチのステークホルダーが個々ないしは相互にリサーチ・プロジェクトに対して担う責任に関しては、本書全般でさらに詳しく説明する。

本書では、マーケティング・リサーチにおけるインターネットやコンピュータの使用を終始重要視しているが、本章は、そのインターネットやコンピュータの使用に関する用途に応じた解説で締めくくる。ともあれ、マーケティング・リサーチを概観するには、以下に示すようにそのさまざまなタイプがわかる事例をいくつか紹介するのが最善であろう。

〈リサーチの実例〉——IBM：世界航路を行く

2001年の総売上高が858億6,000万ドル（約9兆4,400億円、1ドル＝110円換算）というIBMコーポレーション（www.ibm.com）は、ヨーロッパ、南北アメリカ、アジアにわたる27ヵ国で14言語を駆使し、年に2回、国際的な追跡調査を行っている。この調査の基本的な目的は、メインフレーム（大型汎用コンピュータ）のトレンド・データをつかむことにある。この調査では、IBM製S/390 Enterprise Serverが使用されている場所から6ヵ所に1ヵ所の割合でサンプルを抽出する。調査対象者は、それぞれの企業においてIBM製品の取得に責任を有する者である。設置したコンピュータ機器、今後の機器取得予定、さまざまなメーカーに対する意見などが質問される。この調査を行うことによって、IBMは取得責任者の動向をリアルタイムで追跡すること

ができる。

　質問は広範囲にわたっており、顧客の要望を深く理解するためではなく、全般的な傾向をたどるためだけに使われる。この追跡調査で収集された情報はIBMの意思決定支援システムの一翼を担う。

　IBMでは、インタビューおよびデータ収集プロセスの取り扱いに、ニュージャージーに本社を置くリサーチ会社、RONIN社（www.ronin.com）を利用している。RONINは、本調査のための全ての電話インタビューをロンドンにある国際コールセンターで行っている。この調査はさまざまな国を対象にしているので、RONINは、結果が急速に変わる中で、正確な翻訳や、国や言語を超えて一貫性のある結果を入手するといった課題にも取り組んでいる。また、結果は特定の国だけに関するものであって、調査地域全体を代表するものではないということも伝えなければならない。

　このような調査結果から、IBMは主要産業への進出がどの程度成功しているのか、世界各国の大企業および中小企業でIBM機器がどのように使用されているのかを知ることができる。この結果は各国のIBM営業部門に渡される。営業部門では結果を独自に解釈し、その結果を現場の経験と統合することで、現場が直面している問題点トップ10を明らかにする。

　この追跡調査は課題特定リサーチの一例である。IBMでは、起こりうる課題、例えば、将来IBMから機器を取得する予定がないことを示唆する調査対象者やメンテナンス・サービスの問題、あるいは顧客満足度の低さなどを特定しようとしている。特定された課題はいかなる課題であれ、その解決を目的とした課題解決リサーチを駆使して、さらに調査する。例えば、メンテナンス・サービスの評価が低かったのは、IBMがサービスの水準を上げたので顧客の期待感が高まったからだということが、さらなる調査を行ったおかげで判明した。また、追跡調査ではリナックスで動くメインフレームの潜在需要があることがわかり、新しい課題（あるいは機会）を特定した。引き続き実施した、製品への好みを調査した課題解決リサーチを基に、2002年1月下旬、IBMは新しいリナックス・サーバー2機種と従来のメインフレーム用オペレーティング・システムを必要としないリナックス専用のメインフレーム1機種を発売した。このeServer zSeriesは、たった1つのボックスに何百もの仮想リナックス・サーバーを作り上げるメインフレームの能力を利用している。IBMは、この新しいメインフレームがエネルギーとスペースを節約し、メンテナンス費用を削減することになるだろうと述べている。このようにしてIBMは追跡調査で特定されたニーズに取り組んだのである。リナックスではないメインフレーム・コンピュータは通常75万ドル（約8,300万円）するのに対し、新しいzSeriesのメインフレーム・コンピュータは35万ドル（約3,900万円）[1]である。

IBMは、国際マーケティング・リサーチにより、eServer zSeriesのような革新的な新製品とサービスを発売することができた。

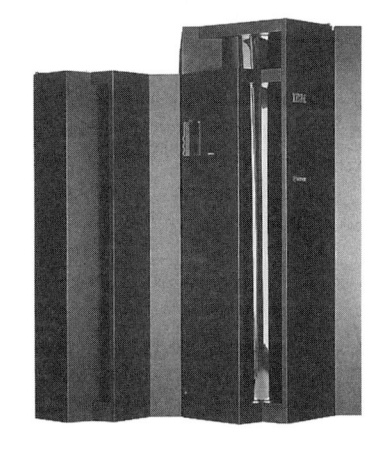

〈リサーチの実例〉——レシピオ社、リアルタイムでリサーチを実現

　アメリカの大企業の多くは、マーケティング・リサーチでクライアントや顧客からの情報を毎日入手できれば最も有効に活用できるということに気づいている。それでは、毎分ならばどうであろう。これこそが、レシピオ社（www.recipio.com）の事業の根幹をなすもの、つまり、リアルタイム情報の提供なのである。

　レシピオは創立2年のアプリケーション・サービス・プロバイダー（ASP）である。レシピオのクライアントのWEBサイトに顧客からのフィードバックがあると、即座にクライアントがそのフィードバックをチェックできるようにしている。レシピオのクライアントの顧客はオンラインでつながり、企業に苦情や提案を行うことができるばかりでなく、レシピオは特定製品のユーザー用ライブチャットも主催している。これは全て、消費者の真の言葉と感情を把握し、その後この情報を製品やサービスの改善あるいは開発のために利用する目的で行われている。レシピオは「ライブ」のマーケティング・リサーチのニーズを十分に活かしているのである。

　2003年現在、インターネットはマーケティング・リサーチのプロセスに革命的変化をもたらし続けている。オンライン・サービスを利用することで、従来のリサーチ方法で必要とされているような余分なデータ入力が必要なくなる。レシピオは、今までのような総合的なサービスを提供するマーケティング・リサーチ供給者ではない。標準化し限定されたサービスを提供する供給者なので、リサーチ・プロセスのあらゆる局面にもかかわっているというわけではない。アプローチ、設計、データ作製は、どの顧客に対しても同一であり、この部分こそ、レシピオが携わっているリサーチ・プロセスの分野なのである。

　しかし、このサービスは、クライアントが彼らの顧客からのフィードバックを使って製品の課題を特定し課題解決する手助けとなる。特に顧客から思い付きや提案が寄せられたときに有効である。例えば、全米ネットワーク放送局のNBC（www.nbc.com）は視聴者からのフィードバックを入手するためレシピオのサービスを利用し、視聴者が求めているものや視聴者の好き嫌いを知る手掛かりとしている。フィードバックが理想的に利用されると、テレビのショー番組は視聴者の嗜好や希望に合うように変更され、ショーを見ようとチャンネルを合わせる視聴者の増加をもたらす。フィードバックから、視聴者が陽気で、気のきいたユーモアたっぷりなホームコメディーを期待していることを知ったNBCは、視聴者の嗜好を満たすために『ふたりは友達？　ウィル＆グレイス』を製作し、1998年9月21日にオンエアした。レシピオの視聴者からのフィードバックを脚本やドラマの筋書きの創作や修正に役立てた結果、2002年の『ふたりは友達？　ウィル＆グレイス』はNBCで最高の視聴率を誇るコメディーになった[2]。

　なお、レシピオは、2002年3月13日、インフォーマティブ社（www.informative.com）に買収された。インフォーマティブは1996年に創立され、リアルタイムのフィードバックを直接、顧客と潜在顧客から入手するために、インターネットやEメール、移動体通信、その他のチャネルを利用している。

〈リサーチの実例〉——ポルティコ社、ドキュメンタリーでドキュメントする

ポルティコ・リサーチ（www.porticoresearch.com）は、個人を観察、ビデオに記録し、そのテープをホンダやデルタ航空、リプトン、プロクター・アンド・ギャンブル（P&G）などの大口顧客に高価格で販売することを専門にしている。ポルティコは観察データの収集方法を洗練し、非常に利益力のあるビジネスに仕立て上げている。

「ポルティコは、消費者がどのように購入を決定するのかドキュメントするために消費者の生活に完全に入り込むトータル・イマージョンのスペシャリストである」。人類学者と社会心理学者、民族誌学者（比較人類学の専門家）のリサーチ・チームがビデオ・カメラマンを伴って調査対象者の家庭に入り込む。チームは家庭内での調査対象者の様子を録画する。買物にも同行し、彼らが何を購入するのか観察する。そして、なぜ購入したのか、その理由に関してフィードバックをもらう。撮影後、ポルティコの社員がビデオを分析する。

この徹底的な分析は、クライアントが解決しようとしているリサーチ課題、あるいはさらに詳しい情報を求めようとしているリサーチ課題に基づいている。例えば、ポルティコはリプトンの依頼を受け、紅茶に対する人々の態度を知るために、広範囲に渡る調査を行った。この調査結果で、リプトンは広告にさらに資金を投入するのか、新しい味を開発するのか、ホット・ティーではなくアイス・ティーを売り込むのかを判断することにしていた。

調査の成果として、アメリカ人はホット・ティーをそれほど飲まないことがわかった。また、ホット・ティーを飲む場合には通常ハーブ・ティーである。リプトンのホット・ティーの大部分には独特の香りを持つものがなかったが、調査以降ハーブ・ティーを多く市場に出した。さらにこの調査で、アメリカの消費者はアイス・ティーを好むことがわかった。

こういった調査結果として、リプトンはアイス・ティーの分野でいくつか独創的な開発を行っている。缶入りアイス・ティー「Brisk Iced Tea」を大々的に売り込み、このアイス・ティーは

リプトンは、マーケティング・リサーチによって消費者が熱湯ではなく冷水で入れることのできるアイス・ティーを望んでいることを知り、「Cold Brew Blend」を開発した。

すぐ飲めるアイス・ティーのブランドで売上げトップとなっている。また「Cold Brew Blend」ティー・バッグを、ピッチャーで作るファミリーサイズと1人分のグラスサイズの両サイズで開発した。このティー・バッグなら、熱湯の代わりに冷水でアイス・ティーを入れることができる。そのため、消費者は素早く簡便に紅茶を楽しめるようになった。ポルティコ・リサーチの調査結果に導かれて行われた、こうしたマーケティング努力の結果、リプトンの売上げは増加し、マーケット・シェアは拡大した[3]。

〈リサーチの実例〉――ティーンエージャーと「Toejam」とP&G：マーケティングとマーケティング・リサーチは手をたずさえて進む

ティーンエージャーは「Toejam」とどのような関係があるのだろうか。願わくば大いに関係あり、というのが多国籍巨大企業プロクター・アンド・ギャンブル（www.pg.com）の立場である。2003年、P&Gは約250ブランドを世界130カ国を超える国々に住む50億人もの消費者に向けてマーケティング活動を展開し、2002年の売上高は400億ドル（約4兆4,000億円）を超えた。「Toejam」（Teens Openly Expressing Just About Me.「10代は私をあからさまに表現する」の略語。www.toejam.com）は、P&Gがティーンエージャーをターゲットにして作ったウェブ・サイトである。このサイトは、製品のマーケティングと同様にマーケティング・リサーチにも役立つようにデザインされている。

P&Gは「製品を市場に出すにあたり『ティーンエージャーのチャット・リーダー』の影響力を特定し、利用する」という目的を実現するために、こういった新しいマーケティング・リサーチのアプローチを活用したいと考えている。「Toejam」ウェブ・サイトにはメンバーが特定のトピックに関してエッセイや話を投稿できるセクションがある。メンバーに選ばれると、リサーチと口コミの販売キャンペーンの両方に参加でき、商品がもらえる。ティーンエージャーはP&Gの商品サンプルなどの賞品ももらえる。

P&Gの経営陣は、このウェブ・サイトで、ティーンエージャーの心に入り込むこと、つまり、高利益率が期待できるマーケットに進出することができる。また「Toejam」のサイトに投稿されたエッセイや話から、P&Gは若い人たちが興味のあるトピックや傾向を調べることが可能になる。このようにして、ティーンエージャーの助けを借りてマーケティング・リサーチの課題を定義できるのである。

リサーチ方法の観点からいえば、ウェブ・サイトは非常に柔軟性に富んでいる。サイト上で質問調査が行われ、チャット・ルームは集団面接として機能している。さらに他の定性リサーチも行われている。ある意味、ティーンエージャーはこの分野においては正真正銘のエキスパートであり、P&Gが手にしている（そして今後も手に入れようとしている）情報は同社にとって非常に有益である。

さらに、P&Gは「Toejam」のサイトに登録している少女たちに賞品として送った製品に関して、貴重なフィードバックをもらっている。P&Gでは、ヘアケア製品「Physique」のラインナップからヘアスプレーのサンプルを送った。このプレゼントに、製品の効果やパッケージに関するコメントを求めるカードを同封した。P&Gに返送されたコメントから、製品を試した少女の多くは光沢のあるシルバーのパッケージを気に入っているが、このヘアスプレーを使うと髪が重たくなり、スプレーが乾燥すると髪にパラパラしたようなものが残ると感じていることがわかった。この苦情に応えてP&Gでは、パラパラ感を抑えてヘアスタイルを軽くまとめる「新たに改善した」Physique製品を最近発売した。

　製品をプレゼントとして発送した当初P&Gが気づいていなかった予想外のメリットは、少女たちがその友達に与える影響である。実は、少女たちは化粧品を友達と共有している。ある女の子がいったん製品を気に入って使用すれば、その友達も使用し、自分で購入するということが多い。その結果として売上げが増加する。このように、P&Gではマーケティング・リサーチとマーケティングが手と手を取り合って、革新的なリサーチと効果的なマーケティング、そして売上げ増加をもたらしたのである[4]。

　以上の例は、成功するマーケティング・プログラムを設計・実行する際に、マーケティング・リサーチが果たす重要な役割を明らかにしている[5]。マーケティング・リサーチがIBMやNBC、リプトン、P&Gといったあらゆる種類の企業で駆使されていることに注目しよう。さらに、マーケティング・リサーチは世界規模（RONIN）かつリアルタイム（レシピオ）になり、専門分野に特化して（ポルティコ）行われ、マーケティングと一体化（P&G）してきている。

　ここにあげた例は、電話調査、個人面接調査、インターネット調査、一対一の個人深層面接や情報源としてのインターネット利用といったマーケティング・リサーチの手法のほんの数例にすぎない。本書では、マーケティング・リサーチの手法を余すところなく紹介し、効果的なマーケティング戦略を立案する際の応用例を紹介する。マーケティング・リサーチの役割は、その定義に照らし合わせてみると、よりよく理解できるものと考える。

マーケティング・リサーチの定義

　米国マーケティング協会（American Marketing Association ; AMA）ではマーケティング・リサーチを以下のように正式に定義している。

〈リサーチの実例〉——米国マーケティング協会、マーケティング・リサーチを定義する

　米国マーケティング協会の理事会は、1986年マーケティング・リサーチの新しい定義として以下のように承認した。

　マーケティング・リサーチとは、情報を介して消費者や顧客、公衆とマーケターを結びつける機能である。その情報は、①マーケティングの機会と課題の特定および定義、②マーケティング活動の創造、洗練および評価、③マーケティング成果のモニタリング、④プロセスとしてのマーケティングの理解改善に利用される。

　マーケティング・リサーチは、これらの問題に取り組むのに必要な情報の特定、情報収集方法の設計、データ収集のプロセスの管理と実施、結果の分析、調査結果とそれが意味する内容の伝達を行う[6]。

　2003年現在、米国マーケティング協会はウェブ・サイト「Marketing Power」（www.marketingpower.com）を運営。このウェブ・サイトでは、マーケティングのプロにマーケティングのキャリア情報（求人情報）やコラム「ベスト・プラクティス」の諸論文、業界のトレンドなどさまざまな情報を提供している。

　意思決定のための情報の必要性を強調している本書では、マーケティング・リサーチを以下のように定義する。

　「マーケティング・リサーチとは、マーケティングにおける課題と機会の特定と解決にかかわる意思決定を改善するために、情報を体系的かつ客観的に特定、収集、分析、伝達／普及、利用することである」

　この定義には、ぜひ注目してほしい側面がいくつかある。まず、マーケティング・リサーチは体系的である。それゆえ、体系的なプランニングはマーケティング・リサーチのすべてのプロセスで要求される。各段階で取られる方法は、方法論として理にかなっており、きちんと記録され、可能な限り事前に計画が立てられている。マーケティング・リサーチでは、前もって注目されたこと、あるいは仮説をテストするためのデータの収集や分析に科学的な手法を用いる。

　マーケティング・リサーチは、事象の実態を反映する正確な情報を提供しようとするものである。そのため、客観的であり、かつ公平に行われなければならない。リサーチは常にリサーチャーの考え方に影響されるものだが、リサーチャーや経営陣の個人的あるいは政略的偏見にとらわれてはならない。個人的あるいは政略的利益という動機で行われるリサーチは、プロの

マーケティング・リサーチ marketing research　マーケティングにおける課題（と機会）の特定と解決にかかわる意思決定でマネジメントを支援するために、情報を体系的かつ客観的に特定、収集、分析、伝達／普及、利用すること。

リサーチャーとしての倫理に反する。このようなリサーチには、予め決まった事実を出そうとするために、意図的な偏りがある。すべてのリサーチャーのモットーは「見つけよ、そして、ありのままに伝えよ」でなければならない。

　マーケティング・リサーチには情報の特定、収集、分析、伝達、利用というプロセスがあり、どれも重要である。まず、マーケティング・リサーチの課題と機会を特定・定義し、それを調査するためにどのような情報が必要なのか決定する。あらゆるマーケティング機会は調査段階でリサーチ課題に置き換えられるので、ここでは「課題」と「機会」を交換可能な言葉として使う。次に、適切な情報源が特定され、精巧さと複雑さの異なるさまざまなデータ収集方法がその有用性の観点から検討される。データは、最も適切な方法で収集される。そして、分析、解釈されてから、推論が引き出される。最後に、その情報をマーケティングの意思決定に利用でき、かつ、すぐにそれに従って行動できるような形にして、調査結果から明らかになった事とその意味、そして勧告が提供される。次のセクションでは、タイプの異なるマーケティング・リサーチを分類して、この定義を詳しく述べていこう[7]。

マーケティング・リサーチの分類

　私たちの定義によると、組織は、①マーケティングの課題を特定する、②マーケティングの課題を解決する、という2つの理由でマーケティング・リサーチを行う。この違いは、図1.1にあるように、マーケティング・リサーチを課題特定リサーチと課題解決リサーチに分類するための基準となる。

　課題特定リサーチは、表面には見えないが確かに存在している問題、または将来生じると思われる課題を特定するための一助として行われる。課題特定リサーチの例には、マーケット・ポテンシャル、マーケット・シェア、ブランド・イメージあるいは企業イメージ、マーケット

図1.1　マーケティング・リサーチの分類

```
                    マーケティングリサーチ
                    ┌──────┴──────┐
              課題特定              課題解決
              リサーチ              リサーチ
                 │                     │
●マーケット・ポテンシャル・リサーチ    ●セグメンテーション・リサーチ
●マーケット・シェア・リサーチ          ●製品リサーチ
●イメージ・リサーチ                    ●価格リサーチ
●マーケット特性リサーチ                ●プロモーション・リサーチ
●販売分析リサーチ                      ●流通リサーチ
●予測リサーチ
●ビジネス・トレンド・リサーチ
```

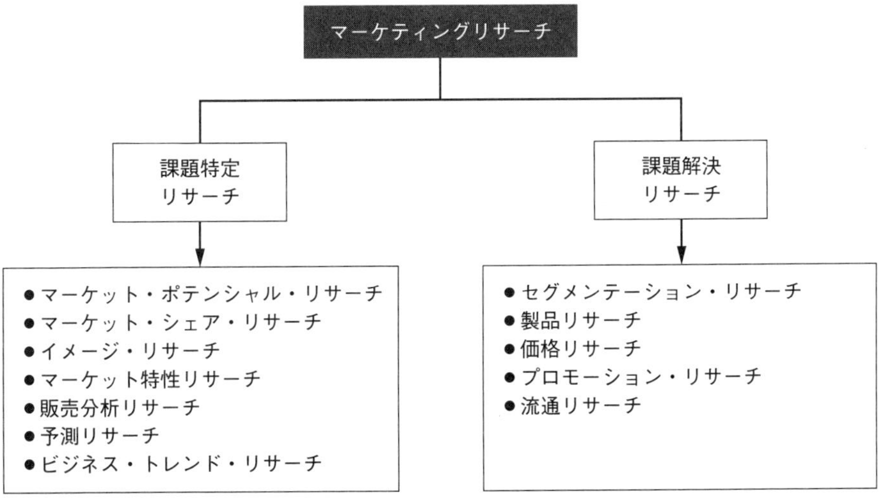

特性、販売分析、短期予測、長期予測、ビジネス・トレンドといったリサーチがある。マーケティング・リサーチを行っている企業を対象とした調査によると、回答した企業のうち97%の企業がマーケット・ポテンシャル、マーケット・シェアならびにマーケット特性の各リサーチを行っている。また、約90%の企業が、他のタイプの課題特定リサーチを利用したと回答している。このタイプのリサーチでは、マーケティング環境に関する情報がわかり、課題の究明が容易になる。例えば、マーケット・ポテンシャルの減少からは、企業の設定した成長目標の達成が将来なんらかの問題に直面する可能性があることがわかる。同様に、マーケット・ポテンシャルは増加しているのに、企業のマーケット・シェアが減少している場合にもなんらかの問題が存在する。消費者行動の変化のような経済、社会、文化におけるトレンドを認識することで、根底に潜んでいる課題や機会を指摘できる[8]。

課題もしくは機会が特定されたら、解決に達するための**課題解決リサーチ**が行われる。課題解決リサーチの調査から明らかになったことが、特定のマーケティング課題を解決する意思決定に利用される。この課題解決リサーチは多くの企業で行われている[9]。表1.1には、セグメンテーション、製品、価格、プロモーション、流通の各リサーチを含む課題解決リサーチを使って取り組まれているさまざまなタイプの問題を挙げた。

表1.1　課題解決リサーチ

- **●セグメンテーション・リサーチ**
  - セグメンテーションの基準を決める
  - それぞれのセグメントについて、マーケット・ポテンシャルおよび（マーケティング活動に対する）反応のしやすさを明らかにする
  - ターゲットとなるマーケットを選び、ライフスタイルの特徴、人口統計、メディア、製品イメージの特性を割り出す

- **●製品リサーチ**
  - コンセプトのテスト
  - 最適な製品デザイン
  - パッケージ・テスト
  - 製品改良
  - ブランドのポジショニングとリポジショニング
  - テスト・マーケティング
  - 店舗実験

- **●価格リサーチ**
  - ブランド選択における価格の重要性
  - 価格設定政策
  - 製品ラインの価格設定
  - 需要の価格弾力性
  - 価格変化に対する反応

- **●プロモーション・リサーチ**
  - 最適なプロモーション予算
  - セールス・プロモーション（販売促進）関連
  - 最適なプロモーション・ミックス
  - コピーについての意思決定
  - メディアついての意思決定
  - 広告制作物（クリエイティブ・マテリアル）のテスト
  - 宣伝文句の具現化
  - 広告効果の評価

- **●流通リサーチ**
  - 流通の種類
  - チャネル業者の態度
  - 卸売業者、小売業者のカバレージの強さ
  - チャネルマージン
  - 小売店舗、卸売業者等、販売拠点のロケーション

課題特定リサーチ　problem identification research　表面化しているとは限らないが確かに存在している問題、または将来生じると思われる課題を特定するための一助として行われるリサーチ。
課題解決リサーチ　problem solving research　特定のマーケティング課題を解決するための一助として行われるリサーチ。

マーケティング・リサーチを大きく2つのタイプに分類することは、概念的な観点からだけでなく実践的な観点からも有用である。とはいえ、課題特定リサーチと課題解決リサーチを切り離して考えることはできず、任意のマーケティング・リサーチ・プロジェクトが両方のタイプを兼ね備えている場合もある。これは、最初に挙げたIBMの例からも明らかである。IBMの例では、追跡調査で、リナックスで動くメインフレームの潜在需要があることがわかり（課題特定）、それに続く調査が、新しいリナックス・サーバー2機種とリナックス専用のメインフレーム1機種の発売へと導いた（課題解決）。ここではもう1つ、ケロッグ社の例をみてみよう。

〈リサーチの実例〉――「Crunchy Nut Red」、ケロッグの売上げに色を添える

2001年の年間売上げ88億5,000万ドル（約9,740億円）のケロッグ（www.kelloggs.com）は、売上げ不振に直面し、低迷するシリアルの売上げを回復させる難問に取り組んでいた。そんな中、ケロッグは、課題特定リサーチで課題の特定を成し得て、課題解決リサーチでシリアルの売上げを増加する解決策をいくつか開発することができた。

まずケロッグは、課題を特定するために複数の調査を行った。リサーチャーは、社内の意思決定者との対話、業界の専門家へのインタビュー、入手可能なデータの分析、定性リサーチの実施、さらに、消費者のシリアルに対する認識と好みに関する調査を実施した。このリサーチで重要な問題や課題がいくつか特定された。例えば、現行製品は子供にターゲットを絞っている、朝食のメニューとして人気があるのはベーグル（ドーナツ型堅焼きロールパン）やマフィン（軽焼きパン）である、値段が高いと消費者はノーブランド製品に乗り換える、といった点が挙げられた。さらに、リサーチ段階で、他の情報も明らかになった。成人は、ほとんど手間のかからない、あるいは全く手間のかからない、すぐ食べられる食品を求めていたのである。こういった問題点からケロッグは、まさに課題を特定することができた。ケロッグは、成人向けマーケットのニーズを満たすような新製品を導入することに関して、創造的でなかったのである。

課題を定義した後、ケロッグは解決策を講じることになった。シリアルの新しい味を何種類か開発し、成人消費者に対してモール・インターセプト面接（ショッピング・モールで対象者を選び、会場でテストする方法）によるテストを行った。その結果に基づき、過去の製品のような味気のないものではなく、大人の嗜好にあった新しい味を発売した。その一例が、2001年に発表した「Crunchy Nut Red」である。この新しいシリアルには、クランベリーの粒とアーモンド、そしてヨーグルト味のフレークが入っている。全国規模のテレビCMキャンペーンや大規模な店頭プロモーションを行い、全国規模の見本配布キャンペーン用に特製小分け袋入りを200万個用意して、この新しいシリアルを盛りたてた。ケロッグは、消費者テストの結果に基づいて、この新シリアルがケロッグの新規シリアルとしては最高クラスのスコアを獲得したことを明らかにした。

> ケロッグは、2002年オリンピックのアメリカ・チームと2002年冬季オリンピックのパートナー企業だった。冬季オリンピックがアメリカに戻ってきたのを歓迎して、食料品店でオリンピック・デザインのパッケージ、製品、プロモーション・オファー（特典提供）を行った。ケロッグは、クリエイティブな課題特定リサーチに続いて課題解決リサーチを行い、売上げを伸ばしただけでなく、朝食以外でのシリアルの消費も増加させた[10]。

ケロッグの例が示すように、課題特定と課題解決のリサーチには密接な関係があるだけでなく、両者は共通のマーケティング・リサーチのプロセスをたどっている。

マーケティング・リサーチのプロセス

マーケティング・リサーチのプロセスは概念上6ステップから成る。各ステップに関しては、次章以降で詳細に述べるので、ここでは簡単に取り上げよう。

ステップ1：課題の定義

マーケティング・リサーチ・プロジェクトの最初のステップは、プロジェクトの課題を定義することである。課題を定義する際にリサーチャーが考慮しなければならないのは、プロジェクトの目的、目的に関連する背景情報、プロジェクトで求められている情報、そして意思決定におけるプロジェクトの利用法である。課題定義には、意思決定者との話し合い、業界の専門家へのインタビュー、二次データの分析、さらに集団面接のような定性リサーチも含まれる。課題が正確に定義されると、リサーチの設計が可能になり、リサーチを適切に実施できるようになる（第2章参照）。

ステップ2：課題へのアプローチの展開

課題へのアプローチの展開には、客観的または理論的枠組み、分析モデル、質問項目、仮説、必要とされる情報の明細が含まれる。このプロセスは、経営陣や業界の専門家との議論、二次データの分析、定性リサーチおよびプロジェクト実施にあたり配慮すべき事項の検討を経て進んでいく（第2章参照）。

ステップ3：リサーチ設計の策定

リサーチ設計は、マーケティング・リサーチ・プロジェクトを行うための枠組もしくは青写真である。これには必要不可欠な情報を入手するために必要な手順が詳細に示されており、そ

マーケティング・リサーチのプロセス marketing research process マーケティング・リサーチの調査を行う際に達成すべきタスクを定義する6つのステップからなるセット。具体的には、課題の定義、課題へのアプローチの展開、リサーチ設計の策定、現地作業、データ作製とデータ解析、レポート準備とプレゼンテーション。

の目的は、関心のある仮説を検証するための調査を設計すること、リサーチ課題に対する可能な回答を決定すること、意思決定に必要となる情報を提供することである。また、探索的リサーチの実施や変数の正確な定義、変数測定のための適切な尺度の設計もリサーチ設計の一部である。もちろん、データをどのように調査対象者から入手すればよいのかという問題（例えば、質問調査や実験を行う）にも言及する。また、調査票や調査のための対象者を抽出する標本抽出計画を設計する必要もある。より正式に言うと、リサーチ設計の策定には以下のステップがある。

① 必要な情報の定義
② 二次データの分析
③ 定性リサーチ
④ 定量データの収集方法（質問調査、観察、実験）
⑤ 測定と尺度作成手順
⑥ 調査票の設計
⑦ 標本抽出プロセスと標本サイズ
⑧ データ解析のプラン

以上のステップに関しては、第3章から第12章で詳細に説明する。

ステップ4：現地作業またはデータ収集

　データ収集には現地作業者またはスタッフが必要となる。データ収集の方法としては、個人面接（戸別訪問、モール・インターセプト、コンピュータ支援個人面接）、オフィスで行う電話（電話あるいはコンピュータ支援電話インタビュー）、郵送（従来の郵送と前もって抽出した世帯への郵送パネル調査）、あるいは電子的方法（Eメールあるいはインターネット）がある。現地作業者を適切に選抜、訓練、監督、評価すれば、データ収集の誤差が最小限に抑えられる（第13章参照）。

ステップ5：データ作製とデータ解析

　データ作製には、データの編集、符号付け、データ入力、検査がある。収集された個々の調査票や観察フォームは、いずれも入念に検査、編集され、必要があれば修正される。調査票の各質問に対するそれぞれの回答には、数字または文字が割り当てられる。調査票のデータは、磁気テープか磁気ディスクに複写あるいは入力、または直接コンピュータに入力される。データはマーケティング・リサーチ課題の内容に関連した情報を導き出すために分析される。このようにして、経営上の意思決定にかかわる課題に対する情報が提供される（第14章～第21章参照）。

ステップ6：レポート準備とプレゼンテーション

　プロジェクト全体は、報告書の形で文書化されなければならない。この報告書では、特定された調査の質問への取り組み、アプローチやリサーチ設計、データ収集、採用したデータ解析方法を説明し、結果や重要な所見を記述する。重要な所見は、経営陣が意思決定プロセスに直ちに反映できるように、分かりやすい形で提出することが望まれる。さらに、よりわかりやすく、より大きなインパクトを与えるために、表、図解および図表を用いて、経営陣へ口頭でプレゼンテーションを行うべきである（第22章参照）。

　次の例にあるように、ここで紹介したマーケティング・リサーチのプロセスは、大手企業で行われているリサーチの典型的なものである。

〈リサーチの実例〉——マリオット社におけるマーケティング・リサーチ

　マリオット・インターナショナル（www.marriott.com）は、2003年現在、全米50州、世界59カ国に2,100を超える資産を所有する主要なホスピタリティ企業である。マリオットは多くの分野でサービスを展開しており、「マリオット」「ルネッサンス」「コートヤード」「レジデンス・イン」「タウンプレイス・スイート」「スプリングヒル・スイート」「ラマダ・インターナショナル」などのブランドを持つ。

　マリオットでのマーケティング・リサーチは、コーポレート・マーケティング・サービス（CMS）を介して企業レベルで行われている。CMSの目標は、マリオットのさまざまな分野で働く管理職のスタッフに、マーケットと顧客をより理解するために必要な情報を提供することにある。

　CMSは多種多様なリサーチを行っている。マーケット・セグメンテーション、製品テスト、消費者の価格感応性、顧客満足度などの情報を入手するために、電話調査、郵送調査、集団面接、顧客のインターセプト調査のような定量リサーチや定性リサーチのアプローチを展開している。

　マリオットでのリサーチ・プロセスは、簡潔かつ段階的に進められていく。最初のステップは、取り扱う課題とマリオット社内の特定のクライアント・ユニットの目標をより正確に定義し、課題へのアプローチを開発することである。次のステップは、正式なリサーチデザインを策定し、特定の調査プロジェクトを設計していくことである。CMSは自社でリサーチを行うのか、外部組織に業務委託するのか決めなければならない。また、外部に委託する場合、複数の業者を使うのか1社に絞るのかも決める必要がある。いったん決定がなされれば、データは収集し分析される。その後、CMSは調査結果をクライアント・ユニットに正式なレポートとして提出する。CMSのリサーチ・プロセスにおける最後のステップは、絶えずクライアント・ユニットとCMS間のコミュニケーションを取り続けるということである。このステージを通じて、CMSはリサーチ結果の意味するところを説明し、意思決定を支援し、将来のリサーチに関するアドバイスが可能になる[11]。

第1章 マーケティング・リサーチ序論

マーケティング・リサーチの本質

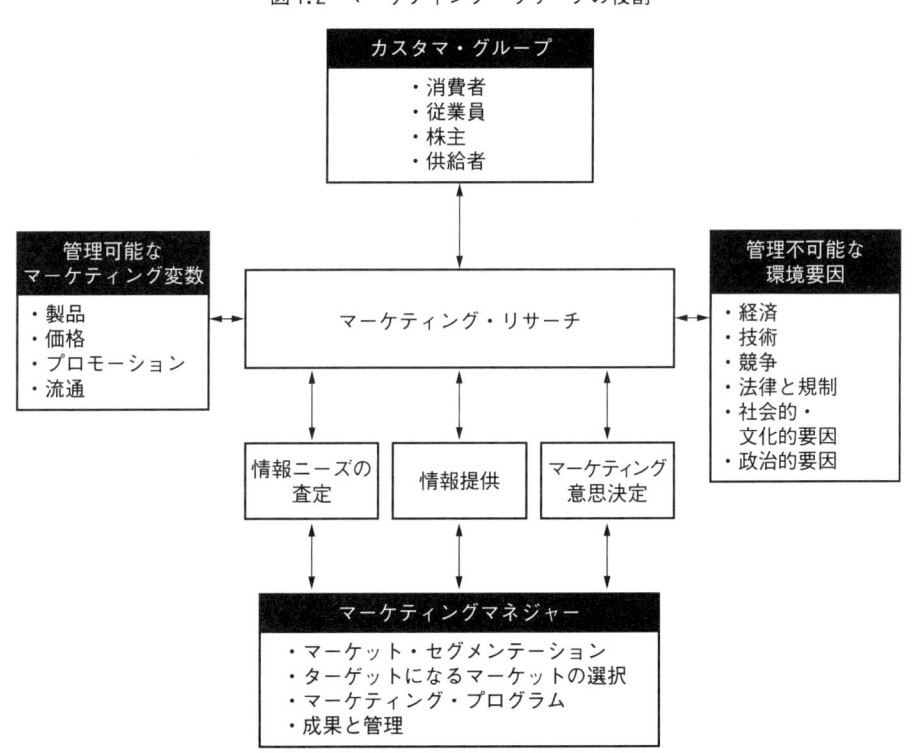

　マーケティング・リサーチの本質と役割については、図1.2に示した基本的なマーケティングのパラダイムを参照することでよく理解することができよう。

　マーケティングでは、顧客のニーズの特定と満足度に重点が置かれている。顧客のニーズを見極め、それを満たすことを目的としたマーケティングの戦略やプログラムを実行するには、マーケティングマネジャーは情報を必要とする。すなわち、顧客や競合企業、市場おけるその他の影響力に関する情報である。近年では、数々の要因から、より多くの、そしてより質の高い情報が必要とされてきている。企業が全国規模、国際規模になると、さらに広い範囲で遠く離れたマーケットの情報を得る必要性が高まる。また、消費者が豊かになり洗練されるにつれ、消費者が製品やそれ以外のマーケティング・オファーにどのように反応するのかに関して、より質の高い情報をマーケティングマネジャーは必要とする。また、企業間の競争が激しくなると、マーケティング・ツールの有効性に関する情報も不可欠となる。そして、取り巻く環境が急速に変化しているので、マーケティングマネジャーは一層タイムリーな情報を必要としている[12]。

　マーケティング・リサーチのタスクは、情報のニーズを査定し、適切であり、正確で信頼性

図1.2 マーケティング・リサーチの役割

```
                    ┌─────────────────┐
                    │ カスタマ・グループ │
                    │ ・消費者          │
                    │ ・従業員          │
                    │ ・株主            │
                    │ ・供給者          │
                    └─────────────────┘
                            ↕
┌──────────────┐    ┌──────────────────┐    ┌──────────────┐
│管理可能な     │    │                  │    │管理不可能な  │
│マーケティング │    │                  │    │環境要因      │
│変数           │    │                  │    │・経済        │
│・製品         │↔   │ マーケティング・ │↔   │・技術        │
│・価格         │    │ リサーチ         │    │・競争        │
│・プロモーション│    │                  │    │・法律と規制  │
│・流通         │    │                  │    │・社会的・    │
│               │    │                  │    │ 文化的要因  │
│               │    │                  │    │・政治的要因  │
└──────────────┘    └──────────────────┘    └──────────────┘
                       ↕      ↕      ↕
                   ┌──────┐┌──────┐┌──────────┐
                   │情報  ││情報  ││マーケティング│
                   │ニーズの││提供  ││意思決定      │
                   │査定  ││      ││              │
                   └──────┘└──────┘└──────────┘
                            ↕
                 ┌──────────────────────────┐
                 │ マーケティングマネジャー │
                 │ ・マーケット・セグメンテーション │
                 │ ・ターゲットになるマーケットの選択 │
                 │ ・マーケティング・プログラム │
                 │ ・成果と管理              │
                 └──────────────────────────┘
```

と妥当性が高く、しかも最新の情報を経営陣に提供することである。マーケティング環境における競争が激化し、拙劣な意思決定がコスト肥大に直結する今日において、マーケティング・リサーチにはしっかりした情報を提供することが求められている。しっかりした決定とは、気力や直感、まして単なる判断に基づいたものではない。しっかりした情報がなければ誤った経営判断が下されることになりかねない。その例として、ジョンソン・エンド・ジョンソン社の小児用アスピリンの例をみてみよう。

〈リサーチの実例〉——J&Jのやさしさ、痛みを取り除かず

　ジョンソン・エンド・ジョンソン（www.jnj.com）は、世界で最も広い地域に拠点を持つヘルス・ケア製品のメーカーである。2003年現在、175カ国以上で190を超える子会社が製品を販売している。だが、業界におけるこのような成功にもかかわらず、小児用アスピリンに自社名を使おうとしたジョンソン・エンド・ジョンソンの試みはうまくいかなかった。

　ジョンソン・エンド・ジョンソンは「人にやさしい」ことで知られているが、幼児用アスピリンにはやさしさは求められていないのである。たしかに、幼児用アスピリンは安全でなければならない。しかし、やさしさ自体が望ましい特徴ではなかった。むしろ、効き目のやさしいアスピリンは効果が十分でない場合があると感じている人がいた。このケースは、適切なマーケティング・リサーチを行わずに直感的にはもっともな動きに見えたことが、実は誤った決断だったと判明した実例である[13]。

ジョンソン・エンド・ジョンソンの例が示しているように、マーケティングマネジャーは、顧客のニーズを特定し満たすプロセスで、数多くの戦略的・戦術的な決断を行っている。図1.2に示したように、その決断は、潜在的な機会、ターゲットとするマーケットの選択、マーケット・セグメンテーション、マーケティング・プログラムの計画と実行、マーケティングの成果そして管理に及ぶ。また、製品、価格、プロモーション、流通といった管理可能なマーケティング変数間の相互作用で、その決断は複雑化し、さらにそこに一般的な経済状況、技術、国や行政の政策と法律、政治環境、競争、社会的および文化的な変化などの統制不可能な環境要因が加わり、一層複雑化する。

マーケティングの複雑化を招くもう1つの要因は、消費者、従業員、株主、供給者などから複合されるカスタマー・グループである。マーケティング・リサーチは、マーケティング責任者が上記のようなマーケティング変数を環境やカスタマー・グループに結びつける際に役立つ。というのも、マーケティング・リサーチは、マーケティング変数や環境、消費者に関する適切な情報を提供し、不確実性を取り除くからである。適切な情報がなければ、マーケティング・プログラムに対する消費者の反応を、確実に、あるいは、正確に予測するのは不可能である。現行のマーケティング・リサーチ・プログラムは、統制可能な要因、統制不可能な要因と消費者に関する情報を提供する。マーケティングマネジャーの意思決定の効果は、こうした情報に

よって一層高まるのである[14]。

　従来、情報のニーズの査定や適切な情報の提供に関してはマーケティング・リサーチャーが責任を担い、マーケティング意思決定はマーケティングマネジャーが行っていたが、この役割分担は現在変化している。マーケティング・リサーチャーは、より意思決定にかかわるようになり、マーケティングマネジャーは、よりリサーチにかかわるようになってきている。この傾向は、マーケティングマネジャーが以前よりも優れたトレーニングを受けていること、インターネットや技術面で進歩があったこと、マーケティング・リサーチのパラダイムに変化があったこと（つまり、マーケティング・リサーチは、特定のマーケティング課題やマーケティング機会に対応して行われるというよりも、刻々と変化する状況に応じて行われることが多くなっていること）に起因していると考えられる。概要で紹介したP&Gと次に挙げる例に見られるように、マーケティングとマーケティング・リサーチはより統合されてきているのである[15]。

〈リサーチの実例〉——病める巨人に息吹を

　ダイムラー・クライスラー社（www.daimlerchrysler.com）は、2001年の売上高1,467億6,000万ドル（約16兆1,400億円）、世界第3位の自動車メーカーである。1980年代初め、クライスラー社（www.chrysler.com）は存続をかけて戦っていた。その2、3年前、幸運にも2人の人物がフォード社から来た。名前はリー・アイアコッカとハロルド・スパーリック。この2人は革命的なアイデアをもたらした。それがミニバンである。

　シニア・マネジャーのアイアコッカとデザイナーのスパーリックは、マーケティング・リサーチを用いて「ファミリー向けのより快適な交通手段」というニーズを特定した。1980年代前半、ガソリン価格は急上昇していたが、集団面接やモール・インターセプト、郵送調査による「桁外れ」のリサーチで、消費者が普通車のように運転できるバンを欲しがっていることがわかった。「我々が（ミニバンを）売り込んでいる大衆はハウストレーラーを牽引するわけではない。クラス1（訳注：自動車総重量が6,000ポンド〈約2.7トン〉以下のトラックを指す。クラス2、3と

マーケティング・リサーチのおかげで、クライスラーはミニバン市場を特定でき、このセグメントにターゲットを絞った製品を開発、販売できた。

重量が増える）を超えるクラスのハウストレーラーを常日頃から牽引するようなアメリカ人はまずいないんだ。もちろん、クライスラーならクラス1のハウストレーラーでも十分牽引できるがね」とクライスラーのある役員は話した。一般大衆が頑強な乗り物ではなく、信頼性が高く、広々としていて便利な交通手段を求めていることが明らかになったのである。

マーケティング・リサーチで、ミニバンがこの特徴を満たしていることがわかった。その結果、クライスラーは革新的な新製品で競争を制した。後々、この製品は社内で自動車の「ホームラン」と呼ばれるようになる。クライスラーは、組織内部の認識よりもむしろ消費者を中心にしてこの製品を設計した。マーケティング・リサーチで確信を持ったクライスラーは、GM（ゼネラルモーターズ）やフォードが、リスクが高いとみなして避けていたマーケットに参入した。そして、GMとフォードはミニバンをマーケットに導入する機会を逸する。GMは儲けの高いステーション・ワゴンのセグメントを損なうことになるのではないかと危惧した。一方、フォードはこの機会を見送り、その代わりにさらに小型で燃費のよいモデルに集中することに決めたのである。

それとは対照的に、クライスラーは、消費者の課題と製品の解決法を結ぶ強い絆を作り上げた。25年後、この製品ラインは今なおクライスラーの売上高の約4分の1と利益の重要な部分を占めている。ミニバンをマーケットにもたらしたマーケティング・リサーチが、かつて病んでいた自動車メーカーを復活させたのである。

1998年、クライスラー社とダイムラー・ベンツ社が合併し、350億ドル（約3兆8,500億円）企業、ダイムラー・クライスラー社が誕生した。新企業として生まれ変わったわけだが、今なお的を絞り込んだ製品開発、マーケティング・リサーチに依存している。2001年、ダイムラー・クライスラーは、小柄なドライバーのために、ハッチバックのパワー・リフトゲートをミニバンに導入した。2002年には、ほとんどのミニバンには運転席側にもスライド・ドアが装備され、しかもパワー・スライディング・ドアになっている。また、安全性と節約に関心の高い顧客向けに、2003年、タイヤの空気圧モニタリングシステムを装備した[16]。

ダイムラー・クライスラーの経験が示すように、マーケティング・リサーチは経営陣が得る情報の価値を大いに高めることができる。経営陣は、特定のマーケティング情報を入手する際、マーケティング・リサーチ供給者やサービスの手を借りることも可能である。

マーケティング・リサーチ供給者とサービス

マーケティング・リサーチ供給者とサービスは、マーケティング意思決定に必要な情報のほとんどを提供してくれる。図1.3はマーケティング・リサーチ供給者とサービスを分類したものである。

リサーチの供給者は、大まかに分類すると内部、外部に分けられる。**内部供給者**とは、社内

内部供給者　internal supplier　社内のマーケティング・リサーチ部門。

図1.3 マーケティング・リサーチ供給者とサービス

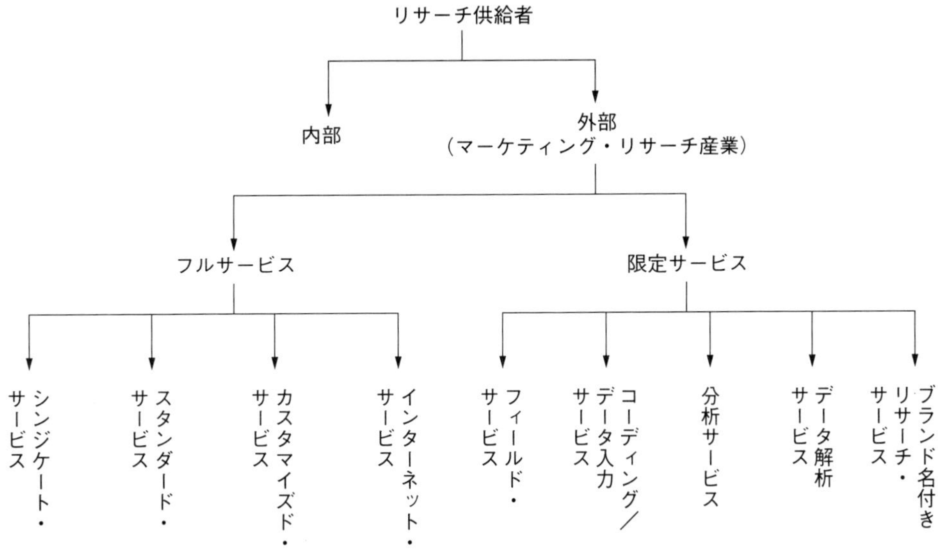

```
                      リサーチ供給者
                    ┌──────┴──────┐
                   内部           外部
                              (マーケティング・リサーチ産業)
                         ┌──────────┴──────────┐
                      フルサービス              限定サービス
                   ┌───┬───┬───┬───┐    ┌───┬───┬───┬───┬───┐
                  シン スタ カス イン    フィ コー 分析 データ ブラ
                  ジケ ンダ タマ ター   ール ディ サー 解析   ンド
                  ート ード イズ ネッ    ド・ ング  ビス サービ 名付
                  ・サ ・サ ド・ ト・   サー /デ      ス    き
                  ービ ービ サー サー   ビス ータ            リサ
                   ス   ス  ビス ビス        入力            ーチ
                                            サー            ・サ
                                            ビス            ービ
                                                             ス
```

のマーケティング・リサーチ部門にあたる。多くの企業、特に自動車メーカー（GM、フォード、ダイムラー・クライスラー）、消費財メーカー（P&G、コルゲート・パーモリーブ、コカ・コーラ）、銀行（シティーコープ、バンクオブアメリカ）などの大企業では、社内にマーケティング・リサーチ部門を抱えている。

　組織構成上のマーケティング・リサーチ部門の立場には、企業によってかなり違いがある。一方の極端な場合として、リサーチ機能が中央に集中していて、会社の本部に設置されていることがある。もう一方の極端な例は分散型で、リサーチ機能が個々の事業部門ごとに組織されている。分散型の組織では、製品別、顧客別、あるいは地域別に部門が編成されていて、マーケティング・リサーチのスタッフはそれぞれの部門に配属される。この場合、配属されたスタッフは、本社の役員ではなく部門の責任者に報告を行うことになる。また、これら両極端の間には異なったタイプの組織が存在する。最近では中央集権化の傾向やマーケティング・リサーチ・スタッフの削減が見られるとはいえ、企業にとって最善の体制がどんなものであるかは、マーケティング・リサーチのニーズと、マーケティングやその他の機能の構造によって決まる。内部供給者は、ある特定のマーケティング・リサーチのタスクを実行するために外部供給者の力を借りることが多い。

　オスカー・マイヤーを例にとり、マーケティング・リサーチの機能を持った組織がどのように構成されているかを紹介しよう。

〈リサーチの実例〉——オスカー・マイヤーにおけるマーケティング・リサーチ組織

オスカー・マイヤー（www.oscarmayer.com）はクラフト・フーズ社（www.kraftfoods.com）の一部門である。オスカー・マイヤーのマーケティング・リサーチ部門は2つの機能上の分野、ブランド・リサーチとマーケティング・システム／分析（MSA）に分かれている。

ブランド・リサーチ・グループは以下の責任を担っている。
- 一次調査および二次調査を実施する
- マーケティング・コンサルトの役割を果たす
- マーケット・トレンドを分析する
- マーケティング・リサーチの最新技術を向上させる

MSAグループのリサーチャーは次に挙げる3つの主な役割を履行している。
- 出荷および店舗のスキャン・データを基に販売分析を行う
- マーケティング部門内のコンピュータのエンド・ユーザーをサポートする
- マーケティング情報の情報源の役割を果たす

この組織構成により、マーケティング・リサーチ部門はマーケティングの役割を強力にサポートすることができた。そしてオスカー・マイヤーが、長年にわたり革新的な製品をいくつも導入し、消費者との強い絆を築くことができた。例えば、マーケティング・リサーチから、子供が成長すると、その旺盛になる食欲と活発なライフスタイルを満たすのが大変になるということがわかった。そのため、2001年、オスカー・マイヤーは弁当タイプの「Lunchables」シリーズの新製品ライン「Mega Pack Lunch Combinations」を発売した。この新しい製品は10歳から12歳の子供たち向けで、通常の「Lunchables」より内容物が40％増量されている。この製品は市場のニーズをしっかりとつかんでいたので、即座に成功した[17]。

外部供給者とは、マーケティング・リサーチ・データを供給するために業務委託を受ける外部企業である。これらが集まって、マーケティング・リサーチ産業を形成しているが、個々の供給者を見ると、スタッフが1人、2人といった小規模な事業から、世界規模の大企業までさまざまである[18]。**表1.2**ではアメリカのリサーチ業者上位50社を挙げている[19]。外部供給者はフルサービスの業者と限定サービスの業者に分類される。**フルサービスの業者**は、課題定義からアプローチの展開、調査票の設計、サンプリング、データ収集、データ解析、解釈、レポート作成とプレゼンテーションまで全ての領域のサービスを提供する。このタイプの業者が提供

外部供給者 external supplier　マーケティング・リサーチ・データを供給するために業務委託を受ける外部のマーケティング・リサーチ会社。
フルサービスの業者 full-service supplier　マーケティング・リサーチ活動のすべての領域のサービスを提供する企業。

第1章 マーケティング・リサーチ序論

表1.2 全米リサーチ企業上位50社

全米ランキング 2001	全米ランキング 2000	組織名	本社所在地	ウェブ・サイト	全世界におけるリサーチ売上高*（単位＝百万ドル）	米国以外におけるリサーチ売上高*（単位＝百万ドル）	米国以外におけるリサーチ売上高の割合
1	2	VNU 社	ニューヨーク（ニューヨーク州）	vnu.com	$2,400.00	$1,100.00	45.8%
2	3	IMS ヘルス社	フェアフィールド（コネチカット州）	imshealth.com	1,171.00	702.0	60.0
3	4	インフォメーション・リソーセス社	シカゴ（イリノイ州）	infores.com	555.9	135.6	24.4
4	6	ザ・カンター・グループ	フェアフィールド（コネチカット州）	kantargroup.com	962.3	663.2	68.9
5	5	ウエスタット社	ロックビル（メリーランド州）	westat.com	285.8	—	—
6	7	アービトロン社	ニューヨーク（ニューヨーク州）	arbitron.com	227.5	7.9	3.5
7	—	NOP ワールド USA	ニューヨーク（ニューヨーク州）	nopworld.com	224.1	17.5	7.8
8	8	NFOワールドグループ	グリニッチ（コネチカット州）	nfow.com	452.9	289.9	64.0
9	9	マーケット・ファクツ社	アーリントンハイツ（イリノイ州）	marketfacts.com (synovate.com)	189.7	33.5	17.7
10	11	テイラーネルソンソフレス USA 社	ロンドン（英国）	tnsofres.com	166.9	16.4	9.8
11	11	マリッツ・リサーチ社	フェントン（ミズーリ州）	maritzresearch.com	181.7	54.6	30.0
12	23	イプソス	ニューヨーク（ニューヨーク州）	ipsos.com	204.3	91.4	44.7
13	15	JD パワー・アンド・アソシエイツ	ウエストレイク・ヴィレッジ（カリフォルニア州）	jdpa.com	128.0	18.7	14.6
14	14	オピニオン・リサーチ社	プリンストン（ニュージャージー州）	opinionresearch.com	133.6	42.2	31.6
15	10	NPD グループ社	ポートワシントン（ニューヨーク州）	npd.com	101.7	13.0	12.8
16	17	ジュピター・メディア・メトリックス社	ニューヨーク（ニューヨーク州）	jupiterresearch.com	85.8	17.2	20.0
17	18	ハリス・インタラクティブ社	ロチェスター（ニューヨーク州）	harrisinteractive.com	75.4	10.5	13.9
18	20	Abt アソシエイツ社	ケンブリッジ（マサチューセッツ州）	abtassociates.com	62.8	9.4	15.0
19	19	C&R リサーチ・サービシーズ社	シカゴ（イリノイ州）	crresearch.com	43.6	—	—
20	22	ワースリン・ワールドワイド	マックリーン（バージニア州）	wirthlin.com	46.8	7.2	15.4
21	24	リーバーマン・リサーチ・ワールドワイド	ロサンゼルス（カリフォルニア州）	lrwonline.com	43.1	4.3	10.0
22	25	バーク社	シンシナティ（オハイオ州）	burke.com	45.5	11.2	24.6
23	21	MORPACE インターナショナル社	ファーミントン（ミシガン州）	morpace.com	48.3	15.9	32.9
24	26	マーケット・ストラテジーズ社	リボニア（ミシガン州）	marketstrategies.com	31.7	1.5	4.7
25	30	GfK カスタム・リサーチ社	ミネアポリス（ミネソタ州）	customresearch.com	29.8	0.9	3.0
26	32	ICR／インターナショナル・コミュニケーションズ・リサーチ	メディア（ペンシルバニア州）	icrsurvey.com	28.8	0.3	1.0
27	29	M/A/R/C リサーチ	アービング（テキサス州）	marcresearch.com	24.5	0.5	2.0
28	31	エルリック＆ラビッジ・マーケティング・リサーチ	タッカー（ジョージア州）	elrickandlavidge.com	22.9	—	—

表1.2　全米リサーチ企業上位50社

全米ランキング		組織名	本社所在地	ウェブ・サイト	全世界におけるリサーチ売上高*（単位＝百万ドル）	米国以外におけるリサーチ売上高*（単位＝百万ドル）	米国以外におけるリサーチ売上高の割合
2001	2000						
29	36	RDAグループ社	ブルームフィールド（ミシガン州）	rdagroup.com	26.0	3.6	13.8
30	33	リーバーマン・リサーチ・グループ	グレートネック（ニューヨーク州）	liebermanresearch.com	22.3	0.5	2.2
31	—	ナリッジ・ネットワークス社	メンロパーク（カリフォルニア州）	knowledgenetworks.com	21.4	—	—
32	34	ウォーカー・インフォメーション	インディアナポリス（インディアナ州）	walkerinfo.com	26.8	5.5	20.5
33	37	ナショナル・リサーチ社	リンカーン（ネブラスカ州）	nationalresearch.com	17.7	—	—
34	38	ディレクションズ・リサーチ社	シンシナティ（オハイオ州）	directionsrsch.com	16.7	—	—
35	48	マーケティング・アンド・プランニング・システムズ社	ウォルサム（マサチューセッツ州）	mapsnet.com	19.7	3.2	16.2
36	—	アライアンス・リサーチ社	クレストビュー・ヒルズ（ケンタッキー州）	allianceresearch.com	15.4	—	—
37	40	データ・ディベロプメント社	ニューヨーク（ニューヨーク州）	datadc.com	15.6	0.3	1.9
38	46	マーケティング・アナリスツ社	チャールストン（サウスカロライナ）	marketinganalysts.com	15.1	0.4	2.6
39	—	マーケティング・リサーチ・サービシーズ社	シンシナティ（オハイオ州）	mrsi.com	14.3	—	—
40	43	グリーンフィールド・オンライン社	ウィルトン（コネチカット州）	greenfield.com	14.2	—	—
41	42 45	グリーンフィールド・コンサルティング・グループ社	ウエストポート（コネチカット州）	greenfieldgroup.com	14.0	0.1	1.0
42		サビッツ・リサーチ・カンパニーズ	ダラス（テキサス州）	savitzresearch.com	13.2		
43	44	ザ・プリテスティング社	テナフライ（ニュージャージー州）	pretesting.com	13.1	0.7	5.3
44	39	シュルマン・ロンカ・ブキュバラス社	ニューヨーク（ニューヨーク州）	srbi.com	12.1	0.7	5.8
45	49	チェスキン	レッドウッドショアズ（カリフォルニア州）	cheskin.com	14.3	3.1	22.0
46	—	ザ・マーケティング・ワークショップ社	ノークロス（ジョージア州）	mwshop.com	10.6	—	—
47	—	シンメトリカル・ホールディングス社	ディアフィールドビーチ（フロリダ州）	symmetrical.com	10.4	—	—
48	—	コムスコア・ネットワークス社	レストン（バージニア州）	comscore.com	10.0	—	—
49	—	マーケットビジョン・リサーチ社	シンシナティ（オハイオ州）	marketvisionresearch.com	10.0	—	—
50	47	ザ B/R/S グループ社	サンラファエル（カリフォルニア州）	brsgroup.com	10.9	2.2	20.0
				上位50社合計	$8,318.2	$3,285.1	39.5%
			その他合計（上位50社に含まれていないCASRO加盟130社）**		563.1	52.5	9.3%
				180社総計	$8,881.3	$3,337.6	37.6%

*それぞれの売上高にリサーチ以外の売上高が含まれている企業があり、その額が極めて高い企業がある。本表では、企業は米国における売上高に基づきランク付けされている。

**調査会社130社（上位50社を除く）の総売上高。この130社は、秘密扱い資料として財務情報をアメリカ・サーベイ・リサーチ機関協議会（the Council of American Survey Research Organizations、CASRO）に提供した企業である。

するサービスは、さらにシンジケート・サービス、スタンダード・サービス、カスタマイズド・サービス、インターネット・サービスに分けられる。（図1.3参照）

シンジケート・サービスは、販売価格を明らかにして情報を収集し、購買を契約した複数のクライアントに提供するものである。質問調査や日記式パネル、スキャナー、監査がデータ収集の主な手段である。例えば、ニールセン・メディア・リサーチ社（www.nielsenmedia.com）のニールセン・テレビジョン・インデックスは、視聴者数や特定テレビ番組を視聴している家庭の人口統計特性に関する情報を提供しているし、エーシーニールセン社（www.acnielsen.com）は、スーパーマーケットのレジにある電子スキャナーで読み取った大量の販売結果をあとづけるデータを提供している。また、NPDグループ（www.npd.com）はアメリカで最も大規模な消費者パネルのひとつを保有している。シンジケート・サービスについては第4章でさらに詳しく言及する[20]。

スタンダード・サービスは、定められた規格に従った方法でさまざまなクライアントのために行うリサーチ研究である。例えば、広告効果を測定する方法は調査間の比較が可能であり、評価のための基準、ノームが設定できるように調査手順が標準化されている。ローパーASW社（www.roperasw.com）のスターチ・リーダーシップ・サーベイ（www.roperasw.com/products/adreadership.html）は、印刷広告物を評価するために最も普及しているサービスである。その他、有名なサービスにはギャラップ・アンド・ロビンソン・マガジン・インパクト・スタディーズ（www.gallup-robinson.com）がある。こういったサービスは、シンジケート・サービスとしても販売されている。

カスタマイズド・サービスは、顧客の特定ニーズにあわせてカスタマイズされた、多種多様なマーケティング・リサーチのサービスを提供する。個々のマーケティング・リサーチ・プロジェクトはそれぞれに独自性がある。このタイプのサービスを提供しているマーケティング・リサーチ企業には、バーク社（www.burke.com）、マーケット・ファクツ社（www.marketfacts.com）、エルリック・アンド・ラヴィッジ社（www.elavidge.com）がある。

インターネット・サービスは、インターネットでのマーケティング・リサーチに特化した企業を含む数社が提供している。例えば、グリーンフィールド・コンサルティング・グループ（www.greenfieldgroup.com）の子会社で、コネチカット州ウエストポートにあるグリーンフィールド・オンライン・リサーチ・センター（www.greenfieldonline.com）は、消費者向け、BtoB向け、および専門職市場向けにカスタマイズされた、幅広い定性／定量オンライン・マーケテ

シンジケート・サービス syndicated services 多数のクライアントが共有する情報ニーズを満たすために設計されたどのクライアントにも共通して利用できるデータを、収集および販売するリサーチ・サービス。
スタンダード・サービス standardized service さまざまなクライアントに定められた規格を用いて実施したマーケティング・リサーチを提供するサービス。
カスタマイズド・サービス custmized service 個々のクライアントのニーズを満たすように、リサーチの手順を合わせるサービス。
インターネット・サービス internet service インターネットでのマーケティング・リサーチに特化したサービス。

ィング・リサーチを提供している。大規模な商標権を保持しているデータベースを駆使し、調査はグリーンフィールド・オンライン・リサーチ・センターの、セキュリティーの確立されたウエブ・サイト内で行われる。

　限定サービス供給者は、概略で触れたレシピオの事例のように、マーケティング・リサーチ・プロジェクトの一段階あるいは二、三の段階に特化している。このような供給者から提供されるサービスは、現地作業サービス、符号付け、データ入力、分析サービス、データ解析、ブランド製品に分類される。**現地作業サービス**は、郵送調査、個人面接調査や電話調査でデータを収集する。このようなインタビュー調査に特化している企業は現地作業サービス組織と呼ばれている。このタイプの組織は、地域で活動する小規模な個人経営の組織から大規模な多国籍組織まで幅が広い。中には、ショッピングモールの買物客にインタビューを行うため、全国各地に大規模なインタビュー施設を持つ企業もある。また、多くの組織では、集団面接のような定性データの収集サービスを行っている（第5章参照）。現地作業サービスを提供している企業には、フィールド・ファクツ社（www.fieldfacts.com）、フィールド・ワーク・シカゴ社（www.fieldwork.com）、マリッツ社（www.maritz.com）のクオリティー・コントロールド・サービス部門、サーベイUSA（www.surveyamerica.com）がある。

　符号付け／データ入力サービスは、完了した調査票の編集、符号付け案の開発、コンピュータ入力用ディスク、磁気テープへのデータ起こしを含む。サーベイ・サービス社（www.survey-service.com）がこのようなサービスを提供している。

　分析サービスには、調査票の設計や試験検査、データ収集の最も効果的な手段の決定、標本抽出計画の設計、その他の側面のリサーチ設計が含まれる。複雑なマーケティング・リサーチ・プロジェクトには、専門的な実験計画法（第7章参照）や、コンジョイント分析や多次元尺度構成法（第21章参照）のような分析手法を含む高度な手順に関する知識が必要となるものもある。この分野の専門知識は、SDRコンサルティング（www.sdr-consulting.com）のような分析サービスに特化した企業やコンサルタントから手に入れることができる。

　データ解析サービスは、大規模な質問調査で入手したデータのような定量データのコンピュータ解析に特化した（タブ・ハウスと呼ばれている）企業が行っている。もともとデータ解析会社の多くは単純集計（一変数の度数計算）とクロス集計（2つ以上の変数の同時分布の度数計算）だけを提供していた。今では、ベータ・リサーチ・コーポレーション（www.nybeta.com）をはじめ多くの企業が高度な統計的技法を駆使して複雑なデータ解析を提供している。マイクロコンピュータやソフトウエアの普及に伴い、多くの企業が自分たちのデータを分析できるようになったが、データ分析を行う企業に対する需要は今なお高い。

　ブランド名付き・マーケティング・リサーチ製品とサービスは、特定のマーケティング・リサーチ課題に取り組むために開発した限定されたデータ収集および分析手法である。こういった手法は、特許を取得し、ブランド名を付け、他のブランド製品と同じように販売している。マーケット・ファクツ（www.marketfacts.com）は、いくつかのブランド名付きリサーチ・サ

ービスをTeleNation®ファミリーのもとで提供している。その中の1つTeleNationは、アメリカ全土の母集団から無作為に抽出した世帯に対する、週3回実施している電話によるマルチクライアント調査である。クライアントは、尋ねた質問数に基づいて調査への参加料金を請求される。週3回実施される電話調査は1回につきアメリカの成人を代表する1,000人で構成される。

フルサービスであれ、限定サービスであれ、リサーチ供給者を選択する際には遵守すべきガイドラインがある。

リサーチ供給者の選択

社内でマーケティング・リサーチ・プロジェクトを全部行うことのできない企業は、プロジェクトのある段階を実施するために外部の供給者を選ばなければならない。まず、業界刊行物や業界名簿、口コミのような情報源から見込みのある業者のリストを収集する。外部供給者選択の基準を決める際には、なぜ外部にマーケティング・リサーチのサポートを求めるのかを自問してみよう。例えば、既に調査が完了したプロジェクトを必要とする小企業の場合、外部の資源を利用すると経済的に有効であろう。また、企業内にプロジェクトのある段階を実行するための技術的な専門知識がない場合もあれば、社内の政治的な利害関係の衝突を配慮して外部の業者がプロジェクトを実行することになる場合もある。

外部供給者を選択する基準を作り上げる際には、いくつか基本的な点に留意しなければならない。供給者の評判はどうだろうか。業者は計画通りにプロジェクトを仕上げるか。倫理基準を遵守するとの評を得ているか。柔軟に対応できるか。リサーチ・プロジェクトの品質は優れているか。どのような種類の、また、どのくらいの数の経験があるのか。今回のプロジェクトに似たプロジェクトを経験したことがあるのか。スタッフは技術的専門知識と非技術的知識を併せ持っているか。換言すれば、任命されるスタッフは専門的な技術に加えてクライアントのニーズに敏感に反応し、クライアントのリサーチに対する考え方を共有できるのか。クライアントとうまくコミュニケーションが取れるのか。

最も安い価格提示が最善とは限らないことを銘記すべきである。競争入札は価格とともに品

限定サービス供給者 limited-service suppliers　マーケティング・リサーチ・プロジェクトの一段階あるいは二、三の段階に特化した企業。
現地作業サービス field service　主要な提供サービスが、リサーチ・プロジェクトのデータ収集に関する専門技術であるサービス。
符号付け／データ入力サービス coding and data entry service　完了した調査やインタビューの結果を、統計分析に使用可能なデータベースへ変換する専門技術であるサービス。
分析サービス analytical service　リサーチ設計の開発において指導・助言を提供するサービス。
データ解析サービス data analysis service　定量データの統計分析の実施を提供するサービス。
ブランド名付き・マーケティング・リサーチ製品 branded marketing research products　特定のマーケティング・リサーチ課題に取り組むために開発した限定されたデータ収集および分析手法。

質についても情報を入手し、比較しなければならない。書面による見積りを請求したり、プロジェクト開始前に契約を交わすのが良い習慣である。マーケティング・リサーチの供給者に関する決定は、その他の経営に関する意思決定と同じように確かな情報に基づいて行われなければならない。また、次項で述べるようにリサーチャーとしての就業の機会は、マーケティング・リサーチ業者と同様にマーケティング会社や広告会社にもあることを言い添えておこう。

マーケティング・リサーチにおけるキャリア

マーケティング・リサーチ企業（たとえば、ACニールセン、バーク、M/A/R/C）には将来を約束されたキャリアの機会がある。また、組織内にマーケティング・リサーチ部門を抱えている営利企業、非営利団体組織（たとえば、P&G、コカ・コーラ、AT&T、連邦取引委員会、連邦センサス局）でのキャリアも同様に魅力的である。広告代理店（たとえば、BBDOインターナショナル、オグルヴィ＆メイザー、J. ウォルター・トンプソン、ヤング・アンド・ルビカム）も充実したマーケティング・リサーチを行っており、この分野で専門家を雇用している。マーケティング・リサーチにおける職業上の地位には、マーケティング・リサーチ担当副社長、リサーチ・ディレクター、リサーチ・アシスタント・ディレクター、プロジェクト・マネジャー、統計専門家／データ処理専門家、シニア・アナリスト、アナリスト、ジュニア・アナリスト、フィールド・ワーク・ディレクター、オペレーション・スーパーバイザーなどがある。図

図1.4　マーケティング・リサーチの職務内容の一部

1. マーケティング・リサーチ担当副社長
　マーケティング・リサーチにおける上級職。企業のマーケティング・リサーチ業務全般の責任を担い、経営陣として務める。マーケティング・リサーチ部門の方針と目標を掲げる。
2. リサーチ・ディレクター
　上級職のひとつ。すべてのマーケティング・リサーチ・プロジェクトの開発と実施の全般的責任を負う。
3. リサーチ・アシスタント・ディレクター
　ディレクターの管理面のアシスタントとして務め、マーケティング・リサーチのスタッフを一部指導監督する。
4. （シニア）プロジェクト・マネジャー
　リサーチ・プロジェクトの設計、実施、管理全体の責任を負う。
5. 統計専門家／データ処理専門家
　統計手法の理論と応用に関する専門家として務める。実験計画法やデータ処理、分析に責任を持つ。
6. シニア・アナリスト
　プロジェクトの開発に参加し、担当するプロジェクトの運用を指示する。リサーチ設計やデータ収集でアナリスト、ジュニア・アナリストや他のスタッフと緊密に仕事を行う。また最終レポートをまとめるのはシニア・アナリストの役目。日程と費用の制約に関する主要な責務についてもシニア・アナリストが担う。
7. アナリスト
　プロジェクトの実施にかかわる細目を処理する。調査票の設計と試験調査、および収集したデータの予備分析を行う。
8. ジュニア・アナリスト
　二次データ分析や調査票の編集および符号付け、簡単な統計分析などの日常業務を処理する。
9. フィールド・ワーク・ディレクター
　面接調査員やその他のフィールド・ワークのスタッフを選抜、訓練、監督、評価することが責務。
10. オペレーション・スーパーバイザー
　フィールド・ワーク、データ編集、符号付けなどの業務に対する監督責任があり、プログラミングやデータ解析にも携わる場合がある。

1.4にはマーケティング・リサーチの職位を一覧にした。また、それに付随する職責も記してある[21]。

経営学士などの学士号を持つ者がマーケティング・リサーチ業界で最初に就く最も一般的な職務は、オペレーション・スーパーバイザーである。この職務では、フィールド・ワークやデータ編集、コーディングなどの明確に定められた業務を監督する責任を担い、プログラミングやデータ解析にかかわる場合もある。一方、マーケティング・リサーチ業界では修士号を持つ人材を好む傾向が高まっている。MBAやそれと同等の学位を持っている者はプロジェクト・マネジャーとして雇用される可能性がある。

エルリック・アンド・ラヴィッジのようなマーケティング・リサーチ会社では、プロジェクト・マネジャーはアカウント・ディレクターとともにマーケティング・リサーチ・プロジェクトの日々の業務を管理する。営利企業における典型的な最初の職務は、学士ならばジュニア・リサーチ・アナリスト、MBAならばリサーチ・アナリストというところであろう。ジュニア・アナリストとリサーチ・アナリストは、特定の産業について学び、上司（通常はマーケティングマネジャー）から訓練を受ける。ジュニア・アナリストの職務には、リサーチ・アナリストとしての職責を担えるようになるための訓練計画が含まれており、新製品公開の目標に向けてマーケティング部門と販売スタッフとの調整を計ることもそのひとつである。また、リサーチ・アナリストの責務には、全てのデータの精度をチェックすること、新しいリサーチを設定されているノーム（基準値）と比較および対照すること、市場予測のために一次データと二次データを分析することなどがある。

これらの職位が示すように、マーケティング・リサーチではさまざまな経歴とスキルを持った人材が必要とされている。統計専門家のような技術の専門家には、統計学とデータ解析に関する経歴が当然ながら強く求められている。リサーチ・ディレクターのような他の職位は、他のスタッフの仕事を管理することが求められ、より一般的なスキルが必要になる。マーケティング・リサーチでのキャリアに備えるために、以下の点に留意しなければならない。

・できる限りすべてのマーケティングの科目を履修する。
・統計学や定量的手法に関する科目を履修する。
・インターネットとコンピュータを使えるようにする。プログラミング言語の知識があればさらに強みになる。
・心理学や消費者行動の科目を履修する。
・文書および口頭双方の、効果的なコミュニケーションの技術を身につける。
・創造的に考える。創造力と常識は、マーケティング・リサーチに不可欠なものである。

マーケティング・リサーチャーは自由でとらわれることのない教育を受ける必要がある。そうすれば、経営陣が直面している課題を理解し、広い視野で課題に取り組むことができるようになるからである[22]。経営陣が業界未経験者に何を求めているのかを示す例を次に示そう。

〈リサーチの実例〉——BP アモコ、適材を発掘

　1999 年、アモコと BP は事業を合併し（www.bpamoco.com）、2001 年には売上高 1,480 億ドル（約 16 兆 3,000 億円）をあげ、成功を収めている。2003 年現在、BP（アモコ）は依然として全ての旧アモコ店舗を新しい BP の名称、BP コネクトに変更する過程にあった。この BP コネクトは、新世紀に向けて BP が送る新しいタイプの斬新なコンビニエンス・ストアである。新しい店舗は、ガソリン・ポンプを覆う天蓋にソーラー・パネルを配し、店舗内部のカフェにはグルメ向きの食品を用意、顧客用インターネット接続も完備しており、低公害の燃料を使用している。消費者の嗜好を見極め、それに従ってマーケティングを変えるために、マーケティング・リサーチに大きく依存している。BP アモコ（シカゴ）のマーケティング・リサーチ・ディレクター、アブドール・アズハリは、マーケティング・リサーチ部門に新しいスタッフを雇う際、次の資格を保証された者を求めている。

　「分析の対象となる事柄を探究する方法を知っている、つまり、どのように分析するかを知っているということが基本的に必要です。また、マーケティングのニーズに対する実用性と応用性を視野に入れながら、データを分析する方法を知っていることが不可欠です。また、多種多様な社内クライアントに相当する部門と口頭でも文書でもコミュニケーションが取れること。さらに、これらの部門とのコミュニケーションを相手に合わせて調整する能力、例えば研究開発のスタッフと話すときには科学者の言葉で語れることも重要です。クライアントが販売ディレクターならば『マーケティング語』を操れるようになっていなければならないということです。書き言葉についてもプレゼンテーションと同様で、相手に合わせたものでなければなりません。全体像を見渡す必要があります。森を見なければならないということですね、木を見ているだけではだめなのです。マーケティング・リサーチはプロセスの一要素であって、決してそれだけで完結するのではないということも理解しなければなりません[23]」

MIS と DSS におけるマーケティング・リサーチの役割

　先に、マーケティング・リサーチとは、マーケティングの意思決定に利用できるように、情報を体系的かつ客観的に特定、収集、分析、伝達することであると定義した[24]。マーケティング・リサーチ、および内部記録やマーケティング・インテリジェンスのような情報源から入手した情報は、企業のマーケティング情報システム（MIS）にとり不可欠な部分になっている。
　マーケティング情報システム（MIS）とは、マーケティングの意思決定者に対して常時情報を生成、分析、蓄積、分配するために定型化された手順のセットである。MIS の定義はマーケティング・リサーチに似ていることに注目しよう。ただし、MIS の場合、単発のリサーチ研究というよりも継続的に情報を提供するので、そこに相違点がある。MIS の設計においては、意

図1.5　マーケティング情報システム（MIS）対　意思決定支援システム（DSS）

MIS	DSS
・事前に構成された課題・問題点に対応 ・レポートの利用 ・厳密な構造 ・情報の表示に制約がある ・原データを明らかにすることで、意思決定の改善が可能になる	・構成されていない課題・問題点に対応 ・モデルの使用 ・使いやすい双方向のやりとり ・適応性 ・「もし、○○だったらどうする」形式の分析で、意思決定の改善が可能になる

思決定者各人の責任やスタイル、情報のニーズを重視する。請求書やマーケティング・リサーチを含むマーケティング・インテリジェンスなど、さまざまな情報源から収集された情報を、意思決定に直ちに使用できるフォーマットに組み合わせて提出される。アド・ホックなマーケティング・リサーチ・プロジェクトからよりもMISからの方がより多くの情報を入手できるが、MISの場合は、提供される情報の量と性質、また、意思決定者が利用する方法に限界がある。これは、情報が厳密に構成されていて、簡単には操作できないからである。

　MISの限界を克服するために開発されたのが、意思決定支援システム（DSS）であり、これは意思決定者がデータベースや分析モデルと直接やりとりができるようになっている。**意思決定支援システム（DSS）**とは、ハードウエアとコミュニケーション・ネットワーク、データベース、モデル・ベース、ソフトウエア・ベース、および意思決定のために情報を収集して解釈するDSSユーザー（意思決定者）を含んだ統合システムである。マーケティング・リサーチは、リサーチ・データをデータベースに、そしてマーケティング・モデルと分析手法をモデル・ベースに、マーケティング・データを分析するための専門的プログラムをソフトウエア・ベースに提供する。

　DSSはさまざまな点でMISとは異なる[25]（図1.5参照）。DSSは、従来の利用方法によるモデルや分析手法とMISの検索機能とを結合させる。また、DSSは双方向の会話型式で使いやすく、ユーザーの意思決定にアプローチできるだけでなく、環境の変化にも適応できる。能率の改善に加えて、「もし、○○だったらどうする」というタイプの分析を使うことにより、意思決定の効果を高めることもできる[26]。DSSは、専門家の判断を取り込むために人工知能の手順を活用するエキスパート・システムへと、さらに開発されている。

マーケティング情報システム　markting infomation system　マーケティングの意思決定者に対して常時、適切な情報を生成、分析、蓄積、分配するために定型化された手順のセット。
意思決定支援システム　decision support system　意思決定者がデータベースおよび分析モデルと直接双方向の会話ができる情報システム。DSSの重要な構成要素は、ハードウエア、コミュニケーション・ネットワーク、データベース、モデル・ベース、ソフトウエア・ベース、およびDSSユーザー（意思決定者）である。

〈リサーチの実例〉——DSS、フェデックスに並外れた競争力を与える

　フェデラル・エクスプレス（www.fedex.com）は、信頼性の高い急行便で名声を高めてきた。2001年の売上げは196億ドル（約2兆1,600億円）を越え、フェデックスは競争の激しい運送業界で技術リーダーとなり、今や世界一の座を目指している。フェデックスの成功の要因は、顧客情報を提供する全世界にわたる高度の意思決定支援システムである。この情報には、すべての出荷について、発注、請求、トラッキング（追跡）、トレーシング（遡及）といった、詳細な輸送状況が含まれる。2001年、「FedEx Ground」は、ゴー・モバイル・IT・ワイヤレス・カンファレンス（Go Mobile IT Wireless Conference）でモービー賞を受賞。「FedEx Ground」が、荷物の配達時に電子署名とそれに関連した情報をコンピュータで処理可能な形としたことが高く評価された。この機能がフェデックスの伝送システムを大いに向上させている。

　高度に洗練されたDSSのおかげで、フェデックスは「合併や企業買収をせずに、10年で売上げがゼロから10億に。そして、急成長の翌日配達貨物の分野を圧した」最初の企業となることができた。DSSを使用している戦略的方法の一例として、フェデックスは非常に洗練された「セグメント・マネジメント・マーケティング」（SMM）を実行している。フェデックスでは「バリュー・クオーシェント」（価値指数）の方程式を開発しているが、これがあると、マーケターは個別分析に基づいて個々の顧客を分析できるようになる。この価値指数には、30項目の質問から成る調査から得られた顧客の戦略的／競争的価値のウエイト（加重値）と収益性を含む。フェデックスの目的は、顧客の価値を正確に特定するために単に利益を使うのではなく、個々の顧客に与えるウエイトを定義できるようにし、より戦略的な見方を提供することである。フェデックスは、価格、信頼性、緊急性、製品の安全性、トラッキング、配達証明に関連した顧客の態度に基づき、極めて特徴的な14の顧客セグメントを定義している。

　現在のSMMはフェデックスのDSSの一部になっているが、マーケターが自分の対応する顧客をよりよく理解できるように、家族の分類やセグメントも含まれている。このようにしてフェデックスは、引き続く成功の鍵となる競争に対して、極めて積極的に情報志向のアプローチを進めている[27]。

継続して行われるマーケティング・リサーチは今やフェデックスのDSSの一部となり、フェデックスは競争に対して積極的に情報志向のアプローチを進めることを可能にしている。

アクティブ・リサーチ

百貨店プロジェクト

　筆者が実施している百貨店プロジェクトは、概念やデータ解析の手順を説明するために、本テキストの随所に実例として繰り返し使用していく。このプロジェクトの目的は、直接的および間接的な競合グループと比較して、大手百貨店の相対的な強みと弱みを評価することであった。実際の百貨店名は伏せるが、例えば「シアーズ」としてみよう。目標は、減少の一途をたどるシアーズの売上げと利益を引き上げるために設計されるマーケティング・プログラムの策定。そのため、この調査では、一流百貨店（サックス・フィフス・アベニュー、ニーマン・マーカスなど）、全国展開をしているチェーン店（JCペニーなど）、ディスカウント・ストア（Kマート、ターゲットなど）、地域のチェーン店（ベルクなど）の主要な小売店10社が調査対象となった。調査方法が設計され、ある主要な大都市地域から抽出された便宜標本271世帯に対し訪問個人面接が実施された。評価が求められる場合は常に6段階法（調査対象者に1から6までの数字を付けてもらう）が使用された。ここで求められた情報は以下の通りである。

① 百貨店10社の親密度
② 10社各店舗で調査対象世帯の世帯員が買物をした頻度
③ 百貨店を選択する際に使われる選択基準として選ばれた要因8項目の相対的重要度。①商品の品質、②商品の品揃えと詰め合わせ、③返品と調整の方針、④店員のサービス、⑤価格、⑥立地の便利さ、⑦店舗のレイアウト、⑧信用売りおよび請求の方針
④ 選択基準の各8要因による10社に対する評価
⑤ 各社に対する選好格付け
⑥ 10社の順位付け（選好度の強いものから弱いものへ）
⑦ ライフスタイルに関する21の文章に対する同意度

マーケティング・リサーチは、シアーズのような百貨店が、相対的な強みと弱みを見極め、競争上の位置づけの改善を図る上で助けとなることができる。

⑧ 標準的な人口統計特性（年齢、教育など）
⑨ 氏名、住所、電話番号

　この調査は、スポンサーが消費者の当該百貨店に対する見方や選好を明らかにするのに役立った。消費者の選択基準に影響を与えている特定の要因と、特定製品カテゴリーに関して、弱点の領域が明確となった。適切なマーケティング・プログラムは、このような弱点を克服できるように設計された。そして最後には、望ましい店舗イメージを得るために、ポジショニング戦略が開発された。

　この百貨店と同様のプロジェクトは、国際的な規模で定型化されて実施されている。

　これまでに概要を説明したマーケティング・リサーチ・プロセスは、フェデックスのような企業でも取り入れられているが、百貨店のプロジェクトでも採用されている。

国際マーケティング・リサーチ

　アメリカは、全世界のマーケティング・リサーチにかかわる支出の39％しか占めていない。マーケティング・リサーチの約40％が西ヨーロッパ、9％が日本で行われている。また、ヨーロッパのリサーチの多くは、ドイツ、イギリス、フランス、イタリア、スペインで実施されている[28]。市場のグローバル化に伴い、マーケティング・リサーチは真に国際的な性質を持つようになっており、この傾向は今後も続くと思われる。VNU、IMSヘルス、インフォメーション・リソーシーズ、カンター・グループを含むアメリカの企業が、国際的なマーケティング・リサーチを行っている。（表1.2参照）アメリカ以外に本拠地を持つ企業には、イギリスのテイラーネルソンソフレス、ドイツのインフラテスト、GfKがある。

　国際マーケティング・リサーチ（真に国際的な製品のリサーチ）、海外リサーチ（リサーチを依頼する組織の本拠地以外の国で行われるリサーチ）、マルチナショナル・リサーチ（その企業がビジネスを展開しているすべての国あるいは主要な国で行われるリサーチ）は国内のマーケティング・リサーチよりもはるかに複雑である。今後、異文化間のリサーチを含めたこの種のリサーチについてはすべて、国際マーケティング・リサーチという広い標題で話を進めていく。この種のリサーチを行う際に関係してくる複雑な部分は、冒頭のIBMの例でもいくつか説明した。リサーチが行われる国や文化的単位、国際市場での一般的な環境は、マーケティング・リサーチ・プロセスで成し遂げなければならない6つのステップの方法に影響を与える。こういった環境要因とそれがマーケティング・リサーチ・プロセスに与える影響については、後の章で詳細に説明する。それに加え、第23章は、専らこのトピックに充てている。

　企業のグローバル化は今日のトレンドである。オンラインであれ外国に拠点を設立するのであれ、グローバル化を進める際には、関連のある環境要因を考慮するためにリサーチを行わなければならない。業務を展開したい国と自国との相違点を考慮しなかったためにグローバル化

が惨めな結果に直面し海外進出に失敗したケースはこれまでにも多数存在する。

　ウェブ上でのビジネスを基本とする企業も問題を引き起こす可能性がある。例えば、あるメキシコの自動車メーカーのように、ウェブ・ページのコンテンツが意図しない意味に解釈されることも数多く起こりうる。その自動車メーカーのウェブ・ページには自動車の隣に徒歩の旅行者が立っている画像が掲載されていた。実はメキシコでは、徒歩の旅行者といえば貧しい人たちで、通常自動車を所有していないのである。また、1つの地域で20もの言語が使われているインドのような国では、多言語対応の地元向けコンテンツが必要になる場合もある。したがって、他国で売上げと顧客をつかむためには、企業は環境要因を考慮しなければならない。

　国際マーケティング・リサーチは、その複雑さにもかかわらず米国内のリサーチより速いスピードでの成長が期待されている。その主な要因に、アメリカにおける多くの製品の市場が飽和状態に近づいていることが挙げられる。対照的に、米国製品の他国での市場はまだ開発の初期段階にある。次の例をみてみよう。

〈リサーチの実例〉——ユニリーバ、タイのライフスタイルを利用する

　過去数年経験した急激な経済成長のおかげで、タイでは今や何百万人もの中流階級の人たちが国際的なライフスタイルや国際製品を求めている。例えば、プロクター・アンド・ギャンブル（www.pg.com）やユニリーバ（www.unilever.com）は「サンシルク」「Dimension」「オーガニック」をはじめとしたさまざまなブランドでタイのヘアケア市場を支配している。タイ女性には欧米から直接輸入されたブランドを好む人たちがおり、これがユニリーバにとっては関心のあるマーケット・セグメントになっている。2001年、ユニリーバの売上げは約460億ドル（約5兆600億円）に達し、47億ドル（約5,180億円）を越える営業利益の17%はアジア・太平洋地域で生み出された。

　ユニリーバは集団面接および個人面接調査を行った。その結果、「大都市のタイ人は多くの他の国民よりも新製品を試してみたがる」ことがわかった。さらに、若い女性は、使っているシャンプーのブランドを定期的に変えると、髪の見栄えが良くなると信じていることも判明した。また、多くのタイ人の保守的な外見が、最近では「過激なニュー・ルック」に変わってきている。そして、おしゃれに敏感な人たちが増えており、特に髪に関する意識は高い。さらに重要なのは、タイで起きている現象がカンボジア、ラオス、ベトナムのような隣国の消費者トレンドに影響を与えていることである。こういった国々では、タイ人を新しいライフスタイルのアイデアの情報源と見ている。

　国際マーケティング・リサーチは、ユニリーバがタイという国とヘアケア製品の国際戦略の両者を見直すのに大いに役立った。このおかげで、意思決定者がタイに住む人々の文化的背景と文化的進化に配慮できるようになったのである。ユニリーバは、急激に発展し成長し続けるタイの市場に関して膨大な情報を入手し、戦略の路線を定め直した。このようにして、タイは、ユニリーバにとって、新しいヘアケア製品を開発するための重要な中心地の1つとなり、ユニリーバの

「オーガニック」シャンプーは、世界に先駆け、まずタイで販売が開始された[29]。

マーケティング・リサーチにおける倫理

　マーケティング・リサーチの側面には、強い倫理的な意味合いを含むものがある。前述のように、マーケティング・リサーチは、通常、独立したリサーチ組織（外部供給者）であれ、企業内の部門（内部供給者）であれ、商業ベース（つまり、営利目的）の企業が行っている。ほとんどのマーケティング・リサーチは営利企業であるクライアントのために実施されている。利潤追求の動機は、時折、リサーチャーあるいはクライアントがマーケティング・リサーチのプロセスにかかわる客観性や専門家的技術を危うくする原因となることがある。

　マーケティング・リサーチには、4種類のステークホルダー（利害関係者）、つまり、①マーケティング・リサーチャー、②クライアント、③調査対象者、④公衆がかかわっているとよく言われている。このステークホルダーは、相互に、そしてリサーチ・プロジェクトに対しても一定の責任を負っている。このステークホルダー間の利害が矛盾したり、ステークホルダーに責任を欠く者が生じると、倫理的な問題が生じる[30]。例えば、リサーチャーが適切なマーケティング・リサーチの手順に従わなかったり、クライアントがマーケティング・リサーチで明らかとなった事実を自社の広告でゆがめて伝えれば、倫理規範を破ることになる。

　ステークホルダーが正しく行動すると、倫理問題はうまく解決される。アメリカ・マーケティング協会の倫理規定のような行動規範は、行動の指針となり、倫理的なジレンマを解決するのに役立つ。次の例にあるように、評判の高いマーケティング・リサーチ会社は、このような倫理規範に従って行動し、他者が詳しく調べられるように自らの倫理基準を余すところなく公開している。

〈リサーチの実例〉──ハリスポール、プライバシー・ポリシーに賛同

　ハリス・オンライン・ポール社は、インターネットで行われる多種多様な調査の結果を提供することを専門としたオンラインの世論調査会社である。ハリスは調査対象者に対する責務をよく把握しており、自社のウェブ・サイト（www.harrispollonline.com）に掲げる厳しいプライバシー・ポリシーに従っている。

　「私どもは、当社のオンラインおよびオフラインパネル会員の皆様のプライバシーを必ず保護することをお約束いたします。皆様の身元ならびに、ハリス・ポール・オンラインはもとよりハリスポールへ皆様より送られた回答は、完全に秘密扱いとなっております。私どものすべてのリサーチ報告は、パネルの皆様の個人情報ではなく集計された情報のみを記載しております。当社

40年の歴史において、私どもは皆様からの神聖なる信頼に一度たりとも背いたことはございません。皆様からの回答は匿名にとどめております。ハリス・ポール・オンラインは、皆様のプライバシーを厳として守り、この伝統を維持し続けております。私どもは、個々の方々から開示の同意をいただかない限り、当社のパネルの皆様の個人情報を公開することは決してありません。さらに、私どもでは「迷惑」メールや勝手に送りつける宣伝Eメールを送信することはございません」

「私どもは、アメリカ・サーベイ・リサーチ機関協議会（Council of American Survey Research Organizations；CASRO；キャスロ）の『サーベイ・リサーチの倫理規範（CASRO Code of Standards and Ethics for Survey Research）』ならびにアメリカ世論調査学会（American Association for Public Opinion Research、AAPOR）の『職業上の倫理と業務の規範（Code of Professional Ethics and Practices）』を遵守しております」

インターネットおよびコンピュータ・アプリケーション

インターネット（別名、情報スーパー・ハイウェイ）は、ことによると電話以来、最大の通信媒体である。ワールド・ワイド・ウェブ（wwwもしくはウェブ）はインターネットの支配的な構成要素で、多くの人たちがウェブとインターネットという言葉を同意語として使用している。ウェブの各ドキュメントには、ユニフォーム・リソース・ロケーター（URL）と呼ばれる特定の電子アドレスがある。本テキストでは、マーケティング・リサーチで有益なサイトのURLをいくつか挙げているが、読者が本書を読む時点でこういったサイトにアクセスできるとは確証できず、また、同じURLに存在することを保証するものでもない――インターネットはめまぐるしく変化しているのである。

インターネットがマーケティング・リサーチャーの役に立つ方法はいくつもある。マーケティング・リサーチ提供者の所在や二次データの出典、マーケティング・リサーチ・ソフトウェアの情報源、そして集団面接や質問調査などで収集するデータの情報源として使用できるほか、企業のマーケティング情報システムに使う情報の、別の情報源にもなる。インターネットのリサーチ最大の利点には、データが入手され次第すぐに処理できることが挙げられる。というのも、インターネットのデータは調査対象者から電子で送信されるので、データ入力のための余計なステップを必要としないのである。また、インターネットはプロジェクト管理にも大変役に立つ。Lotusノーツのように、ソフトウェアと一体化したインターネット電子メールは、リサーチャーとクライアントのコミュニケーション、そして、マーケティング・リサーチ・プロセスの6ステップの調整および管理のために使用されている。また、インターネットはマーケティング・リサーチの結果やレポートを伝達・普及するためにも使われている。こういった結果やレポートはウェブへの掲載が可能で、経営陣がどの国にいようとも利用が可能である。

どんな情報がインターネットにあるのかを確認する方法の1つに、情報の照会ができる検索エンジンを使う方法がある。検索エンジンはインターネット・サービス・プロバイダーから無料で提供されている。代表的な検索エンジンとしては、www.yahoo.com のヤフー、www.altavista.com のアルタビスタ、www.google.com のグーグルの3社が挙げられる。

インターネットは、特定のサービスを提供するマーケティング・リサーチ会社を確認するのに大変効率がよい。ヤフーのような検索エンジンを使用すると、リサーチ会社をいくつか探し出すことができる。リサーチ供給者を選別する場合、供給者の情報はその企業のウェブ・サイトで簡単に見つけられる。大抵のサイトには、社歴や製品／サービス、クライアント、従業員（求人）の情報が掲載されている。例えば、www.greenbook.org にはマーケティング・リサーチ会社が何千社もリストになっていて、サイトの検索手順に従えば特定の企業を簡単に見つけ出すことができる。有名なマーケティング・リサーチ会社の具体的なインターネット・サイトを見たいのならば、バーク・マーケティング・リサーチ www.burke.com にアクセスするといいだろう。ここで、マーケティング・リサーチ関連の重要な協会のURLを紹介しよう。

〈リサーチの実例〉──マーケティング・リサーチ協会のオンライン一覧

アメリカ国内

　AAPOR：アメリカ世論調査学会（American Association for Public Opinion Research、www.aapor.org）

　AMA：アメリカ・マーケティング協会（American Marketing Association、www.marketingpower.com）

　ARF：広告調査財団（Advertising Research Foundation、www.arfsite.org）

　CASRO：アメリカ・サーベイ・リサーチ機関協議会（キャスロ；Council of American Survey Research Organizations、www.casro.org）

　MRA：マーケティング・リサーチ協会（Marketing Research Association、www.mra–net.org）

　QRCA：定性調査コンサルタント協会（Qualitative Research Consultants Association、www.qrca.org）

　RIC：リサーチ業界連合（Research Industry Coalition、www.researchindustry.org）

　CMOR：マーケティング・世論調査評議会（Council for Marketing and Opinion Research、www.cmor.org）

アメリカ以外

　ESOMAR：ヨーロッパ世論・市場調査協会（European Society for Opinion and Marketing Research、www.esomar.org）

　MRS：マーケット・リサーチ協会（英国）（The Market Research Society、www.mrs.org.uk）

　MRSA：オーストラリア・マーケット・リサーチ協会（The Market Research Society of Australia、www.mrsa.com.au）

PMRS：マーケティング・リサーチ専門家協会（カナダ）（The Professional Marketing Research Society、www.pmrs-aprm.com）

　マーケティング・リサーチのキャリアに関する記述で、職務とその職務につくための準備方法について説明したが、インターネットをマーケティング・リサーチの仕事を探す手助けとして使うこともできる。リサーチ・インフォ（www.researchinfo.com）にはリサーチに関する雇用の掲示板があり、求人および求職広告が掲載されている。このようにインターネットは急速に、マーケティング・リサーチに関連した情報の特定、収集、分析そして伝達・普及に役立つツールとなってきている。本書では一貫して、コンピュータと同様にインターネット・リサーチを使って、マーケティング・リサーチ・プロセスの6ステップがどのように行われるのかを紹介していく。

SPSS Windows

　本書では、単に統計ソフトとしてではなく、マーケティング・リサーチ・プロセスのさまざまな段階で使用できる統合ソフトとしてSPSSプログラムを取り上げる。課題の特定、アプローチの展開、リサーチ・デザインの策定、データ収集、データ作製と分析、レポート準備とプレゼンテーションでどのようにSPSSを使用するのかを紹介する。また、BASEモジュールだけでなく、Decision Time、What If?、Maps、Data Entry、SamplePower、Missing Values、TextSmart、SmartViewerなど、SPSSの他のプログラムも取り上げていく。データ解析に関しては、他のパッケージソフト3製品、SAS、MINITAB、EXELも説明する[31]。

　また、本書では、SPSS Windowsに加えてバーク社についても、各章に「バークの場合」と題したコラムを設けて重点的に取り扱っている。このねらいは、本書で論じたマーケティング・リサーチのコンセプトを大手のリサーチ供給者がどのように実践しているのかを紹介することにある。

バークの場合

Burke
INCORPORATED

　バーク社（www.burke.com）の本社はオハイオ州シンシナチ。1931年に創設された独立系の社員持株会社である。バークは、ドイツのミュンヘンに本社を持つインフラテスト・バーク（NFOワールド・グループの一社）と強い協力関係を維持している。このインフラテスト・バークはバークの株式50%を所有する。バークは、現在、EU 10カ国を含む50を超える国々で

事業を展開中。国際業務はシンシナチ、ミュンヘン、ロンドンで調整が行われ、アメリカでの業務は18カ所の主要市場にあるオフィスで管理されている。業界紙によれば、バークはアメリカのリサーチ企業上位50社に入っている。

　バークは、マーケティング、運営、品質、人的資源のための幅広い意思決定支援サービスを提供するために、事業部という枠組みを超えてその能力を組み合わせている。つまり、企業内のいたるところから、知識を入手し、統合し、分析し、応用しているのである。現在の事業体を以下に挙げよう。

★バーク・カスタマー・サティスファクション・アソシエイツ（Burke Customer Satisfaction Associates）は、顧客満足度と従業員のコミットメントの測定および広範な業態をカバーするビジネス管理システムに特化したサービスを提供。Secure Customer Index と Employee Engagement Index™ は、顧客維持とロイヤルティを向上させるために、顧客主導型ビジネス手法を評価、改善するための業界の最高基準を提供する。

★バーク・マーケティング・リサーチ（Burke Marketing Research）は、マーケットにおける企業の力関係を評価し、マーケティングの投資収益率を最大限にするために、カスタマイズされたフルサービスのマーケティング・リサーチや分析を提供し、消費者向け企業（B to C）および企業向け企業（B to B）にコンサルティングを行う。広範囲にわたるマーケティングの問題に対応できる高度なリサーチの手順を創造し、応用する。

★バーク・ストラテジック・コンサルタンティング・グループ（Burke Strategic Consulting Group）は、クライアントが、組織の効果を最大限に活かし、財務実績を向上させ、持続的な成長を達成できるようにサポートする。サービスには、役員の選抜、訓練、査定が含まれる。他には、後継者のプランニング、戦略的プランニング、ビジネス・プロセスのリエンジニアリング、組織の分析／設計、プロセス・マッピング、プロセス機会改善、変更管理がある。

★バーク・リンケージ・アンド・インテグレーション・サービス（Burke Linkage and Integration Services）は、顧客維持や従業員のコミットメント、プロセスの効果や収益性を最大にするためには限られた財源をどこに投入するべきなのかという問題に関して、より良く、より多くの情報に基づいた結果を出せるようにクライアント企業をサポートする。重要な業務のプロセスは、Enterprise Value Management™ として知られるバークが開発したフレームワークにリンク、分析される。

★バーク・インタラクティブ（Burke Interactive）は、インターネット・リサーチとコンサルティングを柱としている。目標とするマーケット、従業員や他のステークホルダーとリンクするために、インターネットや新たなメディアを利用できるようになるようにクライアントをサポートする。バークは、ウェブ・データ収集、オンライン・レポートとウェブ・サイト評価の分野でツールを開発し、能力を高めてきている。製品には、バークの Digital Dashboard® と Webnostics® がある。

★バーク・クウォリタティブ・サービス（Burke Qualitative Services）は、国際的なオンライン集団面接やBlue Bear™技術を利用したウェブ・サイト査定を含む、最先端の定性手法を提供する。

バーク・インスティチュート（Burke Institute）は、バーク社とエーシーニールセン・バーク・インスティチュートの新しいジョイント・ベンチャーである。伝統的なすばらしい教育セミナーを今後も継承していくために、エーシーニールセン・バーク・インスティチュートとトレーニング＆ディベロプメント・センターを統合して設立した。データ解析、顧客満足度、定性調査、国際調査、インターネット・リサーチなどの分野でマーケティング・リサーチの知識を70年以上も提供してきた両社の教授陣および各種トレーニングコース内容を1つにまとめたのである。

まとめ

マーケティング・リサーチは情報の特定、収集、分析、伝達／普及、および利用を伴う。これは、マーケティングの課題を特定および解決するために設計された体系的かつ客観的なプロセスである。したがって、マーケティング・リサーチは課題特定リサーチと課題解決リサーチに分類できる。マーケティング・リサーチ・プロセスは、系統立ててたどらなければならない6ステップからなる。マーケティング・リサーチの役割は、マーケティングにかかわる意思決定を向上させるために、情報のニーズを評価し、関連のある情報を提供することにある。

マーケティング・リサーチは企業内部で行われることもあれば、マーケティング・リサーチ産業を形成している外部供給者から購入することもできる。フルサービスの供給者は、課題特定からレポート作成とプレゼンテーションまでのマーケティング・リサーチ全般をカバーしたサービスを提供する。このタイプの供給者から供給されるサービスは、シンジケート・サービス、スタンダード・サービス、カスタマイズド・サービスまたはインターネット・サービスに分類される。一方、限定サービス供給者はマーケティング・リサーチ・プロジェクトのいくつかの段階に特化している。このタイプの供給者が提供するサービスは、フィールド・サービス、コーディングとデータ入力、データ解析、分析的サービス、あるいはブランド名付きリサーチ・サービス製品に分類される。

マーケティング・リサーチへのニーズは高く、そのためマーケティング・リサーチ企業、営利団体や非営利団体、マーケティング・リサーチ部門を持つ機関また広告代理店には、魅力的な就業機会がある。マーケティング・リサーチを使って入手した情報は、MISやDSSに不可欠な部分になる。マーケティング・リサーチは、リサーチ・データをデータベースに、マーケティング・モデルと解析手法をモデル・ベースに、そして特化したリサーチ・プログラムをソ

フトウエア・ベースに提供し、DSSに寄与する。国際マーケティング・リサーチは、国内のマーケティング・リサーチよりも数段複雑である。これは、リサーチャーがリサーチ先の国際市場での国内とは異なる環境を考慮しなければならないからである。マーケティング・リサーチの倫理的な問題には、①マーケティング・リサーチャー、②クライアント、③調査対象者、④公衆、という4種類のステークホルダーが関係している。インターネットとマイクロコンピュータは、マーケティング・リサーチ・プロセスのすべての段階で使用できる。

演 習

復習問題

1. マーケティング・リサーチの課題とは何か。
2. マーケティング担当マネジャーは、どのような決定を下すのか。その決定を下す際に、マーケティング・リサーチがどのように役立つのか。
3. マーケティング・リサーチを定義せよ。
4. マーケティング・リサーチを分類する方法の中から1つを選び説明せよ。
5. マーケティング情報システムとは何か。
6. DSSとMISとは、どのように違うのか。
7. マーケティング・リサーチ供給者とサービスを分類するための方法を1つ挙げ、それについて説明せよ。
8. シンジケート・サービスとは何か。
9. フルサービス供給者と限定サービス供給者との主な違いは何か。
10. ブランド名付きリサーチ・サービスとは何か。
11. 外部マーケティング・リサーチ供給者を選択するためのガイドラインを5つ挙げよ。
12. マーケティング・リサーチにはどのような就業のチャンスがあるのか。
13. 次に挙げる内容に関連したマーケティング・リサーチにおける倫理問題を3つ論じよ。
    ①クライアント、②供給者、③調査対象者
14. マーケティング・リサーチ・プロセスにおける段階について述べよ。

応用問題

1. 最近の新聞・雑誌をよく調べて、課題特定リサーチ5例と課題解決リサーチ5例をそれぞれ挙げよ。
2. 下記の各組織に役立つと思われるマーケティング・リサーチの種類を挙げよ。
    a．あなたの大学構内にある書店
    b．あなたの街の交通局
    c．地元地域の大手百貨店

d．あなたの大学の近辺にあるレストラン
　　e．主要都市の動物園

インターネット／コンピュータ演習

1. 表1.2にあるマーケティング・リサーチ会社上位3位のウェブ・サイトを訪問し、3社が提供しているサービスに関して図1.3の枠組みを用いて報告書を作成せよ。マーケティング・リサーチ業界の構造について、どのような意見を出せるのか。

2. シアーズ（www.sears.com）のウェブ・サイトを訪問し、シアーズの小売活動とマーケティング活動に関し報告書を作成せよ。本書で繰返し実例として使われている百貨店ひいき客プロジェクトをより良く理解できる助けとなるであろう。

3. MRA、ESOMAR、MRSAのウェブ・サイトを訪問せよ（URLは「リサーチの実例」を参照のこと）。各サイトで入手できる情報を比較、対照せよ。3つのマーケティング・リサーチ協会のうち、どれが最も役に立つウェブ・サイトか。その理由は。

4. 労働統計局（www.bls.gov.）のウェブ・サイトを訪問せよ。マーケティング・リサーチャーにとって雇用の可能性とは何か。

5. 『マーケティング・ニュース』『クウォークズ・マーケティング・リサーチ・レビュー』『マーケティング・リサーチ：ア・マガジン・オブ・マネジメント・アンド・アプリケーションズ』などの雑誌の最近号を調べ、下記に挙げる各分野におけるメインフレームもしくはマイクロコンピュータの応用例を1つ特定せよ。
　　a．情報ニーズの特定
　　b．情報の収集
　　c．情報の分析
　　d．情報の準備（レポート準備）

実　習

ロール・プレイ

1. あなたは大手銀行のリサーチ・ディレクターである。現在、あなたは二次データ（他の機関が収集したあなたの業務に関連するデータ）の収集、分析を担当するジュニア・アナリストを募集している。同僚にそのポストの志願者役になってもらい、あなたはその面接を行ってみよう。果たして、この志願者には必要な経験や技術があるのか。同じロール・プレイを、今度は役割を交代して繰り返してみよう。

2. あなたは大手リサーチ供給業者で働くプロジェクト・ディレクターである。あなたは今、激昂した調査対象者からクレームの電話を受けている。面接調査員が迷惑な時間に電話をか

けてきて、彼女のプライバシーを侵害したと信じている。この調査対象者は倫理的な問題点をいくつか挙げている。同僚にこの調査対象者の役をやってもらい、あなたは、調査対象者が感じている懸念に対処し、彼女の怒りを鎮めよう。

フィールド・ワーク
1. 『USAトゥデー』『ウォール・ストリート・ジャーナル』『ニューヨーク・タイムズ』などの地方紙や全国紙を使い、マーケティング・リサーチの就業機会をリストにまとめよう。
2. マーケティング・リサーチ供給企業で働く人にインタビューをしよう。その人物はマーケティング・リサーチにおける就業機会に関して、どのような意見を持っているのだろうか。インタビューをレポートにまとめよう。
3. 大手企業のマーケティング・リサーチ部門で働く人にインタビューをしよう。マーケティング・リサーチにおける就業機会に関して、どのような意見を持っているのだろうか。インタビューを報告書にまとめよう。

グループ討議
4～5名の小さなグループで、次の問題点を話し合おう。
1. 大企業のマーケティング・リサーチ部門には、どのようなタイプの組織的構造が最適なのだろうか。
2. マーケティング・リサーチ業界で職を探す人にとって理想的な学歴とは何か。そのような学歴を持つことは可能なのだろうか。
3. マーケティング・リサーチにおいて、倫理基準の遵守を徹底することは可能なのだろうか。もし可能であれば、どのようにすればよいのか。

第2章

マーケティング・リサーチ課題の定義とアプローチの展開

「経営上の課題に直接取り組む情報を生み出すリサーチの仕事の中で、最も意欲をそそるもののひとつは、リサーチ課題を定義することである。課題定義の最終成果は、経営陣が情報を完全に理解し、その情報を基に行動することでならなければならない」

——ジム・ロバーツ（バーク社、マーケティング・サービス担当、バイス・プレジデント）

本章の目的

この章では、以下の点を学習する。

① マーケティング・リサーチ課題を定義することの重要性と、そのために使用されるプロセスを理解する。
② 意思決定者とのディスカッション、業界専門家に対するインタビュー、二次データの分析、定性リサーチなど、課題定義にかかわるタスクを詳述する。
③ 過去の情報や今後の予測、経営資源と制約、意思決定者の目標、購買者の行動、法的環境、経済的環境、その企業のマーケティングおよび技術能力など、リサーチ課題の定義に影響を与える経営環境要因について論じる。
④ 経営上の意思決定課題とマーケティング・リサーチの課題とを明確に区別する。
⑤ 概括的な記述と特定の構成要素を含む的確に定義されたマーケティング・リサーチ課題の構成を解説する。
⑥ 客観的／理論的な枠組み、分析モデル、質問項目、仮説、必要とされる情報の明細など、アプローチの多様な構成要素について論じる。
⑦ 国際マーケティング・リサーチにおける課題の定義とアプローチの展開についての複雑さを認識する。
⑧ 課題を定義してアプローチを展開していく段階で生じる倫理上の問題や矛盾について理解する。
⑨ インターネットとコンピュータが、課題の定義とアプローチの展開のプロセスをいかに容易にすることができるかを説明する。

本章の概要

　本章では、第1章で述べたマーケティング・リサーチのプロセスにおける6ステップのうち、最初の2ステップであるマーケティング・リサーチ課題の定義とその課題へのアプローチの展開を取り上げる。課題を定義することは、最も重要なステップである。というのも、課題が明確に、そして正確に特定されない限り、リサーチ・プロジェクトを適切に実施することができないからである。マーケティング・リサーチにおける課題を定義すれば、プロジェクト全体の進む方向が決まる。本章から読者は、考慮しなければならない要因と関連するタスクを特定して課題を定義することの複雑さを認識するであろう。さらに、マーケティング・リサーチの課題を的確に定義し、共通しておかす誤りを避けるためのガイドラインも用意した。また、客観的／理論的枠組み、分析モデル、質問項目、仮説、必要とされる情報の明細などの、課題のアプローチにおける構成要素に関して詳細に論じる。国際マーケティング・リサーチにおける課題の定義とアプローチの展開に関係する特別な配慮についても論じていく。マーケティング・リサーチのプロセスにおいてこの段階に生じる倫理的な問題に関してもいくつか取り上げ、最後に、課題の定義とアプローチの展開におけるインターネットとコンピュータの利用について論じる。

　まず手始めに、顧客に関する特定情報を必要としていたハーレーダビッドソン社の事例を紹介しよう。

〈リサーチの実例〉──ハーレーは、とことんやる

　モーターサイクルメーカーであるハーレーダビッドソン社（www.harleydavidson.com）は、2000年代初めにめざましい復活を遂げた。オートバイを購入する順番待ちの長い顧客リストができるほどだったのである。2001年、ハーレーダビットソンの総収入は33億ドルを越えた。ディーラーはさらに多くのバイクを製造するよう強く求めたが、ハーレーダビッドソンは新規の製造施設への投資については懐疑的だった。

　経営陣は、売上高が減少した時代に、リスクをおかすよりも回避すべきであると学んでいた。2001年当時、ハーレーダビッドソンの業績は回復していたが、新規設備への投資はリスクを負うことを意味していた。この需要はこの先も長く続くのだろうか。それとも、新たに別の流行を迎えれば顧客はハーレーから離れていってしまうのだろうか。同社は過去に、急成長に伴うオートバイの品質低下による厳しい時代を経験している。そのため、経営陣は投資を決断するには時期尚早であると気がすすまなかった。一方、投資をすれば業務を拡大でき、重量級オートバイの分野でマーケット・リーダーとなれるかもしれない。業界の専門家らとの話し合いからは、ブランド・ロイヤルティが、オートバイの売上げや反復販売に影響を与える大きな要因であることがわかった。また、二次データからは、オートバイのオーナーの大半が、乗用車やSUV車、トラックなどを所有していることが明らかになった。さらに、オートバイのオーナーたちに対するグ

第 2 章　マーケティング・リサーチ課題の定義とアプローチの展開　　　47

> マーケティング・リサーチ課題の正しい定義と適切なアプローチは、ハーレーダビッドソンの生産設備に投資するという正しい意思決定の助けとなった。

ループ・インタビューからは、オートバイは、主として基本的な交通手段として使用されているのではなく、レジャーの手段として使用されていることがわかった。また、このグループ・インタビューでは、オートバイの購入と所有におけるブランド・ロイヤルティの役割が強調された。

　各種の経済予測では、レジャーや娯楽に対する個人消費の伸びは 2010 年まで続くとされていた。インターネットで能力をつけた、21 世紀の消費者はますます洗練され価値を意識するようになっていた。とはいえ、依然として思うままにプレミアム価値を提示している有名ブランドにとっては、ブランド・イメージやブランド・ロイヤルティは消費者の購買行動に重要な役割を果していた。そして、ハーレーダビッドソンが、オートバイにおける世界規模の支配的ブランドになるという目標を達成するために必要な資源、マーケティング力および技術力を備えていたことは、紛れもない事実だった。

　以上のプロセスとそれにより明らかになった調査結果は、経営上の意思決定課題とマーケティング・リサーチ課題を定義する上で助けとなった。経営上の意思決定課題は「ハーレーダビッドソンはオートバイ増産のために投資をすべきか」ということであった。また、マーケティング・リサーチ課題は「顧客は長期にわたってハーレーダビッドソンのロイヤルティの高い購入者であるか」であった。リサーチにおいては、特に、次に挙げる構成要素に取り組まなければならなかった。

① 顧客は誰なのか。顧客の人口統計的および心理的特性は何なのか。
② 顧客のさまざまなタイプを識別できるか。マーケットの意味のあるセグメント化は可能か。
③ 顧客は自分の所有するハーレーに関してどのように感じているか。全ての顧客は同一のアピールに動機づけられているのか。
④ 顧客はハーレーダビッドソンにロイヤルティを抱いているか。どの程度のブランド・ロイヤルティか。

　検討された調査質問（RQ/Research Question）のひとつと、それに関する仮説（H/Hypothesis）を以下に挙げる。

　RQ：オートバイ購入者を、心理的特性に基づいてセグメント化することが可能か。

> H1：オートバイ購入者には、いくつかの際だったセグメントが存在する。
> H2：それぞれのセグメントはハーレーを所有することに異なった理由で動機づけられている。
> H3：ハーレーダビッドソンの顧客は、全てのセグメントにおいてブランド・ロイヤルティが高い。
>
> このリサーチは、ブランド・ロイヤルティがそのブランドに対する肯定的な信念、態度、感情、経験の結果であるという理論に導かれて行われた。定性リサーチ、定量リサーチもともに実施されている。まず、現オーナー、オーナー志望者、他社ブランドのオーナーが抱いているハーレーダビッドソンに対する感情を理解するために、グループ・インタビューが行われた。その後、心理的、社会的、人口統計的にみた顧客の特性とハーレーダビッドソンに対する主観的評価を得るために、1万6,000の調査票が郵送された。
>
> 主な調査結果のいくつかは、以下の通りである。
> ■顧客は以下の7つのカテゴリーに識別することができる。
> ①冒険好きの伝統主義者、②物事に敏感な実用主義者、③スマートなステータス探求者、④気楽なキャンパー、⑤高級富裕層、⑥沈着冷静な一匹狼、⑦うぬぼれの強いはぐれ者。したがって、H1は支持された。
> ■しかしながら、全ての顧客がハーレーを所有することに、独立心、自由、力のシンボルであるという同じ魅力を感じていた（セグメントを越えたこの一様性は驚くべきで、H2を否認するものである）。
> ■全ての顧客が、長期にわたりハーレーダビッドソンのロイヤル・カスタマーである。これはH3を支持するものである。
>
> これらの調査結果に基づき投資の決定が下され、ハーレーは増産されることになった。年間生産台数は2桁の成長率で増加し、2003年には生産台数289,444台、売上高40億ドルが見込まれた[1]。

本例は、マーケティング・リサーチ課題を正確に定義し、アプローチを適切に展開することがいかに重要であるかを示すものである。

課題定義の重要性

マーケティング・リサーチ・プロジェクトではそれぞれのステップが重要であるが、課題定義はその中で最も重要なステップである。第1章で述べたように、マーケティング・リサーチの目的にとり、課題と機会はそれぞれを入れ換えて取り扱うことができる。**課題定義**には、マーケティング・リサーチ課題の総括的な問題の記述と、特定の構成要素を確認することが含ま

課題定義 problem definition　マーケティング・リサーチ課題の全般的な問題の総括的記述と、特定の構成要素の確認。

れるが、マーケティング・リサーチ課題が明確に定義されて初めて、リサーチは適切に設計、実施できるのである。マーケティング・リサーチにかかわる全てのタスクの中で、リサーチの課題を正しく定義することほどクライアントのニーズを究極的に満たすために不可欠なタスクはない。課題を誤解したり、誤って定義したりすると、それ以降に費やされるあらゆる努力や時間、資金が無駄になるのである[2]。不適切な課題定義は、マーケティング・リサーチのプロジェクトが失敗する原因の最たるものなので、この点は記憶にとどめておくだけの価値がある。さらに、課題定義に当たり、関係者とのより良いコミュニケーションと彼らを深く参画させることがリサーチの有用性を高める方法であるとよく言われている。このような結果に鑑みて、マーケティング・リサーチ課題をはっきりと確認し定義することの重要性は、いくら誇張しても誇張し過ぎることはないといえる。個人的な経験に基づくエピソードから、この点について説明しよう。

〈リサーチの実例〉——チェーン・レストランの調査

ある日、私は、大学の卒業生だと名乗るリサーチ・アナリストから電話をもらった。街のレストラン・チェーン店で働いているのだが、マーケティング・リサーチを行って収集したデータの分析を助けてほしいという。会ってみると、調査票を一部渡され、どのようにデータを分析すればよいのかと尋ねてきた。私はまず「対処すべき課題はいったい何ですか」と尋ねた。すると彼は困ったような表情を浮かべたので、私は、データ分析は独立して行われるものではないことを説明した。データ分析の目的はむしろ、課題の構成要素に関連した情報を提供することにある。彼がマーケティング・リサーチの課題をはっきりと理解していないこと、そして課題の定義を文書化していないことを知り、私は驚いた。ことを先に進める前に、私はまずマーケティング・リサーチの課題を定義しなければならなかった。定義し終えると、収集されたデータの多くが課題とは関係ないことがわかった。つまり、調査すべてが経営資源の浪費だということである。したがって、特定された課題に取り組めるよう、新たな調査を設計し、実行に移さなければならなかった。

課題を適切に定義していく上で生じる問題に対する洞察は、課題定義のプロセスにおいて明らかにする[3]。

課題定義とアプローチの展開のプロセス

課題定義とアプローチの展開のプロセスを図2.1に示した。課題定義のタスクは意思決定者とのディスカッション、業界専門家やその他業界に精通している個人へのインタビュー、そして二次データの分析から成り、そこに定性リサーチが含まれることもある。こうしたタスクは、取り巻く経営環境上の前後関係を分析することになるため、リサーチャーが課題の背景を理解

図2.1 課題定義とアプローチの展開のプロセス

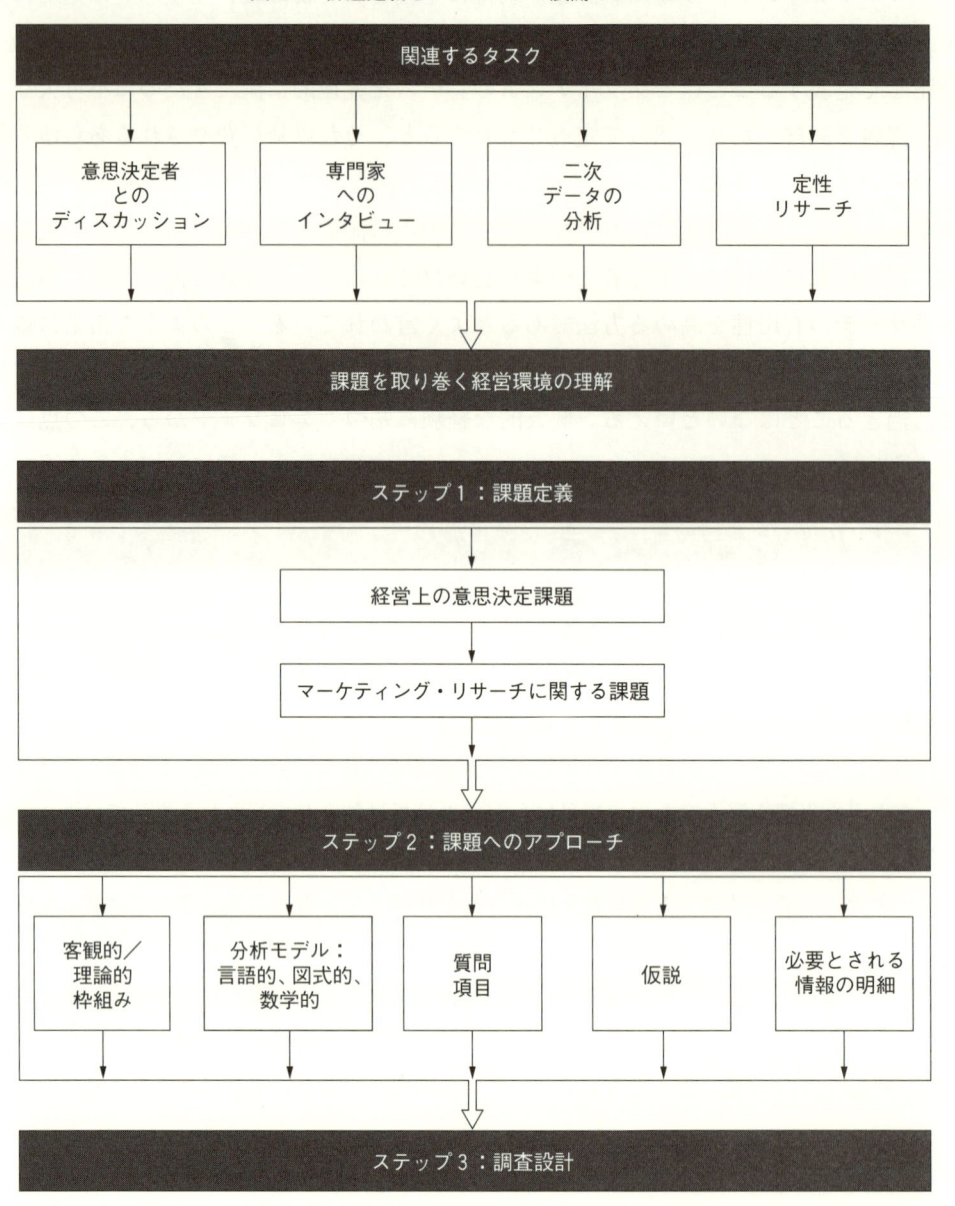

```
関連するタスク
  ├─ 意思決定者とのディスカッション
  ├─ 専門家へのインタビュー
  ├─ 二次データの分析
  └─ 定性リサーチ
       ↓
課題を取り巻く経営環境の理解

ステップ１：課題定義
  経営上の意思決定課題
   ↓
  マーケティング・リサーチに関する課題
       ↓
ステップ２：課題へのアプローチ
  ├─ 客観的／理論的枠組み
  ├─ 分析モデル：言語的、図式的、数学的
  ├─ 質問項目
  ├─ 仮説
  └─ 必要とされる情報の明細
       ↓
ステップ３：調査設計
```

する上での助けとなる。その際には、その課題に影響を与えている基本的な環境要因を評価すべきである。そしてその課題を取り巻く経営環境を理解することで、経営上の意思決定に関する課題の確認が容易にできるようになる。次に、経営上の意思決定に関する課題は、マーケティング・リサーチの課題へと翻訳される。そして、マーケティング・リサーチの課題の定義を基にして、適切なアプローチが展開されていくのである。アプローチの構成は、客観的／理論的な枠組み、分析モデル、質問項目、仮説、必要とされる情報の明細である。課題定義のプロセスについてさらに論を進めるにあたり、関連するタスクについての論議から始めよう。

関連するタスク

意思決定者とのディスカッション

　意思決定者とのディスカッションは非常に重要である。意思決定者の側は、リサーチの能力と限界を知る必要がある[4]。リサーチは経営上の意思決定に関係する情報を提供するが、解決策を提供することはできない。なぜなら、解決策には経営陣の判断が必要だからである。逆に、リサーチャー側は、経営陣が直面している意思決定の性質と、経営陣がリサーチから何を知りたいと考えているのかを理解する必要がある。

　経営課題を特定するためには、リサーチャーは意思決定者と相互に情報交換をするスキルを十分身につけていなければならない。だが、この相互情報交換を困難にしている要因もいくつか存在する。意思決定者に近づくことが難しい場合があるうえ、なかには最高幹部に面会するには複雑な手続きを踏まなければならない組織もある。また、リサーチャーやリサーチ部門の組織内での地位が、プロジェクトの早期段階において、中心となる意思決定者との接触を難しくすることもある。加えて、意思決定者が複数いて、意思決定者全員との会議や個別にミーティングを持つことが難しい場合もあろう。ただ、こうした問題があるにせよ、リサーチャーが重要な意思決定者と相互に情報を交換することが必要である[5]。

　課題検査は、意思決定者との相互情報交換や課題の根本的な原因の特定に有効な枠組みを提供する。課題検査とは、他のタイプの検査と同様、課題の発端と性質を理解するために、そのマーケティング課題を広範囲に検査することである[6]。課題検査には、次に挙げる項目に関する意思決定者とのディスカッションも含まれる。なお、これらの項目については、マクドナルドが直面した課題を例に説明していくことにする。

① その行動が必要だとする意思決定に至った事象、つまり課題の経緯。ファストフード業界で長く王座を守るマクドナルドだが、2001年と2002年には、バーガーキング、ウェンディーズ、サブウェイなどの競合企業にいくつかの主要マーケットでマーケット・シェアを奪われている。この問題は、マクドナルドのキャンペーンが低調であるのに対し、競合企業が新製品を発売して積極的なプロモーション・キャンペーンを行った時点で一層鮮明になった。

② 意思決定者が取ることのできる、行動計画の代替案。この段階では、代替案はまだ完成されたものでなく、さらに画期的な行動計画を特定するために定性リサーチが必要になる場合がある。マクドナルドの経営陣の代替案には、新しいサンドウィッチやメニューの導入、値下げ、レストランの増設、特別プロモーションの開始、広告の拡大などがある。

課題検査　problem audit　マーケティング課題の発端と性質を理解するために、そのマーケティング課題を広範囲に検査すること。

③ 行動計画の代替案を評価するために使用される基準。例えば、新製品の提案は、売上げ、マーケット・シェア、利益率、投資収益率などを基に評価されることが考えられる。マクドナルドでは、収益およびマーケット・シェアへの寄与を基準に、評価を行う。

④ リサーチにより判明した事実に基づいて提案される有望な行動。リサーチにより明らかになった事実はマクドナルドに戦略的なマーケティング対応策を求めることになるであろう。

⑤ 意思決定者の質問に答えるために必要な情報。必要な情報には、マクドナルドの相対的な強みと弱みを見極めるための、マーケティング・ミックス（製品、価格、プロモーション、流通）のあらゆる要素について主要競合各社と比較することが含まれる。

⑥ 意思決定者が決定を下す時に情報の各項目を利用するやり方。主要な意思決定者は、リサーチによって判明した事実および彼らの直感や判断に基づいてマクドナルドの戦略を案出する。

⑦ 意思決定に関係する企業文化[7]。意思決定プロセスが支配的な企業もあれば、意思決定者の個性の方がより重要な企業もある。企業文化を知ることが、戦略的なマーケティングの意思決定に影響力のあるリサーチャーを、そうでないリサーチャーと区別する最も重要な要素の1つといえる。マクドナルドの企業文化においては、重要な意思決定は複数の主要な意思決定者が行う、いわゆるコミッティー・アプローチ方式を必要としている。

課題検査を成し遂げることは大切である。というのも、多くの場合、意思決定者は課題が何であるかについて、漠然とした考えしか持っていないからである。例えば、意思決定者は、会社がマーケット・シェアを失いつつあることを知っているのに、それがなぜなのかを知らないことがある。これは、意思決定者には原因よりも徴候に注目する傾向があるからである。例えば、売上げ予測が達成不能である、マーケット・シェアを失っている、利益が減少している——こういったことはすべて徴候である。リサーチャーは単に徴候に取り組むのではなく、その裏に潜んでいる原因に対処しなければならない。例えば、マーケット・シェアの減少は、競合企業のより優れたプロモーションが原因である場合もあれば、自社製品の流通が適切でない場合もある。またその他の要因についても、いくらでも考えられるだろう。背後にある原因が特定できた時のみ、課題はうまく処理できる。次に例証するシンギュラー・ワイヤレス社の努力がそれを裏付けている。

〈リサーチの実例〉——シンギュラー：シンギュラーな（他に類のないたった1つの）個性表現

シンギュラー・ワイヤレス社（www.cingular.com）は、SBCコミュニケーションズとベルサウスの提携により、2000年10月に設立された。SBCコミュニケーションズが60％、ベルサウスが40％の株式をそれぞれ所有している。2003年現在、シンギュラー・ワイヤレスは米国で第

cingular℠ WIRELESS

What do you have to say?

2位の携帯電話企業で、個性表現と顧客に親切なサービスに力を入れている。シンギュラーは11の地域ブランドを支配しており、米国の上位50市場のうち42でサービスを提供している。しかし、シンギュラーは自社製品とサービスの販売開始にあたって難局に直面し、経営陣が見込んでいた初期売上げを達成できなかった。そこで課題検査を行った結果、真の課題はイメージの欠如であることが確認された。そこで、マーケティング・リサーチ課題は「シンギュラーに対する認知度、知覚、およびイメージの測定」と定義された。まずグループ・インタビュー、次いで電話調査が実施された。その結果、認知度は低く、消費者はシンギュラーが何を表しているのか知らない、すなわち、企業イメージが欠如していることがわかった。また、消費者の間では、自分たちのことを表現する力を与えてくれる通信会社が大変好意的に受け取られていることも明らかになった。

この状況を正すために、シンギュラーはニューヨークに本社を持つ広告代理店、BBDOに依頼し、2001年1月のスーパー・ボウル開催期に、個性表現に焦点をあてた3億ドル規模のキャンペーンを開始した。シンギュラーは、キャンペーンの焦点をサービスの違いよりもむしろ、イメージにおくべきだと決定した。競争が極めて激しいマーケットでは、新参ブランドはサービスだけでは勝ちぬくことができないと認識していたからである。シンギュラーの広告担当エグゼクティブ・ディレクター、バンス・オーバーベイは「他の通信会社は似たりよったりの技術競争や料金プランで自分たちのメッセージを届けようと躍起だが、シンギュラーは人間の個性表現に焦点をあてることにした」と強調している。

「シンギュラーの認知レベル、また、店頭から自由に持ち帰ることのできる印刷物などの出来栄えが楽しくて、創造的で、表現に富んでいることに非常に満足しています」と話すのは、シンギュラーのチーフ・マーケティング・オフィサーを務めるヴァージニア・ヴァンである。「誰もがシンギュラーは個性表現だと理解しています」。2001年のスーパー・ボウル以来、NCAAバスケットボールのトーナメントや「サバイバーⅡ：オーストラリアン・アウトブレイク」（CBSの人気番組）などの番組のスポンサーとなった。また、テレビやラジオだけでなく印刷媒体でも、地域ごとに広告を出している。このような広告ではブランド名を少しだけ強調し、料金についてより多く語っているものの、個性表現という枠組みはしっかり維持している。売上げが健全なペースで増加していることは驚くに当たらない[8]。

課題検査では意思決定者とリサーチャーとの間で徹底的にやりとりが行われるが、シンギュラーの場合のように内在する原因を見極められると、課題定義が随分と容易になる。調査会社

のリサーチャーと意思決定者との間の相互情報交換は、クライアント組織のスタッフがパイプ役を務め、マーケティング・リサーチャーとチームを組むと円滑に行われる。意思決定者とリサーチャーの有意義な相互情報交換は、以下に示す7つのCで特徴づけることができよう。

① Communication（コミュニケーション）：意思決定者とリサーチャーが思うところを自由に交換することは非常に重要である。
② Cooperation（協力）：マーケティング・リサーチは、両当事者（意思決定者とリサーチャー）が協力しなければならないチーム・プロジェクトである。
③ Confidence（信頼）：意思決定者とリサーチャーとの相互情報交換は、相互信頼に基づくべきである。
④ Candor（率直）：隠しごとなく、率直な態度を貫く。
⑤ Closeness（親密）：温情と親密さが、意思決定者とリサーチャーとの関係を特徴づけるものであるべきである。
⑥ Continuity（継続）：意思決定者とリサーチャーの相互情報交換は、散発的ではなく継続的でなければならない。
⑦ Creativity（創造性）：意思決定者とリサーチャーの相互情報交換は、形式にこだわらず創造的でなければならない。

業界の専門家へのインタビュー

　意思決定者とのディスカッションに加えて、業界の専門家やその企業および業界に精通している人たちにインタビューを行うと、マーケティング・リサーチの課題の策定が容易になる[9]。こういった専門家は社内、社外で見つけることができる。通常、専門家からの情報は、正式な調査票にそって行うのではなく、非構成的個人面接により取得される。とはいえ、インタビューで押さえるトピックのリストを用意しておくと役に立つ。こうしたトピックを質問する順序および質問文については予め決めておく必要はなく、インタビューの進行する中で決めていけばよい。こうしたやり方は、専門家の洞察を引き出す上で、より柔軟に対処することを可能にする。専門家にインタビューを行う目的は、決定的な解決策を開発することではなく、むしろマーケティング・リサーチの課題を定義するために役立たせることである。残念ながら、専門家にアドバイスを求める際に、困難の可能性が2点ある。

① 自称「業界通」で参加を強く望んでいる人の中には、実際のところ専門知識を持っていない人がいる。
② クライアントの組織に属さない専門家を見つけ出して助言を得ることは難しい。

　以上の理由から、専門家へのインタビューは、比較的専門家を見つけやすく意見を求めやすい、産業財企業や工業技術を要する製品のマーケティング・リサーチを行う際に役立つ。また、根本的に新しい製品のように、他の出所から情報がほとんど入手できない場合にも助けとなる。専門家は、既存製品の修正やリポジショニングに関する貴重な洞察を、次のダイエッ

ト・チェリー・コークのリポジショニングの例で示したように提供できる。

> ### 〈リサーチの実例〉――チェリー摘み：ダイエット・チェリー・コークのリポジショニング
>
> ザ・コカ・コーラカンパニー（www.cocacola.com）は、世界をリードする、ノンアルコール濃縮飲料とシロップのメーカーであり、マーケター、流通業社である。2003年現在、コカ・コーラは世界200ヶ国を超える国々で事業を展開し、230ブランドを生産している。ダイエット・チェリー・コークの売上げは、ピーク時には年800万ケースを超えていたが、それ以降は落ち込んでいた。そして、コカ・コーラのボトラーはダイエット・チェリー・コークの流通量を削減し始めた。この問題に直面したコカ・コーラは、売上げ減少の原因を突き止めなければならなかった。業界の専門家達に意見を求めたところ、真の課題が特定された。ダイエット・チェリー・コークは適切にポジショニングされていないというのである。彼らは、ソフト・ドリンクの売上げに影響を与える主な要因はブランド・イメージであるのに、ダイエット・チェリー・コークは昔からある古臭いイメージで認識されており、本来のチェリー・コークのイメージと矛盾していると強調した。それ故、マーケティング・リサーチ課題は、ダイエット・チェリー・コークのイメージとポジショニングの測定であると特定された。リサーチの結果、業界専門家の診断どおりであったことが確認され、さらにいくつかの有用な情報がもたらされた。
>
> リサーチ結果に基づき、製品はチェリー・コークのイメージにより密接に合わせるようにリポジショニングされた。その目的は、ターゲットを若者に絞ることであった。パッケージもチェリー・コークのパッケージとの一貫性を保つよう作り直した。また、若者層の興味を引くように、太くて輪郭のはっきりしたラインを用いたグラフィックスが採用された。最後には、10代をターゲットにしたプロモーション用の無料配布品としてダイエット・チェリー・コークはチェリー・コークと共に陳列された。ダイエット・チェリー・コークを若者のソフト・ドリンクとしてポジショニングしたことと、10代のセグメントにターゲットを絞ったことが事業の転換となり、2002年の売上げ増につながった。真の課題を特定する手助けをしてくれた業界の専門家の人々のおかげで、それ以来、売上げは上昇曲線を示している[10]。

ダイエット・チェリー・コークの例は、業界専門家の重要な役割を示すものである。だが、意思決定者と業界専門家から入手した情報は、利用できる二次データによって補完されなければならない。

二次データの分析

二次データとは、当面の課題以外の何らかの目的で収集されたデータのことである。それに対して、**一次データ**は、当面のリサーチ課題に取り組むという特定の目的でリサーチャーがもたらすデータである。二次データには、産業や政府の情報源、営利目的のマーケティング・リ

サーチ会社やコンピュータ化されたデータベースから入手可能な情報などが含まれる。つまり、二次データは、背景となる情報を経済的かつ迅速に入手できるソースである。入手可能な二次データの分析は、課題定義のプロセスにおいて基本的なステップである。というのも、一次データは、入手できる二次データが十分に分析されるまでは収集されるべきではないからである。二次データは極めて重要だが、このトピックは第4章（二次データと一次データの違いについても、さらに詳しく解説する）で詳しく説明することにし、ここではマーケティング・リサーチ課題の定義における、二次データの使用について次に示す実例で説明しよう。

〈リサーチの実例〉——バンズ社：スケートボード界のマキシ・バン

　スケートボードは今や時代の主流となっている。米国中の10代の少年少女が、ボードの技にチャレンジしている。多くの靴メーカーがこのグループに向けて製品を販売しようと試みているが、ほとんどの企業が失敗している。今、最も人気のあるブランドはバンズ（www.vans.com）。この靴メーカーは、カリフォルニア州サンタ・フェ・スプリングスの郊外に本社を置き、スケートボード界で主力となっている靴底の厚いスリッポンのスニーカーを世に出した。

　バンズは、多くのスケーターが市内でスケートボードをしていて法律問題をおこしていることを示す二次データに出くわした。そしてさらに二次データを収集した結果、スケーターが安全にスケートボードをできる場所が米国にあまりないことを知った。そこで、バンズ製品の販売社の社長、ニール・ライオンズは、バンズがショッピング・モールに隣接した大規模なスケート・パークを造れば、子供たちが安全な場所でスケートボードができるのではないかと考えた。したがって、マーケティング・リサーチ課題を「ショッピング・モールに隣接するスケート・パークに対する消費者の選好と需要を評価すること」と定義した。こうして実施されたリサーチから肯定的な結果を得、ライオンズはパーク建設に同意してくれるモールを探し出すことができた。場所はカリフォルニア州オレンジ郡のザ・ブロック。ティーンが集まるセンスのいいショッピング・スペースとして知られていた。幸いなことに、革新的な娯楽モールを手がける開発業者として有名なミルズ・コーポレーションがその不動産を所有していたのである。

二次データの分析とその後のリサーチでバンズ社は大規模スケート・パークをオープンし、大成功を収めることができた。

　パークは1998年11月にオープンし盛況を呈した。その年の終りには、入場者数は25万人に迫り、当初予想した入場者数10万人を軽く超えた。パークは大成功を収め、パークで技を試そうと世界各地から人々が集まった。それ以降、バンズはさらにパーク

二次データ　secondary data　当面の課題以外の何らかの目的で収集されたデータ。
一次データ　primary data　当面のリサーチ課題に取り組むという特定の目的で、リサーチャーがもたらすデータ。

を開設し、2002年1月12日には11番目のパークをオーランドに開いている。今後は2005年までにコロラド州、バージニア州、フロリダ州、カリフォルニア州北部のミルピータスに新しくパークを開く計画がある。これはすべて、二次データの分析から始まった。そしてこの二次データが適切なマーケティング・リサーチにつながり、大成功を果たす拡大戦略を生み出したのである[11]。

二次データの分析は、定性リサーチで補完すると有効である場合が多い。

定性リサーチ

意思決定者、業界の専門家、二次データから入手した情報ではリサーチの課題を定義するのに十分でない場合がある。また、課題や内在する要因を理解するために**定性リサーチ**を行わなければならないこともある。定性リサーチとは、小規模な標本に基づき、非構成的で探索的に行う調査のことである。なかでもよく用いられている定性手法は、フォーカス・グループ(グループ・インタビュー、集団面接)、語句連想(調査対象者に刺激語に対する最初の反応を言葉にするように求める)、そしてデプス・インタビュー(個人深層面接。一対一のインタビューで、調査対象者の考えを詳細に探るもの)などである。さらに、小規模な調査対象者の標本を使うパイロット調査のような、その他の探索的リサーチ手法が行われることもある。探索的リサーチについては第3章で、定性リサーチ手法については第5章で、それぞれ詳細に論じる。

この段階で行われるリサーチは正式な手順に従った方法で進められるわけではないが、冒頭に挙げたハーレーダビッドソンの事例が示すように、そこから課題に対する貴重な洞察が得られることもある。ハーレーの場合には、業界の専門家がブランド・ロイヤルティの重要性を説いていたが、グループ・インタビューにおいてもその重要性が明らかになった。また、二次データからは、オートバイのオーナーのほとんどが普通乗用車やSUV車、トラックなどの自動車を所有していることが判明した。グループ・インタビューからは、さらにオートバイが主にレクリエーションの手段として使われていることも明らかにされた。

意思決定者とのディスカッション、業界専門家とのインタビュー、二次データの分析とともに、定性リサーチから得た洞察は、リサーチャーが課題を取り巻く経営環境を理解する助けとなる。

課題を取り巻く経営環境

マーケティング・リサーチ課題の背景を理解するために、リサーチャーはクライアント企業

定性リサーチ qualitative research 課題の背景について、洞察と理解を提供するために行われる小規模な標本に基づく非構成的な探索的リサーチ手法(質的調査ともいう)。

とその業界を理解しなければならない。特に、リサーチャーはマーケティング・リサーチ課題の定義に影響を与えるさまざまな要因を分析すべきである。これらの要因、すなわち**課題を取り巻く経営環境**には、図2.2にあるように、業界と企業に関連する過去の情報と予測、企業の経営資源と制約、意思決定者の目標、購買者の行動、法的環境、経済的環境、企業のマーケティング・スキルと技術力などが含まれる[12]。各要因について簡単に述べていこう。

図2.2 課題を取り巻く経営環境において考慮すべき要因

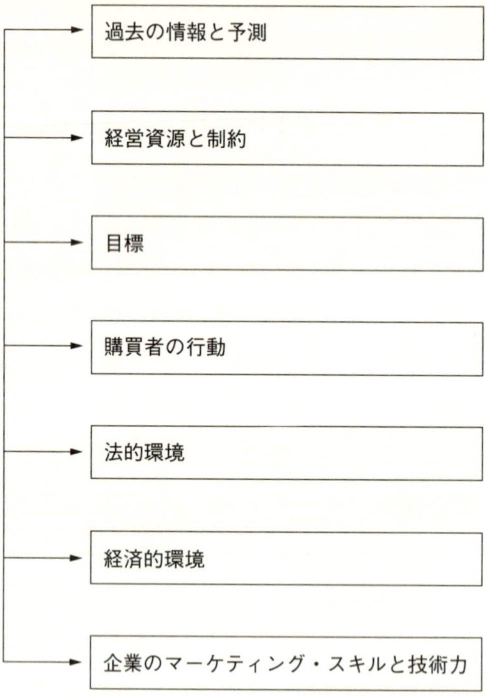

- 過去の情報と予測
- 経営資源と制約
- 目標
- 購買者の行動
- 法的環境
- 経済的環境
- 企業のマーケティング・スキルと技術力

過去の情報と予測

　売上げ、マーケット・シェア、収益率、技術、人口、人口統計やライフスタイルに関するトレンドの過去の情報と予測は、リサーチャーが内在するマーケティング・リサーチ課題を理解するのに役立つ。このタイプの分析は業界や企業レベルで適切に行われなければならない。例えば、業界の業績が上昇しているにもかかわらず、ある企業の売上げが下がっている場合と、業界の業績と企業の売上げとがともに下降している場合とでは問題が随分と違ってくる。前者の場合、問題はその企業特有のものだと考えられる[13]。

　過去の情報と予測は、ファストフード業界の例で明らかになったように、潜在的な機会と課題を明らかにする際に有益である。次の例は、マクドナルドのようなファストフードのチェー

課題を取り巻く経営環境　environmental context of the problem　マーケティング・リサーチ課題の定義に影響を与える諸要因から成る。企業と業界に関連する過去の情報と予測、企業の経営資源と制約、意思決定者の目標、購買者の行動、法的環境、経済的環境、企業のマーケティング・スキルと技術力が含まれる。

ン店が、会社のランチタイムが短縮されたり、なくなってしまう最近の傾向の中で、どのように潜在的な商機を求めたのかを示すものである。

〈リサーチの実例〉──仕事だけで食事はナシ

　近年、職場における人々の食習慣に大きな変化が起きている。リサーチ会社、データモニター社（www.datamonitor.com）が2001年に行ったリサーチでは、労働者の31％が1週間に少なくとも一度は昼食をとっていないことがわかった。アメリカの労働倫理は、時間を賢く使うように人々に強要し続けているが、一日中締め切りを抱えた労働環境の変化が、たとえ昼食をとるとしても、いつ昼食をとるのか、何を食べるのかということに対する人々の考え方に影響を与えている。

　デスクで食事をとったり、会議中に食事をとったりと、仕事と食事を一緒にすませる人たちも多くいる。約24％（23.9％）の労働者が少なくとも週に1回、テイクアウトですませ、約10％（10.3％）が出前を取っている。また、食事と何かを一緒にというマルチタスクには、郵便局に足をのばしたり、洗車、ジム、買物に行ったりするなど、ランチタイムをプライベートな用事に使う場合もでてくる。18～24歳までの労働者の場合、年齢が上の労働者よりもランチタイムをとる傾向にあるが、その時間を食事ではなく違う活動に使っている場合が多い。その一方で、仲間からのプレッシャーから、同僚がしっかりとランチタイムをとっていないという理由で、自分のランチタイムがとりにくくなっている人たちもいる。また、40％を超える人たちが、きちんとランチタイムをとっていないと感じている。予測によると、この傾向は今後も続くであろう。

　マーケターの立場からは「手早く食事を済ませたい消費者」を獲得するには利便性が大変重要になる。このことはまた、ランチタイムにはいつも混雑している座って食べるレストランや、ファストフード店にとり問題を提起する。今後、労働者の間では、手に持って食べられる食事に大いに人気が集まるだろう。マクドナルド（www.mcdonalds.com）では、急いでいても体に良いものを食べたいと思っている人向けに、ドレッシングと混ぜられるようにシェイクできる容器に入ったサラダ、マックサラダ・シェーカーズを3種類発売した。これで、車内で食事をとる際にもサラダを注文できるようになった。このメニューは、現在ランチにサラダをとっている女性の20％と男性の8％に受けている。インスタント食品、自動販売機で購入できる食品（サンドイッチなど）、ランチ・オン・ザ・ゴー食品（訳注：「ながら」族をサポートする携帯食。片手で食べられることが特徴。ピザやハンバーガー、バランス栄養食等）などを提供している企業は、今後、ランチ・マーケットのシェアを多く獲得することになるだろう[14]。

　上記の例は、過去の情報と予測が役立つことを示しているが、このことは経営資源が限られていて、組織にその他の制約がある場合に有益である。

経営資源と制約

　適切な範囲のマーケティング・リサーチ課題を策定にするためには、資金やリサーチ・スキ

ルなどの経営資源と、費用や時間のような組織の制約との両方を考慮する必要がある。4万ドルしか予算がないのに10万ドルかかる大規模なプロジェクトを提案しても、経営陣の承認はまず得られないだろう。多くの場合、予算内に収めるために、マーケティング・リサーチ課題の範囲を狭めなければならないことになる。例えば百貨店のプロジェクトの場合であれば、全国規模のプロジェクトを行わずに、地理的に主要なマーケットの調査にとどめるということになるだろう。

　しかし、費用を少々増やすだけで、プロジェクトの範囲をかなり広げられる場合が多くある。これなら、プロジェクトの有用性を大いに高めることになり、経営陣が承諾する見込みが高くなる。また、意思決定を迅速に行われなければならない場合には、時間的制約が大きく影響する[15]。例えば、大手玩具メーカー、フィッシャープライス社のプロジェクトでは、6つの主要都市（シカゴ、フレズノ、カンザスシティー、ニューヨーク、フィラデルフィア、サンディエゴ）でモール・インターセプト・インタビューが行われたが、すべてを6週間で完了しなければならなかった。なぜ、これほど急がなければならなかったのか。実は、その結果を、新製品の発売に関する重要な意思決定（販売するのか、しないのか）が下される予定の、次回の役員会議に提出しなければならなかったからである[16]。

　その他の制約はクライアント企業の人事、組織的構造、企業文化または意思決定のスタイルなどにより決まるが、リサーチ・プロジェクトの範囲を定めるためにはその制約を特定しなければならない。しかしながら、制約が意思決定にとってリサーチの価値を下げるものであったり、リサーチ・プロセスの質を損なうようなものであったりしてはならない。実施する価値のあるリサーチ・プロジェクトなら、成功させることが大切である。経営資源の制約が厳しく質の高いプロジェクトが実現できない企業には、正式なマーケティング・リサーチを行わないように勧めることが望ましい。そのためにも、経営資源と制約の特定が必要であり、こうしたタスクは組織と意思決定者の目標に照らして検討すれば、一層良く理解することができよう。

目標

　意思決定は目標を達成するために下される。経営上の意思決定課題の定式化は2つのタイプの目標、つまり、①組織的目標（組織の到達目標）、②意思決定者の個人的な目標の、明確な理解に基づいていなければならない。プロジェクトを成功させるためには、そのプロジェクトが組織と意思決定者の目標達成に貢献するものでなければならないのである。しかしながら、これは容易なタスクではない。

　意思決定者が個人や組織の目標を正確に定式化することは稀である。むしろ、目標が具体的行動と結びつかない言葉、例えば「会社のイメージを改善する」などのように表現される場合

目標　objectives　マーケティング・リサーチを成功させるために、組織と意思決定者の到達目標を考慮しなければならない。

第2章　マーケティング・リサーチ課題の定義とアプローチの展開

が間々ある。とはいえ、意思決定者に直接尋ねれば適切な目標が全て明らかになるというわけではない。適切な目標を引き出すスキルが、リサーチャーには不可欠なのである。効果的な手法のひとつは、意思決定者に課題に対する可能な解決策をひとつずつ提示し、その行動計画に従うつもりがあるかどうかを尋ねることである。「否」という回答が出された場合には、その行動計画では達成し得ない目標を明らかにするために、さらに追求質問を続けなければならない。

購買者の行動

　購買者の行動は、経営環境の中心的構成要素である。マーケティングの意思決定では多くの場合、マーケターの特定の行為に対して購買者がどのように反応するかを予測することで、課題を究極的に追跡することができる。内在する購買者の行動の理解は、課題を理解するための貴重な洞察をもたらすこととなる。検討すべき購買者の行動の要因には以下の事項が含まれる。

① 購買者と非購買者の人数と地理的居住地
② 人口統計学的特性と心理学的特性
③ 製品の消費習慣と関連カテゴリーの製品の消費
④ メディア利用行動とプロモーションに対する反応
⑤ 価格に対する感応性
⑥ ひいきにしている小売店
⑦ 購買者の選好

　次の例は、関連する購買者の行動を理解することが、課題の根底にある原因を特定するのにいかに役立つかを示すものである。

〈リサーチの実例〉——「ゴット・ミルク？（牛乳、飲んだ？）」が「売上げ、上がった！」につながった理由

　1980年代および90年代初頭、牛乳の売上げは減少していて、牛乳業界は売上げ増加の方法を見つける必要に直面していた。カリフォルニア牛乳加工委員会が契約した広告代理店は、12歳以上を対象にカリフォルニアで電話追跡調査を行うために、M/A/R/Cリサーチ社（www.marcresearch.com）と契約した。このリサーチ会社は、牛乳の売上げ不振の原因を特定するために、牛乳に対する根底にある消費者の行動を理解しようと努めた。M/A/R/Cは、広範なグループ・インタビュー、世帯観察調査、電話調査により、牛乳消費の根底にある消費者の行動を理解することができた。そしてこのリサーチから、「人々がどのように牛乳を利用しているのか」「なぜ牛乳が欲しいのか」「どのような食品と一緒に利用しているのか」「牛乳がなくなるとどう感じるの

購買者の行動　buyer behavior　個人に特定された特性に基づいて、消費者の反応を理解し予測を試みる知識の集まり。

> か」ということが明らかになった。その結果、牛乳の 88％ が家庭で消費されているものの、それは平均的な人にとっては、中心となる飲み物ではなく、主にシリアルやケーキ、ペーストリーのような食べ物との組み合わせで使われていることがわかった。　とはいえ、消費者は牛乳がないと大変不自由に思う、ということもはっきりした。そこで、広告代理店グッビー・シルバースタイン＆パートナーズ社は牛乳に関する消費者行動の広告キャンペーンを開始し、「ゴット・ミルク？」のキャッチ・コピーで有名な、あの「牛乳の口ヒゲ」のキャンペーンを開始した。このクリエイティブな広告は、ジョアン・ランデン（訳注：17年間 ABC「モーニング・アメリカ」のアンカーを務めた）からリー・パールマンとダニー・デヴィート（訳注：芸能人カップル）まで、各界の著名人がこれ見よがしに例の有名な白い口ひげをつけるというもので、非常に注目を集めた。このマーケティング・リサーチと広告キャンペーンによって牛乳の売上げは増加し、2003年になっても安定した数字を保った。売上げどころか、「ゴット・ミルク？」という言葉は米国で市民権も獲得したのである。なかには、子供がクッキーを片手に台所へやってきて、「ゴット・ミルク、一杯ちょうだい」と頼むようになったと話す消費者も出てきた。最近の広告では、セサミ・ストリートのクッキー・モンスターやケロッグのスナップ・クラックル・ポップが牛乳なしのひとときを経験するシーンが登場している。この広告キャンペーンに新しく加わったのは「ゴット・ミルク？」ウェブで（www.gotmilk.com）、このサイトには商品やコンテスト、ゲーム、レシピなどに関する情報が満載されている[17]。

　牛乳消費量の減少は、人口統計学的傾向や消費者の嗜好を含む社会文化的な環境の変化に起因するといえる。さらに、法的環境や経済的環境も消費者の行動やマーケティング・リサーチ課題の定義に影響を与えることがある。

法的環境

　法的環境には、国の政策や法律、政府機関、圧力団体などが含まれ、社会におけるさまざまな組織や個人に影響を与え、規制を加える。法律に関して重要な分野は、特許や登録商標、特許権使用料、通商協定、諸税そして関税などである。例えば、連邦法はマーケティング・ミックスのそれぞれの要素に影響を与える。加えて、特定の産業を規制する法律が可決されている。このように、法的環境はマーケティング・リサーチ課題を定義する上で重要な関連を持つ可能性がある。これは経済的環境の場合も同じである。

経済的環境

　法的環境とともに、経営環境のもう1つの重要な構成要素が**経済的環境**である。これは、購買力、総所得、可処分所得、自由裁量所得、物価、貯蓄、信用、一般的な経済条件から成る。

法的環境　legal environment　規制政策と規範。組織活動は、それらが許す範囲内に限定される。
経済的環境　economic environment　経済環境は、所得、物価、貯蓄、信用、一般的な経済条件から成る。

全般的な経済情勢（急成長、低成長、景気後退、スタグフレーション）は、消費者や企業のクレジット使用や高額商品の購入意欲に影響を与える。したがって、経済的環境はマーケティング・リサーチ課題に重要な意味合いを持ちうるのである。

企業のマーケティング・スキルと技術力

　企業のマーケティング・スキルおよび技術力は、その企業が持っているマーケティング・ミックスの各要素における専門知識と同様に、マーケティング・リサーチ・プロジェクトの性質と範囲に影響を与える。例えば、高度な技術を要する新製品を発売しようとしても、その企業にそれだけの製品を製造していく、あるいは市場に出していくだけの手腕がなければ、それは実行可能な方針とはいえないであろう。

　企業のマーケティング・スキルと技術力は、実行可能なマーケティングのプログラムとその戦略に大いに影響を与える。だがより広範なレベルで考えると、その他の技術的な環境要因をも考慮しなければならない。コンピュータの不断の開発のような技術の進歩は、マーケティング・リサーチに劇的な影響を与えてきた。例えば、スーパーマーケットでは、コンピュータ化されたレジがあれば、消費者の製品需要を日々チェックすることができ、リサーチャーはスキャンしたデータを利用することもできる。また、その企業のブランドだけでなく、競合ブランドの正確な小売販売情報を入手することも可能である。データ収集が迅速かつ正確にできるため、リサーチャーは、プロモーション期間におけるマーケット・シェアの1日単位での変化を調査するといった難題さえこなせるようになる。

　課題を取り巻く経営環境を適切に理解すれば、リサーチャーは経営上の意思決定課題とマーケティング・リサーチ課題とを定義できる。このプロセスについては、冒頭のハーレーダビッドソンの例で説明したとおりである。経済予測では、2010年までずっとレクリエーションおよび娯楽への消費が増加すると見込まれていた。21世紀の消費者はインターネットで力をつけ、ますます賢明になり、価値に関心を払うようになってきた。とはいえ、思うままに高価格を続けている有名ブランドにとっては、依然としてブランド・イメージとブランド・ロイヤルティは購買者の行動において大きな役割を担っている。ハーレーダビッドソンが、世界規模でオートバイの主流ブランドになるという目標を達成するために必要な経営資源とマーケッティング・スキル、技術力を手にしていたことは明白であった。経営上の意思決定課題は「ハーレーダビッドソンはオートバイの増産に投資すべきか」。そして、マーケティング・リサーチ課題は、顧客が長期にわたりロイヤル・カスタマーであるかどうかを見極めることにあった。次のセクションで、経営上の意思決定課題とマーケティング・リサーチ課題の理解をさらに深めていこう。

経営上の意思決定課題とマーケティング・リサーチ課題

　経営上の意思決定課題は、経営意思決定者が何をやらなければならないのかを問い、一方、マーケティング・リサーチ課題は、どのような情報が必要で、どうすればそれをうまく入手できるのかを問う（表2.1）。リサーチは、正しい決定を下すために必要な情報を提供することができる[18]。経営上の意思決定課題は行動志向であり、意思決定者がとりうる行動にかかわる内容となる——例えば、マーケット・シェアの減少をどのように阻止すべきか、マーケットを別の方法でセグメントすべきなのか、新製品を導入すべきか、プロモーションの予算は増額すべきか……。これとは対照的に、**マーケティング・リサーチ課題**は情報志向であり、どのような情報が必要とされていて、どうすればその情報を効果的かつ効率的に入手できるのかということを見極める。つまり、経営上の意思決定課題では徴候に焦点が当てられ、マーケティング・リサーチ課題では内在する原因に焦点が当てられているのである。

　ある製品ラインのマーケット・シェアの減少を例にとって考えてみよう。意思決定者の課題は、どのようにしてこれを盛り返すかということである。行動計画の代替案には、現行製品の修正、新製品の導入、マーケティング・ミックスの要素の変更、マーケットのセグメンテーションなどが挙げられる。仮に、意思決定者とリサーチャーが、この課題がマーケットのセグメンテーションが適切でなかったことから生じていて、その問題に関する情報を得るためにはリサーチが必要である、という統一見解に達しているとしよう。そうなると、リサーチ課題はマーケットをセグメントする新しい基準を特定、評価することになる。このプロセスが、意思決定者とリサーチャーの間でインタラクティブ、すなわち相互の情報交換により行われることに注目しよう。次項の百貨店プロジェクトの例では、この「インタラクティブ」な性質ばかりでなく、経営上の意思決定課題とマーケティング・リサーチ課題の相違点についても如実に示されている。

表2.1　経営上の意思決定課題対マーケティング・リサーチ課題

経営上の意思決定課題	マーケティング・リサーチ課題
意思決定者がなすべきことを問う	どのような情報が必要で、その情報をどのように入手すべきかを問う
行動志向	情報志向
徴候に焦点を当てる	内在する原因に焦点を当てる

経営上の意思決定課題　management decision problem　意思決定者が直面する課題。経営意思決定者が何をやらなければならないのかを問う。
マーケティング・リサーチ課題　marketing reseach problem　どのような情報が必要で、どうすればそれを最も適切な方法で入手できるのかを決める必要がある課題。

下記の例は、経営上の意思決定課題とマーケティング・リサーチ課題の相違点をさらに示したものである。

・経営上の意思決定課題	・マーケティング・リサーチ課題
新製品を導入すべきか。	提案されている新製品に対する顧客の選好と購入意向を明らかにすること。
現行の広告キャンペーンを変更すべきか。	現行の広告キャンペーンの効果を明らかにすること。
該当ブランドの価格を上げるべきか。	需要量に対する価格弾力性と、さまざまなレベルでの価格変更がもたらす売上げと収益への影響を明らかにすること。

以上に挙げた経営上の意思決定課題とマーケティング・リサーチ課題の相違は、マーケティング・リサーチ課題をどのように定義されなければならないかを理解する助けとなる。

アクティブ・リサーチ　百貨店プロジェクト

課題を定義する

DM（Decision Maker／シアーズの意思決定者）：店のひいき客数が減少している。
R（Researcher／リサーチャー）：どのようにしてそれがわかりましたか？
DM：売上げやマーケット・シェアに反映されている。
R：なぜひいき客が減少したのでしょう？
DM：ぜひそれを知りたい！
R：競合についてはいかがでしょう？
DM：われわれの方が優っている点もあるようだが、劣っている点もあるようだ。
R：顧客は御社をどのように見ているのでしょうか？
DM：顧客の多くは好感をもっているように思うが、我々には弱点が1つ、2つあるようだ。

意思決定者やその他の主要なマネジャーとの一連の対話、二次データの分析および定性リサーチを行った結果、課題は次のように特定された。

・経営上の意思決定課題
　シアーズのひいき客を改善するには何をすべきか。
・マーケティング・リサーチ課題
　店のひいき客に影響を与える要因に関して、主な競合各社に対する、シアーズの相対的な強みと弱みを明らかにする。

マーケティング・リサーチ課題を定義する

　マーケティング・リサーチ課題を定義する際に従わなければならない一般的なルールは、「定義は、①経営上の意思決定課題に取り組むために必要とされる情報をリサーチャーがすべて入手できるようにし、②このプロジェクトを推進していく際にリサーチャーに指針を与えるものでなければならない」というものである。課題定義においてリサーチャーが犯す共通の誤りが2つある。最初の誤りは、リサーチ課題の定義が概括的すぎる場合に生じる。定義が概括的では、プロジェクトにかかわる引き続く一連のステップに対して、明確なガイドラインを提供できないからである。ここで、マーケティング・リサーチ課題の定義が概括的すぎる例を3種、挙げてみよう。①ブランドのマーケティング戦略を開発する、②企業の競争的地位を改善する、③企業イメージを改善する。このような内容では具体性に欠け、課題のアプローチやリサーチ設計を提案するものとならない。

　2番目の誤りは、1番目と正反対のタイプである。つまり、マーケティング・リサーチ課題の定義が狭義すぎる場合である。焦点を絞りすぎてしまうと、行動計画のいくつか、特に革新的なものや明白でないものをあらかじめ考慮から除外してしまう可能性がある。それだけでなく、リサーチャーが、経営上の意思決定課題の重要な構成要素に取り組むことを妨げる場合も出てくる。例を挙げてみよう。ある大手消費財メーカーのために行われたプロジェクトでは、経営課題は、「競合他社の値下げ攻勢にどのように対応するか」であった。その企業の調査担当者が当初特定していた行動計画案は、①競合相手の値下げに合わせて、自社ブランド品の価格を下げる、②価格は保持するが、広告量を大幅に増やす、③競合相手の価格に合わせることなく幾分自社の価格を下げ、広告量を適度に増やす、の3点であった。しかし、いずれの方策も良い結果を期待できそうにない。そこで、外部からマーケティング・リサーチの専門家が投入され、課題はマーケティング・シェアと製品ラインの収益性を改善することと再定義された。定性リサーチの中で行った目かくしテストの結果、消費者は違うブランド名を付けてテストした製品を識別できないということが判明した。さらに、消費者は価格を製品の品質の指標として頼りにしていた。これらの調査結果から、ひとつのクリエイティブな方策が導かれた。それは、現行ブランドの価格を上げ、新しいブランドを2つ導入するという策である。新ブランドのひとつは競合相手の価格に合わせたブランドで、もうひとつはそれを下回る価格帯のブランドである。この戦略は実行に移され、マーケット・シェアと収益性の拡大が実現できた。

図2.3　マーケティング・リサーチ課題の正しい定義

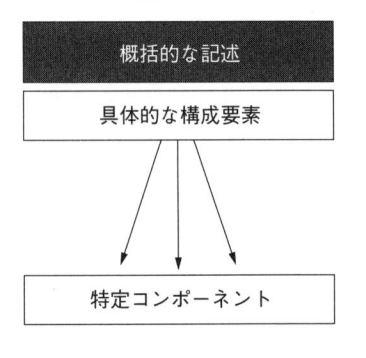

概括的な記述
具体的な構成要素
特定コンポーネント

　マーケティング・リサーチ課題を一方で概括的で一般的な言葉で表し、他方、課題の具体的な構成要素を特定すれば、課題定義における2つの誤りを犯す可能性を減らすことができる

（図2.3）。**概括的な記述**は課題の全体像を示し、2番目のタイプの誤りを防ぐ予防策となる。また、**具体的な構成要素**は、課題の重要な側面に焦点を当て、それらをどのように進めていけばよいのか明確なガイドラインを示すことで、1番目のタイプの誤りに陥る可能性を低くする。ではここで、適切なマーケティング・リサーチ課題の定義の例を紹介しよう。

マーケティング・リサーチ課題

〈リサーチの実例〉──リサーチ、テニス雑誌に代わってサービスエース

　ニューヨーク・タイムズ社の出版物である雑誌『テニス』（www.tennis.com）は読者に関する情報の入手を希望していた。定期購読者数はたった70万人だが、この雑誌には2003年の時点で160万人もの読者がいた。そこで、ニュージャージー州クリフサイド・パークにある独立系リサーチ会社シグネット・リサーチ社（www.signetresearch.com）に依頼して、マーケティング・リサーチを実施した。経営上の意思決定課題は、「読者にもっと気に入ってもらうためには雑誌『テニス』にどのような変化が必要なのか」ということであった。

　一方、概括的なマーケティング・リサーチ課題は「雑誌『テニス』の購読者に関する情報を集めること」と定義された。課題の具体的な構成要素には次のものが含まれていた。

① 人口統計学的特性＝この雑誌を購読するのは、どのような人たちか。
② 心理学的特性とライフスタイル＝購読者は自分のお金と自由な時間をどのように使っているか。検討されるライフスタイルの指標は、健康、旅行、自動車のレンタル、服装、消費者向け電子機器、クレジット・カード、金融資産投資である。
③ テニス活動＝購読者はどこで、どのくらいの頻度でテニスをするか。テニスの腕前はどのくらいか。
④ 雑誌『テニス』との関係＝購読者はこの雑誌を1冊読むのにどのくらいの時間を費やしているか。どのくらいの期間、雑誌を保存しているか。テニス仲間と雑誌をまわし読みしているか。

　質問が非常に明確に定義されていたため、このリサーチにより提供された情報は大いに活用され、その結果、経営陣はテニス指導、テニス用品、有名なテニス・プレーヤー、読者の具体的なニーズを満たすテニス場といった具体的な特集を組むことができた。さらなる変化としては、2001年3月、クリス・エバートが編集者として加わったことが挙げられる。彼女は、グランドスラム大会で18回優勝し、スポーツの世界では最も影響力の強い人物の一人である。クリス・エバートは、編集者としてテニスのさまざまな問題について毎月1本コラムを執筆し、広告イベントに

概括的な記述 broad statement　課題の適切な全体像を示すマーケティング・リサーチ課題の冒頭の記述。
具体的な構成要素 specific components　マーケティング・リサーチ課題の定義の二つ目の部分。課題の重要な側面に焦点を当て、それらをどのように進めていけばよいのか明確なガイドラインを示す。

も関係した。このような変化で、雑誌『テニス』は読者にさらに気に入られるようになった[19]。

クライアントが同意したマーケティング・リサーチ課題は、文書化しておくべきである。バーク社のコンサルタントがクライアントとマーケティング・リサーチ課題の定義について議論を交わす。

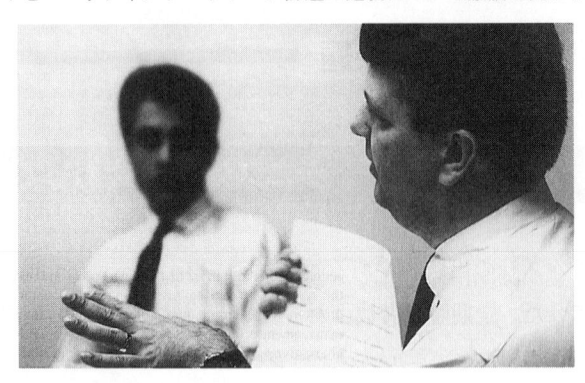

雑誌『テニス』の例では、課題の概括的な記述は購読者に関する情報の収集に焦点を当て、その具体的な構成要素は、入手しなければならない情報の細目を特定した。これは冒頭のハーレーダビッドソンの例にも当てはまる。そこではマーケティング・リサーチ課題を広義に言及した後に、具体的な構成要素を四つ特定している。百貨店プロジェクトの課題定義においても、同じ方策をとっている。

アクティブ・リサーチ　百貨店プロジェクト

課題定義

百貨店プロジェクトでは、マーケティング・リサーチ課題の定義は、店舗のひいき客に影響を与える要因に関して、主要な競合各社に対するシアーズの相対的な強みと弱みを把握することである。具体的には、次に挙げる質問に関する情報をリサーチは提供しなければならない。

① 百貨店を選ぶ際、世帯では何を基準にしているか。
② 質問①で特定された選択基準で、世帯ではシアーズと競合店をどのように評価しているか。
③ 特定の製品カテゴリーについてショッピングする際、どちらの百貨店をひいきにするか。
④ 特定の製品カテゴリーについてシアーズと競合各社のマーケット・シェアはどうなっているか。
⑤ シアーズの顧客の人口統計学的特性と心理学的特性は何か。競合各社の顧客の特性とは異なっているのか。
⑥ ひいきの店やその選好は、店の評価と顧客の特性から説明できるのだろうか。

ひとたびマーケティング・リサーチ課題が概括的に示され、その具体的な構成要素が特定されれば、リサーチャーは適切なアプローチを展開することができるようになる。

アプローチの構成要素

アプローチを展開するプロセスで目標を見失ってはならない。その目標とはすなわち、アウトプットである。アプローチの展開プロセスのアウトプットには、以下の構成要素を含まなければならない——客観的／理論的枠組み、分析モデル、質問項目、仮説、そして必要とされる情報の明細である（図2.1参照）。次のセクションでは、これら個々の要素について説明していこう。

客観的／理論的枠組み

一般的にリサーチは、客観的証拠に基づき理論で裏付けされていなければならない。**理論**とは、真理であると想定される基本的な言明、すなわち「公理」に基づいた概念上の体系である。また、**客観的証拠**（経験により明らかになったことにより不偏かつ裏づけされた証拠）は、二次資料から関連性のある発見を集めてまとめられる。同様に、リサーチを導く適切な理論は、書籍、学会誌などの研究論文にある学術的な文献を調べ直すことで特定される場合がある。リサーチャーは、どの変数を調査すべきかについて決定する際には理論を基にしなければならない。理論的な考察はさらに、リサーチ設計と標本選択の方法と同じく、変数の操作方法と測定方法に関する情報を提供する。また理論は、調査した結果明らかになったことをリサーチャーが系統立てて解釈できるようにするための基盤としての役割も果たす。つまり「よい理論ほど実践的なものはない[20]」のである。

理論は、基本的なリサーチで採用されているリサーチ手順を左右する重要な役割も果たしている。しかし、理論をマーケティング・リサーチ課題に当てはめるには、リサーチャー側に創造性がなければならない。理論は、抽象的な論理構成（変数）が実世界の事象をどのように具体的に表現することができるのかについて、適切に特定していない場合がある。その上、理論は不完全でもある。つまり、理論は実世界に存在する変数の部分集合だけを扱っているのである。したがって、リサーチャーは、その他の変数、すなわち理論化されていない変数も特定し、検討しなければならない[21]。

ここで取り上げている百貨店のひいき客プロジェクトは、アプローチを展開するために理論がどのように使えるのかを例示している。小売業の文献を見直すと、選択基準に関して店のひいき客をモデル化することにはかなりの支持があることが明らかになった[22]。さらに、その文

理論 theory　真理であると想定される基本的な言明、すなわち「公理」に基づいた、概念上の体系。
客観的証拠 objective evidence　経験により明らかになったことにより裏付けされた不偏な証拠。

献には42もの選択基準が特定されているうえ、この変数を操作するガイドラインが定められていた。これを当初の候補として、調査票に含まれる最終的には8つの特性がこの中から選択された。理論的な考察から、百貨店での行動は、百貨店でよく買物をする対象者の調査を通して検証することも可能であると判断した。理論的な枠組みは、適切な分析モデルを構築するための基盤としても役立つ。

分析モデル

　分析モデルは、現実のシステムまたはプロセスの全部または一部を表すために設計された一組の変数であり、変数間の関係である。モデルはさまざまな形で表すことができる。最も一般的なのが、言語、図式、そして数学的構造で示すものである。**言語モデル**では、変数とそれらの相互関係は普通の文章で記述される。このようなモデルは、理論の重要な見解を再表現しているにすぎないこともある。**図式モデル**は視覚に訴える。これは、変数を分離し、変数間の関係の方向性を提示するために使用されるが、数値結果を出す目的としては設計されてはいない。したがって、数学モデルを構築するための論理面での第1段階となる。その**数学モデル**は、変数間の相互関係を通常は方程式で明示的に表す。これらのモデルは、リサーチ設計を考案する際に指針として利用され、操作を修正できるというメリットがある[23]。それぞれのモデルに関しては、百貨店プロジェクトの中で説明していこう。

　百貨店プロジェクトの例でわかるように、言語、図式、数学の各モデルは同じ事象や理論的な枠組みを違う方法で表現している。言葉で明言された百貨店のひいき客の事象は、明確にするために図（図式モデル）で表されてから、統計的推定や検証が簡単にできるように方程式（数学モデル）に当てはめられる。図式モデルは、課題へのアプローチを概念化する際に特に役立つ。冒頭のハーレーダビッドソンの例では、その根底にある理論は「ブランド・ロイヤルティとは、そのブランドに対する好意的な信念や態度、感情、経験の結果である」というものだった。この理論は次の図式モデルで示すことができよう。

信念 → 態度 ↘
　　　　　　　 購入 → 経験／評価 → 反復購入 → ロイヤルティ
　　　　感情 ↗

　言語、図式、数学の各モデルは相互に補完し、リサーチャーが関連する質問項目や仮説を特定するのに役立つ。

分析モデル　analytical model　現実のシステムまたはプロセスの全体または一部を表すために設計された一組の変数および変数間の関係を明示的に特定したもの。
言語モデル　verbal models　変数間の関係を文章で記述する分析モデル。
図式モデル　graphical models　変数間の関係を図で表す分析モデル。
数学モデル　mathematical models　変数間の関係を明示的に、通常は方程式で表す分析モデル。

アクティブ・リサーチ　百貨店プロジェクト

モデル構築

言語モデル

まず消費者はある百貨店を知る。次いで、選択基準を構成する要因から店舗を評価し、その百貨店に対する理解を深める。その消費者は、評価に基づき、店舗に対する選好の度合いを形成する。選好が十分に強ければ、その消費者は百貨店のひいき客となるであろう。

図式モデル

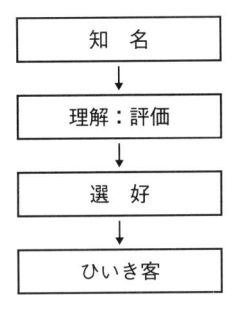

知名　→　理解：評価　→　選好　→　ひいき客

数学モデル

$$y = a_0 + \sum_{i=1}^{n} a_i x_i$$

$y=$ 選好度
$a_0, a_i =$ 統計的に推定されるために必要なモデルのパラメータ
$x_i =$ 選択基準を構成している店のひいき客の要因

質問項目

　質問項目（RQ）は、課題の特定構成要素を精緻化して記述したものである。課題の構成要素は特定の言葉で課題を定義しているものの、アプローチの展開にはさらに詳細な内容が必要になる場合がある。そうなると、課題の各構成要素はさらに細かい構成要素すなわち質問項目に分類する必要がある。質問項目は、課題の構成要素に関してどのような特定の情報が必要なのかを問う。もし、その質問項目の答えがリサーチで得られるならば、入手した情報は必ず意思決定者の助けとなるはずである。質問項目の策定は、課題定義だけでなく採用した理論的な枠組みや分析モデルによっても導かれるべきである。1つの課題の構成要素に対し、質問項目

質問項目　research questions　課題の特定構成要素を精緻化した記述。

> **アクティブ・リサーチ　百貨店プロジェクト**
>
> # 質問項目
>
> 　リサーチ課題の5番目の構成要素はシアーズの顧客の心理的な特徴である。心理的特性に関しては、シアーズの顧客について以下のような項目が問われた。
> - 百貨店に対するロイヤルティを示しているか。
> - クレジットカードを頻繁に使用するか。
> - 競合百貨店の顧客と比較すると、身だしなみに気を使っているか。
> - ショッピングに行くと食事も一緒に済ませるか。
>
> 　変数を正確に定義し、どのように操作ができるようにすべきなのかを決定することで、質問項目はさらに精緻化された。たとえば、シアーズのクレジットカードの利用状況はどのように測定されなければならないだろうか。次の方法のどれを使っても測定は可能であろう。
> ① 顧客がシアーズのクレジットカードを持っているかどうか。
> ② 顧客がシアーズのクレジットカードを使うかどうか。
> ③ シアーズのクレジットカードが特定の期間に使用された回数。
> ④ 特定の期間中にシアーズのクレジットカードで支払われた金額。

は百貨店プロジェクトのケースのように複数、存在する場合が多い。

　理論的な枠組みと分析モデルは、質問項目で特定された変数を操作、測定する際に重要な役割を果たす。百貨店プロジェクトでは、見直しした文献には店のクレジットカードに対する明確な測定方法がなかったのだが、数学的モデルによって代替案を具体的に示すことができた。このようにして、店のクレジットに関しては4つの測定方法を全て用いて調査を進めることにした。質問項目は、さらに1つ、もしくはそれ以上の仮説へと精緻化されることがある。

仮説

　仮説（H）は、リサーチャーが関心を持つ要因や事象に関する、まだ証明されていない記述または命題である。例えば、これは、理論的枠組みや分析モデルで明記された、2つ以上の変数間の関係に関する暫定的な記述の場合もある。また、仮説は質問項目に対する可能な回答の1つになることも多い。仮説は単に回答を求める質問であるというよりも、関係を表す記述あるいは命題であるため、質問項目を超えたものである。質問項目が疑問文で表現されているのに対し、仮説は断定的で、しかも実験や観察に基づいて検証できる（第15章参照）。仮説の重

仮説　hypothesis　リサーチャーが関心を持つ要因や事象に関する、まだ証明されていない記述または命題。

要な役割は、リサーチ設計に含まれる変数を示唆することである。マーケティング・リサーチ課題と質問項目、仮説の関係は、客観的／理論的枠組みと分析モデルの影響と合わせて図2.4および百貨店プロジェクトの例で示したとおりである[24]。

図2.4 質問項目と仮説の展開

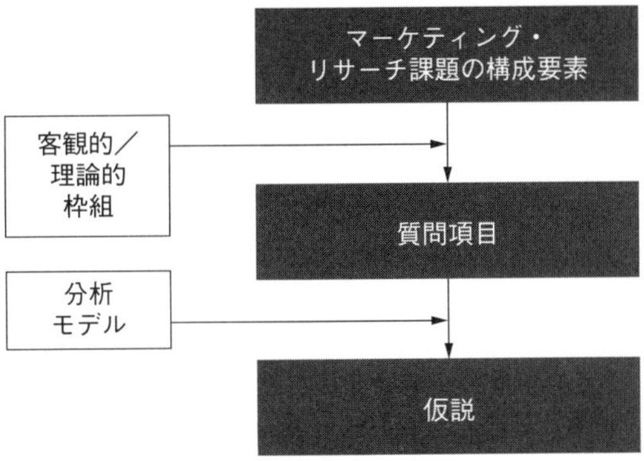

```
                    ┌─────────────────┐
                    │  マーケティング・  │
                    │  リサーチ課題の   │
                    │    構成要素      │
                    └────────┬────────┘
    ┌─────────┐              │
    │ 客観的／ │              ▼
    │ 理論的  │─────▶┌─────────────────┐
    │  枠組  │       │    質問項目     │
    └─────────┘       └────────┬────────┘
    ┌─────────┐              │
    │  分析   │              ▼
    │ モデル  │─────▶┌─────────────────┐
    └─────────┘       │     仮説        │
                    └─────────────────┘
```

　残念ながら、どのような場合でも仮説を設定できるというわけではない。仮説を展開するために十分な情報を入手できない場合もある。また、仮説が最も論理的な記述であっても、質問項目を単に言い換えただけのものとなってしまう場合もある。その例を以下に示そう。

　　RQ：シアーズの顧客は百貨店に対するロイヤルティを示しているか。
　　H：シアーズの顧客はロイヤルである。

　仮説は課題へのアプローチで重要な部分を担っている。百貨店プロジェクトの例にあるH1とH2のように、操作可能な形で記述されると、仮説はどのようなデータをどのように収集、分析すればよいのか指針を示すことになる。操作可能な仮説が記号表記を使って記述されると、通常、統計的仮説と称される。また、ハーレーダビッドソンや次に挙げる例のように、質問項目には関連する仮説が複数ある場合もある。

アクティブ・リサーチ　百貨店プロジェクト

仮　説

　店に対するロイヤルティの質問項目に関連して、次の仮説が設定された[25]。

　　H1：店にロイヤルな顧客は、ショッピング環境にあまり知識がない。
　　H2：店にロイヤルな顧客は、ロイヤルでない顧客よりもリスクを好まない。

　ショッピング環境の知識とリスクを冒す傾向を測定する変数がリサーチ設計に含まれていることを確認する上で、仮説はリサーチの指針となった。

〈リサーチの実例〉——楽しみの味

　2003年現在、経済不安のただなかにあっても、信頼できて馴染みのある食品やご馳走ほど楽しいものはない。人々の生活の違う状況下である種の食品は楽しみを与えてくれるだろうか。例えば、子供の時分、雨の日や風邪をひいたときにチキン・スープを飲んで気分がよくなったことがあれば、果たしてその後、雨の日や風邪をひいたときにチキン・スープを飲むと気分がよくなるものなのだろうか。そこで、楽しみとなる食品を調査するために、マーケティング・リサーチが行われた。特定の質問項目とそれに関連した仮説は以下の通りである。

　　RQ1：どのような食品が楽しみとなる食品と考えられるか。
　　H1：ポテトチップは楽しみとなる食品と考えられる。
　　H2：アイスクリームは楽しみとなる食品と考えられる。
　　RQ2：人々はいつ楽しみとなる食品を食べるか。
　　H3：人々は楽しみとなる食品を気分の良いときに食べる。
　　H4：人々は楽しみとなる食品を気分が落ち込んでいるときに食べる。
　　RQ3：人々はどのようにして楽しみとなる食品に愛着を持つようになるのか。
　　H5：人々は自分の性格に合致した楽しみとなる食品に愛着を持つ。
　　H6：人々は過去を連想して楽しみとなる食品に愛着を持つ。

　詳細な電話インタビューがアメリカ全土の411人に対して行われた。その目的は、人々のお気に入りの楽しみとなる食品とは何か、どのようにしてそれは楽しみとなる食品になったのかを明らかにすることであった。この定性回答データから、標本サイズのより大きい1,005人を対象とした、インタビューの長さ20分間の定量電話調査が開発された。

　その結果、米国人が好む楽しみとなる食品は、ポテトチップ、次いでアイスクリーム、クッキー、キャンディと続くことがわかった。このようにして、H1とH2は裏付けられた。また、多くの調査対象者が、自然食品や手作りのもの、さらに肉やスープ、野菜のような「健康的」な食品も、楽しみとなる食品であると考えていた。こういった食品がもたらす心理的な安心感が、人々が食品を選択する際に非常に大きな影響を与えるのであろう。これは、スナック食品の場合の味が持つインパクトと同じである。

　多くの人は、また悲しいときよりも気分の良いときに楽しみとなる食品を取る。具体的には、成功の喜びにひたるとき（86％）、祝いのとき（74％）、憂鬱なとき（39％）、不快なとき（52％）、寂しいとき（39％）である。したがって、H3とH4は両方とも裏付けられたが、H3の方がより強い裏付けを得たことになる。

　調査結果はまた、製品についての過去の連想とその人の性格が、ごく普通の食品を楽しみとなる食品へと変える2つの大きな原因であることがわかり、H5とH6が裏付けられた。食べ物は人生で経験した特別な出来事を思い出させる。だからこそ、人々は楽しみとして、そういった食物を摂るのである。ある種の食品では、製品とそれに愛着を持つ人の性格が一致するために、そ

の食品が自分らしさを作り上げるのに一役買う場合もある。例えば、肉とジャガイモは、極めてアメリカ的な男性像そのものといえる、たくましい男の主食である。男性の多くが、肉やジャガイモよりも健康的な豆類を取ろうとしないのには、こういう理由もあるであろう。

マーケターが、製品の連想と性格の両点から食品の背後にある人々の心理をよく知るようになればなるほど、すでに楽しみとなる食品とみなされ、個性も確立された現行ブランドのパッケージ・デザインや広告展開だけでなく、新規のブランドの確立についても、より良い成果を上げることができる。例えば、フリト・レイ社の低脂肪ポテトチップ・ブランド、ベークト・レイズは大きな成功を収めている。フリト・レイは、ポテトチップは食べて楽しい、という事実と、米国で健康志向の人が急増していることとをうまく組み合わせた。新しいブランドのコピーは「Taste the Fun, Not the Fat」（食べて楽しく、太らない）。楽しいライフスタイルを望む消費者のコンセプトに響くフレーズである。この楽しい商品は、低脂肪なので食べたところで罪悪感は少なく、消費者を楽しませ続けてくれる[26]。

必要とされる情報の明細

課題と分析枠組み、分析モデル、質問項目、仮説のそれぞれの構成要素に焦点を当てることにより、リサーチャーは、どの情報をマーケティング・リサーチ・プロジェクトで入手すべきなのかを決定することができる。その際、課題の各構成要素について、収集すべき全ての情報を具体的に挙げたリストを作成しておくと役に立つ。百貨店プロジェクトを例に、これまでに本章で特定された課題の構成要素に焦点を当てて、選出された調査対象者から入手しなければならない情報を確認してみよう。

アクティブ・リサーチ　百貨店プロジェクト

必要とされる情報の明細

構成要素1

この構成要素には、世帯が百貨店を選択するために使用している基準が含まれる。これまでに本章で概略を説明したプロセスに基づき、リサーチャーは、選択基準の一部として以下の要因を特定した。すなわち、商品の品質、品揃えのよさ、返品・取り替えにかかわる方針、店員の応対、価格、立地のよさ、店内レイアウト、クレジット・請求方針の各要因である。調査対象者には、百貨店の選択に影響を与えているこれら各要因の重要度を評価する質問をすべきである。

構成要素2

この構成要素は競合各社に関するものである。リサーチャーは、経営陣との話し合いを基に、シアーズの競合店として百貨店など9社を特定した。調査対象者には、上記8つの選択基準の要

因につきシアーズと競合9社とを評価する質問をすべきである。

構成要素3

具体的な製品カテゴリーがこの構成要素の焦点である。16の製品カテゴリーが選ばれた。婦人服、婦人用スポーツウエア、下着類、子供用品、紳士用衣類、化粧品、ジュエリー、靴、シーツ・タオル、ベッドを含む家具、カーテンなどである。調査対象者には、百貨店10社それぞれの店舗で、16カテゴリーの製品をそれぞれ購入するかどうかを質問すべきである。

構成要素4

調査対象者から入手する追加情報は必要ない。

構成要素5

標準的な人口統計学的特性に関する情報は、調査対象者から入手すべきである。これまでに本章で概略を説明したプロセスに基づき、リサーチャーは次に挙げるような心理特性を関連のあるものとして特定した。百貨店に対するロイヤルティ、クレジットカードの利用、身だしなみに対する意識、店でショッピングとともに食事もする、の4点がそれである。これらの変数に関する情報も、調査対象者から得るべきである。

構成要素6

調査対象者から入手する追加情報は必要ない。

このプロセスをユナイテッド航空の例で、さらに詳しく見てみよう。

〈リサーチの実例〉──ユナイテッドでは、食事が会社と旅行者を一体にする

航空業界は2001年9月11日のテロリストによるハイジャックにより悪影響を受けていた。2002年現在、乗客数は依然、減少の一途をたどっていた。ユナイテッド航空（www.ual.com）は、乗客のロイヤルティに対する対策を練らなければならなかった（経営上の意思決定課題：どのようにすればユナイテッドはもっと多くのユナイテッドにロイヤルな旅行客を引きつけることができるのか）。概括的なマーケティング・リサーチ課題は、航空会社を利用する旅客のロイヤルティに影響を与える要因を特定することであった。探索的リサーチ、理論的枠組み、経験的証拠から、消費者の航空会社選択には、安全、航空券の価格、フリークエント・フライヤー・プログラム、発着時刻の利便性、ブランド名が影響していることがわかった。

図式モデルから、消費者は、好みの航空会社を選ぶ際、選択基準の要因に基づいて競合航空会社を評価していることが明らかになった。問題は、大手航空会社の間ではこの要因に大差がないことである。まさに、航空会社は同じスケジュール、同じサービス、同じ料金を提供していた。したがって、ユナイテッド航空は違いを打ち出す方法を見つけださなければならなかった。その解決策が、食事だったのである。

「機内食業界における現在と将来の傾向」に関するJ. D. パワー・アンド・アソシエイツの調

理論的枠組み、図式モデル、質問項目、仮説、必要とされる情報の明細といった方式によるしっかりとしたアプローチのおかげで、ユナイテッド航空は、航空会社の顧客にとり、機内食が重要であることを知った。

査などの二次データでは、機内食サービスが顧客ロイヤルティの主要な要因であることが指摘されていた。ユナイテッド航空が行った定性調査および質問調査も、食事のブランド力の重要性が強調された。航空会社についてのマーケトラク調査は、ユナイテッド航空に顧客はもっとバリエーション豊かで目新しい食事を望んでいることを伝えた。

次に質問項目と仮説が提示された。

RQ：航空会社の顧客にとって機内食はどのくらい重要なのか。
H1：機内食は航空会社の乗客にとって重要な要因である。
H2：乗客はブランド名のついた食事を高く評価する。
H3：乗客は食事の量が多い方を好む。しかし、食事の質は安定していなければならない。
H4：乗客はエキゾチックな食事を好む。

調査対象者から入手した情報には、食事やその他の選択基準の要因に関する競合航空会社（デルタ航空、アメリカン航空など）の評価と、航空機による旅行と航空会社へのロイヤルティの測定値が含まれていた。

ユナイテッド航空にとってこのタイプのリサーチは、マーケティング・リサーチ課題を定義し、アプローチを展開していくうえで有用であった。これに続いて、消費者がユナイテッド航空の機内食をどう認識しているのかを確かめるために、グループ・インタビューおよび質問調査が行われた。そしてその結果、全ての仮説（H1からH4）が裏付けられた。その後、ユナイテッド航空はいくつかの変更を行った。新しい「料理メニュー」、多めの盛り付け、新しいコーヒー、ブランド商品（ゴディバのチョコレートなど）を導入したのである。その結果は、サービスの向上をもたらし、顧客満足度が上昇し、そして顧客ロイヤルティが高まった[27]。

国際マーケティング・リサーチ

マーケティング・リサーチ課題を正確に定義するのは、国内のマーケティング・リサーチよりも海外でのマーケティング・リサーチの方が難しい。リサーチを行う予定の国の環境要因に関する知識がないために、課題を取り巻く状況を理解し、その原因を明らかにするのが非常に難しくなるからである。

> ### 〈リサーチの実例〉──ハインツ・ケチャップ、ブラジルでキャッチアップできず
>
> 2003年、ハインツ（www.heinz.com）は世界の200を超える国々で製品を販売、売上げは100億ドルを超えた。収入の約45％は海外の販売が占める。国内、海外共に業績好調なのにもかかわらず、H. J. ハインツ社は、南アメリカで最大かつ最も有望と見られていたマーケット、ブラジルでは失敗を喫した。ハインツは大手オレンジ・ジュースの輸出業者チトロスコ・パウリスタ社とジョイント・ベンチャーを設立する契約を結んだ。これは将来、この収益性の高い企業を買収する可能性を見込んでのことである。しかし、当地でケチャップを含めたハインツ製品の販売が上向くことはなかった。いったい問題はどこにあったのか。課題検査から、チトロスコ・パウリスタ社は地元に強い販売チャネルを持っていなかったことがわかった。また、ハインツは委託販売をしていたため、販売チャネルをコントロールすることができなかった。結局、ブラジルでの販売チャネルの浸透度は25％に達することができなかった。また、これに関連するもう1つの問題は、メキシコで成功したという理由から、地元の商店へのプロモーションに全力を注いだことである。しかしながら、サンパウロでは食料品などの日用品の買物は、その75％が小規模の商店ではなくスーパーマーケットで済まされていることが課題検査から明らかになった。メキシコとブラジルでは文化特性や人口統計特性が似ているように見えるかもしれないが、消費者の行動が大きく違うこともありうる。ブラジルの食料品の流通システムと消費者の行動を詳細にじっくりと調査すれば、この失敗は回避することができたはずである。一方、現在、ハインツはアジア、特に中国を詳細に調査している。同社は、中国ではベビー・フードを販売しているが、この国では、毎年2,200万人が誕生している[28]。

ハインツの例が示すように、多くの国際マーケティングが失敗しているが、これはリサーチを行わなかったからではなく、関連した環境要因を考慮しなかったためである。そしてたいていの場合、これは、課題があまりにも狭義に定義されていたことに起因する。例えば、ソフト・ドリンクの消費に関して考えてみよう。インドをはじめとするアジアの国の多くでは、食事のときには水が飲まれ、ソフト・ドリンクは通常、来客時や特別な場合にのみ出される。そうなると、ソフト・ドリンクのマーケット・シェアを上げるための経営上の意思決定課題は、

インドでは、米国の場合とは異なるマーケティング・リサーチ課題に変わることになる。リサーチャーは、課題を定義する前に、自己参照基準（self-reference criterion／SRC）の影響を他から分離して検討しなければならない。この**自己参照規準**とは、無意識のうちに自分の文化的価値に照らし合わせることを指す。次のステップは、リサーチャーが国際マーケティングで課題を定義する際、環境と文化の相違を説明するうえで役立つものである[29]。

- ステップ1──国内の環境要因と文化要因の見地から、マーケティング・リサーチ課題を定義する。これには、関連する自国の国民性、経済、価値、需要や習慣などを特定することが含まれる。
- ステップ2──外国の環境要因と文化要因の見地から、マーケティング・リサーチ課題を定義する。この際、一切判断を下してはならない。また、これには、対象となる市場文化について関連性のある国民性、経済、価値、需要や習慣を特定することが含まれる。なお、このタスクは、外国の環境に詳しいリサーチャーからの情報提供を必要とする。
- ステップ3──課題への自己参照規準（SRC）の影響を分離し、SRCがどのように課題を複雑にしているのかを理解するためにSRCを入念に検討する。ステップ1とステップ2の相違点を検討する。SRCがこの相違点の原因であるとみなされる場合もあり得る。
- ステップ4──SRCの影響を取り除いて課題を再定義し、外国のマーケティング状況にあわせたものとする。ステップ3との相違点が著しい場合は、SRCの影響の可能性を念入りに考慮しなければならない。

それでは、インドのソフト・ドリンク・マーケットの浸透率を上げようとしているザ・コカ・コーラカンパニーの概括的な課題を考えてみよう。ステップ1では、米国での市場浸透率の上昇が課題であると考えられよう。米国では、ほぼ全世帯がソフト・ドリンクを飲んでいる。そこで、課題は、現存する消費者のソフト・ドリンクの消費量を増加することになろう。さらに、ソフト・ドリンクは、常に食事と一緒に飲み、また、のどの渇きを癒すものとして消費されている。そこで、市場浸透率を上げるという課題には、消費者にソフト・ドリンクを食事中とその他の機会にも、もっと飲んでもらうことが含まれる。その一方（ステップ2）、インドでは、米国と比較するとかなり少数の世帯しかソフト・ドリンクを消費しておらず、しかもソフト・ドリンクは食事中には飲まれていない。したがって、ステップ3では「ソフト・ドリンクは、どんなときもどんな食事にも合う飲料水である」という米国人の概念としてSRCを特定できる。ステップ4では、課題はインドとの関係において次のように定義される。「どのようにして、もっと多くのインドの消費者がソフト・ドリンク（コカ・コーラ製品）を飲むようにするか。そして、どのようにしたら個人消費を目的としてソフト・ドリンク（コカ・コーラ

自己参照規準 self-reference criterion 　無意識のうちに自分の文化的価値に照らし合わせること

製品）をもっと飲む回数を増やすようにするか」

　理論的枠組み、モデル、質問項目や仮説を開発している間、環境要因、特に社会文化環境の要因における相違点が、認識、態度、選好、選択行動が形成される上での相違点に帰着する可能性があることをよく覚えておこう。例えば、時間に対する感覚は文化によって大いに異なる。アジア、ラテン・アメリカ、中近東の人たちは、欧米人ほど時間を気にしていない。これは、彼らの冷凍食品や惣菜などのコンビニエンス食品に対する知覚や選好に影響を与えている。そして、課題へのアプローチを展開する際、リサーチャーは、消費と購入行動が同等であることと、その消費と購入行動に影響を与えている隠れた要因があることを考慮に入れなければならない。これは、正しい質問項目と仮説、必要とされる情報を特定するために極めて重要である。

〈リサーチの実例〉──Surf Superconcentrate、日本でスーパー流失

　2003年現在、ユニリーバ社（www.unilever.com）は150ヵ国で消費者向け製品を販売している。利益の85％は海外からもたらされており、7％はアジア太平洋地域で上げたものである。ユニリーバは、Surf Superconcentrateという製品で日本の洗剤市場に食い込もうと考えていた。テスト・マーケティングでは、当初、マーケット・シェアが14.5％まで達したが、いざ製品が全国で販売されると、マーケット・シェアは2.8％とあまりにもひどい数字に下がってしまった。何がいけなかったのだろうか。Surfは対になったティーバッグのような小袋に予め計量された量の洗剤が入っているという他にはないパッケージとなっていた。これは、利便性が日本の消費者にとり重要な属性だからである。また、この製品には「さわやかな香り」というアピール・ポイントもあった。だが、日本の消費者はこの洗剤が洗濯中に溶けないということに気がついた。溶けなかった理由としては、気候に合わなかったこと、日本では攪拌力の弱い洗濯機が主流だったことが挙げられる。Surfは、この新しいタイプの洗濯機で使えるようには考案されていなかった。またユニリーバは、日本の消費者の大半が洗濯物をさわやかな戸外に干すため、新しいSurfの「さわやかな香り」のポジショニングはほとんど関係がないことも把握した。ユニリーバは日本の洗剤市場に関連した非常に重要な属性を特定できなかったため、このリサーチのアプローチは完全無欠とはならず、その上、「さわやかな香り」のように日本の状況には関連性のない要因を特定してしまった。ターゲット市場でグループ・インタビューやデプス・インタビューのような適切な定性リサーチを行っていれば、適切なリサーチ・デザインを導き出す正しい特性や要因が明らかになったはずである。

　日本市場からSurfは撤退せざるを得なかったが、2003年、インドなどのマーケットでは好業績を上げた。ユニリーバは、ラテン・アメリカと中国で別の洗剤Omoが成功し人気上昇中なのを受けて、Omoの日本発売をにらんでそのアプローチ方法を見極めようとしている[30]。

マーケティング・リサーチにおける倫理

　もし、課題定義とアプローチの展開のプロセスがクライアント（意思決定者）またはリサーチャーの個人的な行動方針により妥協して処理されると、倫理問題が生じる。意思決定者に、昇進や既に下した決断の正当化などの隠れた目的があると、このプロセスに悪影響が及ぶ。意思決定者は率直でなければならず、かつ、マーケティング・リサーチ課題の適切な定義に有用な関連情報を全てリサーチャーに公開する義務がある。同様に、リサーチャーは、リサーチ会社の利益よりも、クライアントにとって最善の利益を追い求めるために課題を定義する倫理的な義務がある。このため、リサーチ会社の利益はクライアントの利益より後回しになり、倫理的ジレンマが生じることになる。

〈リサーチの実例〉——倫理？　それとも利益？

　ある大手家電会社（例えばフィリップス）が、マーケット・シェアを上げる目的で大規模なセグメンテーション調査を行うため、あるマーケティング・リサーチ会社に調査を依頼した。リサーチャーは、本章で概略を説明したプロセスに従った後、課題はマーケットのセグメンテーションではなく、流通にあると結論を下した。その会社には効果的な流通システムがないようで、それがマーケット・シェアの拡大を制約している。しかしながら、流通の課題に必要となるアプローチはセグメンテーションの場合と比べて非常にシンプルで、プロジェクトの費用と調査会社の利益は大幅に減ることになるであろう。この場合、リサーチャーはどうすべきだろうか。リサーチ会社は、クライアントが必要とするリサーチよりもクライアントが望むリサーチを行うべきなのだろうか。倫理ガイドラインは、リサーチ会社には実際の課題を顧客に明らかにする義務があるとしている。流通の課題が討議された後、それでもなお顧客がセグメンテーションのリサーチを希望する場合は、リサーチ会社は気兼ねなくその調査を行うことができる。その理由は、リサーチャーが顧客の行動の裏にある動機を確実に知ることは不可能だからである[31]。

　倫理問題にはアプローチの展開にかかわるものもいくつかある。クライアントが調査会社に調査提案書の提出を依頼する際、リサーチを委託するつもりがなく、無償でリサーチ会社の専門知識を得ようとした場合には倫理違反が生じる。クライアントがリサーチ会社の提案を採用しなかった場合、その提案で具体的に挙げられたアプローチに関しては、クライアントがその提案の開発費用に対価を支払わない限り、クライアントはその提案を実行してはならない。同じように、リサーチ会社にも適切なアプローチを開発する義務がある。つまり、そのアプローチにおいて別のプロジェクトで開発されたモデルを使おうとする場合には、その旨をクライアントに知らせなければならない。例えば、リサーチャーが、以前保険会社向けに開発した顧客満足モデルを銀行の顧客満足調査に使用しようとする場合、この情報を開示しなければならな

い。なお、リサーチ会社が開発した知的財産権を有するモデルやアプローチはそのリサーチ会社の財産であり、リサーチ会社の許可を取らずにクライアントが、その後に行う調査で再利用できるものではない。

このような倫理問題は、顧客とリサーチャーの双方が、次の7つのCを守れば十分に解決される。つまり、以前にも言及したCommunication（コミュニケーション）、Cooperation（協力）、Confidence（信頼）、Candor（率直）、Closeness（親密）、Continuity（継続）、Creativity（創造性）である。これにしたがって行動すれば、いかなる非倫理的な傾向もチェックできるような相互の信頼関係が生まれるだろう。

インターネットおよびコンピュータ・アプリケーション

課題定義やアプローチの展開では、インターネットが役に立つ方法がいくつかあり、既存のモデルに価値を付加する。まず、関連性のあるタスクから見てみよう。

意思決定者とのディスカション

インターネットにより、リサーチャーは、意思決定者にアクセスしやすくなる。Eメールのおかげで、今やいつでもどこでも意思決定者に連絡することが可能になった。インターネットにはチャット・ルームの機能もあり、意思決定者は他の仕事の合間を利用してチャット・ルームへアクセスし、リサーチャーや他の意思決定者とリサーチ・プロジェクトに関して話し合うことができる。討論内容は課題検査にまで発展する場合もある。課題検査の問題について、リサーチャーがチャット・ルームで口火を切ることも可能である。そうすれば、意思決定者は質問やチャット・ルームの他の回答者（他の意思決定者やリサーチャーなど）の考えに対して答えられるようになる。チャット・ルームに入ってきた人なら誰でもやりとりが見られるようになっているということは、実際同じ時間に顔を合わせるようにお膳立てする必要なく、意思決定者が一堂に会するのと同じ効果がある。討議内容から考えて（社内連絡）、参加者にはチャット・ルームにアクセスするためのパスワードが付与されるが、こうすることで、知る必要のない人物からのアクセスを規制し、情報の安全性を確保することができる。

業界専門家へのインタビュー

インターネットは、専門家の意見を取り入れてリサーチャーの能力を高めるために使用することもできる。インターネットにより、クライアント企業の外部の業界専門家を探すことができる。業界サイトやニュースグループにアクセスすると、業界に精通した多くの専門家と連絡を取る方法を見つけることができる。また、トピックをすぐに検索することも、投稿やFAQで更に調べることも可能である。例えば、コンピュータのハードウェア業界の専門家を探しているとすると、取るべきステップは次のようになる。まず、www.usenet.com（メンバーの

み）か groups.google.com（無料）にアクセスして、コンピュータ業界の専門家を検索する。それには、このトピックについての掲示板があるので、掲示板のメッセージをチェックすると、専門家を特定できる。デル・コンピュータのために検索をグーグルで行ったところ、デルについていくつかの投稿が見つかった。最新の投稿は、デルのコンピュータに関する質問をしているEメールだった。情報を持っている人なら誰でも返事ができ、インタラクティブにチャットができる。他人とコミュニケーションをはかり、業界の専門家を探し出すには大変効果的な方法である。なお、グーグルで最も役に立つリンクのひとつは、グループ・検索オプションである。

二次データ分析と定性リサーチ

　第1章で述べた検索エンジンは、二次データを素早くかつ経済的に収集するために利用することができる。インターネットを利用した二次情報の入手の可能性と取得に関しては、第4章で詳しく説明しよう。インターネットは定性リサーチを行うのにも便利である。探索的リサーチを行うためにチャット・ルームやメーリング・リストサーバーを利用することに関しては、第3章で詳しく取り上げる。また、インターネットでのグループ・インタビューやデプス・インタビューのような定性リサーチの実施については、第5章で解説する。

課題を取り巻く経営環境の理解

　課題を取り巻く経営環境を理解する上で考慮すべき要因の多くは、インターネットで調査することが可能である。過去の情報と傾向の予測は、先ほど述べた検索エンジンを使って適切な情報を検索すると見つけだすことができる。

　特定のクライアントの情報に関しては、その企業のホームページにアクセスして、そこから情報を入手できる。一般的に、企業は自社製品やサービスに関する情報をホームページで提供している。したがって、企業のホームページは、その企業の情報を入手するのに最適な出発点である。また、www.freeedgar.com にアクセスすると、年次営業報告書など、株式公開企業が制作している全てのレポートをダウンロードすることができる。インベスター・コミュニケーション・サービス（ics.adp.com）も、企業をリサーチし、会計報告書、会社ニュース、会社概要や年次報告書の情報を探すのに効果的なサイトの一例である。さらに、ヤフー・ビジネスやヤフー・ファイナンス、www.quicken.com のようなサイトにアクセスすると、その企業に関するアナリストの意見を調べることができる。ダン・アンド・ブラッドストリート社（www.dnb.com）のような企業は、会員になるとアクセスできるオリジナルのデータベースやその都度購入できるレポートを制作している。

> ### 〈リサーチの実例〉――Global Access Toolkit
>
> 　2001年5月、ダン・アンド・ブラッドストリート社はGlobal Access Toolkitの導入を発表した。これは、D&Bが作成した世界規模のビジネス・データベースを企業に提供し、世界規模のデータが配信される方法を拡張するものである。ビジネス誌『ビジネスウィーク』が選ぶ世界トップ1,000社のうち、すでに数社がこの新しいツールキットを採用している。また、これは、意思決定支援条件やIT環境を踏まえて、個々の顧客にあわせて簡単にカスタマイズできる。さらにD&Bのツールキットは、国際的なリスク管理、納入業者の管理、データベース・マーケティングなど、国際的なビジネスの業務にも使用可能である。この新しいツールキットの導入で、一層容易に企業の状況を理解することができるようにビジネス情報を広範に提供する事業へのD&Bの深い関わりを強化している。

　ユーザーはまた、インターネットを使って競合相手の情報を検索することもできる。これにはさまざまな方法があるが、最も簡単なのは、競合企業のホームページにアクセスし、そこで情報を得る方法である。例えば、ペプシのホームページ（www.pepsico.com）にアクセスすると、さまざまな関連情報を入手できる。

　Dow Jones News/Retrieval Service（DNJR）はダウ・ジョーンズ・アンド・カンパニーのフルテキストのオンライン・サービスである。米国内外の1,000を超える会社に関する企業および業界情報を提供している。また、インベスター・コミュニケーション・サービシーズには数多くの企業に関する企業情報が入手できるサイトがある。このサイトはics.adp.comからジャンプできる。

　ギャラップ社（www.gallup.com）のような民間のマーケティング・リサーチ会社には、購買者の行動や市場動向に関する価値ある情報を提供する企業がある。また、ニュースレターは、その多くがマーケティングや経済、規制の動向をカバーしており、オンラインのデータベースから利用できる。例えば、ニュースネットでは米国連邦議会活動（Congressional Activities）や米国連邦議会調査報告（Congressional Research Report）のようなニュースレターにアクセスできるようになっている。これらの情報源は全て、課題を取り巻く経営環境を理解し、最適なアプローチを展開するのに大変役立つ。

　インターネットに加えて、コンピュータ自体も課題定義とアプローチの展開のためにさまざまな方法で利用できる。いろいろな情報源の中でも特にカタログや書籍、記事のオンライン情報をチェックすることで、文献を簡単に見直すことができる。エクセルのような表計算ソフトは、単純な数学モデルを開発、テストする際に便利な管理ツールである。ワークシート上のセルにデータを入力すると、それぞれの場所を示すコードが割り当てられる。モデルの変数を入力して、変数間の関係を公式で特定すれば、リサーチャーは主要な変数の感度分析を行い、他の変数への影響を調査、またはグラフで表すことができる。また、一般に広く用いられている

統計用パッケージ・ソフト4製品、SPSS、SAS、MINITAB、EXCELのミニコンピュータ版と汎用コンピュータ版も、数学モデルを構築、評価するために利用できる。

SPSS Windows

課題を定義し、アプローチを展開する際に、リサーチャーはSPSSが出しているDecision TimeとWhat If?を利用できる。業界の予測や企業の売上げ予測、その他の関連した変数がDecision Timeを利用して求められる。データがDecision Timeに取り込まれると、プログラムのインタラクティブなウィザード（操作ガイド機能）が3つの簡単な質問を聞いてくる。その答えに基づいて、Decision Timeは最適な予測方法を選択し、予測値を出す。

What If?はリサーチャーが、課題の状況をよりよく理解するために、別のオプションを探し出せるようにするためにDecision Timeの出した予測を使う。リサーチャーは、次のような質問に対する回答を得ることができる。「広告の増加が製品の売上げにどのように影響するのか」「値下げ（あるいは値上げ）がどのように需要に影響を与えるのか」「営業スタッフの増強は地域別の売上げにどのように影響するか」など。

予測やWhat-if分析があると、リサーチャーが、内在している原因を切り離して調査すべき関連性のある変数を特定し、適切な質問項目や仮説を組み立てることが簡単にできるようになる。

バークの場合

リサーチで最も難しいタスクは、マーケティング・リサーチ課題または目標と取り組むことである、というのがバークの見解である。多くの場合、クライアントのマネジャーは、問題の徴候や、実行した意思決定がもたらす望ましい結果という観点で考える。例えばマネジャーは次のように語る。「顧客のリピート購入の水準が下がってきている」（徴候）という場合もあるであろうし「この新しいコンセプトは、市場に出したら、われわれの期待通りにうまくいくだろうか」（望ましい結果）。リサーチャーの仕事は、マネジャーのこのような発言を考慮して、「リサーチ可能な」定義を作り出す、すなわち、マーケティング・リサーチ課題を定義するのを手助けすることなのである。リサーチを設計する前にバークが成し遂げようとしているのは、以下の内容に基づき、マーケティング・リサーチ課題を明記することである。

① 経営上の意思決定課題に関連した特定の測定
② とるべき情報の書式・形式の詳細
③ 情報の利用についての明確な理解

バークのコンサルタントは、リサーチ課題の話し合いのためにクライアントの主要な意思決定者に会う度に、以下の内容を含んだ簡単なフォームに記入していく。

① 経営問題を含めて、なぜリサーチが必要なのか、どのような意思決定が下されるのか。

② 具体的に何を測定するのか、例えば、購買意欲、定義された価格範囲に関する価格弾力性など。
③ 意思決定の際に、意思決定者により情報はどのように使用されるのか。
④ どのようなタイミングが必要なのか。
⑤ どのような予算が適切か。

　ある水虫治療薬のメーカーは、最近の売上げの減少が、販売店の製品在庫拒否を招き、ゆくゆくは販売チャネルの問題を引き起こすのではないかと懸念していた。売上げを回復させるために、このメーカーはパッケージを刷新して、製品を市場に再登場させようと計画した。その会社は、バークに最近の製品ユーザーを対象とした電話調査の入札参加を依頼したが、提案されたそのリサーチの目標はあいまいであった。バークは、企業の意思決定者と広告代理店との会議を行った結果、概括的なマーケティング・リサーチ課題は「刷新されたパッケージによる再登場の実行可能性」であると決定した。さらにバークは、そのメーカーのブランドユーザーだけに焦点を当てるのは課題の見方をあまりにも狭めることになると感じた。その製品が他社ブランドからユーザーを引き離すことができない限り、再登場は成功しないだろうと認識し、バークは、そのメーカーのブランドユーザーだけでなく、あらゆる水虫薬のユーザーの反応を確認することを勧めた。クライアントは、バークのマーケティング・リサーチ課題定義なら、再登場を進めるか否かの判断の手助けとなる、よりよい情報を意思決定者に提供するだろうと認めた。このプロジェクトはバークが落札した。

まとめ

　マーケティング・リサーチ課題を定義することはリサーチ・プロジェクトで最も重要なステップである。同時にこれは難しいステップでもある。というのも、経営陣が実際の課題を明確にせず、課題に対してあいまいな考えしか持っていなかったりすることが多々あるからである。リサーチャーの役割は、経営陣が課題を特定し分離することを支援することにある。

　マーケティング・リサーチ課題を明確に定式化するのに必要なタスクには、主要な意思決定者を含めた経営陣とのディスカッション、業界の専門家とのインタビュー、二次データの分析、定性リサーチが含まれる。これらのタスクは、課題を取り巻く経営環境を理解するところにまで行き着かなければならない。課題を取り巻く経営環境は分析され、重要な要因が評価されなければならない。これらの要因には、業界や該当企業の過去の情報ならびに予測、意思決定者の目標、購買者の行動、該当企業の経営資源と制約、法的および経済的環境、そして当該企業のマーケティング・スキルと技術力がある。

　課題を取り巻く経営環境の分析は、経営上の意思決定課題を特定するのに役立たなければな

らない。次いで、それはマーケティング・リサーチ課題へと翻訳されなければならない。経営上の意思決定課題は、意思決定者が行う必要のあることが何なのかを問い、一方、マーケティング・リサーチ課題は、どのような情報が必要で、どのようにすればその情報が効果的かつ効率よく入手できるのかを問う。リサーチャーは、マーケティング・リサーチ課題を過度に広く、または狭く定義することを避けなければならない。マーケティング・リサーチ課題を適切に定義するひとつの方法は、課題を概括的に記述した上で、具体的な構成要素を特定することである。

　課題へのアプローチを展開することが、マーケティング・リサーチ・プロセスの2番目のステップである。アプローチの構成要素は、客観的／理論的な枠組み、分析モデル、質問項目、仮説、必要とされる情報の明細、で構成される。展開されたアプローチは、客観的あるいは経験的証拠に基づいていること、また、理論に裏付けられていることが必要である。関連する変数とそれらの相互関係は分析モデルを使って整然とまとめられるであろう。もっともよく使われるモデルのタイプは、言語モデル、図式モデル、数学モデルである。質問項目は、課題の具体的な構成要素を精緻化した記述であり、課題の構成要素に関して、どのような具体的な情報が必要になるのかを問う。質問項目は、仮説でさらに精緻化される。最後に、課題の定義、質問項目、仮説が定められ、必要な情報が特定されなければならない。

　国際マーケティング・リサーチで課題を定義する際、リサーチャーは、自己参照規準（SRC；self-reference criterion、無意識のうちに自分の文化的価値観に照らし合わせること）のインパクトに対する影響を切り離し、検証しなければならない。さらに、アプローチを展開する際、国内マーケットと海外マーケットで一般的に見られる経営環境の相違点を十分に考慮しなければならない。この段階において、クライアントとリサーチャーに影響を与える倫理問題がいくつか生じるが、7つのCを守ることで、どれも解決できる。この7つのCとは、Communication（コミュニケーション）、Cooperation（協力）、Confidence（信頼）、Candor（率直）、Closeness（親密）、Continuity（継続）、Creativity（創造性）を指す。インターネットとコンピュータは課題定義とアプローチの展開のプロセスにおいて有効に使うことができる。

演　習

復習問題

1. マーケティング・リサーチ・プロジェクトを行うときの、最初のステップは何か。
2. マーケティング・リサーチ課題を適切に定義することはなぜ重要なのか。
3. 経営陣が真の課題についてはっきりと知らないことが多いのはなぜか。
4. 課題定義のプロセスにおけるリサーチャーの役割は何か。
5. 課題検査とは何か。
6. 徴候と課題の違いは何か。技量のあるリサーチャーは、どのようにしてこの2つを区別で

7. 経営上の意思決定課題とマーケティング・リサーチ課題の違いとは何か。
8. マーケティング・リサーチ課題を定義する際に行き当たる、よくあるタイプの誤りとは何か。そのような誤りの発生を減らすためには何かできるのか。
9. 質問項目はどのように課題の構成要素と関係があるのか。
10. 質問項目と仮説の違いは何か。
11. どのリサーチ・プロジェクトにも仮説のセットを立てる必要があるのか。それはなぜか。
12. 分析モデルの最も一般的な形は何か。
13. 3つの主なタイプを全て含んだ分析モデルの例を1つ挙げよ。
14. リサーチ課題を定義する際に、リサーチャーを補佐する手段として使用できるコンピュータのソフトウエア・プログラムを述べよ。

応用問題

1. 次に挙げる経営上の意思決定課題それぞれについて、リサーチ課題を述べよ。
    a. 新製品を導入すべきか。
    b. 3年間続けてきた広告キャンペーンを変更すべきか。
    c. 現行製品ライン向けの店内プロモーションを増やすべきか。
    d. 新製品にはどのような価格戦略を採用するべきか。
    e. 販売スタッフのモチベーションをもっと良くするために、報酬の内容を変えるべきか。
2. 次に挙げるリサーチ課題によって有益な情報がもたらされるような経営上の意思決定課題を述べよ。
    a. あるメトロポリタン地域での百貨店の売上げとマーケット・シェアを推定する。
    b. 最大のマーケット・シェアを生み出すような新製品のデザインの特徴を明らかにする。
    c. TVコマーシャルの代替案の効果を評価する。
    d. 売上げの可能性とスタッフの仕事量の観点から、現存の販売地域と提案された販売地域を評価する。
    e. 製品ラインの総売上げを最大にするために、ラインの各アイテムの価格を決定する。
3. マーケティングの意思決定者が直面する五つの徴候と、それぞれに対してもっともと思われる原因を特定せよ。
4. 百貨店プロジェクトの第1の構成要素に関して、関連する調査質問項目を特定し、適合する仮説を展開せよ（ヒント：百貨店プロジェクトの5番目の構成要素について本章で挙げた例に、しっかりと従うこと）。
5. デルタ航空のプロジェクト担当者になったつもりで、乗客が航空会社を選択する際に考慮する属性や要因を、二次資料から特定せよ。

インターネット／コンピュータ演習

1. あなたは、ダイエット・コークのマーケティング・リサーチ・プロジェクトに取り組むコカ・コーラ USA のコンサルタントである。
    a．大学の図書館にあるオンライン・データベースを使って、過去１年間に公表されたザ・コカ・コーラ・カンパニー、ダイエット・コーク、ソフト・ドリンク業界に関連のある記事・論文をリストにまとめよ。
    b．コカ・コーラとペプシコのウェブ・サイトにアクセスし、それぞれのサイトで入手できる情報を比較せよ。
    c．インターネットで収集した情報に基づき、ダイエット・コークをとりまく経営環境をレポートにまとめよ。
2. 企業を１社選択せよ。二次情報を使って、過去10年間のその企業と業界の年間売上げに関する情報を入手せよ。エクセルのような表計算ソフトや、マイクロコンピュータや汎用コンピュータ用の統計ソフトを使用し、その企業の売上げを業界の売上げと関連づける図式モデルを展開せよ。
3. 競合するスニーカー・ブランド（ナイキ、リーボック、アディダス）のウェブ・サイトにアクセスせよ。これらのサイトで入手できる情報の分析から、スニーカーのブランドを選択する際に消費者が用いる選択基準の要因を確定せよ。
4. バンク・オブ・アメリカはどのようにすればマーケット・シェアを拡大することができるのか知りたがっており、あなたをコンサルタントとして雇った。バンク・オブ・アメリカと競合銀行３社の10Ｋレポート（訳注：米国証券取引委員会に提出する財務報告書。日本の有価証券報告書に相当）を www.sec.gov/edgar.shtml で読み、課題を取り巻く経営環境を分析せよ。

実　習

ロール・プレイ

1. 仲間に頼んで、レモンライムのソフト・ドリンクの導入を考えている地元ソフト・ドリンク・メーカーの意思決定者の役を担当してもらう。この製品は、コーラのヘビー・ユーザーを含めた全てのソフト・ドリンクの飲用者に消費してもらえるように、「ペースを変える」ソフト・ドリンクとしてポジショニングされようとしている。あなたはリサーチャーの役を務める。意思決定者と話し合いを持ち、経営上の意思決定課題を特定せよ。それから、経営課題をリサーチ課題に翻訳し、文書化せよ。意思決定者はあなたの定義に賛成するだろうか。あなたが特定したリサーチ課題へのアプローチを開発せよ。
2. あなたは、アメリカン航空のマーケティング担当副社長で、ビジネス向け市場でのシェアを拡大したいと思っている。この場合、考えられる目標のリストを作成せよ。意思決定者と

して、あなた個人の目標は何か。

フィールド・ワーク
1. 大学のキャンパスあるいはキャンパス周辺にある企業（どんな企業でもかまわない。例えば書店またはレストラン）と面会の約束を取り付けて訪問し、意思決定者と話をせよ。好結果をもたらす可能性のあるマーケティング・リサーチ課題を定義することができるか。
2. 上の1で述べた企業訪問の内容を考察する。そして、あなたが定義した課題に対して、分析モデル、質問項目、適切な仮説を開発せよ。その結果について、以前訪問した意思決定者との話し合いを持つこと。

グループ・ディスカッション
1. 5〜6人の小グループを作り、次の記述について話し合おう――「マーケティング・リサーチ・プロジェクトを成功させるためには、マーケティング・リサーチ課題を正しく特定し、適切に定義することが、高度なリサーチ技術よりも極めて重要である」。あなたのグループでは統一見解に到達したか。
2. ザ・コカ・コーラ・カンパニーは99年間続いた主力ブランドをニュー・コークに変え、その後、昔から人気のあるブランド、コカ・コーラ・クラシックに戻ったのは周知の事実である。4人グループになって、この「マーケティングの不手際」に関する資料をできる限り読むこと。そして、コークの経営陣が直面した意思決定課題を特定せよ。リサーチャーのチームとして、マーケティング・リサーチ課題とその具体的な構成要素を定義せよ。
3. 5〜6人の別のグループを作り、次の内容に関して話し合うこと――「理論的リサーチと応用調査を混合してはいけない。したがって、応用マーケティング・リサーチ課題のアプローチが理論に裏付けられていることに固執するのは誤りである」

第1部の事例

1.1 高速追越し車線での生活：ファストフード・チェーン店、ナンバーワンを目指してレースを展開

　限られたメニュー、セルフ・サービス、テイク・アウト、回転率の高さ、これらは長い間ファストフード・レストランを特徴づけてきた。米国におけるマーケット・リーダーはマクドナルド、バーガーキング、ウェンディーズ、タコ・ベルの4社で、米国全土にあるファストフード・レストラン59,960店舗の約半数を占める。2002年には、この4社の売上げを合計すると450億ドル市場の70%を占めた。マクドナルドは2002会計年度に、154億ドルの年間総売上げを達成している。マクドナルドは世界をリードするフードサービス店であり、世界121カ国で29,000を超える店舗を運営、毎日4,500万人の顧客に食事を提供している。2002年、マクドナルドはファストフード市場での権益で43%を保有していた。主な競合企業であるバーガーキングのマーケット・シェアは、2002年に19%、2001年の年間総売上げは86億ドルを達成し、店舗数はマクドナルドより5,000店舗少なかった。一方、ウェンディーズの2001年の年間総売上げは61億5,000万ドルで、マーケット・シェアは13.2%だった。

　こういったマーケット・リーダー各社の市場支配が地元の業者にとり「終末」を意味するものと一時は考えられていたが、そのようにはならず、小規模なチェーン店は立ち直り、新しいレベルの成長を経験している。ソニックとカールズ・ジュニアのようなチェーンがかつて大規模チェーン店にとって安住の地だったこの市場に侵入している。さらに多くのチェーン店が消費者がファストフードに費やす財布の中身を狙って競争するのに伴い、マーケティングはさらに重要度を増している。

　3年間にわたる再生努力の締めくくりとして、マクドナルドは2000年6月に5億ドルを投じた「あなたの笑顔が見たい」（We love to see you smile）キャンペーンを発表した。これは、注文に応じてサンドイッチを作ることのできるチェーンの新しい能力を強化したものである。マクドナルドの2001年のマーケティング・プランでは、「新しい味のメニュー」（New Tastes Menu）を発表し、今後も引き続きたくさんの種類があることを強調した。これは40種類ものアイテムを載せた常設のメニューで、同じ共同出資者に属するフランチャイズ店はさまざまな期間でこのメニューの中のアイテムを順繰りに使うことができる。この新メニューには、成人市場に特化した広告会社、DDBワールドワイドが行った推定6,000万ドルの広告キャンペーンの後ろ楯があった。マクドナルドは、2010年までに、国内組織全体の売上げを2倍に、フ

ランチャイズ加盟店のキャッシュフローを3倍にすることを意図している。この10年成長計画を達成するためには、マクドナルドの新しいブランドである、ボストン・マーケット、チポートレ・メキシカン・グリル、ドナトス・ピザが、マクドナルドの成長の構想で大きな役割を担わざるを得ないであろう。

　バーガーキングは、2002年、マクドナルドのビッグマック、ウォーター・パウンダー、エッグマックマフィンとの直接対決を意識して選んだ新メニューをいくつか導入した。マクドナルドは子供向けキッズミールのマーケットを、ハッピー・ミールズで長らく支配していたが、バーガーキングはこの急成長中の子供層に狙いを定めた。2001年、バーガーキングは8,000万ドルの予算と新しいリサーチで子供にターゲットを絞ったキャンペーンの準備を整えた。そして、子供のマーケティングに特化したマーケティング会社インターパブリック・グループのコス・キャンベル・ミサン社を選んだ。バーガーキングは、子供と大人の間の空間への梃入れを狙った。バーガーキングは、小さな子供たちを切り捨てることなく、子供向けプログラムをビッグ・キッズのブランドに集中した。いまや消費者の嗜好に対するマーケティングはますます激化するファストフード・レストラン戦争を闘い抜くための鍵となっている。

　マーケット・ポジションを獲得または堅持することが、米国の消費者の変化する選好に遅れないことと関連があることは直感的に理解できる。マリッツ・マーケティング・リサーチ社が最近行った調査では、場所の利便性、食品の品質、メニューの選択幅が大きいこと、そしてサービスが、成人のファストフードの選択に最も影響を与える重要なポイントだった。驚いたことに、低価格は米国人がファストフードを選ぶ理由の上位4位に入っていなかった。調査対象者のうち、価格をもとにファストフードを選んでいたのは、たった8％だった。

　65歳未満の成人は、場所が近くにあることがファストフードの購入で最も重要な要因であると指摘した。調査対象者の26％が、これを食事を取る際に影響を与える主な規準と答えている。場所の利便性の次に消費者が重要視する要因は、ファストフード自体の品質であった。これは、消費者が優れた製品を望んでいるだけでなく、どの場所でもそれぞれ注文したものに品質のむらがないことをも望んでいると解釈される。タコ・ベルは、最近、品質を考慮した低価格商品に重点を置いた。このチェーン店では、食事に出す料理とそのイメージを改良し、より質の高いものにすることで、たくさんのメニューからいろいろ選べる「エキストラ・バリュー・ミール」を大皿の盛り合わせ「ボーダー・セレクト」にシフトした。ロースト・ビーフ・サンドイッチの専門チェーン店アービーズは、単に広告のスローガンとしてだけではなく、このチェーン・レストラン店が一般に意図しているものとして慣用句「一段上を」(a cut above) を掲げている。「私たちが話題とするすべてのこと——制服に店舗や建造物、サンドイッチ——において、私たちは競争相手よりわずかだけ優れていたいのです」アービーズのスポークスマンは公言している。

　さらに、顧客は選択の多様性を強く求めている。米国の消費者の16％は、メニューの選択幅が大きいことがファストフード・レストランを選ぶ主な理由だと言う。こうした重要な情報

を入手した上で、各チェーン店はユニークなアイテムを揃えた多様なメニューを提供している。例えば、オクラホマ・シティを本拠地とするソニックのチェーン店では、既存のサンドイッチに加え、「他では食べられないもの——オニオン・リングとチェリー・ライムエード」を提供している。業界大手各社もまた、競合会社が提供していないアイテムを利用することを目指している。2002年、ウェンディーズのレストランは「ガーデン・センセーション・サラダ」という新しいメニューを導入し、ウェンディーズによると記録的な売上げを達成した。メニューの選択は高齢者にとっても重要である。4人のうち1人の高齢者が、メニューの選択が食事場所を選ぶ際に重要な要因であると感じている。専門家は、すべてのファストフード・レストランが消費者を退屈させず、自社の成長とマーケット・シェアを維持することを狙って新しいメニューを出すので、メニューのアイテム数はこの先も増加し続けるだろうと予測している。バーガーキングのスポークスマンが語ったように「私どもは、最善だとわかっていることを持ちこたえていくが、消費者の選好にあったアイテムも追加しなければならない」のである。

　成人の約12%は、迅速なサービスがファストフード・レストランを選ぶ規準であると感じている。マクドナルドUSAの社長によると、マクドナルドの戦略は「価格で顧客の心を引きつけ、サービスで顧客の心を引き留め」そして「米国でサービスのトップと認められるようになる」ことである。この側面を強調するため、マクドナルドは、一所懸命働くスタッフが顧客のオーダーにまじめに取り組んでいるそのスピードの速さを大々的に紹介した一連のテレビ広告で、ドライブスルーのサービスを讃える計画をたてた。タコ・ベルも、FACTという頭字語にまとめられた社訓を掲げて、各店舗のサービスの質を高めている。このFACTとは「素早い (fast) サービス、正確な (accurate) オーダー、清潔さ (cleanliness)、適切な温度 (temperature) で食事をサービス」の意味である。ウェンディーズでは「モップ (Mop)、バケツ (Bucket)、態度（Attitude)」の頭文字をとった特別な頭字語MBAを採用している。これは、ウェンディーズの「数字やコンピュータの出す結果の前に、まず顧客サービス（清潔、サービス、雰囲気）を大切にするという伝統的な顧客満足の定義に忠実にかかわること」を表している。ウェンディーズはこのコミットメントこそ成功の大きな理由であると主張している。バーガーキングは長年にわたり、よいサービスを提供して顧客に喜んでもらい、思い出に残る食事の経験を作ることが重要である、と認識してきた。バーガーキングは、顧客がイート・インできるようにダイニング・ルームを導入した最初のファストフード・レストランである。バーガーキングは、1992年、顧客の食事経験を豊かなものにするために、テーブル・サービスと種類豊富なディナー・メニューを導入した最初のファストフード・レストランになった。

　ファストフード・レストランの最近の傾向は、バリュー・プライシング（価値に基づく価格設定）に向かっている。この傾向は、タコ・ベルがその先駆けとなった。タコ・ベルは、販売価格を下げ、組織全体の売上げを、たった2年間で18.5%も引き上げた。バリュー・プライシングは短い期間は目新しいものであったが、今ではほとんどの大手ファストフード会社で取り入れられている。マクドナルドはエクストラ・バリュー・メニューを提供しているし、ウェ

ンディーズには、作り置きのサイド・サラダからカントリー・フライド・ステーキ・サンドイッチまで幅広いメニュー・アイテムを提供して種類の多様性に重点を置いた99セントのスーパー・バリュー・メニューがある。バーガーキングとハーディーズは、マクドナルドと似たようなプランを出している。現在、マクドナルドは推定1,000万ドルを投入してバリュー・ミールに焦点を当てた全国的な広告キャンペーンを実施し、バリュー・メニューに注目を引こうとしている。また、2002年には、1ドル未満に価格設定したアイテムを集めた、エクストラ・マックバリュー・メニューを導入した。

　ファストフード・マーケットを拡大するためにさらに努力する中、業界は海外へ目を向けた。アジアやヨーロッパのマーケットはちょうど米国が1960年に到達したレベルにあったので、国際的にみても、米国のチェーン店は競争上かなり優位にある。マーケティングの専門家は、米国の大手チェーン店が海外へ業務を拡大するのは米国国内の場合よりも容易だろうと予測した。例えば、マクドナルドは、1990年には営業利益の21%を米国国外から得ていたのに対し、2000年にはその数字を約40%と伸ばした。バーガーキングは、ハンバーガーに対して広く門戸を開いたマーケットとして日本に焦点を当て、また、東ヨーロッパのマーケットにも一層注目した。最近では、バーガーキングはポーランド、旧東ドイツ、ハンガリーに店舗をオープンし、同時に、ヨーロッパ地域のフランチャイズの役に立つよう、ロンドンに研修学校を設立した。

　ウェンディーズもまた、国際的なファストフード・マーケットで重大な競合会社と見られている。ウェンディーズには、米国以外に世界50を超える国々に8,000を超えるレストランがある。ウェンディーズの創設者であり、有名なスポークスマンでもあったデイブ・トーマスが2002年に亡くなったことで、ウェンディーズのマーケティング戦略と広告戦略には何らかの変更が行われることとなろう。トーマスは、1989年以来、800を超えるコマーシャルを制作し、コマーシャルに常連として登場したことと人気とで誰もが知っている有名人になった。ウェンディーズは、デイブの健康状態が思わしくなくなってきた1996年から、デイブ・トーマス亡き後の準備を進めている。しかしながら、彼の死やそれへの対応の影響は、国内、海外両面において明らかとなる今後の同社の戦略に残されることとなろう。

　追越し車線で抜きつ抜かれつの攻防が繰り広げられているなか、マクドナルドが国内のファストフード・レースでトップを走り続けることができるのか、そして、海外のファストフード・レースでポール・ポジションをとれるのか、という問いに対しては、相変わらず答えが出ていない。だがマーケティング・リサーチの利用は、今後もこのような目標の達成にとって決定的に重要であろう。

問　題

1. ファストフード業界におけるマーケティング情報の必要性を述べよ。
2. 必要な情報を提供する際、マーケティング・リサーチはどのような役割を果たすことがで

きるか。
3. ファストフード業界で今後も首位を保ち続けるために、マクドナルドが着手できる課題特定のためのリサーチの例をいくつか挙げよ。
4. 売上げとマーケット・シェアを改善するために、ウェンディーズが着手できる課題解決のためのリサーチを何種類か挙げよ。
5. 海外におけるマーケットの可能性を考えると、ファストフード・チェーン店は外国でマーケティング・リサーチを行うべきだろうか。国際マーケティング・リサーチを行うと、ファストフード・チェーン店はどのような機会や難題に直面するだろうか。

参考文献

Christopher Barton, "McDonald's to Try to Boost Service, Restaurant Investment," *Knight Ridder Tribune Business News*（January 9, 2002）: 1

Ameet Sachdev, "Wendy's Founder Dave Thomas Dies at Age 69," *Knight Ridder Tribune Business News*（January 9, 2002）: 1

Amy Zuber, "Listen up, Mac: BK aims to Reign Supreme, Orders Menu Changes," *Nation's Restaurant News* 35（51）（December 17, 2001）: 3, 126

Bob Sperber, "McD Beefing up Value Meals," *Brandweek* 42（45）（December 3, 2001）: 3

Amy Zuber, "Skeptics Unsure McD can Attain Sales Doubling," *Nation's Restaurant News* 35（11）（March 12, 2001）: 1, 96

1.2　競合に先んじるナイキ、それでも走る道はまだ続く

　オレゴン州ビーバートンに本社を持つナイキ社（www.nike.com）は、米国第1位のスポーツ・フットウェア会社であり、海外の消費者に最も名前を知られている企業の1つでもある。この高い認知度は、ナイキが今までこれほどまでに成功してきた大きな理由となっている。2001年会計年度末（2001年5月31日）では95億ドルを超える売上高を計上し、さらなる成長を続けている。

　この成功は、おそらくナイキのコンセプトを基にした広告キャンペーンに起因していると考えられる。このキャンペーンでは「イメージの転移」（image transfer）と呼ばれるプロセスが用いられている。ナイキの広告はもともと製品に比重を置いていなかった。ブランド名も出していなかったのである。ムードや雰囲気が創りあげられ、ブランドはそのムードと関連づけられているのである。「我々は広告を作ろうとしているのではありません。究極のゴールは結びつきを作ることなのです」と話すのは、ナイキの広告を担当している、ある広告代理店のエグゼクティブ、ダン・ウィーデンである。広告の中には、ビートルズの音楽に、ナイキ・アスリートのマイケル・ジョーダンとジョン・マッケンローのフィルムクリップを目立たせ、それにスポーツを楽しむ一般人の映像を並置したものがあった。これは、真のアスリートはナイキを

好み、もし一般の視聴者もこのブランドを購入すれば、今よりもたぶんうまくプレイできるようになるであろう、ということをそれとなく示すために用いられた。人々の予想を超えたナイキのイメージを基にした広告の数々は、1996年のオリンピック開催中に使われたキャンペーン「探索と破壊」で本物の血と内臓を映し出したようなショッキングなものから、マイケル・ジョーダンのジョーダン・ブランドのウエアを売り出すために使われた初めての広告のようにユーモアたっぷりのものまで、非常に幅が広い。そのジョーダンの広告は、ジョーダンがハーフタイムにブルズの試合を抜け出して自分の会社まで戻り、その後セカンドハーフになんとか戻ってこられたという、ジョーダンも制作に一枚かんでいることを示唆した冗談広告である。

　1998年、ナイキはマーケティング戦略において新しい段階に移行した。前年までに示していた、駆け引きや操作にこった鋭い態度よりも、製品の革新的なスキルをより強調したのである。「我々の広告に必要なのは、アスリートを登場させることだけでなく、我々が製品の革新に携わっていることを消費者に伝えることなのだ、ということを認識しています。消費者に、製品にスウォッシュ（ナイキの登録商標）をピッとつけるだけでお金を稼いでいるわけではないということを証明する必要があるのです」――ナイキUSAの広告担当ディレクター、クリス・ジマーマンはこう語った。新たにスタートした「I can」キャンペーンでは、ナイキは、以前のマーケティングで効果を生んだ有名アスリートの露出を控え、「Just Do It」キャンペーンのときよりも製品使用場面を多く示した。競合のリーボックやアディダスも、最近では製品に焦点を当てた広告を展開し、かなりの成功を収めている。ただし、ナイキは焦点をこのように修正したものの、革新的なマーケティングから身を引くことはしなかった。

　ナイキは広告の舞台においては依然として卓越している。ナイキは、雑誌『タイム』で、ドリブルのうまいバスケット選手が巧妙なドリブルワークを見せる広告により、2001年の最優秀広告の1つだと称された。同誌は、この広告が「スポーツは音楽。スポーツはダンス。スポーツは芸術」というメッセージを伝えている、とコメントしたという。一方、ナイキは、この広告を20年間で最も人気のある広告だったと公言している。2001年に打ちだされ人気を博した広告としては、もうひとつ「私を野球に連れてって（Take Me Out to the Ballgame）」（アメリカのメジャーリーグで7回の表が終わると観客が立ち上がって大合唱する曲）が知られている。この独特の広告は、さまざまなスポーツジャンルのプロのアスリートが「Take Me Out to the Ballgame」の一節を母国語で歌う姿を映し出したものである。

　2010年を見据えると、ナイキの今後の戦略の中心にあるのは海外の舞台であり、これはナイキが着手する中で最も困難な要素であることは立証可能であろう。とはいえ、2010年までに、ナイキの売上げが米国国内よりも国外での方が大きくなっている可能性はかなり高いであろう。2003年現在、海外の売上げはナイキの事業全体の3分の1を占めている。今後ナイキはサッカーや国際的なスポーツの分野に事業を拡大していくことになる。しかし、そのためには、優れた技術をもつ、真のスポーツ・シューズ・メーカーとしての立場を再度確立するために、マーケティングと流通に焦点を当て直さなければならないであろう。

2001年2月、ナイキは、最新の技術革新であるナイキ・ショックスを英国の消費者に向けて発表した。このシューズはナイキが16年間にわたり開発を進めてきたもので、1980年代にナイキ・エアを英国で発表したときと全く同じように、スポーツ・シューズのマーケットに革命的な変化をもたらすだろうと望んでいた。ロンドンのあるレポーターは、このナイキ・ショックスを履くと「バネの作用で天にも昇るステップが踏める」感じがすると称賛した。このシューズは、サポート、快適さ、衝撃吸収、スタイルの全てを同時に満たすと評されている。アスリート向けシューズのナイキ・ショックスの製品ラインは、米国、英国の両国で非常に人気が出てきている。

　ごく最近では、業務管理をさらに強化するために、世界規模の流通センターを数多く買収した。将来、ナイキは中国、ドイツ、メキシコ、日本などの主なマーケットでの存在を築き上げようと考えている。ナイキはスポーツに広告の焦点を合わせ、その地域で特に関心の強いスポーツを取り上げていく予定だ。今のところはレースで先んじているものの、ゴールはまだまだ先だと認識している。

復習問題

1. ナイキは、自社の広告宣伝において、有名人の起用から製品自体へと焦点を変更すべきなのだろうか。ナイキの経営陣がこの決断を下すのに役に立つための、マーケティング・リサーチの役割を論ぜよ。どのようなマーケティング・リサーチを行えばよいのだろうか。
2. アスリート向けフットウエアに関して、消費者の購買行動をどのように説明するか。
3. 業界トップの座を維持するために、ナイキが直面している経営上の意思決定課題は何なのか。
4. あなたが特定した経営上の意思決定課題を踏まえて、ナイキが直面しているマーケティング・リサーチ課題を定義せよ。
5. 適切な質問項目を2つ開発し、各々に対して、仮説を2つずつ設定せよ。
6. ナイキがマーケティング・リサーチや製品のマーケティングを行う際、インターネットをどのように使用すれば効果的であろうか。

参考文献

筆者不明"The 2001 Best & Worst：Advertising," *Time* 158（27）（December 24, 2001）：88
Sarah J. Heim, "Nike Champs Move to Gridiron," *Adweek* 51（46）（November 12, 2001）：6
Agnes Jumah, "Design Choice, Nike Shox," *Marketing*（March 22, 2001）：14
www.nikebiz.com/

1.3　レクサス：高級感に価値を、価値に高級感を添える車

　1980年代、トヨタは成功という幸運に恵まれ、新しい自動車のコンセプトを開発した。後にレクサスと呼ばれるその車のコンセプトは、傑出した性能を誇示できる車には広範な富裕層を対象としたマーケットがある、という観察を基に構想された。このマーケットでは多くの人が価値に高い評価順位を付けていた。だが彼らは、メルセデスが高性能な自動車につけた並はずれた高い金額を払おうとはしなかった。そこでトヨタは、性能の面ではメルセデスに匹敵する水準の自動車を創り出す一方、消費者が欲している価値を合理的な価格で提供し、自分はスマートな購買者であると感じさせることにより、このマーケットをターゲットにしようと計画した。

　トヨタは1989年にレクサス（www.lexus.com）を盛大に導入した。巧妙な広告キャンペーンがこの新しい車の出現を告げたのである。例えば、ある広告では、メルセデスの隣にレクサスを置き、見出しを「73,000ドルの車から36,000ドルの車への買い換えがグレードアップと考えることができるのは史上最初」とした。もちろん、レクサスは、彫刻のような外観、上質な仕上がり、豪華なインテリアなど、メルセデスにあるものなら細部まで全て装備していた。しかし、この細部は車そのものに限ったことではない。専用の販売網が創設され、そこには、見事なショールームや無料の軽食、専門の販売スタッフなどにより、裕福な消費者が高級な自動車メーカーに期待する、ある種の雰囲気があった。

　トヨタは、この新しい車の性能を強く強調した。レクサスの優れたエンジニアリングを紹介する12分のビデオを含む販促用のパッケージが見込み客に送付された。このビデオでは、水の入ったグラスがメルセデスとレクサスのエンジン・ブロックに置かれ、メルセデスでは水が揺れるが、レクサスではグラスの水がほとんど動かない様子が紹介されていた。これは、レクサスの安定性が現在市場に出ている最高級車よりも非常に優れているということを視覚的に訴えるものであった。また別のビデオでは、ダッシュボードの上に水の入ったグラスを載せ、レクサスが鋭いターンを切るというシーンが収録されていた。このグラスは走行中もまっすぐ立ったままの状態で、ここでもレクサスはその性能を証明した。これらのビデオは、顧客の期待をはるかに超えるレクサスの性能を明らかにし、顧客を惹きつけることに一役買ったのである。

　引き続く成功の結果、トヨタはレクサスの価格を値上げすることに決めた。ところが、この戦略はレクサス側が期待したほどにはうまくいかなかった。レクサスには、ヨーロッパの高級車が思うままにできる、人々をもう一度余分にお金を払いたい気分にさせる格式として備わったものに欠けていることが分かった。その結果、トヨタはレクサスに感情的反応を起こさせる新しい広告キャンペーンに方向転換した。自動車業界全般の成長に比較して、成長が鈍化している高級車市場で戦わなければならなかったので、このキャンペーンは極めて強力なものであった。この成長低下の原因には「ニア・ラグジュアリー」の自動車が高級車の見込み客をすく

い取ってしまったことが一因とされている。このグループには、トヨタのアバロン、日産のマキシマ、マツダのミレーニアが含まれる。BMWとメルセデスもこのセグメントの車種を導入した。すなわち、BMW 3シリーズとメルセデスCクラスである。

　この競争を受けて、レクサスは、主流に徹した高級車広告にプラスして、非伝統的な広告とプロモーションに重点を置いた。テレビ・コマーシャル広告に大幅に依存している企業の多くがティーボ（TiVo：新しいテレビ視聴システムで、ユーザーがコマーシャルをフィルターにかけて除くことができる）の出現にうろたえたが、レクサス側は逆に自社の有利になるようにティーボを位置づけた。レクサスは「ニュー・ワールド・オブ・ラグジュアリー」という、勝者が商品（金）を独占する懸賞クイズのスポンサーになり、その賞品を新車種ES 300にしたのである。ティーボのユーザーは、このシステムを利用して、レクサスがティーボのプロモーション・ページに掲載した質問のヒントを捜すためにコマーシャルを検索した。この懸賞クイズは2001年11月12日から12月14日まで行われたが、このクイズのおかげでティーボのユーザーはレクサスのコマーシャルを除くのではなく、むしろレクサスのコマーシャルを見続けたのである。

　レクサスは、自動車業界とレクサスの現在の顧客に、高級感と性能、そしてスタイルで車を作り上げているのだということを示し続けている。米国の調査会社、JDパワー＆アソシエイツ社は、2001年に、レクサスを高級車の耐久性部門で7年連続のトップにランク付けしている。これは、小型トラックおよび乗用車のユーザー4万人が報告したトラブルの数に基づくものである。JDパワー＆アソシエイツ社はまた、同じ2001年に、顧客維持部門でもレクサスを2年連続の第1位に、販売店サービスに対する顧客満足度でも第1位に格付けしている。

　マーケティングに力を注いだ結果、レクサスは、2000年には実に206,037台を販売し、自社の新記録を樹立した。この数字は、高級車メーカーにとって史上最高の販売記録だった。徐々にメルセデス・ベンツを押しのけつつあったレクサスは、この時点で、最もよく売れている高級車ブランドとなったのである。そして、2001年には、2年連続の高級車ブランド、トップの座を守った。同年の新車販売台数は223,983台、前年比で8.7%の増加であった。中古車の販売も20.4%増を記録、合計販売台数は約58,000台であった。そのうちレクサス認定の中古車販売台数は33,000台を超え、前年比では23.4%の増加であった。また、2001年末には、レクサスの3番目のSUVであるGX 470がデトロイト・オート・ショーで導入された。このSUVは価格が45,000ドルから50,000ドルで、レクサスにあるSUV 2車種のちょうど中間に位置づけられる。

　将来、レクサスは、この車種で今までより年齢層の低い消費者を狙うという難題に向き合うことになる。レクサスのグループVP・ゼネラル・マネジャー、デニー・クレメンツによれば、現在の高級セダン（LS）購買層の中央値は58歳であるが、新しいLSのターゲット・グループの場合の中央値は47歳から55歳の間にあるという。「外装のデザインは、前世代のLS 400と比べてかなりドラマチックになっています」とクレメンツは話し、LSのスタイリングに関

する過去の報告には、「落ち着いた」と「退屈させる」というような言葉も含まれていたことを認めた。継続されるマーケティング計画は、今よりも若い消費者にとって魅力のある車にしようとするレクサスの狙いを助けることになろう。

　レクサスは将来、新しい顧客を獲得するだけでなく、現在の顧客を維持することにもマーケティング努力を拡大する計画である。この計画は極秘であるが、最近の活動ぶりから、新しい戦術は過去の広告の型にはまらないスタイルで行われることがうかがえる。例えば、レクサスは最近コロラドでスキー・イベントのスポンサーになったが、ここでは、レクサスのオーナーを全て招待し、費用は全額レクサスもちで、贅沢な山での週末を過ごしてもらった。こうした努力は、高級感に価値を、価値に高級感を添えるというレクサスの哲学と一致している。

復習問題

1. レクサスは日産・マキシマやマツダ・ミレニアのような「ニア・ラグジュアリー・カー」との競争だけでなく、メルセデス、BMW、ジャガーのような他の高級車メーカーとの競争にも勝とうとしているわけだが、そのレクサスが直面している経営上の意思決定課題を説明せよ。
2. 上の1で特定した、経営上の意思決定課題に対応するマーケティング・リサーチ課題を策定せよ。
3. 消費者が高級車を選択するプロセスを説明する図式モデルを展開せよ。
4. マーケティング・リサーチ課題の定義と図式モデルに基づいて質問項目を2つ特定せよ。
5. 上の4で特定した各質問項目に少なくとも仮説を1つ展開せよ。
6. 高級車のマーケットに関する情報を得るために、あなたならどのようなインターネットによる検索を行うだろうか。検索結果をレポートに要約せよ。

参考文献

Terry Box, "Demise of SUVs Certainly Looks Premature," *Knight Ridder Tribune Business News* (January 7, 2002): 1

Jean Halliday, "Has Lincoln, Caddy Lux Run Out?" *Advertising Age* 72 (52) (December 31, 2001): 4

Karl Greenburg, "Luxus looks for TiVo to up Commercial Viewing," *Brandweek* 42 (46) (December 10, 2001): 28

"Toyota Lexus Top in U. S. Car Durability Study," *Jiji Press English News Service* (November 16, 2001): 1

筆者不明、"Lexus Tops in Retention," *Automotive News* 76 (5956) (November 5, 2001): 26

ビデオによる事例

1.1 バーク：マーケティング・リサーチから学び、成長する

　プロクター・アンド・ギャンブルのマーケティング部門に勤務していたアルベルタ・バークは、1931年にバーク社を設立した。その当時、マーケティング・リサーチを専業とする企業は、米国はもちろん世界全体でもほんのわずかしか存在していなかった。今日、バークは意思決定サポート企業として、クライアントが自社のビジネス業務を理解し、より効率的に進めることができるよう手助けをしている。この映像事例では、マーケティング・リサーチの進化と、バークが2003年現在、どのようにマーケティング・リサーチ・プロセスのさまざまな段階を履行しているのかをたどっていく。

マーケティング・リサーチの進化

　記録に残っている最初のマーケティング・リサーチは、1世紀以上も前の1895年、あるいは、1896年に行われたものである。ある教授が電報で広告の将来についての質問を広告代理店へ送った。その教授は10件前後の回答を得、その顛末をレポートにまとめあげた。当初、行われたマーケティング・リサーチの多くは国勢調査局（Bureau of Census）のデータの副産物で、分析は基本的に集計に限定されていた。マーケティング・リサーチの次の波は1930年代初めに訪れた。白い手袋をはめた婦人達と形容されている。各家庭を訪問して、ケーキミックスがあるかどうか家庭のパントリー（食品庫）をチェックして回った。このとき使われた手法は、主に戸別調査であった。当時、電話はまだ広く利用される公共サービスではなかった。
　やがて、第二次世界大戦が始まり、マーケティング・リサーチの心理学的な側面が導入された。1950年代、1960年代を通して、テレビが大衆の生活のなかで欠くことのできない部分を占めるようになり、テレビ広告が始まった。そのため、テレビコマーシャルのテストが、1960年代、1970年代のマーケティング・リサーチで流行の分野となった。1960年代、1970年代には基本的な変化がもう1つあった。マーケティング・リサーチ業界は、単に新しいアイデアを生み出し、それをテストしてクライアントと共有するということから、そのアイデアを意思決定のためにいかに利用すべきかについて、クライアントと共に取り組む方向へとシフトしていった。
　1980年代、1990年代には意思決定を改善するための情報を生み出すことを重要視する傾向が強まった。マーケティング・リサーチ業界は、生み出された情報を経営の意思決定の入力デ

ータとして使用するための、プロセスの開発に着手した。このようにして、マーケティング・リサーチ業界は1895年の電報から、長い道のりを経て、現在の姿までたどり着いたのである。2003年の時点では、この業界は、電話調査やウエブ調査、マルチモード法などを用いて消費者を調査するためのクリエイティブな手法を見出そうと試みている。

バークはどのようにマーケティング・リサーチ・プロセスを実行しているのか

マーケティング・リサーチ課題の定義とアプローチの開発

企業の中には、意思決定の際に助けを必要とするものがある。こうした企業は、ゴーかノー・ゴーか、イエスかノーか、あるいは下すべき意思決定があるとき、彼らはそれを考察して、どのような情報がその意思決定に関わるリスクを軽減するのに役立つかをバークに尋ねてくる。この時点でバークは、リスクの軽減に役立つと思われる情報を明らかにするために彼らと話し合うことになる。

最初のステップはマーケティング・リサーチ課題を定義することであり、ここで多くの発見がある。バークの営業担当（アカウント・エグゼクティブ、AE）は顧客と膝を交えて話し合い、顧客が課題だと信じているものが本当の課題なのかどうか、また、バークが課題の範囲を変える、あるいは広げる必要があるのかどうかを見極めようとする。主要な意思決定者と話し合うと、その企業があまりに焦点を絞りすぎていたり、あるいは誤った課題に取り組んでいることが明らかになってくる。

バークはマーケティング・リサーチ課題を定義することが、リサーチ・プロジェクトの成功に欠かせないと信じている。また、問題の徴候が何なのかを見出し、クライアントと共に内在する原因の特定に取り組む。課題の背景や課題を取り巻く状況を調べるのに、多大な努力が注がれる。少なくとも半分のケースで、課題探求のプロセスを経ると課題は変わることとなろう。新しい範囲や方向性が現れてくる訳である。このプロセスを踏むからこそ、課題の具体的な構成要素の特定を含んだ、マーケティング・リサーチ課題の正確な定義ができあがるのである。

ひとたび課題が定義されると、バークは適切なアプローチを開発する。課題定義はさらに具体的な質問項目、そしてあるときは仮説を作り出す時に精緻化される。バークは、特定された課題に調整されたさまざまな分析モデルを開発してきた。このプロセスはまた、クライアントが課題を解決するのに役立つ情報を特定する。

リサーチ設計の策定

定性リサーチ

バークが出合う落とし穴の１つに定性リサーチがある。定性リサーチは直ちに実施できるので重宝する。入手される情報は多くの場合きわめて豊富で、しかもユーザーの言葉で語られている。どのような答えが出されるか、また、現在のユーザーとあるいは将来のユーザーとなる可能性がある人々がどのような疑問や懸念を抱いているであろうかを把握する過程での相互の

やりとりが多数収集される。しかしながら、ユーザーや将来のユーザーが皆、定性リサーチの結果と同じような見方で製品やサービスを捉えていると考えること、すなわち定性リサーチで明らかになったことを母集団に一般化してしまうことは危険である。

　なお、バークでは、オンラインでフォーカス・グループ調査を行う態勢もできている。

サーベイの方法

　バークは多種多様な方法を使用しているが、電話調査が調査全体の約70％を占める。その他には、モール・インターセプト調査、郵送調査、インターネットやウエブを基にした調査がある。バークは課題に最も適合した方法を慎重に選んでいる。今後、電話調査は減少し、インターネット調査が増加すると予測している。世界中の顧客にインタビューをしようとする場合には、ウエブで調査を完成させるために、Eメールで調査への招待状を調査対象者に送る。具体的な製品やコンセプトの写真を調査対象者に見せることのできるインターネットの能力を、バークは好んでいる。

調査票設計

　調査票を設計する際、バークではその内容と質問文の言葉づかいに特に注意を払っている。定義が的確で、容易に言葉に作成できる質問もあれば、調査を必要とする問題ではあるものの、尋ねるべき質問が明確でないようなものもある。質問がシンプルであればあるほど、誰に尋ねなければならないのかがより明確になり、すなわちターゲットとなる調査対象者が誰なのかが一層明らかになり、入手する情報の質は一層よくなる。

標本設計

　バークでは、データ収集部門の中に標本抽出セクションがある。同セクションは、シニア・アカウント・マネジャーやアカウント・エグゼクティブと相談して、利用すべき適切な標本を決定する。抽出フレームは、検討する必要のある質問に回答できる調査対象者が誰なのかという観点から定義される。また、目標母集団はマーケティング・リサーチ課題と質問項目により定義される。バークはこの分野に特化した外部組織から標本リストをしばしば購入する。

データ収集と分析

　情報は、いったん収集されると、コンピュータ・フォーマット、またはコンピュータ・フォーマットにこれから入力される紙ベースのフォーマットのどちらかに分けられる。そして、必ずコンピュータで集計し分析される。「デジタル・ダッシュボード」という製品を使って、バークはプロジェクト終了時にクライアントに結果を広く提供することができるばかりでなく、データが収集されつつあるときの中間結果を提示することもできる。バークでは、データを適切なグループに分割して分析する。全調査対象者の情報を見ることもできるし、性別や事業を

規模別に見ることもできる。バークは、何が起こっているのかを理解しようと試みるため、規準の違いから生じる相違点があるかどうかを見極めるため、また、そのデータに基づいてどのように意思決定を下せばよいかを決めるために、必ずデータをさまざまに分類して調べあげる。

レポート準備とプレゼンテーション

　クライアントは昔よりもはるかに速いスピードで情報を必要としている。というのも、以前より迅速に意思決定を下さなければならないからである。したがって、データ分析の結果をプレゼンテーションするために大規模な会議を開くという考え方は、もはや現実的ではない。現在バークは、レポート報告やデータ伝達業務の大半をウエブ上で処理している。レポートには、リサーチ・プロセスの全てを記録する。また、経営上の意思決定課題、マーケティング・リサーチ課題、アプローチとリサーチ設計、意思決定を下す経営陣を助けるために入手した情報、そしてバークからの勧告が論じられる。

　レポートを書くプロセスは、クライアントとの最初の対話から始まる。プロジェクトの終了間際になってから書き始めるのではなく、リサーチとレポートとが同時進行するのである。レポート全体は、経営陣の意思決定を改善することに焦点を当てて執筆し提示される。バークの目標は、クライアントが彼らの重要な顧客にとり、一層価値のある存在になるために、より適切な意思決定ができるようクライアントを手助けすることである。

　バークは、成功したリサーチ・プロジェクトは次のリサーチ・プロジェクトへとつながることが多いと信じている。つまり、リサーチ・プロセスは循環プロセスであり、始まりと終わりが定められているものではない。課題を1つ解決するごとに、取り組まなければならない別の課題が待ち受ける。これを理解することこそが、バークとバークのクライアントが絶えず学び、成長するのに役立っていくのである。

復習問題

1. マーケティング・リサーチの進化を述べよ。マーケティング・リサーチの役割は、この分野が進化するにつれ、どのように変わってきたか。
2. バークは、マーケティング・リサーチの役割をどのように把えているか。
3. www.burke.com にアクセスして、バークが提供しているさまざまなマーケティング・リサーチのサービスについての報告書を作成せよ。
4. バークは、マーケティング・リサーチ課題の定義の重要性をどのよう把えているか。バークはどのようなプロセスに従っているか。また、第2章にあるプロセスと比較せよ。
5. バークは、マーケティング・リサーチ・プロセスをどのように把えているか。また、第1章にあるプロセスとどのように比較されるか。
6. もしバークからプロクター・アンド・ギャンブルにマーケティング・リサーチ・サービスを提供する責任を持つアカウント・エグゼクティブとしての役職を提示されたとしたら、あ

なたはこの役職を受け入れるか。なぜ受け入れるのか。あるいはなぜ受け入れないのか。

参考文献

www.burke.com

1.2　アクセンチュア：アクセントは社名にあり

　アクセンチュアは、世界をリードする、マネジメントおよびテクノロジー・サービスの組織である。同社のビジネス・アプローチのネットワーク（アクセンチュアは、提携企業や子会社、またその他の能力を通して、自社のコンサルティングやアウトソーシングの専門的技術を高めている）を通して、アクセンチュアはあらゆる業界にわたるクライアントが迅速に自らのビジョンを実現できるようにサポートする新機軸を提供している。世界47ヶ国、約75,000人の従業員を抱えたアクセンチュアは、広くしかも深い世界規模の経営資源を素早く結集し、クライアントが迅速に結果を出せるようにサポートしている。同社は、カスタマー・リレーションシップ・マネジメント（CRM）、サプライチェーン・マネジメント（SCM）、ビジネス戦略、テクノロジー、アウトソーシングを含む主要なビジネス分野で、18の産業グループにおける広範な経験を有している。また、子会社や提携会社を通じて、革新的なソリューションを推し進める手助けを行ってもいる。このビジネス・ネットワーク内の強固な関係は、ビジネス・モデルや製品に対するアクセンチュアの知識を拡大し、同社が最高レベルのツールおよびテクノロジー、スキルをクライアントに提供することを可能にしている。アクセンチュアはこれらの経営資源を触媒として使用し、クライアントがビジネスやテクノロジーの変化から価値を予測し獲得できるようにしている。現在「フォーチュン・グローバル100」のうちの89社が、また「フォーチュン・グローバル500」の半数以上の企業がアクセンチュアのクライアントである。

　アクセンチュアはもともとアンダーセン・コンサルティングという社名で、アーサー・アンダーセン社の一部として1989年に創業した。2000年、アンダーセン・コンサルティングはアーサー・アンダーセンからの分離を勝ち取った。だが、このことは社名を「アンダーセン・コンサルティング」から別の何かに変更することを必要とした。これは実に重要な出来事であった。というのも、アンダーセン・コンサルティングは過去10年間で約70億ドルの投入を含め、その社名に大切なブランド・エクイティを築き上げてきたからである。このようにして、社名の変更が最優先課題となり、アクセンチュアは相当な時間と労力をこのタスクに注ぎ込んだ。

　最初のタスクは新しい社名を選ぶことであった。アンダーセン・コンサルティングでは、社内コンテストを行い、社員に新しい社名を提案してもらおうと試みた。このコンテストでは2,500以上もの名前がエントリーされた。さまざまな名前に関して、ターゲットの顧客に対する調査も含めた広範なマーケティング・リサーチを行った結果、同社は「アクセンチュア」と

いう社名を採択することに決めた。この社名に落ち着いた理由は、この社名ならば、同社が将来に目を注いでいるというメッセージが伝わると信じたからである。また、新しいロゴを制作するためにもかなりの時間を費やした。最終バージョンは、社名に不等記号の「大なり」（>）でアクセントをつけたものになった。これで将来に焦点を当てているということを強調していると同社は確信している。

　もう1つのタスクは、最初のタスクと同時に起こったタスクだが、古い言葉を消して、社名の変更のためのターゲット・マーケットを用意することだった。アクセンチュアは、2001年初に社名が変わることを告知する広告を出し始めた。同社にはターゲット・マーケットを構成するはっきりとした企業グループがあり、その企業に対して全力を注がなければならなかったのである。

　ついに、2001年1月1日、同社は新しい社名を世界に発表した。この機会を使って、新社名を公にするだけでなく、自社のサービスを宣伝し、同社が何を提供するのかを人々が理解できるようにしたのである。結局、アクセンチュアは再度ブランドを構築するために合計1億7,500万ドル（約193億円）を投入した。しかし、これで終わりではなかった。2月に「さあ、おもしろくなってきたぞ」（Now it gets interesting）と題した新しいキャンペーンを始めた。このキャンペーンは、テクノロジーのおかげで最近驚くべき数多くの変化が起こったが、それでもなお、前途にはさらなるチャレンジが待っているという見通しを示すものであった。また、コマーシャルでは、クライアントがそのチャレンジに乗じるために、アクセンチュアがどのようなサポートを行うことができるのかを示した。そして、2001年の冬の間、ずっとこのような広告を流し、その成功は、ウエブ・サイトへのアクセス数の増加により立証された。アクセス数は、アクセンチュアにとって大変重要である。というのも、誰かが自社のサイトにアクセスするということは、その人に自分たちのことを全て伝える、またとないチャンスだと考えているからである。

　アクセンチュアは、新しい社名にブランド・エクイティを移すことに成功した。マーケティング・リサーチの結果、一般の人々の間での認知度が約50%であることがわかったのである。この数字は「アンダーセン・コンサルティング」時のものと基本的に同じである。現在、アクセンチュアのマーケティングは、社名を訴えることをはるかに超えて進んでいる。なぜならば、アクセンチュアが提供する製品が一貫して変化しているために、アクセンチュアのマーケティングは絶えず挑戦を受けているからである。成功するためには、よいマーケティング・リサーチ、クリエイティブなマーケティング、潤沢な予算、そして将来のトレンドへの理解が必須である

復習問題

1. アンダーセン・コンサルティングが新しい社名（アクセンチュア）を選ぶ際に手助けとなる、マーケティング・リサーチの役割を論ぜよ。

2. アクセンチュアのターゲット・マーケットを定義せよ。アクセンチュアが自社のターゲット・カスタマーのニーズを理解するのに手助けとなる、マーケティング・リサーチの役割を論ぜよ。
3. アクセンチュアは自社のサービスに対する選好度やロイヤルティを増したいと考えている。この場合の、経営上の意思決定課題を述べよ。
4. 上の3で特定した経営上の意思決定課題に対応する、適切なマーケティング・リサーチ課題を定義せよ。

参考文献

www.accenture.com

Todd Wasserman, "Advertising Accenture Accents Idea Campaign," *Brandweek*（September 30, 2002）

第2部

調査設計の策定

　調査設計（ステップ3）は、課題が定義され（ステップ1）、アプローチが展開されてから（ステップ2）策定される。第2部においては、探索的リサーチ設計、記述的リサーチ設計、因果的リサーチ設計について詳細に述べる。探索的リサーチには二次データと定性リサーチとがあり、記述的リサーチにおいては質問法と観察法を使用する。因果的設計で使われている主な方法は実験である。また、測定の主な尺度と、一般的に使われている相対尺度と絶対尺度の手法に関して説明する。さらに調査票を設計するためのガイドラインをいくつか紹介し、標本抽出における手順や技法、および統計的考察についても説明する。これらの内容は、マネジャーやリサーチャーに大いに役立つことと思われる。

第 3 章　調査設計
第 4 章　探索的リサーチの設計：二次データ
第 5 章　探索的リサーチの設計：定性リサーチ
第 6 章　記述的リサーチの設計：質問法と観察法
第 7 章　因果的リサーチの設計：実験法
第 8 章　測定と尺度：基本原理と相対尺度
第 9 章　測定と尺度：絶対尺度
第10章　調査票と観察フォームの設計
第11章　標本抽出：設計と手順
第12章　標本抽出：最終および当初の標本サイズの決定
第 2 部の事例
第 2 部のビデオによる事例

第 3 章

調査設計

「調査を設計する際、我々は次から次へとトレードオフ問題に直面する。普通はうまくいくと思われる多数の代替案が存在するものなので、目標は情報を入手するコストを抑えつつ、その情報の価値を高めるような設計を見つけ出すことである」

———マイク・ピエトランジェロ
（バーク社、クライアントサービス担当、バイス・プレジデント）

本章の目的

この章では、以下の点を学習する。

① 調査設計を定義し、さまざまな調査設計に分類し、探索的設計と検証的設計の相違を説明する。
② 基本的調査設計すなわち探索的、記述的、因果的調査設計を比較、対比する。
③ 調査設計における誤差の主要な源を記述する。この誤差には、無作為抽出法の標本誤差や、さまざまな原因による非標本誤差が含まれる。
④ リサーチ・プロジェクトの運営を調整するための管理面、特に予算管理とスケジュール管理について論じる。
⑤ マーケティング・リサーチの企画提案の構成要素を記述し、それがマーケティング・リサーチ・プロセスの各ステップをどのように扱っているのかを示す。
⑥ 国際マーケティング・リサーチにおける調査設計の策定について説明する。
⑦ 調査設計を策定する際に生じる倫理面での問題と利害の衝突について理解する。
⑧ 調査設計の策定におけるインターネットとコンピュータの利用法について論じる。

本章の概要

　第２章では、マーケティング・リサーチ課題を定義する方法と適切なアプローチを展開する方法について論じた。この最初の２つのステップは、マーケティング・リサーチ・プロジェクトを成功させるために決定的に重要である。このステップが完了したら、詳細な調査設計を策定して、正式のリサーチ・プロジェクトの設計に専念しなければならない（第２章、図2.1参照）。

　本章では、調査設計を定義し分類する。まず、２つの主要なタイプの調査設計である、探索的リサーチ、検証的リサーチを説明する。さらに、検証的リサーチ設計を記述的もしくは因果的に分類し、両タイプについて詳細に論ずる。それから、記述的リサーチ設計の、クロスセクション（横断）と継時という２つのタイプの相違について考察し、誤差の源を特定する。また、リサーチ・プロジェクトの予算やスケジューリングに関しても取り上げ、マーケティング・リサーチの企画提案を作成するためのガイドラインを示す。さらに、国際マーケティング・リサーチにおける調査設計の策定に必要な特別な配慮に関して論ずる。マーケティング・リサーチ・プロセスのこの段階で生じる倫理問題もいくつか考慮される。最後に、調査設計の策定でのマイクロコンピュータや汎用コンピュータの利用に関して論じる。まず、探索的リサーチ設計と検証的リサーチ設計とが例示されている次の例について考えることで、本章で提示された概念をよりよく理解することができるであろう。

〈リサーチの実例〉──もっともな信条を超えて

　社会貢献マーケティング（コーズ・リレイテッド・マーケティング）に関する、ある調査では、二次データ分析とグループ・インタビューの形をとった探索的リサーチが、アメリカのビジネス界が関心を持つべき社会問題（コーズ）を特定するために行われた。その結果、育児、麻薬中毒、学校教育、飢餓、犯罪、環境、医療研究、貧困が顕著なコーズであると特定された。

　次いで、社会貢献マーケティングが消費者の企業やブランドに対する認識に、なぜ、どのように影響しているのかを量的に把握し、探索的リサーチで特定された社会的問題の相対的な重要度を見極めるために、記述的クロスセクション調査の形式で検証的リサーチが実施された。無作為に抽出された米国人2,000人の標本に対して電話調査が実施された。調査対象者の約61％が、価格と品質が同じ場合、地域レベルあるいは国家レベルで社会貢献をしている企業のブランドや店舗へと乗り換えるだろうと答えた。この調査からはまた、68％の消費者が社会貢献に結びついた製品により多くのお金を支払うだろう、ということも明らかになった。調査された対象者の66％によれば、企業が社会貢献をするということは、よりよい企業イメージとより大きい信頼を生み出すという。企業が取り組まなければならない社会的問題のなかから、相対的に重要度の高いものを次の表に示した。

　これらの調査結果を踏まえて、スターバックス社（www.starbucks.com）は、新しい「生態系

企業が解決に努めなければならない社会問題

社会問題	主な関心事であると回答した人の割合(%)
学校教育	33
犯罪	32
環境	30
貧困	24
医療研究	23
飢餓	23
育児	22
麻薬中毒	18

にやさしい」コーヒー・カップ、コーヒーかすの堆肥化、そして麻袋のリサイクリングを提供することで環境保全に一役買おうと考えている。同社はまた、率先して小規模コーヒー農園やコーヒー豆生産地の地域社会プログラムへの支援および慈善事業への寄付を行っている。さらに、こういった目的のボランティア活動に参加する従業員に奨励金や表彰制度まで設けている。同社の最新の社会貢献プログラムには、従業員がボランティア活動に従事した時間を金額に換算し、その額を従業員がボランティアした組織に補助するというプログラムもある。2001年、コロンビア全国コーヒー栽培者連合会（www.colombiacoffee.com）やアメリカ・スペシャリティー・コーヒー協会（www.scaa.org）のような国際的なスペシャリティー・コーヒーに関する組織と一緒に、スターバックスは地球にやさしいコーヒーの栽培についてのアドバイスを数多くの環境関連団体に行った。そして「コーヒー生産のための自然保護原則」と称する広範囲にわたるガイドラインが定められた。このようにして、「金銭による慈善活動」では到底実現できない方法でスターバックスはブランドを差別化し、そのイメージを高めた[1]。

探索的リサーチとそれに引き続く、検証的リサーチにより、スターバックスは、環境が企業やブランドに対する消費者の認識に影響を及ぼす重要問題（コーズ）であることを知った。

調査設計：定義

　調査設計は、マーケティング・リサーチ・プロジェクトを実施するための枠組み、あるいは、青写真である。それは、マーケティング・リサーチ課題を体系化、または、解決するのに必要とされる情報を取得するために必要な手順を詳細に記述する。課題へのおおよそのアプローチは開発されているが、調査設計ではそのアプローチを実行するための細部を特定する。調査設計はプロジェクトを実施するための基礎である。良い調査設計は、マーケティング・リサーチ・プロジェクトの効果的かつ効率的な実施を確実なものとするであろう。通常、調査設計には次の要素、あるいは、タスクが含まれている。

① 必要とされる情報を定義する（第2章）。
② リサーチの各局面、すなわち探索的、記述的、因果的リサーチを設計する（第3章から第7章）。
③ 測定方法と尺度化の手順を特定する（第8章、第9章）。
④ 調査票（インタビュー・フォーム）あるいは適切なデータ収集フォームを作成し、試験調査を行う（第10章）。
⑤ 標本抽出プロセスと標本サイズを決定する（第11章、第12章）。
⑥ データ解析計画を開発する（第14章）。

　ここに挙げたそれぞれの構成要素は、括弧内に示した各章で詳細に論じる。ここではまず、リサーチ設計をさまざまなタイプに分類して、リサーチ設計に関する理解を深めよう。

調査設計：分類

　調査設計は探索型と検証型に大別される（図3.1参照）。両者の違いについては表3.1に要約した。**探索的リサーチ**の主な目的は、リサーチャーが直面している課題への洞察を提供し、理解することにある[2]。探索的リサーチは、課題をより正確に定義しなければならない場合、適切な行動を特定しなければならない場合、あるいは、アプローチを展開できるようになる前

　調査設計　research design　マーケティング・リサーチ・プロジェクトを実施するための枠組み、あるいは青写真。マーケティング・リサーチ課題を体系化、または、解決するのに必要とされる情報を取得するために必要な手順の詳細を特定する。
　探索的リサーチ　exploratory research　調査設計のタイプの1つ。主な目的は、調査担当者が直面している課題の状況への洞察を提供し、理解することにある。

第3章 調査設計

図 3.1 マーケティング・リサーチ設計の分類

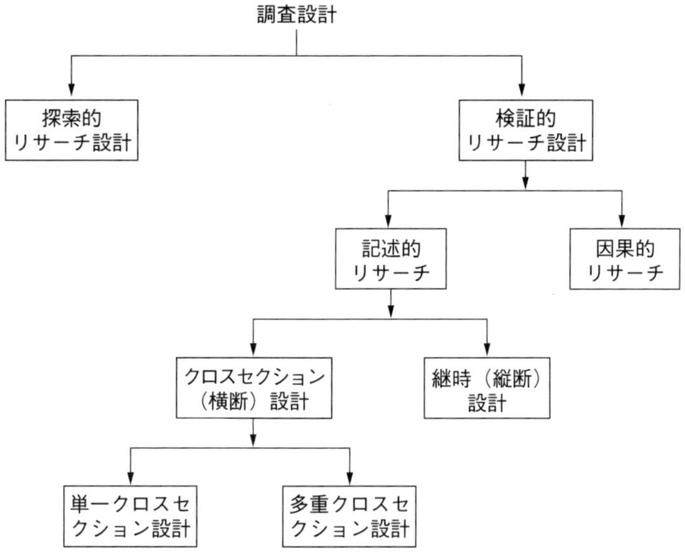

```
                    調査設計
                   ／      ＼
           探索的              検証的
         リサーチ設計        リサーチ設計
                           ／        ＼
                      記述的          因果的
                     リサーチ        リサーチ
                    ／      ＼
         クロスセクション      継時（縦断）
          （横断）設計          設計
          ／      ＼
    単一クロスセ    多重クロスセ
    クション設計    クション設計
```

表 3.1 探索的リサーチと検証的リサーチの違い

	探索的リサーチ	検証的リサーチ
目的	洞察と理解を提供する。	具体的な仮説を検証し、いろいろな関係を調べる。
特徴	必要とされる情報は漠然と定義される。リサーチ・プロセスは自由に変更でき、非構成的である。標本は小規模で代表性はない。一次データの分析は定性的。	必要とされる情報は明確に定義される。リサーチ・プロセスは正式に定められており、構成的である。標本は大規模で代表性がある。データ分析は定量的。
明らかになること／結果	暫定的	決定的
成果	通常、さらに探索的データを続けるか、検証的リサーチを行う。	明らかになった調査結果は意思決定のための情報として使用される。

に追加の洞察を得なければならない場合に使われる。必要とされる情報は、この段階では漠然と定義されるにとどまり、採用されるリサーチ・プロセスは、自由に変更でき、非構成的である。例えば、業界専門家に対する個人面接の場合もあるだろう。最大限の洞察を生み出すために選ばれる標本は小規模であり代表性はない。収集される一次データは本来、定性的であり、分析はそのことを前提として行われる。リサーチ・プロセスのこのような特徴から、探索的リサーチで明らかになることは、暫定的なもの、あるいはさらに実施するリサーチのためにインプットされるデータとみなさなければならない。このようなリサーチの後には、さらに探索的リサーチ、または検証的リサーチを行うのが普通である。ときとして、探索的リサーチ、特に定性リサーチが、実施されるリサーチの全てとなる場合もある。このような場合には、取得された調査結果を利用する際に十分注意を払わなければならない。探索的リサーチに関しては、次のセクションでさらに詳しく論じる。

冒頭の例にあるように、探索的リサーチで得た洞察は検証的リサーチで確認または定量化されることになる。探索的リサーチで特定された、企業が取り組むべき顕著な社会問題（コーズ）の重要度は、サーベイ（検証的リサーチ）で確認された。すなわち、調査対象者のうち33％が、学校教育が最も重要なコーズであると考えていた。検証的リサーチの目的は、特定の仮説を検定し、特定の諸関係を調査することである。このことは、リサーチャーに必要とされる情報を明確に特定することを要求する[3]。**検証的リサーチ**は、通常、探索的リサーチよりも手順が正式に定められ質問項目は構成的となる。大規模で代表性のある標本に基づいて取得されたデータは定量的に分析される。このリサーチから明らかになったことは、本来の性質からみて決定的なものとみなされ、経営の意思決定を行うためのデータとして使用される（だが、科学の哲学という観点からは、証明できるものは何もなく、確定的なものは何もないということを留意すべきである）。図3.1に示したように、検証的リサーチ設計には、記述的あるいは因果的のいずれかがあり、記述的リサーチ設計にはクロスセクション（横断）的のものと継時（縦断）的のものとがある。それぞれの分類に関してはこれから詳しく述べていく。まず、探索的リサーチについて説明しよう。

探索的リサーチ

その名称が示唆するように、探索的リサーチの目的は洞察や理解を提供するために課題や状況を探索する、あるいは探し出すことである（**表3.2**）。探索的リサーチは以下のいずれかの目的で使用される。

■課題を定式化する、あるいは課題をさらに正確に定義する。
■いくつかの選択可能な行動計画を特定する。

表3.2 基本リサーチ設計の比較

	探索的リサーチ	記述的リサーチ	因果的リサーチ
目的	アイデアと洞察の発見	市場の特徴または機能の記述。	因果関係の決定。
特徴	柔軟性に富む 何にでも応用できる リサーチ設計全体の最初の部分である場合が多い	特定の仮説を事前に定式化することが特徴 事前に計画され、構成的である	1つ以上の独立変数を操作する その他の媒介変数（mediating variables）をコントロールする
方法	専門家を対象とした調査 パイロット調査 二次データ 定性リサーチ	二次データ サーベイ（各種質問調査） パネル調査 観察データ、その他のデータ	実験

検証的リサーチ conclusive research 与えられた状況下で取るべき最善の行動計画を見極め、評価し、選択する際に、意思決定者を支援するために設計されたリサーチ。

■仮説を開発する。
■さらに調査を行うために、主要な変数と諸関係を分離して取り出す[4]。
■課題に対するアプローチを展開するための洞察を得る。
■さらに実施するリサーチに、優先順位をつける。

　本章の概要の冒頭では、米国のビジネス界が関心を持つべき社会問題（コーズ）を特定するために、探索的リサーチを使用した例を示した。そこでは、その結果として、育児、麻薬中毒、学校教育、飢餓、犯罪、環境、医療研究、貧困が顕著なコーズであると特定された。一般的に探索的リサーチを実施することが有意義なのは、リサーチャーがリサーチ・プロジェクトを進めるのに必要な十分な理解を持ち合わせていない状況にある時である。探索的リサーチの方法に関しては正式のリサーチ手順を採用しないことから、柔軟性に富み応用範囲が広いことがその特徴となる。構成的調査票や大規模な標本、確率抽出法を使うことはめったにない。むしろ、リサーチを進めていくにつれ、リサーチャーは新しいアイデアや洞察に機敏に対応するようになる。いったん新しいアイデアや洞察を発見したら、その方向に探索の矛先を変更することもできる。そして、その新しい方向の可能性を検討し尽くしたり、さらに新しい方向を見つけだされるまでは、その方向を推し進めていく。このため、調査の焦点は、新しい洞察が発見されるとたびたびシフトすることになる。したがって、探索的リサーチではリサーチャーの創造性と才能が大きな役割を担う。とはいえ、リサーチャーの能力だけが、優れた探索的リサーチの決定要素というわけではない。探索的リサーチにあたっては次の方法を利用すると得るところが大きい（表3.2参照）。

　専門家を対象とした調査（第2章参照）
　パイロット調査（第2章参照）
　定性的方法で分析される二次データ（第4章参照）
　定性リサーチ（第5章参照）

　課題の定義とアプローチの展開で探索的リサーチを利用することについては第2章で論じた。また、探索的リサーチの長所と短所については第4章（二次データ）と第5章（定性リサーチ）でさらに論じることとする。そこで、探索的リサーチをどのように使えばよいのかを読者が思い描きやすくなるように、ここでは百貨店プロジェクトを取り上げてみよう。このプロジェクトでは次のタイプの探索的調査を行った。

■百貨店のひいき客に影響を与える人口統計的および心理的関連要因を特定するための、学術およびビジネス関連文献の検討。
■新しいタイプのアウトレットの進出やひいき客の動向の変化（例えば、インターネット・ショッピング）といった傾向を確認するための、小売の専門家に対するインタビュー。
■店舗の業績に影響を与える要因に関する何らかのアイデアを得るための、同じチェーンの店舗トップ・スリーとワースト・スリーの比較分析。
■百貨店を選択する際に消費者が重要だと考える要因を特定するための、グループインタビ

ユー。

次の実例を使って、探索的リサーチをさらに説明していこう。

> ### 〈リサーチの実例〉——マイクロソフト、焦点を中小企業に合わせ、大きく稼ぐ
>
> **Microsoft**
>
> 　米国小企業庁（www.sba.gov）の統計によると、2003年現在、全雇用主の99％は小企業のトップであり、新規雇用の75％は小企業が生み出している。ソフトウエア製造業者の大半が、つい最近までこの潜在市場を見逃していたが、マイクロソフト社は他社に先んじて、1995年に、小企業のニーズを調査するための目的で新たなマーケティング・リサーチ・グループを編成した。
>
> 　マイクロソフト（www.microsoft.com）は探索的リサーチを実施した。上記のマーケティング・リサーチ・グループは25,000時間を超える時間を費やして、小企業がマーケティングや顧客サービス、成長の課題を解決するために、テクノロジーをどのように利用することができるかを検討した。まず、入手できる二次データの分析、個人深層面接、そして小規模なパイロット調査による探索的リサーチを手はじめに実施した。このリサーチは、マイクロソフトが小企業市場を理解するうえで助けとなった。それは単にテクノロジーを販売するだけでなく、ビジネス・ソリューションに重点を置かなければならない市場であった。小企業経営者は、簡単に学べて、かつインターネットにアクセスできる統合ツールを待ち望んでいた。リサーチは、また、この市場が多種多様であり、異なるニーズを持つ人々の集まりであることを示した。このリサーチのおかげで、マイクロソフトは本質的に異なるニーズを満たす小企業向けソリューションに到達する際、さまざまな要因を考慮できた。こうした要因には、パソコン台数対社員数の比率、当該企業が行っている情報処理の量、当該企業にあるコンピュータ関連の専門知識が含まれていた。
>
> 　マイクロソフトは、探索的リサーチにより、それまでソフトウエア販売業者により事実上無視されてきた市場に関する洞察を見出した。追加して行われた記述的リサーチでマイクロソフトは、小企業のニーズを満たすことに特化した製品を創り出すことができた。それが、Office XP の Small Business Edition である。
>
> 　マイクロソフトは今なおさまざまなサービスを通して小企業市場向けのソリューションの開発を続けている。小企業専用ウェブ・サイト www.bcentral.com、業務管理ソフトウエア「Microsoft Business Solutions Small Business Manager」、PC 50台までのネットワークソリューション「Microsoft Small Business Server」、www.bcentral.com 内にあるコンサルタント要覧「Microsoft Small Business Consultant Directory」、マイクロソフト認定のパートナーのディレクトリー「Small Business Manager Partner Locator」、また「Microsoft XP Small Business Newsgroup」や「Small Business Server Newsgroup」のようなユーザーが作るさまざまなニュースグループなどがその一例

> である。このような努力により広範な探索的リサーチを通して可能性とニーズがあることを特定したこのセグメントにおいて、マイクロソフトは、さらに多くの小企業ユーザーを獲得し、マーケット・リーダーであり続けようとしている[5]。

　注目すべきことは、マイクロソフトは探索的リサーチだけに頼っていたわけではない点である。新しいポジショニングのアイデアがいったん特定されると、アイデアは顧客調査の形の記述的リサーチによってさらに検証された。この例は、さらに確定的な結果を入手するためには記述的リサーチが重要であることを示している。

記述的リサーチ

　その名称が暗示しているように、**記述的リサーチ**の主な目的は何か──通常は市場の特徴や機能（表3.2参照）──を記述することである。記述的リサーチは次のような理由で行われる。
① 消費者、販売スタッフ、組織、商圏などといったマーケティング活動に関係のあるグループの特徴を記述する。例えば、サックス・フィフス・アベニューやニーマンマーカスなど高級百貨店のヘビー・ユーザー（常連客）の特徴を明らかにすることができる。
② 特定の母集団のなかで、ある行動を示す一群の割合を推定する。例えば、高級百貨店のヘビー・ユーザーで、ディスカウント・ストアのひいき客でもある人の割合を推定する。
③ 製品特性を消費者がどのように知覚しているかを明らかにする。例えば、店舗選択の主要な因子を基準として、世帯はさまざまな百貨店をどう認識しているか。
④ マーケティング変数が相互に関連している度合いを決定する。例えば、百貨店でのショッピングはどの程度外食と関係があるか。
⑤ 特定された予測を行う。例えば、ダラス（特定の地域）でニーマンマーカス（特定の店舗）のアウターウエア（特定の製品カテゴリー）の小売販売はどうなるか。

　本章の冒頭の例では、ビジネス界の種々の社会問題（コーズ）の重要度を定量化するために質問法の形式で記述的リサーチが用いられている。この例が示しているように、記述的リサーチでは、リサーチャーが課題の状況について多くの予備知識をもっていることが前提となる[6]。冒頭の例では、関連のある社会問題（コーズ）は、記述的リサーチが実施される前に、探索的リサーチによってすでに特定されていた。つまり、記述的リサーチと探索的リサーチの主要な相違点は、記述的リサーチが特定の仮説を予め立てることを特徴としていることにある。したがって、必要とされる情報は明確に定義される。その結果、記述的リサーチは、予め計画された、構成的なものとなる。また記述的リサーチでは、主として大規模な代表性のある標本を基

記述的リサーチ descriptive research　検証的リサーチのひとつ。何らかのもの──通常、市場の特徴や機能──を記述することが主な目的である。

にする。正式なリサーチ設計は、情報源を選択する方法と選択された情報源からデータを収集する方法を特定する。記述的リサーチ設計では、リサーチにおける6つのW、つまり、誰が (who)、何を (what)、いつ (when)、どこで (where)、なぜ (why)、どのように (way) をはっきりと特定することが求められる（ニュース・リポーターが状況説明の際に同じような基準を用いていることは注目に値する）。この6つのWを百貨店プロジェクトを使って説明しよう。

アクティブ・リサーチ　百貨店プロジェクト

6つのW

1．Who——誰が個々の百貨店のひいき客と考えられるべきか。可能性として考えられるものをいくつか上げると、
 a．商品を購入する、購入しないにかかわらず、その百貨店を訪れる人
 b．その百貨店から何かを購入する人
 c．少なくとも月に1回はその百貨店で買物をする人
 d．世帯の中で百貨店ショッピングに最も責任を持っている人
2．What——どのような情報を調査対象者から入手すべきか。多種多様な情報が入手できるが、その例を見てみよう。
 a．特定の商品カテゴリーにつき、それぞれの百貨店が利用される頻度
 b．顕著な選択基準についての、さまざまな百貨店の評価
 c．テストされる特定の仮説に関係のある情報
 d．サイコグラフィックス、ライフ・スタイル、メディア利用の習慣、人口統計
3．When——いつ調査対象者から情報を入手すべきか。可能な選択肢は以下の通りである。
 a．ショッピングの前
 b．ショッピングの最中
 c．ショッピング直後
 d．ショッピングの後、ショッピング経験を評価する時間を経てから
4．Where——必要な情報を入手するために、どこで調査対象者と接触するべきか。調査対象者と連絡をとることができる場所には以下のものが含まれる。
 a．店舗の中
 b．店舗の外、ただし、ショッピング・モール内
 c．駐車場
 d．調査対象者宅

5．Why──なぜ調査対象者から情報を入手するのか。なぜマーケティング・リサーチ・プロジェクトを実施するのか。考えられる理由は以下の通りである。
 a．後援する店舗のイメージを改善する
 b．ひいき客を増やし、マーケット・シェアを拡大する
 c．製品ミックスを変更する
 d．適切なプロモーション・キャンペーンを展開する
 e．新店舗の場所を決定する
6．Way──どのようにして調査対象者から情報を入手するのか。考えられる方法は以下の通りである。
 a．調査対象者の行動を観察する
 b．個人面接
 c．電話調査
 d．郵送調査
 e．電子（Eメールあるいはインターネット）インタビュー

入手しようとしている情報が明確に定義されるまで、これらの質問、あるいは同様の質問を繰り返さなければならない。

要約すれば、記述的リサーチは、探索的リサーチと比較すると、課題が明確に記述されていること、特定の仮説、そして詳細な情報のニーズにより特徴づけられる。先の百貨店のひいき客プロジェクトで行われた個人面接を含む調査も、記述的リサーチの一例である。記述的調査の例は、他にも以下のようなものがある。

■市場研究。市場の大きさや消費者の購買力、流通業者の利用可能性、および消費者の特徴を詳述する。
■マーケット・シェア調査。対象企業とその競合企業の売上高の全売上高に占める割合を測定する。
■売上げ分析調査。地域、製品ライン、取引先のタイプ・規模別売上げを詳述する。
■イメージ調査。対象企業とその製品に対する消費者の認識を測定する。
■製品使用調査。消費パターンを詳述する。
■流通調査。流通パターンや流通業者の数および所在を測定する。
■価格設定調査。価格変化の範囲と頻度、および提示された価格変化に対する消費者の予想される反応を明らかにする。
■広告調査。メディア利用習慣および特定の番組の視聴者および雑誌の読者の特徴を詳述する。

冒頭の例では、米国のビジネス界のためにさまざまな社会問題（コーズ）の相対的重要度を定量化するために、記述的リサーチが質問法の形式で行われた。これまで示した全ての例が記

述的リサーチ研究の範囲と多様性を示している。マーケティング・リサーチ研究においては、記述的リサーチを含むものは非常に大きな割合を占めているが、その記述的リサーチには次に挙げる主要な方法が組み込まれている。

定性的ではなく定量的に分析される二次データ（第4章参照）
サーベイ（質問調査）（第6章参照）
パネル調査（第4章、第6章参照）
観察データ、その他のデータ（第6章参照）

表3.2で示された方法は代表的な方法だが、リサーチャーはこれらの方法に限定されるべきではない。例えば、質問調査に探索的（自由回答式）質問を使うこともできるし、場合によっては因果的調査（実験）が質問で行われることもある。表3.2の方法を使った記述的リサーチは、さらにクロスセクション（横断）・リサーチと継時（縦断）リサーチとに分類される（図3.1）。

クロスセクション（横断）設計

クロスセクション調査は、マーケティング・リサーチで最もよく使用される記述的設計である。クロスセクション設計では、母集団を構成する要素の標本から情報を一度だけ収集する。クロスセクション設計には、単一クロスセクション設計と多重元クロスセクション設計がある（図3.1）。**単一クロスセクション設計**では、調査対象者の標本が1個だけ目標母集団から選び出され、情報はこの標本から一度だけ入手される。この設計は、標本調査リサーチ設計とも呼ばれている。

〈リサーチの実例〉——インターネット医療サービス

2001年の年商が1億3,000万ドルのハリス・インタラクティブ社（www.harrisinteractive.com）は、世界的なマーケティング・リサーチおよびコンサルティング会社であり、マーケティング・リサーチを実施するためにインターネットを利用している。同社は、オンライン上での医療サービスに対するニーズとそのニーズに応える最善策を明らかにするための調査を行った。このリサーチ設計には、探索段階と、その後に、記述的クロスセクションのオンライン調査が含まれていた。クロスセクション調査では、医療サービスを利用する19歳以上の米国人の消費者1,000人が対象となった。

調査によると、ほとんどの消費者にとって、診療所への訪問だけでは十分ではないという。医

クロスセクション設計 cross-sectional design リサーチ設計のひとつ。母集団を構成する要素の標本から情報を一度だけ収集する。
単一クロスセクション設計 single cross-sectional design クロスセクション設計のひとつ。目標母集団から調査対象者の標本が1個選び出され、情報はこの標本から一度だけ取得される。

師が患者1人当たりに費やす平均時間は15分にまで減少しており、医師と患者間の医療に関するコミュニケーションは希薄になっている。この調査からは、消費者が、医師や看護師にアクセスするための広範囲の選択肢、例えば、面会、オンライン、電話などを求めていることが明らかになった。すなわち、

- ■86%の調査対象者が、電話で受診予約することを希望していた。
- ■89%の調査対象者が、オンラインまたは電話で、利用できるナース・トリアージ（看護師による選別。診療時間外に資格のある看護師が利用者の状況を聞き、必要があれば医師を紹介するシステム）に連絡をとり、診療時間外でも慢性的な病状に対応できるようになることを望んでいた。
- ■40%の調査対象者が、医療に関するほんのちょっとした質問の回答をもらうためにも、医師に直接会わなければならないことに不満を感じていた。
- ■86%の調査対象者が、電子端末を使った医療用のリマインダー（注意の知らせ。例えば、診療予約時間や薬の服用など）を望んでいた。
- ■83%の調査対象者が、臨床試験の方法や結果がオンラインで入手できるようになることを望んでいた。
- ■69%の対象者が、慢性的な症状をモニターできるオンライン・カルテを希望していた。

このような調査結果を受けて、米国最大の非営利保健維持機構であるカイザー・パーマネント（www.kaiserpermanente.org）は、2003年にウェブ・サイトのデザインをリニューアルし、会員が、薬剤と医療の百科事典にアクセスしたり、診療予約をしたり、秘密保持の保証のもとで看護師や薬剤師に質問してアドバイスを得たり、ディスカッション・ボードで他の会員や医師と健康に関する悩みを話し合うことができるようにした。また、カイザーのサイトは、健康保険のオプションや地元地域で実施されている保健教育講座、医師の名簿、医療施設へのアクセス情報なども提供している。またサイトのメンバーになると、特定の医師や施設の情報を即座に入手することが可能になる。カイザーが行ったような、従来の医療におけるコミュニケーション方法に代わる方法は、医師と患者との関係をサポートするとともに、消費者が医師や医療従事者を決める意思決定をする時に、医師の医療行為および保健維持機構全体を一層競争的にしていくこととなるであろう[7]。

多重クロスセクション設計では、対象者の標本が複数あり、各標本の情報は一度だけ取得される。別の標本からの情報は、長い間隔をおいた異なった時に入手されることが多い。多重クロスセクション設計では、個々の調査対象者のレベルではなく集計されたレベルで比較ができる。調査が行われる時点ごとに異なる標本が使われるので、複数の調査を通して個々の調査対象者の測定値を比較する方法はない。特別の関心事を扱う多重クロスセクション設計のタイプ

多重クロスセクション設計 multiple cross-sectional design クロスセクション設計のひとつ。調査対象者の標本が複数あり、各標本の情報は一度だけ取得される。

に、コーホート分析がある。

コーホート分析

　コーホート分析は適切な時間間隔をおいて行われた一連の調査からなる。ここではコーホートが分析の基本単位の役目を果たす。コーホートとは、同じ期間に同じイベントを経験した調査対象者の集団である[8]。例えば1951年から1960年までという同じ期間に生まれた人たちの集団は、ひとつの生年（または年齢）コーホートである。コーホート分析という用語は、ある期間に、複数の時点で、1つ以上のコーホート特性が測定されている調査を分析することを指す。

　1回目に調査された個人が2回目でも標本に含まれることは起こりそうにない。ここで、8歳から19歳までの人々の年齢コーホートを選び出し、彼らのソフト・ドリンクの消費を30年間にわたり10年ごとに調査した例を取り上げてみよう。つまり、10年ごとに、調査時に8歳から19歳までの年齢に属する人の母集団から、異なる対象者の標本が抽出されたということである。この標本は、今回の一連の調査で8歳から19歳までの母集団から抽出された以前のどの標本からも独立に抽出されている。対象者は次のサンプリング時には加齢しているので、一度選ばれた人が再び同じ年齢コーホート（8歳から19歳）に含まれることがありえないのは明らかである。今回の調査から、この8歳から19歳のコーホートでは、年が経過するとソフト・ドリンクの消費が増えていることがわかった。同じような結果が他の年齢のコーホート（20〜29歳、30〜39歳、40〜49歳、50歳以上）でも得られた。さらに、各コーホートの消費は、当該コーホートが加齢しても減少しなかった。この結果は**表3.3**にあるが、年の経過に伴

表3.3　年齢コーホート別ソフト・ドリンクの消費（標準的な1日に消費する者の割合：%）

年齢	1950年	1960年	1969年	1979年	
8-19	52.9	62.6	73.2	81.0	
20-29	45.2	60.7	76.0	75.8	C8
30-39	33.9	46.6	67.7	71.4	C7
40-49	23.2	40.8	58.6	67.8	C6
50歳以上	18.1	28.8	50.0	51.9	C5
		C1	C2	C3	C4

C1：1900年以前に生まれたコーホート　　C5：1931〜1940年に生まれたコーホート
C2：1901〜1910年に生まれたコーホート　C6：1941〜1949年に生まれたコーホート
C3：1911〜1920年に生まれたコーホート　C7：1950〜1959年に生まれたコーホート
C4：1921〜1930年に生まれたコーホート　C8：1960〜1969年に生まれたコーホート

コーホート分析　cohort analysis　多重クロスセクション設計のひとつ。適切な時間間隔をおいて行われた一連の調査からなるコーホートとは、同じ期間に同じイベントを経験した調査対象者の集団を指す。

ったさまざまな年齢コーホートの消費は、数字を斜め下に辿っていくとわかる。この発見は、ソフト・ドリンクの消費が米国の高齢化にともなって減少するであろうという通説を否認するものであった。この通説、しかも誤った通説は、単一クロスセクション調査を基にしていた。もし表3.3の欄を、単一クロスセクション調査（欄を下に読む）として見ると、ソフト・ドリンクの消費は年齢が高くなると減少しており、誤った通説を助長している[9]。

　コーホート分析は政治キャンペーン中の有権者の意見の変化を予測するためにも使われる。政治に関する世論調査を専門とするルイ・ハリス（www.harrisinteractive.com）やジョージ・ギャラップ（www.gallup.com）のような著名なマーケティング・リサーチ会社は、有権者のコーホート（一定の期間に似通った投票パターンを示す人）に対し、投票選好に関して定期的に調査を行い、選挙結果を予測している。このように、コーホート分析は重要なクロスセクション設計なのである。記述的設計にはこの他に、継時（縦断）設計がある。

継時（縦断）設計

　継時（縦断）設計では、母集団要素の固定されたひとつの標本（または複数の標本）が同一の変数に関して繰り返し測定される。継時（縦断）設計は、調査期間中の標本が同じである点がクロスセクション設計と異なる。換言すれば、同じ人たちが長い期間調査され、同じ変数が測定されるのである。ある一時点で関心のある変数についてのスナップ写真を提供する典型的なクロスセクション設計とは対照的に、継時調査は、期間中に起きる状況や変化を詳細に示す一連の写真を提供する。例えば「アフガニスタンでの戦争直後、米国国民は、ジョージ・W・ブッシュ大統領の行為をどのように評価したか」という質問にはクロスセクション設計を用いて扱うことになろう。しかし、「アフガニスタンでの戦争中、米国国民は、ブッシュ大統領の行為に対する見解をどのように変えていったのか」という質問を扱うためには継時設計が用いられることとなろう。

　時には**パネル**という用語が継時設計という用語と交換可能なものとして使用される。パネルは、調査対象者の標本、すなわち、通常、長期間にわたり一定の間隔をおいて情報を提供することに同意した世帯から成る。シンジケート調査を行う企業はパネルを保持し、パネルの構成者は、協力への報酬として、謝礼品、クーポン券、情報、あるいは現金を得る。パネル調査に関しては第4章で詳しく議論するが、ここでは、パネル設計が、ゴルフに対する女性の態度を理解し変化をモニターするために使うことができることを例で説明する。

継時（縦断）設計 longitudinal design　リサーチ設計のひとつ。母集団要素の固定された標本が繰り返し測定される。調査期間中の標本が同じなので、期間をまとめてみると、状況や期間中に生じる変化を生き生きとした描写で提供する。
パネル panel　長期間にわたり一定の間隔をおいて情報を提供することに同意した調査対象者の標本。

〈リサーチの実例〉——タイムアウト。婦人用ゴルフ・ウエア市場は「フル・スイング」の絶好調

　2003年、米国のゴルフ人口は2,700万人、そのうち20％が女性だった。女性スポーツ財団によると、米国のゴルフ人口のうち女性が占める割合は上記のとおり少ないものの、彼女らの購入金額はゴルフクラブを除く全ゴルフ関連商品のうち50％を上回っていた。こうした傾向は、既存のゴルフ・ブランドによる女性向けの製品ラインの導入や今まで軽視されてきた女性ゴルファーのニーズに応じるための女性専用のゴルフ・ショップの国中での開店を誘うに至った。

　高まる需要に応えるため、キング・ルイ・インターナショナル社（www.kinglouie.com/timeoutforher）の一部門であるタイムアウトは、現在、全米女子プロゴルフ協会（LPGA、www.lpga.com）のライセンス衣類をフルラインで提供している。多くの女性ゴルファーがゴルフ・ウエアに何を期待し、何を望んでいるのかを確かめるために、タイムアウトは、女性のアパレル嗜好を見抜く情報を提供するフェアウエー・フォーラムという熱狂的な女性ゴルファーのパネルを創設した。このパネルに選抜された女性は、グループ・インタビューや質問調査に参加することになる。この女性たちはパネルに属しているので、基本的に同一変数を測定する多重調査を、同一の調査対象者の標本について行うことができる。これはまさに継時設計の実行である。

　この調査からタイムアウトが学んだことは、女性は、時間が経つにつれゴルフの試合に対して真剣になり、より多くのLPGAのイベントがテレビ放映されることを望んでいるということであった。さらに、既存のブランドには彼女たちの嗜好を満足させるようなセレクションが十分にないため、新しいブランドが商品化されるのを強く待ち望んでいることも明らかになった。こうした女性ゴルファーたちは、紳士用ゴルフ・ウエアをアレンジしたものを着たいなどとは考えていないし、「キュート」なウエアでコースをちゃらちゃら駆け回りたいとも思っていない。また、同じウエアを着ている同性と出くわすのはもってのほか。多様性に貪欲な彼女たちは、マーケットにも多様性を要求しているのである。

　さらにこのリサーチは、女性ゴルファーが機能的でありながらも魅力的なウエアを望んでいることを示している。コースを回っている際にボールを入れておく深いポケットが欲しいというのが、その一例である。また、フェアウエー・フォーラムのおかげで、女性と彼女らのウエアとを結びつける根底にあるいくつかの心理要因を決定する上での助けとなった。アスリートとして扱われたいが、同時に敬意をもって扱われたい、と彼女らは欲しており、こうした感情は、時が経つにつれ強くなっている。タイムアウトのフェアウエー・フォーラムのパネルは優秀で、スポーツ用品や

タイムアウトのフェアウエー・フォーラム・パネルを用いることにより実行された継時設計のおかげで、メーカー各社は女性ゴルファー向けウエアをデザインできるようになった。

スポーツ・ウエアのメーカー各社が、成長と変貌を続けるこのゴルフのセグメントのニーズを満たすようなウエアをデザインしていくのに一役買った。婦人用ゴルフ・ウエアの需要は時とともに高まっており、その規模は2003年には年間2億ドルに達している[10]。

パネルから取得されるデータは、長期間にわたるマーケット・シェアの情報を提供するばかりでなく、時間の経過とともにマーケット・シェアに生じる変化をリサーチャーが調査できるようにする[11]。次のセクションでその点を説明するように、こういった変化はクロスセクションのデータからでは決定できない。

継時設計とクロスセクション設計の相対的優劣

継時設計とクロスセクション設計の相対的優劣を表3.4にまとめた。継時設計がクロスセクション設計より優れている点は、同一標本で同一変数を繰り返し測定する結果、変化を探知できることである。

表3.5と表3.6は、期間による変化に関してクロスセクション・データがいかにリサーチャーの判断を誤った方向に導く可能性があるかを表している。表3.5で報告されたクロスセクション・データは、A、B、C各ブランドの購買が、期間1、期間2で同じであることを示している。各調査で、調査対象者の20%がAブランドを購入し、30%がBブランド、50%がCブランドを購入している。ところが、表3.6の継時データは、調査期間中にブランド・スイッチという形で大幅な変化が生じていることを示している。例えば、期間1でAブランドを購入した調査対象者のうちわずか50%（200人中100人）しか期間2でAブランドを購入しなかった。それに対応するBブランド、Cブランドの反復購入は、それぞれ33.3%（300人中100人）、55%（500人中275人）であった。つまり、この期間中、顧客が最も高いロイヤルティを示したのはCブランド、低かったのはBブランドということになる。このように、表3.6はブランド・ロイヤルティとブランド・スイッチに関する貴重な情報を提供しているのである（このような表は、ターンオーバー（変化）表あるいはブランド・スイッチ行列と呼ばれている[12]）。

継時データは、リサーチャーが、個々の単位の行動変化を調査することや、広告、パッケー

表3.4　継時設計とクロスセクション設計の相対的優劣

評価基準	クロスセクション設計	継時設計
変化の探知	−	＋
大量のデータ収集	−	＋
正確さ	−	＋
代表性のある標本抽出	＋	−
回答の偏り	＋	−

注）＋は他方の設計より優位にあることを示し、−は劣位にあることを示す。

表 3.5 クロスセクション・データの例では変化を示さない可能性がある

購入ブランド	期　　間	
	期間 1 調査	期間 2 調査
ブランド A	200	200
ブランド B	300	300
ブランド C	500	500
合計	1,000	1,000

表 3.6 継時データでは大幅な変化を示すことができる

期間 1 での購入ブランド	期間 2 での購入ブランド			
	ブランド A	ブランド B	ブランド C	合計
ブランド A	100	50	50	200
ブランド B	25	100	175	300
ブランド C	75	150	275	500
合計	200	300	500	1,000

ジ、価格設定、および流通といったマーケティング変数に行動変化を結びつけることができるようにする。また、同一集団を繰り返し測定するので、標本の変化により生じる変動は除去され、わずかな変化さえ明白となる。

　パネル調査のもう 1 つの長所は、相対的に大規模なデータが収集できることである。パネル調査のメンバーには通常参加に対し報酬が支払われるので、長時間にわたる、難しいインタビューにも積極的に参加してくれる。さらに優位な点として挙げられるのは、パネル調査データの方が、クロスセクション・データよりも正確である可能性が大きいことである。典型的なクロスセクション調査では、調査対象者に対し過去の購買や行動を想起することを要求するが、このようなデータは、記憶違いがあるため、正確でない場合があり得る。一方、絶えず日誌に購買記録をつけることになっているパネル・データでは、調査対象者の記憶に頼る部分が少ない。パネル調査とクロスセクション調査の小売りの売上推定を比較した研究からも、パネル調査のデータがより正確に推定していることが明らかになっている[13]。

　パネルの主な短所は、パネルの構成員に代表性のない場合があることである。非代表性は次の理由から生じる。

① 協力拒否。多くの個人や世帯はパネル調査の実施に煩わされるのを好まず、協力を拒否する。参加者が購買記録をつけなければならない消費者パネル調査では、協力率は 60% 以下である。

② 標本の消滅。参加に同意したパネル・メンバーは、転居や興味の喪失により、その後脱落する場合がある。消滅率は年率 20% に上ることもある[14]。

③ 報酬。報酬は、ある種の人々を引きつける原因になり、そのためパネルを構成するグループが母集団を代表しないものになる可能性がある。

パネル調査のもう１つの短所は、回答の偏りである。新規のパネル・メンバーの初期の回答には偏りのあることが多い。食料品の購入など、測定対象になっている行動を増やす傾向にある。この偏りは、調査対象者がパネル・メンバーであるという目新しさを何とも感じなくなるにつれ薄れていくものなので、調査開始時に新規メンバーのデータを除外することで偏りを減らすことができる。一方、パネル経験の長いメンバーもまた、偏った回答をする場合がある。これは、自分は専門家だと思い込んでいたり、よく見せたい、「正しい」回答をしたいと思っているからである。また、偏りは倦怠、疲労、日誌の記載漏れが原因で生じることもある[15]。

因果的リサーチ

因果的リサーチは、因果関係の証拠を得るために用いられる（表3.2参照）。マーケティング・マネジャーは、絶えず仮の因果関係に基づいて意思決定を行っている。だが、この仮定は正当と認められない場合があるため、因果関係の妥当性は正規のリサーチで検証されなければならない[16]。例えば、価格の低下は売上げおよびマーケット・シェアの増加をもたらすという一般的な仮説は、ある種の競争の厳しい環境下では当てはまらない。因果的リサーチは次に挙げる目的に適している。

① どの変数が原因（独立変数）で、どの変数が事象の結果（従属変数）なのかを理解する。
② 原因変数と予測される結果との関係の性質を決定する。

記述的リサーチと同様に、因果的リサーチでも、計画された構成的設計が必要となる。記述的リサーチは、変数間の関係の程度を決定することはできるが、因果関係を調査するには適切ではない。このような調査には原因変数、つまり独立変数が、比較的管理された環境下で操作される因果的設計が必要となる。比較的管理された環境とは、従属変数に影響を与える可能性のある他の変数が、可能な限り管理または阻止される環境のことである。１つないし複数の従属変数への操作の影響は、その上で因果関係を推測するために測定される。因果的リサーチの主な手法は実験である[17]。

因果的設計および実験リサーチは複雑かつ重要であるため、独立した章（第７章）で詳しく取り上げる。そして、ここでは事例をいくつか紹介する。百貨店プロジェクトで、リサーチャーは、販売スタッフを売り場に配属して客の面倒をみること（原因変数）が家庭用品の販売（結果変数）に影響するか明らかにすることを望んでいる。ひとつの因果的設計として次のものが考えられる。あるチェーン店から類似の家庭用品売り場のある店舗のグループを２つ抽出する。４週間、一方の店舗のグループの家庭用品売り場に訓練を受けた販売スタッフを配置し、

因果的リサーチ causal research 検証的リサーチのひとつ。因果関係の証拠を得ることが主な目的である。

他方の売り場には誰も配置しない。他の変数を管理しながら、両グループの売上げをモニターする。この2つのグループの売上げを比較すれば、百貨店の家庭用品販売における販売スタッフの影響が明らかになるであろう。次のような別の設計も考えられる。すなわち、2つのグループを選出するのではなく、1つのグループを選出し、類似の期間を2回選んでこの操作を実施してもよい。つまり、1回は販売スタッフを売り場に配置し、もう1回は配置しないという方法である。

〈リサーチの実例〉——商品のディスプレイは売上げに影響する？

　2000年、ミード社およびウエストバコ社は、対等合併に同意したことを公式発表した。新会社ミードウエストバコ社（www.meadwestvaco.com）の総資産は100億ドルにのぼり、同社はパッケージ用品、光沢紙などの特殊用紙、消費者向けおよびオフィス用紙製品、特殊化学薬品においてトップを走る世界規模の企業となった。ミードウエストバコ社は、ノート、メモ用紙、その他の紙製品などの学校・オフィス用文具を陳列する新しい商品ディスプレイ・システムを開発していた。問題は、この新システムでシステム導入に関わるコスト増に十分見合うだけの文具用品の売上げ増が見込めるか、ということであった。ミードウエストバコ社製文具の主な販売店は、Kマート（www.kmart.com）だった。そのため、同社は、ある大都市地区におけるKマートの12店舗を選定した。これらの店舗を無作為に6店ずつに分け、一方には新システムを、他方には旧システムを使って商品を陳列した。この実験は6ヶ月にわたり行われた。期間中、価格、広告、品切れなどのディスプレイ以外のマーケティング変数を全12店舗で慎重に管理しつつ、ミードウエストバコの売上げがモニターされた。製品売上げは、実験後に店舗サイズの影響を考慮して標準化したうえで、2つの店舗グループの数字が比較された。その結果、新システムを導入した店舗の方が、旧システムのままの店舗の売上げよりも7％高い数字を記録していたことが明らかになった。この7％増は、導入費用を相殺して余りある数字であったため、新しい商品ディスプレイ・システムが米国全土で導入されることになった。また、この新ディスプレイ・システ

実験タイプの因果的リサーチは、ミードウエストバコの新しい商品ディスプレイ・システムの効果を明らかにするのに役立った。

> ムのおかげで、拡大した製品ラインを陳列できるようにもなった。2003年現在、ミードウエストバコは、ナイキ、ハリー・ポッター、M&M's／マーズのような極めてよく認知されたブランド名で、学校・オフィス用文具を製造・販売している。また、学校用ノートブックのFive Star、Trapper Keeperシリーズや、オフィス用のAt-A-Glance、Cambridgeシリーズを通して、製品ラインを拡大した[18]。

　ミードウエストバコの実験では、原因（独立）変数は商品ディスプレイで、旧システムと新システムという2つのレベルで操作された。結果（従属）変数は売上げであり、価格、広告、店舗サイズのような他の変数が売上げに与える影響を管理しなければならなかった。この例では、因果的リサーチを他のタイプのリサーチと区別しているが、因果的リサーチだけを切り離してとらえてはならない。むしろ、探索的設計、記述的設計、因果的設計は互いに補完しあうことが多いのである。

探索的リサーチ、記述的リサーチ、因果的リサーチ間の関係

　今まで、リサーチ設計の主な分類として、探索的リサーチ、記述的リサーチ、因果的リサーチについて説明してきたが、これらの分類間の違いは絶対的なものではない。マーケティング・リサーチ・プロジェクトには2つ以上のリサーチ設計が使われ、したがって、複数の目的のために行うこともある。どのリサーチ設計の組み合わせを採用すべきかは、課題の性質に大きく依存する。リサーチ設計を選ぶ際の一般的なガイドラインを次に挙げよう。

① 課題の状況について僅かしか知られていない場合には、探索的リサーチから始めるのが望ましい。探索的リサーチは、課題を一層正確に定義しなければならない場合、行動の代替案を特定しなければならない場合、質問項目や仮説を開発しなければならない場合、また、基本変数を分離し独立変数か従属変数か分類しなければならない場合などに適している。

② 探索的リサーチは、調査設計の枠組み全体における初期ステップである。多くの場合、この後に記述的リサーチまたは因果的リサーチが続いて実施されるべきである。例えば、探索的リサーチで展開された仮説は、記述的リサーチまたは因果的リサーチを使って統計的に検定されなければならない。これについては「概要」で取り上げた社会貢献（コーズリレーテッド）マーケティングで説明した。同例では、米国のビジネス界が関心を持たなければならない社会問題（コーズ）を特定するために、まず、二次データ分析およびグループ・インタビューの形をとった探索的リサーチが行われた。その後、複数の社会問題（コーズ）について相対的な重要性を定量化するために、記述的クロスセクション調査が実施された。

③ どのリサーチ設計においても探索的リサーチから始めなければならない、というわけで

はない。その選択は、課題がどれだけ正確に定義されているか、および課題のアプローチに関するリサーチャーの確実性の程度に左右される。リサーチ設計は、記述的リサーチや因果的リサーチから始めてよい場合もある。例えば、毎年行われる顧客満足度調査などは、毎回、探索的段階から始める必要も、この段階を含める必要もない。

④　通常、探索的リサーチは初期ステップであるが、常にそうである必要はない。探索的リサーチが、記述的リサーチや因果的リサーチの後に行われることもある。例えば、記述的リサーチや因果的リサーチの結果を、マネジャーが解釈するのが困難な場合がある。そうした時、探索的リサーチが、先行した記述的あるいは因果的リサーチの結果を理解するのに役立つ洞察を提供することができるであろう。

百貨店プロジェクトを使って、探索的リサーチ、記述的リサーチ、因果的リサーチの関係をさらに説明する。

アクティブ・リサーチ　百貨店プロジェクト

ひいき客の探索および記述

百貨店プロジェクトでは、課題を定義し適切なアプローチを展開するために、二次データの分析や定性リサーチなどの探索的リサーチが最初に行われた。そして、記述的リサーチが続いたが、それは構成された調査結果を用いて実施された個人面接調査であった。

何らかの変化が生じているかどうかを見極めるために、ひいき客調査が2年後に繰り返されると仮定しよう。その際、おそらく探索的リサーチは必要なく、リサーチ設計は記述的リサーチから始めることができるであろう。

調査が2年後に繰り返され、何らかの予想しなかった結果が入手されたと仮定しよう。例えば、販売スタッフの人数を増やしているにもかかわらず、店内サービスの評価が下がったとすれば経営陣はその理由はなぜかと思うであろう。その場合、こうした予想外の結果の原因を追求するために、グループ・インタビューの形で探索的リサーチが行われることとなろう。このグループ・インタビューで、確かに販売スタッフは店内で簡単に見つかるものの、親切ではない、あるいは、役に立たないと思われていることが明らかになるとすれば、販売スタッフの訓練の必要性が示唆されたと考えることができよう。

上の例では、因果的リサーチではなく、探索的リサーチと記述的リサーチが使用されている。これは、民間のマーケティング・リサーチにおいては、探索的リサーチと記述的リサーチは頻繁に使用されているものの、因果的リサーチはそれほどではない、という事実を反映している。ただし、これから挙げるシティバンクの例で説明するように、探索的リサーチと記述的リサーチ、因果的リサーチを組み合わせることもまた可能である。

〈リサーチの実例〉——探索的リサーチ、記述的リサーチ、因果的リサーチ：シティグループの場合

　2003年現在、シティバンク（www.citigroup.com）は、銀行業務を含めたさまざまな金融商品・サービスを100を超える国々で提供している。2001年、シティグループは年間収入800億ドルを達成した。このような高収入を持続するために、シティグループはターゲットの顧客のニーズにより一層良い対応をするために彼らを継続して調査しなければならない。これを典型的な形で実施しているのがシティグループの一部門であるシティバンク（www.citibank.com）のマーケティング・リサーチである。そこでは、商品に対する消費者の知名度の測定、商品に関連する消費者の満足度と態度のモニター、商品利用の追跡、そして発生した問題に対する診断が行われる。そして、これらのタスクを達成するために、シティバンクは探索的リサーチ、記述的リサーチ、因果的リサーチを広範囲に利用している。

　特定の顧客グループ向けに特別な金融パッケージを提供することが都合よくいくことが多い。今回はシニアに的を当てたケースを見てみよう。シティバンクは、設計に役立つ7つのステップからなるプロセスを踏んだ。

- ステップ1．数多いシティバンク支店の全てのニーズを網羅する、市場の範囲をより正確に定義するために、専門研究グループが創設された。最終決定として市場範囲には、55歳以上の米国人、退職者、そしてそのマーケットで上位50％の経済層に属する人たちを含めることとなった。

- ステップ2．探索的リサーチとしてシニア・マーケットに関する二次データの分析が行われ、競合商品の調査が実施された。また、グループ・インタビューによる探索的定性リサーチが、市場のニーズと要望、そして現行商品に対する満足度のレベルを明らかにするために行われた。シニア層の場合、マーケットにかなりの多様性が認められた。多様な豊かさ、相対的年齢、配偶者の有無などの因子によって左右される。

- ステップ3．探索的リサーチの次の段階は、ブレーンストーミングであった。これは、ターゲット市場に目標を絞った多種多様な金融パッケージをつくるために行われた。合計10アイデアが産み出された。

- ステップ4．ステップ3で出された10のアイデアの実現可能性をそれぞれ検証した。アイデアが引き続き次のステップに進むためにクリアしなければならない一連のハードルとして、次の質問が用いられた。
    - ターゲット市場に属する人々がすんなり理解できるように、アイデアを説明できるか。

シティバンクは、自社のマーケティング計画を立案する際に、探索的リサーチ、記述的リサーチ、因果的リサーチを利用している。

- そのアイデアは、シティバンクの全体的な戦略と適合しているか。
- 提案した商品に対して特定ターゲット市場の求めに応じた説明があるか。
- 今まで行われたリサーチは、アイデアがターゲット市場のニーズに十分応える可能性を示しているか。また、このアイデアは当該マーケットにとってアピールするものを持っていると受け取られているか。
- このプログラムを実行するための戦術と戦略の概要は、実施可能か。
- このプログラムの財務上の効果やコストは十分に検討されているか。また、同社がビジネスを行う方法に沿っていることが確認されているか。

　このスタディーでは、ブレーンストーミングで産み出されたアイデアのうち1つだけがリストにあるハードルを全てクリアでき、ステップ5へ進めた。

ステップ5. 制作作業計画が作成された。この計画は、提案した商品の特徴を正確に表現するだけでなく、その商品の競争上の優位性も強調するものであった。

ステップ6. 前記の探索的リサーチに続き、記述的リサーチとして、ターゲット市場に属する人々に対してモール・インターセプト調査を実施した。この調査で、商品の特徴を示したリストが長すぎることがわかり、競合企業も共通して提案しているような特徴は除外することにした。

ステップ7. 当該商品について、ターゲット市場を対象にシティバンクの6支店でテスト・マーケティングを行った。テスト・マーケテットは因果的リサーチのひとつの方法である。テスト・マーケティングの結果が良かったため、この商品は全米で導入された[19]。

　どの種のリサーチ設計を用いるにしても、リサーチャーは、誤差の潜在的な原因を最小限に抑えるように努力しなければならない。

誤差の潜在的な原因

　いくつかの誤差の潜在的な原因が、リサーチ設計に影響を及ぼすことがある。良いリサーチ設計は、さまざまな誤差の原因をコントロールしようと試みる。これらの誤差に関しては、後続の章で詳しく説明するが、この段階で簡単に説明しておくことは適切であろう。

　全誤差とは、当該変数の母集団における真の平均値と、マーケティング・リサーチ・プロジェクトで得た、観察された平均値との間の差を指す。例えば、最新の国勢調査のデータから特定のターゲット母集団の平均年収が75,871ドルであるのに対し、マーケティング・リサーチ・プロジェクトでは標本調査を基にして67,157ドルと予測する場合に生じる。図3.2に示

全誤差 total error　当該変数の母集団における真の平均値と、マーケティング・リサーチ・プロジェクトで得た観察された平均値との間の差。

第3章 調査設計

図3.2 リサーチ設計における誤差の潜在的な原因

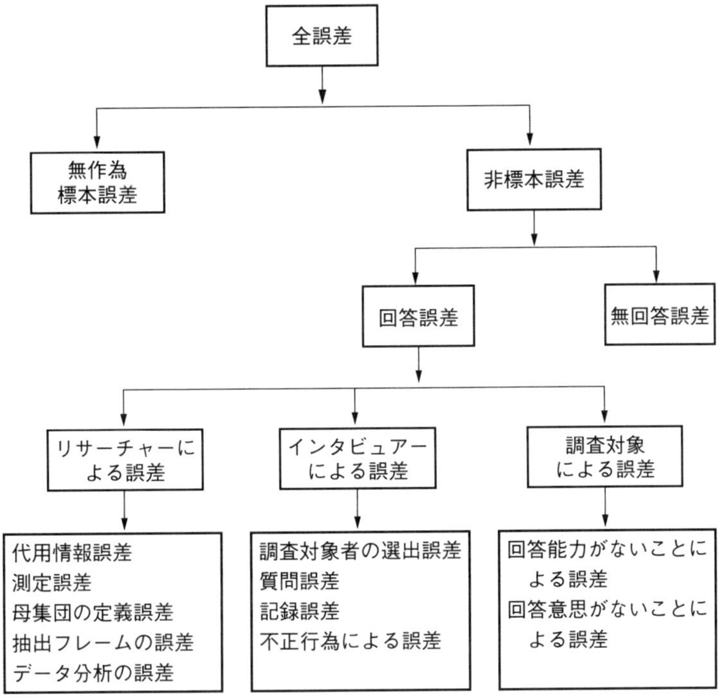

```
                        全誤差
                          │
            ┌─────────────┴─────────────┐
        無作為                       非標本誤差
        標本誤差                         │
                              ┌─────────┴─────────┐
                          回答誤差              無回答誤差
                              │
              ┌───────────────┼───────────────┐
          リサーチャーに    インタビュアー      調査対象
          よる誤差         による誤差         による誤差

        代用情報誤差      調査対象者の選出誤差   回答能力がないことに
        測定誤差          質問誤差              よる誤差
        母集団の定義誤差   記録誤差              回答意思がないことに
        抽出フレームの誤差 不正行為による誤差     よる誤差
        データ分析の誤差
```

したように、全誤差は、無作為標本誤差と非標本誤差から成っている。

無作為標本誤差

　無作為標本誤差は、抽出された特定の標本が当該母集団の不完全な代表である場合に生じ、母集団における真の平均値と当初選ばれた標本における真の平均値との差を指す。例えば、ターゲット母集団の平均年収が75,871ドルであるのに対し、正確だと信じられている郵送パネル調査の記録から測定された値、すなわち当初選ばれた標本による値が71,382ドルの場合に生じるのが、無作為標本誤差である。無作為標本誤差については、第11章、第12章でさらに詳しく説明する。

非標本誤差

　非標本誤差は標本抽出以外の原因によるものでランダムに生じる場合もあれば、そうではない場合もある。この誤差はさまざまな理由から生じる。その中には、課題定義、アプローチ、尺度、調査票の設計、インタビュー手法、データ準備、データ分析などに関わる誤差が含まれ

無作為標本誤差 random sampling error　抽出された特定の標本が当該母集団の不完全な代表であることによる誤差。母集団における真の平均値と当初選ばれた標本における真の平均値の差と定義される。
非標本誤差 nonsampling error　標本抽出以外の原因による誤差。ランダムに生じる場合もあれば、そうでない場合もある。

る。例えば、リサーチャーが、質の悪い調査票、すなわち、調査対象者に偏った回答を誘導する質問が含まれている調査票を設計した場合がそれにあたる。非標本誤差は無回答誤差と回答誤差から成る。

無回答誤差

無回答誤差は、標本に含まれた調査対象者のうち何人かが回答しない場合に生じる。無回答の主な原因は拒否と不在である（第12章参照）。無回答があると、正味の標本（ネット・サンプル）、つまり最終結果としての標本と元の標本（オリジナル・サンプル）との間で大きさと構成に違いが生じる。無回答誤差は、当初選ばれた標本における変数の真の平均値と、正味の標本における真の平均値との差と定義される。例えば、当初選ばれた標本の平均年収が71,382ドルであるのに対し、正味の標本では69,467ドルである場合に生じる。この数字は両方とも、正確であると信じられている郵送パネル調査のデータから測定された値である。

回答誤差

回答誤差は、調査対象者が不正確な回答をしたり、調査対象者の回答が誤って記録されたり分析された場合に生じる。回答誤差は、正味の標本における変数の真の平均値と、当該マーケティング・リサーチ・プロジェクトで得た平均測定値との差と定義される。例えば、正味の標本平均年収が69,467ドルであるのに対し、当該マーケティング・リサーチ・プロジェクトでは67,157ドルであると推定する場合に生じる。回答誤差の原因となるのは、リサーチャー、インタビュアー、調査対象者である[20]。

リサーチャーによる誤差には、代用情報誤差、測定誤差、母集団の定義誤差、抽出フレームの誤差、データ分析の誤差などがある。

代用情報誤差は、マーケティング・リサーチ課題で必要とされる情報とリサーチャーが求める情報との差と定義される。例えば、リサーチャーが、新規ブランドを消費者が実際に選択する情報（マーケティング・リサーチ課題に必要な情報）を入手する代わりに、選択プロセスが容易に観察できないため、消費者の新規ブランドに対する選好に関する情報を入手する場合などに生じる。

測定誤差は、求めている情報と、リサーチャーが採用した測定プロセスで生成された情報との差と定義される。消費者の選好を測定しようとしながら、リサーチャーが選好度ではなく認知度を測定する尺度を利用した場合などに生じる。

無回答誤差 nonresponse error 非標本誤差のひとつ。標本に含まれた調査対象者のうち何人かが回答しない場合に生じる。当初選ばれた標本における変数の真の平均値と、回答が得られたもので構成される正味標本における真の平均値との差と定義される。

回答誤差 response error 非標本誤差のひとつ。調査対象者が不正確な回答をしたり、調査対象者の回答が誤って記録されたり分析された場合に生じる。回答が得られたもので構成される正味標本における変数の真の平均値と、当該マーケティング・リサーチ・プロジェクトで得た平均測定値との差と定義される。

母集団の定義誤差は、課題に直接かかわりのある実際の母集団と、リサーチャーにより定義された母集団との差と定義される。母集団を適切に定義するという問題は、決して些細な問題ではない。裕福な世帯の例で見てみよう。

〈リサーチの実例〉――どのくらい裕福なら裕福といえるのか

　ある最近の調査で、裕福な世帯の母集団は4つの異なる方法で定義されていた。①5万ドル以上の所得がある世帯、②所得で測定した場合、上位20％に含まれる世帯、③純資産が25万ドルを超える世帯、④支出可能な裁量所得がほぼ同等の類似性のある世帯の裁量所得より30％上回る世帯。母集団の定義誤差を避ける必要が強調されながらも、裕福な世帯の数と特徴はその定義により変動する[21]。

この調査結果が、裕福世帯の母集団がどのように定義されるかによって著しく変わるであろうことは、容易に推測できる。

抽出フレームの誤差は、リサーチャーにより定義された母集団と、使用する抽出フレーム（リスト）が意味する母集団との差と定義される。例えば、電話番号のリストを作成するために使用された電話帳が、電話帳への不掲載、回線不通、および新規電話番号の未掲載のために、電話を持っている消費者の母集団を正確に表していない場合が該当する。

データ分析の誤差は、調査票の原データが調査結果に変換される際に生じる誤差を意味する。例えば、不適切な統計処理がなされれば、誤った解釈や結果を招く。

インタビュアーによる回答誤差には、調査対象者の選択、質問、記録、不正行為等による誤差が含まれる。

調査対象者の選択誤差は、インタビュアーが標本設計で特定された調査対象者以外の対象者を選択する場合、また、標本設計と矛盾する方法で調査対象者を選択する場合に生じる。例えば、新聞の閲読状況調査で難しい割当て要件を満たすために、『ウォール・ストリート・ジャーナル』紙を読んでいない者を、15〜19歳で同紙を読んでいるカテゴリーに属する者として面接の対象に選ぶ場合が、これに該当する。

質問誤差は、調査対象者に質問をするとき、または、情報がさらに必要なのにもかかわらず追求質問（プロービング）をしないときに生じる誤差を意味する。例えば、質問する際に、インタビュアーが調査票にある言葉遣いを正確に守らなかった場合に生じる。

記録誤差は、調査対象者の回答の聞きとり、解釈、記録の際の誤りにより生じる。例えば、調査対象者は中間の回答（決めかねている）を示しているのに、インタビュアーがそれを肯定的な回答（新しいブランドを購入するつもり）であると誤って解釈する場合が考えられる。

不正行為誤差は、インタビュアーがインタビューに対する回答の一部もしくは全部を捏造する場合に生じる。例えば、インタビュアーが、調査対象者の負債に関するデリケートな質問をせずに、後でインタビュアーの個人的な判断に基づき回答を記入する場合である。

調査対象者による誤差には、能力がないことによる誤差と回答意思がないことによる誤差がある。

　能力がないことによる誤差は、調査対象者に正確な回答を出す能力がないことから生じる。質問されている事柄をよく知らない、疲労、倦怠、記憶違い、質問形式、質問内容やその他の要因から、調査対象者は不正確な回答をすることがある。例えば、調査対象者は4週間前に購入したヨーグルトのブランド名を想起することができない。

　回答意思がないことによる誤差は、調査対象者に正確な情報を提供する意思がないことから生じる。社会的に受け入れられる回答を出したい、恥をかきたくない、インタビュアーを喜ばせたいといった理由で、調査対象者は意図的に誤った回答を報告することがある。例えば、インタビュアーによい印象を与えるために、調査対象者が雑誌『タイム』を読んでいると偽って報告する場合などが考えられる。

　このような誤差の原因については、後の章でさらに詳細に論じるが、ここで重要なのは、誤差にはこれだけ多くの原因があるということである。リサーチ設計をする際に、リサーチャーは、特定の原因1つだけに対処するのではなく、全誤差を最小に抑える努力をしなければならない。学生や未熟なリサーチャーの間では、大きいサイズの標本で標本誤差をコントロールしようとする傾向がよく見られるので、この忠告は十分に意味があると思われる。標本サイズが増加すれば、標本誤差は減少するが、インタビュアーによる回答誤差が増えるために非標本誤差が増加することとなる。

　非標本誤差は標本誤差よりも一層問題をはらんでいる可能性がある。標本誤差は計算できるが、多くの非標本誤差は推定できないからである。さらに、非標本誤差が全誤差の主な原因である一方、無作為標本誤差の相対的大きさは小さいことがわかっている[22]。重要なのは全誤差なのである。特定のタイプの誤差が問題になるのは、その誤差が全誤差の原因となっている場合だけである。

　リサーチャーは、他の誤差を減らして全誤差を減らすために、あるタイプの誤差を意図的に増やすことがある。例えば、百貨店でファッション衣料を購入する際の消費者の選好を明らかにするために、郵送調査が行われるとしよう。標本誤差を減らすために、大規模標本が抽出されており、回答率は30%を予想している。プロジェクトの予算が限られていることを考えると、大規模な標本に督促状を送ることは不可能である。しかし、過去の経験から、1回督促状を送ると回答率は45%に上がり、2回行うと55%まで上がることがわかっている。この調査テーマからすると、重要な変数に関して、無回答者は回答者と異なる回答をすると思われる。そこで、督促状に予算をまわすために、標本サイズを減らすことが望ましいと考えられる。標本サイズを減らすと無作為標本誤差が増加するが、督促状を2回送ると無回答誤差が減るので、この損失を補う以上の結果が得られるであろう。

プロジェクトの予算立案とスケジューリング

　全誤差を適切に管理しリサーチ設計が特定されたのなら、次は**予算立案とスケジューリング**を決定しなければならない。予算立案とスケジューリングは、マーケティング・リサーチ・プロジェクトが利用可能な資源——資金、時間、人材など——の範囲内で確実に完了することを助ける。各タスクが完了するために必要な時間とタスクのコストを特定することで、リサーチ・プロジェクトを効果的に管理することができる。プロジェクトを管理するのに役に立つアプローチに、**クリティカル・パス法（CPM）**がある。クリティカル・パス法では、リサーチ・プロジェクトを構成要素作業（アクティビティ）に分割し、それぞれの構成の順序を決め、それぞれの作業に必要となる時間を予測する。作業と日程がネットワーク・フロー・チャートとして図式化され、クリティカル・パス、つまり、この作業が遅れるとプロジェクト自体を遅らせてしまうことになる、その一連の作業を特定できるようになる。

　より高度なCPMのひとつが**PERT**（Program Evaluation and Review Technique、パート）であり、これはプロジェクトの完了時間の不確実性を認識し測定する、確率に基づいたスケジューリング・アプローチである[23]。さらに高度化したスケジューリング・テクニックが**GERT**（Graphical Evaluation and Review Technique、ガート）である。これを使うと、完了の確率と作業コストの両方を1つのネットワーク図に組み込むことが可能になる。

マーケティング・リサーチ企画書

　リサーチ設計が構築され、プロジェクトの予算立案とスケジューリングが完了したら、リサーチ企画書を準備しなければならない。**マーケティング・リサーチ企画書**はプロジェクトの基本要素が含まれ、リサーチャーと経営陣との契約書の役割を果たす。リサーチ企画書はマーケティング・リサーチ・プロセスの全ての段階を網羅する。すなわち、リサーチ課題、アプローチ、リサーチ設計、データの収集、分析、報告方法、そしてプロジェクト完了までの経費の見積額およびタイム・スケジュールを記述する。リサーチ企画書の書式はさまざまであるが、大

予算立案とスケジューリング　budgeting and scheduling　マーケティング・リサーチ・プロジェクトが利用可能な資源の範囲内で完了できるようにするために必要なマネージメント・ツール。

クリティカル・パス法　critical path method　リサーチ・プロジェクトを構成要素作業（アクティビティ）に分割し、それぞれの構成要素の順序とそれぞれの作業に必要となる時間を決めるマネージメント手法。

PERT　program evaluation and review technique　より高度なクリティカル・パス法のひとつ。プロジェクト完成に要する時間の不確実性を説明する。

GERT　graphical evaluation and review technique　高度なクリティカル・パス法のひとつ。完成の確率と作業コストの両方を明らかにする。

マーケティング・リサーチ企画書　marketing research proposal　経営陣のための、計画したマーケティング・リサーチの正式な企画書。リサーチ課題、アプローチ、リサーチ設計、データ収集方法、データ分析方法、および報告方法を記述する。

部分の企画書は、マーケティング・リサーチ・プロセスの全てのステップについて言及し、次に挙げる項目をおさえている。

① エグゼクティブ・サマリー――企画書はまず、企画書の各セクションの要点の要約から始め、企画の全体像を示すこと。

② 背景――経営環境状況などの文脈を含む課題の背景を論じること。

③ 課題定義／リサーチの目的――通常、特定の構成要素を含めた課題に関するステートメント（正式文書）を提示しなければならない。（課題特定リサーチの場合のように）ステートメントが十分に展開されていない場合は、マーケティング・リサーチ・プロジェクトの諸目的を明確に特定しなければならない。

④ 課題へのアプローチ――なんらかの分析モデルとともに、少なくとも関連する学術文献やビジネス文献の検討結果を提示すること。質問項目と仮説が特定されている場合には、必ずそれを企画書に含めるように。

⑤ リサーチ設計――採用されたリサーチ設計が、探索的、記述的、因果的、のいずれであるかを特定すること。以下の構成要素に関して情報を提供すること。①入手される情報の種類、②データの収集方法（郵送、電話、面接、電子等）、③尺度化の手法、④調査票の特徴（質問のタイプ、長さ、インタビューの平均所要時間）、⑤標本抽出計画と標本サイズ

⑥ フィールド・ワーク（実査）／データ収集――企画書には、データの収集方法およびフィールド・ワークを実施する機関を記述すること。フィールド・ワークを他の供給者に委託する場合は、その旨を記述しなければならない。収集されるデータの品質を確認するための管理の仕組みについての説明も必要となる。

⑦ データ分析――実施予定のデータ分析の種類（単純クロス集計、一変量解析、多変量解析）と、結果の解釈方法を記述すること。

⑧ 報告――企画書では、中間報告が行われるのか、行われる場合はどの段階で行われるのか、また、最終報告書はどのような形式のものとなるのか、結果の正式発表会は行われるのか、ということについて具体的に説明すること。

⑨ 費用と期間――プロジェクトのコストと日程を、段階ごとに分けて説明すること。CPMやPERTのチャートを使用してもよい。大規模なプロジェクトでは、支払計画も予め立てておかなければならない。

⑩ 付録――少数の人だけが関心を持つ統計情報やその他の情報は、付録に収めること。

リサーチの企画書を準備することにはいくつのかの利点がある。企画書は、リサーチャーと経営陣がそのプロジェクトの本質について同意していることを確認するものであり、プロジェクトを経営陣に売り込む助けとなる。企画書の準備にはプランニングを必要とするので、リサーチャーがマーケティング・リサーチ・プロジェクトを概念として頭に描き、実施する一助となる。

国際マーケティング・リサーチ

　国際マーケティング・リサーチを行う場合、調査実施上の環境の相違があり（第23章参照）、ある国に適したリサーチ設計が別の国には適していない可能性があることを理解することが重要である。例えば、米国とサウジアラビアにおいて、主な家庭用機器に対する世帯の態度を明らかにするという課題を検討してみよう。米国で探索的リサーチを実施する場合、男性と女性の世帯主が同席するグループ・インタビューを行うことは適切である。しかしながら、サウジアラビアでこのようなグループ・インタビューを実施するのは不適切であろう。伝統的な文化のもとでは、妻達は夫達が出席するセッションに自由に参加することはまずありえない。標本に含まれた男女双方の世帯主に対して、個別のデプス・インタビューを行う方が役立つであろう。

〈リサーチの実例〉──家よりステキな場所はない

　ヨーロッパのマーケティング・リサーチ会社、GfK社（www.gfk.it）は、2つの年次にわたる二部構成の調査を行い、ヨーロッパの若者と文化における新しいトレンド──ヨーロッパのティーンエージャーには何が重要なのか──そして国際マーケッターは彼らにどのようにアプローチすればよいのかを明らかにしようとした。まずヨーロッパの若者にとって顕著な問題を特定するために、グループ・インタビュー形式の探索的リサーチが行われた。グループ・インタビューで特定された問題は、記述的な継時調査を行い定量化された。この調査は、デンマーク、ノルウェー、スウェーデン、英国、ドイツ、イタリア、スペイン、フランスを含むヨーロッパの16カ国で二部構成で実施された。

　各国で4つのグループの調査対象者が選出された。14〜16歳までの女子、14〜16歳までの男子、17〜20歳までの女子、17〜20歳までの男子の4グループである。記述的調査が設計され、個人面接調査が行われた。ヨーロッパの若者文化を考慮すると、ティーンエージャーは、個人面接のセッティングのほうが打ちとけてより率直な回答を聞かせてくれると考えたからである。合計で523人の若者が参加した。2年後、同じ人々に16カ国中9カ国でコンタクトをとり、合計305人が継時調査に参加した。

　その結果、ヨーロッパのティーンエージャーの好みと意見はわずかの間に劇的に変わっており、特にこの2年間の変化が激しいことがわかった。ヨーロッパのティーンエージャーは大企業を信頼していないことが明らかになった。また、「家」の概念は、単に家族や実際に住む家ばかりではなく、帰属意識やコミュニティー、特に友

クロスセクション調査と継時調査を用い、マクドナルドは何がヨーロッパの若者に訴えるのかを明らかにし、それに従ってブランドを位置づけた。

達とのつながりをも含むものであった。つまり、家は居心地の良さと暖かさの象徴である。ヨーロッパのティーンエージャーは平日に家族と顔を会わせることはあまりなく、その代わり友達が家族の役割を満たしている。最後に、彼らが長期間市場に存続しているブランドに大いに信頼をおいていることが明らかとなった。長い間存続しているということは、そのブランドは良いもので、長く続くだけの価値があるに違いないと感じているのである。

　この結果は、マクドナルド（www.mcdonalds.com）がこのヨーロッパ市場を目指した国際的な広告を展開するのに、非常に役立ったことを証明した。マクドナルドの新しいキャンペーンは大企業という自社の立場に焦点を当てないで、マクドナルドがティーンエージャー達を結び合わせる地元の行きつけのハンバーガー・ショップとして見られるようにするために地方色のある広告とした。地元のマクドナルドに行けば仲間に会えるとなると、マクドナルドは「家」になる。楽しそうで、ティーンエージャーはその場所にいたくなる。さらに、マクドナルドは、自社ブランドの寿命の長さと安定性を強調した。これからもマクドナルドは、ティーンエージャーが友達と時間を過ごして、低価格で楽しめる場所として存在し続けるであろう。このキャンペーンで、うま味のあるヨーロッパの10代の市場でマーケット・シェアを拡大することができた。2003年現在、マクドナルドは総売上げの約25％をヨーロッパで計上している[24]。

多くの国、特に発展途上国では消費者パネル調査がまだ開発されておらず、そのため記述的な継時リサーチの実施が難しい。同時に、多くの国でマーケティングを支える基盤（すなわち、小売、卸、広告、プロモーションの基盤）を欠いていて、フィールド実験を含む因果的設計を実施すること自体が実行不可能である。リサーチ設計を構築する場合には、さまざまな国で入手される二次データや一次データが相互に同等のものであり比較可能であることを確認するために相当な努力が必要とされる。また、一次データを収集するという文脈では、定性リサーチ、サーベイ・リサーチの方法、尺度化の手法、調査票の設計および標本抽出についての配慮が特に重要である。これらのテーマに関しては、後の章で詳しく説明していこう。

マーケティング・リサーチにおける倫理

リサーチ設計の段階では、リサーチャーとクライアントの関心事だけが取り上げられるのではなく、調査対象者の権利も尊重されなければならない。リサーチ設計では通常、調査対象者と他のステークホルダー（クライアントとリサーチャー）が直接接触することはないが、隠しビデオや録音テープの利用のような倫理的な問題に関して決定を下すのは、この段階である。

　リサーチ設計のタイプとしてどれを採用すべきか（すなわち記述型か因果型か、クロスセクションか継時調査か）という基本的問題には、倫理上の問題が含まれている。例えば、練り歯磨きの購入におけるブランド・スイッチを調査する場合には、継時設計が調査対象者個人のブランド選択の変化を確かめる唯一の現実的な方法である。継時調査を数多く実施したことのな

いリサーチ会社であれば、クロスセクション設計による方法を正当化しようとするかもしれない。だが、これは果たして職業倫理に適っているだろうか。

リサーチャーは、リサーチ設計が、特定されたマーケティング・リサーチ課題に取り組むために必要な情報を確実に提供できるようにしなければならない。一方、クライアントは、プロジェクトを偽って伝えることのないように誠実でなければならない。さらに、リサーチャーがプロジェクトを運営する際に受ける制約を説明しなければならず、理不尽な要求をしてはならない。継時調査には時間がかかる。また、記述的リサーチではクライアントの顧客に対するインタビューを行わなければならない場合もある。時間に問題がある場合、あるいは、顧客への接触に制限がある場合、クライアントはこういった制約をプロジェクト開始時に知らせておかなければならない。最後に、クライアントは、将来リサーチを発注するような素振りをちらつかせて現行プロジェクトで不当な譲歩を求めるような、リサーチ会社に対する優越的地位を乱用してはならない。

〈リサーチの実例〉――頼れる兄貴か、それとも、たんなるごろつきか

倫理的なジレンマは、マーケティング・リサーチを大量に利用する大企業の供給業者になりたいというマーケティング・リサーチ会社の強い願望が原因で生じることがある。VISA、デルタ航空、コカ・コーラ、フォード・モーター・カンパニー、このような企業には巨額のマーケティング・リサーチ予算があり、外部のマーケティング・リサーチ会社へ定期的に業務を委託している。これらの大手クライアントは、マーケティング・リサーチ会社に出入り業者の仲間入りができる可能性をちらつかせることで、現行調査の価格を操作したり、リサーチ設計において不当な譲歩(例えば、追加変数の調査、グループ・インタビューのセッション数の増加、サーベイ・リサーチの目標標準サイズの拡大、追加のデータ分析など)を求めることができる。これもビジネスのやり方の1つだといえばそれまでだが、そのリサーチ会社に、大規模な調査でフォローアップをするつもりがない、あるいは、将来その会社に委託するつもりがない場合には、倫理に反することになる[25]。

同じように重要なのは、調査対象者に対する責任を見過ごしてはいけないということである。リサーチャーは、対象者の安全に対する権利、プライバシーに対する権利、そして調査に協力するか否かを選択する権利を侵すことのないよう、調査を設計しなければならない。さらに、クライアントは権力を濫用して対象者の匿名性を脅かしてはならない。これら調査対象者に関連する問題は、第4章、第5章、第6章、第7章で論じることにする。

インターネットおよびコンピュータ・アプリケーション

インターネットは、さまざまな種類のリサーチ設計をより簡単に実施できるようにする。

探索的リサーチ

　リサーチの探索的段階では、チャット・ルームにアクセス中の人々と、あるトピックについて広く語り合うために、フォーラム、チャット・ルームまたはニュースグループを利用するとよい。ニュースグループは、具体的なトピックに焦点をあて、掲示板のような役割を果たす。インターネットのユーザーは、ニュースグループに立ち寄って、他の人が残したメッセージを読み、自分の返事やコメントを投稿する。第2章では具体的なニュースグループを探し出すために groups.google.com を利用することについて触れた。また、調査主題に関する初期情報を入手する目的で、専門家やターゲットの対象となりうる個人から成る正式なグループ・インタビューを立ち上げるためにニュースグループやチャット・ルームを使用することもできる。インターネットを利用したグループ・インタビューについては、第5章でさらに詳しく説明する。

　リストサーバーも、リサーチ設計を始める際に必要となる初期情報を入手する場として利用できる。リストサーバーを用いれば、インターネットメールを使って特別のテーマに関心を持った人々のグループやユーザー・グループ、カスタマー・サービスのフォーラムなどインタラクティブな話し合いの場を持つことができる。リストサーバーに送信されたメッセージは、そのリストサーバーのメンバー全てに転送される。つまり、広範な質問でも具体的な質問でも、リストサーバーのメンバーに尋ねることができるようになっている。調査のために特別に開発されたものでもなく、リストサーバーのメンバーがターゲットの対象者を全て正確に代表しているわけでもないが、調査している分野への関連性を基準にリストサーバーを選択すれば、そのリストサーバーが、調査分野を明確にする手がかりとなる回答を、素早く受け取れるような手段を提供してくれる。このような回答は、さらに検証的リサーチへ入力することもできる。リストサーバーに関する情報は www.cuenet.com/ml.html で入手できる。

検証的リサーチ

　多くの記述的調査は、二次データ（第4章でその方法を説明）、質問法（第6章で論議）、およびパネル調査（第4章、第6章で論議）を利用している。因果的リサーチ設計におけるインターネットの利用は第7章で論じることにしよう。情報源としての役割という点から考えると、インターネットを二次データで見つけ出すことや検証的リサーチに必要な一次データの収集に役立てることがグリーンフィールド・オンライン・リサーチ・センター社の例に示すように可能である。

〈リサーチの実例〉――オンライン・リサーチのグリーンフィールド

　グリーンフィールド・オンライン・リサーチ・センター社（www.greenfieldonline.com）はグリーンフィールド・コンサルティング・グループの子会社で、コネチカット州ウェストポートを本拠地としている。同社は、インターネット上でグループ・インタビューや質問調査、世論調査

を行っている。2003年の時点では、20万人に迫るインターネット・ユーザーの「パネル」を構築しており、このパネルから標本を選ぶのである。この標本は、継時設計に加えて、単一あるいは多重のクロスセクション設計のような記述的リサーチにも使用することができる。また、因果的設計も実施可能である。さらには、登録したインターネット・ユーザーから調査対象者を抽出することもできる。

検証的リサーチ調査の実施に加えて、グリーンフィールド・オンラインはMindStormと呼ばれる製品も提供している。MindStormは、マーケッターが自社製品の新設計に関して潜在顧客とブレーンストーミングを行うためのシステムである。MindStormでは、ターゲットに選ばれた参加者が、自分の時間の都合にあわせて、ブランドについての質問、コンセプト、質問文に対する回答を出せるようになっている。また、プロジェクトは2日間、2週間、2カ月間と続けることができるので、詳細な回答を期待できる。したがって探索的リサーチには申し分ない。

クロス・ペン・コンピューティング・グループ（www.cross.com）は、ある問題を抱えていた。自社製品クロス・パッドの顧客アピール度を向上する必要に迫られたクロス・ペンは、他の定性リサーチを補完するためにMindstormを利用することに決めた。クロス・パッドは電子ノート・パッドで、レターサイズと6×9インチの2サイズがある。特殊なデジタル・ペンは手書き情報をデジタル化してパッドへ送信するので、ユーザーが書いたメモをすぐにパソコンに移すことができる。

高性能なハイテク製品を使うユーザーであるオンライン調査対象者がパスワード設定によってプロテクトのかかったサイトでの話し合いに参加した。その際、参加者全員にクロス・パッドをオンラインで見てもらうようにした。このグループの話し合いは1週間続いた。マーケティング・メッセージでは、積極的にメモを取るような消費者に対してこの製品が役に立つことを強調すべきである、というのが明らかになった主要な点であった。このことが、すぐ後に行われたオンライン調査で確認され、新しい広告キャンペーンの基盤となり大成功を収めた。このように、探索的リサーチとその後の記述的リサーチが、クロス・パッドに収益性の高いマーケティングおよび広告戦略とをもたらしたのである[26]。

インターネットの応用の他に、コンピュータは全誤差をコントロールする際にも役立つことができる。コンピュータを使用すると、さまざまな誤差の原因が調査結果にどのような影響を及ぼすのか、また、どの程度の誤差が許容範囲なのかを理解することができる。確率抽出法が使用される時、比較的簡単に無作為標本誤差は推定できる。しかし、多種多様な非標本誤差の影響を推定するのは、はるかに難しい。シミュレーションを行い、度数分布やさまざまな非標本誤差の程度が最終結果にどれほど影響を与えるのかを判断する可能性もある[27]。シミュレーションにより誤差の許容範囲がわかり、さまざまな誤差をその許容範囲内におさめるようリサーチ設計を調整できるようになる。ただし、このようなシミュレーションは単に目安を提供するだけであり、リサーチャー側の熟考した判断が不可欠になる。

バークの場合

　バークでは、リサーチ設計の構築のプロセスを、クライアントが必要とする主な情報をリストアップすることから始めている。これは簡単なタスクではない。バークは、どの情報が「知っておくと便利」で、どの情報が欠くことのできない情報、すなわち「リサーチ・カード」（調査の切り札）なのか、また、具体的な行動を取るためにはどの情報が必要なのかということを明確にしようと努めている。例えば、ある地方の血液バンクの調査では、「その血液バンクの所在地は、どの程度、便利ですか」という質問がなされた。これは「リサーチ・カード」的質問である。この質問に対して、調査対象者のうち30％が不便であると回答した。この答えから、経営陣は何をすればよいのか。この質問は何の行動も示唆していない。経営陣の中には、これはつまり血液バンクが通常、献血者が車で移動する範囲よりかなり遠くにあるということであり、早速、都市近郊にセンターを置くことを考えなければならない、という結論に飛躍した人たちがいた。しかし、フォローアップ・リサーチから、そういう意味では全くないことがわかったのである。血液バンクが不便であるという報告は、献血をする際に駐車場を見つけるのが大変だった人たちからの回答だった。つまり、取るべき行動は、新しい献血センターを建てるのではなく、駐車環境を向上させることだったのである。収集した情報をしっかりと有効に活用するために、バークは「測定するデータで何をするつもりなのか」という問いに取り組んでいる。

　このタスクが終了したら、バークは次の一連の質問を行う。「誰が必要とされる情報を持っているのか」「その人たちは本当に情報を知っているのか」「その情報を我々に喜んで教えてくれるつもりがあるのか」。これらの質問は、調査にとり意味のある母集団を定義するのに重要な質問である。調査対象者を評価する際に、その対象者が母集団に属することが理に適っているかどうかの判断を下す人が何人いようとも、全員が同じ答えを出せるように、母集団の定義は十分に厳密でなければならない。リサーチ設計を構築する際に重要なもう1つの質問は、「調査対象者は、情報を正確にかつ信頼性をもって答えられるように、測定方法を理解するであろうか」である。リサーチャーと調査対象者が同じ言葉を話すことが重要である。血液バンクのプロジェクトの質問では、「便利」という言葉が使われた。この言葉は、調査対象者全員とリサーチャーとで全く同じように定義されているのだろうか。例えば、一連の属性評価を尋ねる場合、調査対象者が実際に使用している属性を間違いなく含めているだろうか。調査対象者が理解できる言葉を使っているだろうか。

　バークでは、探索的リサーチ、記述的リサーチ、因果的リサーチが実施されている。通常、これらの基本的な設計を組み合わせたものが個々の調査に使われる。新規のプロジェクトがあるクライアント向けに行われる場合、探索的リサーチから始めるのが一般的である。これには入手可能な二次データの徹底的な分析と何らかの定性リサーチ（グループ・インタビューが用いられることが多い）が含まれる。探索的リサーチの目的は、課題を取り巻く環境、特に、消費者や顧客が、クライアント企業の製品に対して行う根底にある意思決定プロセスを理解する

第3章　調査設計

ことにある。血液バンクのプロジェクトでは、二次データが分析され、グループ・インタビューが行われた。これらは「献血をしようと決心する際に人々はどんな要素を考慮するか」「献血をする主な動機は何か」「献血に対する人々の態度はどんなものか」といった質問に答えるために実施された。探索的リサーチは、ほとんどの場合、その後に記述的リサーチが行われる。また、適切な場合には因果的リサーチが行われる場合もある。この血液バンク・プロジェクトでは、探索的リサーチの後に、単一クロスセクション調査が実施された。この調査により探索的リサーチ結果をさらに解明し、定量化した。第2段階で予想外あるいは不明瞭な結果が生じた場合には、血液バンクのプロジェクトのように、さらに探索的リサーチや記述的リサーチが行われることもある。

まとめ

　リサーチ設計は、マーケティング・リサーチ・プロジェクトを行うための枠組み、または青写真である。それは、どのようにプロジェクトが行われるべきなのかということの詳細を記述する。リサーチ設計は、探索型と検証型に大きく分類される。探索的リサーチの主目的は、課題に関する洞察を提供することである。検証的リサーチは、特定の仮説を検定し、特定の諸関係を調べるために行われる。検証的リサーチでの結果は、経営上の意思決定の情報として使われる。検証的リサーチは、記述型あるいは因果型のどちらかである。

　記述的リサーチの主な目的は、市場の特徴や機能を記述することである。記述的設計では、誰が（who）、何を（what）、いつ（when）、どこで（where）、なぜ（why）、どのように（way、リサーチの方法）について明確な説明が求められる。記述的リサーチは、さらにクロスセクション・リサーチ、継時リサーチに分類される。クロスセクション設計では、ある単一の時期における母集団要素の標本から情報を収集する。それとは対照的に継時設計では、固定された標本に対して繰り返し測定が行われる。因果的リサーチは、原因と結果（因果）の関係についての証拠を入手することを第一の目的として設計される。

　1つのリサーチ設計は、6つの構成要素から成り立っているが、誤差はどの構成要素ともかかわりがある。全誤差は無作為標本誤差と非標本誤差で構成される。そして、非標本誤差は無回答誤差と回答誤差に分かれる。回答誤差にはリサーチャー、インタビュアー、調査対象者に起因する誤差が含まれる。マーケティング・リサーチ・プロセスの全要素を網羅する企画書を準備しなければならない。国際マーケティング・リサーチを行う際のリサーチ設計の構築では、異なった国々で入手した二次データと一次データが同等で比較できるものなのかを確認するために、相当な努力が必要とされる。

　倫理的な問題に関しては、リサーチャーは、採用されたリサーチ設計が求めている情報を提

供し、求めている情報がクライアントの必要とする情報であることを保証しなければならない。一方、クライアントは、プロジェクトを偽って伝えることのないように誠実に対応し、リサーチャーがこれから業務を進めていかなければならない状況について説明しなければならず、不当な要求を行ってはならない。また、調査対象者もしくは回答者の安全に対する権利、プライバシーに対する権利、調査に協力するか否かを選択する権利を守るよう、最善の注意を払わなければならない。インターネットとコンピュータは、リサーチ設計の構築プロセスを支援するために有効に活用できる。

演習

復習問題

1. リサーチ設計を、自分の言葉で定義せよ。
2. リサーチ設計の構築は、課題へのアプローチの展開とどのように違うのか述べよ。
3. 探索的リサーチと検証的リサーチの違いを述べよ。
4. 記述的リサーチを行う主目的は何か。
5. 記述的リサーチの6つのWと、それぞれの例を挙げよ。
6. クロスセクション設計と継時設計とを比較対照せよ。
7. コーホート分析を説明せよ。なぜこれが特に重要なのか。
8. パネル調査の長所と短所について論ぜよ。
9. 因果的リサーチ設計とは何か。その目的は何か。
10. 探索的リサーチ、記述的リサーチ、因果的リサーチの関係はどのようなものか。
11. リサーチ設計の主な構成要素を挙げよ。
12. どのような誤差の潜在的な原因が、リサーチ設計に影響を与えるのか。
13. 特定の誤差の原因よりも全誤差を最小に抑えることが重要なのはなぜか。

応用問題

1. スイート・クッキーズ社は新しいクッキーの製品ラインの導入を計画し、市場規模を知りたがっている。クッキーはチョコレートとパイナップルを混ぜた味で、市場の最高級品レベルにターゲットを合わせたい。採用可能な記述的リサーチ設計の6つのWを論ぜよ。
2. 次に挙げる誤差のタイプをひとつの方程式で表せ。
    a．全誤差
    b．無作為標本誤差
    c．無回答誤差
    d．回答誤差
3. ウェルカム社は南部の主要な大都市地域でチェーン展開するファストフード店である。こ

の2年間、売上げの伸びが非常に鈍い。経営陣は新しいアイテムをメニューに追加することに決めた。しかし、その前にウェルカム社の顧客と彼らの選好をもっと知りたいと考えている。

　　a．仮説を2つ挙げよ。
　　b．どのような種類のリサーチ設計が適当か。その理由を述べよ。

インターネット／コンピュータ演習

1. グリーンフィールド・オンライン・リサーチ・センター（www.greenfieldonline.com）にアクセスせよ。
    a．現在グリーンフィールドで行われている調査は何か。
    b．これらの調査のために、どのようにして調査対象者を選抜しているのか。
    c．調査対象者を選抜する上記の方法により生じる可能性のある、さまざまの種類の誤差について論ぜよ。
2. 表1.2にあるマーケティング・リサーチ会社のうち、3社のホームページにアクセスせよ。これらの会社では、最近どのようなタイプのリサーチ設計が行われているか。
3. CPM、PERTプログラムの1つを入手せよ。このプログラムを使って、ロール・プレイ演習2にあるリサーチ・プロジェクトのスケジュールを立てよ。
4. あなたはカーニバル・クルーズ・ライン社のイメージ調査を行っている。探索的リサーチの一環として、groups.google.comにあるニュースグループrec.travel.cruisesの投稿メッセージを分析して、消費者が回遊客船会社を評価する際に用いる要因を決定せよ。

実　習

ロール・プレイ

1. あなたはスイート・クッキーズ社のマーケティング・マネジャーである。そして仲間に同社が委託した調査会社のリサーチャーの役をやってもらう（応用問題1を参照）。双方で問題について話し合い、下記の点を適切に策定せよ。
    a．経営上の意思決定課題
    b．マーケティング・リサーチ課題
    c．リサーチ設計
2. あなたはあるマーケティング・リサーチ・プロジェクトの責任者である。そして、あなたの目標は、さまざまなレベルの広告が消費行動にどのような影響を与えるのか見極めることである。プロジェクトの結果を基に、翌年にそれぞれの製品を宣伝するために使う予算額を勧告することになっている。あなたの上司はその勧告額にしっかりとした根拠を求めている

ので、リサーチ設計を可能な限り確かなものにしなければならない。しかしながら、資源（時間、資金、労力）には限りがある。この課題に対応するリサーチ・プロジェクトをあなたが用いようとするリサーチ設計の種類となぜそれを使うのか、どのようにリサーチを行うのかに焦点を絞って策定せよ。

フィールド・ワーク
1. マーケティング・リサーチ機関の何社かにコンタクトを取り、昨年、使用したリサーチ設計の種類と取り組んだ課題の種類について尋ねよ。その結果をレポートに記述すること。

グループ・ディスカッション
1. 「リサーチ予算が限られているなら、探索的リサーチはなくてもかまわない」。この引用文について論ぜよ。
2. 小グループで、「リサーチャーは、どのマーケティング・リサーチ・プロジェクトに対しても、常に最適な設計を展開する努力をしなければならない」という意見について議論せよ。
3. 「リサーチ・プロジェクトには潜在的な誤差の原因がたくさんある。そのため、全てをコントロールするのは不可能である。したがって、マーケティング・リサーチには多くの誤差があり、その結果を信じるわけにはいかない」。この意見について、小グループで議論せよ。あなたのグループでは、なんらかの統一された意見に到達したか。

第4章

探索的リサーチの設計：二次データ

「二次データは、リサーチの問題に関して価値ある洞察を得るための、即座に利用できる費用効果の高い手段となり得るものである。ただしその情報は、信頼できる出所からタイムリーに得たものでなければならない」
　——サンディー・ボーティスタ（バーク社、コーポレート・インフォメーション・センター、マネジャー）

本章の目的

この章では、以下の点を学習する。
① 二次データの本質と領域を定義し、二次データと一次データを識別する。
② マーケティング・リサーチ・プロセスにおけるさまざまなステップでの、二次データ、および二次データの利用について長所と短所を分析する。
③ データ収集方法の明細、誤差、鮮度、目的、性質、依存可能性の基準を使って、二次データを評価する。
④ 二次データのそれぞれのソース（出所）を詳細に説明する。これには、内部ソースと出版物やコンピュータ化されたデータベース、およびシンジケート（会員制）・サービスの形態をした外部ソースがある。
⑤ 二次データのシンジケート・ソースを詳細に論議する。これには、質問法調査、購入およびメディア（広告媒体、閲読、視聴）・パネル、および電子スキャナー・サービスで入手した世帯・消費者のデータ、ならびに小売業者、卸業者、産業・サービス企業に関連する機関・事業所データがある。
⑥ 複数のソースからなる二次データを用いる必要性を理解するとともに、シングルソース（単一情報源）・データについて説明する。
⑦ コンピュータ・マッピングにおける二次データの応用につき論じる。
⑧ 国際マーケティング・リサーチで役に立つ二次データのソース（出所）を特定、評価する。
⑨ 二次データの使用にかかわる倫理的な問題を理解する。
⑩ 二次データを調査する際のインターネットとコンピュータの使用について論じる。

本章の概要

これまでの章で触れてきたように、二次データの分析はマーケティング・リサーチ課題を定義しアプローチを展開するのに有用である（第2章）。また、一次データを収集するためのリサーチ設計を構築する前に（第3章）、リサーチャーは関連する二次データを分析しなければならない。プロジェクトによっては、特に予算が限られているプロジェクトの場合には、リサーチの大部分が二次データの分析にとどまることもある。というのは、よくあるタイプの課題の中には、二次データだけをもとにして対応できるものがあるからである。

本章では、まず一次データと二次データの相違点を論議する。続いて、二次データの長所と短所を考慮し、二次データを評価する基準と二次データの分類を紹介する。また組織内部の二次データについて解説し、組織外部からの二次データの主なソース（出所）である出版物、オンラインおよびオフラインのデータベース、シンジケート（会員制）・サービスなどについても論じる。コンピュータ・マッピングにおける二次データの応用に関して考察した後、国際マーケティング・リサーチに役立つ二次データのソースについて説明する。そして、二次データを使用する際に生じる倫理的な問題をいくつか確認する。最後に、二次データの確認、分析におけるインターネットとコンピュータの利用法について論議する[1]。

まず、二次データの特徴を知ってもらうために、いくつか実例を取り上げよう。

〈リサーチの実例〉——ボストン・マーケット：我が家のような場所

二次データによると、ホーム・ミール・リプレイスメント（HMR）が次世紀のファミリー・ダイニング向けビジネスとなるであろう。HMRとは持ち運びができ、品質の高い、テイクアウトの食事を意味し、今日のフード産業において最も急成長中で、大きなビジネス・チャンスのある部門である。エーシーニールセン社の消費者パネルのデータでは（acnielsen.com）、55%の調査対象者が月に数回、家庭消費のための食事を購入していた。利便性と食事の種類が、HMRを利用するときの2つの最も影響力のある要因である。また、77%の対象者がすぐにそのまま食べられる食事を好むと回答した。

コンサルタント会社マッキンゼー社が最近実施した研究によれば、2000年から2005年にかけての食料品の売上増分のほぼ全てが、食品サービスから生じるだろうと予測している。ここで食品サービスとは少なくとも部分的に家庭外で調理された食品と定義されている。ただし、今後の可能性と同様、HMRマーケットの規模についても大幅に違う予測があり、その値は2005年について250億ドルから1,000億ドルまである。いずれにせよ、HMRは食品産業に影響を与える最も重要な動向であり、これは冷凍食品の出現以来のことである。

この動向は、ボストン・マーケット社（www.bostonmarket.com）が登場し、ママが調理したのとそっくりの食品を約束して消費者の興味を引きつけたときに始まった、と多くの業界専門家が口をそろえる。ボストン・マーケット社は、今やHMR業界のトップを走る。2003年現在、650

第 4 章　探索的リサーチの設計：二次データ

HMR（ホーム・ミール・リプレイスメント）には大規模な需要があることを示す二次データが、ボストン・マーケット社のこのセグメントでリーダーとなるはずみをつけた。

店舗を超えるレストランを所有し、全米 30 州で事業を展開中で、マクドナルド社（www.mcdonalds.com）の完全子会社となっている。同社は、二次情報源から入手できる HMR に関連したデータを絶えずモニターし、そのデータを自社のリサーチやマーケティング・プログラムの情報として利用している。現在、こうしたデータを 2004 年に導入予定の新製品のテストに使っている。現在実施中のテストには、予めパッケージされたテイクアウト用ランチボックスや、拡充したケータリング・サービス、強化されたドライブスルーの運営、電話予約のテイクアウト・サービスなどがある[2]。

〈リサーチの実例〉——流れはハイタッチから、ハイテクへ

米国労働省によると、2003 年には 50％ を超える米国の労働人口は 40 歳を上回っていた。2010 年までには、女性が労働人口の 48％ を占め、新人レベルの職務を担う若年労働者（16～24 歳）の人数は減少する。予測される若年労働者の不足のため、多くのファストフード業者が、「ハイタッチ」から「ハイテク」へとサービスの在り方を転換している。以前は人の手で提供されていたサービスの多くは、今やハイテク機器を使って消費者が行っている。タッチスクリーン・キヨスクの使用は、人件費の削減と顧客サービスの向上に新しい道を開く動きとして普及しつつある。この新しいテクノロジーを展開しているファストフード企業には、タコ・ベル、アービーズ、ピザハットなどがある[3]。

ここで示したリサーチ会社、コンサルタント会社（エーシーニールセン、マッキンゼー）と政府各部局（労働省）は、入手できる二次データの出所の僅かな例に過ぎない。一次データと二次データの相違点がわかるようになると、二次データの本質や役割がはっきりする。

一次データ対二次データ

　一次データは、当面の課題に取り組むという特定の目的のためにリサーチャーにより創出されるものである。一次データの収集にはマーケティング・リサーチ・プロセスの6ステップ（第1章）全てが含まれる。一次データの入手には費用と時間を要することが多い。第1章で取り上げた百貨店ひいき客プロジェクトは、一次データの収集例である。

　二次データは、当面の課題以外の目的で既に収集されているデータである。こうしたデータは、素早く、しかも安価に探り出すことができる。百貨店プロジェクトで利用した世帯が百貨店を選択する基準に関する二次データは、マーケティングの学術誌（『Journal of Retailing』『Journal of Marketing』『Journal of the Academy of Marketing Science』『Journal of Marketing Research』）から得た。その他の二次データの例については、前節でいくつか示した。一次データと二次データの相違点を表4.1にまとめた。一次データと比較すると、二次データは迅速で容易に、比較的低コストかつ短時間で収集される。

　このような一次データと二次データの違いが、二次データの際立って優れた点と利用法につながる。

表4.1　一次データと二次データの比較

	一次データ	二次データ
収集目的	当面の課題のため	他の課題のため
収集プロセス	非常に複雑	迅速かつ容易
収集コスト	高い	比較的安い
収集時間	長い	短い

二次データの優れた点と利用法

　前述の説明でわかるように、二次データには一次データよりも優れた点がいくつかある。二次データは、容易に、比較的安価で迅速に入手できる。国勢調査局が提供しているようなある種の二次データは、一企業が一次データとして収集できそうにないテーマに関するものである。二次データが、定型化されていないリサーチ課題に対する回答をすべて用意できるようなことは稀であるが、二次データはさまざまな方法で利用できる[4]。すなわち次の場合に役に立つ。

① 課題を特定する。

一次データ　primary data　リサーチ課題に取り組むという特定の目的でリサーチャーにより創り出されるデータ。
二次データ　secondary data　当面の課題以外の何らかの目的で既に収集されているデータ。

② 課題をより良く定義する。
③ 課題へのアプローチを展開する。
④ 適切なリサーチ設計を構築する（例えば、主要な変数を特定する）。
⑤ ある程度、質問項目に答えを出し、仮説をいくつか検証する。
⑥ より深い洞察により一次データを解釈する。

こういった二次データの優れた点と利用法を考慮のうえ、次のような一般的なルールを述べる。

> 入手可能な二次データの検討は、一次データの収集に不可欠である。まず、二次データから始めよ。そして、二次データの出所を検討し尽くすか、それ以上検討しても得るところが僅小になってから、一次データに着手せよ。

上記のルールに従うことにより得られる豊かな利益については、本章の導入部でのいくつかの実例が示している。これらの例から、二次データの分析が価値のある洞察を提供し、一次データの収集を行う際の基礎を築くことができることを示している。しかし、二次データには限界と不利な点があり、その使用にあたって、リサーチャーは用心深くなくてはならない。

二次データの不利な点

二次データは当面の課題以外の目的で収集されているため、該当課題のへの有用性は、適切さや正確さを含むいくつかの重要な点において限界がある場合がある。二次データを収集するための目的、性質、使用された方法が現状にそぐわないこともある。また、二次データは、正確さを欠いていたり、鮮度が失われていたり、依存可能性のない場合がある。二次データを利用する前には、こうした要因に照らし合わせて、そのデータを評価することが重要である。

二次データを評価するための基準

二次データの品質は、表4.2にある基準を使って所定の業務として評価されなければならない。

明細：データ収集の方法

利用しようとしている二次データの明細、すなわち、データ収集の方法は、そのデータにバイアスを生じさせる可能性のある原因を確認するために精密に検討されなければならない。この方法論的考察には、標本サイズや標本の性質、回収率、データの品質、調査票の設計と運用、フィールド・ワーク（実地作業）の手順、データ解析、報告の方法などが含まれる。こうした検討結果が、データの信頼性や妥当性に関する情報を提供し、さらに、該当データの当面の課題に対する一般化が可能か否かを決定する助けとなる。信頼性と妥当性は、その二次データに関する誤差や鮮度、目的、性質、依存可能性の検討によって、さらに確めることができる。

表 4.2　二次データを評価するための基準

基準	検討事項	備考
明細／方法	データ収集方法 回収率 データの品質 標本抽出技法 標本サイズ 調査票の設計 フィールド・ワーク（実地作業） データ解析	データは、信頼性と妥当性をもち、当面の課題に対して一般化が可能でなければならない。
誤差／精度	下記の分野における誤差を検討する アプローチ、リサーチ設計、標本抽出、データ収集、データ解析、報告	別の出所からのデータと比較し、精度を査定する。
鮮度	収集から発表までの時間の経過 更新の頻度	センサス・データはシンジケートサービスを行っている企業により定期的に更新されている。
目的	そのデータが収集された理由	この目的が、データの適切さを決定づける。
性質	主要な変数の定義 測定単位 使用されたカテゴリー 検討された諸関係	可能であれば、データの有用性を上げるために、データを再構成する。
依存可能性	専門知識、信頼度、評判、出所の信用度	データは、間接的なソースではなく、出所元から入手しなければならない。

〈リサーチの実例〉──視聴率の調査方法を評価する

　全米三大ネットワークの1つであるNBCの系列会社であるWTVJ-TVは、視聴率と推定視聴者数を提供するニールセン・メディア・リサーチ社（www.nielsenmedia.com）のシンジケート・リサーチを利用している。同放送局は、ニールセン・メディア・リサーチが提供するデータは、使用されている方法論に不備な点があるため、ゆがんでいるのではないかと感じている。具体的には、ニールセン・メディア・リサーチによる計測器がスペイン語のみを話す家庭に過多に設置されているため、同局の視聴率を低く推定しているというのがその主張である。

　この問題は、同局が英語で放送していること、そして2003年には同局の視聴者の46%がヒスパニック系ではあったものの、彼らがみな英語を話しているという点にある。したがって英語を話さない家庭にニールセンの計測器をより多く設置すると、そこから得られる情報はマイアミのコミュニティーや同局の視聴者を代表しないこととなる。番組制作や広告、そして媒体購入など多くの意思決定が、ニールセンからもたらされる情報を基にしていることから、同局にとってマーケットに関して正確で信頼性の高い情報を得ることが重要である。

　ニールセン・メディア・リサーチの行動には多くの支持があり、該当データはコミュニティーの姿を代表していると感じているものの、それでもなお、これは非常に重大な問題提起である。企業は、自社が受け取る情報が適切な方法を使って得られたものだと確信できるであろうか[5]。

誤差：データの精度

リサーチャーは、該当データが現在の調査の目的からみて十分に正確であるかどうか見極めなければならない。二次データには、プロジェクトの各段階、すなわちアプローチやリサーチ設計、標本抽出、データ収集、分析、報告にわたり、多くの誤差や間違いを生じる原因がある。その上、リサーチャー自身がそのリサーチに参加したわけではないから、二次データの精度を評価することは困難である。1つのアプローチとしては、データについて複数の出所を探し出し、標準的な統計手順を用いてそれらのデータを比較することが考えられる。

二次データの精度はさまざまで、特にデータが変化しやすい現象に関係している場合はその傾向が強い。さらに、異なった出所から得られた情報は一致しない場合もある。このような場合には、リサーチャーは、パイロット調査やその他の適切な方法を使って、二次データの正確さを確認しなければならない。創造性を発揮すれば、さしたる費用や努力を必要とせずに確認できる場合が多くある。

〈リサーチの実例〉——Eテーリングの売上高のディテール

eコマースの売上げを測定するために、フォレスター・リサーチ社（www.forrester.com）、コムスコア社（www.comscore.com）、ニールセン／ネットレーティングス社（www.netratings.com）、米国商務省（www.commerce.gov）などの調査会社・機関が、調査を行っている。この4つの組織は、結果報告のためのデータ収集とデータ分析に関し、全て、別個の方法を採用している。フォレスト・リサーチは、毎月、月初めの9営業日間に5,000人のオンライン消費者に対して調査を行っている。調査対象となった消費者からの回答は、米国国民の母集団を代表するように調整されている。ニールセン／ネットレーティングスのEcommercePulse調査は、フォレスト・リサーチとは異なり、さらに大規模な36,000人のインターネット・ユーザーを毎月調査をし、対象となった消費者がオンラインで費やす金額を追跡している。米国商務省の方法は上記のいずれとも異なり、無作為に11,000の小売商を抽出し、オンラインの売上げに関する調査票に記入してもらっている。最後に、コムスコアでは、同社のサーバーを通して自分のインターネット上で取引を追跡することを許可した150万人のインターネット・ユーザーからデータを収集できる自動回答システムを導入している。

2001年の第3四半期の、ネット販売の売上高をフォレスト・リサーチは120億ドル、ニールセン／ネットレーティングスは145億ドル、商務省は74億7,000万ドル、コムスコアは72億4,000万ドルとそれぞれ発表した。フォレスターやネットレーティングスとは違い、商務省とコムスコアは、ネット販売の売上高から旅行サービス、イベント・チケット、オークションの売上げを除外している。コムスコアによれば、2001年の年間eテール総売上げは530億ドルであった。旅行サービス、イベント・チケット、オークションを除外した、2001年の数字は337億ドルである。ネット販売の売上高にこのような巨額の差が出ることは、eコマース企業にとっては問題となる。連邦準備制度理事会議長のアラン・グリーンスパンでさえも、この点を重要な問題

> として取り上げている。異なった出所から入手できるeテールの売上金額を比較することで、マーケティング・リサーチャーは、データに内在する可能性のある誤差の程度に関して見当をつけることができる[6]。

鮮度：データが収集されるのはいつか

二次データは最新のものでなく、多くのセンサス・データのように、データ収集と公表との時間のずれが長くなる場合がある。さらに、当面の課題の目的にとり十分なほど、データが頻繁に更新されていない場合がある。マーケティング・リサーチは最新の新鮮なデータを必要とする。そのため、二次データの価値は、そのデータが古くなるにつれ低くなる。例えば、2000年の国勢調査のデータは内容豊富であるが、過去2年間に人口が急速に変化した大都市地区があればそこには適用できないこととなる。幸いにも、マーケティング・リサーチ企業が数社、定期的にセンサス・データを更新しており、最新情報は会員制により入手できるようになっている。

目的：データが収集された目的

データは、常になんらかの目的を念頭において収集される。そして、最初の基本的な質問は、なぜそのデータが収集されたのかということである。最終的には、データを収集する目的が、その情報の適切さと有用性を決定することになる。特定の目的を念頭において収集されたデータは、他の状況には適合しない場合もあろう。後ほど本章でさらに詳しく説明するが、スキャナーによる**数量トラッキング・データ**は、マーケット・シェアの変化を含む、ブランドの総合的な動向を調べる目的で収集される。そのため、世帯がどのように特定ブランドを選択しているかを理解するための調査をするのであれば、オレンジジュースの売上げに関するスキャナー・データは、それほど価値がないといえよう。

性質：データの内容

データの性質、すなわち、内容は、主要な変数の定義、測定単位、使用されたカテゴリー、検討された諸関係に特別な注意を払って検討されなければならない。主要な変数が定義されていなかったり、リサーチャーの定義とは矛盾した方法で定義されたりしていると、データの有効性が限られてしまう。例えば、テレビ番組に対する視聴者の選好に関する二次データについて考えてみよう。この情報を使うためには、番組の選好がどのように定義されているのかを知ることが重要になる。最も頻繁に視聴されている番組、という意味で定義されたのであろうか。

数量トラッキング・データ volume tracking data　ブランド、サイズ、価格、味または調整方法別購買情報を提供するスキャナー・データ。

それとも、最も必要だと考えられている番組、最も楽しめる番組、最も有益な番組、あるいは、コミュニティーに最も貢献する番組、という意味で定義されたのだろうか。

　同様に、二次データが、現在の課題に不適切な単位で測定されている場合もある。例えば、所得といっても、個人単位、家族単位、世帯単位あるいは支出単位で測定されているのかもしれないし、税込みあるいは税引き後の手取り額のことを指しているのかもしれない。所得は、リサーチのニーズによって違うカテゴリーに分類できる。リサーチャーが、税込み年間世帯所得が9万ドルを超える高所得消費者に関心を抱いている場合には、所得「1万5,000ドル以下、1万5,001～3万5,000ドル、3万5,001～5万ドル、5万ドル超」というような所得カテゴリーの二次データでは、利用価値がないことになる。所得のような変数の測定法を決定することは、複雑なタスクである。最後に、検討された諸関係についても、データの性質を評価する際に考慮に入れられなければならない。例えば、実際の行動が関心事である場合、自己申告による態度情報から行動を推測するデータでは、その有用性には限界がある。なお、入手データの当面の課題に対する有効性を高めるために、利用できるデータを組み替える、例えば、測定の単位を変えるといったことが可能な場合もある。

依存可能性：そのデータ上どのくらい頼ることができるのか

　データの依存可能性に関する全体的な目安は、専門知識、信頼度、評判、出所の信用度を検討することで得られるであろう。この情報は、その出所が提供する情報を過去に利用した経験のある人に確認して得ることができる。売上げを促進したり、特定の利益を求めたり、宣伝活動を行ったりする目的で公表されたデータは、まず疑ってかからなければならない。匿名で公表されたデータや、データ収集の方法とそのプロセスの詳細を隠ぺいしようとしているデータに関しても同じことがいえる。その二次データが元の出所、すなわち、そのデータを作り出したところから出たものなのか、それとも、間接的な出所、すなわち、元の出所からデータを使って作り出したものなのかを調べることも賢明である。例えば、国勢調査は元の出所であるが、『Statistical Abstracts of the United States（合衆国統計要覧）』は間接的な出所である。一般的なルールとして、二次データは、間接的な出所より元の出所から入手しなければならない。このルールには少なくとも次の2つの理由がある。まず、元の出所にはデータ収集方法が詳細に明記されている。第2に、元の出所の方が間接的出所より正確で全てが揃っている可能性が大である。

〈リサーチの実例〉──二次データでフライング・ハイ

　雑誌『マネー』は、消費者が最重要視している航空会社の特性を明らかにするために行われた調査の結果を公表した。その特性は、重要度の高い順に、安全性、価格、手荷物の取り扱い、定時発着、顧客サービス、手軽な予約システムと発券業務、乗り心地のよさ、フリークエント・フ

ライヤー・プログラム、そして食事である。『マネー』は、この特性に従って、米国航空会社大手10社をランク付けした。

この記事は、アメリカン航空にとって、改善すべき自社業務の特性を特定するためにマーケティング・リサーチの調査を行う際、有益な二次データになるに違いない。しかしながら、このデータを利用する前に、いくつかの基準に従ってデータを評価しなければならない。

まず、この記事のためのデータ収集にあたって用いられた方法を調べる必要がある。『マネー』の雑誌記事には、調査に用いた方法の詳細を記述したセクションがある。『マネー』は1,017人のフリークエント・フライヤーに対する質問調査により、航空会社の重要な特性を決定した。調査結果の、誤差は3%であった。アメリカン航空としては、1,017人の標本サイズの調査結果を母集団に一般化することができるのか、誤差3%は許容範囲内なのかを決定する必要があった。さらに、アメリカン航空は、どのようなタイプの回答誤差あるいは無回答誤差が、データ収集やデータ解析のプロセスで生じているのかを評価しなければならない。

アメリカン航空にとって、この記事が二次データとして利用できるのかどうかを判断する際には、データの鮮度と調査の目的とが重要になるであろう。この調査は、2001年9月11日の航空機同時多発テロ事件以前に行われていた。おそらく乗客の基準は、この悲劇的な事件以来変わっていると思われ、この調査の有用性を低下させることになろう。ただし、この調査の目的は、人気のあるビジネス雑誌向けの選択基準にそって航空会社をランク付けしようというものであり、この雑誌自体、いずれの航空会社に対しても強い利害関係を持っていないので、調査結果は特定の航空会社に偏ったものとは思われない。

アメリカン航空はまた、データの性質と依存可能性をチェックする必要がある。例えば、どのように上記9つの選択基準が定義されているかを調べなければならない。例えば、価格は1マイル当たりの料金で測定されている。もしアメリカン航空がこの方法で価格を定量化したくないのなら、これでは役に立たなくなる。また、依存可能性に関しては、『マネー』と、『マネー』が調査の実施を委託した企業、ICR社の評判を調査する必要がある。さらに、『マネー』がこの調査で何らかの二次リサーチ（間接的出所からのデータ）を利用した事実も考慮しなければならない。例えば、航空事故に関しては米国国家運輸安全委員会のデータからの報告書を、また、航空会社10社の安全運航のランク付けには連邦航空局の事故報告書をそれぞれ利用している。情報は元の出所から入手したほうがよいということは常に変わらない。したがって、アメリカン航空としては、自社でこのような情報を入手し、独自の安全性ランキングを作成することを希望するかもしれない。その方が、『マネー』のレポートから情報を得るよりも信頼度が高くなるからである。

2001年の売上げは、ほぼ190億ドルに達したものの、アメリカン航空は17億6,000万ドルの損失を被った。損失の多くは、9・11の余波と航空各社が直面しなければならない数多くの安全問題によるものであった。アメリカン航空は、2002年1月から、一時削減していた飛行ルートを、復活させる決定を下した。雑誌『マネー』の記事は、アメリカン航空のマーケティング・リサーチ・プロジェクトにおける第一歩として利用することも可能であろう。例えば、課題の定義を構築する際に有効であろう。しかしながら、この記事には鮮度、性質、依存可能性に限界があ

るので、この出所からのデータは、一次リサーチに加えて、他の出所からの二次リサーチによっても補足されなければならない[7]。

二次データの分類

図4.1は二次データの分類を示している。二次データは、内部データと外部データに分類できる。まず、**内部データ**は、リサーチが実施されている組織内で産み出されるデータである。これは、マネジメント意思決定支援システムで決まって供給される情報のように、すぐに使える状態で入手することが可能だ。だがその一方で、組織内に存在はするものの、リサーチャーが利用できるような状態にするには、相当な処理を行わなければならない場合もありうる。例えば、売上請求書には多種多様な情報が含まれている。しかしながら、この情報は簡単には利用できない。必要な情報を引き出すためには、さらに処理が必要となるからである。一方、**外部データ**は当該組織外の出所により産み出されたデータである。この種のデータは、公表された資料やコンピュータ化されたデータベース、あるいはシンジケート・サービスにより入手可能となった情報といった形で存在する。外部二次データを収集する前に、内部二次データを分析することは役に立つ。

内部二次データ

内部にあるデータの出所は、二次データを探る出発である。ほとんどの組織には社内情報が豊富にあり、中にはすぐに利用できるデータもあり、有益な洞察をもたらす。例えば、売上げとコストのデータは、正式な会計手順に従って収集されている。リーボック社（www.reebok.com）では、売上げに関する内部データから、インターネット販売が全売上げの僅か0.7％で

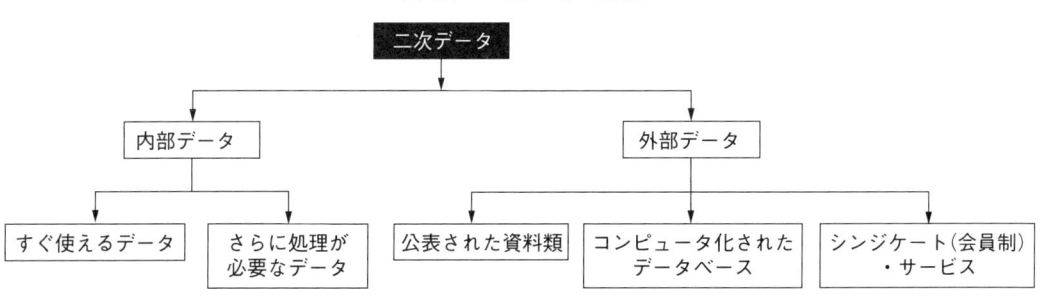

図4.1 二次データの分類

内部データ internal data　リサーチが実施されている組織内で入手できるデータ。
外部データ external data　当該組織外で産み出されたデータ。

あったにもかかわらず、小売店の間で悪感情が生れたとき、同社はネット販売を取り止めた。また、百貨店の例で説明するように、決まって収集されている売上げデータを処理して、さまざまな有益情報を生成することも可能である。

内部二次データには2つの重要な優れた点がある。簡単に入手できることと、安価であることである。実際、内部二次データは、たいていどのマーケティング・リサーチ情報よりもコストがかからない。とはいえ、こういったデータは十分に活用されていないことが多い。しかしこの傾向は、データベース・マーケティングが普及するにつれ、変わりつつある。

データベース・マーケティング

データベース・マーケティングでは、顧客像と購買行動の詳細を捉えてトラッキングするためにコンピュータを利用する。この二次データは、マーケティング・プログラムの基礎あるいは顧客行動に関連した情報の内部出所として役立つ。多くの企業にとって、データベースを構築する最初のステップは、訪問販売の報告書や伝票に記載されているような未加工の販売情報を、マイクロコンピュータへ変換することである。この消費者の購入情報は、シンジケートサービスを提供している会社から入手できる同一顧客の人口統計情報と心理的情報を重ね合わせると一層価値が高まる――シンジケート会社には、ドネリー・マーケティング社（www.donnelleymarketing.com）、エクスペリアン社（www.experian.com）、R. L. ポーク社（www.rlpolk.com）などがある。この情報を、ビジネス顧客の関係に関する生涯活動という観点から分析していくことが可能になる。また、ヘビー・ユーザーとライト・ユーザーの顧客像や使用状況における変化の徴候、「顧客のライフサイクル」における重要なイベント（例えば、記念日など）を特定することができ、それに対してアクションをおこすことも可能になる。これらのデータベースは、カスタマー・リレーションシップ（顧客関係）を育成し、拡大し、守るために必要な基本的手段を提供する[8]。

CRM（カスタマー・リレーションシップ・マネジメント、顧客関係マネジメント）は、独特のタイプのデータベース指向のマーケティングである。ダイムラー・クライスラー社（www.daimlerchrysler.com）では、CRMシステムの一部として、Personal Information Centers（PIC、個人情報センター）と呼ばれるものを実現させた。この PIC は、その名称が示すとおり、マーケティング・リサーチ・チームに直結するオーナー専用のウェブ・サイトを提供するものである。PIC では、自動車の購入に関するあらゆる要素のデータを収集し、同社がカスタマイズされたマーケティングを実践できるようにしている。例えば、ある見込み客にオンライン調査で記入してもらった回答から、その見込み客がミニバンの操作に関して懸念を感じていることがわかった場合、その見込み客に送付するカタログだけに特別のデータを入れることができる。

データベース・マーケティング　database marketing　顧客像と購買行動の詳細を捉えてトラッキングするためにコンピュータを利用するマーケティング手法を含む。

第4章　探索的リサーチの設計：二次データ　　163

> **アクティブ・リサーチ　百貨店プロジェクト**
>
> ## 内部二次データ
>
> 百貨店プロジェクトでは、内部二次データに関して広範な分析が行われた。この分析は、豊かな洞察をいくつかもたらした。例えば、売上げは、以下の情報を得るために分析された。
> - 製品ライン別の売上げ
> - 主要売り場別の売上げ（例．紳士用衣料売り場、家庭用品売り場）
> - 店舗別の売上げ
> - 地域別の売上げ
> - 現金購入とクレジット購入など、支払い方法別の売上げ
> - 時間帯別の売上げ
> - 購入額別の売上げ
>
> これらの区分の多くでは、売上げの傾向も調査された。

こういったデータは、ミニバン市場で、ダイムラー・クライスラーのミニバンがいかに競合メーカーに立ち向かっているのかを示すものであろう。ダイムラー・クライスラーは、顧客との関係は、見込み客が初めて同社と連絡を取ったときに始まり、購入者が自動車を1台購入したら完了というものではないと考えている。このことを念頭におき、同社は、購入者と見込み客の意見や希望を常時トラッキングするためにCRMのシステムを使用している。このCRMのおかげで、同社は自動車市場でリーダーシップを保ち続けることができる。同社は2001年の売上が1,520億ドルを超える、世界第3位の自動車メーカーである[9]。

データベース・マーケティングは、次の例にあるように、きわめて高度でターゲットを絞ったマーケティング・プログラムに到達することができる。

> **〈リサーチの実例〉——カーネルの秘密兵器、それは巨大なデータベース**
>
> 2003年現在、KFC（www.kfc.com）は世界80を超える国々に11,000を上回るチェーン店があり、毎日800万人近くの顧客に食事を提供している。
>
> 顧客像と顧客の傾向をより良く理解するために、KFCはIBM（www.ibm.com）に委託し「メタキューブ・ソフトウェア」を開発した。このメタキューブは、11,000あるKFCの各店舗からデータを収集し、そのデータを使いやすいスプレッド・シートにまとめることができる。KFCの情報システム担当ディレクターのミッキ・トーマスは、「誰かが注文品を購入してから、その取引の記録をデータ・ウェアハウスが入手するまでのタイムラグは、1日半です」と話す。この詳細なデータは、マーケティング・リサーチャーに、マーケティング・リサーチ課題の分析で役に立つ手段を提供する。この情報は、企業のマーケティングに関する意思決定の方向を導くため

に使ったり、自分たちの手でマーケット・リサーチを遂行するだけの技術や専門知識を持ち合わせていない個々の店舗に洞察を提供するために用いることができる。また、データ・ウェアハウスを利用することで、顧客が店内で食事をする割合から、ドライブスルーを利用する割合、宅配を利用する割合を含め、何をいつ購入したのかということを分析できるので、顧客像がさらに明らかになる。

　消費者の行動を理解することで、KFCは、それぞれのフランチャイズ加盟店の収益性と顧客満足度を大いに改善することができた。例えば、このデータベースは、ウェアハウスに蓄積された履歴データと地理上の区域における経済動向を基にして、時間ごと、週の曜日ごと、そして、季節ごとの売上げを予測するために利用される。そして、この予測は、従業員の配置計画の効率を最大限に高め、食品の在庫を最小限に抑えるために使用される。このように、データベース・マーケティングの手法を使うことで、KFCは、フランチャイズ加盟店が顧客のニーズを予想し、サービスと顧客満足度を改善し、効率性と収益性を最大にできるようにサポートしている[10]。

〈リサーチの実例〉――シンジケート企業から入手できる個人／世帯レベルのデータのタイプ

Ⅰ．人口統計データ
- 本人確認（氏名、住所、電話番号）
- 性
- 婚姻状況
- 家族の氏名
- 年齢（家族の年齢を含む）
- 所得
- 職業
- 同居している子供の人数
- 住宅の保有状況
- 居住年数
- 自動車保有台数と車種

Ⅱ．心理的ライフスタイル・データ
- ゴルフに対する興味
- スキーに対する興味
- 読書に対する興味
- ランニングに対する興味
- サイクリングに対する興味
- ペットに対する興味

第4章　探索的リサーチの設計：二次データ　　165

- ■釣りに対する興味
- ■電子機器に対する興味
- ■CATVに対する興味

　ビジネスに関する人口統計データを収集している企業もあり、それには、ダン・アンド・ブラッドストリート社（www.dnb.com）や、InfoUSA社（www.infousa.com）の一部門である、アメリカン・ビジネス・インフォメーションなどがある。

公表された外部二次資料の出所

　公表された外部二次データの出所には、連邦政府、州政府、地方自治体、非営利組織（例えば、商工会議所）、事業者協会、専門家組織、商業出版社、投資・証券会社、マーケティング・リサーチ専門会社などがある。実際、あまりにも多くのデータが手に入るので、リサーチャーはその量の多さに圧倒されることもあるだろう。そのため、公表された資料を分類することが大切になる（図4.2参照）。公表された外部資料は、一般的なビジネス資料と政府資料とに大きく分類される。一般的なビジネス資料は、手引き、名簿インデックス（索引）、統計資料から成る。また、政府資料はセンサス資料とその他の公表物に大別される。

一般的なビジネス資料

　ビジネス業界では、多量の情報を書籍、定期刊行物、機関紙、新聞、雑誌、報告書および業界資料の形で公表している。こういった情報は、手引き、名簿、インデックス（索引）を利用すると探し出すことができる。こうした資料は、統計を見付けるためにも利用できる。

手引き

　手引きは、標準的あるいは繰り返し発生する情報に関する卓越した出所である。それだけでなく、名簿や事業者協会、ビジネス公表物のような他の重要な資料を見付けるのにも役立つ。手引きは、リサーチャーが最初に参考にすべき資料の1つである。最も役に立つ手引きとして

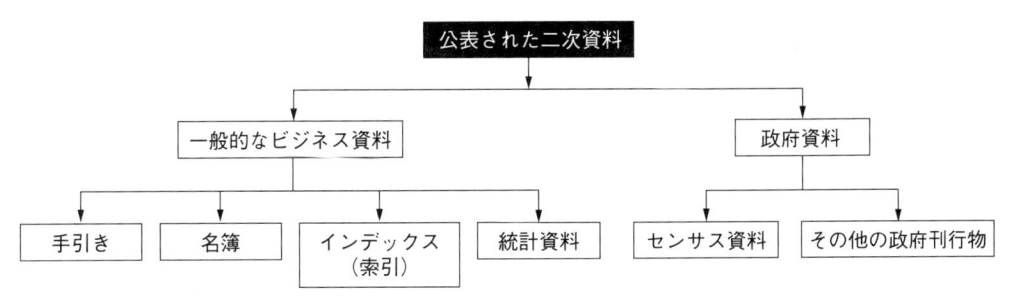

図4.2　発行された二次ソースの分類

> **アクティブ・リサーチ　百貨店プロジェクト**
>
> ## データ検索
>
> 　第２章で論じた理論的文献の検討に加えて、百貨店の選択で考慮される要因や、店をひいきにするその他の側面に関連した二次データとして、非学術的な出所を探し出すことも必要である。そこで、『Business Periodical Index』『Wall Street Journal Index』『New York Times Index』を活用し、過去５年間に掲載された関連記事のリストを作成した。『Business Periodical Index』は、特定の産業および企業ごとに記事を分類しており、所定の記事を簡単に探せるようになっている。こうした方法により入手した記事の何本かが有用であることが判明した。ある記事は、消費者にはショッピングと外食とを組み合わせる傾向があることを示していた。そこで、第２章で論じたように、具体的な質問項目の１つは、この行動を調査するように構成された。

は、『American Marketing Association Bibliography Series』『Business Information Sources』『Data Sources for Business and Market Analysis』『Encyclopedia of Business Information Sources』などが挙げられる。

名簿

　名簿は、具体的なデータを収集している個人や団体を特定するのに役立つ。重要なディレクトリには、『Directories in Print』『Consultants and Consulting Organizations Directory』『Encyclopedia of Associations』『FINDEX：The Directory of Market Research Reports, Studies and Surveys』『Research Services Directory』がある。

インデックス（索引）

　１つのインデックスを使って、特定のトピックに関する情報を数種類の公表物の中から探すことができる。そのため、インデックスがあれば、検索プロセスをより効率的に進めることができる。百貨店プロジェクトでもいくつかのインデックスを使用していた。

　百貨店プロジェクトが示すように、インデックスは関連文献を目標とした検索を一層容易にする。中には、学術、ビジネスの両方の出所が判るインデックスもある。以下に、使えるビジネス・インデックスを紹介しよう。『Business Periodical Index』『Business Index』『Predicasts F&S Index：United States』『Social Sciences Citation Index』『Wall Street Journal Index』

民間統計資料

　公表されている統計データは、大いにリサーチャーの役に立つ。こういったデータで図表を

用いた分析や統計解析を行い、重要な洞察を引き出すことができる。民間の統計資料の主な出所には、『A Guide to Consumer Markets』『Predicasts Forecasts』『Sales and Marketing Management Survey of Buying Power』『Standard and Poor's Statistical Service』『Standard Rate and Data Service』などがある。

政府資料

米国政府も大量の二次データを作成している。その公表物は、センサス資料とその他の刊行物に分けられる[11]。

センサス資料

米国センサス局は、世界で最も大規模な統計資料の出所である。同局の月刊カタログはさまざまな刊行物のリストと解説が記載されている[12]。しかし、もっと便利なのは『Guide to Economic Census』である。センサス・データの質は高く、非常に詳細にわたっている。さらに、誰でも名目的な料金でセンサス局からコンピュータ・テープかディスクを購入し、この情報を希望の書式に作り直すことができる[13]。多くの民間機関が、次回のセンサス年までの間の各年につき、詳細な地域レベルでセンサス資料を更新している[14]。なお、重要なセンサス資料には、住宅センサス、工業センサス、人口センサス、小売業センサス、サービス産業センサス、および卸業センサスがある。

〈リサーチの実例〉——米国市場の色を変える

2000年の国勢調査によると、米国の世帯数は1億550万、人口は2億8,140万人であるという。この2000年国勢調査は、人口の構成に関して多くの情報を公表した。それには、アジア系が3.6％、アフリカ系12.3％、ヒスパニック系12.5％という情報も含まれる。つまり、米国には1,020万人を超えるアジア系米国人、3,470万人を超えるアフリカ系米国人、3,530万人を超えるヒスパニック系米国人が住んでいることになる。1990年から2000年にかけて、少数人種はその他の人種に比べてより速いペースで人口が増加している。

このような人口増加における劇的な違いは、小売業の情勢を大きく変えている。マーケティング会社はこの傾向をしっかりととらえ、これら多様な文化のニーズを満たすために、自社のマーケティング・ミックスをどのように最善の形にするのかを決定しなければならない。少数人種をリサーチ・プロセスとマーケティング計画に含むことは、多くの企業が長期にわたり成功するために、きわめて重要になるだろう。

マツダ・ノース・アメリカは、多様性を念頭においた販売を心がけていたが、2002年から2005年にかけては、ヒスパニック系、アジア系、アフリカ系の米国人をターゲットとした販売に今までより多くの資金と努力を投入することを決定した。ヒスパニック系のテレビネットワークのキー局であるユニビジョンは、民族色の強いエンターテイメントに対してより多額の投入を呼び込

もうと企業の CEO に売り込みをかける際、上記のセンサスの結果を使用している。米国のセンサス・データに注目しつづけ、アジア系、アフリカ系、ヒスパニック系の米国人は、単にマーケットが違うというだけでなく、文化やこれまで歩んだ歴史についても大きく異なっているのだということを理解すれば、次の10年間の米国の成長を活気づけるのに役立つことになるだろう[15]。

その他の政府刊行物

センサスに加え、連邦政府は数多くの統計資料を収集、公表している。中でも役に立つ刊行物は、『Business America』『Business Conditions Digest』『Business Statistics』『Index to Publications』『Statistical Abstract of the United States』『Survey of Current Business』である。概要で紹介した2つ目の実例は、ファスト・フード・チェーン店が人を介したハイタッチ指向からハイテク指向へと転換する際、米国労働省の統計がいかに活用されたのかを示している。

公表されている情報の多くは、コンピュータ化したデータベースでも利用できる。

コンピュータ化されたデータベース

コンピュータ化されたデータベースは、データの電子的流通に対応してコンピュータで読み取ることのできる形式に置き換えられた情報からできている。2000年代にデータベースの数は、データベースを供給する業者の数と同様に、驚異的に増加している[16]。したがって、コンピュータ化されたデータベースを分類することが助けとなる。

コンピュータ化されたデータベースの分類

コンピュータ化されたデータベースは、図4.3にあるように、オンライン、インターネット、オフラインに分類することができる。**オンライン・データベース**は、中央データバンクから、通信ネットワークを介してコンピュータ（もしくは端末専用機）でアクセスする。**インターネット・データベース**は、インターネットでのアクセス、検索、分析が可能である。インターネットからデータをダウンロードして、そのデータをコンピュータや補助記憶装置に保存することもできる[17]。**オフライン・データベース**は、ディスクや CD-ROM に収録された情報を入手可能にする。つまり、オフライン・データベースは、外部の通信ネットワークを利用せずに、ユーザーがその場でアクセスできるようになっている。例えば、米国センサス局の情報については、データ・ファイルを CD-ROM の形で利用することが可能である。この媒体には、セン

オンライン・データベース online database　コンピュータに記憶されていて、通信ネットワークでアクセスするデータベース。
インターネット・データベース internet database　インターネットでアクセス、検索、分析ができるデータベース。インターネットからデータをダウンロードして、そのデータをコンピュータや補助記憶装置に保存することも可能。
オフライン・データベース offline database　ディスクや CD-ROM で入手できるデータベース。

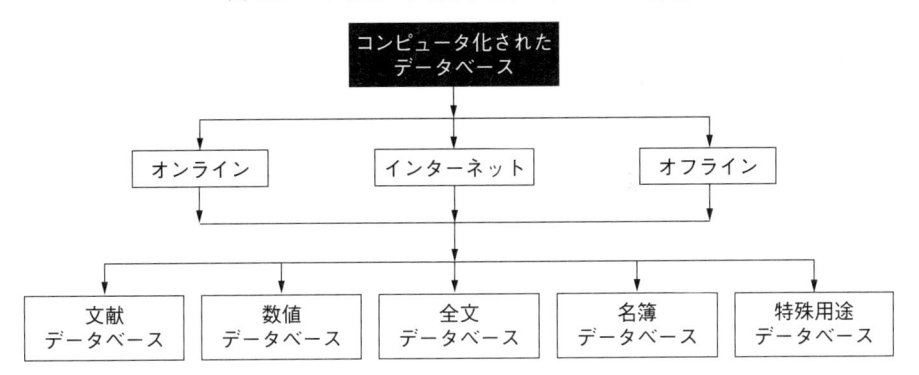

第4章 探索的リサーチの設計：二次データ

図4.3 コンピュータ化されたデータベースの分類

```
                    コンピュータ化された
                      データベース
        ┌───────────────┼───────────────┐
      オンライン      インターネット      オフライン
        └───────────────┼───────────────┘
   ┌────────┬────────┬────────┬────────┐
  文献      数値      全文      名簿    特殊用途
データベース データベース データベース データベース データベース
```

サス・トラクト（国勢統計区。人口特性、経済状態、住居条件に関し、相対的に等質で平均住民4,000人規模の地域）や郵便番号別に集計された詳細な情報が入っている。百貨店のひいき客プロジェクトでも、このタイプの情報を標本抽出の際に利用した[18]。次の例にあるように、数社のデータ供給業者がさまざまな形式でデータを提供している。

〈リサーチの実例〉──InfoUSA、ここでも、あそこでも、どこででも

InfoUSA（www.intousa.com）は、販売およびマーケティングに関する支援データを提供する代表的な企業である。同社は、またドネリー・マーケティング、アメリカン・ビジネス・インフォメーション、ウォルター・カール、idEXEC、InfoCanadaなどさまざまな商標名で業務を行っている。同社の2001年の純売上高は、2億8,900万ドルであった。同社は、資料をさまざまな形で分割したセットを販売しており、その中には専門家向けオンライン・サービス(LEXISNEXIS, DIALOG)、一般向けオンライン・サービス（コンピューサーブ、マイクロソフト・ネットワーク）、インターネット（LookupUSA）やCD-ROMなどがある。これらの製品が基にしている基本データベースには、2003年現在、1億1,300万件の住居者リスト、1,400万件の企業リストに関する情報が含まれているが、これについては年間1,600万回にもおよぶ電話調査での照合を行っている。このようなデータベースから得られた製品には、セールス・リード（見込み客の一覧）や顧客名簿、ビジネス・ディレクトリ、マッピング製品がある。そしてこれらの製品は、インターネットで納品できる[19]。

オンライン、インターネット、オフラインの各データベースは、それぞれさらに、文献、数値、全文、名簿、特殊用途の各データベースに分類される。**文献データベース**は、機関誌、雑

文献データベース bibliographic database　機関誌、雑誌、新聞、マーケティング・リサーチ研究、技術報告書、公文書などの記事の引用から成るデータベース。引用した文献の概要や抜粋を掲載する場合が多い。

誌、新聞、マーケティング・リサーチ研究、技術報告書、公文書などの記事の引用から成る[20]。引用した文献の概要や抜粋を掲載する場合が多い。文献データベースの例は、ProQuest インフォメーション＆ラーニング（www.proquest.com）の ABI/Inform で目にすることができる。

数値データベースには数値情報や統計情報が含まれている。例えば、数値データベースの中には、ボーイング・コンピュータ・サービシーズ社（www.boeing.com）や商務省（www.commerce.gov）のような販売元が作成した、経済や特定の産業に関する時系列データ（年月など時間を基に分類されたデータ）を提供するものもある。また、センサスを基にした数値データベースも入手可能である。これは、2000年の人口および住宅センサスの数値データを利用しながら各センサスが独自に改訂を加えているもので、センサス・トラクト別および郵便番号別のレベルまで細分した地域別情報を提供する。これらのデータベースを供給する販売元には、米国センサス局（www.census.gov）、ドネリー・マーケティング・インフォメーション・サービシーズ（www.donnelleymarketing.com）、CACI 社（www.caci.com）などがある。

全文データベースには、データベースを構成している元の文書の全文が含まれている。レクシスネクシス社（www.lexisnexis.com）のサービスでは、何百ものビジネス関連のデータベースへアクセスし全文書を入手することが可能となる。このデータベースには、精選された新聞、定期刊行物、企業の年次報告書、投資信託会社の報告書などが含まれている。

名簿データベースは、個人や組織、サービスに関する情報を提供する。例えば、全米電子版イエロー・ページ（www.yellowpages.com）には、メーカー、卸業、小売業、専門職業、サービス業の名簿があり、膨大な数の組織の団体名、住所、北米産業分類システム（NAICS）コードを調べることができる。

最後に、**特殊用途データベース**を紹介しよう。例えば、PIMS（Profit Impact of Market Strategies、市場戦略の利益影響度分析）データベース。これは、マサチューセッツ州ケンブリッジにあるストラテジック・プランニング・インスティテュートが実施しているビジネス戦略に関するリサーチと分析の継続型データベースである。このデータベースには 250 社を超える企業の、2,000 を上回る事業単位に関するデータが収められている[21]。主要大学のほぼ全ての図書館が、コンピュータ化された企業経営とその関連資料のデータベースを保有しており、学生は無料でそのデータベースにアクセスできる。

コンピュータ化されたデータベースは量が膨大で多岐にわたっているため、その数に圧倒されてしまい、特定のデータベースを探し出すのが難しいように感じるかもしれない。一体どのようにすれば、文献、数値、全文、名簿あるいは、特殊用途のデータベースの所在を把握でき

数値データベース　numeric database　二次データの重要なソースである数値情報や統計情報が含まれているデータベース。
全文データベース　full-text database　データベースを構成している二次資料の全文が含まれているデータベース。
名簿データベース　directory database　個人や組織、サービスに関する情報を提供するデータベース。
特殊用途データベース　special-purpose database　特定の性質の情報を含むデータベース。例）特定の業界に関するデータ

るであろうか。それには、データベースのディレクトリがカギとなる。

データベースのディレクトリ

　データベースに関する情報の出所は非常にたくさんある。データベースの情報を入手する最善の方法は、ディレクトリを調べることである。例えば、ゲール・リサーチ社（www.gale.com）からは、『Gale Directory of Databases』が半年に1回発行されている。第1巻はオンライン・データベースを、そして、第2巻はCD-ROMと他のオフライン・データベースを取り上げている。その外に定期的に更新されている役に立つディレクトリには、次のものがある。
　　クアドラ・アソシエイツ社（www.cuadra.com）、カリフォルニア州サンタ・モニカ
　　『Directory of On-line Databases』
　　ゲール・リサーチ社（www.gale.com）、ミシガン州・デトロイト
　　『Encyclopedia of Information System and Services』

二次データのシンジケート・ソース

　公表されたデータやコンピュータ化されたデータベースの形で入手できるデータに加えて、外部二次データの主要な出所として、シンジケート・ソースがある。シンジケート・サービスとも呼ばれるこのシンジケート・ソースを提供する会社は、商品価値が知られており、多くの企業が共通して使えるデータの集りを収集、販売するものであり、データは、多くのクライアントが同じように求める情報ニーズを満たすように設計されている（第1章参照）。このデータは、個々のクライアントに固有のマーケティング・リサーチ課題のために収集されたものではないが、クライアントに提供されるデータや報告書は、個々のニーズに合わせるようにカスタマイズすることができる。例えば、報告書を顧客の販売地域や製品ラインを基にしてまとめることが可能である。また、シンジケート・ソースを利用すると、一次データを収集するよりも安価に済むことが多い。図4.4では、シンジケート・サービスの分類を記してある。シンジケート・ソースは測定単位（世帯／消費者か事務所か）を基に分類される。世帯／消費者データは、質問調査、購入パネル、媒体パネル、あるいはスキャナーサービスにより入手できる。質問調査で入手される情報は、調査対象者の価値感とライフスタイル、広告に対する評価、製品やブランドに対する選好・購入・消費、そしてその他の行動に関する一般的な情報から成る。パネルは、購入あるいは広告媒体消費（閲読、視聴）に関する情報に重点をおいている。スキャナーサービスでは、スキャナー・データだけのものと、パネルと結びつけたスキャナー・データ、あるいはパネルとテレビ（CATV）とを結びつけたスキャナー・データを提供する。そ

シンジケート・ソース syndicated sources　マーケティング・リサーチ機関が提供する情報サービスで、その機関のサービスの購入を契約しているさまざまな企業に、共通のデータベースからの情報を提供する。

図 4.4　シンジケート・サービスの分類

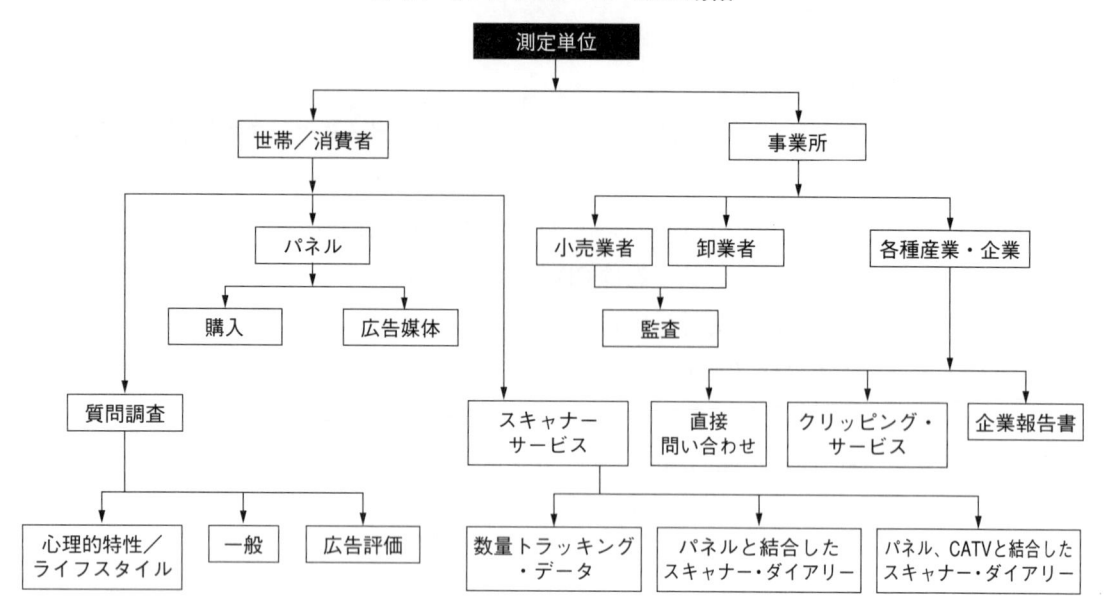

```
                            測定単位
              ┌───────────────┴───────────────┐
          世帯／消費者                         事業所
              │                  ┌─────────────┼─────────────┐
            パネル            小売業者       卸業者      各種産業・企業
         ┌────┴────┐              └──────┬──────┘              │
        購入    広告媒体                 監査                    │
          │                                                     │
       質問調査           スキャナー    直接      クリッピング・  企業報告書
   ┌──────┼──────┐       サービス    問い合わせ    サービス
心理的特性／  一般  広告評価   │
ライフスタイル              数量トラッキング  パネルと結合した   パネル、CATVと結合した
                              ・データ        スキャナー・ダイアリー  スキャナー・ダイアリー
```

して、測定単位が事業所の場合には、データは小売業者、卸業者、各種産業・企業から入手される。さまざまのシンジケート・サービスの概観は**表 4.3** のとおりである。続いて、各サービスの内容を詳しく説明していこう。

世帯から得られるシンジケート・データ

質問調査

さまざまなサービスが**質問調査**すなわち、予め設計された調査票を使って、多数の調査対象者に対するインタビューを定期的に実施することで提供されている。質問調査は、その内容から、大まかに心理的特性とライフスタイル、広告評価、一般調査に分類される。

心理的特性とライフスタイル

心理的特性とは、個々人の心理的な側面の特徴、および、ライフスタイルの心理的な観点からの測定に関係している。そして、**ライフスタイル**とは、社会、あるいはそのセグメントの独特の生活様式のことを指している。こうした測定は、通常一括して「活動（Activities）、興味（Interest）、意見（Opinions）」、としてまたは頭文字をとって AIO と呼ばれている。次に、その適用例を挙げよう。

質問調査　surveys　予め設計された調査票を使って行われる、多数の調査対象者に対するインタビュー調査。
心理的特性　psychographics　定量化された心理的個人像
ライフスタイル　lifestyle　ライフスタイルは独特の生活様式として定義される。これは、従事している活動（Activities）、抱いている興味（Interest）、自分自身およびその人をとりまく世界についての意見（Opinions）で示される（AIO）。

第4章　探索的リサーチの設計：二次データ

表4.3　シンジケート・サービス概観

タイプ	特徴	長所	短所	用途
質問調査	●定期的に行われる調査	●データ入手方法が最も柔軟である ●根底にある動機に関する情報を入手する	●インタビュアーによる誤差が発生する ●調査対象者による誤差が発生する	●マーケット・セグメンテーション ●広告テーマの選択 ●広告効果
購入パネル	●長期間にわたり、世帯が定期的に特定の情報を提供する ●調査対象者は、特定の行動に関して、行動の都度記録するように依頼される	●記録された購入行動を、人口統計特性と心理的特性に関連づけることができる	●代表性に欠ける ●回答に偏りがある ●成熟（時間の経過に伴う調査対象者の変化）	●販売、マーケット・シェア、傾向の予測 ●消費者像、ブランド・ロイヤルティ、ブランド・スイッチの確認 ●テスト・マーケティング、広告、流通（配荷）の評価
メディア・パネル	●電子機器で自動的に消費者の行動を記録し、ダイアリーで補完する	●購入パネルと同じ	●購入パネルと同じ	●広告料率の設定 ●番組または放送時間の選択 ●視聴者の特徴の確認
スキャナーによる数量トラッキング・データ	●世帯の購入内容をスーパーマーケットのスキャナーで記録する	●データは実際の購入内容を反映する ●データがタイムリーに入手できる ●安価である	●データに代表性がない場合がある ●購入記録時に誤差が生じる ●購入を価格以外のマーケティング・ミックスの項目に関連づけることが難しい	●価格トラッキング ●モデリング ●店内モデリングの効果
パネル、CATVと結合しスキャナー・ダイアリー	●CATV契約世帯のスキャナー・パネル調査	●データが実際の購入内容を反映する ●標本のコントロールが可能である ●パネル・データを世帯の特性に関連づけることができる	●データに代表性がない場合がある ●データの質に制約がある	●プロモーション・ミックスの分析 ●新製品テスト ●ポジショニング
監査	●実際の売上げ記録のチェックと在庫分析により、製品の動きを検証する	●小売業、卸業では比較的、正確な情報が入手できる	●対象範囲が不完全な可能性がある ●競合活動に関するデータと対応させることが難しい	●消費者への売上高とマーケット・シェアの測定 ●競合活動 ●流通パターンの分析 ●新製品のトラッキング調査
産業用製品シンジケート・サービス	●直接問い合わせ、クリッピング・サービス、企業報告書から作成された企業等に関するデータ・バンク	●企業等における情報の重要なソースで、特にプロジェクトの初期段階で役に立つ	●データの内容、量、質に不足が生じる	●地域別潜在市場規模を明らかにする ●セールス地域の定義 ●広告予算の配分

〈リサーチの実例〉——キャンベル、アルファベット・スープに AIO を確認

　ヤンケロビッチ・リサーチ・アンド・コンサルティング・サービシーズ社（www.yankelovich.com）は、ライフスタイルと社会動向に関する質問調査、ヤンケロビッチ・モニターを提供している。この調査は、毎年同時期に、全米を代表する 16 歳以上の成人 2,500 人（キャンパス内で生活する大学生 300 人の特別標本を含む）の標本を対象として実施されている。標本は最新のセンサス・データを基にしている。調査対象者宅での訪問個人面接が実施され、完了までの所要時間は約 1 時間半である。さらに、記入に約 1 時間を要する調査票を預け、回答後、対象者に郵便で返送してもらうようになっている。広告代理店はヤンケロビッチ・モニターを利用して、ライフスタイルの変化を見極め、その傾向を反映する広告テーマを考案する。このモニターで、成人が健全な食欲を満たす食品を切望としていることが示されたのを受け、キャンベルスープ・カンパニー（www.campbellsoup.com）は 2000 年の冬にチャンキー・スープを市場に導入した。このとき、NFL（National Football League）のスポンサーとして、多くのコマーシャルでアメリカン・フットボールのスター選手、カート・ワーナーとドノバン・マクナブを使った。コマーシャルでは、たとえスープでも、栄養たっぷりでこの「ビッグ・ボーイ」たちを充分に満足させることができることを示した。食欲を満たすスープを待ち望む成人を標的としたマーケットに到達することを狙ったのである。また、2002 年冬季オリンピックでは、オリンピック選手がキャンベルスープで温まり、満足している様子を広告にした[22]。

　SRI インターナショナルのパートナーで、前身がスタンフォード・リサーチ・インスティテュート（スタンフォード大学付属研究所）である SRI コンサルティング（www.sric-bi.com）は、年に 1 度消費者調査を実施しているが、この調査は、セグメンテーションの目的で、消費者を VALS 2（VALS は Values and Life-Styles の頭文字）の類型に分類するために使われている[23]。消費者のライフスタイルの、特定の側面に関する情報も入手できる。また、ローパー ASW 社（www.roperasw.com）は Green Gauge™ を実施しているが、これは年 1 回行われる環境問題に関連した消費者の態度および行動の調査であり、消費者を環境に対する行動によりセグメント化している。

広告評価

　広告評価調査の目的は、印刷媒体、放送媒体を利用した広告効果を評価することにある。有名な調査にローパー ASW（www.roperasw.com）が実施しているスターチ・リーダーシップ調査がある。スターチでは、雑誌や新聞の読者に対して、年間に 5 万件を超えるインタビューを実施している。インタビューは個人面接で行われ、実生活での閲読方法に最も近い（スルー・

ザ・ブック」再認法すなわち、印刷物を1ページ1ページめくって読んだかどうかを確かめる手法を利用している。スターチ・アド・リーダーシップレポートは、特定の出版物における広告の閲読状況を測定しており、その数は、毎年雑誌の号数で500、広告物の数で25,000を超える。最も基本的なレベルとして、クライアントは生（ナマ）の閲読率すなわち、特定の広告を見てコピーを読んだ読者の割合を得ることができる。次にこの閲読率を他の広告の閲読率との関係で比較し広告をランク付ける。ランク付けは当該号に掲載されている他の広告と比較するだけでなく、過去2年間にさかのぼり、その製品が属するカテゴリーの広告との比較も行う。スターチ・アドバタイジング・リサーチは、オンライン広告の効果を測定するためにカスタマイズされたオンライン・インプレッション調査も提供している。この調査では、クライアントのターゲット・マーケットに属するAOL会員から無作為に抽出された最小100人の標本に対して実施される。こうした調査の結果は、プロクター＆ギャンブル、ゼネラルモーターズ、シアーズ、ペプシコ、イーストマン・コダック、マクドナルドのような、自社の広告費がどれだけ効果的に使われているかに大きな関心を持っている大手広告主にとっては特に重要になる[24]。

　広告効果の評価は、テレビ・コマーシャルの場合、さらに重要となる。テレビ・コマーシャルは、選抜視聴者法あるいは自宅視聴法のどちらかを使って評価される。前者の場合、調査対象者を選抜し、劇場や可動式視聴実験室のような専用視聴施設まで調査対象者に足を運んでもらう。調査対象者はコマーシャルを視聴し、広告されている製品およびコマーシャルそのものについて、自分の知識、態度、選好に関するデータを提供する。自宅視聴方法では、調査対象者は、通常の視聴環境下において自宅でコマーシャルを評価する。新規のコマーシャルに関しては、コマーシャルが録画されたビデオテープを全米ネットワークレベルあるいは地方局レベルで配布して事前にテストを行うことが可能である。テスト用のビデオテープを配布後コマーシャルの効果を評価するために質問調査が行われる。ギャラップ＆ロビンソン社（www.gallup-robinson.com）は、この両方の評価方法を使ったテレビ・コマーシャルのテストについてのサービスを提供している。この方法は、雑誌、ラジオ、新聞、ダイレクト・メールのような他の媒体での広告効果を検証するために使用されることもある。

一般質問調査

　質問調査は、この他、さまざまな目的、例えば、購買行動や消費行動の調査などの目的でも実施される。ハリス・インタラクティブ（www.harrisinteractive.com）のショッパーインサイトの例をみてみよう。このショッパーインサイトはインターネットをベースにした質問調査で、全米の中から、世帯で内で、一番よく買い物をする人26,000人に、なぜ特定のスーパーマーケットやドラッグストア、量販店を選ぶのかという質問をしている。調査対象者は、店を選択する際に影響を与える30の主要因子を基に、自分の買い物の経験を評価するように求められる。因子には、レジ待ち、店舗の清潔さ、営業時間、場所などが含まれている。さらに、商品の価格設定や品揃えのような属性に関しては、スーパーマーケット、ドラッグストア、量販店

の各店舗につき、45におよぶ製品カテゴリーごとに評価が求められる。調査結果は、ウォルマートのような販売業者にとって自社の強みと弱点を判断する際の助けとなる。例えば、2002年の質問調査の結果から、頻繁に行われる特定商品の特売に対抗する、ウォルマートのEDLP（Everyday Low Price、毎日安値）戦略を一層強化するのに役立った。調査結果から、ウォルマートの価格が、最も間近のライバルのターゲット社よりも 3.8% 安いと見られていることがわかったからである。

質問調査の用途

　質問調査は、多種多様なデータを入手できるので、数多くの用途に使用できる。例えば、心理的特性とライフスタイルのデータのように、マーケット・セグメンテーションに利用することも可能であれば、消費者像を特定するために利用することも可能である。質問調査は、製品イメージや尺度、ポジショニングを決めるためにも役立ち、価格意識を分析するのにも有効である。その他の注目すべき使用法としては、広告テーマの選択や広告効果の評価がある。

質問調査の長所と短所

　質問調査は、調査対象者からデータを入手するのにもっとも柔軟性に富んだ手段である。リサーチャーは、10代の若者、別荘所有者、30～40歳の主婦のように、母集団の一部のセグメントだけに焦点を絞ることができる。質問調査は、消費者の動機、態度、選好に関する情報を入手する主要な手段である。インタビューでは、さまざまな質問を行い、視覚資料やパッケージ、製品、その他の小道具を使うこともできる。質問調査で得たデータは、適切に分析すれば、多くの方法で扱えるので、リサーチャーは、グループ間の違いを調べたり、年齢や所得のような独立変数の影響を検討したり、さらには、将来の行動を予測することさえできる。

　その一方で、質問調査データにはいくつかの重要な点で限界がある。まず、リサーチャーは、第1に調査対象者の自己申告に頼らなければならない。言葉と実際の行動にはギャップがある。調査対象者が間違って想記したり、社会的に望ましいと考えられる回答をしようとしたりするために、誤差が発生する場合も出てくる。さらに、標本が偏っている、質問がうまく表現されていない、インタビュアに適切な指示や監督をしない、結果を誤って解釈するといったケースもあり得る。

購入パネル調査とメディア・パネル調査

　質問調査で得たデータは購入パネル調査とメディア・パネル調査から入手したデータで補完できる場合が多い。パネルに関しては第3章の継時リサーチ設計で説明したが、ある一定の期間、定期的に特定の情報を提供する調査対象者の標本がパネルである。この調査対象者には、事業所、世帯、個人があるが、世帯パネルがもっとも一般的である。パネルは、質問調査を行うために保持される場合もある。購入パネル調査とメディア・パネル調査の明確な特徴は、調

NPDオンライン・パネルを利用した調査によると、女性は、実際に、水着のショッピングを好んでいる。

査対象者が特定の行動をとった場合にその行動を記録することにある。以前は、行動はダイアリーに記録され、そのダイアリーは1週間に1回から4週間に1回の割合でリサーチ会社に返送されていた。紙のダイアリーは序々に電子ダイアリーに代わってきている。現在、パネル調査のほとんどがオンラインで行われ、行動は、調査対象者がオンラインで入力する場合もあれば、電子機器で自動的に記録される場合もある。パネル参加者には、謝礼品やクーポン、情報、現金で参加に対する報酬が支払われる。記録される情報の内容は、購入パネル調査かメディア・パネル調査かにより変わってくる。

購入パネル調査

購入パネル調査では、NPDパネルの場合のように、調査対象者はさまざまに異なる製品につき彼等の購入を記録する。

〈リサーチの実例〉——ダイアリー（パネル）の情報には秘密なし

NPDグループ（www.npd.com）は、業種と市場を幅広くカバーし、オンラインで基本的なマーケット情報の収集・配信を行う業界を代表する企業で、2003年現在、20を上回る国々で業務を行っている。NPDは、質問調査で入手した情報を調査対象者が自分の行動を記録した情報と結合させて、消費行動や業界の売上げ、マーケット・シェア、主たる人口統計グループ別の傾向に関する報告書を作成している。NPDの消費者情報は自社のオンライン・パネルから収集されており、カバーしている製品カテゴリーは、ファッション、食品、娯楽、住宅および家庭用品、ハイテク、自動車と大変幅広い。調査対象者は、購入品のブランド、購入量、支払価格、特売品

購入パネル調査 purchase panels データ収集手法の1つ。調査対象者は自分の購入内容をオンラインまたはダイアリーに記録する。

> かどうか、購入店、使用目的に関する詳細な情報を提供する。パネルの構成は米国の人口母集団を代表している。例をみてみよう。2001年後半にNPDが実施した調査から女性は実際に水着のショッピングが好きだということがわかった。この調査によると、35〜44歳の女性の69%は満足した買物客であり、彼女等は水着のショッピング経験を全体として「最高」あるいは「非常によい」と評価した。また、この調査結果から、小売店での買い物客に最も影響を与えている要因は、POPのディスプレイと商品に付けられたハングタグの記載内容であり、その一方、カタログショッピングをする人にとっては、カタログのレイアウトが重要であることがわかった。こういった結果が水着のマーケティングにもつ意味は明白である[25]。

　購入パネル調査を行う企業は他にもあり、NFOワールド・グループ（www.nfow.com）はその1つである。このグループには数多くのパネル調査があり、なかには大規模な双方向のパネル調査も含まれている。赤ちゃんパネル調査のようにNFOの特別なパネル調査では、ターゲットを絞り込んだ消費者グループの情報も入手できる。四半期ごとに、2,000人の新米ママと2,000人の妊婦が新たにNFOの赤ちゃんパネルへ加わる。

メディア・パネル調査

　メディア・パネル調査では、電子機器が自動的に視聴行動を記録し、ダイアリーやオンライン・パネルを補完する。最もよく知られているメディア・パネル調査といえば、たぶんニールセン・メディア・リサーチ（www.nielsenmedia.com）のニールセン・テレビジョン・インデックスであり、視聴率と視聴者数の推定値を提供する。ニールセン・メディア・リサーチの全国視聴率サービスの核心は、ニールセン・ピープル・メーターと呼ばれる、電子測定システムである。この計測器が母集団を代表するように、ニールセン・メディア・リサーチにより無作為に抽出し募集した全米標本5,000世帯（13,000人）に設置されている。

　ピープル・メーターは、標本世帯のすべてのテレビに設置されており、どの番組あるいはチャンネルを受像しているか、誰が視聴しているかという、2つの内容を測定する。標本世帯のテレビが受像したデータは、その日の夜ニールセン・メディア・リサーチのコンピュータが自動的にデータを回収するまで、家庭内の測定システムにいったん保存される。フロリダ州ダネディンにあるニールセン・メディア・リサーチのオペレーション・センターでは、翌日テレビ業界や他の顧客に発表するために、毎晩この情報を処理している。

　地方局の視聴者を測定するために、ニールセン・メディア・リサーチはテレビ・ダイアリーを使って視聴情報を収集している。テレビ・ダイアリーとは、標本に選ばれた視聴者が測定対

メディア・パネル調査 media panels　データ収集手法の1つ。標本を構成する調査対象者のテレビ視聴行動を電子機器が自動的に記録し、ダイアリーやオンライン・パネルで記録された購入情報を補完する。

ニールセンのテレビ視聴率サービスの核心は、その番組やチャンネルが視聴されているか、誰が見ているかを測定するピープル・メーターである。

象となった1週間につき自分のテレビ視聴を記録する小冊子のことである。同社では、全国に210ある各テレビ・マーケットで、毎年、2月、5月、7月、11月と年4回ダイアリーによる測定を行っている。ダイアリーでは、視聴者は、誰が見たのかだけではなく、どの番組、どのチャンネルを見たかを記入することを求められる。ダイアリーに全て記入すると、視聴者はダイアリーをニールセン・メディア・リサーチに郵送する。そして、送付された情報は視聴率を算出するためにコンピュータに転送される。

このデータを使って、ニールセンは特定の番組を視聴している全世帯数とその割合を推定する。この情報は、また世帯収入、世帯主の教育、世帯主の職業、世帯サイズ、子供の年齢、女性の年齢、地理的場所など10種の人口統計的・社会経済的特性別に集計される。ニールセン・テレビジョン・インデックスは、AT&T、ケロッグ、JCペニー、ピルスベリー、ユニリーバのような企業が自社のコマーシャルを放映する特定の番組を選択する際に役立つ[26]。

同社のインデックスに、もう1つ、ニールセン・ホームビデオ・インデックス®（NHI）がある。NHIは1980年に構築され、CATVや有料CATV、ビデオ、DVDプレーヤー、衛星放送やその他のテレビの新技術を測定する。測定データは、ピープル・メーター、テレビのチューニング・メーター、紙のダイアリーを使って収集される。

インターネットの人気の高まりを受けて、シンジケート・サービスはこの媒体にも力を注いでいる。ネットレーティングス（www.netratings.com）は、5万人を超える自宅でのユーザー、仕事先でのユーザーからリアルタイムでインターネットの利用情報を追跡し、収集している。リポートするのは、サイトとeコマースの活動状況で、例えば、プロパティ（サイトを提供する企業やグループのドメインをまとめた集合体）やドメイン、ユニーク・サイトへのアクセス回数、サイト別、カテゴリー別のランキング、時間と頻度の統計、トラフィック・パターン、eコマースの取引が挙げられる。また、バナー広告に関しては、バナーに対するビューワーのレスポンス、クリエイティブ・コンテンツ、頻度、サイトでの表示場所をレポートする。このサービスはACニールセンと協力して始まった。

> ### 〈リサーチの実例〉——インターネットの利用はテレビの視聴を食い荒らすことになるのか
>
> 　2001年、米国商務省はどのぐらいの米国国民がインターネットを利用しているかを明らかにするためにの調査を行った。このレポートから、全国民の54％がインターネットを利用していることがわかった。さらに、5～17歳の年齢層ではコンピュータを使用する者が90％を占めることがわかった。家庭でのインターネット・アクセスの急成長と大量の視聴者へのテレビの相変わらずの到達力は、この2つの強力な媒体がお互いにどう影響しあっているのか、また、この2つをどのようにすればコミュニケーションと広告の手段として共に利用できるのか、を理解しようとする媒体の主要な利用者による努力をおのずから生み出している。ニールセン・メディア・リサーチ（www.nielsenmedia.com）が実施したリサーチは、自宅でインターネットを使うユーザーはテレビを視聴する回数が少ないということを示唆した。さらに、同じユーザーのインターネット接続前の状況を分析すると、もともとテレビをあまり見ないということがわかった。しかし、在宅インターネット・ユーザーはテレビを視聴する回数が少ないとはいえ、彼らはインターネットを自宅で使わない人たちよりも一定の種類の番組と放送局を視聴するようである。つまり、インターネットへのアクセスは、テレビの利用をそれほど食い荒らしているわけではない。それどころか、インターネットへのアクセスは、こういったテレビをあまり見ない視聴者に対する広告到達率を補完するためのターゲットを絞った手段となっている。そのため、プロクター＆ギャンブルのように広告に多額の費用をかける企業においては、より効果的に消費者へ到達するように、両メディアを互いに補完しあう方法で利用しなければならない[27]。

　メディア・パネル調査を提供している業者は、ニールセンの他にもある。例えばアービトロン社（www.arbitron.com）では、ローカルなラジオ、テレビ局のパネル調査を維持している。同社では、ラジオ、テレビ、CATVの視聴率を調べる最新技術である、ポータブル・ピープル・メーターを開発している。ラジオ聴取者の統計は、通常、年4回ダイアリーを使って収集される。アービトロン・ラジオ・リスニング・ダイアリーは一例である[28]。

購入パネルとメディア・パネルの用途

　購入パネルは、売上予測、マーケット・シェアの推定、ブランド・ロイヤリティとブランド・スイッチ行動の評価、特定のユーザー・グループ像の確認、プロモーション効果の測定、および統制された店舗テストの実施に役に立つ情報を提供する。また、メディア・パネルは、ラジオとテレビネットワークの広告料金の設定、適切な番組の選択、視聴者のサブ・グループの特徴分析に有益な情報を生み出す。広告主、メディア・プランナー、メディア・バイヤーには、メディア・パネル情報は特に役に立つ。

購入パネルとメディア・パネルの長所・短所

　質問調査と比較すると、購入パネルとメディア・パネルには明らかな長所がある[29]。パネル調査は、継時データ（同一の調査対象者から繰り返し得ることのできるデータ）を提供できるのである。パネルになろうとしている人は、質問調査の調査対象者よりも量、質ともに程度の高いデータを提供する可能性がある。購入パネルでは、購入時に情報が記録され、想起誤差が排除される[30]。人間の手による誤差が排除されるので、電子機器で記録された情報は正確である。

　一方、購入パネルとメディア・パネルの短所には、代表性の欠如と成熟化、回答の偏りがある。多くのパネルが米国の人口母集団を代表していない。少数民族や教育水準の低い人たちのようないくつかのグループが僅かしか含まれていないのである。この問題は、回答拒否やパネル参加者の消滅で一層深刻化する。また、時間が経過すると、成熟化が始まるので、パネル参加者の入れ替えも必要になる（第7章参照）。さらに、回答に偏りが出てくることもある。これは、単にパネルのメンバーになったということだけで、行動を変える場合があるからである。購入やメディアのデータを手で入力する場合には、記録誤差が生じる可能性も出てくる（第3章参照）。

スキャナー・サービス

　質問調査や購入パネル、メディア・パネルで提供される情報は有用ではあるが、スキャナー・サービスが急速に普及している。**スキャナー・データ**は、マーケティング・リサーチ業界における最新技術の成果を反映している。スキャナー・データは、レーザー・スキャナー（商品に印刷されているバーコード表示を光学的に読み取るスキャナー）に商品を通して収集される。バーコードは、コンピュータのメモリに保存されている最新価格にリンクしており、売上伝票（レシート）を用意するために使われる。売上伝票に印刷される情報には、購入されたすべてのアイテムの商品の記述だけでなく価格も含まれる。多くの小売店で現在使用されているレジのスキャナーは、包装商品のマーケティング・リサーチに革命的変化をもたらしている。

　スキャナー・データには、数量トラッキング・データとスキャナー・パネル、CATVと連動したスキャナー・パネルという3つのタイプがある。数量トラッキング・データは、レジにあるスキャナーのテープから収集された売上げデータを基に、ブランド別、サイズ別、価格別、味やタイプ別に購入情報を提供する。この情報は、スキャナーを設置しているスーパーマーケットの標本から全国的に収集される。数量トラッキング・データを提供するスキャナー・サービスには、ナショナル・スキャン・トラック（ACニールセン、www.acnielsen.com）とInfoScan（インフォメーション・リソーシーズ・インク、www.infores.com）がある。InfoScanトラッキング・サービスは、全米中の32,000を超えるスーパーマーケット、ドラッグストア、量

スキャナー・データ scanner data　商品のパッケージに印刷されているバーコード表示を光学的に読み取るレーザー・スキャナーに通して収集するデータ。

販店から、毎週、スキャナー・データを収集する。InfoScan 店舗トラッキングは、販売、シェア、流通、価格、プロモーションに関する詳細なデータを提供する[31]。

スキャナー・パネルでは、レジにあるスキャナーで読み取り可能な ID カードが、世帯のメンバーそれぞれに渡される。スキャナー・パネル・メンバーは、買い物をする度にレジでその ID カードを見せるだけでよい。このようにして、消費者の ID がショッピングした日時と購入した商品と関連づけられ、調査会社はその個人についてショッピング履歴を構築することができる。別の方法として、携帯できるスキャナーをパネル・メンバーに提供する業者もある。この場合、対象者は家に戻ってから購入品を一度にまとめてスキャンする。ホームスキャンと呼ばれる AC ニールセンの消費者パネルは、世界中約 125,000 世帯の購入を記録するために使われている。消費者はこのスキャナーを使って購入品のバーコードを読み取り、スキャナーには、各購入アイテムにつき価格、プロモーション、購入量が記録される。このスキャナーの情報は、電話回線で AC ニールセンへ送信される。AC ニールセンは、このスキャナーからの情報と消費者からの追加情報とを用いて次の諸点を明らかにする。消費者の人口統計的特性、購入量と購入頻度、購入世帯の割合、ショッピングの回数と支出額、支払価格、使用状況など。メーカーや小売店は、この情報を消費者の購買習慣をより深く理解するために利用する。概要であげたボストン・マーケットの例は、その実例の 1 つで、AC ニールセンの消費者パネルのデータによると、調査対象者の 55% は、月に数回、家庭でそのまま食べられる食事を購入していた[32]。

さらに高度なスキャニングの利用法は **CATV と連携したスキャナー・パネル** だが、これはスキャナー・パネル調査を CATV 業界の新技術と組み合わせたものである。このパネルの世帯は、彼等が居住している地域（市場）内の CATV の 1 つと契約する。リサーチャーは、CATV の「分割」を利用して、パネル・メンバーの家庭に違う種類のコマーシャルを送る。例えば、半分の世帯は、午後 6 時のニュース番組中にテスト・コマーシャル A を視聴し、残りの半分はテスト・コマーシャル B を視聴するといった具合である。このパネル調査のおかげで、リサーチャーは、比較的自然な環境下で、かなりよく統制された実験を行うことができる[33]。

> 〈リサーチの実例〉──シリアル「トータル」の広告をテストするためにトータル（全）テレビ世帯を利用

2001 年に行われたシリアル製品の消費リサーチによると、消費者の 73% が朝食にシリアルを食べ、1 人当たりの消費量は大変高い。また、シリアルは好んで食べられる朝食のアイテムであり、成人 4 人のうち 3 人が定期的に食べていることも示していた。そのため、ゼネラルミルズ社（www.generalmills.com）は、全米のテレビネットワークでシリアル「トータル」（全体）をプロ

スキャナー・パネル scanner panels　スキャナー・パネル・メンバーは、ID カードで特定され、各メンバーの購入内容がメンバーごとに保存される。

CATV と連携したスキャナー・パネル scanner panels with cable TV　ケーブル・テレビ会社が放送している広告を操作して、スキャナー・パネルと組み合わせるパネル。

モートしてきたが、そのコマーシャルの効果に懸念を抱いていた。

CATVのシステムを使用しなくてもパネルのメンバーとなっている世帯に広告を送信できる技術が開発されている。パネルのメンバーは、CATVに加入している世帯からだけでなく、テレビのある世帯全てから選出できるようになったので、CATV加入者だけでテストした場合に生じる偏りが取り除かれる。このタイプのシステムを使うと、ゼネラルミルズは、シリアル「トータル」のテスト・コマーシャル4つのうちどれが一番高い売上げを残すことができるかをテストできる。すなわち、4つのパネル・グループが選出され、それぞれのグループに別々のテスト・コマーシャルを視聴してもらうことにする。調査対象の世帯はスキャナー・データでモニターされており、どのグループがシリアル「トータル」を一番多く購入したのかを明らかにする[34]。

この例は、スキャナーサービスが進歩したマーケティング・リサーチの手法をどのように組み込んで質問調査や購入パネルのデータより優れた結果をもたらすかを示すものである。

スキャナー・データの用途

スキャナー・データはさまざまな目的で有効に活用できる[35]。全国数量トラッキング・データは、売上げ、価格、流通・配荷のトラッキング、モデリング、初期の警告サインの分析に使用できる。CATVを使ったスキャナー・パネルは、新製品のテスト、製品のリポジショニング、プロモーションミックスの分析、広告予算、コピー、メディアなど広告に関する意思決定、そして製品の価格設定に役に立つ。このようなパネルは、マーケティング・リサーチャーが、マーケティング変数を変えて、その結果がどうなのかを明らかにするための、他にはない管理された環境を提供する。

スキャナー・データの長所・短所

スキャナー・データには、質問調査と購入パネルよりも明らかに優っている点がある。というのも、スキャナー・データは購買行動をそのまま反映しており、インタビューや記録、記憶、専門家の偏りに左右されないからである。スキャナーで読み込まれた購入の記録には抜けがなく、価格感応性で偏りが生じることもない。これは、パネル・メンバーが価格水準や価格変動を過度に意識しなくてもよいことに起因する。また、もう1つの長所は、価格設定やプロモーション、ディスプレイのような店内の変数が、データ・セットの一部であるということである。そして、このデータは現状を示す可能性が高く、しかも素早く入手できる。最後に、CATVと連動したスキャナー・パネルの場合には、高度に統制されたテスト環境をもたらすことも長所となる。

スキャナー・データの主要な弱点は、代表性に欠けることである。スキャナーは大規模なスーパーマーケットにしか設置されていないので、全国数量トラッキング・データは、母集団全

体を反映していない場合がある。また、フード・ウェアハウス（倉庫型の食料品店）や量販店のような、特定のタイプの小売店が除外されている。さらに、スキャナーには地理的な散らばりと普及範囲に限界がある。

　スキャナー・データは、いくつかの要因によりその質に限界が生じる。まず、全ての製品がスキャンできるわけではない。例えば、重量のある製品の場合、持ち上げるのを避けて、店員がレジで打つ場合があるだろう。商品が一度で読み取られない場合、店員は価格を手打ちしてバーコードを無視することもあるだろう。また、例えば消費者が同じ食品の多くの種類のフレーバーを購入した場合に、店員が1つの包装だけスキャンして、購入した個数を入力することもある。このようにして、取引は不正確に記録される。CATVと連動したスキャナー・パネルに関して言えば、このシステムが提供しているのは、実際の視聴行動というよりも使用中のテレビに関する情報である。スキャナー・データは行動情報や売上情報を提供するが、内在する態度や選好、特定の製品選択の理由に関する情報を提供するわけではない。

シンジケート・データ：事業所

小売業者と卸業者の監査

　図4.4にあるように、シンジケート・データは、各種産業・企業同様、小売業者と卸業者からも入手できる。小売業者と卸業者からデータを入手する最も一般的な方法は、監査である。**監査**とは製品の動きを正式に調査、検証することで、従来は監査員が行っていた。監査員は、実際に小売店舗や卸店へ足を運んで、実在する記録を調査し、在庫を分析する。そして、監査に参加する小売業者と卸業者は、監査サービスを実施する調査会社から基本的なレポートと支払いを受ける。監査データは店舗から販売された製品やサービス、あるいは、店舗そのものの特徴に焦点を当てている。スキャナー・データの出現で、監査を行う必要性は大いに減少している。現在も監査は行われているが、データを手作業で収集することはあまりなく、コンピュータ化された情報を利用している。

　最も大規模で伝統的な小売の監査サービスは、毎年実施されているローパー ASW のナショナル・リーテイル・センサスである（www.roperasw.com）。このセンサスは、全米の800カ所を超える地域にあるあらゆる種類の店舗から抽出された、全国を代表する確率標本35,000店舗へ、監査員が直接出向いて収集した情報を基にしている。小売業者の監査データは消費財メーカーの役に立つ。例えば、コルゲート・パルモリブが新しい練り歯磨きブランドの導入を検討しているとしよう。小売店監査の結果が入手できると、マーケット全体のサイズと、店舗タイプ別、地域別の売上分布を見極めるのに役立つのである。

監査　audit　実在する記録または在庫分析から入手するデータ収集プロセスのこと。データはリサーチャーあるいはリサーチャーの代理人が自ら収集する。データは通常、人からの回答ではなく実在する対象物（伝票類や在庫製品）を数えあげることに基いている。

伝統的な監査のもう1つの例は、ACニールセン・コンビニエンス・トラックという、全米30の地域市場にあるコンビニエンス・ストアの小売監査である（www.acnielsen.com）。作業を迅速かつ正確に行うために、店内の監査員はハンドヘルド・コンピュータを使い、UPC（バーコード）情報をデジタルで取り込む。ACニールセン・コンビニエンス・トラックは、コンビニエンス・ストアのデータを食料品店やドラッグストア、量販店など他の販売チャネルからのデータと統合することができる。

小売監査に対応するのが卸監査サービスであり、この監査サービスは倉庫からの出荷をモニターする。これに参加する企業には、スーパーマーケット・チェーン、卸業者、冷凍食品倉庫があり、通常、その分野のビジネス量の80％超を占める。

監査データの用途

小売業と卸業の監査データの用途には次のようなものがある。①マーケット全体のサイズ、店舗のタイプ別、地域別、市別の売上分布を明らかにする、②ブランド・シェアと競合の活動を査定する、③陳列棚スペースの配分と在庫の問題を明らかにする、④流通・配荷問題を分析する、⑤潜在的な売上げと売上予測をたてる、⑥売上高に基づくプロモーション予算の配分を行い、モニターする。監査データは、百貨店のひいき客プロジェクトで、課題を取り巻く状況に関する情報を入手する際に、特に役に立った。

監査データの長所・短所

監査は、卸と小売段階でのさまざまな製品の動きに関して比較的、正確な情報が提供する。さらに、この情報は、ブランド、店舗のタイプ、マーケットの大きさといった多くの重要な変数別に分析することができる。

しかしながら、監査には適用できる範囲に限界がある。全ての市場や業者が網羅されているわけではない。加えて、特にスキャナー情報と比較した場合、監査情報はタイムリーで最新とは言いがたい。監査が完了して報告書が発行されるまでには、通常、2ヶ月のタイムラグがある。また、もう1つの短所は、スキャナー・データと違い、監査データは消費者特性と結合させることができないことである。実際、監査データを広告支出やその他のマーケティング努力と関連づけようとすることでさえも問題が生じる場合がある。しかし、こうした短所のいくつかは次の例のように、電子監査（オンライン）によって克服される。

〈リサーチの実例〉——オンライン監査でオンライン・ショッピングをトラッキング

Ashford.com（www.ashford.com）はオンライン・小売業者で、紳士用・婦人用腕時計、ハンドバッグ、サングラス、香水などのアクセサリーを提供している。300を超えるブランドを取り

扱い、無料の即日配達を行っている。オンライン・小売業者にとって休暇の時期が特に重要な期間であるのは誰が考えても明らかである。この時期は、多くの人がオンラインでショッピングをし、売上げは実際に急増する。Ashford. com では、購買者がどのように買い物をし、いくらくらい購入するのかに関して電子監査データを使うことができた。

　ニールセン／ネットレーティングス（www.netratings.com）は、8つの異なったカテゴリーのウェブ・ショッピングを測定するホリデー・eコマース・インデックスを構築した。ネットレーティングスは、顧客から顧客自身に関する記述的調査データを集めるのではなく、顧客が買物をした店舗からデータを収集した。注文がオンラインで行われるので、店舗のコンピュータで簡単に購買履歴を追跡できた。このコンピュータ追跡は、店舗からの購買情報を収集し、それを総合的なレポート形式に累積するために使われる。この Ashford. com の調査は、かなり多くの顧客が仕事中にウェブから買物をしていることを明らかにした。この傾向はウェブのあちらこちらで見られ、2000年のホリデー・シーズンのオンライン・ショッピングは、消費者の家から行われていたのが54％であるのに対し、46％が勤務時間中に行われていた。ネットレーティングスは、Ashford. com の顧客は昼食時間あるいは1日のうち10分から15分程の短時間でショッピングをしていると割り出した。

　さらに、ネットレーティングスは、ウェブでは、ホリデー・シーズンの近づく12月第1週にオンライン・ショッピングの売上げが非常に伸びることを明らかにした。この時期、Ashford. com の売上げは385％増加し、他のオンライン業者と比較するときわめて良い成績であった。この情報から、同社は平日1日中確実にサイトを運営していなければならないこと知った。もちろん、この時期には、販売促進活動も展開し、画面にアップしなければならない。さらに、Ashford. com は企業広告を開始することが望しいかもしれない。その場合は、『ウォール・ストリート・ジャーナル』のような新聞やその他の企業のウェブ・サイトに広告を掲載するのが適しているであろう。コムスコア・ネットワークスのレポートによれば、米国のショッピング・サイトの消費者向けオンライン売上げは、2001年には530億ドルであったことが明らかになった。このような旨味のあるマーケットで競争する場合、Ashford. com のようなオンライン・小売業者は、オンラインの消費者が欲しがる商品を提供できるように、電子監査や他のタイプのマーケティング・リサーチを上手く利用しなければならない[36]。

各種産業・企業サービス

　各種産業・企業サービスは、さまざまの企業や事業、その他の組織に関するシンジケート・データを提供する。北米産業分類システム（NAICS）のほとんどすべての産業カテゴリーについてのシンジケート・リサーチ・サービスで、財務データ、営業データ、雇用データが収集さ

各種産業・企業サービス　industry services　さまざまな業種の企業や事業、その他の組織に関するシンジケート・データを提供するサービス。

れている。このデータは、直接問い合わせ、新聞や業界誌、放送などをモニターするクリッピング・サービスや企業レポートにより収集される。産業財を取り扱う企業が入手できるシンジケート・データの範囲とソースは、一般消費財の企業の場合と比較すると、かなり限定されている。利用できるサービスには、ダン・アンド・ブラッドストリートのインターナショナル・ビジネス・ロケーター（www.dnb.com）や、フォーチュン500、フォーチュン1000、グローバル500および最速成長企業データベースを持つフォーチュン・データストア（www.fortune.com）、コーポレート・プロファイルズを含むスタンダード＆プアーズのスタンダード＆プアーズ・インフォメーション・サービシーズ（www.standardpoor.com）などがある。

D&B®インターナショナル・ビジネス・ロケーターはクリック1回だけで、200を超える国々の企業2,800万を上回る会社（株式公開・非公開ともに含む）にアクセスできる。企業が見つかると、このロケーターは、連絡先情報の詳細やNAICSによる事業の種類、事業のサイズ（売上げ、純資産、従業員数）、経営トップの氏名、本社や国内外の親会社の特定といった重要なビジネス・データを提供する。

産業・企業サービスの用途

産業・企業サービスから提供される情報は、ビジネスの可能性を特定する、販売地域を定義する、販売割当を設定する、地域別に市場の潜在力を測定する、などの販売上の意思決定に有益である。また、見込み客にターゲットを絞る、広告予算を配分する、媒体を選択する、広告効果を測定する、などの広告に関する意思決定の助けにもなる。このようなタイプの情報は、マーケット・セグメンテーションおよび、重要なセグメント向けの特注製品やサービスを設計したりするためにも利用できる。

産業・企業サービスの長所・短所

産業・企業サービスは、個々の企業に関する二次情報の重要なソースの典型である。産業・企業サービスが提供する情報は、マーケティング・プロジェクトの初期段階で利用価値がある。しかしながら、情報の性質、内容、量、質には限界がある。

さまざまなソースからの情報を組み合わせる：シングルソース・データ

さまざまなソースから入手した二次データを組み合わせることは望ましい。データを組み合わせることで、リサーチャーは、1つの方法の弱点をもう一方の方法の強みでカバーできる。さまざまな違うソースからのデータを組み合わせる企ての1つが、**シングルソース・データ**で

シングルソース・データ single-source data 世帯に関する統合された情報と同じ調査対象者に適用できるマーケティング変数を結合することで、さまざまなソースからのデータを組み合わせるための企て。

ある。シングルソース・リサーチでは、対象者のテレビの視聴や印刷媒体の閲読、ショッピングの習慣を追跡する。リサーチ会社は、世帯のテスト・パネルを募集した後、それぞれの家庭のテレビの受信状況を測定し、家族が何を読んでいるのか定期的に調査する。また、調査対象者の購入した食料品はUPC（統一商品コード）のスキャナーでトラッキングされる。こうしたデータを背後で支えるために、ほとんどのシステムで、売上げなどの小売りのデータ広告、販売促進が追跡されている。このようにして、シングルソース・データは、メディアとの接触と製品購入といった世帯の変数と、製品の売上げや広告、販売促進、店内のマーケティング努力などのマーケティング変数に関する情報が統合されたデータを提供する[37]。シングルソース・データの例をキャンベルスープで見てみよう。

〈リサーチの実例〉――昼メロ、V8の消費を『Guiding Light』で導く

　放送開始以来65年を経過し、ABCのドラマ『Guiding Light』は2002年1月25日に16,293回目の放送を記録した。もともと15分間のラジオ番組として開始したのだが、同番組にはいまだ強い人気があり、2002年6月にテレビ放映50周年を迎えた。これまでに、エミー賞のドラマ・シリーズ部門で54の賞を受賞、「ソープ・オペラ・ホール・オブ・フェイム」（昼メロの殿堂）入りを果たした。2002年1月31日現在、同じくABCの『General Hospital』は『Guiding Light』に次ぐ視聴率を獲得し、「昼メロ」全体の視聴率では『Guiding Light』は5位、『General Hospital』は6位を占める。

　キャンベルスープ・カンパニー（www.campbellsoup.com）はV8野菜ジュース（www.v8juice.com）の広告ターゲットを絞り込むためにシングルソース・データを使った。製品の消費やメディア消費、人口統計的特性に関するシングルソース・データを入手することで、キャンベルは、人口統計的に類似性のあるテレビ視聴者でもV8野菜ジュースの消費量には大きく差があることをつかんだ。例えば、平均的な世帯のV8野菜ジュースの消費量を100の指数とすると、『General Hospital』の視聴世帯は平均を下回る80、一方、『Guiding Light』の視聴世帯は平均を上回る120であった。これは予想外の結果であった。というのも、『General Hospital』は、25～54歳の女性層（V8野菜ジュースの購入傾向が最も高い人口統計的グループ）の視聴率が若干高く、この番組の方がV8ジュースの愛飲者に同社の広告が到達すると考えられていたからである。そこでキャンベルは、この情報を使って、平均指数を上げることを目指し広告計画を組み直した。

　2001年、キャンベルスープはフルーツの味わいを一層好む消費者を惹きつけようと、V8野菜ジュースに果汁が入った「V8 Splash」を加えた。V8は今でもマーケットで好調な売れ

シングルソース・データを利用することで、キャンベルスープは、V8野菜ジュースのコマーシャルを『Guiding Light』で流したように、適切なテレビ番組を選択することができた。

行きだが、V 8 Splash も 2003 年現在、さらに 2 種類の味が加わり、Diet Splash も 3 種類導入するほど好調である[38]。

　以上の例は、さまざまなソースからの二次情報を組み合わせて使うことが有効であることを示している。もう 1 つの例としては、**コンピュータ・マッピング**がある。これは地理データを人口統計情報や企業の売上データ、自社が持つその他の情報とを組み合わせて、主題地図を作成する。マーケッターは、日頃から、この色分けされた地図を基にして意思決定を行うことができる。マッピング・システムからユーザーは、地理的な情報が詳細に示された人口統計データを業者からダウンロードできる。例えば、ダラスの近隣地域において年収 5 万ドル以上で世帯主が 35〜45 歳の世帯の相対密度で色分けされた地図を作成することも可能である。このタイプのシステムでは、ユーザーがダウンロードしたデータに自社データを追加することもできる[39]。

> コンピュータ・マッピングは、地理データを人口統計情報や企業の売上データ、自社が持つその他の情報とを組み合わせて、主題地図を作成する。

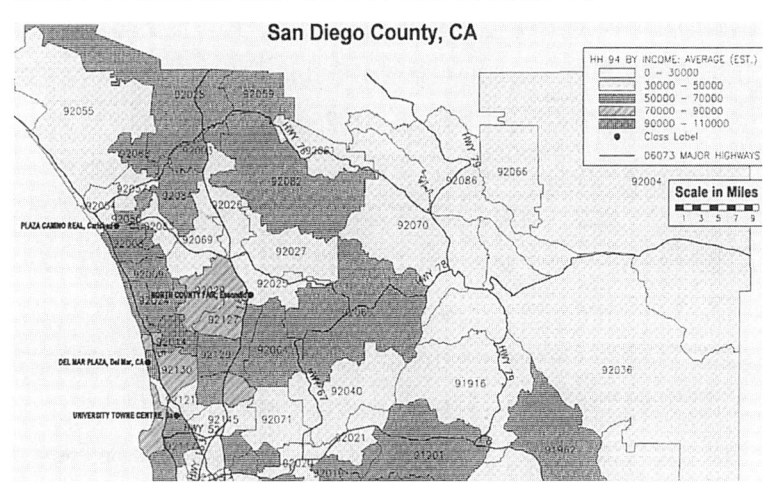

国際マーケティング・リサーチ

　国際マーケティング・リサーチでは広範な種類の二次データが利用できる[40]。国内のリサーチと同様に、問題はデータが不足していることではなく、入手できる情報が多すぎることにあるので、種々さまざまのソースを分類することは役に立つ（図 4.5 参照）。米国国内の組織としては政府系、非政府系があるが、いずれも価値のある国際的な二次データを提供する。重要

コンピュータ・マッピング computer mapping　マーケティングの課題を解決する地図は主題地図（thematic maps）と呼ばれている。この地図は、地理データに人口統計情報や企業の売上データ、自社が持つその他の情報とを組み合わせたもので、コンピュータで生成される。

な政府系ソースには、商務省、国際開発局、中小企業庁、米国輸出入銀行、農務省、国務省、労働省、ニューヨーク・ニュージャージー港湾管理委員会がある。商務省は、多くの刊行物を発行しているだけではなく、さまざまなサービスも提供している。例えば、海外輸入業者向けプログラムや業者同士の仲介イベント、貿易視察、輸出関係連絡先一覧、海外でのビジネス・サービス、輸出業者向け通関統計サービスなどがある。

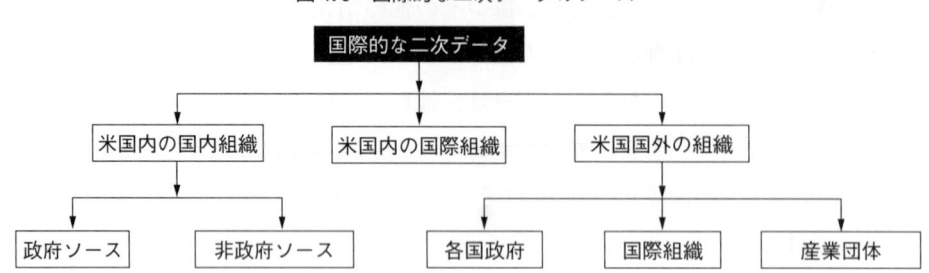

図4.5 国際的な二次データのソース

```
                国際的な二次データ
         ┌──────────┼──────────┐
   米国内の国内組織   米国内の国際組織   米国国外の組織
      ┌────┴────┐              ┌────┼────┐
   政府ソース  非政府ソース    各国政府  国際組織  産業団体
```

　米国にある国際機関を含む非政府組織も国際的なマーケットの情報を提供する。国連、経済開発協力機構（OECD）、国際通貨基金（IMF）、世界銀行、国際商業会議所、欧州共同体委員会駐米代表部、日本貿易振興会（JETRO）などがそれにあたる。海外のソースとして最後に加えておきたいのは、各国政府や米国国外にある国際組織、産業団体、シンジケート調査企業のような民間サービスなどである。参考文献を調べる際には、各種名簿やインデックス、書籍、市販されている関連資料、雑誌、新聞を利用することができる。

　二次データの評価は、国内のプロジェクトよりも海外のプロジェクトの方がより重要である。さまざまな情報元が1つの統計、たとえばGDP、について測定する単位の定義方法が異なるためにさまざまな値を公表している。フランスでは、労働者に毎年13カ月目の給料が自動的なボーナスとして支払われているが、これでは他の国とは違う測定構成になってしまう[41]。また、二次データの正確さも国によってさまざまである。米国のような高度先進工業国のデータは、発展途上国のデータよりも正確な傾向にある。商取引や所得の統計データは、税制と脱税の程度の影響を受ける。また、人口センサスならば、データが収集される頻度と年で差がでるだろう。米国では、国勢調査は10年毎に行われるが、中国では1953年のセンサスと1982年のセンサスの間に29年間も隔たりがある。しかしながら、この状況は急速に変わりつつある。現在、複数のシンジケート企業が、国際的な二次データの巨大なソースを構築中である。

〈リサーチの実例〉──Los Medios y Mercados de Latinoamérica

　ローパーASW（www.roperasw.com）が1994年に始めたLos Medios y Mercados de Latinoamérica（ラテン・アメリカのマーケットとメディア）は、ラテン・アメリカにおける媒体および消費者習慣に関する最も大規模な多国調査で、経営者がマーケティング戦略を構築するための重要

な情報を提供するために実施されている。毎年実施されるこの調査は、中南米の媒体および消費者習慣がどのように推移していくのか追跡することを目的としている。

　最近行われた、多国調査はアルゼンチン、ブラジル、コロンビア、メキシコ、ベネズエラを含む中南米18カ国で実施された。標本として抽出された調査対象者は、12～64歳までの6,634人であった。中南米の都市部ばかりでなく農村部も代表するこの確率標本からは、2億8,000万人、7,900万世帯についての推測が可能である。

　この調査は方法上、2段階で構成された。第1段階としては、新聞、国際雑誌、各国の雑誌、テレビ、ラジオなどさまざまな媒体との接触状況を測定するために、個人面接の手法が使われた。第2段階として、25ページにわたる自己記入方式の冊子を調査対象者に渡し、100を超えるカテゴリーの800を上回るブランドにつき製品の消費と使用実態を測定した。調査対象者に関して収集された人口統計データには、国／地域、年齢、性別、雇用状況、職業、教育、世帯の大きさ、世帯年収、自動車保有、家財道具／サービスが含まれる。この調査結果は、14冊におよぶ印刷物、または、オンラインやSPSSフォーマットでアクセスできるデータベースで提供されるので、企業は簡単にデータを使用することができる。

　最近の調査から、中南米の各国では、消費者の間にデビット・カードの需要が高まり、近い将来ATMを大量に採用する間際にあることが判明した。さらに、中南米のATMの台数は2005年には61,460台まで劇的に増加するだろうと予測している。1999年に比べて34,890台もの増加である。そうなると消費者はATMから簡単に現金を調達できるようになるため、ウォルマートのような世界規模の小売業者やシティバンクのような世界規模の銀行は、この傾向をしっかりと念頭におくことが重要になる[42]。

二次データは、中南米諸国が近い将来ATMを大量に採用する間際にあることを示している。

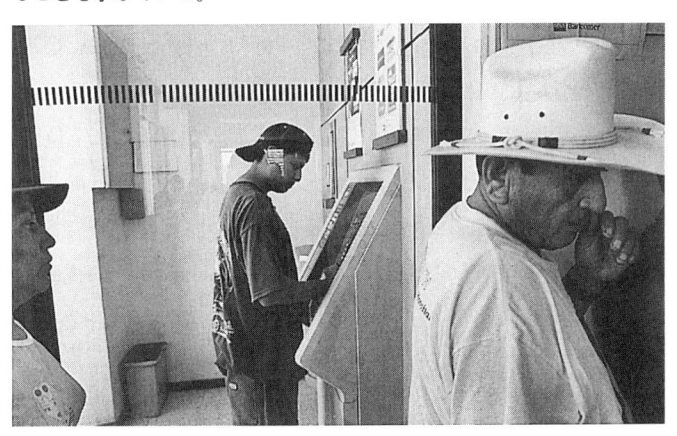

マーケティング・リサーチにおける倫理

　リサーチャーには、二次データが現在の課題に関連性と有用性があることを確認する倫理的な義務がある。二次データは、本章ですでに論じた基準で評価されなければならない。そして、適切であると判断されたデータのみを使用するべきである。データが道徳的に適切な手順を使って収集されていることも重要になる。データが調査対象者に損害を与えたり、調査対象者のプライバシーを侵害したりするような方法で収集された場合、そのデータは倫理に反していると判断される。また、二次データの利用者が自分の利益や見解を裏付けないデータを不当に批判した場合にも、倫理問題が生じる。

〈リサーチの実例〉――倫理の良薬、口に苦し

　全米三大ネットワークのABC、NBC、CBS、広告代理店数社および、大手広告主はニールセン・メディア・リサーチ（www.nielsenmedia.com）と同社のテレビ視聴率調査で争っている。各社は、ニールセンの標本抽出の仕組みと調査対象者に負担を押し付けるデータ記録方法を批判している。代わりに、競合するサービスとしてスタティスティカル・リサーチ社（SRI）を支持しているように見受けられる（www.statisticalresearch.com）。SRIは押し付けにならないデジタルのデータ収集方法を使用しており、この方法により、将来、視聴率をリアルタイムでレポートすることになるだろう。

　ニールセンに対する批判の争点は、ABC、NBC、CBSのビッグ・スリーが視聴率の低下を指摘されたことにある。2001年テレビ・シーズン上半期現在、ネットワーク放送局7社のプライムタイムの視聴率はどの計測でも低下していた。上位7位の放送局を合わせて全米の視聴世帯は約100万減少し、視聴率は2.7%の減少となった。一方、CATVは9.8%上昇した。上位3位のネットワーク（ABC、CBS、NBC）は各社おしなべて視聴率が下がっている。この時期、広告付CATVのプライムタイムの視聴者は平均2,620万人であったのに対し、上位7位までのネットワーク放送局の場合は平均3,380万人だった。ネットワーク放送局は自社の視聴率が減少しているという考えを甘受するよりも、視聴率に対して実際より良い評価を好むであろう。というのも、視聴率はそのまま広告収入に反映されるからである。テレビ・ショーの視聴者が多くなれば、ネットワークはその時間帯に流すスポット広告に対して、より高い広告料金を請求できる。広告料金は放送時間帯によって劇的に違うので、ネットワーク放送局にしてみると、正確な（強気の）視聴率が望ましい。

　ネットワーク放送局を弁護する立場からいえば、ニールセンのような独占企業には、革新に抵抗する傾向とプロセスを改善させようという動機に欠ける傾向があることが挙げられよう。儲けが出ているかぎり、現状に満足してしまうのである。しかしながら、ニールセン・メディア・リサーチは、プロのマーケティング・リサーチ業者として、倫理的にできる限り正確で代表性のあ

るデータを提供しなければならないのである。

　一方、利用者側にも、出された二次データが自社の見解を支持しないからといって、むやみにその二次データを非難してはならないという倫理的な責任がある。いずれにせよ、ネットワーク放送局の幹部は、テレビの視聴率を乗り越えてCATVや直接衛星放送、インターネットが地盤を獲得しつつあるという現実の苦い薬を飲み込まなければならない。しかし、ネットワーク放送局の幹部には、この薬がなかなか飲み込めないことがわかっている[43]。

　二次データには限界があるため、経営上の意思決定課題の対処に必要な情報を入手するには、一次データを収集しなければないこともよくある。リサーチ課題に一次データが必要であるにもかかわらず、二次データのみを使用することは倫理的な問題を引き起こす可能性がある。このような問題は、クラアントがプロジェクトを固定料金で済ませる場合、また、プロジェクトの企画提案にデータ収集の方法が明記されていなかった場合に顕著となる。一方、二次データだけで必要な情報を入手できることもあり、その場合は一次データを収集する必要はなくなる。リサーチ課題が二次データだけを基に対処できるのにもかかわらず、費用のかかる一次データを不必要に収集すれば、倫理に反するおそれがある。このような倫理問題は、リサーチ会社が追加費用を顧客側に負担させる場合により顕著になる。

インターネットおよびコンピュータ・アプリケーション

二次データのオンライン・ソースとしてのワールド・ワイド・ウェブ（WWW）

　ワールド・ワイド・ウェブは、マーケティング・リサーチャーにとって二次データの重要なソースである。ヤフー社（www.yahoo.com）やアルタビスタ社（www.altavista.com）のような万能の検索エンジンを利用すると検索がスムーズにできるようになる。検索エンジンでは、キーワードをいくつか入力するだけである問題に関連した何百というサイトを閲覧することができる。また、二次データを有する既存の業者サイトに直接アクセスすることも可能である。このようなサイトには、業者の内部データベースからデータを選び出すことができる内部用検索エンジンがついている（第1章参照）。

内部二次データ

　大規模な組織にはイントラネットがある。イントラネットがあると、内部二次データにアクセスするための検索が楽にできるようになる。例えば、コカ・コーラ（www.cocacola.com）では、強力なイントラネットのアプリケーションを開発した。このアプリケーションを使うと、世界各地の経営陣は、過去および現在のリサーチと、マーケティングに関連した情報を、キーワードを使って検索できる。情報がどこにあるのかわかれば、即座にオンラインでその情報に

アクセスすることが可能である。社外秘のデリケートな情報であっても、コンピュータ上でアクセス許可を得ることでアクセス可能である。インターネットでビジネスを行っている組織は、当然ながら、大規模な顧客データベースの構築やデータベース・マーケティング・プログラムの実施に関し優位にある。次の例を見てみよう。

〈リサーチの実例〉――『ニューヨーク・タイムズ』ウェブ版：消費者をターゲットにする新しい方法

　双方向のやりとり、情報のアップデートという「紙」のメディアとは異なる形式に対処するために、『ニューヨーク・タイムズ』は、ニューヨーク・タイムズ・エレクトロニック・メディア社という別会社を設立した。『ニューヨーク・タイムズ』ウェブ版は2003年現在、1,000万人を超える登録者を集めた。同紙は、日曜版も含む紙面記事の転載だけでなく、5万件以上の書評、最新ニュースや速報、質の高いアーカイブ・サービス（過去の記事の検索）で、伝統的な新聞社とは思えないサービスを提供している。このおかげで、読者の間にコミュニティーの意識が芽生え、自分たちが受けているサービスに関して読者が自由に意見を交換できるようになっている。

　ニューヨーク・タイムズ・エレクトロニック・メディアは、広告主がサイトの登録者を活用できるように、『ニューヨーク・タイムズ』ウェブ版のデータベース情報を広告主に提供している。データベースには、Eメールアドレスと結び付けて、年齢、性別、収入、郵便番号などの人口統計データが収められている。この新しいデータベース・マーケティング・システムでは、ユーザー・グループを特定、設定したり、ウェブ・メッセージを特定のセグメントに向けて送ったり、読者の反応をみてメッセージを調整することができるようになっている。また、第3者データやユーザーの追加情報で、さらにターゲットを絞り込む機会を増すこともできる。

　例えば、自動車会社ならば、このデータベースを使って、年配の顧客には安全性を、富裕層には豪華さを、家族向けにはゆったりした居住空間を強調することが可能である。また、このシステムでは、年齢、性別、収入の各特性に関係して、どの程度自社の広告が成果を挙げているのかがわかるデータを、ウェブ上からほぼリアルタイムで入手できるように設定されている。そのため、このシステムがあれば、広告主企業は自社の製品を効果的にポジショニングするために、読者に関する最新情報を保持することができるようになる[44]。

一般的なビジネス・ソース

　米国のビジネス情報は、ビジネス関連のさまざまなサイトにアクセスすれば入手できる。この種のサイトでは、見込み客名簿や郵送先名簿／メール送り先リスト、企業紹介、信用格付けなどの情報を提供している。また、リサーチ会社のサイト上でも、さまざまな業種のレポートを見つけることが可能だ。例えば、www.jup.com、www.forrester.com、www.greenfield.comなどは数あるサイトの中で数例である。リサーチ会社だけでなく、一般の出版社（www.wsj.com、www.businessweek.com、www.business20.com、www.nytimes.comなど）でも、リサーチ結果

を公表している。

政府データ

　二次データの主なソースの1つに米国政府がある。政府系のソースのいくつかはFedWorld（www.fedworld.gov）から到達することができる。また、リサーチャーは、www.gils.netやwww.doi.govにあるガバメント・インフォメーション・ロケーション・サービス（Government Information Location Service、（GILS）にもアクセス可能だ。広範なビジネス統計データなら、www.stat–usa.gov.で入手できる。

　米国商務省には、www.commerce.govでアクセスできる。国勢調査局には商務省のサイト経由でアクセスすることも、直接www.census.govへアクセスすることも可能である。

コンピュータ化したデータベース

　既述のコンピュータ化したデータベースはインターネットでもアクセスできる。この種のデータベース・サービスのなかで高い評価を受けているものには、DIALOG（www.dialog.com）とLEXISNEXIS　コミュニケーション・センター（www.lexisnexis.com）があり、いずれもインターネットでアクセスできる。

シンジケートの情報ソース

　シンジケートの情報ソースに関しては、さまざまなマーケティング・リサーチ会社やシンジケート情報提供者のホームページにアクセスするとよい。例えば、www.acnielsen.comのACニールセンのホームページは非常に優れたソースである。また、以下に挙げるソースからシンジケートの二次データを収集することも可能である。www.nielsenmedia.com（媒体）、www.mediamark.com（心理的特性）、www.yankelovich.com（ライフスタイル）、www.surveys.com（質問法調査）、www.sriresearch.com（広告）www.gallup.com（一般）、www.nfow.com（購入）、www.arbitron.com（ダイアリー）

国際的な二次データ

　ウェブ・サイトには国際的な二次データを提供するサイトもある。例えば、www.exporthotline.comには、何千ものマーケット・リサーチのレポートやビジネス・ライブラリー、80カ国に関する市場情報があり、リンク先も豊富に掲載されている。また、www.gils.netでは、グローバル・インフォメーション・ロケーター・サービスが利用できる。二次データに適したソースの1つに中央情報局（www.odci.govまたはwww.cia.gov）がある。このサイトでは、世界のあらゆる国がリストされており、次のような項目について各国の詳細な情報が掲載されている――一般情報、地理、国民、政府、経済、コミュニケーション、輸送、軍事、国際問題。中央情報局では、さまざまな分野での成長レベルの予測も行っており、特定の国について関心を

引く情報を指摘している。

コンピュータはアクセスするためだけに使うのではなく、オンラインやオフラインのデータベースで利用可能な情報を分析、保存するためにも使うことができる。シンジケート・サービスには、マイクロコンピュータや大型汎用コンピュータで使用できる情報を作成しているところもある。利用できる莫大な量のスキャナー・データがある場合には、そのデータをユーザーの仕様に合わせて処理し、見やすく作り直すためのソフトが開発されている。例えば、インフォメーション・リソース社（www.infores.com）では、食料品店に関する大規模なシンジケートのスキャナー・データベースから、重要な情報（売上げ、カテゴリーの売上高、傾向、ブランド・シェア）を抽出し、メモ形式で納品するエキスパート・システムを開発している。

SPSS Windows

SPSS Maps は、SPSS の基本メニューとシームレスに統合しており、さまざまなデータのマッピングを可能にする。基本となる6つの主題別地図から選択することも、さらに、地図オプションを組み合わせて他の地図を作成することもできる。地図は SPSS Syntax Editor を使ってさらにカスタマイズすることが可能だ。できあがった地図はさまざまな目的に使用できる。例えば、最大の顧客達がどこにいるのか見定めるために売上げや他のデータを地理的に解釈する、特定の地域での売上げの傾向を表示する、新店舗の理想的な立地場所を決めるための購買傾向の情報を使う、などの目的が挙げられる。

バークの場合

バークは、企業が入手できる二次データがほとんど活用されていないことをつきとめた。以前に自社で実施した一次調査の記録さえも、現行のプロジェクトに利用していないことが多かった。そのうえ、クライアント企業内で作成された内部二次データには、リサーチャーがアクセスしにくいという事情もあった。特に、返品、損害のリポート、顧客の苦情、失われた顧客に関するリポートなどは、部門間に情報が移動することがなく、他の部門とは著しく隔離された形で部門内で保管されている場合が多い。このようなデータは、顧客との関係に価値のある洞察を生み出すものがあるが、大多数の企業において、共通して、単にアクセスできない状況におかれている。

ある企業が情報のニーズを理解し、その計画を立てるにあたって、最も価値ある社内供給源は、内部データと購入した外部データを全て合わせた機能的データベースであるとバークは確信している。バークの、自社の内部データを系統立てていく手法と二次データの活用法は、クラクイアント企業にとっても十分モデルとして役立つものと思われる。バークのコーポレート・インフォメーション・センター（Corporate Information Center、CIC）は同社の二次データの供給源である。CIC は、マーケティング・リサーチ・プロセスのさまざまな段階で、自社の数多くのグループに貢献している。従業員は、CIC を通して、社内外の二次情報にアクセス

する。内部二次情報とはバークがこれまでに収集してきた情報を指す。これには、社内のデータベースに保存されている報告書、分析、会社情報が含まれる。一方、外部二次情報とは、バーク以外のソースから公表された情報を指す。

バークのCICには、プロジェクトやクライアント、業界関連の質問に回答するのを助けることができる供給源がさまざまに存在する。内部二次データには、1988年からのファイル／レポートと1986年からの調査プロジェクトに関する情報を含めたデータベースがある。CICにはまた、外部二次データのソースも豊富にある。社内の資料室には400冊を超える書籍がある。この中には、さまざまな業界のカンファレンスの議事録やマーケティングのテキスト、マーケティング・リサーチのさまざまなトピックに関する書籍が含まれる。ビジネス上の各種名簿、センサスの刊行物、マーケティング・リサーチ・セミナーの資料、マニュアル、その他の参考資料も社内の資料室にある。CICでは、マーケティング・リサーチに関する学会誌や一般的なビジネス出版物などの定期刊行物も揃えている。

社内の供給源に加えて、バークの社員は、外部情報の供給源へもCICを通じてアクセスすることができる。CICは、マーケティング・リサーチ・プロセスの各段階で応用できる知識や洞察を得るために、適切かつ正確なデータが入手できる通常次に示す外部供給源（またはその併用）に注目している。――業界誌、業界団体、政府各省庁、シンジケートのマーケット・リサーチ・レポート、オンライン・データベース、CD-ROM製品、インターネット――。

バークでは、二次データは、あらゆるマーケティング・リサーチ・プロセスで有効に活用できる状況にある。二次データが利用される典型的な応用例は、以下の通りである。
- クライアント企業に関する予備知識（最新ニュースや企業の進展など）を検索する。
- クライアントの業界の全体像を提示する。
- 新製品と新技術に精通するために、雑誌や新聞、ニュースレター、その他の業界誌をよく調べる。
- さまざまな地理的地域の人口統計情報を入手する。
- コンペティティブ・インテリジェンス（競合相手の情報の収集・分析）を実施する。
- 新規のビジネス・チャンスを確認する。
- 特定の産業に対する規制環境を監視する。

まとめ

当面の課題という特定の目的でリサーチャーが収集する一次データとは対照的に、二次データはもともと他の目的で収集されたデータである。二次データは素早く入手でき、比較的費用がかからない。しかしこのデータには限界があり、当面の課題に対して適切であるかどうかを見極めるために注意して評価しなければならない。評価の基準には、データ収集方法の明細、

誤差、鮮度、目的、性質、依存可能性が存在する。

　リサーチが行われている組織には豊富な情報がある。この情報は内部二次データと呼ばれる。外部データは、組織以外のソースにより生み出される。これらのデータは公表資料（印刷物）、オンライン・データベース、インターネット・データベース、オフライン・データベース、またシンジケート・サービスで利用できる情報の形で存在する。公表された外部ソースは、大まかに、一般的なビジネス資料、政府資料に分類できよう。一般的なビジネス・ソースは手引き、名簿、インデックス（索引）、統計資料から成る。また、政府ソースはセンサス資料と他の資料に大別される。コンピュータ化したデータベースにはオンライン、インターネット、オフラインがある。このデータベースは、さらに文献データベース、数値データベース、全文データベース、ディレクトリ・データベース、特殊用途データベースに分類される。

　シンジケート・ソースは、多くのクライアントに提供するために設計された、共通して使えるデータの集まりを収集、販売する企業である。シンジケート・ソースは、測定単位（世帯／消費者か事業所か）を基に分類できる。世帯／消費者データは、質問調査や消費者の購入パネル調査、メディア・パネル調査、スキャナーを利用したサービスで入手できる。事業所が測定単位の場合、データは小売業者、卸業者、さまざまな業種の企業から入手される。種類の違う二次ソースから入手された情報を組み合わせることが望ましい。

　国際マーケティング・リサーチを行うために有益な二次データには、それを専門に扱うソースがいくつかある。しかしながら、データの有用性と精度の変動が大きくなるため、二次データの評価はさらに重要になる。また、二次データに関連する倫理的なジレンマも生じうる。すなわち、無意味に一次データを収集したり、一次データが必要であるにもかかわらず二次データのみを使用したり、適切でない二次データを使用したり、データの収集方法に道徳的な問題がある場合である。インターネットとコンピュータは二次ソースから入手した情報にアクセスして、その情報を分析、保存するために利用することができる。

演習

復習問題

1. 一次データと二次データの違いは何か。
2. 一次データの前に二次データを入手することがなぜ重要なのか。
3. 内部二次データと外部二次データの違いを述べよ。
4. 二次データの長所は何か。
5. 二次データの短所は何か。
6. 二次データを評価する際に使用される基準は何か。
7. 公表されている二次データのさまざまな出所を挙げよ。
8. コンピュータ化したデータベースのさまざまな形式を挙げよ。

9. コンピュータ化したデータベースの長所は何か。
10. 二次データのさまざまなシンジケート・サービスの出所を挙げ、それぞれについて説明せよ。
11. 質問調査で収集された情報の特徴とは何か。
12. 質問調査はどのように分類されるのか。
13. パネルとは何か説明せよ。購入パネルとメディア・パネルの違いは何か。
14. 質問調査と比べて購入パネルとメディア・パネルが優れている点は何か。
15. スキャナー・サービスでは、どのようなデータが収集されるのか。
16. スキャナー・データの用途を述べよ。
17. 監査とは何か。監査の用途、長所、短所を述べよ。
18. 産業サービスで得られる情報を説明せよ。
19. 二次データで複数ソースを使用するのが望ましいのはなぜか。

応用問題

1. 二次ソースから過去5年間の自動車産業の売上げと、大手自動車メーカーの売上げを入手せよ。(ヒント：第22章、表22.1参照)
2. 任意の産業を1つ選び、二次ソースを使って、昨年の産業全体の売上げとその産業における大手企業各社の売上げを求めよ。そして、各社のマーケット・シェアを推定せよ。さらに、別のソースから、同じ大手企業各社のマーケット・シェアに関する情報を入手せよ。2つの推測は一致するか。

インターネット／コンピュータ演習

1. 任意の産業を選び（例．スポーツ用品）、その業界に関する予備知識を得るために、オンライン・データ検索を行うこと。検索は定性、定量どちらの情報も含まなければならない。
2. 任意の企業のウェブ・サイトにアクセスせよ。仮に、この会社が直面している経営上の意思決定課題がマーケット・シェアを拡大することだとする。その会社のウェブ・サイトとインターネットの他のソースから、この課題に関連する二次データを可能なかぎり多数、入手せよ。
3. 国勢調査局のウェブ・サイトにアクセスせよ（URLは本文を参照）。同局で入手できる二次データのうち、マクドナルドのようなファストフード会社が国内のマーケティング戦略を構築するのに役立つ二次データについてレポートせよ。
4. www.census.gov/statab にアクセスせよ。State Ranking and Vital Statistic（州別ランキングと人口動態統計）を利用して、高齢者向けの製品のマーケティングにとって重要な上位6州を特定せよ。

5. 百貨店プロジェクトで、シアーズから、www.census.gov にアクセスし、米国の小売業界の売上げを要約するように求められているとする。この依頼にそって概要をまとめよ。
6. www.npd.com にアクセスして、NPD が行っているパネルの概要をレポートにまとめよ。
7. www.acnielsen.com にアクセスして、AC ニールセンが提供しているさまざまなサービスについてレポートせよ。

実習

ロール・プレイ
1. あなたは、ある地方の銀行のマーケティング・リサーチ担当マネージャーをしている。経営陣は、あなたが担当する都市圏の当座預金に対する潜在需要を検討評価するよう指示している。どのような二次データのソースにあたればよいのか。それぞれのソースからどのような情報を取得することを期待するか。グループの仲間に経営陣の役をやってもらい、彼らに対してこのプロジェクトの二次データの役割を説明せよ。
2. あなたは、プロクター＆ギャンブルで洗剤部門を担当するグループ・プロダクト・マネージャーである。小売店の監査で入手できる情報をどのように利用すればよいのか。仲間にマーケティング担当副社長の役を担当してもらおう。そして、彼に対して、洗剤に関連して小売店監査の価値を説明せよ。

フィールド・ワーク
1. 地元の図書館を訪問せよ。クロスのペン先の柔らかいペンの潜在需要を確認するというマーケティング・リサーチ・プロジェクトのための二次データを収集するために、どのようにその図書館を利用するかを説明するレポートを作成せよ。

グループ・ディスカッション
1. 二次データの主要なソースとして、政府のセンサス・データの重要性と限界について議論せよ。
2. コンピュータ化したデータベースがますます利用されるようになってきていることについて議論せよ。
3. ある特定の時間に放送される広告に対して広告主が支払う広告料金に、ニールセンのテレビ視聴率がどのように影響することができるかについて議論せよ。

第5章

探索的リサーチの設計：定性調査

「定性調査は、人々の言語、知覚、価値観に対する基本的な理解を提供する。多くの場合、定性調査は、リサーチ課題を解決するために必要な情報は何かを決定できるようにする理解、そして、その情報を適切に解釈する方法についての理解を提供する」
——キャロル・ラッフェル（バーク社、定性サービス担当、バイス・プレジデント）

本章の目的

この章では、以下の点を学習する。

① 目的、標本抽出、データ収集、データ分析、結果に関して、定性調査と定量調査の違いを説明する。
② 集団面接や個人深層面接のような直接方法と、投影法のような間接方法など、さまざまな形態の定性調査を理解する。
③ 集団面接を計画と実施に重点を置いて、併せてこの長所、短所、応用について詳細に記述する。
④ 個人深層面接の長所、短所、応用を挙げながら、この手法について詳細に記述する。
⑤ 投影法を詳細に説明し、連想法、完成法、構成法、表現法を比較する。
⑥ 国際的な状況で定性調査を実施する際に配慮すべきことを論じる。
⑦ 定性調査を実施する際に生じる倫理的な問題を理解する。
⑧ 定性データの入手、分析におけるインターネットとコンピュータの使用に関して論じる。

訳注：本章では原書が focus group または focus group interview と記述しているキーワードの日本語として「集団面接」を用いている。マーケティング・リサーチの実務家の間では片仮名表記の「グループ・インタビュー」略して「グルイン」が一般的に用いられており、「フォーカス・グループ」を使用する者も増えている。

原書の表現はいうまでもなく米国で用いられているものであり、group depth interview も同義語であるとされている。

英国で focus group に対応する用語は group discussion であり、伝統的に用いられている。group interview も同義語であるとされているが、一部に「集団テスト」の用語として用いている者もいるので一般的ではなく、今日 group interview は文書、会話ともにほとんど用いられていない。

日本の場合、文部科学省は英語の group interview に対応する学術用語を「集団面接」と定めている。こうした状況から本章では focus group または focus group interview、そして group discussion の日本語として「集団面接」を用いることとする。実務の場で外国語を片仮名で表現した言葉（外来語）が用いられることが多く誤りでないことはいうまでもない。ただし、その外来語がその言葉を母国語として用いている言葉として会話に用いられる場合には、誤解の原因となることがあるから注意を要する。

Bennett, Peter D.（edited）：Dictionary of Marketing Terms,（1995, AMA, USA）、Talmage, Philip A.（complier）：Dictionary of Market Research,（1988, ISBA & MRS（UK））、「文部科学省学術用語集、心理学編」（1986、日本学術振興会発行）。

本章の概要

二次データ分析（第4章）と同じように、定性調査は探索的リサーチ（第3章）で使用される主要な方法である。リサーチャーは、課題定義やアプローチの展開のために定性調査（第2章）を行う。アプローチを展開する際には、仮説を生みだし、リサーチに含まなければならない変数を特定するために定性調査を用いる。検証的リサーチまたは定量調査を実施しない場合には、定性調査と二次データがリサーチ・プロジェクトの主要な部分を構成する。本章では、定性調査と定量調査の違いと、マーケティング・リサーチ・プロジェクトにおけるそれぞれの役割とを論じる。また、定性調査の分類を示し、主要な手法である集団面接と個人深層面接について詳しく説明する。また、連想法、完成法、構成法、表現法を中心に、投影法と呼ばれる間接的手法についても考察する。国際マーケティング・リサーチで、定性調査を実施する際に伴う問題点を論ずる。定性調査で生じる倫理的問題をいくつか特定する。本章は、定性調査におけるインターネットとコンピュータの利用についての論議で終了する。次のいくつかの例は、定性調査の特徴とマーケティング・リサーチにおける応用を示すものである。

〈リサーチの実例〉——定性調査で Sunfire に点火

ポンティアック（www.pontiac.com）がスポーツ車を導入しようとしていた当時、同グループでは、スポーツ車を欲しいが手が出ないという若年層のドライバーをターゲットにしたいと考えていた。ターゲット層は、年収 25,000 ドル以上で高等教育レベルの学歴を有し、Sunfire と同クラスの自動車の購入を検討中の 21〜34 歳の男女。ポンティアックは、ミシガン州ブルームフィールドのダーシー・マシウス・ベントン・アンド・ボールズ社（www.darcyww.com.pl）に、この市場の調査を委託した。

DMB&B は、調査対象者が Sunfire について根底にある信念や態度を明らかにできるように、従来の集団面接とコラージュを使った絵画反応法を組み合わせて利用した。調査対象者は、集団面接実施の1週間前に、家にあるふだん読んでいる雑誌と色のついた切り抜き細工用の紙でコラージュを作成してくるように指示された。DMB&B は、コラージュの課題を出すときに、調査対象者に自動車がどのように自分たちの生活に馴染んでいるか、自動車についてどのように考えているか、また感じているのかを考慮するよう依頼した。そして対象者は、自動車との関係を表現するようなコラージュを、地図から家族の写真、自分が描いた絵にいたるまで何でも利用して作るように指示された。

調査対象者が集団面接を始めるために施設に集まると、司会者はコラージュを1つずつかざして、各コラージュの作者について、そしてその人が自動車に対してどのような感情を抱いているのか話し合うよう参加者に求めた。このようにそれぞれのコラージュについて論じた後、調査対象者に Sunfire の写真を示し、それに対する感情や信念、態度について話し合うよう依頼した。

ポンティアックにとって、このタイプのリサーチはさまざまなポジショニングのアイデアを確

認するのに役立った。彼らが特定したターゲット・グループは、車を冒険と発見のための足である考えていることがわかった。また、このリサーチで、このターゲット層は個人的なつながりを重要視していることが明らかになった。車が冒険の良きパートナーとなることができるように、自分の車とのつながりを持ちたいと思っていたのである。また、このグループは、人生に対しても非常に前向きであることがわかった。

　このリサーチの結果から、ポンティアックは「Sunfire Adventure（Sunfire アドベンチャー）」と銘打った広告キャンペーンを展開することにした。テレビ・スポット・コマーシャルでは、中国の万里の長城やピサの斜塔のような冒険に満ちた場所で Sunfire の姿を映し出した。ポンティアックの Sunfire はまた、スポーツ専門のケーブル TV 局 ESPN のエクストリーム・ゲームの競技大会（通称、X スポーツ。スケートボード、インライン・スケート、フリースタイル・バイク等の総称）のスポンサーとなったほか、学生向けチャンネルのカレッジ・テレビジョン・ネットワークでもコマーシャルを出し、ヘルス・クラブではポスターなどの展示も行った。このキャンペーンは、Sunfire の幸先の良いスタートのきっかけとなった。

　2001 年、ポンティアックは約 71,300 台の Sunfire を販売。引き続き行われた集団面接のおかげで、ポンティアックは引き続き成功を収めることができ、2003 Sunfire と銘打った車種を導入した。この新モデルは、地理的地域としてはポンティアックの 2 番目に大きなマーケットだということで、シカゴで導入された。こうして、Sunfire はポンティアックで最も人気のある売れ筋車種となった[1]。

〈リサーチの実例〉──たかがフィーリング、されどフィーリング

　集団面接と個人深層面接の形式で行われる定性調査は、どのような感覚的感情が顧客にとって重要なのかを見出すために使用される。このような感情は、定量調査では明らかにできないのである。個人深層面接はまた、一人ひとりに対して行われるため、各調査対象者を徹底的に調べることができる。このため、根底にある感情（価値観や信念、態度も同様に）を明らかにすることが可能である。消費者の感覚的感情を特定することが製品設計にどれほど重要であるか、いくつかの例を示す。

フォード

　フォード社（www.ford.com）はトーラス・モデルの 1 車種のデザインを変更することにした。ダッシュボードのボタンや後部のフェンダーを変えた。ドアラッチを変更することにしたが、ドアを閉めるときに出る音に問題があった。原因不明の音がするのである。ドアラッチが 2 回ゴツンゴツンという音をたてるのだが、これは、実際には何ら支障がないにもかかわらず、どこかがおかしいのではないかという印象をユーザーに与えた。消費者は、自分自身の知覚に気づいていないにもかかわらず、車の出す音に大変敏感になっているのである。

> **ワールプール**
>
> 　完璧な製品とは一切騒音を出さないものと考えている人がいるかもしれないが、それを否定したのがワールプール社（www.whirlpool.com）のケースである。ワールプールは、従来よりも音の静かな冷蔵庫を新製品として売り出した。しかしながら、顧客は「水がゴボゴボいうような低い音がする」と同社にクレームを寄せた。利用者はこの新しい冷蔵庫に対して今までの冷蔵庫で一番音がうるさいという印象を持ったわけだが、実はこの冷蔵庫は、それまでに製造された中で一番静かな製品であった。
>
> **IBM**
>
> 　IBM社（www.ibm.com）は、マウスの代わりに使われるキーボードの中央にある新しいボタンの開発に力を注いだ。ユーザーは何時間もコンピュータに向かっているので、ボタンに触れる指先にやさしいことが重要になる。IBMは9年をかけて「指に完璧にマッチしたクッションを開発」したのである。
>
> **エスティ・ローダー**
>
> 　化粧品は女性的な親密さを連想させることから、化粧品業界には数多くの定性調査の例がある。例えば、エスティ・ローダー社（www.esteelauder.com）では、より顧客の目を引くように、青いコンパクトの形を変更した。もっと柔らかい感じで、女性の体に特有の丸みのあるラインを連想させるように、端を丸くしてデザインを一新した[2]。

　以上の例は、定性的な手段により入手できる、顧客の根底にある行動に対する豊かな洞察を示すものである。

一次データ：定性調査対定量調査

　第4章でも説明したが、一次データはリサーチャーが当面の課題に対処する特定の目的で生み出されるものである。一次データは、**図5.1**に示したように、その性質上は定性でも定量でもかまわない。定性調査と定量調査の区別は、第3章で論じた探索的リサーチと検証的リサーチの区別にほぼ匹敵する。この2つのリサーチ手法の違いを**表5.1**[3]にまとめてみた。まず、**定性調査**では課題の背景に関する洞察と理解を提供できる。一方、**定量調査**はデータの定量化を求め、通常、何らかの統計分析を適用する。新しいマーケティング・リサーチ課題に取り組むときにはいつでも、定量調査の前に、適切な定性調査が先行されなければならない。定性調査が、定量調査で入手した結果を説明するために行われる場合もある。だが、定性調査の結果

定性調査 qualitative research　非構成的な探索的リサーチ手法のひとつ。課題の背景に関する洞察と理解を提供する小規模な標本を基にする。
定量調査 quantative research　データを定量化することを求めるリサーチ手法のひとつ。通常は、何らかの統計的分析を適用する。

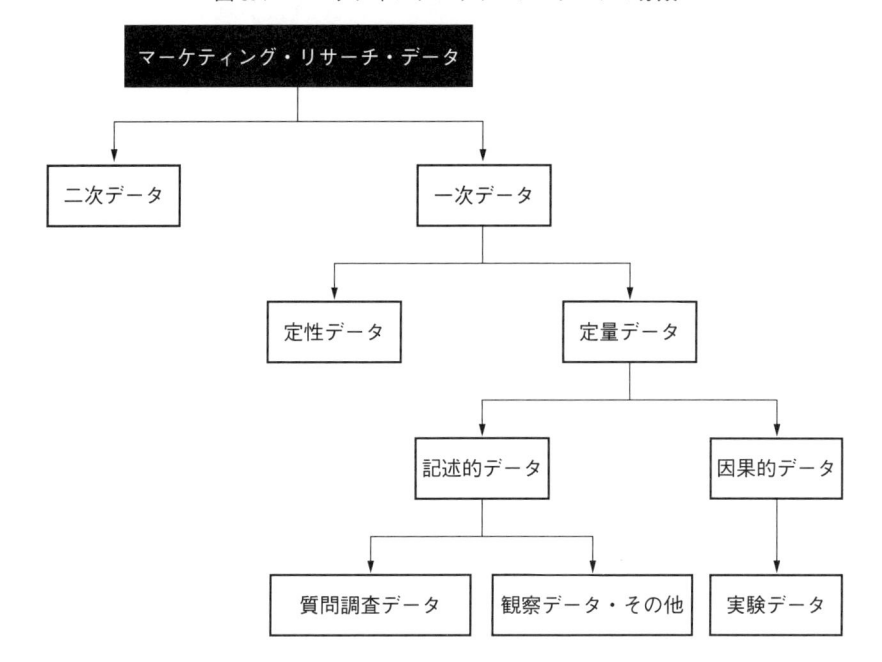

図5.1 マーケティング・リサーチ・データの分類

```
           マーケティング・リサーチ・データ
              ┌──────┴──────┐
          二次データ        一次データ
                         ┌────┴────┐
                      定性データ   定量データ
                              ┌──────┴──────┐
                          記述的データ     因果的データ
                          ┌────┴────┐          │
                      質問調査データ 観察データ・その他  実験データ
```

を確実なものであるとみなし、しかも当該の母集団を一般化するために使用することは定性調査の結果の誤用である[4]。定性調査と定量調査を相互に競合するものではなく、互いに補完しあうものとして見ることが、マーケティング・リサーチの妥当な原則である[5]。

　定量調査の強力な提唱者であるアルフレッド・ポーリッツと、定性調査の強力な提唱者であるアーネスト・ディヒターは、この2つの手法の利点に関して、常に論争を繰り返していた。ポーリッツは母集団を推定できる大規模の標本の重要性を強調した。ディヒターはそれを受けて、「でも、アルフレッド、ゼロを1万倍したところで、ゼロはゼロのままだよ！」と応酬した。ディヒターが主張したように、関心のある根底にある行動が十分に理解されない場合、単なる定量化は意味のある結果にはつながらないだろう。しかし、定性調査と定量調査を組み合わせると、次に挙げるクラフト・フーズの事例に見られるように、成功をもたらすマーケティング戦略を策定する上で助けとなる豊かな洞察を提供できるのである。

表5.1 定性調査対定量調査

	定性調査	定量調査
目的	根底にある理由と動機の定性的理解を得る	データを定量化し、標本からの結果を当該母集団へ一般化する
標本	代表性のない少数	代表性のある大規模なケース
データ収集	非構成的	構成的
データ分析	非統計的	統計的
成果	初期の理解をもたらす	最終の行動方針を勧告する

> ⟨リサーチの実例⟩──Easy Macの手軽さをグル・インでフォーカス
>
> 　クラフト・フーズ社は、新商品Easy Macを売り出した当初、これは大成功するだろうと考えていた。Easy Macはクラフトのオリジナル商品Macaroni & Cheeseと同じ味。水を加えて電子レンジで調理するタイプで、1人前ずつ分包されている。同社では、アメリカ人はこの手軽さと手早く準備ができる点を気に入るだろうと考えていたのだが、初年度の売上げは期待はずれであった。
>
> 　クラフトは集団面接を実施し、何がいけなかったのかを理解しようとした。この集団面接で、消費者はこの商品の名前なら知っているけれども、製品に対する理解度が低いということが明らかになった。消費者は製品の味と品質に疑問を抱いており、製品を調理するステップにもまごついていたのである。その一方で、年齢の高い子供なら自分で調理できるため、この製品を好む母親がいることがわかった。Easy Macは母親の負担を軽くし、子供たちをより自立させたのである。
>
> 　こういった結果がモール・インターセプト調査などの記述的調査で確認されると、クラフトは、年齢層の高い子供がどのようにすれば自分で調理できるのかということに焦点を当てた広告キャンペーンを開始した。それに続いて、兄妹の広告キャンペーンも展開した。この広告では、妹は兄がEasy Macを1人で料理したとは信じられずに、兄妹同士でからかいあっているというもので、コマーシャルの後半では、兄が妹のためにもう1皿用意し、2人でおいしいねと語り合う。さらにクラフトは、消費者が調理方法をすんなり理解できるように、手順を簡単な3ステップにして外箱に示した。
>
> 　これらの広告キャンペーンはヒットし、クラフトの新製品の売上げは非常に伸びた。集団面接（定性調査）とモール・インターセプト調査（定量調査）を補完し合いながら使ったことで、クラフトは、消費者が知りたがっていることが何なのかを見つけることができ、さらに、正しいメッセージを消費者に伝えることができたのである。2001年時、クラフト・フーズ（www.kraft.com）は、単独での売上げが10億ドルを超えるブランドを7種、また、1億ドルを売上げるブランドを61種も擁しており、年間総売上げは338億ドルに達した[6]。

　Easy Macの例は定性調査の背後にある理論的根拠を示唆している。次節では、このトピックについて、より詳しく考察しよう。

定性調査を使う理論的根拠

　定性調査を利用する理由はいくつかある。まず、調査対象者から情報を入手する際には、完全に構成された、あるいは定式化された手法が常に使えるというわけではなく、また、その使用が常に望ましいわけでもない（第3章参照）。なかには答えたくない質問、あるいは答えら

れない質問もあるだろう。これに答えたらプライバシーが侵害される、恥をかくことになる、自らの立場や自尊心に傷がつく、というような質問に対しては、だれも皆、真実の回答をしたくないと感じるものである。例えば次のようなデリケートな質問である。「最近、生理ナプキンを購入しましたか？ 抗精神薬は買われましたか？ 安定剤はどうでしょうか？」。第二の理由は、潜在意識を引き出す質問に対しては、調査対象者が本当の回答を提供できない場合があることである。潜在意識のレベルにある価値観や感情的な動因、動機は、合理化その他の自我防衛により、外の世界からは他のものに見せかけたものになっている。例えば、劣等感を克服しようとして高級なスポーツカーを購入した人がいるとしよう。しかし、その人に「なぜスポーツカーを購入したのですか」と質問すれば、「儲かったから」とか「前の車が壊れたから」「顧客やクライアントに良い印象を与えたくて」などと答えるであろう。このような場合に欲しい情報を得るには定性調査が最適である。概要で挙げた「フィーリング」の例で説明したとおり、定性調査は、また、どのような感覚的な感情が顧客にとって重要なのかということを発見するのにも大変役立つ[7]。

定性調査手順の分類

定性調査手順の分類を図5.2に示した。この手順は、プロジェクトの真の目的が調査対象者に知らされているかどうかによって、直接方法と間接方法とに分類される。**直接アプローチ**では目的が隠され、プロジェクトの目的は隠されることなく、調査対象者に示されているか、もしくは示されない場合でも、尋ねられる質問から調査対象者にとり明白である。集団面接と個

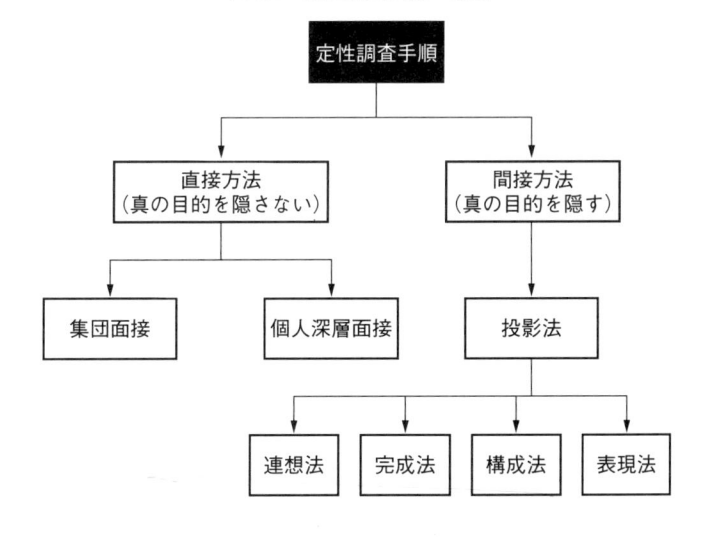

図5.2 定性調査手順の分類

```
                定性調査手順
                     │
         ┌───────────┴───────────┐
      直接方法                 間接方法
   (真の目的を隠さない)      (真の目的を隠す)
         │                        │
    ┌────┴────┐                 投影法
  集団面接  個人深層面接            │
                        ┌────┬────┼────┐
                      連想法 完成法 構成法 表現法
```

直接アプローチ direct approach 定性調査のタイプの1つでデータは面接により収集される。面接の性質上、プロジェクトの目的は、調査対象者に明らかにされているか、対象者にとり明白である。

人深層面接が主な直接方法である。それとは対照的に、間接方法を使う**間接アプローチ**では、プロジェクトの真の目的が隠される。間接方法でよく使用される投影法は、連想法、完成法、構成法、表現法から成る。次節より各手法について詳細に説明していくが、まずは集団面接から始めよう。

集団面接

集団面接は、訓練された司会者（モデレーター）が、非構成的で自然な方法で小規模な調査対象者の集団に対して行う面接である。司会者は話し合いをリードする。集団面接の主な目的は、リサーチャーの関心のある問題について、目標市場に属する人々の集団が話している内容に耳を傾け、そこから洞察を得ることである。自由な流れの集団の話し合いから頻繁に得られる思いがけない発見こそが、この手法の価値といえる。

集団面接は、最も重要な定性調査手順である。この手法は大変よく用いられるため、多くのマーケティング・リサーチャーがこの手法を定性調査と同義語だと考えているほどである[8]。全米中の数百もの施設で、週に数回は集団面接が行われており、通常の集団面接でクライアントが負担する費用はおよそ4,000ドルである。重要度も高く、頻繁に利用されている手法でもあるので、集団面接の顕著な特徴を、以下に詳しく説明する[9]。

特徴

集団面接の主な特徴を表5.2にまとめた。一般的にひとつの集団面接セッションは8～12人のメンバーで構成される。8人未満になると、セッションを成功させるために必要な勢いとグループ・ダイナミックスが生まれにくい可能性が高い。また12人を超えると、混みすぎて、

典型的な集団面接の様子。

間接アプローチ indirect approach 定性調査のタイプの１つ。プロジェクトの目的は調査対象者に隠されている。
集団面接 focus group 訓練された司会者（モデレーター）が、非構成的で自然な方法で小規模な調査対象者の集団に対して行うインタビュー。なお、この章のはじめの訳注を参照のこと（201頁）。

表5.2 集団面接の特徴

集団の大きさ	8人から12人
集団の構成	同質者で構成／予め調査対象者を選別
実施場所	リラックスして、打ち解けた雰囲気
時間	1〜3時間
記録	カセットテープとビデオテープを使用
司会者（モデレーター）	観察力、対人関係をうまく処理する技術、コミュニケーション・スキルを備えている

まとまりのある自然な話し合いにならないこともある[10]。

　ひとつのセッションの集団は、人口統計学的、社会経済学的特性に関しては同質でなければならない。グループ・メンバー間に共通性があると、枝葉の問題に関するグループ・メンバー間の交互作用と衝突を避けることができる[11]。したがって、女性のグループでは小さい子供を持つ既婚の専業主婦と若い未婚の仕事を持っている女性、そして年齢の高い離婚または夫に先立たれた女性を組み合わせてはならない。それぞれの女性のライフスタイルが大幅に違うからである。さらに、参加者については、一定の基準を満たすよう、慎重に選別していかなければならない。話し合う事柄や問題に対して適切な経験を持った参加者を選ぶべきである。他方、何度も集団面接に参加したことのある人を含むべきではない。こうした、いわゆるプロの調査対象者は非典型的であり、彼らの参加は深刻な妥当性の問題を引き起こすことになる[12]。

　集団面接では実施場所も重要である。リラックスして、形式ばらない雰囲気は、自発的なコメントが出やすくなる。セッションの前には茶菓子を出し、セッション中を通してそれらを用意しておく。集団面接は1時間から3時間続くことがあるが、1時間半から2時間というのが一般的である。参加者との間にラポール（親密な結びつき）を築き、問題となっているトピックに関する参加者の信念や感情、考え方、態度、洞察を深く追求するための時間が必要である。集団面接は、セッション後の、再生、編集、分析のために必ず記録される。ビデオテープに録画することが多いが、ビデオテープ録画は、顔の表情や体の動きを記録することができ、すぐれている一方でコストは著しく高くなる。クライアントは、隣の部屋からマジックミラーを使ってセッションを観察することが多い。また、映像送達技術が発達したおかげで、クライアントは離れた場所から集団面接のセッションを観察することができるようにもなっている。例えば、コネチカット州スタンフォードに本社を持つフォーカスビジョン・ネットワーク社（www.focusvision.com）では、そうしたビデオ会議システムを提供している。

　司会者は集団面接の成功のカギを握っている。司会者は、参加者とラポールを築き、話し合いの進行を促し、洞察を引き出すために調査対象者に突っ込んだ質問をしなければならない。またデータの分析や解釈においても、中心的な役割を果たすことがある。そのため司会者は、スキルおよび経験、トピックに関する知識、ならびにグループ・ダイナミックスの本質につい

て理解を持っていなければならない。司会者の基本的な資質を以下にまとめる。

〈リサーチの実例〉——集団面接の司会者の基本的な資質

1. 厳格さをもった思いやり：必要な相互作用を生みだすためには、共感への理解と規律正しい公正さを兼ね備えなければならない。
2. 許容性：グループの真情や意図がばらばらにならないよう、その兆候に目を配りながらも許容性を持っていなければならない。
3. 関与：真剣な個人的関与を促し、刺激しなければならない。
4. 不完全な理解：調査対象者の一般化されたコメントについて、不完全な理解を示して、より具体的に述べるよう、調査対象者を促さなければならない。
5. 勇気づけ：反応の鈍いメンバーには、参加を働きかけなければならない。
6. 柔軟性：ディスカッションの進行が乱れてきたら、セッション中に予定したアウトラインを変更する術を心得ていなければならない。
7. 感受性：感情レベルにおいても知的レベルにおいてもグループ・ディスカッションを導いていけるだけの、豊かな感受性を備えていなければならない[13]。

集団面接の計画と実施

集団面接を計画し実施する手順を図5.3に示した。計画は、マーケティング・リサーチ・プロジェクトの目的を検討することから始まる。多くの場合、課題はこの段階で定義されている。

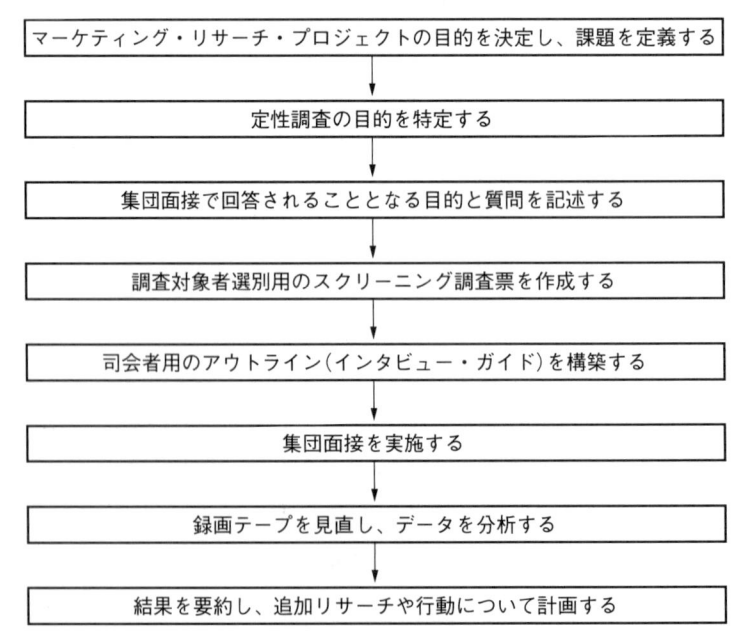

図5.3 集団面接の計画と実施に関する手順

```
マーケティング・リサーチ・プロジェクトの目的を決定し、課題を定義する
            ↓
    定性調査の目的を特定する
            ↓
集団面接で回答されることとなる目的と質問を記述する
            ↓
調査対象者選別用のスクリーニング調査票を作成する
            ↓
司会者用のアウトライン（インタビュー・ガイド）を構築する
            ↓
        集団面接を実施する
            ↓
  録画テープを見直し、データを分析する
            ↓
結果を要約し、追加リサーチや行動について計画する
```

> **アクティブ・リサーチ　百貨店プロジェクト**
>
> ## 定性調査の目的
>
> 百貨店の調査における定性調査の目的は以下のとおりである。
> 1. 百貨店を選ぶ際に世帯が用いている関連する要因（選択基準）を明らかにする。
> 2. 特定の製品カテゴリーで競合する百貨店について、消費者がどのように考えているのかを明らかにする。
> 3. 百貨店をひいきにする行動に影響を与える可能性の高い消費者の心理的特性を明らかにする。
> 4. 百貨店へのひいきに関係があると思われる消費者の選択行動に関する、そのほかの局面を明らかにする。

課題が定義されているのであれば、その課題の一般的なステートメントだけでなく具体的な課題の構成要素についても注意深く検討する。また、百貨店プロジェクトにおいても例示したように、定義された課題に基づき定性調査の目的は明確に特定されていなければならない。

こうした目的は、第2章で定義された百貨店プロジェクトの課題の構成要素と密接に結びついていることに着目しよう。集団面接であれ、個人深層面接であれ、投影法であれ、いかなる定性調査でも、それらを実施する前に目的が特定されていなければならない。

次のステップは、集団面接の目的を詳細に挙げたリストを練ることである。このリストは、リサーチャーが答えてもらいたい質問リストの形式をとる場合もある。次に、参加者になる見込みのある人を選別するための調査票が準備される。この調査票から入手できる典型的な情報には、製品の知名度と知識、使用行動、集団面接に対する態度と参加経験、標準的な人口統計的特性がある。

また、司会者用に、集団面接で使用するための詳細なアウトライン（インタビュー・ガイド）を構築しなければならない。そのためには、リサーチャーとクライアント、司会者との間の徹底的な話し合いが必要となる。というのも、司会者は、参加者が重要なアイデアを出したら、その内容をさらに追求していけるだけの能力を備えていなければならず、その上クライアントの事業内容や、集団面接の目的、そして調査結果がどのように用いられるのかということを理解していなければならないからである。司会者用のアウトラインの使用は、集団面接固有の信頼性にかかわるいくつかの問題（例えば、セッション間の比較に際して司会者が変わると同じ内容領域が取り上げなくなることで生じる問題など）が減少される。アウトラインの重要性を考慮して、ここで、筆者が実際に行った携帯電話ハンドセット取替えプロジェクトを例にして、司会者のアウトラインがどのように構築されなければならないのかを説明しよう[14]。

〈リサーチの実例〉——携帯電話に関する集団面接のためのインタビュー・ガイド

前置き（5分）
- 出席へのお礼と歓迎のあいさつ
- 集団面接の性質（形式張っていない、多様なやり方や方向がある、開放的で拡張の可能性がある、全ての意見を歓迎、異議も可）を説明する
- 答えがわかりきった質問をするかもしれない——そんなときでもちゃんと答えてください（本当にわかりきった質問の場合もあるし、そうではない場合もある）
- 回答には正も誤もない——人々が考えていることを知るのが全て
- このセッションは録画・録音されている
- 関係者が観察している
- 自由に茶菓子をとるように
- 携帯電話について話していただきます
- 何か質問や不明点は？

導入＆ウォーミングアップ（3分）
参加者にひとまわり以下の点に触れて、自己紹介してもらう
- ファースト・ネーム
- 携帯電話を持っていて一番良いこと
- 携帯電話を持っていて一番悪いこと

携帯電話の環境（5分）
- 出かけるとき、何を持っていくか
- まず、常に持っていくものから始めよう
   ——フリップチャート（説明カード）——
- その他によく持っていくものは何か
   ——フリップチャート——

携帯電話の使用（10分）
- ふだん、携帯電話をどのように使っているのか、少し理解したいのですが。
- ふだん、1週間に何回電話をかけたり、受けたりしますか。
- あなたからかける場合、どんなタイプの通話が一番多いですか。
   ——簡単に探索——
- あなたが受けるコールには、どんなタイプのものが一番多いですか。
- もし携帯電話を取りあげられたら、生活はどのように変わりますか。
   ——簡単に探索——

携帯電話購入の経験（20分）

- ■現在お持ちの携帯電話について考えて、2つの異なったことについて話してください……
- ■まず、実際にその携帯電話を選んだプロセスについて、次に、その携帯電話を選んだ基準について……
  - ……今までの携帯電話の選択プロセス……
- ■それではまず、欲しかった特徴ではなく、どのようにあなたの携帯電話を選んだのかを考えてください。どのように選んだのかお聞かせください。
  - ――プロセスを探索――
  - ……今までの携帯電話の選択基準……
- ■わかりました。では次に、携帯電話に何を求めていたのかを話してください。
  - ――探索――

携帯電話機能の使用（10分）

- ■今度は携帯電話の特徴についてです。携帯電話で考えられるすべての特徴のリストづくりから初めてみましょう。携帯電話でできることなら、変更可能な設定など何でも結構です。
- ■次に、実際にどの特徴を利用しているのかを話し合ってみましょう。まず、あなたの携帯電話に備わっている特徴のリストから始めましょうか。
  - ――フリップチャート――
- ■今までに利用したことのある特徴はどれですか。一度しか使ったことがないものも含めて答えてください。
  - ――フリップチャート――
- ■一度しか変更したことがないけれど、変更してよかったと思う設定はありますか。
- ■それはなぜでしょう。
  - ――探索――
- ■あなたがきまって利用する特徴はどれですか。
- ■それはなぜでしょう。
  - ――探索――

欲しい特徴（3分）

- ■今お持ちの携帯電話には付いていないものの、あればいいなと思う特徴はありますか。
  - ――探索――

取り替えの動機（10分）

- ■ここにいらっしゃる皆さんは、今までに少なくとも一度は携帯電話を取り替えたことでおいでいただいたのですが……。
- ■なにが携帯電話を取り替えの動機となったのですか。
  - ――探索――
- ■携帯電話の取り替えは、契約の更新や別の通信業者への変更と結びついていましたか。
- ■利用者が携帯電話を取り替える理由は何だと思いますか。

──探索──

アップグレードのきっかけ（10分）

- ここにいらっしゃる皆さんは、今までに少なくとも一度は携帯電話をアップグレードしたことがあるわけですが……。
- 上位機種に変えたいと思ったのはなぜでしょう。
  ──最初に自発的に発言してもらう──
- 上位機種に変えようと決めるときに関係した要因をすべて挙げてください。
- 最大の決め手は何だったでしょう。1つ挙げてください。
  ──探索──

過去に経験したアップグレードでの障害（5分）

- アップグレードを考え始めてから実際に思い切って新しい携帯電話を購入するまでどのぐらい時間がかかりましたか。どんなに短くても結構です。
- すぐに行動に移さなかった理由をすべて挙げてください。
  ──探索──
- しばらく変更しなかった主な理由は何でしたか。
  ──探索──

これからのアップグレードに関するきっかけと障害（20分）

- それでは、これから先はいかがでしょう。次に携帯電話をアップグレードするのはいつ頃だとお考えですか。
  ──探索──
- アップグレードすることを促す理由は何でしょうか。
- これがあったら即座にアップグレードしたくなるというような決め手となる特徴はありますか。
  ──探索──
- どのようにして次の携帯電話を選びますか。
  ──探索──
- 次の携帯電話には、実際何を求めますか。
  ──探索──

締め括りの問題（10分）

- 最後に、2、3分ほど皆さんの創造性、思いついたアイデアをお聞かせ願いたいと思います……。
- アイデアの良し悪しについては、気にする必要はありません。
- ここで用いてはいけない言葉は、「無料」だけです！
- 携帯電話のメーカーが、あなたに明日アップグレードすることを勧めたいと望んでいるとしましょう……。
- そのメーカーは何ができるでしょう。

> ■何でも結構ですから、思いつかれたことをおっしゃってください。わかりきったこと、深遠なこと、深刻なこと、あるいは馬鹿げたこと、何でも結構です。
> ────探索し洗練する────
> ■調査対象者にお礼のあいさつ。閉会。

　以上のように、理論（第2章）は、百貨店プロジェクトで司会者のアウトラインを構築する際に、重要な役割を果たした。詳細なアウトライン（インタビュー・ガイド）ができあがったら、参加者を募り、集団面接を行う。インタビューの間に、司会者が努めなければならないのは以下の5点である。①グループとのラポールを作り上げる、②グループの相互の話し合いの仕方にルールを定める、③目的を設定する、④調査対象者に突っ込んだ質問（プロービング）を行い、適切な分野で真剣な話し合いがもてるよう刺激する、⑤意見の一致の程度を見極めるためにグループの反応を要約しようと試みる。

　グループ・ディスカッションに引き続き、司会者あるいは分析者のどちらかが、その結果を検討し、分析する。分析者は、具体的なコメントや結果を報告するだけではなく、首尾一貫した反応や新しいアイデア、表情や身振りが示唆する懸念、そしてその他の仮説（参加者全員が確認していても、いなくても）を探り出す。

　参加者の人数が少ないため、集団面接をまとめる際には、通常、頻度と割合については報告されない。その代わり、「ほとんどの参加者が考えたところによると」「この件に関しては参加者の意見が割れた」というような表現がレポートに含まれるのが一般的である。セッションについての入念な文書化および解釈が最終ステップすなわち行動を取ることの基礎を作る。これは通常、追加のリサーチを行うことを意味する。

　1つの主題に関して実施しなければならない集団面接の回数は、①問題の性質、②異なるマーケット・セグメントの数、③連続して行われる集団面接で、それぞれのグループが出した新しいアイデアの数、④時間と費用、の4点に左右される。予算が許すのなら、何が話されることになるのか司会者が予測できるようになるまで、さらにディスカッションを重ねることが望ましい。同じトピックで3、4グループのディスカッションが行われると、通常司会者はどんなことが話されるのかわかるようになる[15]。少なくとも、2グループは行った方がいいだろう[16]。適切に行われた集団面接は、次の例が示すように、定量調査を実施するための基礎となる重要な仮説を生み出す。

〈リサーチの実例〉────Kool-Aid をクールにする！

　Kool-Aid（www.koolaid.com）（粉末ジュース）は母親や子供たちの間ではお馴染みの商品で、米国中の多くの家庭で消費されている。それにもかかわらず、Kool-Aid の売上げは減少し始めていた。メーカーのクラフト・フーズ社では、なぜ大量に消費する人々（ヘビー・ユーザー）に

よる Kool–Aid の消費量が減っているのか、また、どうしたら Kool–Aid を消費者のライフスタイルの中に復活させることができるかを探り出そうとした。

そこで Kool–Aid はグループをヘビー・ユーザーからライト・ユーザーまで、商品の使用度に応じて分類し集団面接を行った。そして、さまざまな利用者について多くを知ることになった。まず、ヘビー・ユーザーは1年を通して Kool–Aid を飲むことを好み、しかも子供だけでなく家族全員が飲んでいる。また、単に水を足すだけではなく、フルーツやフルーツ・ジュース、炭酸水を加えて Kool–Aid を家庭で飲んでいる。一方、ライト・ユーザーは、Kool–Aid を子供向けの夏の飲み物として認識している。彼らは付き合いでよく外出をする傾向がある。ところが Kool–Aid はできあいのジュースではなく、携帯飲料に適さないため、ライト・ユーザーは頻繁には飲まない。これらの情報をもとにして、以下の仮説が設計された。

H1：ヘビー・ユーザーは、一年中 Kool–Aid を愛飲する。
H2：ヘビー・ユーザーでは、家族全員で Kool–Aid を飲んでいる。
H3：ヘビー・ユーザーは、決まって Kool–Aid を家庭で飲む。
H4：ライト・ユーザーでは、子供たちが Kool–Aid の主たるユーザーである。
H5：ライト・ユーザーは、主に外出先で Kool–Aid を飲む。

電話インタビューを引き続いて実施した追跡定量調査がこの仮説を支持した。そのため、Kool–Aid は、ヘビー・ユーザーとライト・ユーザー向けに、それぞれ別の広告内容を開発、テストした。ヘビー・ユーザー向けには、あらゆる年齢層の人たちが室内や自宅の庭で一緒に Kool–Aid を飲んでいるという広告を用いた。家族や友達が Kool–Aid のいろいろな飲み方について語り合っている様子を描いたのである。ここから、「Kool–Aid をどんなふうに飲みたい？（How do you like your Kool–Aid？）」という標語が生まれた。一方、ライト・ユーザー向けには、地域で行われる犬のシャンプー・イベントに集まった子供や大人たちが、夏の催しを楽しみ、水筒から Kool–Aid を注いで飲んでいる様子を描いた広告を使った。このキャンペーンは、Kool–Aid の売上げ低下を阻止する上で大きな成功を収めた。2003年現在、クラフトの飲料水はクラフトの全収益の約20％を占めている。これには Kool–Aid も含まれている[17]。

集団面接におけるその他のバリエーション

集団面接では、標準的な手順のいくつかのバリエーションを用いることができる。そのなかの1つについては冒頭の例でも説明した。同例では、従来の集団面接とコラージュを利用した絵画回答法とが組み合わされ、調査対象者の Sunfire に対する根底にある信念や態度を、本人自ら明かすように励ました。その他のバリエーションとしては、以下のものが含まれる。

双方向型集団面接（Two-way focus group）――この調査は、1つのターゲット・グループに、関連のある他のグループのセッションを聞いて学んでもらう形式をとるものである。ある例では、関節炎患者の集団面接が患者の希望する治療について話しているところを、医師グループが観察した。次いで、医師達の反応を明らかにするために、この医師の集団面接が行わ

2人司会者型集団面接（Dual-moderator group）――2人の司会者で実施される集団面接。1人の司会者は話し合いをスムーズに進めることに専念し、もう1人の司会者は特定の問題が話し合われるように気を配る。

司会者対決型集団面接（Dueling-moderator group）――ここでも司会者は2人であるが、この2人は故意に話し合う問題に対して反対の立場を取る。こうすることで、リサーチャーは議論の余地のある問題を両面から探求することができる。

司会兼務調査対象者型集団面接（Respondent-moderator group）――このタイプの集団面接では、グループ・ダイナミクスを増すために、司会者が調査対象者の中の何人かに一時的に司会者の役割を演じるよう依頼する。

クライアント参加型集団面接（Client-participant groups）――クライアント企業の社員が、身元を明かしてディスカッションのグループに入る。彼らの主な役割は、グループの進行がより効果的になるよう明確な説明を行うことである。

ミニ・集団面接（Minigroups）――このグループは、司会者1人、調査対象者わずか4、5人で構成される。所定の問題が標準的なサイズである8～10人の場合よりも、もっと詳細なプロービングを必要とする際に、用いられる。

テレセッション型集団面接（Telesession groups）――電話会議の手法を利用して、電話で行われる集団面接[18]。

　オンラインによる集団面接も、重要な一形態となってきているが、これに関しては、インターネットおよびコンピュータ・アプリケーションの節で詳しく説明する。このセクションを、この調査のさまざまな長所と短所についての論議で締め括くろう。

集団面接の長所と短所

　集団面接には他のデータ収集手法よりも優れた点がいくつかある。これを10のSにまとめてみよう[19]。

① Synergism（相乗作用）：人々を集団にまとめると、個々に入手した個別回答よりも広範囲の情報、洞察力やアイデアを生み出す。

② Snowballing（雪だるま式効果）：集団面接では、バンドワゴン効果がしばしば作用する。すなわち、1人の意見が他の参加者の連鎖反応の引き金となる。

③ Stimulation（刺激）：通常、簡単な導入部分が終わった後、話題をめぐるグループ内で刺激レベルの高まりに伴い、調査対象者はアイデアを出し、自分の感情をぶつけ始めたくなる。

④ Security（安心）：参加者の感情がグループの他のメンバーと同様のため、参加者は安心して自分のアイデアや感情を表明しようという気持ちになる。

⑤ Spontaneity（自発性）：参加者は特定の質問に回答するよう強制されているわけではないので、その回答は自発的で型にはまらないものとなる。そのため、自分のものの見方について正確な考えが提供できる。

⑥ Serendipity（思わぬ発見能力）：アイデアは、個人面接よりも集団面接で思いがけなく生まれてくることが多い。

⑦ Specialization（専門化）：何人かの参加者が同時にかかわるため、よく訓練された。ただし高報酬のインタビュアーの使用が正当化される。

⑧ Scientific Scrutiny（科学的な精査）：集団面接では、観察者がセッションを目撃することができ、その後の分析のためにセッションを記録することが可能であるため、データ収集のプロセスを詳しく調べることができる。

⑨ Structure（構造）：集団面接では、トピック自体とそのトピックを取り扱う深さの程度に融通が利く。

⑩ Speed（迅速）：何人かの人が同時にインタビューされるので、データ収集とデータ分析のプロセスが比較的迅速である。

次に、集団面接の短所を5つのMにまとめてみよう。

① Misuse（誤用）：集団面接の結果が、探索的というよりも確定的であるとみなされ、誤用乱用される可能性がある。

② Misjudge（判断の誤り）：集団面接の結果については、他のデータ収集手法の結果よりも誤った判断が下されやすい可能性が高い。集団面接は、特に、クライアントとリサーチャーに起因する偏りの影響を受けやすい。

③ Moderation（司会）：集団面接の司会は難しい。望ましいスキルを全て持つ司会者は稀である。結果の品質は、司会者の力量が大きく関わる。

④ Messy（混乱）：集団面接の回答はその性質上非構成であるので、コーディングや分析、解釈が困難になる。集団面接のデータは、くどくどと混乱している傾向がある。

⑤ Misrepresentation（虚偽の代表性）：集団面接の結果は、一般母集団を代表するものでなく母集団の予測とはならない。したがって、次の例に示すように、集団面接の結果を、意思決定の際に単独の根拠にしてはならない。

〈リサーチの実例〉――予測できないプロジェクトの損失を予測する

　ある高度の専門知識を持った保険のダイレクト・マーケターが集団面接を行った。その結果は、明確な通信販売のマーケティング戦略に翻訳・記述された。そのリサーチから引き出された結論はどれもが失敗に終わった。一体何が起きたのだろうか。保険会社は予測できないものを予測しようという誤りを犯してしまったのである[20]。

この例は、集団面接の誤用と虚偽の代表性を例証している。だが、集団面接は、適切に実施、

第5章 探索的リサーチの設計：定性調査

使用されれば、さまざまに応用できるのである。

集団面接の適用

集団面接は、営利、非営利を問わずあらゆる組織で広範に使用されている[21]。何らかの予備的理解や洞察が必要となる状況では、ほとんどの場合、この調査を使用することができる。これは、ポンティアックの Sunfire、Easy Mac や Kool-Aid の例で示した通りである。この手法の広範な適用について実務上および方法論上の両面について説明しよう。まず、実務面では次のような問題に対処するために、集団面接を使用することが可能である。

① 製品カテゴリーに関する消費者の認識や選好、行動を理解する
② 新製品のコンセプトに関する印象を得る
③ 既存製品に関して新しいアイデアを生み出す
④ 広告の、クリエイティブ・コンセプト（制作アイデア）やコピーを開発する
⑤ 価格に対する印象を入手する
⑥ 特定のマーケティング・プログラムに対する消費者の初期反応を入手する

また、集団面接の方法論的応用には以下のものが含まれる。

① 課題をより正確に定義する
② 行動の代替案を作り出す
③ 課題のアプローチを展開する
④ 消費者調査の調査票を構築する際に役立つ情報を入手する
⑤ 定量的に検証できる仮説を作り出す
⑥ 事前に入手した定量調査の結果を解釈する

個人深層面接

個人深層面接は定性データを入手するもう1つの手法である。個人深層面接を実施する際に必要となる一般的な手順について説明し、具体的な手法をいくつか提示しよう。併せて、この手法の長所、短所、および応用についても論じる。

特徴

個人深層面接は、集団面接と同様に非構成的かつ直接的に情報を入手する方法であるが、集団面接とは異なり、一対一（インタビュア対1人の調査対象者）で行われる。個人深層面接は、非構成的、直接的個人面接で、トピックについて対象者の根底にある動機、信念、態度、

個人深層面接 depth interview 非構成的、直接的個人面接。調査対象者1人に対して熟達したインタビュアーが、トピックに関して対象者の根底にある動機、信念、態度、感情を明らかにするために調査する。単に深層面接、あるいは individual depth interview、略して IDI と呼ぶこともある。

感情を明らかにするために、調査対象者1人に対して力量のあるインタビュアーが詳しく調査を行うものである[22]。

1回の個人深層面接には30分から1時間以上を要する。百貨店の例に当てはめて、この手法を説明してみよう。インタビュアーはまず、「百貨店でショッピングすることをどのように感じますか」といった一般的な質問から始める。次に、インタビュアーは、百貨店に対する態度について自由に述べるよう調査対象を促す。最初の質問を尋ねた後は、非構成的なフォーマットを使う。面接が次にどの方向に進むかは、対象者の最初の回答、回答の精緻化（エラボレーション）のためのインタビュアーの追求（プローブ）、それに対する対象者の回答により決まる。調査対象者が最初の質問に対して「ショッピングは、今はもう楽しくない」と回答したとしよう。それに対して、インタビュアーは「なぜ今はもう楽しくないのですか」といった質問をするのであろう。もしその回答が特に意味のある内容でなければ（例えば「ショッピングから楽しみがなくなっただけ」など）、インタビュアーは、「なぜ以前は楽しみだったのでしょうか。何が変わったのでしょうか」と探りを入れるプロービング質問を行うことになる。

インタビュアーは、集団面接で司会者が使ったアウトライン（インタビュー・ガイド）と同様に、大まかなアウトラインに沿って面接を行うように試みる。質問の具体的な言葉遣いや質問の順序は、対象者の回答に左右される。プロービングは、意味のある回答を得て、隠された問題を明らかにするうえで極めて重要である。プロービングは、「なぜそのようにいわれるのですか」「それは興味深いお答えです。その点をもっと聞かせて下さいませんか」「他に付け加えたいことはありませんか」といった質問を行うことにより進められる[23]。プロービングについては、フィールド・ワークについて述べた第13章でさらに詳しく解説する。プロービングで明らかにされた情報の価値について、次の例で見てみよう。

〈リサーチの実例〉——インテリジェンスのプロービング

　新しいクレジットカードの特徴を提案するための、ある調査でのことである。調査対象者は、構成的な方法で質問をされた際、単に既存のクレジットカードの特徴を挙げたに過ぎなかった。そこで、個人深層面接を実施して調査対象者を精査した。例えば、インタビュアーは対象者に「何が自分にとって重要なのか。自分にはどんな問題があるのだろう。どんなふうに生きたいと自分は望んでいるのか。自分の理想の世界は何だろう」などと自問自答するように依頼した。この手法をとった結果、消費者自身以前は気づいていなかった情報を得ることができ、クレジットカードに新しい特徴がいくつか浮上した。この調査により、クレジットカードの履歴や銀行口座の残高、投資状況、緊急連絡先（電話番号）を付けるといったタスクを行う「インテリジェント」クレジットカードの必要性が明らかになった。クレジットカード利用者がもう1つ懸念していたのは、パンパンに膨れあがった財布と、あまりに多くのクレジットカードを持ち歩かなければならない悩みである。個人深層面接などにより得たリサーチ結果は、クレジットカード会社が、

新規顧客をきつける一方で既存客を満足させることのできる、新しい特引徴を提供するのに役立った。例えば、2002年、プライバシス社とファースト・データ社が共同で、電池式電子クレジットカードを導入した。この電子クレジットカードには、アメリカン・エクスプレス、マスターカード、各種ガソリン・カード、その他のデビットカードなど全てを、クレジットカードと形も大きさも同じプラスチック・カードたった1枚に収めることのできるチップが内蔵されている。この新しいカードは、利便性を重視する今日の消費者に大いに受け入れられることが期待されている[24]。

個人深層面接は「インテリジェント」カードのニーズを明らかにした。

　この例が示すように、プロービングは根底にある、あるいは隠された情報を明らかにする際に効果的である。プロービングは、個人深層面接になくてはならない部分であり、あらゆる個人深層面接の手法で使用されている。

手法

　最近人気のある個人深層面接の3つの手法というと、**ラダリング**と隠された問題への質問および象徴分析がある。ラダリングでは、質問する方向が製品の特性からユーザーの特性へと進む。この手法は、リサーチャーが消費者の心にある意味のネットワークに触れることを可能にする。ラダリングは、消費者の購入意思決定に影響を与える、消費者の心の奥深い根底にある心理的、感情的動機をプローブする方法を提供する。ある人がなぜ製品を購入するのかを明らかにする際、リサーチャーは単に「品質」と「低価格」だけでなくそれ以上のことを知りたいと欲する。このように根底にある動機づけの要因を調査するためには、ラダリングの手法を使用すべきである。

　ラダリングを用いて、対象製品に対する消費者の見解についてひとつの意味のある「メンタル・マップ」を開発するためには、インタビュアーは特殊なプロービング手法の訓練を受けていなければならない。究極の目標は、類似性のある複数の消費者のメンタル・マップに結合することである。結合された結果は、人々がなぜ特定の商品を購入するのか、その理由を引き出すことになろう。プロービングは、インタビュー参加者が質問に答えた最初の回答以上の内容

ラダリング　laddering　個人深層面接を行うための手法の1つ。一連の質問が製品の特性からユーザーの特性へと進む。

を得るために行われる。調査対象者が、なぜある製品を好むのかと訊かれた場合の最初の回答は、属性に関連したものになる。その回答例には、色や味、価格、大きさ、製品名が挙げられるだろう。それぞれの属性についてその重要性および価値の根底にある動機が、製品購入の真の理由への「はしご（ラダー）を上る」ことで発見されていく。回答に「なぜ」で始まる質問を続けると、次の例のようにマーケターにとって一層有効な情報に結びつく。

回答：「私はメイベリンの化粧品を買っています。適切な値段でブランド名が良いからです」
質問：なぜ、適切な値段の化粧品であることがあなたにとって重要なのですか。
回答：「そうですね、値のはらない質の高いものを買うと、いい気分になります。私はお金を賢く使っているわけですから」

隠された問題への質問において、焦点は、社会的に共有されている価値ではなく、むしろ個人的な「痛み」に当てられる。つまり、一般的なライフスタイルではなく、心の奥深くにある個人的な懸念・関心が対象になる。**象徴分析**は、対象となるものの象徴的な意味を、その対極にあるものと比較することで分析しようとする試みである。リサーチャーは、「それが何であるのか」を知るために、「それが何でないのか」を知ろうとする。調査対象になっている製品と論理的に対極にあるものは、使用されておらず、架空の「非製品」という属性を持ち、反対のタイプの製品である。これら3つの手法について、次の例でさらに説明していこう。

〈リサーチの実例〉——飛行機旅行の隠された問題と隠された次元

　この研究では、男性中間管理職の航空会社に対する態度を調査していた。

ラダリング
　航空会社の属性の1つひとつがなぜ重要なのかを明らかにするために、ラダリングによるプロービングが行われた。属性「胴体部の幅が広い機体」では次のように。
　「Q：なぜ、幅が広い機体は重要なのですか」「A：多くの仕事ができる」「Q：多くの仕事ができるということは？」「A：多くを達成できる」ひき続きプロービングが行われ「A：気分が安まる」
　ラダリングから、管理職は、先行座席予約、胴体部の幅が広い機体、ファーストクラスの座席（製品特性）、つまり、より大きい身体的快適をもたらす属性を選好することがわかった。これは、飛行中に管理職の仕事をはかどらせ、達成感と自尊心（ユーザー特性）の実現を可能にする。こ

隠された問題への質問　hidden issue questioning　個人深層面接の1つ。心の奥底にある個人的な懸念・関心事に関連した、個人的な痛みを突き止めようとする試み。
象徴分析　symbolic analysis　個人深層面接を行う手法の1つ。対象となるものの象徴的な意味を、その対極にあるものと比較することで分析する。

の手法から、昔のユナイテッド航空が実施したキャンペーン「ボスはあなた」(You're the Boss)のような、中間管理職の自尊心を支持する広告キャンペーンが考慮に値するということがわかった。

隠された問題への質問

調査対象者は、隠された生活の問題を明らかにするために、空想や仕事生活、社会生活に関して尋ねられた。回答からは、管理職たちの個人的関心事として、魅力のある歴史上有名な選りすぐりの「男の友情」を競い合うことができる活動、例えばグランプリ・カーレースやフェンシング、第一次世界大戦で戦闘機が繰り広げた空中戦などが示された。こういった関心事は広告キャンペーンに利用することができる。例えば、ルフトハンザ航空では、広告キャンペーンに第一次世界大戦の「赤い男爵」(レッド・バロン。第一次世界大戦で真紅のフォッカー三葉機に搭乗し撃墜王と言われた、ドイツのリヒトホーフェンのこと)風のスポークスマンを起用した。このキャンペーンでは、ルフトハンザの積極性や高い地位、競争心の強い伝統を伝えたのである。

象徴分析

質問には次のものが含まれていた。「もしこれからは飛行機を利用できないとしたらどうなるでしょうか」「飛行機がないとしたら、Eメールや手紙、長距離電話に頼らなければならないだろう」といった回答があった。これは、航空会社が中間管理職に販売しているものが「対面コミュニケーション」であるということを示唆している。それゆえ、効果的な広告は、フェデラル・エクスプレスが小包について行っているのと同じことを、航空会社が中間管理職に提供することを保証するものである可能性がある。

これらの手法で明らかになった情報は、航空会社を効果的にポジショニングし、適切な広告やコミュニケーション戦略を設計するために使用することができる。2001年9月11日の米国テロ事件を受けて行われた広告の成果は航空各社にとって非常に厳しいものとなっている。そんな中、アメリカン航空は2002年に、愛する人に会いに行くには飛行機が必要なのだということを消費者に想起させる広告キャンペーンを行った。このテレビ広告で、子供たちがニューヨークのあちらこちらでスーツケースを引いているのを映し出し、自由の女神などを見せたのである[25]。

インタビュアーの役割は、個人深層面接の成功に決定的に重要である。インタビュアーが留意しなければならないのは、以下の5点である。①インタビューアの方がすぐれていると見えないように心がけ、調査対象者をリラックスさせる、②公平かつ客観的でありながら、感じよく応対する、③情報本意のやり方で質問を行う、④簡単な「はい」「いいえ」の回答は受け入れない、⑤プロービングを行う。

個人深層面接の長所と短所

個人深層面接は、集団面接よりもさらに深い洞察を明らかにすることができる。集団面接では、どの対象者がどの回答を行ったのか特定するのが難しい場合がよくあるが、それとは異なり個人深層面接では、回答は直接対象者に帰属する。また、個人深層面接の場合は、集団面接

では実現できない可能性のある、自由な情報交換が生まれる。これは、個人深層面接の場合、グループ内の回答に合わせようとする社会的圧力がかからないからである。

個人深層面接にも集団面接と共通の短所が多くあり、その度合いは集団面接の場合よりも高いことが多い。個人深層面接を行うだけの技量のあるインタビュアーの報酬は高額であり、その上、探し出すのが難しい。個人深層面接は非構成的であるため、その結果はインタビュアーによる影響を受けやすく、結果の質や完成度がインタビュアーの力量に大きく左右される。また、入手データの分析や解釈が難しく、通常、熟練した心理学を学んだ者がこれを担当することが求められる。高いコストその上インタビュー時間の長いことで、ひとつの調査プロジェクトの中で個人深層面接が用いられる回数は少ないであろう。だがこのような短所があるとはいえ、個人深層面接にはいくつかの応用分野がある。

個人深層面接の応用

集団面接の場合同様、個人深層面接は、主として洞察や理解を得るため探索的リサーチのために使用される。しかし個人深層面接は、集団面接とは異なり、マーケティング・リサーチで頻繁には使われていない。とはいえ、次に挙げるような特別の問題がある場合には、個人深層面接を効果的に利用することができる[26]。

① 調査対象者の詳細なプロービング（自動車購入）
② 内密なトピック、個人の機微にわたるトピック、言いにくいトピックに関する話し合い（例：個人的な金銭問題、ぐらぐらする入れ歯）
③ 強い社会規範が存在し、調査対象者がグループの回答に簡単に左右される可能性のある場合（スポーツに対する大学生の態度）
④ 複雑な行動を詳細に理解する場合（百貨店でのショッピング）
⑤ 専門的職業を持っている人々へのインタビュー（インダストリアル・マーケティング・リサーチ）
⑥ 集団面接では情報を明らかにする可能性の低い、競合相手へのインタビュー（航空会社のパッケージ・ツアー・プログラムに対する旅行代理店の認識）
⑦ 消費経験が製品の性質上ムードや感情が影響される感覚に関するものである場合（香水、浴用石鹸）

次の例では、個人深層面接が特に役に立ったケースを紹介する。

〈リサーチの実例〉——プレイステーション 2 の成功を目指してラダーを上る

ソニーのプレイステーション 2（www.scea.com）に対する消費者の態度と購入動機を明らかにするために、ラダリングの手法が使われた。本製品に関するラダリングで得た主な洞察には以

第5章　探索的リサーチの設計：定性調査　225

下のものが含まれた。
- ■ 友人が自宅に来て、ゲームを一緒にしたり、ゲームで戦ったりして一晩を過ごす。
- ■ ゲームに挑戦するには、批判的な考え方や意思決定を一層必要とする。ゲームというよりもパズルといった感じ。
- ■ ゲームには大人にしか向いていないものがある。だから、「子供のお遊び」をしている感覚はなく、質の高いゲームに参加しているという感覚がある。

ソニーのプレイステーション2に関するこの情報からのマーケティング上の意味としては以下の点が含まれる。
- ■ 成人を惹きつけるため、ロサンゼルスやニューヨークなどの大都市のナイトクラブにゲーム用のキオスクを設置する。
- ■ 『フレンズ』のようなホームコメディで、ジョーイとチャンドラー（『フレンズ』の登場人物の名前）がプレイステーション2でゲームをしている様子を通して宣伝する。
- ■ より成人向け広告で、『Wired』や『Sports Illustrated』のような雑誌をターゲットにする。

2001年、ソニーは2,500万台を超えるプレイステーションを世界各国に出荷した。ソニー製品にはこのように高い需要があるにもかかわらず、同社は、消費者行動パターンをさらに学び続けなければならないことを理解している。ラダリングが産み出した洞察は、製品や流通、価格設定、プロモーションの新しいアイデアを展開するのに役に立つ、さらなるリサーチと仮説検証の出発点となる[27]。

この例は、通常の質問から引き出された決まり文句の根底にある、隠された回答を明らかにするうえで、個人深層面接が重要であることを説明している。

投影法

集団面接も個人深層面接も、リサーチの真の目的が調査対象者に示されていたり、示されていなくとも明白である、直接的なアプローチである。**投影法**はこういった手法とは異なり、リサーチの目的を隠そうとするものである。この手法は非構成的で、間接的な質問形式を取り、関心が持たれている問題に関して調査対象者の根底にある動機、信念、態度、感情を投影するよう対象者を助長する[28]。投影法では、調査対象者は自分の行動を説明するよりも他人の行動を解釈することを求められる。他人の行動を解釈する際、調査対象者は間接的に自分自身の動機や信念、態度、感情をその状況に投影する。このようにして、非構成であいまいで、いろいろな意味にとれるように意図的に準備されたシナリオに対して得られた回答を分析することで、

投影法　projective technique　関心が持たれている問題に関して調査対象者の根底にある動機、信念、態度、感情を投影するよう調査対象者を励ます。非構成的で、間接的な質問形式。

隠されていた対象者の態度が明らかにされることとなる。状況のあいまいの程度が増すほど、対象者は自分の感情や欲求、動機、態度、価値観を強く投影させていくものである。このことは、投影法を基にした臨床心理学の研究で実証されている[29]。心理学での分類と同じように、この手法は連想法、完成法、構成法、表現法に分類される。それぞれの分類について説明していこう[30]。

連想法

　連想法では、個人に対して、刺激が1つ与えられ、最初に心に思い浮かぶことを回答するよう求められる。この手法の中で最も知られているのが言語連想法である。**言語連想法**では、調査対象者は単語リストから1つずつ単語を提示され、単語ごとに心に思い浮かんだ最初の言葉を答えるように求められる。テストワードと呼ばれる関心の対象となる単語が、調査の目的を隠すために含まれている中立的あるいは埋め草的な単語とともにリストの中に点々と配置されている。例えば、百貨店プロジェクトの場合なら、「場所」「駐車」「ショッピング」「高品質」それに「価格」がテストワードになると考えられる。各単語に対する対象者の反応は一語一語正確に記録され、時間も計られるので、誰が回答に躊躇したのか、論理的に考えて回答したのか（回答までに3秒を超えた場合とする）、対象者を特定することができる。回答の記録は、対象者でなくインタビュアーが行う。こうすることで、回答者が回答を書き出すために必要な時間をなくすことができる。

　この手法の根底にある前提は、連想は調査対象者が関心の対象となるトピックについて抱いている内面にある感情を明らかにできるということである。回答・反応は以下の項目を算出することで分析される。①回答として示された単語ごとの出現回数、②回答が示されるまでにかかった時間、③適切な時間内でテストワードに対して一切反応しなかった調査対象者の人数。一切反応しなかった対象者は、感情的な関わりが非常に強かったために反応が妨げられたと判断される。連想は、好意的、非好意的、中立的に分類できることが多い。一人ひとりの反応パターンと反応の詳細は、次の例にあるように、関心の対象となるトピックに対してその人が根底に抱いている態度や感情を明らかにするために使用される。

〈リサーチの実例〉——汚れに取り組む

　　洗剤に対する女性の態度を調査するために言語連想法が使われた。下にあるのは、使用された刺激語のリストであり、調査対象者となった同じような年齢と社会的地位にある世帯2人の女性

連想法 association techniques　投影法の1つ。調査対象者は刺激が1つ与えられ、最初に心に思い浮かぶことを回答するように求められる。
言語連想法 word association　投影法の1つ。調査対象者は単語のリストから1単語ずつ提示され、最初に心に思い浮かんだ言葉を答えるように求められる。

の回答・反応である。それぞれの反応は全く異なる。このことは、対象となった女性は性格と家事に対する態度が違うことを示唆している。M夫人の連想から、彼女が汚れに対してあきらめていることがわかる。汚れを逃れられないものと見なしており、汚れに対して対策を計ろうとは思っていない。また、一所懸命掃除・洗濯をせず、家族に喜びを見い出していない。一方、C夫人も同じように汚れを見ているが、精力的で事実に基づいて考えることができ、感情的な部分が少ない。積極的に汚れに立ち向かう準備を果敢に整え、自分の武器として石鹸と水を使っている。

刺激語	M夫人	C夫人
washday（洗濯日）	everyday（毎日）	ironing（アイロン掛け）
fresh（みずみずしい）	and sweet（そして甘い）	clean（きれい）
pure（混じりけのない）	air（空気）	soiled（汚れた）
scrub（ごしごし洗う）	don't；husband does（やらない、夫はやる）	clean（きれい）
filth（汚物）	this neighborhood（ご近所）	dirt（汚れ）
bubbles（泡）	bath（入浴）	soap and water（石鹸と水）
family（家族）	squabbles（つまらないけんか）	children（子供たち）
towels（タオル）	dirty（汚れている）	wash（洗濯）

　これらの結果は、洗剤のマーケットは消費者の態度に基づいてセグメント化できることを示唆している。プロクター＆ギャンブル（www.pg.com）のように何種類かの洗剤のブランド（タイド、チアー、ゲイン、ボールドなど）を市場に出している企業では、態度の異なるセグメントには違うブランドをポジショニングすることで利益をあげることができよう。2002年、P&Gは洗濯用洗剤市場のマーケット・リーダーであり、8種類のブランドを送り出し、57％のマーケット・シェアを保持していた。ゲインはP&Gで最も低価格のブランドで、低価格の目玉としてポジショニングされている。2001年には20.9％の売上げ増加を果たし、その結果、同年のタイドの売上げをしのいだ。上記に類似した調査結果があれば、P&Gが他のブランドについても売上げ増加をもたらすポジショニングを行う助けとなる[31]。

　ここで説明された標準的な言語連想法にはいくつかの変形がある。例えば、調査対象者に、心に思い浮かんだ単語を、最初の1つだけでなく2つ、3つ、4つと挙げるように求めることもできるよう。この手法は、自由連想と対照的に、統制実験でも使うことができる。実験では、調査対象者は「高品質商品といったとき、最初に思い浮かべるのは何という百貨店でしょうか」というように質問される。これよりもさらに詳細な情報を入手できるのが完成法である。これは、連想手法が自然の成行きとして拡張されたものである。

完成法

　完成法では、調査対象者は不完全な刺激状況を完成させるように求められる。マーケティン

完成法　completion technique　投影法の1つ。調査対象者は不完全な刺激状況を完成させるように求められる。

> **アクティブ・リサーチ　百貨店プロジェクト**
>
> ## 文章完成法
>
> 百貨店調査では、次の未完成な文章を使用することも可能である。
> シアーズでショッピングをする人は＿＿＿＿＿＿＿＿＿＿＿＿＿＿＿＿＿＿＿である。
> サックス・フィフス・アベニューで商品に換えられる商品券を受け取る人は＿＿＿＿＿＿＿
> ＿＿＿＿＿＿＿＿＿＿＿＿である。
> JCペニーは＿＿＿＿＿＿＿＿＿＿＿＿＿＿＿＿＿＿＿にとても好まれている。
> 百貨店でのショッピングを考えるとき、私は＿＿＿＿＿＿＿＿＿＿＿＿＿＿＿＿＿＿＿＿。

グ・リサーチで使われる一般的な完成法には、文章完成法と物語完成法がある。

文章完成法

文章完成法は言語連想法に類似している。調査対象者は不完全な文章を与えられ、その文章を完成させるように求められる。通常は、百貨店プロジェクトの例にあるように、最初に思い浮かんだ言葉かフレーズを使うように求められる。

この例は、文章完成法が言語連想法よりも優れている点が1つあることを示してる。それは、対象者に対しより一層方向を示した刺激が提示されることである。その結果、文章完成法の場合は、言語連想法よりも対象者の感情に関する情報を多く引き出せる可能性がある。しかしながら、文章完成法は言語連想ほど調査の目的を隠すことができず、多くの対象者が調査目的を想像できてしまう。文章完成法の変形は文節（パラグラフ）完成法で、対象者は刺激語句で始まる文節を1つ完成させる。文章完成法と文節完成法がさらに拡大されたものが、物語完成法である。

物語完成法

物語完成法では、調査対象者には物語の一部が与えられる。与えられる分量は、特定のトピックに注意を促すには十分な量でありながら、結末のヒントにはならない程度の分量である。対象者は、自分の言葉で物語を完結するように求められる。対象者がこの物語を完成することで、根底にある気持ちや感情が明らかになる。以下に、その例を見ていこう。

文章完成法　sentence compleion　投影法の1つ。調査対象者は未完成な文章をいくつか提示され、それぞれの文章を完成させるように求められる。
物語完成法　story compleion　投影法の1つ。調査対象者は物語の一部が提示され、自分の言葉で結末を述べるように求められる。

〈リサーチの実例〉——パンティ・ストッキングからホラー・ストーリー？

物語？ しかもホラー・ストーリー？ これは、パンティ・ストッキング素材のメーカー、デュポン社（www.dupont.com）が、顧客が何を好んでいるのか調べるためにリサーチを行った際に見落としたことである。デュポンは、集団面接や質問法調査も含め、あらゆる企業が行っているのと同様のリサーチを実施した。しかし、残念ながらそれでは十分でなかった。

集団面接の問題は、調査対象者が回答したがらなかったことにある。恥ずかしいと感じている人や調査の主題に興味がないといった人がいた。他のケースでは、面と向かって意見を交わすのがまさに心地よくないという感情や意見を顧客が持っていることもあった。そこで、物語完成法が使用されたのである。

調査対象者は、写真を持ち込み、パンティ・ストッキングを履くことに関する感覚や意見、反応を表した物語を話すように求められた。驚いたことに、多くの女性が、話したいことを山ほど抱えてやって来た。参加した女性たちは気兼ねがなく自分の意見を述べた。ある女性は、ストッキングに伝線が入っているのを見つけたときと同じ怒りを感じるといって、こぼれたアイスクリーム・サンデーの写真を持ってきた。他には、メルセデスとクイーン・エリザベス号の写真を持ち込んだ人もいた。

物語完成法から、女性はストッキングを履くと、男性に対して一層魅力的で、セクシーであると感じていることがわかった。

分析の結果、女性はストッキングを履くと、男性に対して一層魅力的で、セクシーであると感じていることがわかった。問題は、必ずしも女性がストッキングを履くことを好まないということではなく、むしろストッキングを履くことで連想される感情にあった。そして、ストッキングが伝線したり、破れたり、他の問題が出てくると、ストッキングから連想されるその感情（魅力的、セクシー、官能的）を失ってしまうことが問題なのであった。ストッキングは、さらに耐久性に優れ、持ちがよくなければならない。そうすれば、長時間の着用による「擦り切れ」にも耐えられるようになる。

このようにして、デュポンは、製品に対する消費者の真の感情が何なのかを知ることができた。これらの結果が電話調査で確認されると、デュポンはストッキングの素材を消費者のニーズに合うように改良した。さらに、ストッキング・メーカーはこぞってこれらの結果を利用し始め、広告で女性のエグゼクティブタイプを訴えるのを減らして、セクシーでカクテルドレスの似合う側面を強調するように調整した。

2003年現在、デュポンは相変わらずストッキング素材で世界の最大メーカーである。同社のマーケティング・リサーチの努力が実を結び、2002年の収益は250億ドルを上回っている。これも定性調査を集中的に活用したお陰である[32]。

構成法

　構成法は完成法と密接に関係している。構成法は、物語や会話、説明の形式で回答を構成することを調査対象者に求める。構成法で、リサーチャーが当初、対象者に対して提示する枠組は、完成法より構成の程度は少ない。構成法の主なものには、①絵画反応法、②略画テストの2つがある。

絵画反応法

　絵画反応法の基は絵画統覚検査（TAT–Thematic Appreciation Test）にさかのぼることができる。この TAT は、例外的な出来事だけでなく日常的なことに関する絵を何枚か使う。絵には人や対象物がはっきりと描写されている場合もあれば、比較的あいまいな場合もある。対象者はこれらの絵に関して物語を話すように求められる。対象者の絵に対する解釈はその人の性格を示す。例えば、ある人は衝動的、創造的、想像力に乏しいなどと特徴づけられる。絵画統覚検査という用語は被験者が絵をどのように知覚的に解釈（統覚）しているのかに基づいてテーマが引き出される理由から使われているのである。

　マーケティング・リサーチで絵画反応法を使用する場合、調査対象者はひとつの絵を見せられ、その絵が描写している物語を話すように求められる。回答は、次の例にあるように、トピックに対する態度を評価し、対象者の特徴を説明するために使われる。

〈リサーチの実例〉──「ダブル・シェイクとホワイトブレッドに脂こってりのサンド、ください」

　母集団のひとつのセグメントでは、低カロリー・ヘルシー熱が冷めきっているようである。直接質問に対する回答では、消費者は体に悪い食べ物が欲しいと答えることをためらう。しかしながら、ある絵画反応テストでは、この低カロリー・ヘルシー熱冷却の結果が浮かび上がった。このテストでは、高脂質で高カロリーの食事を取っている人を描写した絵を説明するように調査対象者に依頼した。すると、かなり多くの対象者が絵に描かれた人の行動を弁護したのである。日々の生活でストレスが増すと、味気のない低カロリーの健康食品（例えば米国人にとっての餅）よりも、生きていてよかったと感じさせる材料がぎっしり詰まった、元気の出るホッとする味を求めるようになるものだというのがその説明であった。

　多くのマーケターがこの結果を利用し、脂肪がたっぷりでカロリーが高い商品を売り出している。例えば、最近ペパリッジ・ファーム社は、カロリーの 40% が脂肪というカロリーを気にせず

絵画反応法から、多くの人が、カロリーが高く高脂質な食品を、日々の生活のストレスを打ち崩す快適な食品として捉えていることがわかった。

第5章 探索的リサーチの設計：定性調査

ふっくら焼き上げたクッキーで、この快適な食品市場に進出した。この新商品はすでに同社の売れ筋第3位にランクされている。

2002年、マクドナルドは、ニュー・テイスト・メニューとして脂質とカロリーが非常に高い新商品を何種類か売り出した。この新商品の中には、チーズとトマト・ソースがかかっている油で揚げたチキン・パルメザンのサンドイッチと、パンケーキ2枚でソーセージ・パティをはさんだ持ち帰り用朝食サンドイッチがある[33]。

略画テスト

略画テストでは、略画の登場人物（複数）が課題に関連した特定の状況で提示される。調査対象者は、1人の登場人物がもう1人のコメントに対して何と答えるのか述べるように求められる。この回答が、その状況に対する対象者の感情や信念、態度を示す。略画テストは絵画反応方法よりも実施しやすく、分析も簡単である。図5.4がその例である。

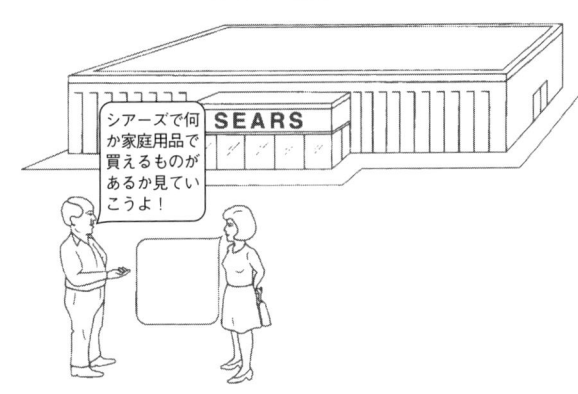

図5.4 略画テスト

表現法

表現法では、調査対象者はまず言葉か画像で状況を説明され、その状況に対して自分以外の人が抱く感情、態度を関係づけるように求められる。本人の感情や態度を表現するのではなく、他の人びとの感情や態度を述べる。表現法の主なものには、ロールプレーイングと第三者技法の2つがある。

構成法 construction technique　投影法の1つ。調査対象者は物語や会話、説明の形式で回答を構成するように求められる。

絵画反応法 picture response technique　投影法の1つ。調査対象者は絵を見せられ、その絵に関して物語を話すように求められる。

略画テスト cartoon tests　略画の登場人物（複数）が課題に関連した特定の状況で提示される。調査対象者は1人の登場人物がもう1人のコメントに対してどのように答えるのか述べるように求められる。

表現法 expressive techniques　投影法の1つ。調査対象者はまず言葉か画像で状況を説明され、その状況に対して自分以外の人が抱く感情、態度を関係づけるように求められる。

ロールプレーイング

ロールプレーイングでは、調査対象者（複数）は誰かの役を演じるか、自分以外の人の行動を想定するように求められる。リサーチャーは、対象者はその役に自分自身の感情を投影すると考える。回答を分析することにより、対象者の感情を明らかにすることができる[34]。

〈リサーチの実例〉——プライバシーとは一体何？

集団面接から、集合住宅の住民にとってプライバシーが主要な関心事であることがわかり、ある集合住宅建設業者は人々がプライバシーをどのように認識しているのかを懸念し始めた。リサーチ会社であるコゼット・コミュニケーションズ・グループ（www.cossette.com）はロールプレーイング手法を使い、必要な情報を入手した。調査対象者は建築家の役を演じ、与えられた厚紙を使って彼等自身の集合住宅を設計するように求められた。家の設計が完了してから、一連の質問が行われた。質問は参加者がどのようにプライバシーを認識しているのかに向けられた。例えば、対象者は、プライバシーが侵害されていないと感じるには部屋と部屋の間にどのくらいのスペースが必要なのか、また、壁を通して聞こえてくる音はどの程度であるべきかと尋ねられた。コゼット・コミュニケーションズは、こういう状況だったらどうしますかと単に質問を被験者に投げかけるよりも、対象者にまずロールプレーイングをしてもらい、そのうえでなぜそのように演じたか、何をしたかを質問した方がより効果的であろうと感じていた。「調査対象者がプライバシーの問題を言葉で説明できるとはみなさず、対象者にとってプライバシーが意味するものを実際に示してもらったのです」。この結果は、依頼した建築会社が集団住宅を設計、建築する際に役立てられたため、入居者もリラックスでき、自分のプライベートが守られているように感じているに違いない。まず、寝室と寝室の間の壁は音を吸収するように作られており、騒音は簡単には伝わらないようになっていた。さらに、寝室に関しては、部屋を直接隣り合わせるのではなく、かなり離して設計された。また、隣の住居との関係では、寝室が建物の反対側になるように建てられた。このようにして、この集合住宅に住む人は自らのプライバシーが侵されるとは感じなくなるのである。こういったクリエイティブなリサーチ手法のおかげで、この建設業者は大いに恩恵を受けた。それは、居住者が自分達のプライバシーが守られていると確信できるようになった結果、顧客満足度が上がったことを実際に示すことができたからである[35]。

第三者技法

第三者技法では、調査対象者は言葉または画像で状況を説明され、自分の意見や態度を直接表現するのではなく、第三者の信念や態度として述べるように求められる。この第三者という

ロールプレーイング role playing　調査対象者（複数）はそれぞれ誰かを想定して行動するように求められる。役割演義ともいう。

第三者技法 third-person technique　投影法の1つ。調査対象者は言葉または画像で状況を説明され、その状況に対する第三者の信念や態度に関係づけるように質問される。

のは、友達、近所の人、同僚、あるいは「典型的なタイプ」の人である。ここでもまた対象者は、たとえ第三者の反応を説明していても、自分の信念や態度を打ち明けているものとリサーチャーは考える。第三者の立場で答えるように求めると、無難な答えを出さなければならないという社会的圧力を軽減することになる。以下はその例である。

〈リサーチの実例〉——お隣さんのご意見は？

　なぜある人々は飛行機に乗らないのかを理解するための調査が、ある民間航空会社のために行われた。「飛行機に乗るのが怖いですか」と質問されて、「はい」と答えた調査対象者はほとんどいなかった。飛行機に乗らない主要な理由には、価格、不便さ、悪天候による遅延が挙げられた。しかし、この回答は、社会的に望ましい回答をしなければならないという要求に大きく影響を受けているためと疑われた。そのため、さらに調査が行われた。2度目の調査では、対象者は「あなたのご近所の方は飛行機に乗るのを怖がっていると思いますか」と質問された。その回答は、移動に他の交通手段を使っている隣人の多くが飛行機に乗るのが怖がっているということを示していた。

　2001年9月11日のハイジャック以降、飛行機の利用に対する恐怖心は増した。2002年1月現在、米国航空輸送協会（Air Transport Association、ATA）は、2000年12月と比較すると2001年12月には搭乗客数（搭乗券が発券されて飛行機に搭乗する乗客数）は国内線で14.7％、国際線で9.9％、平均で14.2％減少したと発表した。しかしながら、コンチネンタル航空は、安全対策の強化と乗客が機内で快適に過ごせるよう向上することに力を置き、空の旅に対する恐怖心に対処したことで、搭乗客数の減少を抑えることができた[36]。

　本人のこととしての質問（「あなたは飛行機に乗るのが怖いですか」）をしても、本当の回答を引き出せなかったということに注目しよう。また、第三者のこととして同じ質問（「あなたのご近所の方は飛行機に乗るのを怖がっていると思いますか」）をすると、調査対象者の防衛意識が弱まり、本当の答えが得られた。第三者法でよく使われている方法には、リサーチャーが調査対象者にある人のショッピング・リストを説明付で提示し、その購入者の特徴を描写してもらうものがある[37]。

投影法の長所と短所

　投影法には、非構成な直接的手法（集団面接と個人深層面接）を超える重要な長所があるが、その1つが、調査の目的を知ってしまうと調査対象者が答えたくなくなる、あるいは、答えられなくなるような回答をも引き出せることである。そうしたとき直接質問では、調査対象者が意識的あるいは無意識的にリサーチャーを誤解したり、意味を取り違えたり、誤解させたりする可能性が出てくる。このような場合、投影法ならば、リサーチの目的を隠すことで回答の妥当性を増すことができる。取り組んでいる問題が個人的であったり、機微に触れるものであっ

表5.3 集団面接、個人深層面接、投影法の比較

基準	集団面接	個人深層面接	投影法
構成の程度	相対的に高い	相対的に中程度	相対的に低い
個別の調査対象者に対するプロービング	低	高	中
司会者の偏り	相対的に中程度	相対的に高い	低〜高
解釈の偏り	相対的に低い	相対的に中程度	相対的に高い
潜在意識情報の解明	低	中〜高	高
革新的な情報の発見	高	中	低
機微な情報の入手	低	中	高
普段と異なった行動や質問	なし	ある程度	あり
全体的な有用性	高度に有用	有用	ある程度有用

たり、強い社会規範の影響を受けたりするケースには、特にこのことが当てはまる。投影法は、根底にある動機、信念、態度が潜在意識のレベルで働いているときにも役に立つ[38]。

ただし投影法には、非構成な直接的方法の短所の多くが当てはまるばかりでなく、その程度はより大きい。こういった手法には、通常、かなり熟練したインタビュアーによる個人面接が必要となる。さらに、回答・反応を分析するには熟練した解釈者も必要である。したがって投影法は費用がかかりがちである。また、解釈が偏る危険性も高い。言語連想法以外は、全ての手法が自由回答なので、分析と解釈が難しく、主観的になる。

投影法の中にはロールプレーイングのように、調査対象者に普通ではやらない行動を行うように求めるものもある。このような場合、リサーチャーは、参加を承諾した対象者はどこか普通とは違うと想定することとなろう。そうなると、こうした対象者には注目している母集団の代表性がなくなる。したがって、投影法で得た結果を、標本が投影法より代表性の高い可能のある他の手法で得た結果と比較することが望ましい。表5.3に、集団面接と個人深層面接、投影法の相対比較をまとめた。

投影法の応用

投影法は非構成な直接的方法（集団面接、個人深層面接）ほど頻繁には使用されない。例外といえば言語連想法であり、この手法は、ブランド名のテストで一般的に用いられており、特定の製品、ブランド、パッケージ、広告に関する態度の測定に時折使用される。複数の事例が示すように、投影法はさまざまな状況下で使うことができる。次に挙げるガイドラインを守ると、この手法の有用性が高まる。

① 必要な情報が直接方法では正確に入手できない際に、投影法を使うべきである。
② 初期段階の洞察と理解を得るために、投影法は探索的リサーチの目的で使うべきである。
③ 投影法は複雑であるため、考えもなく使ってはならない。

以上のガイドラインに従うと、投影法は他の定性手法と併用して価値ある情報を生み出すこ

国際マーケティング・リサーチ

　リサーチャーが調査対象となる外国の製品市場に詳しくないことがよくあるので、国際マーケティング・リサーチには定性調査が不可欠である。複数国にわたるリサーチの初期段階では、定性調査が課題への洞察をもたらし、調査アプローチの展開を助ける。というのは定性調査が、調査設計に影響する意味のある調査質問と仮説、モデルをつくり出し、適切な対象特性を特定するからである。したがって、定性調査が国内外の市場の相違点を明らかにすることもある。集団面接は、さまざまな状況、特に産業先進国で使用できる。司会者は集団面接に関する手法の訓練を受けているだけでなく、その国の言語や文化、その国で普通に行われている社会的交流パターンにも詳しくなければならない。また、集団面接の結果は、言葉の内容からだけでなく、声のイントネーションや抑揚、表情、身振り手振りといった非言語表現からも引き出さなければならない[39]。

　集団面接の大きさはさまざまである。例えばアジアでは、調査対象者7人のグループが最高レベルの相互作用を生み出す。一方、いくつかの地域たとえば中東または極東では、グループの場面でお互いの感情を話し合うことに抵抗が見られる。また、日本のような国では、人前で他人に異を唱えることは失礼であると考えられている。このような場合に用いるべき方法が、個人深層面接である。また、生成された定性データは、その国の文化に照らし合わせて解釈されなければならない。次の例では、定性調査における文化の違いの重要性に着目してみてみよう。

〈リサーチの実例〉——ゴキブリ、英国人を悩ます

　文化は、集団面接のような定性調査をどのように行わなければならないのかを決定する非常に重要な要因である。英国における集団面接で、家にゴキブリがいることを主婦に認めさせるのは楽なことではない。それを認めさせるためには、司会者が誰でも皆同じ問題を抱えているのだと主婦を安心させなければならない。ところが、フランスでは全く反対のことが起きている。この国では、対象者は着席した途端にゴキブリのことを話し始めるのである。こういった文化上の態度は、どの定性調査の手法を使用すべきか、どのように定性調査を実施すべきか、そしてどのようにデータを解釈すべきかについて大きな影響を与える[40]。

　国際マーケティング・リサーチにおける投影法の利用は、慎重に検討されなければならない。連想法（言語連想法）、完成法（文章完成法、物語完成法）、表現法（ロールプレーイング、第三者技法）では言葉が手掛かりとなる。構成法（絵画反応法、略画テスト）では、言葉によらない刺激（絵画）が使われる。言語刺激であれ、非言語刺激であれ、いずれかの刺激を使った

場合、文化を超えてもその意味が同じであるということが立証されなければならない。リサーチが行われる社会文化的環境が多様性に富んでいると、これは困難なタスクとなる。特に、写真・絵画の持つ意味が同等であると立証する問題がある。なお、線画は写真よりも解釈上の問題が少ない傾向にある。一方、言葉の手掛かりを使う言語連想法のような手法であればより容易に利用できる。その例を以下に示す。

〈リサーチの実例〉——ワールプール、世界中で定性調査を展開

ワールプール社（www.whirlpool.com）は家庭用機器産業で巨大企業に成長した。現在、世界の隅々で事業を展開し、米国、カナダはもちろん、アジア、ヨーロッパ、中南米にまで市場を拡大している。ワールプールは12のブランドのもと140カ国を超える国々で製品を製造しており、2001年に103億ドルの収益を記録した。

それではワールプールは、このようにきわめて多様な市場でどのようにして成功を続けようというのだろうか。ワールプールは多文化にわたるマーケット・リサーチに多額の投資を行っている。地元スタッフの専門知識を駆使し、集団面接、個人深層面接やさまざまな投影法を使った定性調査が世界中で行われている。ある国で特定の定性調査手法を選択するのには、文化的な配慮が大きく影響する。例えば日本では、個人深層面接が集団面接よりも好まれるが、これは日本人が人前で公然と他人に異を唱えるのをためらうからである。また、ワールプールは、ヨーロッパでの冷蔵庫のリサーチの結果から、英国の消費者は頑丈な構造を、フランスの消費者は新鮮な果物と野菜を、そしてスペインの消費者は新鮮な肉を望んでいることがわかった。オーブンに関しては、イタリア人は子供に安全な機能、スペイン人は正確なタイマーを必要としている。全体的に見て、環境面に関心のあるグループはドイツ人だけだった。また、日本人は振動の少ない洗濯機を好み、ラテンアメリカでは、電気代が高いためガスレンジに人気がある。ワールプールは、成長する市場の恩恵に浴そうと、文化的要因の理解に懸命に努めている。例えばラテンアメリカの経済は、これからの10年間で年率5％を超える成長を期待されている。ワールプールは、多種多様な消費者に関して自社の国際的な定性調査から十分に情報を得ているおり、世界市場で競争する備えも十分に整っている。

2002年、ワールプールは、国際建設機器・資材見本市（International Builders Show）で世界市場を狙った新製品を数点発表した。新製品には、家族間でコミュニケーションをとることができるうえ、料理、買い物、洗濯までウェブ・タブレットでサポートできるインターネット起動する家庭用機器が含まれていた。このウェブ・タブレットは、冷蔵庫、オーブン、食器洗浄機、乾燥機と組み合わせて使うセントラル・コントロール・ステーション、つまり、集中管理装置の役割を果たす。日本や米国のようにインターネットのアクセスが一般的でその利用が普及している国が、こういった新製品のターゲット・マーケットである[41]。

定性手法の持つ制約は国際的なマーケットにも当てはまるが、その程度はおそらく国内より

も大きくなる。というのも、訓練を受けた司会者やインタビュアーを海外で見つけるのは難しい場合が多い。また、適切なコーディング、分析、解釈の手順を開発していくことがさらに難題である。

マーケティング・リサーチにおける倫理

定性調査を行う際、調査対象者と一般大衆にかかわる倫理問題が重大関心事になる。こういった問題には、リサーチの目的を隠すことや人を欺く手法の使用すること、インタビューの経過を録画・録音すること、調査対象者の安心感のレベル、そして定性調査での結果の誤用などが含まれている[42]。

間接的な方法はどの方法でも、少なくともある程度はリサーチの目的を隠す必要がある。真の目的をカモフラージュするために、作り話が使われることが多くある。これは、調査対象者の知る権利を侵害するばかりでなく、心理的危害を生む可能性がある。例えば、栄養に関する調査に参加するとして集められたのにもかかわらず、一連の完成法の質問に回答した後に、新しいオレンジジュースの缶の色は何色がいいかというような些細な問題に自分の時間を使ったということがわかれば、対象者は気分を害しかねない。このような悪影響を最小限に抑えるために、対象者には、回答に偏りがでないようにする目的でリサーチの真の目的が伏せられているということを率直に知らせておくべきである。また、リサーチの仕事が終わった後には、デブリーフィング（事後報告会）を持つべきである。このデブリーフィングで、対象者にはリサーチの真の目的を知らせて、コメントや質問の機会を与える。対象者のプライバシーの権利とインフォームド・コンセント（調査への協力・参加が対象者の自由意思に基づくものであることを知らせたうえで協力に同意してもらうこと）を侵害するような、人を欺く方法を使うことは避けなければならない。例えば、クライアント企業のスタッフを、このプロジェクトをサポートする同僚であると調査対象者に紹介して、集団面接や個人深層面接を観察させることは、調査対象者を欺くことになる。

集団面接や個人深層面接の録画や録音には、倫理的なジレンマがある。予め本人に知らせたり、本人の同意を得たりせずに面接状況を録画や録音すると、倫理的な問題が生じる。倫理のガイドラインでは、対象者からは、セッションが始まる前、できれば選抜の段階で、記録することを知らせ同意を得ておくべきであるとしている。さらにセッション終了時に、参加者は、記録したものの使用許可文書に署名をするよう求められなければならない。この文書では、リサーチの真の目的と、この記録を目にすると思われる者全員の名前を開示すべきである。また、参加者には署名を拒否できる機会が与えられなければならない。録音・録画されたテープは、署名を拒否した対象者の画像とコメントを完全に除外する編集が行われなければならない。

取り組まなければならないもう１つの問題に、対象者の心地よさ、のレベルがある。定性調査の間、特に個人深層面接では、対象者は心地よくないと感じるポイントを越えて解答を強い

るべきではない。また、司会者やインタビュアーは、対象者の気持を尊重して節度を守らなければならない。もし、対象者が不快に感じ、特定のトピックに関してそれ以上答えたくない場合には、インタビュアーは強引なプロービングをすべきでない。最後に、一般大衆にかかわる問題を挙げよう。これは、以下に概略を記した政治キャンペーンの事例のような首を傾げたくなるような目的に定例リサーチの結果を使用するという倫理問題である。

〈リサーチの実例〉——大統領選挙戦での泥試合に注目

　ネガティブな広告、すなわち競争相手の弱点を「攻撃」する広告の倫理問題は時折論議の的になってきた。しかし、その焦点は、そういった広告そのものから、広告メッセージをデザインするためにマーケティング・リサーチを行うことの倫理問題へと移っている。おそらく、大統領選挙戦での政治的「泥試合」以上にこの現象がよく見られるところは他にないだろう。特に1988年の大統領選でブッシュ陣営がデュカキスに対して行ったキャンペーンがよく引き合いに出されている。デュカキスに対するネガティブ広告をデザインするにあたって、ブッシュ陣営のリーダー達は集団面接でデュカキスについてのネガティブ情報をテストした。このようなマイナス情報が広告の形態で流された場合、米国国民がどのように反応するのかにつき何らかの洞察を得ようという考えからであった。集団面接で非常に否定的な感情を引き出した争点が、ブッシュの政治広告に組み込むために選択された。結果はいかに。デュカキスは「……無能な、弱い、自由主義の、常識が欠けたこれみよがしの慈善家……」と書かれ、選挙を大敗した。同様の定性調査の利用（誤用）は、1992年と1996年の選挙戦で、ビル・クリントンが共和党候補者のネガティブ広告を部分的に用いて勝利を収めたときにも認められた。2000年の選挙では、集団面接から、経験が有権者にとって重要な基準のひとつであることがわかり、ゴアがブッシュを経験不足だとして不当に攻撃した[43]。

インターネットおよびコンピュータ・アプリケーション

　探索的リサーチを行うためにフォーラム、ニュース・グループ、チャット・ルームを利用することについては第3章で説明した。そこで、ここでは集団面接、個人深層面接、投影法を実施するためのインターネットの活用法について論じる[44]。

インターネットと集団面接

　オンラインの集団面接への参加は、招待者のみの参加である。調査対象者は予め選択されており、通常、参加関心を表明したオンライン・メンバーのリストから選ばれる。対象者としての条件を満たすことを確かめるためのスクリーニング調査が実施される。条件が満たされた人は集団面接に参加するよう招待される。すなわち、日時とURL、ルームの名称、パスワード

をEメールで受信する。一般的に、オンライン・グループには4人から6人が参加する。顔を合わせて行う話し合いより、オンラインの集団面接の方が少人数であるが、これは、オンラインの場合、発言する人が多くなると話し合いが混乱する可能性があるからである。

　集団面接が始まる前に、参加者は入力時の感情の表現方法などについて情報を受け取る。電子的感情表現記号（顔文字）はキーボードの記号を使って作られ、インターネット上での使用が標準化されている。例えば、「：−）」と「：−（」は、それぞれ笑った顔と悲しい顔を意味する。該当する気持ちになった場合に、感情表現記号をテキストに挿入する。さらに、この感情記号は違うフォントや色を使って表現することもできる。また、選択できる感情の種類は豊富で、不機嫌、一人笑い、決まりが悪い、夢中、熱情を込めて回答中、などたくさんある。この感情表現記号の後に回答が続く。参加者は、ウェブ・サイトにアクセスして情報を読んだり、実際のTVコマーシャルを自分のパソコンにダウンロードして視聴したりして、集団面接のトピックに関して下調べすることもできる。それから、集団面接が始まる直前に、ログオンするウェブ・サイトにアクセスして、最後の指示をいくつか取得する。

　インタビューが始まる時間になったら、参加者はウェブ上のチャット・ルームに入室する。すなわち集団面接の場所（URL）にアクセスし、「Enter Focus Room（フォーカス・ルームに入る）」のアイコンをクリックする。入室するためには、予めEメールで送られてきたルーム名、ユーザー名、パスワードが必要となる。チャット・ルームでは、司会者と参加者はリアルタイムでお互いにメッセージを入力していく。一般的な方法では、司会者は質問を全て大文字で入力し、対象者は大文字と小文字を使うように指示される。また、対象者は常に質問番号から発言を始めるようにと指示される。これは、司会者が迅速に参加者の回答をそれに対応した質問内容に結びつけることができるためである。こうすることで、手早く簡単に集団面接のセッションを転写することが可能になる。グループのやりとりは約1時間続く。生原稿はセッションが終わるとすぐに入手でき、フォーマットされた原稿は48時間以内に入手できる。このように、インターネットを使うと、プロセス全体が従来の方法よりもかなり早くすむ。オンラインの集団面接を行っている企業にはサーベイサイト社（www.surveysite.com）がある。

長所

　参加者は、米国国内のどこからでも、さらに、世界のどこからでもインタビューに参加でき、クライアントは自宅からでもオフィスからでも都合に応じて集団面接を観察することができる。つまり、地理的制限がなくなり、時間的制限も軽減される。また、従来の集団面接とは違い、グループの参加者に後日コンタクトを取ることもできる。問題を再び取り上げてもいいし、最初の集団面接で提示した資料の修正版を紹介してもよい。さらに、通常調査を実施するのが難しいセグメントにも、インターネットならば、リサーチャーの接触が可能になる。例えば、医師や弁護士、専門職を持っている人、仕事を持っている母親、その他、忙しく生活を送っていて、従来の集団面接への参加には興味を持っていない層がそのセグメントにあたる。

司会者は、関心のある分野をより深くプローブして、個々の対象者と別々に会話を続けることもできる。一般的に、参加者は自分の回答を抑制しようとすることは少なく、自分の考えを思う存分表現する傾向が見られる。集団面接で割り当てられた時間を優に越えることが多くあるが、これは、たくさんの意見が出されるからである。最後に、移動の必要がなく、録画も、手配する施設も不要なため、従来の集団面接よりも費用がはるかに低い。企業は従来の集団面接に費やしていた金額の5分の1から2分の1の間に、コストを抑えることができる。

短所

オンライン調査で対象とすることができるのは、コンピュータを所有し、使いこなせる人に限られる。また、インターネットでは個人の名前は非公開である場合が多いので、調査対象者がターゲット・グループのメンバーであるかどうかを実際に確認することが難しい。このことは、雑誌『ニューヨーカー』の漫画にも描かれている。その漫画では、2匹の犬がコンピュータの前に座り、1匹がもう1匹に「インターネットじゃ、君が犬とは誰も知らないよ！」と話しかけている。この限界を克服するために、対象者の選択や身元確認には電話のような従来の方法が使われている。

考慮しなければならないもう1つの要因は、調査対象者の環境と、気を散らす外部の刺激に対象者がさらされる可能性を、全般的に管理しきれないことである。オンラインの集団面接の場合、対象者が世界中に広がっていることがありえるため、対象者が集団面接に参加しながら他に何かやっていたとしても、リサーチャーや司会者にはそれが全くわからない。また、音声と映像の刺激しかテストできず、製品に触れたり（衣類など）、匂いをかいだり（香水など）することは不可能である。

利用法

今後も従来の集団面接の方がが好まれ続けるであろうという場合がある。例えば、非常に感情的な争点や問題であると、オンラインでは実質上、探求不能である。オンライン集団面接が実施できる範囲は現在のところインターネットにアクセスできる人だけに限られているため、オンライン集団面接はあらゆるリサーチに向いているわけではない。しかしながら、製品やサービスの提供とマーケット・シェアの獲得や情報収集にインターネットを利用している企業には、大変適している。バナー広告やコピーのテスト、コンセプトテスト、コンピュータのソフトウェアの使用テスト、マルチメディア評価、アイコンまたはグラフィック・イメージの比較などがその応用例である。オンライン集団面接や調査で考えられるもう1つの利用法に、規模縮小や転職、多様化など、職場についての問題に関して、従業員からのフィードバックの収集を必要とする企業向けのものがある。従業員はウェブ・サイトにアクセスするよう要請されるが、そのサイト上では経営陣との話し合いに従業員が匿名で参加できるようになっている。フルクラム・アナリティックス社（www.fulcrumanalytics.com）は、オンライン集団面接やEメ

第5章　探索的リサーチの設計：定性調査　　241

ール調査、ウェブ調査に特化している企業の１つである。

> 〈リサーチの実例〉――SUVの効用を高める
>
> 　オンライン集団面接をうまく利用している業界の１つに、自動車業界がある。特に北米日産会社がある。日産は、SUV車のXterraを設計している間に、オンライン集団面接をいくつか実施した。その目的は、デザインに関するフィードバックを入手し、さらにターゲット・マーケットがSUV車に何を求めているのかを明らかにすることにあった。このマーケットを構成していたのは、若く活動的で、スポーツ好きな人たちであり、皆、熱心に調査に参加した。彼らは、車内もしくはキャリアにスポーツ用品とキャンプ用品を積み込めるSUV車を求めていたが、同時に、適切な価格で販売されることも望んでいた。集団面接では、欲しい特徴などのトピックに関して話し合われた。例えば、SUV車のルーフやバックに装備するキャリアや、フォー・ドア、スポーティーなデザイン、おしゃれなカラー、ゆったりとした車内スペースが挙げられた。日産はこの全ての分野で期待に応え成功を収めている。全米自動車連盟はXterra 2001年モデルを2001年のトップSUV車と称したが、これが同社の成功を実証している。
>
> 　オンライン集団面接から、自動車の購入者の多くがカスタムメイドの自動車を欲しがっていることが明らかになった。そこで、2002年、日産は大手自動車メーカーとしては初めて、ウェブでBTO（受注生産方式、Build-to-Order）を可能としたことを発表した。フォードやGMなどの他の大手自動車メーカーでもウェブでの自動車販売を行っているが、日産は、同社のウェブ・エンジンでの構成はコンピュータ・メーカー、デル社のカスタムPCのウェブ・エンジンに似ているという。日産は2003年、当初北米日産のテネシー州にある工場で製造しているAltima、Frontier、Xterraに限定する予定であったカスタマイズ技術を今後拡張する計画である[45]。

　同じような手法により、インタビュアーと調査対象者が離れていても、個人深層面接をインターネットで実施することができる。事実上、これまでに説明してきた投影法のすべてがインターネット上で実行可能である。絵画反応法はさまざまな企業やリサーチャーが効果的に使用している。例えば、コカ・コーラでは、絵を提供し、調査対象者にその絵について物語を書くように依頼している。その対象者の人口統計データが、でき上がった物語と相まって、その人物の心理的特性と消費パターンに関する貴重な洞察とを提供することができる。

　定性調査の調査対象者を選出し、その適格性につきスクリーン調査を行うために、マイクロコンピュータや汎用コンピュータを使うことができる。コンピュータ化されたシステムが、調査対象者ごとの人口統計データやその他の特性に関する大量の情報を保存し、そのファイルを維持管理している。このようにして、一定の基準をクリアした対象者を素早く簡単に特定でき、基準フォームや確認書、署名文書が自動的に作成される。一方、全ての定性調査手法に共通する課題が、オープンエンド式質問（自由回答形式の質問）に対する回答のコーディング（符号付け）と分析である。そして、マイクロコンピュータと汎用コンピュータが、次第にこの目的

バークの場合

　バーク社が世界各地で実施している定性調査では、主に集団面接を使っている。集団面接を実施する際には、非常に実務的な問題2点に取り組まなければならない。最初に問題となるのは、多くのクライアントがまず尋ねる質問でもある「集団面接は何回必要で、どこで行うべきか」ということである。2つめは、リサーチャーにとっては最も重要な問題でありながら、クライアントからはほとんど訊かれることのない質問、すなわち「クライアントは、どのようにすれば集団面接を用いた調査への参加者として貢献できるのか」という点である。

回数と場所

　ほとんどの集団面接の場合、回数と場所の問題は、実は関心の対象になる母集団の定義の問題である。別のグループで探索しなければならないような別のマーケット・セグメントがあるのか？　グループでの話合いが、「大変精通している」人々により支配されてしまうことを避けるために、こうした人々を「あまり精通していない」人と別々にしなければならないのか？　市場の開発レベルが違う場合には別々の地域で集団面接を実施すべきか？　こういった問題に対する意思決定は、見解を支持する手だてとなる二次リサーチあるいは内部データがあってはじめて下すことができる。バークにおける唯一の経験則は、特性や場所ごとに特定のグループ構成を定めたら、各構成について、集団面接を少なくとも2回は行うということである。その背景となる根拠は、それぞれのグループにはそれぞれのダイナミクスがあるため、そして2回目の、つまり確認のための集団面接が、1つのグループの構成とダイナミクスから引き出された結論が早まったものではないということを確認するのに役立つためである。

　米国で有数の、あるカジュアル・ダイニングのレストラン・チェーンは、どのようなタイプのデザートが同店の顧客にとって「注文せずにはいられないほど魅力的な」のかを明らかにする必要を感じていた。同社はデザート・メニューをすこし手直しすることで売上増加を期待していた。そこで、バークは10回の集団面接を4顧客層すなわち4セグメントに分けて実施した。

① カジュアル・ダイニングのレストランで、食事をする際には大抵デザートを注文する人々
② 大抵デザートを注文する、同社の固定客
③ 稀にしかデザートを注文しない、同社の固定客
④ 同社の給仕人

　参加者は、どのようなタイプのデザートが好きか、レストランのメニューにはデザートがいくつ載っているべきか、客に注文したい気持にさせるには、デザートをどのように給仕は「紹介」すべきかについて話し合った。各グループで、バークの司会者は25を超えるデザートの説明を読み上げ、50を超えるデザートの写真を見せた。司会者は、参加者にそれぞれのデザートの全体的な魅力を評価するよう依頼する。バークは、幅広い顧客の心をつかみ、注文せずにはいられないデザートを特定するために、このディスカッションの手法を採択したのである。

このレストラン・チェーンは、デザート・メニューを改善するために、この定性調査の情報とその後引き続いて行った定量調査を利用した。

インタビューのプロセスのへ貢献者としてのクライアント

バークは、集団面接の評価に関して、クライアントを適正にトレーニングするのに大変苦労している。マジックミラーの裏側に座ってクライアントの観察者達が、集団面接を観察するとき彼等が行ってよいこととよくないことを訓練しなければならない。最初に話すべきことは、回答や反応を数えたり、結果を定量的に考えることを避けるということである。重要なのは、何人の人が発言したかではなく、グループ全体として一致する傾向が明白に見えるか、またはさまざまな意見が出されるかである。

バークは、クライアントの観察者達に、全ての意見に耳を傾けるように、そして予想している立場を支持する意見ばかりを聞いていてはいけない、と指導する。リサーチャーが観察のプロセスをきちんと管理しなければ、観察しているクライアントは、自分なりに予め導き出していた結論を持って、セッションで実際に起こっていることを十分に理解しないまま、観察をやめて退席することが頻繁に起きてしまうであろう。このような状況であれば、最終報告が無視されるのは当然である。そこでバークでは、集団面接だけでなく、さらにクライアントとのコミュニケーションのプロセス全体を管理することに焦点を当てている。

に即して利用できるようになってきている。ザ・ガリレオ・カンパニー社（www.thegalileocompany.com）のCATPACのような人工知能プログラムを使うことで、定性調査の分析の難しさは大幅に減少させる可能性がある。

まとめ

定性調査と定量調査は補完しあうものと見なすべきである。定性調査の手法は直接方法と間接方法に分けられる。直接方法では、調査対象者はリサーチの真の目的を見極めることができる。その一方、間接方法では、リサーチの目的を隠している。直接方法の主な手法には、集団面接と個人深層面接がある。集団面接はグループで行われ、個人深層面接は一対一で行われる。集団面接は最も広く使われている定性調査の手法である。

間接方法は投影法と呼ばれ、いろいろな意味にとれる状況の上に調査対象者の動機や信念、態度、感情を投影することを目的とする。投影法は連想法（言語連想法）、完成法（文章完成、段落完成、物語完成）、構成法（絵画反応、略画テスト）、表現法（ロールプレーイング、第三者技法）に分類することができる。投影法は、直接法では調査対象者が必要な情報を提供したくない、あるいは、提供できない場合に特に役に立つ。

定性調査は国内市場と外国市場の顕著な違いを明らかにすることができる。集団面接と個人深層面接のどちらを実施するべきなのか、結果はどのように解釈すべきなのかは、文化の相違に大いに左右される。定性調査を行う際、リサーチャーとクライアントは調査対象者を尊重しなければならない。これには、対象者の匿名性を守る、対象者の参加をとりつけるために用いた発言や約束を全て守る、調査対象者を困惑させたり傷つけたりすることのない方法でリサーチを行う、といった事項が含まれる。集団面接、個人深層面接、投影法はインターネットで実施することもできる。また、調査対象者の選択、スクリーニング調査を実施し、そして、定性データのコーディングと分析、マイクロコンピュータと汎用コンピュータの利用が可能である。

演習

復習問題

1. 定性調査と定量調査との手法上の主な相違点は何か。
2. 定性調査とは何か。また、どのように実施されるのか。
3. 定性調査の直接アプローチと間接アプローチの違いを述べよ。各手法の例を挙げよ。
4. なぜ、集団面接は定性調査で広く使われている手法なのか。
5. 質の高い結果を得るために、なぜ、集団面接の司会者がそれほど重要になるのか。
6. 集団面接の司会者に必要とされる主な資格条件とは何か。
7. いわゆるプロの調査対象者に対して防衛手段を取らなければならないのはなぜか。
8. 集団面接が誤用される可能性につき2つの事項を挙げよ。
9. 2人司会者型集団面接（a dual-moderator group）と司会者対決型集団面接（a dueling-moderator group）の違いは何か。
10. テレセッション型グループとは何か。この手法の長所と短所を挙げよ。
11. 個人深層面接とは何か。どのような状況の場合、集団面接よりも望ましいのか。
12. 個人深層面接の主な長所は何か。
13. 投影法とは何か。投影法の4つのタイプとは何か。
14. 連想法について説明せよ。この手法が特に役立つ状況を挙げよ。
15. 投影法はいつ使うべきか。

応用問題

1. 本テキストで概要を述べた手法に従い、輸入車に対する消費者の態度、選好を明らかにするための集団面接を行う計画を立てよ。集団面接の目的を具体的に挙げ、調査対象者を選択するためのスクリーニング調査票を作成し、司会者が使うアウトラインを開発すること。
2. なぜ、ある人々はアイスクリームをきまって食べないのか。バスキン・ロビンズ社が、その理由を知りたいとしよう。この目的のための略画テストを開発せよ。

インターネット／コンピュータ演習

1. コカ・コーラ・カンパニーから、ソフト・ドリンクのヘビー・ユーザーの集団面接をインターネットで実施するよう依頼されたものとする。このプロジェクトの調査対象者を特定、選択する方法について説明せよ。
2. 個人深層面接をインターネットで実施することは可能か。従来の個人深層面接とこの方法とを比較し、それぞれの長所と短所を挙げよ。
3. 定性調査コンサルタント協会（Qualitative Research Consultants Association、www.qrca.org）のウェブ・サイトにアクセスし、定性調査の最新状況についてレポートを作成せよ。
4. 雑誌『テニス』では、オンラインの集団面接参加者を募集しようと考えている。参加者を募集するために、ニュース・グループ（Usenet：rec. sport. tennis）をどのように利用すればよいか。
5. 本テキストで解説したCATPACプログラムを入手せよ。スポーツに対する態度を特定するため、そのプログラムを使って（調査対象者として）仲間の学生を対象にして行った個人深層面接のデータを分析せよ。

実習

ロール・プレイ

1. あなたはマーケティング・リサーチ・コンサルタントで、革新的なドイツ・スタイルのファスト・フード・レストランのために集団面接を実施するために雇われている。集団面接の参加者としてどのようなタイプの人を選別する予定か。また、どのような選定基準を使うか。そのためにどのような質問を行うか。
2. 一度、定性調査が実施されたからといって、定量調査を抜きにすることのないように、マーケティング・リサーチャーとして上司（役の仲間）を説得せよ。

フィールド・ワーク

1. 大学内のスポーツ・センターは、なぜもっと多くの学生が施設を利用しないのかを明らかにしようとしている。スポーツ・センターにより多くの学生を惹きつけるために何ができるのかを明らかにするため、一連の集団面接を実施せよ。集団面接の結果を基にして適切な仮説をたてよ。
2. ある化粧品会社が、女子学生のマーケットへの浸透を加速したいと考えている。コンサルタントとして雇われたあなたは、女子学生の化粧品に対する態度、化粧品の購入・使用法に関する理解や予備的洞察を得なければならない。少なくとも5回個人深層面接を実施せよ。また、構成法も使うこと。この2つの手法から導き出された結果は一致しているだろうか。一致していない場合は、その食い違いを一致・調和させるように試みよ。

グループ・ディスカッション

1. 定性調査が科学的かどうかについて、5〜6人のグループで討論せよ。
2. 「集団面接の発見が事前の予測を裏付けた場合、クライアントは定量調査を実施せずに済ませるべきである」。この主張について、少人数のグループで討論せよ。
3. 「定量調査は、統計情報と確定的な結果を生み出すので、定性調査よりも重要である」。この意見について、5〜6人の小グループで討論せよ。

第6章

記述的リサーチの設計：
質問法と観察法

記述的リサーチを成功させる鍵は、何を測定したいかを正確に知り、すべての調査対象者が協力したいと思い、完璧で正確な情報を効率的に提供できるような調査方法を選ぶことである。
——ジョー・オッタビアーノ
（バーク社、ゼネラル・マネジャー、シニア・バイス・プレジデント）

本章の目的

この章では、以下の点を学習する。
① 質問法について論議し、電話調査法、個人面接法、郵送調査法など、さまざまな方法について記述する。
② 質問法を評価する基準を確認し、さまざまな方法を比較し、特定のリサーチ・プロジェクトにどれが最も適しているかを評価する。
③ マーケティング・リサーチャーが用いる観察法の異なる手法について説明、分類し、個人観察法、機械観察法、監査法（オーディット）、内容分析、痕跡分析について解説する。
④ 観察法を評価する基準を確認し、さまざまな方法を比較し、特定のリサーチ・プロジェクトにどれが適しているか（もし存在するならだが）を評価する。
⑤ 各種観察法の相対的長所・短所を述べ、それを質問法と比較する。
⑥ 国際的な環境で質問法・観察法によるリサーチを行う際の留意点について論議する。
⑦ 質問法・観察法を行う際の倫理的な問題について理解する。
⑧ 質問法・観察法におけるインターネットやコンピュータの利用について論議する。

本章の概要

　前章までで述べたように、調査課題が定義され（マーケティング・リサーチのステップ1）、この目的にどうアプローチするかが決められると（ステップ2）、調査担当者は次にリサーチを設計することになる（ステップ3）。第3章で述べたように、リサーチの設計は探索的リサーチと検証的リサーチに大別される。探索的リサーチでは主な手法として、二次データ（第4章）と定性調査（第5章）を用いる。また検証的リサーチは、主に因果的リサーチか記述的リサーチに分類される。因果的リサーチについては、第7章で述べる。

　本章では、記述的リサーチの代表的な手法である質問法（サーベイ・メソッド）と観察法（オブザベーション・メソッド）について詳述することにしよう。第3章で述べたように、記述的リサーチの主たる目的は、何かを記述することである――その何かとは、市場の特性や機能・役割であることが多い。調査方法（あるいは、コミュニケーション方法と呼んでもよいかもしれない）は、その運用形態によって、従来型の電話調査、コンピュータ支援電話調査、訪問面接調査、モール・インターセプト調査、コンピュータ支援個人面接調査、郵送調査、郵送パネル調査、Eメールやインターネット調査などに分けられる。これらの手法につき説明した上で比較、評価を行う。次に主な観察法についても検討しよう。この手法には、個人観察法、機械観察法、監査法、内容分析、痕跡分析（追跡調査）などが含まれる。質問法に対して、観察法の優れている点、劣っている点についても比較検討する。国際市場で質問法、観察法を実施する際の留意点についても述べる。また、質問法、観察法を実施する際の倫理的な問題についても触れる。最後に、質問法、観察法におけるマイクロコンピュータやメインフレームコンピュータの活用法について論じる。

〈リサーチの実例〉――次期大統領は誰か

　インターネットが普及しつつあった2000年のアメリカ大統領選挙は、市場調査機関にとって、オンライン・サーベイの正確さ、選挙結果の予測能力を試す絶好の機会となった。ハリス・インタラクティブ社（www.harrisinteractive.com）は率先してオンライン調査を実施し、全州および38州での大統領選、上院議員選挙のいくつか、多数の州知事選挙を含む合計73の選挙戦について調べた。2000年の10月31日から11月6日までの間にオンライン・インタビューの対象となった投票するであろうと思われる人々の総数は240,666人に上った。その結果は、ハリス・インタラクティブ社が行った全国電話調査の結果とほとんど一致するものだった。この電話調査は、結果的に、当時行われた大統領選挙の予測調査の中で、オンライン調査を除けば、各調査機関による最終予測の中で唯一、ブッシュとゴアの得票が同率となることを予測したものだった。各調査結果の一覧は次頁の表のとおりである。

　大統領選以外の72の選挙でも、オンライン調査の結果は優れていた。これら73の選挙に関するオンライン調査結果が選挙の結果を的確に予測していたことから、適切に設計しさえすればイ

2000年米国大統領選挙――全国投票結果

	ゴア(%)	ブッシュ(%)	ネーダー(%)	誤差 ブッシュとゴアの差(%)	誤差 ネーダー(%)
選挙結果	48	48	3	―	―
ハリス・インターラクティブ（オンライン調査）	47	47	4	0	1
ハリス・インターラクティブ（電話調査）	47	47	5	0	2
CBS	45	44	4	1	1
ギャロップ／CNN／USAトゥディ	46	48	4	2	1
ピュー・リサーチ	47	49	4	2	1
18 D／CSM／TIPP	46	48	4	2	1
ゾグビー	48	46	5	2	2
ICR／ポリティクス・ナウ	44	46	7	2	4
NBC／ウォールストリート・ジャーナル	44	47	3	3	0
ABC／ワシントン・ポスト	45	48	3	3	0
バトルグラウンド	45	50	4	5	1
ラスムッセン（自動呼び出し電話システム）	49	40	4	9	1

注：1.「誰に投票するのか未定・その他の回答」は除く
2. 公表世論調査全国協議会（The National Council on Published Polls?NCPP）は実際の結果と世論調査の違いの半分を誤差値として計算している。ここでは、違いをそのまま誤差値としているので、誤差値はNCPPの誤差値の倍になっている。
出典：公表世論調査全国協議会（The National Council on Published Polls）

ンターネット・サーベイの予測結果は十分信頼できるものであることが証明された。これらの事実から、選挙結果の予測やその他の調査について、インターネットを活用する機会は今後も増えつづけると判断できよう[1]。

〈リサーチの実例〉――マーケティング・リサーチ――日本流

　日本の企業はその情報源として、個人観察法を重視している。キヤノン・カメラ（www.canon.com）はかつてアメリカ市場でミノルタ（www.minolta.com）にシェアを奪われつつあったとき、販売代理店であるベル＆ハウエル社が十分な支援を行っていないと判断した。しかし、こう結論づけるにあたって、キヤノンは広範な消費者調査や小売店調査を行ったわけではない。キヤノンは個人観察を重視し、3人のマネジャーを米国に派遣して、問題の所在を明らかにしようとした。

　チームの責任者となった鶴田は6週間にわたって米国に滞在し、顧客を装ってカメラ店を訪問し、キヤノンのカメラがどのように店頭に陳列されているか、店員がどのように顧客に説明するかをメモに採っていった。その結果、代理店がキヤノン製品の売り込みに熱心ではないこと、ま

た、キヤノンにとりドラッグストアやディスカウントストアで製品を売っても益が少ないことを見て取った。こうしてキヤノンは米国に子会社として販売会社を設立し、売上げとシェアを増加させることになる。そして、この販売会社が、後に、2000年代の初頭、デジタルカメラの拡販に大きく貢献することになった。2003年現在、キヤノンは直販と小売店販売を合わせ、世界115を超える国々で220億ドルを上回る売上げを上げている[2]。

電話やインターネットによる調査は、他の調査方法と同様に、選挙結果の予測をはじめとする種々の目的のために、ますます頻繁に用いられるようになっている。観察法は最近ではひと頃のようには用いられていないが、キヤノンの実例が示すように、マーケティング・リサーチにおいて、やはり重要な役割を果たしている。

質問法

　質問法（サーベイ・メソッド）とは、調査対象者から構成的調査票を用いて特定の情報を得るように設計された調査方法のことである。すなわち、調査対象者に質問に答えてもらうことによって情報を得るものである。調査対象者は、行動、意向、態度、知名、動機、および人口統計上、あるいはライフスタイル上の特性について、さまざまな質問を受ける。こうした質問は口頭で行われることもあるし、また、書面やコンピュータを通じて行われることもある。また、これに対する回答もこれらのさまざまの方法で取得される。

　多くの場合、「構成」された質問が用いられる。ここでいう「構成」とは、データ収集のプロセスが標準化されている度合いを示している。**構成的データ収集法**では、一定の形式に従った調査票が準備され、あらかじめ決められた順序で質問される——したがって、直接的な調査方法である。リサーチが直接的か間接的かは、その調査の真の目的が回答者に知らされているかどうか、ということを意味する。第5章でも述べたが、直接的なアプローチとは「隠し立てをしていない」ということを意味する。すなわち、その調査の目的が回答者に明らかにされているか、あるいは質問項目から自ずと明らかになるということである。

　構成的で直接的な調査は最も一般的なデータ収集方法であり、調査票を用いて実施される。典型的な調査票では、ほとんどの質問が**多項選択法**であり、回答者はあらかじめ示された複数の選択肢の中から回答を選ぶよう求められる。例えば、次に示した、百貨店に対する態度を測定するための質問について考察してみよう。

質問法　survey method　調査対象者から構成的調査票を用いて特定の情報を得るように設計された調査方法
構成的データ収集法　structured data collection　一定の形式に従った調査票が準備され、あらかじめ決められた順序で質問される調査方式
多項選択法　fixed–alternative questions　回答者にあらかじめ決められた複数の選択肢の中から回答を選ぶよう求める質問方式、multiple choice question ともいう

第 6 章　記述的リサーチの設計：質問法と観察法

	そうは思わない			そう思う	
百貨店での買物は楽しい	1	2	3	4	5

　質問法には、いくつかの長所がある。まず、調査票の管理・運用が簡単である。次に、回答が選択肢の中に限られるため、得られたデータの信頼性が高い。すなわち、質問に対する回答が限定されているため、面接調査員の違いによって生じる変動が少なくて済む。そして、コーディング、分析、データの解釈が比較的簡単である[3]。

　一方、質問法の短所は、調査対象者が求められている情報を提供できない、あるいは提供したくない場合が生じることである。例えば、動機についての質問を考えてみよう。調査対象者は、特定のブランドや特定の百貨店を選んだ動機について、はっきり自覚していないかもしれない。そうした場合には、動機について正確な答えを選ぶことができない。あるいは、調査対象者は、微妙な問題や個人的な問題について答えるのをためらうかもしれない。また、構成的調査票や多項選択法の回答方法では、ある種のデータ、例えば信条や感じ方といった事柄については、妥当性を欠く結果になることもある。最後に、適切な言葉を用いて調査票を作ることは容易なことではない（第10章の「調査票の設計」を参照）。しかし、こうした欠点にもかかわらず、質問法は、概要のセクションで紹介した世論調査の例にもあるように、マーケティング・リサーチにおいては、一次定量データの収集方法として、最も一般的なものとなっている。

〈リサーチの実例〉――質問法がサポートする顧客サポート

　アリバ社（www.ariba.com）はＢ２Ｂソフトウェアのプロバイダーであり、インターネットと先端的なコンピュータ・ソフトを活用して調査データを収集している。アリバ社は自社が知的財産権を有するソフトウェアシステム、Vantive Enterprise Customer Relationship Management のプラットフォームとカスタマーサット社（CustomerSat.com）の Web Survey System を統合した。これによって顧客からリアルタイムのフィードバックを得て、それらの傾向を追跡し、満足していない顧客の存在をすぐに把握することができるようになった。このほか、このシステムがアリバ社にもたらした利点としては、データから得られた前向きのデータを社内の志気を高めたり、ベスト・プラクティスを実践するために社内に配信できたことがある。

　このシステムは、顧客サポートを求めてきた個々の顧客（調査対象者）にオンライン調査を行う仕組みになっている。この調査では、顧客の抱える個々の問題点だけでなく、経営上の判断に必要なデータも収集される（すなわち、現行製品に対するニーズや、好悪などである）。回答の中身は分析され、顧客は適切な専門家へ取り次がれる。顧客はサポートを受けてから24時間以内であれば、その内容について評価したりコメントしたりできる。アリバ社は、この調査の内容を自社の顧客サポート・システムの改善に役立てるだけでなく、問い合わせの内容とは直接関係のないデータをも会社の方向性や製品に関する決定に活用することができる。このシステムの採

用により、アリバ社は驚異的な成長を遂げることができた[4]。

質問法の手法は、調査票を管理・運用する方法、すなわち実査の方法によって分類することができる。これらの分類によって、個々の手法の違いが明らかになる。

実査方法による質問法の分類

質問法の手法は主に4つに分かれる。すなわち、①電話調査、②個人面接調査、③郵送調査、④電子調査（図6.1を参照のこと）である。電話調査はさらに従来型の電話調査とコンピュータ支援電話調査（computer-assisted Telephone interview、CATI）に大別される。個人面接調査は個人訪問面接調査、モール・インターセプト調査、コンピュータ支援個人面接調査（computer-assisted telephone interview、CAPI）に分かれる。三番目の郵送調査は、通常の郵送調査と郵送パネル調査に分類される。最後に、電子調査は、Eメールを通じて調査を行うか、インターネット上で行われる。これらのうち電話調査が最もよく用いられ、個人面接調査と郵送調査がこれに次いでいる。電子調査、特にインターネットを活用した調査は、非常に速いピッチで普及している。これらの調査方法について、各々検討していくことにしよう。

図6.1

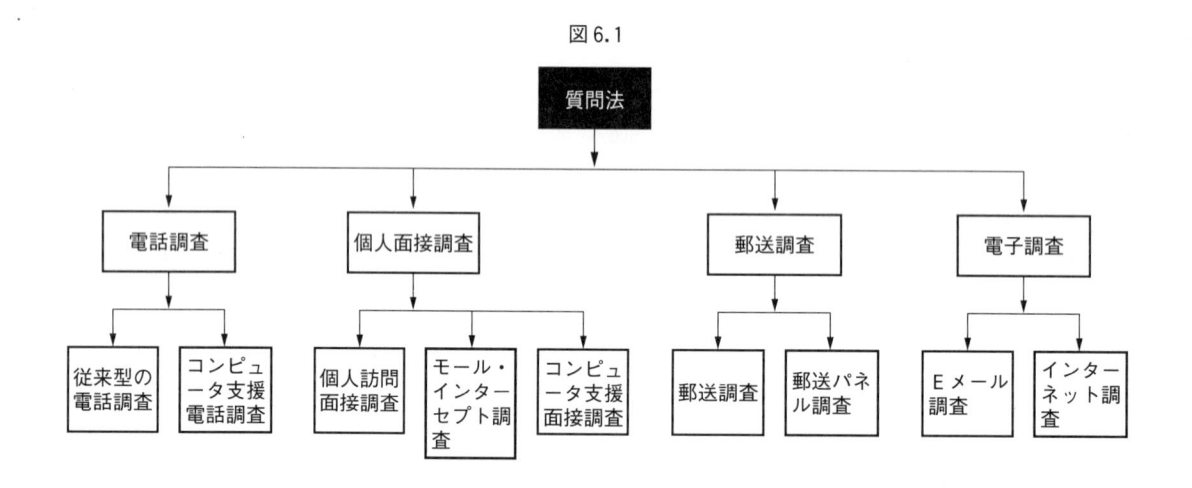

質問法
├─ 電話調査
│   ├─ 従来型の電話調査
│   └─ コンピュータ支援電話調査
├─ 個人面接調査
│   ├─ 個人訪問面接調査
│   ├─ モール・インターセプト調査
│   └─ コンピュータ支援面接調査
├─ 郵送調査
│   ├─ 郵送調査
│   └─ 郵送パネル調査
└─ 電子調査
    ├─ Eメール調査
    └─ インターネット調査

電話調査

先に述べたように、電話調査には従来型とコンピュータ支援型とがある。

従来型の電話調査

従来型の電話調査は標本に属する人々に電話して一連の質問を行うものである。インタビューアーは印刷されたの調査票を使い、回答を鉛筆で記入していく。通信技術の進歩により、全国

ベースの電話調査も1カ所のセンターから実施することが可能になった。これに伴って、地域ごとに分散した電話調査は近年減りつつある[5]。

コンピュータ支援電話調査

現在は、コンピュータを活用し、1カ所のセンターから行うコンピュータ支援電話調査が主流になっている。コンピュータ支援電話調査（CATI）では、電話を通じて調査対象者に用いられる調査票はコンピュータ上に構築されている。この調査票はメインフレームコンピュータやミニコンピュータ、あるいはパーソナルコンピュータによって作成される。インタビュアーはコンピュータの端末の前に座り、ヘッドホンをつける。コンピュータが紙と鉛筆ベースの調査票に取って代わり、ヘッドホンが電話の代わりになっている。コマンドに応じてコンピュータはあらかじめ指定された番号に自動的に電話をかける。電話がつながるとインタビュアーはコンピュータの画面上の質問を読み上げ、調査対象者の答えを直接コンピュータのメモリーにインプットする。

コンピュータはインタビュアーを規則に従ってガイドする。画面には1つの質問しか現れない。コンピュータは回答の適切さと一貫性をチェックしていく。回答によって、次の質問の内容が変わっていき、自然に無理なくデータが集められていく。インタビューに要する時間は短縮され、データの質も高められ、コーディングやコンピュータへのデータ入力など、データ収集に伴う骨の折れる作業が省略される。回答がそのままコンピュータに入力されるため、データ収集状況についての中間報告、最新報告、あるいは結果報告もほぼ即時に行うことができる。概要で紹介した大統領選挙の世論調査でも、ハリス・インタラクティブが実施した電話調査はCATIを使ったものだった。次に挙げる事例もそうである。

コンピュータ支援電話調査（CATI）では、コンピュータがインタビュアーを一貫してガイドする。

> ⟨リサーチの実例⟩――電話調査――ホールマーク社の
> ホールマーク（お墨付き）
>
> 　家庭における購買の半分以上の意思決定を女性が支配していることから、ホールマーク社（www.hallmark.com）はターゲット層である女性にリサーチを行った。定性調査からは、女性の生活にとって女友達が重要であることが明らかになった。そこで、18歳から39歳までの女性に対して、女友達と知り合いになったきっかけと、どれくらいの頻度で連絡しあっているかを聞く全国的な電話調査が行われた。質問には、女友達に秘密や驚いたこと、夫との不仲、個人的な情報（妊娠など）を話している程度を評価してもらう項目も含まれていた。その結果、45%の女性が「異性の友人よりも女友達の方が話しやすい場合がある」と答えた。また、81%の女性は「女友達と意見の相違があっても冷静に話し合う」と答えていることも分かった。これらの数字から、女性同士が互いに情報を分かち合い、連絡しあっている確率が高いことがうかがえた。
>
> 　この調査では42%の女性が「親友」と考えられる女性が1人いると答えた。そのうち33%の女性は親友から10マイル以内のところに住んでいたが、28%は100マイルを超えるところに暮らしていた。こうした情報をもとに、ホールマーク社は、女友達同士の交流がしやすくなる新しいカード製品「ホールマーク・フレッシュ・インク」を発売した。女性が自社のターゲット顧客であることを知り、女性同士がどれほど頻繁に連絡を取り合っているかを理解することにより、ホールマーク社は新製品の販売に成功したのである。電話調査はホールマーク社のリサーチにおける「ホールマーク」（お墨付き）となり成功するマーケティング戦略を策定することを可能にした。2003年現在、ホールマーク社の製品は、米国のグリーティング・カード市場で55%のシェアを占め、47,000以上の店舗で販売されている。また30を超える言語で記されたカードを100を上回る国で販売している[6]。

個人面接調査

　個人面接調査は個人訪問面接調査、モール・インターセプト調査、コンピュータ支援面接調査に分類される。

個人訪問面接調査

　個人訪問面接調査では、調査対象者の自宅で面接が行われる。面接調査員（インタビュアー）は回答者と連絡を取り、質問し、回答を記録する。近年では、訪問調査はコストがかかるため減りつつある。しかし、訪問面接調査は、ローパー・オーガナイゼーション社のようにシンジケート調査を実施している企業（第4章参照）を中心に、継続されていることも確かである。

> ⟨リサーチの実例⟩――リモバス調査――リムジンやバスで
> アメリカの家庭へ
>
> ローパー・オーガナイゼーション社（www.roperasw.com）の提供するオムニバス調査、リモバス調査では、毎月2,000人の成人アメリカ人を対象に訪問面接調査を行い、その結果を4週間後にまとめている。特定のプロジェクトについては、パネルのサンプルサイズや構成をクライアントのニーズに合わせて設定しており、そのクライアントが関心を持つ問題について、パネル回答者の一部または全部に質問する。リモバス調査は、広告宣伝やブランドの認知度、キャンペーン効果の事前事後測定、広告宣伝のインパクト、想起、コミュニケーション方法のチェック、ブランド浸透度の評価、新しいパッケージのテスト、新製品の性能評価、そのほかのマーケティング・リサーチの課題を解決するために用いられている[7]。

　個人訪問面接調査法は多様な用途に用いられるが、その利用は減りつつあり、その代わりに多く行われるようになったのがモール・インターセプト調査である。

モール・インターセプト調査

　モール・インターセプト調査の調査対象者は、ショッピング・モールで買物中に声をかけられ、モール内の調査施設に案内された人々である。そこで面接調査員が訪問面接法と同じように一連の質問をする。面接調査員が調査対象者を訪ねるのではなく、調査対象者が面接調査員のところへ来てくれる方が効率的であるというところに、モール・インターセプト調査の利点がある[8]。この調査方法はますます普及するようになっており、モールに常設されている調査施設は全米で数百に上る。次の事例が示すように、モール・インターセプト調査が特に役立つのは、調査対象者が実際に製品を見たり、扱ったり、消費してみないと意味のある回答が得られない場合である。

モール・インターセプト・インタビューの現場。

〈リサーチの実例〉──同じ名前で新しい演目を

　新しい千年に踏み入れるに当たり、AT&T（www.att.com）は単なる長距離電話サービスの会社から、ケーブルテレビ、携帯電話通信、インターネット通信などを提供する会社へと脱皮しようとしていた。しかし、ほとんどの人々は、同社を時代遅れの退屈な電話会社としてしか認識していなかった。そこでAT&Tは、楽しく流行の先端をいく会社としてのイメージを創り出したいと考えた。広告代理店ヤング＆ルビカム社（www.yr.com）はAT&Tのロゴとして青と白の地球を使い、そのアニメーションが宣伝の案内役を演じる、という案を考えた。AT&Tは、このロゴがしっかり認識されるかどうかを知るために調査を実施した。15ヶ所で合計500人を対象にAT&Tの課題に関するモール・インターセプト調査が行われた。モール・インターセプト調査が手法として選ばれたのは、調査対象者が実際にAT&Tのロゴを見て回答することができるからだった。消費者は会社名の入っていないロゴを見せられ、それが何を表しているかを質問された。調査の結果、全対象者の75%がヒントなしにそのロゴがAT&Tを表していると答え、18歳から24歳の人では77%が、さらに「高価値でアクティブなネットワーカー」の80%がそう答えた。この「高価値でアクティブなネットワーカー」とは、無線サービスまたは長距離サービスに75ドル以上を費やしている人々のことである。

　こうした肯定的な調査結果に後押しされて、アニメーションのロゴが画面上を跳び回り、AT&Tのさまざまなサービスがいかに個人やビジネスの役に立つかを訴えるコマーシャルが作られた。2002年の冬季オリンピックでは、AT&Tの新しいアニメーション・ロゴが大々的に宣伝された。これがAT&Tの新サービスを売り込み、躍動的で楽しいイメージを定着させる一助となったのは明らかだった。これ以来、AT&Tのサービスに対する高い認知度および理解度が維持されている[9]。

コンピュータ支援面接調査（CAPI）

　面接調査の三番目の手法は、コンピュータ支援面接調査法（CAPI）であるが、これは、調査対象者がコンピュータの端末の前に座り、画面の上に現れる調査票に対してキーボードやマウスを使って直接回答を入力するものである。調査対象者が分かりやすいように質問を設計するユーザー・フレンドリーなソフトウェアがいくつか存在する。ヘルプ画面もあり、エラーメッセージも回答者に親切なものが用意されている。色鮮やかな画面やスクリーン内外の刺激によって、インタビューに対する調査対象者の興味がそそられるようになっている。この手法が面接調査法の1つとされているのは、通常は面接調査員がその場にいて調査対象者の面倒を見て、必要に応じて助け船を出すからである。

CAPIはショッピング・モール、製品診断施設、会議場、トレード・ショーの会場などでデータを収集する際に用いられる。とはいえ、読者は、はたしてCAPIが従来の紙と鉛筆による個人面接調査とどう違うのか、と疑問に思うかもしれない。次に述べるシカゴのバンク・ワンの事例がなんらかの洞察を与えてくれるだろう[10]。

〈リサーチの実例〉——コンピュータを使えば面白い

バンク・ワン・コーポレーション（www.bankone.com）はシカゴに本店を持つ米国有数の銀行であり、その資産は2003年には2,650億ドルに上る。バンク・ワンはCAPIと紙と鉛筆による面接調査とを比較してみた。その結果、CAPIの方が質問に答え終わるまでの時間が長かったにもかかわらず、回答者はコンピュータの前にいた時間を短く感じたということが分かった。回答者はコンピュータ支援調査の方が面白いと感じ、より積極的に取り組むことが分かった。通常の面接調査に比べ、CAPIで得られる回答は、より変化に富んだ、抑制度の少ない内容であった。コンピュータ支援面接調査は、いくつかの事例によれば、紙と鉛筆による調査よりも33～40％のコスト節減が可能であった。これらのことから、バンク・ワンは現行のマーケティング・リサーチ・プログラムの多くで、引き続きCAPIを活用している。

郵送調査

質問法からみた第三のカテゴリである郵送調査は、通常の郵送調査と郵送パネル調査に分かれる。

郵送調査

従来の郵送調査では、あらかじめ選定された調査対象者に対し調査票を送る。典型的な郵送調査パッケージには、送付用封筒、挨拶状、調査票、返送用封筒、場合によっては謝礼が含まれる。調査対象者は調査票に回答を記入して返送する。調査担当者と調査対象者の間には、口頭でのやりとりは発生しない[11]。

しかし、データ収集を始める前に、調査対象者が少なくとも大まかでも特定される必要がある。そこで、最初の作業は、有効な郵送先リストを入手することとなる。郵送先リストは電話帳や顧客名簿、会員名簿などから作成することもできるし、また、購読者リストや名簿会社の提供するリストを買うこともできる[12]。どのような所から入手するにせよ、郵送先リストは最新、かつターゲット母集団に密接に関連したものでなければならない。またその一方で調査担当者は、郵送調査パッケージの中身について、さまざまな決定をしなければならない（表6.1参照）。郵送調査は種々の目的に用いられるが、次の事例のように、消費者の選好を測定するのにも使われている。

表6.1　郵送調査パッケージに関して決定すべきこと

・送付用封筒について 　封筒のサイズ、色、返送先 　郵送料 　住所の記載方法
・挨拶状について 　調査主体　　　　　　　　　　　　　サイン 　パーソナライゼーション　　　　　　追伸 　（個々の対象者宛のものとする） 　訴え方のタイプ
・調査票について 　長さ　　　　　　　　　　　　　　　レイアウト 　内容　　　　　　　　　　　　　　　色 　サイズ　　　　　　　　　　　　　　体裁 　印刷（複写）　　　　　　　　　　　調査対象者の匿名性
・返信用封筒について 　封筒のタイプ 　郵送料
・報償（インセンティヴ）について 　金銭的なものにするか、それ以外のものにするか 　あらかじめ渡すか、約束するにとどめるか

返信用封筒付郵送用調査票

	非常に満足	満足	どちらともいえない	不満	非常に不満
1．お客様が購入された製品の質について	1	2	3	4	5
2．あなたの問合わせに対応するまでの時間について	1	2	3	4	5
3．提供したサービスの質について	1	2	3	4	5
4．サービス担当者の礼儀正しさについて	1	2	3	4	5
5．お約束どおりのサービスが提供できていたか	1	2	3	4	5
6．弊社のサービス全般に対する評価	1	2	3	4	5

（ここを折る）

BUSINESS REPLY CARD
FIRST CLASS　PERMIT NO. 832　ATLANTA, GA
POSTAGE WILL BE PAID BY ADDRESSEE

ELRICK AND LAVIDGE, INC.
P.O. Box 4402
Atlanta, GA 30302

NO POSTAGE
NECESSARY
IF MAILED
IN THE
UNITED STATES

⟨リサーチの実例⟩――ミントは市民とともに

　ミント美術館（www.mintmuseum.org）はノース・カロライナ州のシャーロットにある、南東部でトップクラスの文化施設の1つである。近年、周辺の人口が変化したことから、同美術館は、これまでのように多様で広範囲にわたる作品を収蔵することが市民に美術を提供する最良の方法なのかどうか、また市民とはそもそも誰を指しているのかを探り出すべく頭を悩ませていた。加えて同美術館はミント工芸・デザイン館を新設する計画を立てていたのだが、それがはたして一般市民が求めているものなのか、そのコンセプト自体が理解してもらえるのかどうか、確信が持てずにいた。そこで、同美術館はアトランタのインタラクティブ・リサーチ社に調査を依頼した。

　インタラクティブ・リサーチ社はミント美術館が求めている情報を得るために、2段階の調査を設計した。調査の目的は現在の美術館に対する認知度、利用度、態度を測定するとともに、同様の情報を新しく創設されるミント工芸・デザイン館についても得ることだった。調査の第一段階として、15セッションの集団面接で定性調査が実施され、続いて定量調査としてシャーロット地域の住民約1万人に対して詳細な調査票が郵送され、1,300件の回答を得た。

　調査結果から、ミント美術館はエリート主義とみなされており、また、現在の収蔵物はあまりに広範囲にわたるために、一貫したテーマがないと感じられていることが分かった。人々は新しい工芸・デザイン館の構想には賛成していたが、一般の人々にまでその存在意義を理解してもらうには、相当な啓蒙活動が必要であると考えていた。入場料と駐車場の問題で来館しない人が多いことも分かったため、新しい建物の建設にあたってはこの点を考慮するように決められた。入場料としては5ドルから7ドルが妥当と思われていること、しかし、それより高い料金を支払ってまで新しい美術館に行こうとは思わないこと、などということも分かった。リサーチの結果からは、両方の美術館共通の会員組織を作ることによって会員数を増やせることもうかがえた。2003年現在、これらの調査結果の多くが実際に生かされている。この調査の結果を踏まえて、ミント美術館は現在の収蔵品をより絞り込んだテーマ――アメリカ大陸の美術――に整理することに決定し、作品を年代別に構成することにした。ヨーロッパの作品も時には含まれるが、美術品の多くは南北アメリカのものである。入場料は最高でも1人当たり6ドルで、同じ日であれば、ミント美術館とミント工芸・デザイン館の両方に入場することができるようになった[13]。

郵送調査によって、ミント美術館は効果的なマーケティング戦略を構築できた

郵送パネル

パネル調査法については、第3章と第4章で紹介した。**郵送パネル**とは、全国を代表する大規模な世帯標本で、これらの世帯は定期的に郵送調査や製品テストに参加することに同意している。参加している世帯にはさまざまな形で謝礼が支払われている。パネル参加者のデータは毎年更新されている。パネル参加者のパネルへの参加意識が高いために、回収率は80%近くに達することも可能である。マーケット・ファクツ社（www.marketfacts.com または www.synovate.com）が管理している消費者郵送パネルは、米国に60万世帯、カナダに6万世帯から成るそれぞれの地域を代表する標本を持っている。マーケティング・リサーチ会社の中には、郵送パネルからオンライン・パネルへ移行するものも出始めている。NFOワールド・グループ社（www.nfow.com）は、全米の200世帯に1世帯が同社のオンライン消費者パネルのメンバーであると主張している。

郵送パネルは同じ調査対象者から繰り返し情報を得ることができる。したがって、継時調査を実施することもできる。

電子調査法

先に述べたように、電子調査はEメールで行うものと、インターネットやウェブ・サイト上で実施するものがある。

Eメール調査

Eメール調査を実施するには、まずEメール・アドレスのリストを取得することが必要である。質問はEメール本文の中に書き込まれている。Eメールはインターネットを通じて配信される。Eメール調査の質問はASCII形式のピュア・テキストで書かれ、Eメール・アドレスを持っている人に対して、ウェブにアクセスできるかどうかに関わりなく、調査票を送信し、返信してもらう。調査対象者は選択型質問または自由回答型質問に対する答えを指定された場所に入力し、「返信」をクリックする。回答はデータ入力され、集計される。この調査で注意すべき点は、調査対象者に通常データ入力作業が要求されることである。

Eメール調査にはいくつかの限界がある。ほとんどのEメール・システムでは技術上の制約から、スキップ質問、回答の整合性チェック、質問または回答選択肢を提示する順序の無作為化を行うことができない。ASCIIテキストの機能的な限界から、「はい」と「いいえ」のどちらか1つを選ぶ場合でも、回答者が両方に○を付けることを防ぐのは難しい。スキップ質問（例「質問5に対する答えが『はい』の場合は、質問9にお答えください」）も紙面の調査票の

郵送パネル　mail panel　定期的に郵送調査や製品テストに参加することに同意している、全国を代表する大規模な世帯標本

ように説明を明示しなければならず、必要とする質問だけを提示することはできない。こうした要因により、Eメール調査から得られたデータの質は必ずしも高くなく、調査後にデータ・クリーニングが必要となる。この他にも、Eメール・ソフトウェアによっては、Eメール・メッセージの本文の長さが制限される場合もある[14]。

〈リサーチの実例〉——Eメール調査票の見本

To：resondent@xyz.com
From：survey@analysis.com
Subject：従業員調査

拝啓
　弊社は、人事部のジェイン・スミス氏の委託を受け、XYZ社の従業員調査を行っております。この調査は従業員の皆様にとって何が重要な問題となっているかを御社の経営陣に理解していただくためのものです。
　「すべて」の質問に対する「すべて」の回答は弊社アナリシス・ネット社が完全機密情報として扱います。最終報告書ではすべて要約あるいは匿名化したコメントだけを提供します。
　以下の質問に対するお答えを、以下の例のように、定められた〔　〕の中にご記入いただきますよう、お願いいたします。
　例）〔×〕（チェック）、あるいは〔3〕（数字記入）

――――――
1. XYZ社での勤続年数は何年ですか？
　〔　〕年

――――――
2. XYZ社での勤務に対しては、非常に満足している、満足している、どちらとも言えない、不満である、非常に不満である、のいずれでしょうか？
　〔　〕非常に満足している
　〔　〕満足している
　〔　〕どちらとも言えない
　〔　〕不満である
　〔　〕非常に不満である

――――――
3. 今日XYZ社が直面している最大の課題は何だと思いますか？
　〔　　　　　　〕

この調査では、コメント・数字の記入、および「複数回答」が可能です。

インターネット調査

　Eメール調査に対して、インターネット調査（ウェブ調査）では、ウェブ言語である**ハイパー・テキスト・マークアップ・ランゲージ（HTML）**を用い、ウェブ・サイト上で実施される。調査対象者はマーケティング・リサーチ会社が所有する調査対象となる可能性のある者のデータベースから選抜されるか、あるいは従来のように郵送や電話によって探し出されることもある。調査対象者は特定のウェブ・サイトに行き、調査票に答えるように依頼される。多く場合、調査対象者は依頼を受けた人々というよりも、たまたま調査の行われているウェブ・サイト（あるいは他の人気のあるウェブ・サイト）を訪れ、調査に参加しないかと誘われた人々である。そのサイトを訪れたすべての人が誘われる場合もあるし、何人かにひとりずつ声がかかる場合もある。ウェブ調査には、Eメール調査と比べていくつかの利点がある。ASCII言語ではなくHTMLで構築することができるため、ボタンやチェック・ボックス、データ入力用のフィールドが設定され、答えが1つしか選べない場合に2つ以上の答えを選ぶミスを防いだり、回答しなくてよい場所に入力しないようにすることができる。CATIやCAPIと同様に、スキップ型の質問形式を設定し、自動的に実施することができる。入力し忘れている回答をチェックすることもできる。さらに、グラフや画像やアニメーション、他のウェブへのリンクなど、何らかの刺激物を調査に組み入れたり、利用することができる。回答は隣接のデータベースに収集され、データ処理が行われ、集計表にまとめたり、他の統計ソフトで解析されたりする。したがって、より質の高いデータを得ることができる。概要で触れたハリス・インタラクティブ社の大統領選挙オンライン調査も、このインターネット調査の一例である。

　Eメール調査の限界には、回答の事後チェックが必要なこと、調査対象者が入力方法を厳格に守らないと事後チェックが必要不可欠になること、Eメール・システムの互換性の問題などがある。一方、ウェブ調査の場合には、調査対象者がサイトを閲覧していた人やバナー広告での勧誘に応じた人々なので、標本には自己選択バイアスが内蔵されているという問題が生じる。この問題を解決する方法として、確認済みの標本を用いる方法がある。この場合、Eメール・アドレスのリストからあらかじめ選ばれた人々に、ウェブ・サイトを訪問してくれるように依頼する。ウェブ調査は、画像や音声を利用できること、セキュリティが保証されたサーバーを利用できること、すぐにフィードバックを得られることなどの点でEメール調査よりも優れている。またウェブ調査では、一定の限界に達したときの警報システムを利用することもできる。例えば、ホテルのサイトのパフォーマンスが一定の水準を下回った場合、マネジャーはすぐに連絡を受け、速やかに対応することができる。もちろんウェブ調査にも欠点は存在する。同一調査対象者が二度以上回答した場合に誤差が生じることや、確認済みではない標本を使うと抽出フレームが統計上の代表性を欠く場合があることなどである。

　インターネット人口が増えつづける今日、インターネット・リサーチは他の伝統的な方法と

HTML　hypertext makeup language　ウェブの言語

同じように主要かつ効果的な調査方法であると言ってよいだろう。インターネット上での調査も、従来の調査方法がこれまでそうであったように、その問題点を明らかにし解決していく必要がある[15]。

ここで留意すべきことは、質問法のすべての調査方法がすべてのプロジェクトに適切であるとは限らないことである。そこで、調査法を比較検討し、個々のケースにはどの調査法が最も適しているのかを判定しなければならない。

質問法の各調査法の比較検討

表6.2では、異なる調査法をさまざまな観点から比較している。個々の要因の重要度は、該当するリサーチ・プロジェクトの内容によって、変わってくる。

データ収集の柔軟性

データ収集の柔軟性は、主に、調査対象者がどれだけ面接調査員（インタビュアー）と交流し、調査票を理解できるかに左右される。個人面接調査法は、訪問調査法にせよ、モール・インターセプト調査法にせよ、データ収集の柔軟性がもっとも高い調査法である。調査対象者と面接調査員が向かい合って調査するので、面接調査員は、複雑な調査票に答えてもらったり、難しい質問については噛み砕いて説明することもでき、また、非構成的な調査手法を採ることすら可能である。

これとは対照的に、従来型の電話調査法では、データ収集の柔軟性は中程度である。これは、電話ごしでは、非構成的な調査手法を使うことや、複雑な質問をしたり、自由回答型の質問に対して詳細な回答を得ることが難しいからである。CATIやCAPI、インターネット調査では、データ収集の柔軟性は、これよりもやや高いといえる。これは、質問と回答が双方向にやり取りされるためである。調査担当者はさまざまな質問形式を用い、調査票を一人ひとりの対象者の回答によって変更し、スキップ型質問を構築すること（調査票の中の項目を回答に応じて省略すること）が可能である。郵送調査や郵送パネル調査、Eメール調査では、インタビュアーと調査対象者の会話が不可能なため、データ収集の柔軟性は低い。

往々にして見落とされがちな利点ではあるが、実は、インターネット調査では素早く調査票の中身を改良することができる。たとえば、初期の回答を見れば、付け加えるべき質問が見えてくるかもしれない。調査中に質問を変更したり付け加えたりすることは、郵送調査ではほぼ不可能であるが、面接調査や電話調査でも困難である。しかし、インターネット調査の仕組みでは、数分でできることなのである。

質問内容の多様性

質問内容の多様性は、調査対象者が面接調査員や調査票とどれだけ密接に関わるか、そして

表 6.2　質問調査法の比較検討

(評価項目)	電話調査／CATI	個人訪問面接調査	モール・インターセプト調査	CAPI	郵送調査	郵送パネル調査	E-メール調査	インターネット調査
データ収集の柔軟性	中／高	高	高	中／高	低	低	低	中／高
質問内容の多様性	低	高	高	高	中	中	中	中／高
刺激物の利用	低	中／高	高	高	中	中	低	中
標本コントロール	中／高	(潜在的に)高	中	中	低	中／高	低	低/中
データ収集環境のコントロール	中	中／高	中	高	低	低	低	低
フィールド調査員のコントロール	中	低	中	中	高	高	高	高
データの量	低	高	中	中	中	高	中	中
回収率	中	高	高	高	低	中	低	非常に低
匿名性に対する認識	中	低	低	低	高	高	中	高
社会通念の影響	中	高	高	中／高	低	低	中	低
答えにくい情報の獲得	高	低	低	低／中	高	中／高	中	高
面接調査員による偏りの可能性	中	高	高	低	無し	無し	無し	無し
速さ	高	中	中／高	中／高	低	低／中	高	非常に高
費用	中	高	中／高	中／高	低	低／中	低	低

また実際に質問を目にすることができるか、に係わっている。個人面接調査法では、多岐にわたる質問をすることが可能である。なぜならば、調査対象者は実際に調査票を見ることができ、曖昧な点については面接調査員がその場で説明してくれるからである。それゆえ、個人訪問調査法、モール・インターセプト調査法、CAPIでは、多様な質問が可能である。インターネット調査では、面接調査員は介在しないが、マルチメディア機能が活用できるため、質問内容の多様性も中・高程度といえる。郵送調査法、郵送パネル調査法、Eメール調査法では多様な質問をすることはそれほど容易ではない。従来型の電話調査法やCATIでは、調査対象者は回答する際に質問を見ることができないため、質問できる内容にも限界がある。例えば、電話調査やCATIでは、自動車のブランドを15挙げて、好きな順番に順位付けしてもらうことは不可能である。

刺激物の利用

インタビュー中に製品や試作品、コマーシャル、販促用のディスプレイなどの刺激物を利用することが、助けになったり必要であったりすることがよくある。味覚テストには試食が欠かせないことは言うまでもない。また別の場合には、写真や地図などの視聴覚に訴える手がかりが助けになる。これらの場合には、個人面接は訪問によるよりも面接会場で行うことが望ましい（モール・インターセプト調査やCAPI）。郵送調査法や郵送パネル調査法は、この点については中程度に評価される。というのも、回答をしやすくする物や、場合によっては製品サンプルを送ることも可能だからだ。インターネット調査もこの点では中位の評価になる。ウェブ上の調査票には、マルチメディアを活用して、試作品のウェブ・ページを掲載したり、広告物を見せたりすることができるからである。従来型の電話調査、CATI、Eメール調査では、こうした刺激物を利用することは難しい。

標本コントロール

標本コントロールとは、その質問調査手法がどれだけ効果的かつ効率的に標本の特定の単位に到達できるか、その程度を指している[16]。少なくとも原則論としては、個人訪問面接法の標本コントロールが最も優れている。どの抽出単位を面接対象とし、誰に面接し、世帯のほかのメンバーにはどの程度参加してもらうか、その他データ収集上のさまざまな面で融通が効くからである。実際のところ、高度のコントロールを得るためには、面接調査員にとって、いくつか克服しなければならない問題もある。日中、戸別訪問で調査対象者と会うことは難しい。ほとんどの人が外に働きに出ているからである。また安全上の理由から、面接調査員が訪れにくい地域もあり、同様の理由から、玄関先で見知らぬ人の質問に答えることに警戒する人々もい

標本コントロール sample control 特定の質問調査方法が標本内の特定の単位に効果的かつ効率的に到達できる能力。

る。

　モール・インターセプト調査は、標本コントロールという面では中程度の評価しか得られない。面接調査員は、誰をインターセプトするかについてある程度コントロールすることができるが、選ばれる人々は買物客に限られており、そのショッピング・モールによく買物に来る人が含まれる可能性が非常に高い。また意識的に調査対象者になりたがらない人もいれば、積極的に面接調査員にアプローチする人もいる。モール・インターセプト調査に比べれば、CAPIの方が多少コントロールしやすいかもしれない。サンプリングに割当法を適用し、選んだ調査対象者を自動的に無作為化することもできるからである。

　中程度から高度の標本コントロールが可能なのは、従来型の電話調査とCATIである。電話は地理的に分散した調査対象者や訪問するのが難しい地域にもアクセスすることができる。ここでの手続きは**抽出フレーム**[17]、すなわち「電話番号付きの母集団単位リスト」が入手可能か否かに依存する。通常使われる抽出フレームは電話帳であるが、電話帳には以下のような限界がある。①すべての人が電話を持っているわけではない、②電話帳に掲載していない人がいる、③新しい電話番号や使われなくなった電話番号が反映されていない。

　米国ではほとんどの世帯に電話が普及しているが、普及率は地域によって異なり、地域内でも均一ではない。電話帳に掲載していない世帯は全体の約31％といわれるが、これも地域差が大きい。大都市圏では60％にまで上昇するといわれる。いくつかの都市圏では、掲載されていなかったり、新規契約であるために、電話帳に電話番号が未記載の世帯が全世帯の40％に上っているとも言われる[18]。

　ランダム・ディジット・ダイアリング（RDD）の手法は、掲載されていない電話番号や新規の電話番号により生じる偏りを正すため使われる。RDDでは市外局番、市内局番か交換機番号、そして下4桁の番号から成る合計10桁の数字を無作為に選ぶ。この方法を用いれば、すべての電話保有世帯はほぼ等しく標本に選ばれるチャンスがあるが、限界もある。まず、数字上は可能な電話番号でも、実際に使われているとは限らない番号が含まれるため、コストと時間がかかりすぎる。すなわち、数字上の電話番号が100億件あっても、実際に世帯で使われている電話番号は約1億件にすぎないのである。さらにRDDでは、欲しい電話番号とそうでない番号を区別することができない（例えば、消費者調査であれば、会社や役所の電話番号では役に立たない）。こうした無駄を省くために、RDDの改良型もいくつか出ている。1つは、実際に使われている市内局番を選び、これに4桁の数字を無作為に割り当てるものである。**ランダム・ディジット・ディレクトリー・デザイン**では、電話帳から電話番号の標本を抽出する。

抽出フレーム　sampling frame　対象母集団の構成要素を表すもの。リストあるいは対象母集団を規定する指示から成る。
ランダム・ディジット・ダイアリング　random digit dialing　電話番号のすべての桁を無作為に抽出することにより、掲載されていない電話番号や新規の電話番号の偏りを正す手法。
ランダム・ディジット・ディレクトリー・デザイン　random digit directory designs　電話帳から電話番号を抽出し、掲載されていない電話番号が標本に含まれるチャンスが得られるように補正する電話調査の手法

図6.2 ランダム・ディジット・ダイレクトリー・デザイン

最後の一桁に定数を加える方法
　電話帳から抽出された電話番号に1から9までの整数のひとつを加えるもの。
　プラス・ワン・サンプリングでは最後の桁に1を加える。
　電話帳から抽出された電話番号が404-953-3004（市外局番-市内局番-番号）とする。
　番号の最後の1桁に1を加え404-953-3005　という電話番号を作り、これを標本に加える。

最後の r 桁を無作為抽出した番号に置き換える方法
　下 r 桁（$r=2, 3, 4$ のいずれか）の番号を無作為に抽出した同じ数の数字に置き換える。
　電話帳から抽出された電話番号が212-881-1124とする。
　このうち最後の4桁を無作為抽出した5, 2, 8, 6に置き換え、212-881-5286を作成する。

二段抽出法
　第一段階として電話帳から局番と番号を抽出する。
　次に抽出された番号の下3桁を無作為抽出された3桁の番号、000から999までのいずれかに置き換える。

集落I内で必要な数の電話番号を得る方法
　抽出された局番　202-636
　抽出された番号　202-636-3230
　下3桁の数字（230）を無作為抽出した389に置き換え202-636-3389を作成。
　この集落から必要な数の電話番号が得られるまでこのプロセスを繰り返す。

　これらの番号は掲載されていない電話番号が標本に含まれるチャンスが得られるように補正される。補正方法としてよく用いられるものとしては、①最後の桁に定数を加える、②最後の数桁を無作為化する、③二段抽出などがある。

　これらの手法については、図6.2で説明した。これら3つのうち①の最後の桁に定数、特に1を加える方法は、接続率が高く、代表性のある標本を作ることができる[19]。

　郵送調査では、標本に含まれる条件を満たす個人や世帯の住所のリストが必要になる。郵送調査は地理的に分散していたり、訪ねにくい地域に住む調査対象者に到達することができる[20]。しかし、郵送リストが入手できなかったり、古すぎたり、不完全なことがある。一般母集団を対象とする場合は、通常は電話帳や住所録が利用される。これらのリストの問題点はすでに述べたとおりである。郵送用宛名名簿のカタログには、購入可能な何千ものリストが掲載されている。

　郵送調査で調査担当者がコントロールできないもう1つの要因は、調査票に回答してもらえるかどうか、誰が回答するか、という点である。興味や動機がないために回答しない人もいる。あるいは、読み書きができないために回答できない人もいる。これらの理由から、郵送調査における標本コントロールの度合いは低いといえる[21]。

　一方、郵送パネル調査では、標本に対するコントロールは中から高である。郵送パネルは、主要な人口統計変数につき連邦センサス局の統計に一致した標本を提供する。パネルの中からある特性を備えたユーザー・グループを選び、直接これらの特性を持つ対象者を調査することも可能である。パネルに属する世帯から、個人を特定して質問することもできる。また、出現率の低いグループ、すなわち母集団にたまにしか現れないグループにも、パネルを使ってアクセスすることができる。しかし、パネルがどれだけ母集団全体を代表していると考えることが

できるか否かについては疑問がある。

インターネット調査はすべての母集団を対象とした調査とは言いがたい。米国では、定期的にインターネットのサービスを利用していない家庭も多いので、消費者全体を代表する標本が得られないからである。あらかじめ一定の要件に基づいた割当法で回答者を選ぶことも不可能ではないが、ウェブ・サイトを訪れた回答者の中から一定の特性を備えた人々を一定数確保するのは、常に可能なことというわけではない。しかし、こうした一般論とは違った見方もできる。例えば、コンピュータ用製品の購入者およびインターネット・サービスを利用している人々は共に理想的な母集団である。また、インターネット・サービスのビジネス・ユーザーおよびプロフェッショナル・ユーザーはインターネット調査で到達できる優れた母集団といえる。現在、90％を超える事業所がインターネットに接続していると推定される。一方、インターネット上で同じ回答者が何度も回答することを防ぐのは難しい。したがって、インターネット調査における標本コントロールは低から中ぐらいと考えられる。Eメール調査には郵送調査の多くの制約が当てはまるので、標本コントロールは低い。

データ収集環境のコントロール

調査対象者が質問に答える環境を調査担当者はどれくらいコントロールできるかも、調査手法によって大きく異なる要素である。面接会場を設けて行う個人面接調査（モール・インターセプト調査とCAPI）では、環境のコントロールがもっとも容易だ。例えば、調査担当者は製品をデモンストレーションするための特別な設備を準備することもできる。個人訪問面接調査では、面接調査員がそこにいるので、中度から高度のコントロールが可能だ。従来型の電話調査やCATIでは、中程度である。インタビュアーはどのような状況で回答が行われているのか、目にすることはできないが、その様子を察して、調査対象者が注意深く熱心に回答するよう調査対象者を励ますことはできる。郵送調査、郵送パネル、Eメール調査、インターネット調査では、調査担当者はほとんど環境をコントロールすることができない。

フィールド担当者のコントロール

フィールド担当者とは、データ収集に関わる面接調査員（インタビュアー）とその監督者である。郵送調査、郵送パネル調査、Eメール調査、インターネット調査では、こうした調査員が介在しないので、この問題は発生しない。従来型の電話調査、CATI、モール・インターセプト調査、CAPIでは、決められた場所で行われ、監督者の目が届きやすいため、このコントロールは中程度である。その点、個人訪問面接調査では問題が生じやすい。というのも、多くの面接調査員が別々の場所で働いているために、常に監督し続けることは事実上不可能だからである[22]。

フィールド担当者　field force　データ収集に直接関わる面接調査員（インタビュアー）とその監督者

データの量

　個人訪問面接調査では、多くのデータを収集することができる。面接調査員と調査対象者との間に社会的関係ができること、調査の場が調査対象者の自宅であることが、彼らにより多くの時間を割かせるのである。個人面接調査では、電話調査や郵送調査よりも回答する側の負担が少ない。面接調査員は自由回答型質問に対する答えを記録できるし、長く複雑な尺度質問に答えてもらうために提示物を用いて回答してもらうことができる。場合によっては、面接時間が1時間15分に及ぶこともある。訪問面接調査とは対照的に、モール・インターセプト調査やCAPIでは、中ぐらいの量のデータしか収集できない。こうした面接法はショッピング・モールや面接会場で行われるので、時間の制約がある。通常、面接時間は30分以下である。例えば、最近ゼネラル・フーズが行ったモール・インターセプト調査の面接時間は25分を限度としていた[23]。

　郵送調査で得られるデータ量は中くらいである。かなり長い調査票でも使用できる。というのも、質問を短くすれば回収率が上がるというものでもないからだ。Eメール調査やインターネット調査も同様であるが、この点ではインターネット調査の方がわずかに優れている。一方で、郵送パネル調査では、パネルのメンバーと実施調査機関のあいだに特別な関係が構築されているため、多量のデータを収集することが可能である。例えば著者は、マーケット・ファクツ社のパネルメンバーに、2時間かかる調査票に回答してもらったことがある。

　従来型の電話調査やCATIでは、得られるデータの量は極めて限られている。他の調査方法に比べて、調査票は短めに作成されている。というのも、電話での会話は調査対象者がいつでも好きなときに打ち切ることができるからである。電話インタビューの時間は普通15分ぐらいであるが、調査対象者に興味のある話題であれば、もっと長く質問することもできる[24]。複数の調査研究によれば、調査対象者は電話インタビューの時間を実際の半分ぐらいだと感じている。この点からすれば、電話調査の時間も現行より長く設定することが可能かもしれない。

回収率

　調査回収率とは、広義には、意図していた調査対象数全体に対し実際に完了した調査対象数の割合を指す。個人面接調査法は、訪問、モール・インターセプト、CAPIともに高い回収率をもたらす（通常80％以上）。訪問時に不在の場合は、再訪問という形で対処する。電話調査の回収率は従来型、CATIともに60～80％である。この調査手法でも、不在や無回答という問題があるが、電話をかけ直すことで回収率を上げることができる。多くの電話調査では、最低3回はかけ直すようにしている。

　郵送調査法の回収率は低い。無作為に抽出された対象に対して行われた調査で、郵送前後に連絡を入れなければ、通常の回収率は15％未満である。これだけ低い回収率では、内容に興

調査回収率　response rate　意図していた調査対象数全体に対し実際に完了した調査対象数の割合

味のある人だけが回答していると考えられ、**無回答バイアス**の影響が懸念される。回収率が下がるほど無回答バイアスの影響は深刻になる。しかし、適切な方法で回答を促せば、郵送調査法でも回収率を80%以上にすることが可能である。郵送パネル法では、調査対象者の協力態勢ができているため、通常70〜80%の回収率を期待できる。

インターネット調査の回収率は極めて低く、Eメール調査を下回る。これは、調査対象者の中にEメールは使うがウェブにはアクセスしない人々がいること、また、ウェブにアクセスするにはより多くの努力やスキルを要することによる。さらに、ウェブ調査に答えるあいだ、ずっとインターネットに接続していなければならず、Eメール調査のようにオフラインで答えることができない。あらかじめ調査対象者を選抜しておく場合、彼らはウェブ・サイトまでいかなければならないが、その労を惜しむ人も多い。

学術誌に掲載された93の論文が扱っている総数497件の調査回収率に関する包括的レビューがあるが、これによれば、個人面接調査法、電話調査法、郵送調査法の加重平均回収率は、それぞれ、81.7%、72.3%、47.3%であった[25]。このレビューによれば、以下の方法によって回収率を上げることが可能である。

・金銭的謝礼をあらかじめ支払うか、その支払いを約束する。
・金銭的謝礼の額を増やす。
・金銭以外の報償を提供する(ペン、鉛筆、本)。
・事前に連絡を入れる。
・漸進作戦。
・段階的要請法：最初にほとんどの人が応じてくれるような比較的簡単なことを依頼し、その次により重要な要求、すなわち本来してほしいこと(**クリティカル・リクエスト**)を伝える。
・パーソナライゼーション(調査対象者の個人名が入った手紙を送る)。
・フォロー・アップの手紙。

回収率を上げる方法については、第12章で詳細に検討する。

匿名性に対する認識

匿名性に対する認識とは、調査対象者が、面接調査員(インタビュアー)や調査担当者が調査対象者の正体を知りえないであろうと認識することである。郵送調査や郵送パネル調査、インターネット調査では、回答中に面接調査員と調査対象者と接触することがないため、匿名性に対する認識度は高い。個人面接調査(訪問面接法、モール・インターセプト法、CAPI)では、実際の面接調査員と顔を合わせるため、この認識度は低くなる。従来型の電話調査とCATIはその中間にあたる。Eメール調査も中ぐらいである。Eメール調査ではインタビュアーと接触するわけではないが、調査対象者は返信メールから突き止められ得ることを知っている。

社会通念の影響／答えにくい情報

　社会通念の影響とは、調査対象者が、真実であるかどうかは別にして、社会的に受け容れられる回答を寄せがちなことを指す。郵送調査や郵送パネル調査、インターネット調査では、面接調査員と調査対象者の間で相互の影響が発生しないため、社会通念の影響を最も受けにくい。これまでの事例からみると、金銭的なことや個人的な行動に関係する機微な情報を得たいときには、こうした方法が適している。従来型の電話調査やCATIにおける社会通念の影響度は、中程度である。電話で答えるだけで、何も記入したりしなければ、何の責任も生じないし気楽に話せると調査対象者は認識している[26]。Eメール調査は、返信に際して回答者の名前が明らかになるため、社会通念の影響と答えにくい情報の取得という点では中程度の評価しか得られない。個人面接調査法は、訪問面接法、モール・インターセプト法、CAPIのいずれの場合でも、社会通念の影響を受けやすいが、CAPIの場合はその度合いがやや少ない[27]。

面接調査員（インタビュアー）による偏りの可能性

　面接調査員（インタビュアー）のやり方いかんでは、以下のような場合、調査結果にバイアス（偏り）が生じることがある。
① 調査対象者を選択しているとき（男性の世帯主に質問することを求められているのに、別のメンバーに質問する）
② 質問しているとき（質問を省く）
③ 回答を記録するとき（間違いや記載もれがある）

　面接調査員（インタビュアー）の役割がどの程度重要かによって、バイアスの可能性も変わってくる[28]。個人訪問面接調査、モール・インターセプト面接調査は、質問者によるバイアスの影響を受けやすい。従来型の電話調査やCATIでは、影響は少ないが、全くないとは言いきれない。例えば、インタビュアーが声の調子や抑揚によって自分の態度を伝えてしまい回答を誘導してしまう場合もある。CAPIではバイアスの入り込む余地は少なく、郵送調査、郵送パネル調査、Eメール調査やインターネット調査ではまったく影響を受けない。

速さ

　多数の調査対象者から速やかにデータを収集する方法としては、インターネットは群を抜いている。まず、調査票を作成し、調査対象者に送付し、データを返答してもらうまでにかかる時間が極めて短い。印刷、郵送、キー入力の時間が省略でき、調査担当者はインターネットの

無回答バイアス　nonresponse bias　実際の調査対象者と調査拒否や不在などの無回答者との間に生ずる差異
クリティカル・リクエスト　critical request　リサーチの対象となる行動
匿名性に対する認識　percieved anonymity　「面接調査員（インタビュアー）や調査担当者は調査対象者の正体を知りえないであろう」と、調査対象者がはっきり認識すること
社会通念の影響　social desirability　調査対象者が、真実であるかどうかは別にして、社会的に受け容れられる回答を寄せる傾向があること

> **アクティブ・リサーチ　百貨店プロジェクト**
>
> ## 個人訪問面接調査
>
> 　百貨店の調査プロジェクトのひとつで個人訪問面接調査法が採用されたのには、さまざまな理由があった。まず、質問の内容が非常に多岐にわたり、複雑な質問も含まれていて、比較的大量のデータの収集が必要だったからである。収集した情報は特に調査対象者の機微に触れるものでも、脅威となるようなものでもなかった。トレーニングを受けた学生を面接調査員にあて、費用を抑えた。個人面接法が選ばれたもう1つの重要な理由は、フィールド調査機関にデータ収集を外注しなくても済むからだった。
>
> 　電話調査法は、質問の内容が複雑で、集めなければならないデータの量が多かったために採用されなかった。モール・インターセプト調査とCAPIも、必要なデータ量が多いため、不適切と判断された。面接会場を利用するにはフィールド調査機関への外注が必要だということも理由となった。郵送調査も、回収率が低いことと質問の内容が複雑であったことから却下された。自記式調査票は適切ではなかった。電子調査が選ばれなかったのは、調査が実施された時点ではターゲット顧客の多くがEメールやインターネットにアクセスしていなかったからである。

調査票を作成して数時間でデータを手にすることができる。データは電子データとして取得できるので、統計処理のできるソフトウェアをプログラムし、標準的な調査票を分析して、自動的に統計数字と図表を作成できる。Eメール調査も速いが、Eメール・リストを作成し、データを入力する分だけ、インターネット調査よりも時間がかかる。

　従来型の電話調査とCATIも、素速くデータを収集できる手段である。テレホン・センターを使えば、数百件の電話調査を1日で終えることができるし、大規模な全国調査でも1週間以内に終えることができる。次に時間がかからないのは、調査会場（セントラル・ロケーション）で実施できるモール・インターセプト調査とCAPIである。個別訪問面接法はより時間がかかる。面接と面接のあいだに面接調査員が移動する時間がロスになるからだ。データ収集を迅速に行うためには、複数の市場や地域で面接を同時進行で行うことも可能だ。郵送調査は普通もっとも時間のかかる方法である。記入された調査票を受け取るまでに数週間かかり、フォロー・アップの手紙を送る場合はさらに時間がかかる。郵送調査法とEメール調査法を比較した最近の研究によれば、調査票が返送されるまでにかかる平均日数は、Eメールで4.3日なのに対し、郵送調査では18.3日もかかっている。郵送パネル調査は、フォロー・アップがほとんど必要ないため、郵送調査よりも速い[29]。

費用

　大規模な標本を対象とするときは、インターネット調査が最も費用のかからない方法である。

印刷、郵送、キー入力、面接調査員の費用が発生せず、一調査対象者当たりの増加経費も少なくてすむため、多数の回答者を対象とした調査では、郵送調査法、電話調査法、面接調査法と比べて費用を大幅に節約することができる。一般には、インターネット調査、Eメール調査、郵送調査、郵送パネル調査、従来型の電話調査、CATI、CAPI、モール・インターセプト調査、訪問面接調査の順に、フィールド担当者の手間とその監督の手間が増えていく。したがって、この順番に費用も増加することになるが、質問の内容やどのようなプロセスを選ぶかによっても、費用は変動する[30]。

質問法における調査方法の選択

　表6.2や、これまでの考察から明らかなように、どんな場合にも最適なオールマイティーな質問法というものは存在しない。求められている情報や、予算の制約（時間と費用）、対象者特性によって、適切な調査法がまったく存在しなかったり、1つだったり2つだったり、あるいはすべての方法が当てはまったりする[31]。さまざまなデータ収集方法があるが、1つしか選べないわけではない。逆にそれぞれの強みを生かし、弱点を補い合う形で併用することも可能だ。調査担当者は、これらの調査方法を組み合わせてより独創的な方法を生み出すこともできる。例えば、ある標準的な調査では、面接調査員が、製品と自記式調査票と返送用封筒を調査対象者に配布し、さらに従来型の電話調査でフォロー・アップを行った。この2つの方法を組み合わせることにより、電話調査では97％の協力を得ることができた。さらに、82％の回答が郵送で返送された[32]。本章の初めに、電話とインターネットを活用することによって、選挙の世論調査が成功した例について説明したが、次に紹介する事例も調査方法の選択に関するものである。

〈リサーチの実例〉——クロス・サーベイがブルークロス社を助ける

　ブルークロス社（www.bluecross.com）は、広告費をどのメディアに集中すべきかを知るため、さまざまなメディアを通じた広告物（7種類の印刷媒体広告、6種類のTVコマーシャル、そして2種類のラジオ・コマーシャル）が、どの程度認知されたかを明らかにしたいと考えていた。調査費用を節約するために、面接調査法は採用しなかった。まず最初に、ブルークロス社はミネソタ市場全体で電話調査を実施した。ブルークロス社の箇所を聞こえないようにしたラジオ・コマーシャルを聞いてもらい、どの会社の広告かを当ててもらったのである。インタビューの最後に、印刷広告物やTVコマーシャルについて同様の質問に答える気があるかどうかを尋ね、これに同意した650人の調査対象者に調査票を郵送した。郵送調査でも同様の方法が採られた。TVコマーシャルを紙面上に再現するために、会社名を除いたストーリー・ボードが用いられた。このボードと印刷媒体広告が調査票とともに回答者に送られ、一度フォロー・アップの電話をした

だけで、405 通の回答が返送された。

　この調査の結果は興味深いものだった。回答者の 23% は印刷媒体広告を認知し、41% が TV コマーシャルを、40% がラジオ・コマーシャルを認知していた。それぞれの認知率と到達率をそのメディアの広告費で割ることによって、ブルークロス社はそれぞれのメディアの効率を把握することができた。印刷媒体が最も効率的なメディアであり、ラジオはこれをやや下回り、そして TV であった。この分析によって、ブルークロス社はその広告費を最も効率的なメディアである印刷媒体に集中し、これを補う形で他の 2 つのメディアによる広告を継続した[33]。

観察法

　記述的リサーチのもう 1 つの方法は観察法（オブザベーション・メソッド）である。**観察法**とは、対象となる現象に関する情報を得るために、人々の行動パターン、事物、出来事について体系的に記録する手法である。観察者は観察の対象となっている人に質問したり情報の交流を行ったりはしない。実際に起こっていることを記録するか、過去の出来事の記録を用いたりする。観察法も、構成的な観察法と非構成的な観察法、直接的な観察法と間接的な観察法に分けられる。また自然な状況で行われる観察と、人為的な状況で行われる観察とがある[34]。

構成的観察法と非構成的観察法

　構成的観察法では、調査担当者が、何を観察するか、測定結果をどう記録するかをあらかじめ詳細に特定する。その一例は、監査員が行う店舗の在庫調査である。この方法は観察者のバイアスを減らし、データの信頼性を向上させる。構成的観察法が適しているのは、マーケティング・リサーチの課題が明確に定義され、求められる情報が特定されている場合である。こうした条件下では、何を観察すべきかが、詳しい点まで明らかにすることができる。構成的観察法は、検証的リサーチに適しているといえる。

　一方、**非構成的観察法**は、観察者が問題に関係のありそうな現象のあらゆる面を観察する手法である。例えば、新しいおもちゃで遊ぶ子供を観察する場合などが挙げられる。この観察法は、問題がまだ明確かつ系統的にとらえられておらず、問題点の発掘と仮説の構築のために自由な観察が必要な場合に適している。非構成的観察法では、観察者の主観によるバイアスが入り込む余地が大きいため、観察の結果は仮説として扱い、後に検証していくことが必要であろ

観察法　observation　対象となる現象に関する情報を得るために、人々の行動パターン、物、出来事について体系的に記録すること
構成的観察法　structured observation　調査担当者が、観察対象となる行動、および測定の方法について、明確に定義している観察手法
非構成的観察法　unstructured observation　調査担当者が、あらかじめ観察対象の詳細を定めずに、問題に関係のありそうな現象のあらゆる面を観察する観察手法

う。したがって、非構成的な観察法は探索的リサーチに最も適している。

仮装観察法と公然観察法

　仮装観察法では、調査対象者は観察されている事実に気づかない。人間は観察されていると知ると異なる行動を取りがちだが、この方法を用いれば、自然な行動を観察することができる。この場合、マジック・ミラーや隠しカメラ、目立たない機器などが使われる。また、観察者が買物客や販売員などその場にふさわしい人間を装うこともある。

　公然観察法では、調査対象者は自分が観察されていることを知っている。例えば、観察者がそこにいることに気づいている。観察されている事実が回答者の行動にどの程度影響を与えるのかについては、専門家のあいだでも意見が分かれる。観察者の与える影響は小さく、しかも最初だけだ、とする説がある一方、行動パターンに重大な影響を与える、という意見もある[35]。

自然観察法と人為的観察法

　自然観察法とは、自然な状況での行動を観察する方法である。例えば、バーガー・キングで食事する調査対象者の行動を観察する場合などが含まれる。**人為的観察法**は、人工的な状況での観察、例えば、テスト・キッチンで食事する様子を観察する場合などである。

　自然観察法の優れた点は、観察された現象が実際の現象をより正確に反映しているという点である。逆に欠点としては、観察すべき現象が起きるまで待つためコストがかかる点と、自然な状況の中で現象を測定することが難しい点である。

　概要におけるキヤノン・カメラの例は非構成的・仮装的な自然観察法の一例である。

実施方法からみた観察法の分類

　図6.3に見るように、観察法はその実施方法から、個人観察法、機械観察法、監査法、内容分析、トレース分析に分類される。

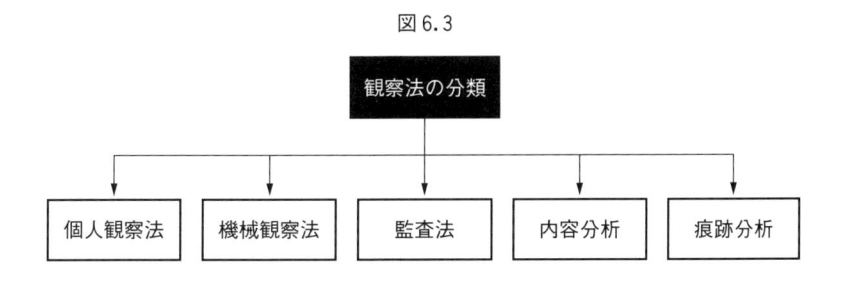

図6.3

観察法の分類
├─ 個人観察法
├─ 機械観察法
├─ 監査法
├─ 内容分析
└─ 痕跡分析

自然観察法　natural observation　自然な状況での行動を観察する方法
人為的観察法　contrived observation　人工的な状況での観察

個人観察法

　個人観察法では、概要で述べたキヤノン・カメラの事例のように、調査員がその場で起きている行動を観察する。観察者は観察している現象をコントロールしたり、操作しようとはしない。起こっていることの記録にのみ専念する。例えば、調査員が百貨店の来店者数を記録したり、来店者の流れを観察する場合である。この情報は、店舗のレイアウト、個々の売り場の配置、棚の配列方法、商品の展示方法などを決める際の参考となる。

〈リサーチの実例〉──ミステリーショッピングの背景のミステリー

　ボーズ・コーポレーション（www.bose.com）は、世界的なオーディオ機器メーカーであり、ホーム・シアター・スピーカー、カー・オーディオ、ミュージシャンのための携帯音響機器など、さまざまな音響機器を扱っている。2003年には、ボーズ社は小売店、ダイレクト・メール販売、オンライン販売などさまざまな販売チャネルを通じて年間15億ドルを売上げている。ボーズが効果的に用いている戦略は、全国に展開した自社の小売店で、製品知識の豊富な自社の従業員が顧客への製品説明を行い、消費者に直接販売するというものである。顧客に最良のサービスを保証するために、ボーズはミステリー・ショッピングを活用している。この手法は、個々の店舗のさまざまな特色を評価するために、個人観察法と質問法とを組み合わせたものである。ショッパー（買物客を装った覆面調査員）は別途雇われ、観察の方法と質問の仕方についてトレーニングを受ける。

　ミステリー・ショッピングは小売店への電話から始まる。ショッパーは製品について質問し、従業員の答えがどれだけ役に立ったかを記録する。ショッパーは従業員の親しみやすさや他の面についても、優れている、満足、不満足、の3段階で評価していく。次に実際の店舗訪問が行われ、顧客を装ったショッパーが従業員の接客スキルや製品知識をより深く観察する。訪問調査の方がより念入りである。ここで従業員を、言葉遣い、店舗の環境、製品デモンストレーションなどの面から評価していく。ショッパーは観察の後、印象が鮮明なうちにすぐ記録を取るように指示されている。ここから得られたフィードバックは、対人販売方法やマーケティング戦略に反映されている。このようなミステリーショッピングの結果、製品知識が十分でない販売担当者がいると分かったため、ボーズ社は基礎技術トレーニングを強化し、販売担当者に受講を義務づけた。さらに、ボーズ社の最新の製品や技術を理解できるように、販売担当者に継続的にトレーニングを受けるよう求めている。この結果、買物客の満足度は非常に高くなっている[36]。

機械観察法

　機械観察法は、人間の観察者ではなく、機械が観察対象を記録する方法である。調査対象者が直接これらの機器に働きかける場合もあれば、その必要のない場合もある。これらの機器は継続して一連の行動を記録し、その内容が後で分析される。

調査対象者側が特別なことをする必要がない機器としては、ニールセン社のオーディオメーターが最も有名である。オーディオメーターは、テレビに装着され、どのチャンネルに合わせられているかを継続的に測定する機器である。最近では、ピープルメーターも用いられるようになっている。ピープルメーターとはどのチャンネルに合わせられているかだけでなく、誰が視聴しているかまでも測定しようとする機器である[37]。この他に、建物に出入りする人々の数を記録する回転バー式改札口や、特定の場所を通り過ぎる車の数を数える交通量測定器などがある。記録カメラ（静止画、動画、あるいはビデオ）も、小売店がパッケージ・デザイン、カウンター、商品の配列、人の流れを調べるのによく使われるようになった。また、バーコード技術の発達は機械観察法に大きな影響を与えている。バーコード技術と光学スキャナーの発達によって、消費者の購買行動（製品カテゴリー、ブランド、店舗形態、価格、数量など）が機械によって測定されるようになったのである（第4章参照）。

　これとは対照的に、調査対象者が直接働きかける必要がある機器観察法も多い。これらの機器は以下の5つのグループに分類できるだろう。

・アイ・トラッキング・モニター
・ピューピロメーター
・サイコガルバノメーター
・ボイス・ピッチ分析器
・回答潜時測定器

　眼球運動測定器、アイカメラ、アイ・ビュー・ミニューターなど目の動きを追うアイ・トラッキング・モニターは、対象を見つめる目の動きを記録する。これらの機器は、調査対象者が広告をどう読んでいるか、テレビ・コマーシャルをどう観ているか、刺激物のさまざまな部分をどれくらいのあいだ見ているか、などを判断するために使われる。これらは広告宣伝効果を知るのに直接役立つ情報である。ピューピロメーターは回答者の瞳孔の大きさがどう変化するかを測定するものである。調査対象者はスクリーン上の広告や他の刺激物を見るように求められる。明るさや調査対象者の目からの距離は一定に保たれており、瞳孔の大きさは刺激に対する反応の大きさとしてとらえられる。その前提には、刺激に対して興味や肯定的態度を持つと瞳孔が大きくなる、という考え方がある[38]。

　サイコガルバノメーターは**電気皮膚反応（GSR）**、すなわち皮膚の電気抵抗を測定する機械である[39]。調査対象者は電気抵抗を測定する小さな電極を着け、広告物やパッケージ、スローガンなどの刺激物を見せられる。感情的になれば発汗などの生理的な変化が生じる、という理論がこの機械の前提となっている。興奮すれば、汗が出て皮膚の電気抵抗が増す。この反応の

個人観察法　personal observation　観察者がその場で起きている現象を観察し記録する観察方法
機械観察法　mechanical observation　人間の観察者ではなく、機械が観察対象となる現象を記録する観察方法
サイコガルバノメーター　psychogalvanometer　電気皮膚反応を測定する機械
電気皮膚反応　galvanic skin response　調査対象者の感情の変化に応じて生じる皮膚の電気抵抗の変化

強弱から、調査者は、調査対象者の刺激物に対する興味の度合いや態度を推定するのである。

ボイス・ピッチ分析は、調査対象者の声の変化から感情の変化を測定するものである。感情の変化に伴う声の振幅数の変化が、オーディオ機能を持つコンピュータによって測定される[40]。

回答潜時は調査対象者が質問の回答に要する時間である。これは、さまざまな選択肢の中で何をより好むかを測定する手段である[41]。回答時間は不確かさに直接関係していると考えられる。すなわち、調査対象者が2つの選択肢のどちらを選ぶか考える時間が長いほど、その2つに対する回答者の選好度は接近しており、逆に、即断する場合は、どちらを選ぶか、はっきりしている。コンピュータ支援型データ収集法が普及する中で、回答潜時は回答者に気づかれずに正確に記録できるようになった。

アイ・トラッキング・モニター、ピューピロメーター、サイコガルバノメーター、ボイス・ピッチ分析器は、特定の認知反応や感情反応が生理的反応に結びつくこと前提としている。この説は未だはっきり証明されてはいない。また、生理的な反応を測定するこれらの機器の目盛を定めることは難しく、費用も高くつく。さらに、調査対象者は人工的な環境に置かれるため、観察されていることを意識してしまう。

〈リサーチの実例〉——ミロ社——自社のしつこい悩みも「くっつかない」

ニューエル・ラバーメイド社（www.newellco.com）の子会社であるミロ社は、低価格の料理器具メーカーであるが、新製品の導入によりマーケット・シェアを拡大するために、探索的リサーチを実施した。リサーチの目的は、製品の料理器具にどのような特徴を加えればユーザーの役に立つかを見極めることだった。ミロ社はメタフェイズ・デザイン・グループ（www.metaphase.com）に依頼し、主婦を対象に、自宅訪問による観察法のマーケット・リサーチを行った。メタフェイズ社が調査した都市はセントルイス、ボストン、サンフランシスコの3カ所である。後に行う分析のために訪問時の観察はすべてビデオに記録された。その結果、調理器具でもっとも面倒なのは、中身がうまく注げないこと、収納に困ること、洗うのが大変なことだと分かった。より具体的にメタフェイズ社が理解したのは、ユーザーが抱える次のような問題であった。「鍋の中味を移すときにこぼれてしまうことがある」「調理中に鍋ブタをどうしたらよいか迷う。台やガスレンジの上に置いても散らかるばかりだ」。加えてほとんどのユーザーは「ノン・スティック（焦げ付かない）加工」をほどこしてあるはずの鍋に食材がくっつくことに不満を抱いていた。

調査結果を分析したミロ社はメアフェイズ社とともにアレグロという新しい深鍋を開発した。この鍋は上が四角で、下が丸い形をしており、上が四角いため収納が楽になり、中身も上手に注ぐことができるようになり、容量も増えた。これら3つの特徴はすべてミロ社が探索的リサーチ

ボイス・ピッチ分析 voice pitch analysis 調査対象者の声の変化から感情的な反応を測定すること
回答潜時 response latency 回答者が質問の回答に要する時間

を通じて得たものである。新製品の売れ行きについて、会長のジェリー・ポールは次のように語っている。「アレグロの売上げは期待を上回っており、初期のインフォマーシャルによって殺到した注文に漸く生産が追いついたところだ。消費者の反応は非常によい」。2003年現在、アレグロ・シリーズは、ミロ社のウエアエバー製品ライン（www.wearever.com）の1つとして製造されている[42]。

監査法

　監査法では、調査担当者は物的記録をチェックしたり、在庫分析をしてデータを収集する。監査法には2つの際立った特色がある。第1に、調査担当者の手で個人的にデータが集められること。第2に、数を数えること（通常は物の数を数える）によって得られるデータだということである。マーケティング・リサーチ会社が行う小売店や卸売店の監査調査については、二次データについての解説のなかで触れた（第4章参照）。ここでは、一次データの収集方法としての監査法に焦点をあてよう。消費者レベルで行われる重要な監査方法に、パントリー・オーディットがある。**パントリー・オーディット**では、個人面接の途中などに、調査担当者が消費者宅の貯蔵庫の在庫目録（銘柄〈ブランド〉名、数量、パッケージの大きさなど）を作成する。この方法によって、事実に反する回答や調査対象者のバイアスを正すことができる。しかし、消費者の貯蔵庫を調べさせてもらうのは、容易なことではなく、フィールド調査費は高くつく。さらに、貯蔵庫にある製品が、もっとも好まれ、もっともよく購入されている製品であるとは限らない。これらの理由から監査法が通常用いられるのは小売店や卸売店のレベルであり、こうした監査調査については、第4章を再読してほしい。

内容分析

　内容分析は、観察の対象となるものが、行動や物でなく、情報の交流（文章、画像、映像など）の場合に適している。内容分析は、はっきりとした情報交流の内容を客観的、体系的、定量的に記述する方法と定義することができる[43]。そこには観察と分析の両方が含まれることになる。分析の単位となるのは、言葉（メッセージに含まれる異なる言葉や言葉の種類）、特色（個人や物）、テーマ（命題）、空間や時間の測定（メッセージの長さや継続時間）、話題（メッセージの主題）などである。これらの単位を分類する分析カテゴリーが作られ、あらかじめ定められた規則に従って情報が細分化される。マーケティング・リサーチへの応用例としては、広告物や新聞記事、テレビやラジオ番組などの内容やメッセージの分析が挙げられる。例えば、黒人、女性、その他の少数派集団がどの程度マスコミに登場しているか、その頻度を調べるの

パントリー・オーディット　pantry audit　監査法の一種で、調査担当者が消費者宅の貯蔵庫の在庫目録——製品ごとの銘柄（ブランド）名、数量、パッケージの大きさなどを記載するもの——を作成する
内容分析　content analysis　情報のはっきりとした内容を客観的、体系的、定量的に記述する方法

に内容分析の手法が用いられている。百貨店の調査であれば、その百貨店と競合の打ち出すイメージを比較するために、雑誌広告を分析することもできる。また、内容分析は広告の異文化比較調査にも使われている。

〈リサーチの実例〉――異文化比較調査に広告代理店も満足

2003年、世界の広告宣伝費の半分は米国が占めており、2位は日本の10%だった。アメリカと日本の雑誌広告を比較するために、内容分析が行われた。6つのジャンルの雑誌（総合誌、女性誌、男性誌、プロフェッショナル向けの雑誌、スポーツ誌、娯楽誌）がそれぞれの国から選ばれた。これらの雑誌から分析の対象に選ばれた広告物は合計1,440で、このうち832がアメリカ、608が日本の雑誌のものだった。3人の審判役が、別々に、個々の雑誌広告が有益な情報を提供するものかどうか、その広告の内容は情報としてどのような基準を満たしているか、広告物のサイズ、そして広告されている製品の種類を書き留めていった。日本の雑誌広告は、一貫して、アメリカの雑誌のそれよりも有益な情報が豊富だった。例えば、情報内容としての基準を少なくとも1つは満たし、有益と認められた広告は、日本では全体の85%だったが、アメリカでは75%に留まっていた。同様に、日本の雑誌広告では、平均して広告1件あたり1.7個の情報の手がかりがあったが、アメリカの場合は1.3個だった。この結果は、異文化にまたがり、グローバルな広告キャンペーンをおこなっている多国籍企業や、国際的な広告代理店（ヤング・アンド・ルビカム、サーチ・アンド・サーチ・ワールドワイド、マッキャンエリクソン・ワールドワイド、オグリビー・アンド・メイザー、BBDOワールドワイドなど）にとって有益なものとなった[44]。

内容分析には単調なコーディング作業や分析作業がつきものである。しかし、マイクロコンピュータやメインフレームコンピュータによる、これらの作業が可能になった。明確な内容であれば、コンピュータによるコーディングが可能である。また、コンピュータを利用して、分類されたコードがどれくらいの頻度で出現するか、その数を数えたり、関心事の基準に照らして比較したりすることもできる。

内容分析はマーケティング・リサーチで広く使われている手法ではないが、その可能性は大きい。例えばオープン・エンド型の質問の分析に応用できれば非常に役に立つだろう。

痕跡分析

痕跡分析を上手に利用すれば、費用をかけずに観察法を行うことができる。痕跡分析は、過去の行動の物的な痕跡や証拠を、データとして集めるものである。これらの痕跡には、調査対象者が意図して残しているものもあれば、意識せずに残っているものも含まれる。百貨店の調査プロジェクトへの応用例を考えてみると、買物客の残したクレジット・カードの伝票を分析

痕跡分析　trace analysis　過去の行動の物的な痕跡や証拠をもとにデータ収集を行う手法

第6章　記述的リサーチの設計：質問法と観察法

すれば、クレジットによる買物の実態を調べることができる。

このほかにも、マーケティング・リサーチで使われた痕跡分析の斬新な方法をいくつか紹介しよう。

・美術館で、交換率の高いタイル、すなわち早く磨り減るタイルの場所を調べ、どの展示作品が人気があるかを判断した。
・雑誌広告のページについた異なる指紋の数を調べ、広告を読んだ人の数を測定した。
・修理のために持ち込まれたカー・ラジオの周波数を調べ、局別の視聴者のシェアを推計した。広告主はこの推計に基づいてどの局で広告するかを決定した。
・駐車場の車の年代とコンディションを、顧客の富裕度を調べるのに用いた。
・どの雑誌が慈善事業への献金を多く集めているかを調べ、人々に好まれている雑誌を知った。
・インターネット利用者の閲覧行為や利用状況の痕跡はクッキーを通じて分析することができる。

〈リサーチの実例〉——クッキーはいかが

　多くの人がそれと気づいていないが、インターネットを利用すると、1枚か2枚、クッキーをもらうことになる。クッキーといってもおやつのクッキーではない。クッキーとは、ウェブ・サイトがそこを訪れた人々の情報を集める精巧な仕組みなのである。この仕組みはネット・サーファーが知らない間に働いていることが多い。

　クッキーとは、そのサイトのサーバーからネット・サーファーの閲覧ソフトに送信され保存される一連の文字と数字の組み合わせで、ユーザーのIDとして使われる。ウェブ・サイトを提供している会社や個人は、このクッキーを利用して、サイトを訪れた人々のマーケティング・リサーチ情報を収集する。クッキーは、ウェブ・サイトの閲覧者がどのページを何分見たかという情報を記録していく。閲覧者の名前や住所、電話番号、どのサイトから訪れたか、などといった情報も、閲覧者がサイト上で入力すれば、クッキーによって集められてデータベースに保存されていく。閲覧者が次に同じサイトを訪れたときにも、クッキーはこの情報にアクセスして閲覧者に示すことができる。要するに、クッキーは、ユーザーがサイトを訪れるたびにその情報を収集するのである。

　ホットワイアード社のパケット（www.hotwired.com）では、クッキーを使ってサイトの訪問情報を調べている。マーケティング担当者はこの情報から電子雑誌・印刷雑誌の読者の人口統計データを集めている。また、特定の記事の「ヒット率」を調べることにより、読者の興味関心について貴重なフィードバックを得ている。サイト訪問者の行動を通じてデータが収集されるのである。このすぐれた手法は利用者に気づかれないように行われるため、ホットワイアードは社会通念のバイアスを受けることなく、利用状況を見ることができるのである。このようにして集められた情報は、内容や体裁の編集に生かされ、雑誌をより魅力的なものにしている[45]。

痕跡分析は斬新な使い方が可能だが、その使用には制約もある。これまでの経験からすれば、他に手段がない場合に利用することが望ましい。さらに、クッキーの利用など倫理上の問題は適切に対処されなければならない。

観察法の比較検討

表6.3はさまざまな観察法を比較検討したものである。ここでは、構成度、仮装度（調査対象者に気づかれている程度）、観察状態の自然さ、観察バイアス、測定・分析バイアス、その他の一般的な基準から各観察法を評価している。

構成度とは、何を観察するか、どのように測定値を記録するかを特定すること、を指している。表6.3にあるように、個人観察法では、構成度は低く、痕跡分析では中程度、監査法や内容分析では高くなっている。機械観察法では、個々の方法によって、構成度は低から高とばらつきがある。光学スキャナーを使った方法などは、測定される項目からみて、非常に構成的であるといえる。すなわち、スーパーマーケットで清算する際にスキャナーが読み取る情報の項目は、はっきり決まっているからである。このような場合には、構成度が高くなる。対照的に、隠しカメラで子供がおもちゃで遊んでいる姿を撮る方法は、構成度が低いといえよう。

監査法の仮装度は低い。これは、監査する人間がその存在を隠すことができないからである。個人観察法の仮装度は、中くらいといえる。観察者は買物客や店員、従業員などのふりをすることはできるが、自分の身分を隠すのが難しい場合もある。痕跡分析と内容分析の場合は、仮装度は極めて高い。これは、収集されるデータが「事後データ」であり、すでに起こった事象が観察対象だからである。隠しカメラのような機器はこちらの存在を知られずに観察するには非常に優れている。しかし、サイコガルバノメーターのような機器となると、仮装することは非常に難しい。

自然な状態で観察することは、痕跡分析では難しい。なぜなら、すでに起こってしまった行動を対象としているからだ。内容分析の場合は中くらいといえよう。分析の対象となる情報交

表6.3 観察法の比較検討

（比較項目）	個人観察法	機械観察法	監査法	内容分析	痕跡分析
構成度	低	低／高	高	高	中
仮装度	中	低／高	低	高	高
観察状態の自然さ	高	低／高	高	中	低
観察バイアス	高	低	低	中	中
分析バイアス	高	低／中	低	低	中
一般的コメント	最も柔軟	うっとうしさを感じさせる可能性	費用がかかる	情報交流にのみ適用可能	最後の手段

流は自然現象のごく一部を表しているに過ぎないからだ。この点、個人観察法と監査法は優れた方法といえる。人間の目で、対象となる人間や物を実際のさまざまな状況の中で観察することができるからだ。機械観察法はここでも、低（たとえばサイコガルバノメーター）から高（たとえば回転バー式改札口）までさまざまである。

観察バイアスについては、機械観察法は人間が介在しないため少ない。監査法も同様である。監査するのは人間だが、観察の対象となるのが物であり、監査するポイントもはっきり定義されているので、観察者のバイアスが生じにくいのである。痕跡分析と内容分析では観察者バイアスは中程度である。どちらの方法も人間が介在しており、観察すべきポイントはそれほどはっきり定義されていないが、通常は観察者が調査対象者と関わらないため、バイアスはそれほど強くならない。個人観察法では、観察者バイアスが高い。人間が観察を行っており、しかも、観察対象と関わりが生じるからである。

データ分析のバイアスは監査法と内容分析では少ない。この2つの方法では、変数が明確に定義され、定量的データに統計的分析が行われるからである。痕跡分析では、変数の定義があまり明確でないため、分析上のバイアスは中程度である。機械観察法は、低（たとえばスキャナー・データ）から中程度（たとえば隠しカメラ）まで、どの方法を選ぶかによって変わってくる。個人観察法とは違って、機械観察法での分析バイアスは悪くても中くらいまでに留まっている。対象となる事象を機械によって継続的に記録することができるため、データの測定や分類が改善されるのである。

最後に各調査法についてコメントすると、個人観察法は柔軟性という意味で最も優れている。人間はさまざまな状況の中で、さまざまな現象を観察することができる。機械観察法の中には、サイコガルバノメーターのように、押しつけがましさを非常に感じさせ、それゆえに人為的でバイアスのかかった結果になりやすいものもある。監査法は人間の観察者を必要とするため費用がかかる。内容分析は観察対象が情報交流に適していると同時に、それが限界である。痕跡分析は、先に述べたように、最後の手段である。上述の基準はそれぞれ、観察法がふさわしいと判断された場合、どの観察法を選ぶべきかを判断する際の指針となろう。

質問法と観察法の比較

一次データを収集する方法として、観察法だけを用いる割合は約1%にすぎない[46]。この事実から、観察法は質問法に比べて難があることが伺える。しかし観察法にも優れた点があり、質問法と組み合わせて利用することにより、よりよい結果を生み出すことができる。

観察法の相対的長所

観察法の最も優れた点は、意識的に選択された行動の報告を受けるのではなく、実際の行動を測定できる点である。報告の際に生じるバイアスにも無縁であり、面接調査員やインタビュ

ーの過程で生じるバイアスの可能性もゼロである。観察法によってしか得られないデータもある。その1つに、調査対象者が気づかない、あるいは、伝えることのできない行動パターンが含まれる。例えば、赤ちゃんがどのおもちゃを好むかは、自分では上手く説明できないから、赤ちゃんの遊ぶ様子を観察するしかない。観察したい現象が頻繁に起こり、しかも短時間で終わるものならば、観察法の方が質問法よりも安上がりで速い場合もある。

観察法の相対的短所

観察法の最大の欠点は、その裏に潜む動機、信念、態度、選好などがほとんど分からないため、なぜそうした行動を取るのか、その理由が明確にされないことである。たとえば、ある人があるシリアル製品を買っているとしても、それがそのまま、その人がそのブランドを好むから、とは言えない。もしかしたら、他の家族のために買っているかもしれないからだ。また、その他の欠点としては、観察者の先入観（調査者の観点にバイアスがある場合）がデータに影響する点も挙げられる。さらに、観察によってデータを収集する方法には、多くの場合、時間と費用がかかること、特定の行動、例えば個人的な行動については観察が難しいこと、なども挙げられよう。そして最後に、知らない間に本人の了解なく人々の行動を観察することは、倫理に反する危険性をはらんでいる点も挙げられるだろう。

要するに、観察法は適切に用いられれば貴重な情報をもたらすこともある。実際問題として、観察法を質問法の代わりに用いるというよりも、質問法を補う形で用いることが最も望ましいといえる。

〈リサーチの実例〉——牛肉はお好き？

食料品店で肉を買うとき、消費者は自分の知っているものを買う傾向がある。これは、ポルティコ・リサーチ（www.porticoresearch.com）が全国肉牛生産者・牛肉協会（NCBA）のために行ったリサーチの結果である。この調査は、なぜ4年の間に、牛肉のある部位の売上げが20％も減ったのか、というNCBAの疑問に答えるために行われた。ポルティコ・リサーチは顧客への面接調査と同時に、機械観察法を実施した。ポルティコ社の調査担当者は自ら食料品店の精肉売り場に立ち会って消費者の購買行動を記録した。消費者が牛肉を買う様子はビデオに撮影された。これらの観察から、他にも美味しそうで脂肪分の少ない部位があるのにもかかわらず、牛肉を購入する消費者の多くはサーロインやひき肉などよく使われる部位の方を選ぶことが分かった。なぜある部位を買わないのか、と尋ねられると、圧倒的に多いのは、どう料理していいか分からない、という返事だった。

この状況を打開するために、NCBAはいくつかの対策を講じた。それぞれの部位に適した料理レシピがパッケージにそれと分かるように印刷された。さらに、NCBAは食料品店に牛肉を料理法別に並べるように働きかけた。牛肉売り場の各コーナーには看板が掲げられ、栄養ばかりでなく、その部位に適した料理法が表示された。牛肉の横には小さなレシピ・カードも置かれた。

> 2001年に消費者の牛肉に対する支出は過去最高となった（www.beef.org）。2001年の年間消費額は570億ドルで、2000年よりも43億ドルも増加したのである[47]。

国際マーケティング・リサーチ

　国際マーケティング・リサーチにおいては、質問法によるデータ収集に難しい問題がいくつか存在する。1つのデータ収集方法で複数国での調査を実施しても、有効な結果が得られることはまずない。例えば、郵送調査は米国やカナダそして日本では一般的だが、ヨーロッパではそれほどでもないし、その他の国ではほとんど行われない。こうした違いが生じるのは、識字率が低かったり、郵便が届くまでに時間がかかり過ぎたり、見ず知らずの人間にあてて返信することに抵抗を覚える文化を有していたりするからである。

　電話調査法についても同様のことが言える。ヨーロッパでは最近普及してきているとはいえ、米国以外の国ではまだ一般的ではない。これらの国々のマーケティング・リサーチでは、郵送調査も電話調査も、回収率は米国に比べてはるかに低い。したがって、米国以外のマーケティング・リサーチでは依然として個人面接調査法が主流なのである。データを収集するフィールド調査員に、国際的環境下での面接調査の結果を彼ら調査員が左右していることを、念入りに説明しておく必要がある。面接調査員を選ぶ際は、調査員と調査対象者の国籍にも留意する必要がある。文化的な関係によっても回答が影響を受けるからである。

　国外でリサーチを行う際には、いくつかの障害があるため、適切な調査方法を選ぶことは国内よりもはるかに難しい。国によって、経済、体制、情報技術、社会文化的な環境が異なるため、実効性がありよく用いられる質問法は国により大幅に変動する。米国とカナダでは、電話の世帯普及率がほぼ100％に達しているため、電話調査法が最もよく用いられている。同じような状況は、スウェーデンなど、ヨーロッパのいくつかの国でも見られるが、ヨーロッパの他の国では電話普及率が100％に達していない。また、発展途上国では電話のある世帯が非常に少ない。

　スイスなどのヨーロッパ諸国、新興工業国（NICs）、発展途上国では、訪問面接調査法が調査データを収集する主な手段となっている。モール・インターセプト調査はスウェーデンなどいくつかのヨーロッパの国で行われているが、一般にヨーロッパや発展途上国ではあまり普及していない。これとは対象的に、フランスやオランダでは、会場や街頭での面接がデータ収集の主な手段となっている。

　費用面の負担が少ないことから、識字率が高く郵便制度が整っている先進国では、郵送調査が引き続き行われている。米国、カナダ、デンマーク、フィンランド、アイスランド、ノルウェー、スウェーデン、オランダそして日本などの国々である。しかし、アフリカ、アジア、南アメリカ諸国では、識字率が低く、人口の大半が地方に住んでいるため、郵送調査法や郵送パ

ネル法の利用率は低い。郵送パネル調査法が盛んに行われているのは、米国以外には、カナダ、イギリス、フランス、ドイツ、オランダなどに限られる。しかし、新しい技術が発達すれば、その利用率も高まるだろう。ウェブ・サイトへのアクセスについても同様である。いくら世界中どこからでも可能とはいえ、ウェブやEメールへのアクセスは多くの国々、特に発展途上国では限定されている。したがって、特に世帯調査の場合、電子調査法は適切な手段とはいえない。質問調査法のさまざまな実施方法については、第23章で詳細に検討する。

質問法の選択

　質問法のどの調査方法をとってみても、万能なものは存在しない。**表6.4**は国際マーケティング・リサーチという枠組みで、定量データ収集の主な方法を比較検討してみたものである。この表では、質問法を、電話調査法、個人面接調査法、郵送調査法、電子調査法に大別している。CATI、CAPI、郵送パネル調査法が使えるかどうかは、その国の技術水準に大きく依存している。同様に、モール・インターセプト調査の実施も、その国の小売業に占めるショッピング・モールの比重が高いことが条件となる。Eメール調査やインターネット調査にしても、コンピュータやインターネットがどれだけ普及しているかというその国の事情に左右される。主たる質問法を選択するには、表6.4の評価基準を注意深く検討していく必要がある。

　調査方法の選択にあたって、考慮しなければならないもう1つの重要な点は、複数の国での各々の調査が同等の価値を持ち、同じ土俵で比較できるようにしなければならないことである。

表6.4　国際マーケティング・リサーチにおける質問法の比較評価

（評価基準）	電話調査法	面接調査法	郵送調査法	電子調査法
標本コントロールが高い	＋	＋	－	－
世帯で調査対象者を特定することの困難さ	＋	－	＋	＋
世帯へのアクセスができない	＋	－	＋	＋
多数の訓練されたインタビューア獲得の可能性	＋	－	＋	＋
地方居住者が多い	－	＋		
地図が利用できない	＋	－	＋	＋
現在の電話帳が利用できない	－	＋		
郵送リストが利用できない	＋	＋	－	＋
電話の普及率が低い	－	＋	＋	－
郵便制度が非効率的	＋	＋	－	＋
識字率が低い	－	＋	－	
実際に会うことが重要な文化	－	＋	－	－
コンピュータやインターネットへのアクセスが困難	？	＋	？	－

注）＋は当該調査法に有利となること、－は不利となることを示している

同じ調査法でもその信頼性は国によって異なるであろう。異なる複数の国でデータを収集する際には、同じ手法を使うことにこだわるのではなく、信頼性のレベルが同等なデータを得ることが大切である。次の事例はこのことを物語っている[48]。

〈リサーチの実例〉──圧倒的シェアのためには圧倒的に使われる質問法を

　リーボック・インターナショナル社（www.reebock.com）は、80億ドルを越す米国の運動靴市場で11.9%のシェアを占めていた。ナイキ社のシェアは42.6%、アディダス社は11.3%だった。2003年には、リーボック社は170カ国で製品を販売しており、海外売上げ比率は44%である。現在、リーボック社はヨーロッパでの拡販を目指している。このため、ヨーロッパではナイキやアディダス、ピューマと運動靴市場で直接対決するのを避け、一般大衆向けの普段履きスニーカーの売り込みに注力し、強力なマーケティング・プログラムを実施しようとしている。スニーカーに対する消費者の選好を調べるために、スウェーデン、フランス、スイスの3カ国で調査が行われる。調査結果の比較ができるように、質問法はそれぞれの国でもっともよく用いられているものにした。スウェーデンでは電話調査、フランスでは会場および街頭での面接調査、そしてスイスでは個人訪問面接調査である[49]。

　質問調査の場合と同様に、国際マーケティング・リサーチで観察法を採用する場合も、経済、体制、情報技術、社会文化的な環境についての国による違いを考慮して選択すべきである。

マーケティング・リサーチにおける倫理

　調査と偽って販売活動や募金活動をすることが倫理に反することは第1章で触れた。回答者の匿名性も、質問法、観察法に共通する重要な倫理上の問題である。調査担当者は調査対象者の名前を、クライアントを含む外部の人間に明かしてはならない。特に、匿名を条件に調査に協力してもらった場合、この問題は非常に重要である。クライアントといえども調査対象者の名前を知る権利はない。調査に先立って事前に調査対象者に告知し、同意を取り付けた上でのみクライアントに回答者の個人名を明かすことができる。その場合でも、調査担当は個人の名前が顧客の販売活動の対象になったり、他の間違った使い方をされないように保証する必要がある。以下の例は、マーケティング・リサーチ業界での倫理に関わる戦いについてである。

〈リサーチの実例〉──電話調査は「話し中」

　マーケティング・世論調査協議会（CMOR）（www.cmor.org）は、最近「リサーチの死活にかかわる主要な脅威」を明らかにした。まず第1にあげられているのは、電話調査であるが、これ

は提案されている法規制に関係している。ほぼ半数の州が迷惑電話を規制する法案を提出しており、残り半数も同様の法規制を検討している。また、盗聴を制限しようとするカリフォルニア州の法律は、内線電話で傍聴することを禁じているが、これでは、電話インタビュアーに対するスーパーバイザーの監視機能が制限される可能性がある。

マーケティング・リサーチ業界が直面しているもう1つの問題は、一般の人々が電話調査とテレマーケティングを区別しないことから生じるイメージの問題である。このアイデンティティーの危機は、いくつかの会社の、調査を装って物を売ったり寄付を募ったりする行為によって、深刻化している。

こうした障害によって電話調査のコストは上がっており、調査担当者が母集団を代表する標本を獲得することを難しくしている。2001年9月にCMORが発表した統計によれば、調査への協力を拒否する人の数は年々増加しており、この傾向には歯止めがかかっていない。3,700人のアメリカ人消費者に質問したところ、このうちほぼ45％が過去1年間に調査を拒否したことがあると答えている。CMORの定義では、調査拒否には電話をかけてきた人の電話番号を確認することによる受信拒否や留守番電話による回答拒否は含まれていない。したがって、こうした数も含めれば、本来の拒否率ははるかに高いものになるだろう。調査を拒否する理由として最も多いのはプライバシーへの懸念である。さらに、インターネットの普及および電話による詐欺行為に対する認識が強まり、回答することを躊躇する人が増加した。同調査では、調査担当者が消費者のプライバシーに関する権利を尊重してくれると思うか、という問いも投げかけているが、それに対しての回答は、「そう思う」「非常にそう思う」を合わせても30％に留まった。これは、95年の50％、99年の40％を下回る数字である。CMORはこうした傾向を打開しようと、ワシントンの法律事務所コビントン・アンド・バーリングに依頼し、連邦議会に対するロビー活動を展開するとともに、州議会に対する働きかけを統一的に展開している。また、CMORは一般の人々の信頼できる調査会社に対するイメージ向上のため、CMORが「承認印」を発行することを検討している。電話調査を救うための戦いは続行されなければならない――必要なのはかけた電話に協力してもらうことである[50]。

調査担当者は調査対象者にストレスを感じさせてはならない。あらかじめ「回答には間違いも正解もありません。私たちはあなたのご意見を伺いたいと思っているのです」というように断りを入れておくことが、調査につきもののストレスを大幅に軽減することになる。

観察されていることが分かると行動が変わるため、調査対象者が気づかないように観察することがよくあるが[51]、これは調査対象者のプライバシーの侵害である。ガイドラインとしては、人が見られていると思っていないときに、調査対象として観察すべきではない。しかし、ショッピング・モールや食料品店のように人が大勢集まる場所では、一定の手続きを踏んだうえで人々を観察することは許される行為と言えよう。これらの場所には、現在マーケティング・リサーチを目的とした観察が行われている、と書かれた掲示が出されなければならないし、データが収集されたあとで、調査担当者は調査対象者から必要な許可を取りつける必要がある。も

し調査対象者の中に協力を拒む者があれば、その人に属する情報は観察記録から削除されなければならない。これらのガイドラインはインターネット調査でクッキーが使われる場合にも適用されるべきである[52]。

インターネットおよびコンピュータ・アプリケーション

インターネット調査は盛んに行われるようになってきた。その理由の1つは、調査費用が電話および郵送調査や個人面接調査ほどかからないことが挙げられる。また、インターネット調査では、夕食の真っ最中に電話してしまうような間の悪いことは生じない。インターネット調査の質問には、いつでもどこでも都合のよい方法で答えることができる。スピードも魅力である。グリーンフィールド・オンライン・リサーチ・センターは次のような事例を引いている――「復活祭前の金曜日にオンライン調査を設定し、月曜日の朝には2,400件の回答を得た」。グリーンフィールドはインターネットを通じて20万人近い人のパネルを持っている。このように、回答を得るまでの速さは、明らかにオンライン・マーケティング・リサーチの優れた点である。

さらにもう1つインターネット・マーケティング・リサーチの利点を挙げるとすれば、特定の母集団をターゲットにできることだろう。例えば、あるマーケット・リサーチで、過去の一定の期間に、ホーム・オフィス用製品の特定のモデルを購入した人が必要とされたことがあった。数ヵ月にわたって従来の電話による調査法が用いられ、数千ドルの費用がかかりながら、わずかな数の対象者しか捉まえることができなかった。そこでインターネットを使ったところ、数週間で、しかももっと安く、数百の調査対象者の候補を見つけ出すことができた。このように、オンライン・マーケット・リサーチは特に絞り込まれたターゲットを見つけたいときに助けとなる。

電子調査には限界もある。インターネットやEメールのユーザーは一般母集団を代表するものではない。バーク・マーケティング・リサーチは、適切なインターネット・サンプリング・プログラムを設計することで、参加者の無作為性を改善しようと試みている。また、こうしたリサーチの限界としては、本当のところ誰が質問に答えているのかを検証することが難しいことも挙げられる。調査への参加を動機づけるため役割を果たす人間がいないこと、データの安全性、プライバシーも懸念される問題分野である。オンライン調査への協力依頼を受け取ること自体がプライバシーの侵害だ、とする人々からリサーチ会社が「攻撃」メールを送られることもありえる。

デサイシブ・テクノロジー・コーポレーション（www.doubledlick.com）という会社が、Eメールとウェブによる調査設計の作成や分析を助ける2つのソフトウェアを開発している。そのうちの1つ、デサイシブ・サーベイは、利用者がEメールとウェブによる調査設計を作成し、実行し、分析する手助けをするソフトウェアである。もう1つの製品であるデサイシブ・

フィードバックはEメール調査にのみ使われる。このソフトウェアでは画像によるひな型を利用して調査を設計することができる。返信された回答は、このソフトウェアによってデータベースやSPSS、SASなどの統計ソフトに送られる。以前は、マーケティング・リサーチ会社はインターネットでテキスト・ベースの調査票を使っていたが、これでは、返信された回答をもう一度入力し直す必要があった。デサイシブ・サーベイやデサイシブ・フィードバックを使えば、自動的に統計表や円グラフや線グラフなどの図表を作成してくれる。これらのシステムは、一方で、さまざまな回答形式（単一回答、複数回答、空欄への自由回答記入など）に対応している。その他にも、セントラック社（www.centrac.com）など、オンライン調査を設計し回答を処理する方法を提供している会社が存在する。

〈リサーチの実例〉——EコマースからMコマースへ

　テレフィア社（www.telephia.com）はワイヤレス通信業界にマーケティングとネットワーク品質のデータ収集サービスを提供している。同社は、EコマースからMコマース（モバイル・コマース）へと時代が変わる中で、顧客のワイヤレス市場に対するニーズは何なのかをリサーチするために、無線データとインターネットの利用者から成る、全国規模かつ最大のパネルを組織した。PDA（携帯情報端末）、双方向ポケットベル、無線ラップトップ・コンピュータ、データ通信機能付きの携帯電話の使用者3,500人を対象に調査が行われた。この調査の目的は、顧客がワイヤレス技術、特に無線インターネットとこれに付随したサービスをどう考え、どう利用しているかについて洞察を得ることだった。インスタットが行った調査の結果は、無線ウェブのユーザー数が少ないこと、プロバイダーが価格設定に苦慮していることから、Mコマース・ブームは早くとも2003年以降になる、というものだった。PCIA／ヤンケロビッチ社が行ったグローバル・Mユーザー・スタディーによれば米国の消費者の27%が次の意見に全面的に賛成している——「現在コンピュータでやっていることと全く同じことが、携帯電話でできればよいと思う」。米国以外で、この意見に全面的に賛成している消費者の多い国は、日本（28%）、イタリア（21%）、英国（20%）、韓国（17%）、ドイツ（15%）である。これらの調査数字が示すものは、Mコマース市場は将来大きく成長する可能性があるということである。

　テレフィア社の調査によって、無線データ機器、サービス・プロバイダー、無線インターネットの利用、顧客満足度、新製品への興味、無線データ機器による購買行動、顧客ロイヤリティとスイッチングに影響する要因などについて、顧客の認識や利用実態がどうなっているかが明らかになった。調査対象者のおよそ半分は、サービス・プロバイダーの選択には、データ・サービスが「非常に」あるいは「極めて」重要であると答えている。音声反応機器、地図関連サービス、ワイヤレス広告についての顧客の考えも明らかになってきた。例えば、無線ユーザーの50%は、行き先マップ、住所録、職業別電話帳、ATMマップなどの地図関連サービスに興味を持っていた。

　ベリゾン社、モトローラ社、シングラー社、スプリント社といった会社は、ワイヤレス通信の

第6章 記述的リサーチの設計：質問法と観察法 291

初期採用者についてのこれらの情報をマーケティング戦略の策定に役立てることができる。ベリゾンは無線サービスを拡充するために、もっと多くの地図関連サービスを導入することもできるだろう。2002年には、モトローラとアメリカ・オンラインはAOLインスタント・メッセンジャー・サービスを携帯電話器の業界標準にしようと協力体制を築いている[53]。

インターネットは観察法を実施する絶好の場所でもあり、有益な情報をもたらしてくれる。さまざまな方法での観察が可能である。一次データの観察としては、まずウェブの訪問回数から得ることができる。また、そのページに留まった時間も、先進技術によって測定が可能になった。訪れた人がページ上にあるアイコンをクリックすると時計がスタートし、次にボタンを押すと時計が止まる、という仕組みである。さらに、調査担当者がウェブ上にさまざまなリンクを張ることで、どのリンク先に最もアクセスするかも調べられる。これによって、個々人の情報ニーズやターゲット・セグメントの興味関心について、貴重な情報が得られる。個々人がどのリンクからその会社のサイトに辿り着いたかも、消費者の興味がどうつながっているかを知る上で貴重な手がかりとなる。リンク・サイトを念入りに分析することによって、広告、競合相手、消費者、ターゲット市場の人口統計上・サイコグラフィック上の特性が明らかになる。

マイクロコンピュータやメインフレームコンピュータの活用については、すでに、CATI、CAPI、内容分析、監査法、痕跡分析の説明で触れた。これらの調査法や、その他の質問法、観察法を実施するためのソフトウェアが利用できるようになっている。コンピュータ自動電話調査（CATS）システムは、調査の質問をデジタル録音し、調査対象者に電話をかけ質問するまで一切人の手を借りずに調査を行うことができる。個人面接調査では、紙の調査票に代わり、ノートブック型パソコンが使えるようになった。コンピュータの電子ペン入力技術により、ディスプレイ上にソフトウェアのキーパッドが現れる。郵送調査の領域でも、さまざまなソフトウェアが利用可能になっている。ドネリー・マーケティング・インフォメーション・サービス社（www.donnelleymarketing.com）のコンケスト・ダイレクト・エクスプレスは、マーケット・エリアを定義し、それにふさわしい地域（幾何学的にも、地理的にも区切れる）のブロック名、地名、国勢調査区、郵便番号から消費者のリストとその総数を提供してくれる。

バークの場合

バークでは主な質問法（電話調査、郵送調査、電子調査）はすべて実施している。複数の質問法の組み合わせについては以下に示した顧客満足度調査で説明する。

顧客満足度調査のためには、通常、電話調査か郵送調査、あるいはこの2つを組み合わせて用いている。電話調査が最も適しているのは、下記の場合である。

・スクリーニング調査により、質問に答えるのに最適な人物が特定できたとき
・プロジェクトの結果が速く求められているとき

・調査票が複雑なスキップとパターンを含む構成になっている時、あるいは自由回答型の質問が多いとき
・調査に参加する資格のある顧客の数が比較的少ないとき

　バークは3つのデータ収集拠点を持ち、合計250のCATI端末を保有している。

　郵送調査は電話調査に比べて調査費用がかからないため、大規模なプロジェクトに適している。例えば、バークでは全国展開しているファスト・フード店の顧客満足度調査を郵送で行っている。

　近年では、双方向音声認識システムもよく利用されるようになった。バークはこのシステムを大手金融機関の調査に使用している。顧客と従業員の両方がタッチトーン電話を使って、バークの満足度の質問に対して回答している。

　典型的な顧客満足度調査では、バークは調査を依頼するクライアント企業から顧客の名前、住所、電話番号のリストを提供してもらう。クライアントが顧客リストを提供することは、対企業・事業所調査ではよくある。調査対象は現在の顧客であることが多いが、過去の顧客を調査して欲しいという依頼も少なくない。

　個人面接法によって質問したほうがよいと思われる場合には、モール・インターセプト調査もたびたび実施される。このため、バークは合計200社以上のモール・インターセプト調査機関と連携している。オピニオン・ワンはバークが提供している専門的なモール・インターセプト調査である。この調査はCAPIで、視聴覚に訴えるさまざまな刺激を備えた、双方向マルチメディア・プラットフォームを利用している。オピニオン・ワンを提供するモールの面接会場はすべて電子的にコネチカットのバークの本社に接続されており、迅速なデータのやり取りが保証されている。

　インターネットに関しては、バークはWEBNOSTICSを開発した。これはクライアントのウェブ・サイトを訪れるn番目ごとのビジターに質問し、サイトに関する評価を体系的に得ようとするものである。セキュアー・サーファー・インデックスは、クライアントのウェブ・サイトが、訪れる人の参加度や忠誠度にどれくらい影響を与えているかを調べるインターネット調査である。クライアント企業のウェブ・サイトを訪れた人々の中から無作為に選ばれた人々が、バーク・セキュアー・サーファー・インデックスの質問につながるリンクを提示される。もし参加したくなければ「辞退」ボタンを押して、そのまま邪魔されずにネット・サーフィンを続けることができる。参加に同意して「受諾」のボタンを押すと、顧客のウェブ・サイトの正確な現在のロケーションとサブダイレクトリーから跡をたどれる仕組みになっている。

　多くの世界規模の調査では個人面接調査と自記式調査が利用されている。ハイレベルの電話調査が実施されているのは、米国とカナダだけである。バークの海外事務所・提携先を含めると、電話調査の比率はスウェーデンが3番目に高く、約18%となっている。したがって、米国外でマーケティング・リサーチを行う場合、バークは異なる国で異なる調査方法でも実施できるように調査設計を行う。

　バークではソフトウエア・ベンダーの調査を14カ国で実施したことがある。実行可能なデ

ータ収集方法は電話、郵送、個人面接、FAXに亘った。リサーチの設計にあたって最も腐心した点は、これらの方法のどれにでも使えて、同じように比較可能な結果を得られるように調査票を設計することだった。バークの業務のやり方は、各国のリサーチの専門家に参画してもらい、その国でデータ収集する最良の方法は何か、その国では質問をどのように修正すればよいか見通すことから始める。この時点で、予算や期限について決定する必要がある。というのも、調査国間の比較可能性を高めるための変更は、調査を完成させる費用と時間が深刻な影響を与えるからである。こうした問題は異なる文化の扱いに経験豊な専門家だけが決定でき、トレード・オフすることができる。バークは世界各地でさまざまな質問法についての専門的知識を蓄積してきた。それゆえ、特定の国で特定の調査を行うにあたり、最適な方法を選択することができる。そのため、異なる国で異なる方法で行われた調査結果も、同じ土俵の上で比較検討できるのである。

まとめ

　記述的リサーチで一次定量データを取得する2つの基本的な方法は、質問法と観察法である。質問法が調査対象者に直接質問するのに対し、観察法は調査対象者の行動を記録する。
　質問法では調査票の運用・管理が必要となる。また、質問法は、その手法や調査の実施方法によって次のように分類される。
① 従来型の電話調査
② CATI
③ 個人訪問面接調査
④ モール・インターセプト調査
⑤ CAPI
⑥ 郵送調査
⑦ 郵送パネル調査
⑧ Eメール調査
⑨ インターネット調査

これらの中で最もよく使われるのは、従来型の電話調査とCATIである。どの調査方法にも長所と短所がある。これらさまざまな方法を比較検討する際のポイントには、次のようなものがある――データ収集の柔軟性、質問内容の多様性、刺激物の利用、標本コントロール、データ収集環境のコントロール、フィールド担当者のコントロール、データの量、社会通念の影響、答えにくい情報の取得、面接調査員によるバイアスの可能性、回収率、匿名性に対する認識、時間、費用。これらのデータ収集方法は、別個の、互いに競合するものだと思われがちだが、互いに排除し合うものではない。創造的に組み合わせることもできる。

観察法は、構成的か非構成的か、仮装されているか公然と行われているか、自然な環境か人為的な環境か、によって分類できる。主な方法は、個人観察法、機械観察法、監査法（オーディット）、内容分析、痕跡分析である。質問法との対比で、観察法が優れている点は、以下のとおりである。

① 実際の行動を測定できる。
② レポート上のバイアスがない。
③ 面接調査員バイアスの可能性が少ない。

また、観察法を用いれば最も的確に収集できる、あるいは観察法でなければ収集できない、というようなデータもある。一方、観察法の短所は、以下のとおりである。

① 動機、信念、態度、選好などについてはほとんど推察できない。
② 観察者バイアスの生じる可能性。
③ ほとんどの手法で時間と費用がかかる。
④ 観察することのできない行動がある。
⑤ 倫理に反する可能性がある。

観察法だけで一次データを収集することはほとんどないが、質問法との組み合わせで有効に利用することはできる。

異なる国々からデータを集める場合は、同じ質問法にこだわるよりも、データの信頼性が同じになるように方法を選択すべきである。調査対象者の匿名性は守られなければならず、調査対象者の個別情報をクライアントに知らせてはならない。人々が観察されていることに気付いていない状況で、同意のないままに観察をしてはならない。インターネットとコンピュータは質問法の各質問法で活用される一方、観察法でも利用されており、特に内容分析、監査法、痕跡分析で活用されている。

演　習

復習問題

1. 本章の内容はマーケティング・リサーチプロセスの枠組みの中で、どう位置付けられるか。簡潔に述べよ。
2. 構成的直接的質問法の長所と短所を述べよ。
3. 質問法による情報取得手法の主だったものの名称を挙げよ。
4. 特定のリサーチ・プロジェクトに最も適した質問法を選ぶ際の主な基準を述べよ。
5. フィールド担当者と費用の管理が重要視されているプロジェクトの場合、質問法のうち、どれを選ぶのが最適か。
6. 機械観察法の個々の名称を挙げ、その仕組みを述べよ。
7. 内容分析が自由回答型の質問にどのように応用できるか述べよ。また、このような手法を

用いる際の長所と短所についてコメントせよ。
8. なぜ痕跡分析は最後の手段なのか、その理由を述べよ。
9. 観察法の質問法に対する相対的な長所・短所を述べよ。

応用問題

1. 必要とする情報の収集にあたり、質問法と観察法のどちらも利用できるマーケティング・リサーチの課題を述べよ。
2. 人気雑誌の最近の発売号から女性が登場する広告を30件集め、内容分析によって、広告に描かれた女性の異なる役割を検証せよ。
3. 学内食堂が、学生カフェテリアで食事する人の数を知りたがっている。この情報を得られる調査方法をリスト・アップせよ。そのなかで最適なのはどの方法か。

インターネット／コンピュータ演習

1. 指導教官か学部のほかの教官に、コンピュータ支援型面接調査の調査対象者としての経験をさせてもらえるよう依頼しよう。次に、まったく同じ質問に対して、紙と鉛筆用に作成された調査票で答えてみる。その上で、この2つの経験を比較せよ。
2. EXCELのような簡単な表計算ソフトや、マイクロコンピュータやメインフレームの適当なプログラムを使って、上記の応用問題2について内容分析を実施せよ。
3. 自分が調査対象者として適格と思われるインターネット調査を探し出し、回答せよ。この調査を表6.2の基準に基づいて評価せよ。
4. インターネット調査を探し出し、調査票の内容を注意深く検証せよ。同じ質問をCATIやモール・インターセプト調査で行った場合と比較して、長所および短所をそれぞれ挙げよ。
5. 学生のクレジット・カードに対する態度を測定するためのEメール調査を設計せよ。実際に10人の学生に送り、受け取った答えを定性的にまとめよ。学生のクレジット・カードに対する態度は肯定的か否定的か。
6. ギャラップのウェブサイト（www.gallup.com）を訪れ、このサイトに掲示されている最近の調査では、どのような質問法が使われているかを調べよ。なぜこれらの質問法が選ばれているのか。

実　習

ロール・プレイ

1. ハイテク企業の社員であるあなたは、会社が行った広告活動に対する人々の反応の調査を行うことになった。あなたの上司は特に、一連の広告シリーズの中でどの広告物がとくに消

費者に訴求し興味をかきたてたかを知りたがっている。あなたの提言によって、広告する製品のコピーミックスが決まる。どうやって必要な情報を集めるかを説明せよ。どのような質問法を選ぶのか、またそれはなぜか。できるだけ具体的に説明せよ。
2. あなたは学内の書店から、学生が買物中にどのように購買を決定するかを調べるよう依頼を受けた。あなたは個人観察法を使うことにする。購買客をよそおって他の学生の書店内での行動を観察せよ。そして、その結果つかんだ情報をレポートにまとめよ。

フィールド・ワーク

1. 質問法を実施している近くのマーケティング・リサーチ会社を訪ね、CATI の設備を見学する。その会社がどのように CATI を行っているか、レポートにまとめよ。
2. モール・インターセプト調査の施設を持っている近くのマーケティング・リサーチ会社に連絡を取り、モール・インターセプト調査の行われているときに、施設をいくつか訪ねる。この経験をレポートにまとめよ。

グループ・ディスカッション

1. 小人数のグループに分かれ仮装的な観察法における倫理上の諸問題を討論せよ。これらの問題はどう扱うべきか。
2. 「技術の進歩により、観察法はもっと行われるようになる」。この意見について、小人数のグループで討論せよ。

第7章

因果的リサーチの設計：実験法

我々が行う実験では因果関係を証明することはできない。実験で可能なことは、我々にとり関心のある要因に該当しないすべての可能性のある要因を取り除く長い道のりを行くことである。

——マイケル・バウムガードナー（バーク社、社長）

本章の目的

本章では以下を学習する。
① マーケティング・リサーチにおける因果関係の概念を説明し、一般的に使われる因果関係と、科学的な意味における因果関係との違いを識別する。
② 2種類の妥当性——内的妥当性と外的妥当性——を定義し、その違いを区別する。
③ 実験を通して得られる結果の妥当性に影響する可能性のあるさまざまな関心外変数について論議し、リサーチャーがどうすれば関心外変数を制御できるかを説明する。
④ 各種実験的デザイン、すなわち前実験デザイン、真正実験デザイン、準実験法、および統計的実験計画を記述し、評価し、それぞれの違いを明らかにする。
⑤ マーケティング・リサーチにおける、実験室的デザインとフィールド実験、および実験的デザインと非実験デザインを、それぞれ比較対照する。
⑥ テスト・マーケティングとそのさまざまな形態（スタンダード・テスト・マーケット、コントロールド・テスト・マーケット、シミュレーテッドテスト・マーケット〈STM〉）について述べる。
⑦ なぜ米国外で実施されるフィールド実験の内的妥当性、外的妥当性は、一般に、米国に比べて低いのか、その理由を理解する。
⑧ 因果的リサーチを行う際の倫理上の問題、およびこれらの問題に対処するためのデ・ブリーフィングの役割（実験後に調査対象者に行う説明）について述べる。
⑨ 因果的リサーチにおけるインターネットとコンピュータの使用について論じる。

本章の概要

　第3章では、因果的リサーチを紹介し、それが、探索的リサーチや記述的リサーチに対してどのような関係にあるかを論じ、実験法が因果的リサーチで用いられる主な手法であることを明らかにした。本章では、因果関係の概念について、さらに深く探求する。因果関係に必要な条件を明らかにし、実験法における妥当性とは何かを検証し、関心外変数とこれを制御する手続きについて考察する。実験法を分類し、個別に考察した上で、実験室実験とフィールド実験の違い、およびそれぞれの長所について言及する。実験法の応用例であるテスト・マーケティングについても詳細に論じる。国外で実験法のリサーチを実施する場合に考慮すべき点にも触れる。実験法における倫理上の問題も明らかにする。最後に、因果的リサーチにおけるインターネットとコンピュータの利用について論じる。

〈リサーチの実例〉――答えはバッグの中に

　レスポートサック社（www.lesportsac.com）は、Kマート社（www.kmart.com）が「ディ・パリ・サック」ブランドで売り出したバッグが自社製品のように見えると主張してKマート社を訴えた。レスポートサック社によれば、消費者は、実際にはそうではないのにレスポートサック社のバッグを購入したと信じるようにKマート社が誘導している、とのことだった。この点を証明するために、レスポートサック社は因果的リサーチを実施した。

　回答者に選ばれた女性は2つのグループに分けられた。一方のグループの女性には、2つのレスポートサック社製の軽くて柔らかいサイドバッグが提示された。このバッグからは付け札の類はすべて取り除かれ、文字やデザインはレスポートサック社特有の、楕円形のマークの内側にプリントされていた。もう1つのグループの女性には2つの「ディ・パリ・サック」バッグが提示された。こちらは、ブランド名が見えるようになっており、Kマートの売り場で売られているときのように付け札やラベルが付けられていた。2つのグループの女性に対して、2つバッグは1つの会社製のものと認識したか否か、付け札などが取除かれたバッグは、どの会社あるいはブランドだと思ったか、そのように識別するものは何か、そう思う理由は何か、ということが質問された。それぞれのグループの標本サイズは200人で、調査はシカゴ、ロサンジェルス、ニューヨークにおいてのモール・インターセプト調査で実施された。調査対象者は、確率標本ではなく、年齢を割当基準として選ばれた。

　調査の結果、多くの消費者が2つのバッグの製造元を区別することができず、レスポートサック社の立場を支持することになった。そして、この実験の結果は、控訴審裁判所が、Kマートに対する販売差し止め命令を出すことを確約する助けとなった。Kマートは「ディ・パリ・サック」の販売停止に同意した。レスポートサック社は1974年の創業で、その製品は2003年には米国、イタリア、英国、フランス、スウェーデン、日本、ホンコン、韓国、台湾、シンガポール、オーストラリア、コロンビア、サウジアラビアを含む15ヶ国以上の国で販売されている[1]。

エカード社などのドラッグ・ストアは、店頭広告の販売効果を確かめるために多くの実験を行うようになっている。

〈リサーチの実例〉——店頭広告は効果あり

　エカード・ドラッグ社は（www.eckerd.com）は、店内ラジオ広告が店頭販売にどれほど効果があるかを調べる実験を行った。店舗の大きさ、立地、来店客の流れ、店舗の経年数をもとに、統計的に同質な20店舗が選ばれた。このうち半分はテスト店舗、あとの半分は対照店舗として無作為に選定された。テスト店舗ではラジオ広告が流され、対照店舗では店内のラジオ放送は中止された。実験前の7日間、実験中の4週間、そして実験終了後の7日間の売上数量と売上高が追跡調査された。調査製品は安価な品から小さな台所機器にまで及んだ。実験の結果、テスト店舗で広告された製品の売上げは少なくとも2倍となったことが判明した。この証拠に基き、エカード社は店内ラジオ広告が店頭購入を促進する効果が大きかったと判断し、引き続きラジオ広告を続けることを決めた。

　2001年、ポイント・オブ・パーチェス・アドバタイジング・インターナショナル社（www.popai.com）は食料品店でのソフトドリンクの売上げに店頭広告がどれだけ寄与しているかを調査した。その結果、店内に独立した販促コーナーを設けた場合、ソフトドリンクの売上げは推定11%、商品の陳列ディスプレイが販促コーナーと同調して行われている場合には、20%以上増加することが明らかになった。この調査はアンホイザー・ブッシュ社、ペプシ・フリトレー社、ファイザー社、プロクター・アンド・ギャンブル社、ラルストン・ピュリナ社がスポンサーとなり、インフォメーション・リソーシーズ社が250の食料品店から資料を収集した。スポンサーとなった企業の製品はすべて、店頭広告によって売上げを伸ばす可能性があり、調査結果から店頭プロモーション予算の増加が決定された[2]。

因果関係の概念

　実験法は通常、因果関係を推定するために用いられる。だが**因果関係の科学的概念は複雑**なので、まずは、その概念について説明する必要があろう。科学者の言う「因果関係」は、普通の人の用いるそれとはかなり異なっている[3]。すなわち、「XによってYが生じる」というステートメント（陳述）は、下の表にあるように、普通の人々にとっての意味と科学者にとっての意味では異なっているのである。

　マーケティング・リサーチにとっては、日常的な意味における因果関係よりも、科学的な意味における因果関係の方が適っている。マーケティング効果は複数の変数によって生じ、原因と結果の関係は確率的な傾向である。さらに言えば、因果関係を証明することは決してできない（すなわち、完全に論証することができない）といってよい。私たちにできることは、原因と結果の関係を推論することだけであり、言いかえれば、真の因果関係というものは、仮に本当に存在したとしても、一度も確認できたことがないのである。ここでは因果関係を生み出す条件を論議することにより、その概念を更に明確にする。

通常の意味	科学的意味
XはYの唯一の原因である。	Xは、数多く考えられるYの原因のひとつに過ぎない。
XはY常にYの原因となる（XはYの決定的な原因である）	Xの生起はYを起こりやすくする（XはYの確率的原因である）。
XがYの原因であることは、証明可能である	XがYの原因であることは決して証明することはできない。せいぜい、XがYの原因であることを推定できるにすぎない

因果関係の条件

　因果関係の推論や推計を行うには、3つの条件が満たされなければならない。その3つとは、①共変動、②変数の生起する順序、③原因となり得る他の要因の除去、の3つである。

　これらは因果関係を論証するための必要条件ではあるが、十分条件ではない。このうちの1つだけではもちろんのこと、3つ全部が揃っても、因果関係が決定的に存在すると論証することはできないのである[4]。

共変動

　共変動とは、原因Xと結果Yが、考慮下にある仮説により予測される、同時に生起あるい

因果関係　causality　X が生起するとき、Y が生起する確率が増すこと。
共変動　concomitant variation　因果関係を推測するのに必要となる条件のひとつで、原因Xと結果Yが、考慮下にある仮説から予測される形で、同時に生起または変動する程度を指す。

表7.1 ファッション衣料の購入と教育水準間の共変動の証拠

教育水準―X	ファッション衣料の購入―Y		合計
	高	低	
高	363 (73%)	137 (27%)	500 (100%)
低	322 (64%)	178 (36%)	500 (100%)

は変動する程度である。共変動に関係する証拠は定性的または定量的方法で得ることが可能である。

例えば、定性的な例として、百貨店の経営陣が「売上げは店内サービスの品質によって大きく左右される」と信じている場合を見てみよう。この仮説は共変動を査定することによって検証できる。ここでは、原因Xは店内サービスであり、結果Yは売上げである。仮説を支持する共変動は「満足のいく店内サービスを提供している店舗では、満足のいく売上げも得られる」ということになる。同様に不満足なサービスを提供している店舗では、不満足な売上げを示すであろう。もし逆のパターンが見られたら、仮説は支持できないと結論することになろう。

定量的な例として、1,000人の無作為抽出された調査対象者に百貨店でのファッション・衣料の購入を調査する場合を見てみよう。この調査から表7.1のデータが得られた。対象者は教育水準によって、メディアン（中央値）を境に（つまり、人数が等しくなるように）、高学歴と低学歴の2つのグループ分けられた。この表からは、ファッション衣料の購入は教育水準の影響を受けていることを示唆している。高学歴の対象者は低学歴の対象者より多くのファッション衣料を購入しているようだ。高学歴の対象者の73%がファッション衣料をよく購入するグループに属し、一方、低学歴の対象者でよく購入する人は64%に留まった。さらに言えば、この調査の標本は1,000人と比較的大きい。

この証拠に基づいて、高水準の教育は高水準のファッション衣料購入の原因となる、と結論することができるであろうか。もちろん否である。ここで言えるのは、こうした関連のおかげで仮説がよりもっともらしくなったが、仮説の証明がなされたわけではない、ということだ。他の可能性のある原因の影響はどうだろうか？　例えば所得は？　ファッション衣料は高価だから、高所得の人ほど多く購入できるはずである。**表7.2**は所得セグメント別にファッション衣料の購入と教育水準の関係を見たものである。すなわち、所得の影響を一定にして学歴と購

表7.2 所得・教育水準別にみたファッション衣料の購入

	低所得				高所得		
	購入				購入		
教育水準	高	低	合計	教育水準	高	低	合計
高	122 (61%)	78 (39%)	200 (100%)	高	241 (80%)	59 (20%)	300 (100%)
低	171 (57%)	129 (43%)	300 (100%)	低	151 (76%)	49 (24%)	200 (100%)

入の関係を見ている。ここでも、標本は、所得と学歴についてメディアンを境に同じ人数ずつ高・低2つのグループに分けられている。表7.2では、学歴によるファッション衣料の購入の違いは、著しく減少している。このことは、表7.1に示された関連性が多分見かけ上のものであることを示唆している。

逆に、当初共変動が見られないからといって、必ずしも因果関係が存在しないわけではない例を示すこともできる。第3の変数を考慮することによって、それまで不明瞭であった関連を具体化できることもある。変数の生起する順序は因果関係についてのもう1つの洞察を提供する。

変数の生起する順序

生起する順序とは、原因となる事象は結果の前またはそれと同時に発生しなければならない、すなわち原因が結果の後に発生することはできない、という条件を述べたものである。結果という言葉の定義どおり、結果は、結果が起きたあとの事象によって作り出されことはできない。しかし、ある事象が、一定の関係の中で、同時に原因と結果の両方となることはあり得る。言い換えれば、1つの変数は同一の因果関係において原因であり、結果であることが可能である。例えば、ある百貨店でよく買物をする顧客はその百貨店のクレジット・カードを保有する傾向があるだろう。一方、その百貨店のクレジット・カードを持っている顧客は、その店でよく買物をする傾向があるだろう。

百貨店の店内サービスと売上げについて考えてみよう。店内サービスが原因で売上げが増えるとすれば、そのサービス改善は、売上げ増加の前か、少なくとも同時に発生しなければならない。そうしたサービス改善の内容はトレーニングや販売員の増加という形をとるかもしれない。そして、その後の月々で百貨店の売上げは増加しなければならない。あるいは、トレーニングを行ったり販売員を増やすと同時に売上げが増加することもあり得る。一方、店舗の売上げが顕著に増えたので、その売上げの一部で店内サービスの向上につながる販売員の再教育を行うことを決定したとしよう。この場合は、店内サービスが売上げ向上の原因とは言えない。むしろ、ちょうどその逆の仮説がもっともらしいものとなる。

原因となり得る他の要因が存在しないこと

原因となり得る他の原因が存在しないこと、とは、調査されている要因または変数が、原因の唯一可能な根拠であるべきだ、ということである。売上げに影響している他の要因のすべて、すなわち価格付け、広告、流通水準、品質、競合などの変化が一定に保たれているか何らかの形で制御されていることが確実であり得て初めて、店内サービスが売上げの原因となり得るのである。

状況を事後調査しても、他の要因がすべて除去されていたと言いきることはできない。対照的に、実験計画法では、他の要因の一部を制御することが可能である。また、一部の制御され

ていない変数については無作為変動だけが測定されるようにこれらの変数の影響を均衡させることができる。これらの点については、この章の後の方で詳述する。次に、因果関係を見出すことがいかに難しいかを物語る事例を紹介しよう。

〈リサーチの実例〉——どちらが先か

　最近の統計によれば、店頭で買物をしながら購買を決定する消費者が増える傾向にある。購買決定の8割もが店頭（POP、購買時点）でなされている、とする調査もある。店頭での購買決定は店内での広告活動の増加と同時であった。店内の広告には、ラジオ広告、ショッピング・カートや買物袋の広告、天井からの看板、棚の陳列などがある。2002年にブランドや小売店所有者が店頭での消費者向けの販売促進のために費やした金額は10億ドルに上ると推定される。店内での広告活動の増加の結果、消費者の店頭での購買決定が増えたのか、あるいは、消費者の購買に対する態度の変化を捉え、店頭での購買決定の増加がもたらす売上げを確保しようとする意図から、店内の広告活動が増えたのか、これらのデータから突き止めることは難しい。さらにまた、この場合、双方の変数がともに原因となり、結果となることもあり得る[5]。

　もしこの事例のように、因果関係を立証することが難しいのであれば、実験法で得られる証拠の役割とはいったい何なのだろうか。

証拠の役割

　たとえ、共変動、変数の生起する順序につき証拠が明らかになり、そして原因となり得る他の要因がその組合せも含めて除去されたとしても、因果関係の存在が確実に論証されたことにはならない。しかし、もしこれらの証拠が強力で一貫性をもっているのであれば、1種の因果関係が存在していると結論づけることは合理的であろう。調査を重ねて証拠が蓄積されれば、因果関係が存在するとの確信はますます強まる。証拠が問題の状況に関する十分な概念的知識に照らして解釈されるならば、確信はさらに強固なものとなる。制御された実験は、これら3つの条件すべてに対する強力な証拠を提供することができるのである。

定義と概念

　この項では、いくつかの基本的な概念について定義し、本章の冒頭で示したレスポートサック社やエカード社などの事例を用いて説明することにしよう。

　独立変数——独立変数とは、操作される（リサーチャーによりその水準が変えられる）変数

独立変数　independent variables　リサーチャーにより操作される変数でその結果は測定、比較される（JIS規格では、説明変数 predictor vabiables が用いられている）。

または選択肢であり、その結果は測定、比較される。独立変数は、処理とも呼ばれ、例えば、いずれも複数の価格水準、パッケージ・デザイン、および広告テーマなどが考えられる。本章の冒頭の2つの事例では、処理はそれぞれ、レスポートサック社のバッグと「ディ・パリ・サック」のバッグ、店内のラジオ広告（の有無）であった。

実験単位——実験単位とは、独立変数または処理に対する反応が研究される、個人、組織その他の実在物を指す。実験単位には、消費者や店舗、地域などが含まれる。レスポートサック社の事例では、実験単位は女性消費者であり、エカード社の例では店舗であった。

従属変数——従属変数とは、独立変数が実験単位に与える効果を測定する変数である。従属変数には売上げ、利益、マーケット・シェアなどが含まれる。レスポートサック社の事例では、従属変数はブランド名や製造元の認知であり、エカード社のケースでは売上げであった。

関心外変数——関心外変数は、実験単位の反応に影響を与える、独立変数以外のすべての変数を指す。関心外変数は実験結果を弱めたり無効にして、従属変数の測定を混乱させることがある。関心外変数には、店舗の大きさ、立地、競合の活動努力などが含まれる。エカードの例では、店舗サイズ、立地、来店客の流れ、店舗の経年数などの関心外変数を制御する必要があった。

実験——実験とは、調査者が、関心外変数の影響を制御しながら、1つ以上の独立変数を操作して、1つ以上の従属変数に対する影響を測定することである[6]。レスポートサック社、エカード社どちらのケースも、ここに定義された実験に該当する。

実験計画法——実験計画法とは、以下を定める手順のセットである。①実験単位および実験単位を等質な副次標本に分割する方法、②操作の対象となる独立変数または処理、③測定の対象となる従属変数、④関心外変数の制御方法[7]

〈リサーチの実例〉——クーポンを額面どおり受け取る

　割引クーポンの額面価格がクーポン利用の見込に及ぼす影響を調べる実験が、ブランド使用の頻度を制御する形で行われた。ニューヨーク大都市圏のスーパーマーケットに出入りしていた買物客280人に対して、面接調査が実施された。調査対象者は無作為に2つの処理グループに分けられ、1つのグループには4つの製品（合成洗剤のタイド、ケロッグのコーンフレークス、エイ

実験単位　test units　独立変数または処理に対する反応が研究される、個人、組織その他の実在物のこと。
従属変数　dependent variables　独立変数が実験単位に与える影響を測定する変数。JIS規格では、応答変数、目的変数（response variables）が用いられている。
関心外変数　extraneous variables　実験単位の反応に影響を与える、独立変数以外のすべての変数。
実験　experiment　関心外変数を制御しながら、1つ以上の独立変数を操作して、1つ以上の従属変数に対する影響を測定するプロセス。
実験計画法　experimental design　①実験単位と標本抽出手続き、②独立変数、③従属変数、および④関心外変数の制御方法を定める実験上の手順のセット。

ムのねり歯磨き、液体洗剤のジョイ）の15セント割引クーポンが、もう1つのグループには同じ製品の50セント割引クーポンが渡された。面接では、どのブランドを使用したか、次回買物に来たときにもらったクーポンを使う見込みについての質問に回答した。この調査では興味深い結果が得られた。プロモーションの対象となったブランドを買っていない人や稀にしか買わない人は、クーポンの額面価格が大きいほうが、次回にクーポンを使う見込が高くなった。しかし、しばしばそのブランドを買っている人の場合には、クーポンの額面価格はほとんど影響しなかった。2002年の調査によれば、米国では、2001年におよそ2,590億枚のクーポンが配布されており、平均額面価格は74セントであった。プロモーション・マーケティング協会（www.pmalink.org）によれば、消費者が利用したクーポンは1999年に比べ2000年は2億枚減少している。これには、若い成人（ジェネレーションY）の影響が大きい。彼らはもっともクーポンを利用しない人々であるが、人口では大きな割合を占めている[8]。

実験は、対象となったブランドを稀にしか買わない人の方が、そのブランドを決まって買っている人に比べて、額面価格が高くなるとクーポンを利用する見込がより大きくなるという証拠を示している。

この実験では、操作された独立変数はクーポンの額面価格であった（15セントのクーポン対50セントのクーポン）。従属変数はクーポン利用の見込み、制御された関心外変数はブランドの使用、実験単位は個人の買物客であった。この実験計画では、実験単位（買物客）を処理群（15セントのクーポンか、50セントのクーポンか）に無作為に割付ける必要があった。

記号の定義

関心外変数や個々の実験法についての今後の議論をやりやすくするために、マーケティング・リサーチで現在共通に使われている記号を定義しておこう。

X ＝独立変数、処理、事象のグループへの提示・実行・露出（exposure）。その効果が明らかにされる

O ＝実験単位またはそのグループの従属変数を観察（observation）、測定するプロセス
R ＝実験単位またはそのグループを異なる処理群に無作為（random）に割付けること

さらに、次のような取決めを採用する。
■左から右への動きは時の経過に伴う変化を表す
■横線に配列された記号は、それらがすべてある特定の処理群に属することを示す。
■縦に並ぶ記号は、それらの記号が同時に発生している活動や事象であることを示す。

例えば、次の一列の記号は

  X O_1 O_2

ある実験単位のグループが、処理変数（X）に露出され（たとえば割引クーポンを渡され）その後それに対する反応が2つの異なる時点、O_1、O_2で測定されたことを示している。

同様に、次の記号の配列は、

  R X_1 O_1
  R X_2 O_2

2つの実験単位のグループが同時に、無作為に2つの異なる処理群に割付けられ、それぞれに異なる処理変数が同時に露出され、それぞれのグループの従属変数が同時に測定されたことを表している。

実験の妥当性

実験を行う際、リサーチャーには2つの目標がある。
① 独立変数が調査対象グループに与える影響について妥当な結論を導くこと
② 関心の対象となるより大きい母集団にその妥当性を一般化すること
①の目標は内的妥当性、②は外的妥当性と呼ばれる[9]。

内的妥当性

内的妥当性は、独立変数または処理の操作が、観察された従属変数への効果を実際に生じさせたかに関係している。それゆえ、内的妥当性は、実験単位上に観察された効果が特定の処理以外の変数によって生じた可能性があるかどうかを検査する。もし観察された効果が関心外変数による影響を受けたものなのか、あるいは独立変数と関心外変数の影響が交絡したものであれば、独立変数と従属変数の間の因果関係について妥当な推論を引き出すことは困難である。内的妥当性は、実験の処理効果について何らかの結論を出す前に提供されなければならない必要最低限の条件である。内的妥当性がなければ、実験の結果は評価できない。関心外変数の制

御が内的妥当性を証明する必要条件となる。

外的妥当性

外的妥当性は、実験で見出された因果関係が一般化できるかどうか、という問題に関係している。言いかえれば、得られた結果が実験環境と異なる状況を超えて一般化できるか、また、もしそうであれば、その結果はどのような母集団、設定環境、時間、独立変数、従属変数に適用できるのか、ということである[10]。実験条件を設定する際、現実社会における他の諸変数との交互作用を考慮に入れないと、外的妥当性が脅かされることになる。

理想的には、内的妥当性も外的妥当性も得ることができる実験計画が望ましいが、実際のマーケティング・リサーチでは両立が難しい場合がよくある[11]。リサーチャーが関心外変数を制御するために人為的な環境で実験を行えば、内的妥当性は高まるが、結果を一般化することが難しくなり、外的妥当性が低下する。たとえば、ファースト・フード・チェーンがテスト・キッチンで、消費者が新しいメニューを好むかどうかをテストしたとしよう。この場で測定された結果は実際の店頭でも当てはまるだろうか？（人為的な環境が外的妥当性にどう影響するかについては、本章の実験室環境対フィールド環境の節で詳細に論じる）。こうした人為的環境設定が外的妥当性を阻むこととなるにもかかわらず、実験が内的妥当性を欠くものであるならば、結果を一般化しても意味がないことは言うまでもない。内的妥当性を脅かす要因は、外的妥当性をも脅かすことになるからである。これらの要因の中でもっとも深刻なものは関心外変数である。

関心外変数

関心外変数は以下のように分類することができる——ヒストリー、成熟、テスト効果、測定手段の変化、統計的回帰、対象選択の偏り、脱落。

ヒストリー

ヒストリー（H–history）は、その名前の意味するところとは違って、実験の前に起きた事象を指すものではない。むしろヒストリーは、実験期間中に、実験とは直接関係なく起きる特定の事象を指している。これらの事象は従属変数に影響を与える可能性がある。次の実験を考えてみよう。

内的妥当性 internal varidity 実験の精度の尺度のひとつ。独立変数または処理の操作が、実際に従属変数に効果を生じさせたかどうかを測定する。
外的妥当性 external varidity 実験で見出だされた因果関係が一般化できるかどうかを決定すること。
ヒストリー history 実験期間中に実験自体とは直接関係なく起きる特定の事象。

$O_1 \quad X_1 \quad O_2$

　ここで、O_1 と O_2 はある特定地域の百貨店チェーンにおける売上げの測定値とする。X_1 は新しいプロモーションキャンペーンを表しているとしよう。処理効果は2つの売上げの差（O_2-O_1）で表される。O_2 と O_1 のあいだには何の違いも見られなかったとしよう。プロモーション・キャンペーンは効果がなかったと結論づけることができるであろうか。そうとは言えない。プロモーションキャンペーン（X_1）は O_2 と O_1 の違いを説明する唯一の要因ではないからだ。キャンペーンが十分に効果的だった可能性もある。実験期間中に景気後退が起こり、とくにその地方でレイ・オフや工場閉鎖が相次いだ（ヒストリー）としたらどうだろう。逆に、仮に O_2 と O_1 のあいだに何らかの違いが生じても、ヒストリーが制御されていないかぎり、キャンペーンが有効だったとは言いきれない。なぜならば、実験結果はヒストリーの影響を受けたかもしれないからだ。この種の実験では、観察の間隔が大きくなるほど、ヒストリーが実験結果を混乱させる可能性が高くなる[12]。

成熟

　成熟（MA–maturation）はヒストリーに似ているが、実験単位自身の変化を指している点が異なる。この変化は独立変数や処理の影響で起こるのではなく、時間の経過によって生じる。人間が対象となっている実験では、人々が年を取ったり、経験をつんだり、疲れたり、飽きたり、興味を失ったことによって成熟が起きる。数ヶ月にわたる追跡調査や市場調査では、調査対象者が時を経てどう変化するかを知ることは難しいので、成熟の影響を受けやすい。

　成熟は人間以外の実験単位にも影響する。たとえば、百貨店が実験単位である場合を考えてみよう。店舗も時間が経つにつれて、商品配置や装飾、客数、構成が変化していくと考えられる。

テスト効果

　テスト効果は実験の過程によって生じる影響である。普通は、実験の効果であり、処理前後の従属変数について測定する。テスト効果には、①主効果、（MT）②交互作用テスト効果（IT）の2つの種類がある。

　主効果（MT–main testing effect）は事前の観察が事後の観察に影響を及ぼすときに生じる効果である。あるブランドに対する態度についての広告効果を測定する実験を考えてみよう。調査対象者は、処理の前に背景となる情報およびそのブランドに対する態度を測定する調査票に回答する。それからテストコマーシャルが組み込まれた適切なテレビ番組を見せられる。コマ

　成熟　maturation　時間の経過とともに起きる実験単位そのものの変化を指す関心外変数。
　主効果　main testing effect（MT）　事前の観察が事後の観察に影響を及ぼすときに生じるテスト効果のこと。

ーシャルを見た後で、調査対象者は再び、他の質問とともに、そのブランドに対する態度を測定する調査票に回答する。処理前後で調査対象者の態度に変化がなかったとしよう。コマーシャルの効果はなかったと結論づけることはできるだろうか。別の解釈としては、調査対象者が処理前後で同じ態度を保とうとしたのかもしれない、ということが考えられる。主効果の結果として、処理後の態度は、処理そのものよりも処理前の態度により強く影響されたのである。主効果はまた、反応的でもあり、調査対象者は、単に態度が複数回測定されているという理由で、態度を変化させる可能性もある。主効果は、実験の内的妥当性を損なうことになる。

　交互作用テスト効果(IT–interactive testing effect)とは、事前の測定が、実験単位の独立変数への反応に影響を及ぼすことである。先に述べた広告の実験例に続けて考えてみよう。人々は、あるブランドに対する態度を質問されると、そのブランドを知ることとなる。そして、実験の対象とならなかった人々よりもそのブランドに敏感になりテスト・コマーシャルに注意を払うようになる。そうなると測定された効果は母集団に一般化できない。それゆえ、交互作用テスト効果は実験の外的妥当性に影響を及ぼすのである。

測定手段の変化

　測定手段の変化(I–instrumentation)は測定手段または、観察者の変化、あるいは測定値そのものの変化に関係する。時には実験中に測定手段が修正される場合がある。広告実験の例でいえば、処理後の態度を測定するために新らたに設計された調査票が使われれば、得られる回答を変化させる可能性がある。店内の製品展示（処理）の前後で、売上金額がどう変化するかを見る実験を考えてみよう。このとき、O_1とO_2の間に実験とは関係なく価格が変更されたら、売上金額は異なる単価をもとに計算されることになるため、測定手段が変化したこととなる。この場合、(O_1-O_2)の処理効果は測定手段の変化によって生じた可能性がある。

　測定手段変化の効果は、処理前後の測定が面接調査員によって行われる場合にも生じやすい。面接調査員の効率がその時々で異なり得るからである。

統計的回帰

　統計的回帰(SR–statistical regression)の効果は、極端な値を出した実験単位が実験期間中に平均値の値に近づく現象である。広告実験のケースで、非常に好意的、あるいは非常に非好意的な態度を示した調査対象者がいたとしよう。処理後の測定では、彼らの態度は平均に近づくかもしれない。人々の態度は常に変化する。極端な態度を取る人は変化の余地が大きく、変

交互作用テスト効果　interactive testing effect（IT）　事前の測定が、実験単位の独立変数への反応に影響を及ぼす効果のこと。
測定手段の変化　instrumentation（I）　測定手段または、観察者の変化あるいは測定値そのものの変化に関係する関心外変数。
統計的回帰　statistical regression（SR）　極端な値を出した実験単位が実験期間中に平均値に近づくことが生じる関心外変数。

動も大きくなりがちである。観察された効果（態度の変化）は処理（テスト・コマーシャル）によるというよりも、統計的回帰によるものであるので、実験結果に対し交絡効果が生じていることとなる。

対象選択の偏り

対象選択の偏り（SB-selection bias）は処理条件に対する実験単位の割付けが不適切であることに関係する。この偏りは、処理グループへの実験単位の選択または割付けが処理条件を実行（露出）する前から、それぞれのグループの従属変数について異っている場合に生じる。実験単位が自ら所属グループを選んだり、リサーチャーが恣意的にグループを割付た場合に、こうした状況が起こりやすい。例えば、店頭販売促進展示の実験で、新旧2つの方法を2つの異なる百貨店グループに割当てしたとしよう。これら2つのグループの店舗は、店舗サイズのように重要な特性が異なり、最初から同質とはいえないかもしれない。展示する販促方法に関わらず、店舗の大きさが売上げに影響する傾向がある。

脱落

脱落（MO-mortality）とは、実験が進行している最中に実験単位が脱落することである。これはいろいろな理由で生じるが、例えば、実験単位が実験を継続することを拒否する場合もある。脱落した実験単位が実験を継続している実験単位と処理に対し同様の反応を示すか明らかにすることが困難であるので、脱落は実験結果を混乱させる。再び商品展示実験の例を考えてみよう。新しい処理条件による展示をした店舗のうち3つが実験途中で脱落したとしよう。これらの店舗が実験を続けていたとしたら、新しい展示した店舗の平均売上げが上がったのか、あるいは下がったのか、を明らかにすることはできない。

関心外変数はいろいろあるが、それらは相互に排反ではない。同時に発生するときもあるし、相互に作用することもある。例えば、事前測定や時間の経過により調査対象者の信念や態度が変化して、回答者の脱落が処理グループによって変わってくる場合は、テスト効果―成熟―脱落が起きていることになる。

関心外変数の制御

関心外変数は実験結果の解釈にいくつかの代替案を提示する。それらは実験の内的・外的妥当性に深刻な脅威を引起こす。関心外変数を制御しなければ、従属変数に影響し、実験結果が混乱・交絡する。このため関心外変数は**交絡変数**とも呼ばれる。関心外変数の制御には、4つの方法、すなわち、無作為化、マッチング、統計的管理、設計管理による制御がある。

無作為化

　無作為化とは乱数を用いて実験単位を実験グループに無作為に割付けることを指す。処理条件も無作為に処理群に割付けられる。例えば調査対象者は無作為に3つの実験グループ1つに割付られる。そして、3つのテスト・コマーシャルの中から無作為に選ばれた1つずつが各グループで提示・露出される。無作為割当ての結果、関心外要因もそれぞれの処理条件の下に等しく提示することができる。無作為化は、実験グループを事前に均質化することを確実に行う[13]。しかし、無作為化は単に、平均値が等しいグループを作りだすだけであるので標本サイズが小さい場合は、必ずしも効果的な方法とはいえない。ただし、無作為化が有効であったかどうかは、存在する可能性のある関心外変数を測定し、実験グループ間でそれを比較することにより確かめることができる。

マッチング

　マッチングでは、処理条件を実験単位に割付る前に、実験単位間で背景となる一連の主要な変数を比較する。商品店頭展示実験の事例では、実験店舗は年間売上げ、大きさ、立地によって一致または揃えることができよう。そのうえで同じ条件の一対の店舗から1つずつ選びそれぞれの実験グループに割付ければよい。

　マッチングには2つの短所がある。まず、マッチングは2、3の特性が揃えられているだけなので、選択された変数については実験単位の同質化が可能だが、他の変数については同質ではない可能性が残る。第2に、マッチングさせた特性が従属変数に無関係であれば、マッチングの努力そのものが無駄になってしまう[14]。

統計的制御

　統計的制御は関心外変数を測定し、統計的方法によりそれらの影響を調整する。その一例を表7.2で示した。そこでは、ファッション衣料の購入と教育水準との関係を、所得の影響を制御して検討した。より統計的に進んだ方法、例えば共分散分析（ANCOVA–analysis of covariance）のような手法も利用できる。ANCOVAでは、各々の処理条件の中で、従属変数の平均値を調節することにより、関心外変数が従属変数に及ぼす影響を取り除く（ANCOVAについ

対象選択の偏り selection bias（SB）　処理条件に対する実験単位の割付けが不適切であることに起因する関心外変数。
脱落 mortality（MO）　実験が進行している最中に実験単位が脱落することをに関係する関心外変数。
交絡変数 confounding variables　関心外変数と同義語。関心外変数が従属変数に影響を与えることにより、結果が混乱・交絡するという意味で用いられる。
無作為化 randomization　乱数を用いて実験単位を実験グループに無作為に割付けることにより、関心外変数を制御する方法。処理条件も無作為に実験グループに割付ける。
マッチング matching　関心外変数を制御する方法のひとつで、処理条件を割付ける前に、各実験単位間の主要な背景となる諸変数の値を一致させる。
統計的制御 statistical control　関心外変数を制御する方法のひとつで、関心外変数を測定し、統計的方法を経てそれらの影響を調整する。

ては 16 章でより詳細に論じている)。

デザインによる制御

デザインによる制御では、実験計画法により特定の関心外変数を制御するために設計された実験を行う。適切に設計された実験によりどんな種類の制御が可能であるかを、次に挙げる例で示す。

〈リサーチの実例〉——新製品の実験

新製品の実験法として最近よく用いられるようになったのは、流通制御型電子テスト・マーケットである。この方法では、新製品に影響する関心外変数を制御し、関心のある変数を操作することができる。この方法では新製品について以下を確実に行うことができる。

① 適正な水準数の店舗および全商品の流通を確保する。
② それぞれの店舗で適切な通路に面して配置する。
③ 販売棚で適正な数のフェーシング(商品のパッケージの表面を客に見えるように配列)を確保する。
④ 販売価格を毎日改訂する。
⑤ 決して在庫切れ問題を起さない。
⑥ 望ましい日程計画に基づき、計画した水準の販売プロモーション、展示、および価格を行う。

このような方法を通じて、高水準の内的妥当性を得ることが可能となる[15]。

この例からも分かるように、流通制御型電子テスト・マーケットは特定の関心外変数の制御を効果的に行うことが可能である。関心外変数は特定の実験計画法を採用することによっても制御することができる。この点については次項で述べよう。

実験的デザインの分類

実験的デザインは、前実験デザイン、真正実験デザイン、準実験デザイン、統計的実験計画の 4 つに分類することができる (図 7.1)。**前実験デザイン**は関心外因子を制御するための無作為化を行わない。これらのデザインの例としては、ワン・ショット・ケース・スタディ、1 グループ事前事後デザイン、静止グループデザインがある。**真正実験デザイン**では、リサーチャーは実験単位と処理方法を実験グループに無作為に割付けることができる。このカテゴリーには、対照付き事前事後デザイン、対照付き事後のみデザイン、ソロモン 4 群デザインなどが含まれる。**準実験デザイン**は、実験単位に対するタイミングや処理の割付けを十分に操作することはできないが、真正実験デザインの仕掛けを部分的に適用できるときに用いる。時系列デ

ザイン、多重時系列デザインの2つがこれにあたる。**統計的実験計画**は、外生変数を統計的に制御し分析することを可能とする一連の基本的な実験法を指す。統計的実験計画に用いられる基本デザインには、前実験デザイン、真正実験デザイン、準実験デザインが含まれる。統計的実験計画は、その性質や用法に基づいて分類されるが、重要なものとしては、乱塊法、ラテン方格法、要因実験がある。これらのデザインを、百貨店のテスト・コマーシャルの効果を測定する事例で説明する[16]。

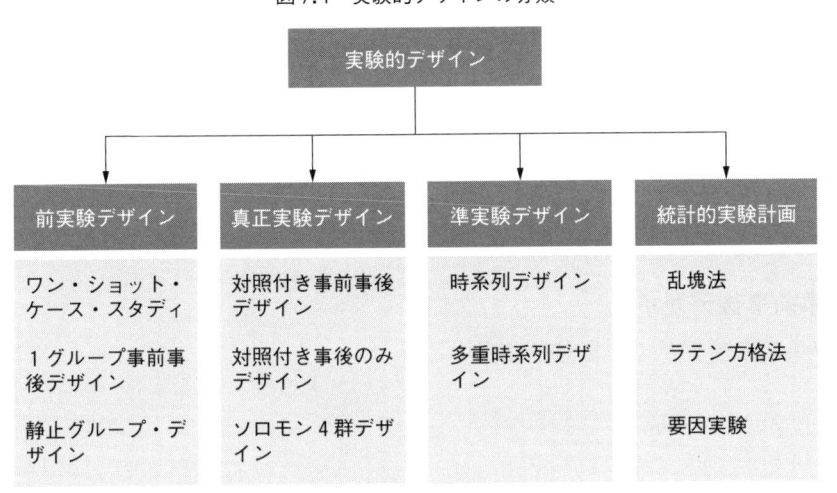

図7.1 実験的デザインの分類

```
                    実験的デザイン
        ┌──────────┬──────────┬──────────┐
     前実験デザイン  真正実験デザイン  準実験デザイン  統計的実験計画

    ワン・ショット・  対照付き事前事後  時系列デザイン    乱塊法
    ケース・スタディ  デザイン
                     対照付き事後のみ  多重時系列デザ   ラテン方格法
    1グループ事前事   デザイン         イン
    後デザイン
                     ソロモン4群デザ                    要因実験
    静止グループ・デ  イン
    ザイン
```

前実験デザイン

このデザインの特徴は、無作為化が行われないことである。具体的には、3つのデザインすなわちワン・ショット・ケース・スタディ、1グループ事前事後デザイン、静止グループ・グループについて記述する。

ワン・ショット・ケース・スタディ

事後のみデザインとしても知られている。ワン・ショット・ケース・スタディは記号では以下のように表記できる。

デザインによる制御 design control 関心外変数を制御する方法のひとつで、特定の実験を行なう。
前実験デザイン preexperimental designs 無作為化による関心外要因の制御を行わないデザイン。
真正実験デザイン true experimental designs リサーチャーが、実験単位を実験グループに無作為に割付け、処理も実験グループに無作為に割付けることが可能であるという事実により特徴づけられる実験デザイン。
準実験デザイン guasi-experimental designs 真正実験デザインの手順を部分的に適用するが、完全な実験制御を満たしていないデザイン。
統計的実験計画 statistical design 外生変数の統計的制御と、分析が許されるデザイン。
ワン・ショット・ケース・スタディ one-shot case study 単一実験単位のグループが処理 X に露出され、その後で従属変数が一度だけ測定される、前実験デザイン手法のひとつ。

$X \quad O_1$

実験単位の単一グループに処理を露出し、その後、従属変数が1度だけ測定される（O_1）。実験単位への無作為割付けは行われない。実験単位は調査対象者自身による自己選択または、リサーチャーによる恣意的な選択により選ばれているので、記号 R が使われていないことに注目してほしい。

こうした実験から妥当な結論を導こうとする危険は、容易に察せられよう。X がなかったときはどうなったであろうか、という O_1 の、比較対照となるものが提供されてない。しかも、O_1 のレベルはヒストリー、成熟、対象選択の偏り、および脱落といった多くの関心外変数の影響を受けているかもしれない。これらの関心外変数が制御されていないために、内的妥当性も揺らいでいる。これらの理由から、ワン・ショット・ケース・スタディは、検証的調査というよりも探索的調査に向いている。

1グループ事前事後デザイン

1グループ事前事後デザインを記号で表すと

$O_1 \quad X \quad O_2$

となる。

この計画では、1つの実験単位のグループが2度測定される。対照グループは存在しない。最初に、処理前の測定が行われ（O_1）、次いで、グループは処理に露出され（X）、最後に、処

アクティブ・リサーチ　百貨店プロジェクト

ワン・ショット・ケース・スタディ

百貨店、例えばシアーズのテスト・コマーシャルの効果測定では、ワン・ショット・ケース・スタディは以下のように行うことができる。前夜、特定のテレビ番組を見たと回答した調査対象者の全国標本に、電話調査を行う。テレビ番組には、テスト・コマーシャル、たとえばシアーズのコマーシャル（X）が流されたものを選択する。従属変数（O_s）は、純粋想起と助成想起である。最初に、調査対象者に百貨店のコマーシャルを見た記憶があるかどうかを尋ね、純粋想起を測定する。質問は例えば次のように行われる。「昨晩、百貨店のコマーシャルをご覧になったことを覚えていますか？」もし対象者がテスト・コマーシャルを覚えていれば、詳しい内容や出来映えについて質問する。テスト・コマーシャルを覚えていない対象者には、より具体的に質問する。例えば「昨晩シアーズのコマーシャルをご覧になったことを覚えていますか」（助成想起）。純粋想起と助成想起の結果はスコアを解釈するために開発された指数の基準値と比較される。

理後の測定が行われる（O_2）。処理効果は O_2-O_1 と計算されるが、関心外変数はほとんど制御されていないため、この結論の妥当性には疑問が残る。ヒストリー、成熟、テスト効果（主効果と交互作用効果）、測定手段の変化、対象選択の偏り、脱落、回帰などが存在する可能性がある。

アクティブ・リサーチ　百貨店プロジェクト

１グループ事前事後デザイン

百貨店、例えばシアーズのテスト・コマーシャルの効果測定のための、１グループ事前事後デザインは以下のように行うことができる。いくつかの異なるテスト都市で、調査対象者はテスト会場に集められる。ここで、対象者は最初に個人面接を受け、他の質問に混じってシアーズに対する態度（O_1）を聞かれる。それから（シアーズの）テスト・コマーシャルを含むテレビ番組を見る（X）。番組を見たあと、調査対象者は再び個人面接を受け、シアーズに対する態度（O_2）が測定される。テスト・コマーシャルの効果は O_2-O_1 で測定される。

静止グループデザイン

静止グループデザインは２グループ実験デザインである。実験群（EG–experimental group）と呼ばれる１つのグループは処理に露出され、もう１つのグループ、対照群（CG–control group）は露出されない。測定はどちらのグループも事後のみで、実験単位も無作為に選ばれたものではない。このデザインは、記号では以下のように表すことができる。

EG：　　X　　O_1
CG：　　　　　O_2

処理効果は O_2-O_1 で測定されよう。この差には少なくとも２つの関心外変数（対象選択者の偏りと脱落）から生じている差が含まれている可能性もあることに留意してほしい。なぜならば調査対象者は無作為に選ばれているわけではないので、２つのグループ（EG と CG）は処理前から違っていた可能性があり、対象選択者の偏りが想定される。また実験グループからは、途中で対照グループよりも多くの実験単位が抜け落ちるかもしれないので、脱落の影響も考えられる。処理が快適なものでなければ、この傾向はますます強まる。

１グループ事前事後デザイン　one-group pretest–posttest design　単一の実験単位のグループに対する測定が２度行われる、前実験デザインの手法のひとつ。
静止グループデザイン　static group　実験群(EG)と呼ばれる処理に露出されるグループと、露出されない対照群の２グループによる前実験デザイン。測定はどちらのグループも処理後実施されるだけで実験単位の割付けは無作為ではない。

現実には、対照グループは、まったく処理を受けないグループ、としてではなく、ときとして現在の水準のマーケティング活動を受けているグループ、と定義される。というのは、広告や対面販売といった現在行われているマーケティング活動を差引くことが困難であるため、対照グループを上記のように定義するのである。

アクティブ・リサーチ　百貨店プロジェクト

静止グループ

百貨店のテスト・コマーシャルの効果を測定する、静止グループデザインによる比較は、次のように行うことができよう。2つの調査対象者のグループは便宜標本抽出法で選択される。実験グループだけが（シアーズの）テスト・コマーシャルを含むテレビ番組に露出される。その後、百貨店（シアーズ）に対する態度が、実験グループ、対照グループ双方で測定される。テスト・コマーシャルの効果は O_1-O_2 で測定されよう。

真正実験デザイン

真正実験デザインを前実験デザインと比較して区別する特徴は、無作為化である。真正実験デザインでは、リサーチャーは実験単位を実験グループに、無作為に分割し、各実験グループに処理を無作為に割付ける。真正実験デザインに含まれるのは、対照付き事前事後デザイン、対照付き事後のみデザイン、そしてソロモン4グループデザインである。

対照付き事前事後デザイン

対照付き事前事後デザインでは、実験単位は無作為に実験グループまたは対照グループに割付けられ、それぞれのグループで事前測定が行われる。この計画法を記号で表すと以下のようになる。

EG： $R \quad O_1 \quad X \quad O_2$

CG： $R \quad O_3 \quad\quad O_4$

処理効果（TE –treatment effect）は以下のように測定される。

$(O_2-O_1)-(O_4-O_3)$

このデザインではほとんどの関心外変数が制御される。対象選択の偏りは無作為化によって取り除かれ、その他の関心外変数は以下のように制御される。

第7章　因果的リサーチの設計：実験法

$$O_2 - O_1 = TE + H + MA + MT + IT + I + SR + MO$$
$$O_4 - O_3 = H + MA + MT + I + SR + MO$$
$$= 関心外変数（EV\text{-}extraneous\ variables）$$

関心外変数の記号は以前定義したものである。実験結果は次式から得られる。

$$(O_2 - O_1) - (O_4 - O_3) = TE + IT$$

処理に対する実験グループの単位に対する反応に事前測定が影響するので、交互作用テスト効果は制御できない。

この例が示すように、対照付き事前事後デザインは2つのグループそれぞれに2つの測定を行う。そこで、より簡単な方法として、対照付き事後のみデザインがある。

対照付き事後のみデザイン

対照付き事後のみデザインは事前測定を一切行わない。記号では以下のように表される。

EG： 　R　　X　　O_1
CG： 　R　　　　　O_2

処理効果は次の式で表される。

アクティブ・リサーチ　　百貨店プロジェクト

対照付き事前事後デザイン

　百貨店、例えばシアーズのテスト・コマーシャルの効果測定では、対照付き事前事後デザインは以下のように行われるであろう。調査対象者の標本が無作為に抽出される。このうち無作為に選んだ半分を実験グループに、残りの半分を対照グループに割付けする。両グループの調査対象者に対し調査票を用いて、百貨店（シアーズ）に対する態度を事前に測定する。実験グループの調査対象者だけがテスト・コマーシャルを含むテレビ番組に露出される。その後、両方のグループの調査対象者に対し再び調査票を用いて、百貨店（シアーズ）に対する態度を測定する。

対照付き事前事後デザイン　pretest–posttest control group design　真正実験デザインのひとつで、実験グループには処理を露出し、対照グループには露出しない。どちらのグループに対しても事前および事後測定が行われる。
対照付き事後のみデザイン　posttest–only control group design　真正実験デザインのひとつで、実験グループには処理を露出し、対照グループには露出しない。どちらのグループも事後測定だけを行う。

$TE = O_1 - O_2$

　このデザインは実行がかなり簡単である。事前測定がないため、テストの影響は排除されるが、このデザインは対照選択の偏りと脱落の影響を受けやすい。実験単位の2つのグループへの割付けが無作為に行われるため、両グループは仮に処理前に測定を行えば従属変数について類似していると仮定される。しかし、事前測定が実際に行われるわけではないので、この仮定を確かめることはできない。このデザインはまた、脱落の影響も受けやすい。実験グループで実験を止めた対象者が、対照グループで実験を止めた者と類似しているとは言いきれないからである。さらに、個々の実験単位における変化が調べられない点もまた、このデザインの限界として挙げられよう。

　対象選択の偏りや脱落は、実験手続きを注意深く設計することによって制御することが可能である。個々の実験単位の検証が関心でないことも多い。一方でこのデザインは、時間、費用、求められる標本サイズに関してすぐれている。2つのグループにそれぞれ1回だけ測定を行う。この簡便さが、対照付き事後のみデザインが、マーケティング・リサーチで多分もっともよく用いられる実験法である理由であろう。事前測定がない点を除くと、このデザインの実行が、対照付き事前事後デザインに極めて似ている点にも注目してほしい。

　この例では、リサーチャーは個々の調査対象者の変化には関心を払っていないが、個々の情報も求められるときには、**ソロモン4群デザイン**の利用を考えるべきだろう。ソロモン4群デザインは交互作用テスト効果を明示的に制御し、しかも他のすべての関心外変数（EV）を制御することができる点で、対照付き事前事後デザイン、対照付き事後のみデザインの限界を克服している。しかし、この計画法を実行するには費用と時間がかかり過ぎ、実施上の制約がある。それゆえ、ここでは、これ以上論じないことにする[17]。

　すべての真正実験デザインに属する実験法では、リサーチャーは高度の制御を行う。特に、

アクティブ・リサーチ　百貨店プロジェクト

対照付き事後のみデザイン

　百貨店のテスト・コマーシャルの効果測定では、対照付き事後のみデザインは以下のように行うことができよう。調査対象者の標本が無作為に抽出される。このうち無作為に選んだ半分を実験グループに、残りの半分を対照グループに分割する。実験グループの調査対象者だけが（シアーズの）テスト・コマーシャルを含むテレビ番組に露出される。その後、両方のグループの調査対象者が、百貨店（シアーズ）に対する態度を事後測定値を得るための調査を実施する。実験グループと統制グループの態度の違いがテスト・コマーシャルの効果として測定される。

リサーチャーは「いつ測定するか」「誰に対し測定するか」「どういうタイミングで処理を行うか」という点を自由に設定できる。さらに、実験単位を無作為に選び、実験単位の処理を無作為に露出することが可能である。しかし、リサーチャーがこの種の制御を行使できない場合もある。準実験デザインはこうした場合に考慮すべきである。

準実験デザイン

　次の条件のもとでは準実験デザインが採用される。第1に「いつ測定するか」「誰に対して測定するか」をリサーチャーが制御可能であること。第2に、リサーチャーが処理のスケジュールを制御できず、また処理を露出する実験単位を無作為に選べないこと[18]。準実験デザインは、真正実験デザインが使えない場合にも適用でき、また、安く早く実行できるので有用である。しかし、完全な制御ではないため、制御されていない特定の変数については注意を払う必要がある。準実験デザインでよく用いられる方法は、時系列計画法と多重時系列計画法である。

時系列デザイン

　時系列デザインとは、1つの実験単位・グループの従属変数につき一連の定期的測定を行うものである。処理はリサーチャーが管理することもあれば、自然に生じる場合もある。処理後も、処理効果を測定するために定期測定が継続される。時系列デザインを記号化すると、以下のようになる。

　　　O_1　O_2　O_3　O_4　O_5　X　O_6　O_7　O_8　O_9　O_{10}

　この手法が準実験デザインの1つとされるのは、処理に対する実験単位の無作為化が行われず、処理の提示のタイミングおよびどちらの実験単位が処理に露出されるかにつきリサーチャーが制御できないためである。

　処理前後に一連の測定することによって、いくつかの関心外変数を少なくとも部分的に制御することができる。成熟は、O_5とO_6にだけでなく、その他の観察結果にも影響するだろうから、少なくとも部分的には制御されているといえよう。同じような理由で、主効果、測定手段の変化、統計的回帰についても同様に制御されている。もし実験単位が無作為に、あるいはマッチングにより選ばれているならば、対照選択の偏りも減らすことができる。脱落は問題を引起すであろうが、調査対象者に礼金や他の謝礼品を提供することで、かなり制御できであろう。

　時系列デザインの大きな欠点は、ヒストリーを制御できないことである。また、実験単位を

ソロモン4群デザイン　Solomon four-group design　真正実験デザインのひとつで、交互作用テスト効果を明示的に制御し、加えて他のすべての関心外変数を制御する。
時系列デザイン　time series design　準実験デザインのひとつで、1グループの実験単位の従属変数を、定期的に測定する。処理はリサーチャーが行うこともあれば、自然に生じる場合もある。処理後、処理効果を明らかにするために、定期的測定が継続して行われる。

何度も測定するために、交互作用テスト効果の影響も受けやすい。それにもかかわらず、時系列デザインは有用である。テスト・コマーシャル（X）の効果は、事前に決められた回数のコマーシャルを放映し、現存のテストパネルからのデータを検証することによって測定することができよう。マーケターはテスト・コマーシャルの放送スケジュールを制御することはできるが、パネルがコマーシャルに何時、どこで露出されるかは確実には分からない。パネル・メンバーの購買行動は、キャンペーン前、キャンペーン中、キャンペーン後に測定され、テスト・コマーシャルに短期的効果があるのか、長期的効果があるのか、それとも何の効果もないのかが検証される。

多重時系列デザイン

多重時系列デザインは、時系列デザインと似通っているが、対照グループとしてもう1つの実験単位グループを追加する点が異なっている。記号では、このデザインは次のように表される。

EG: O_1 O_2 O_3 O_4 O_5 X O_6 O_7 O_8 O_9 O_{10}
CG: O_1 O_2 O_3 O_4 O_5 O_6 O_7 O_8 O_9 O_{10}

対照グループを注意深く選べば、このデザインは単純な時系列デザインを改善したものとなり得る。改善は処理効果を2回検証することができる点にある。すなわち、実験グループにおける処理前測定との対比と対照グループとの対比である。多重時系列デザインをコマーシャルの効果測定に用いるには、上記のテスト・パネルの例を次のように修正すればよい。テスト・コマーシャルは実験地に指定された都市のうち2、3ヶ所だけで放映する。これらの都市のパネル・メンバーが実験グループを構成する。コマーシャルが放映されなかった都市のパネルメンバーは対照グループを構成する。

〈リサーチの実例〉——コマーシャルを分けて効果を出す

多重時系列デザインが広告を増やした際の累積効果を検証するのに用いられた。データは、エーシーニールセン・ベイシス社（www.acnielsenbases.com）が行ったスプリット・ケーブル・テレビ広告のフィールド実験から得られた。スプリット・ケーブル・システムでは、世帯グループの1つが実験パネルに、もう1つの同等のグループが対照パネルに割り付けられた。2つのグループは人口統計上の変数でマッチングされていた。データ収集期間は76週間に及んだ。最初の52週間は、どちらのパネルも、効果測定の対照であるブランドについて同じ量の広告が露出さ

多重時系列デザイン multiple time series design　もう1つの実験単位のグループを対照群として追加して測定する時系列デザイン。

れた。次の24週間では、実験パネルに対照パネルの2倍の広告が露出された。その結果、広告の累積効果が購買サイクル上の注文期間に対応して直ちに現れることが示された。このような情報は広告の投入パターン（効果を最大化するために、広告の露出の仕方を一定期間にどのように割当てるべきか）を決めるのに役立たせることができよう。

2000年に実施された実験はテレビ・メディアの放映スケジュールの広告露出を売上関連の市場成果と関係づける新しいアプローチを示した。測定したデータは、累積販売量、購買回数、浸透率、反復購入のパターンなどである。この手法は、マッチング付きスプリット・ケーブル実験デザインから生み出されたものであった。エーシーニールセン・ベイシスのような消費者パネル会社はこのようなアプローチを適用するのに必要なデータを提供する能力を備えている。将来的には、こうした会社が、消費者の広告に対する露出と購買行動を同時に測定するための先進技術を用いる先端を行くこととなるであろう[19]。

前実験デザイン、真正実験デザイン、準実験デザインの議論の締めくくりとして、これらのデザインが妥当性を損う可能性のある要因を表7.3にまとめた。この表では、マイナス記号は明らかな弱点となることを、プラス記号はその要因が制御されていることを、疑問符は懸念さ

表7.3 実験的デザインの妥当性を損なう原因

デザイン	妥当性を損なう原因							
	内的妥当性							外的妥当性
	ヒストリー	成熟	テスト効果	測定手段の変化	統計的回帰	対象選択の偏り	脱落	テストとXの交互作用
前実験デザイン：								
ワン・ショット・ケース・スタデイ　X O	−	−				−	−	
1グループ事前事後デザイン　O X O	−	−	−	−	?			−
静止グループ・デザイン　X O　　　　O	+	?	+	+	+	−	−	−
真正実験デザイン：								
対照付き事前事後デザイン　R O X O　R O　　O	+	+	+	+	+	+	+	−
対照付き事後のみデザイン　R　X O　R　　O	+	+	+	+	+	+	+	+
準実験デザイン：								
時系列デザイン　O O O X O O O	−	+	+	?	+	+	+	−
多重時系列デザイン　O O O X O O O　O O O　　O O O	+	+	+	+	+	+	+	−

れる要因であることを、また空欄は該当しないことを示している。ただし、「妥当性を損なう可能性の原因」は実際の誤差と同じではないことを忘れてはならない。

統計的実験計画

統計的実験計画は、外部変数を統計的に制御・分析することができる一連の基本的な実験から構成されている。言いかえれば、複数の基本的な実験が同時に行われるデザインである。このため、統計的実験計画は、用いられる基本デザインに影響する妥当性を損なうのと同じ原因に影響されることになる。統計的実験計画には以下のような長所がある。

① 複数の独立変数の効果を測定できる。
② 特定の関心外変数を統計的に制御できる。
③ 各実験単位が2回以上測定される場合、経済的なデザインを立案できる。

最も一般的な統計的実験計画には乱塊法、ラテン方格法、そして要因実験がある。

乱塊法

従属変数に影響を与える主な外部変数が1つしかないとき、たとえば売上げ、店舗サイズ、あるいは調査対象者の所得など、1つだけのとき、**乱塊法**は有用である。実験単位はこうした

アクティブ・リサーチ　百貨店プロジェクト

乱塊法

百貨店（シアーズ）のテスト・コマーシャルの効果測定の例を、広告効果へのユーモアのインパクトを測定する、という例に発展させて考えてみよう[20]。3つのテスト・コマーシャル A、B、C はそれぞれ「ユーモアなし」「ユーモアあり」「とてもユーモアあり」の3つの内容に分かれている。このうちどれが最も効果的であろうか。経営陣は調査対象者のコマーシャルに対する評価は、百貨店をどれだけひいきにしているかに影響されると感じている。このため、ブロック化のための変数として百貨店に対する愛着度を特定し、無作為に抽出された調査対象者を、百貨店に対して、「非常に愛着がある」「愛着がある」「少し愛着がある」「全くない」の4つのブロックに分類した。それぞれのブロックの回答者は、無作為に3つの処理グループ（テスト・コマーシャル A、B、C）に割付けされた。実験の結果は「ユーモアあり（B）」のコマーシャルが全体として最も効果的であることが全体として明らかとなった（**表7.4**参照）。

乱塊法　randomized block design　統計的実験計画のひとつ。外部変数により実験単位をさまざまな実験群・対照群ともにその変数について確実にマッチするようにブロック化する。

第7章　因果的リサーチの設計：実験法

表7.4　乱塊法の例

ブロック No.	店舗愛着度	処理グループ		
		コマーシャルA	コマーシャルB	コマーシャルC
1	強	A	B	C
2	中	A	B	C
3	弱	A	B	C
4	無	A	B	C

外部変数を基本としてブロック化、グループ化される。リサーチャーはこのブロック化の基準となる変数を見つけだし、測定することができなければならない。ブロック化することによって、さまざまの実験群、対照群が、その外部変数に基づいた密接なマッチングを調査者は確実に行うことができる。

次の例にもあるように、多くのマーケティング・リサーチが当面する状況において、売上げ、店舗サイズ、店舗タイプ、立地、調査対象者の所得、職業、社会階層といった外部変数が従属変数に影響を与えることができる。それゆえ、乱塊法は、概して、完全な無作為デザインよりも役に立つ。だが、この方法の最大の制約は、制御できる外部変数が1つしかない点である。複数の外部変数を制御しなければならないときは、ラテン方格法か要因実験を用いる必要がある。

ラテン方格法

ラテン方格法では、リサーチャーは交互作用のない2つの外部変数を統計的に制御できるとともに、独立変数を操作することが可能である。外部変数あるいはブロック化変数はそれぞれ、等しい数のブロックまたは水準に分けられる。独立変数もこれと同じ数の水準に分けられる。ラテン方格法は、行と列の数がそれぞれ2つの外部変数のブロックを示す表に概念化できる

表7.5　ラテン方格法の例

	店舗への興味		
店舗愛着度	大	中	小
強	B	A	C
中	C	B	A
弱または無	A	C	B

注）A、B、Cは3つのテストコマーシャルを指し、それぞれ「ユーモアなし」「ユーモアあり」「とてもユーモアあり」の内容である。

ラテン方格法　Latin sguare design　統計的実験計画のひとつ。独立変数の操作に加え交互作用のない2つの外部変数を統計的に制御することができる。

（表7.5参照）。独立変数の水準は表のセル上に割付けられる。割付けの規則は表7.5にあるように、独立変数の各水準は各行・各列に1回に限られる。

> **アクティブ・リサーチ　百貨店プロジェクト**
>
> ## ラテン方格法
>
> 　ラテン方格法を説明するために先の事例でリサーチャーが百貨店への愛着度に加えて、百貨店への興味（大、中、小と規定する）も制御したいとする。ラテン方格法を適用するには、百貨店への愛着度は4つではなく3つの水準でブロック化されなければならない（例えば、「少し愛着がある」「全くない」を合わせて1つのブロックにする）。3つのテレビ・コマーシャルの割付けは表7.5に示したよう行うことができよう。それぞれの行、列には、コマーシャルA、B、Cが一度ずつしか表れていないことに留意してほしい。

　ラテン方格法はマーケティング・リサーチにおいてよく行われる方法であるが、その使用には制約がある。まず第1に、行、列、処理水準は同数でなければならないのだが、これがときとして問題となる。先の例では、この要求を満たすために、「少し愛着がある」「全くない」の2つの水準を1つにまとめなければならなかった。また、ラテン方格法では、同時に制御できる外部変数は2つのみであることにも留意してほしい。制御する変数の数を追加するためには、この計画法を拡張したグレコ・ラテン方格法が用いられることとなる。最後に、ラテン方格法では、外部変数同士、あるいは外部変数と独立変数の交互作用を検証することができない点にも注意してほしい。この交互作用を検証するには、要因実験が必要となる。

要因実験

　要因実験はさまざまな水準の2つ以上の独立変数の効果を測定するのに用いられる。乱塊法やラテン方格法と異なり、要因実験では、変数間の交互作用を考慮している[21]。交互作用が存在するとは、2つ以上の変数による同時効果が、それぞれの変数の個別効果の総和とは異なる場合を指す。たとえば、ある個人の好きな飲み物がコーヒーで、冷たい温度のものが好きである場合でも、その人は冷たいコーヒーが好きだとは限らない、というのが交互作用である。

　要因実験の概念は表上にまとめることができる。二要因実験の場合、1つの変数の水準は行に、もう1つの変数の水準は列に表される。3つ以上の要因を扱う場合は多次元表が用いられる。要因実験では、処理変数のすべての可能な組み合わせのセルが含まれる。先の事例でリサーチャーが、ユーモアの効果に加えて、店舗についての情報量がどう影響するかを同時に調べ

要因実験　factorial design　統計的実験計画のひとつ。さまざまな水準の2つ以上の独立変数の効果を測定し、しかも変数間の交互作用が明らかになる。

表7.6 要因実験の例

店舗情報量	ユーモアの程度		
	ゼロ	中	大
低	A	B	C
中	D	E	F
高	G	H	I

たいとしよう。さらに、この情報量も3つの水準（高、中、低）に分かれるとする。表7.6に示したように、これによって9つ（3×3）のセルが必要となる。すなわち9つのコマーシャルが作られ、それぞれは、異なる水準の店舗情報とユーモアを組み合わせたものとなる。調査対象者は無作為に選ばれ、9つのセルに無作為に割付けられる。それぞれのセルの調査対象者は特定の組み合わせの処理（コマーシャル）を受ける。たとえば、左上隅のセルに割付けられた調査対象者はユーモアが無く、店舗情報の少ないコマーシャルを見ることになる。実験の結果、2つの要因または変数間には、有意な交互作用があることが明らかになった。店舗情報が少ない状況下では調査対象者はユーモアの多いコマーシャルを好んだ（C）。しかし、店舗情報の多い状況下では調査対象者はユーモアの無いコマーシャルを好んだ（G）。表7.6は表7.4に幾分似通っているように見えるが、調査対象者の無作為割付けとデータ分析の手法は、乱塊法と要因実験とでは非常に異なっていることに気をつけてもらいたい[22]。

　要因実験の主要な欠点は、変数の水準が増えるたびに、処理の組み合わせが乗倍で増えることである。表7.6を例にとれば、ユーモアと店舗情報の水準が、それぞれ3段階から5段階に増えると、セルの数は9個から25個へと飛躍的に増える。主効果と交互作用をすべて測定しようとすれば、すべての処理の組み合わせが必要となる。もしリサーチャーが2、3の交互作用や主効果にのみ興味があるのなら、部分要因配置実験を用いることができよう。部分要因配置実験とはその名のとおり、該当する要因実験の部分あるいは一部だけで成立している。

実験室実験対フィールド実験

　実験は、実験室環境またはフィールド環境で行われる。**実験室環境**は人工的に作られたもので、リサーチャーはその実験に必要な特定の条件を整える。**フィールド環境**とは実際の市場条件と同じ意味である。本章の「概要」で紹介したエカード社の事例はフィールド実験である。われわれが論議した一連のテスト・コマーシャルの効果測定の実験は、テスト用の劇場でテレビ番組に組み込んだテスト・コマーシャルを調査対象者に見せることで実験室実験ということ

実験室環境　laboratory environment　実験のために望ましい条件が整えられるように、リサーチャーが人工的に作った環境。
フィールド環境　field environment　実際の市場環境に設けられた実験の場所。

表7.7 実験室実験対フィールド実験

要　因	実験室	フィールド
環　境	人工的	現実的
制　御	高	低
反応誤差	高	低
デマンド・アーティファクツ	高	低
内的妥当性	高	低
外的妥当性	低	高
時　間	短	長
実験単位数	少	多
実行しやすさ	高	低
費　用	低	高

ができよう。同じ実験を、テスト・コマーシャルを実際のテレビ局から放映するという形、すなわちフィールド環境で実施することもできる。2つの環境の違いは表7.7にまとめてある。

　実験室環境がフィールド環境に対して優れている点は以下のとおりである。実験室環境では、調査者が注意深く見守られた環境で実験を分離して行うので、制御力が強い。そのため実験期間中に発生する事象すなわちヒストリーを最小限に抑えることができる。また、同じような課題を繰り返した場合同じような結果となる傾向があり、このことは高い内的妥当性に結びつく。加えて実験単位の数が少なくてすみ、テスト期間も短く、地域も限定されていることが多く、フィールド実験よりも簡単に実施することができるため、費用も概して少なくて済む。

　実験室実験がフィールド実験に比べて劣るのは以下のような点である。人工的な環境であるため、反応誤差、すなわち、調査対象者が独立変数に対してではなく状況そのものに反応する可能性がある[23]。また、**デマンド・アーティファクツ**、すなわち、調査対象者が実験の目的を推定しようと試み、その推定に従って回答する現象が生じることもある。例えば、テスト・コマーシャルを見ているあいだに、調査対象者が特定のブランドに関する事前質問を思い出し、このコマーシャルはそのブランドに対する態度を変えようとしているのではないか、と推定することである[24]。最後に、実験室環境は、フィールド環境よりも、外的妥当性で劣ることが多い。実験室実験は人工的な環境で行われるため、その結果を実社会で一般化する能力は低下することとなろう。

　実験室環境が人工的で現実的でないことが、必ずしも外的妥当性を低めるものではないという論議が行われている。リサーチャーは一般化される状況と異なっている実験室実験の状況について知っていなければならない。外的妥当性はこうした状況がもし実験にいおて明示的に操

デマンド・アーティファクツ demand artifacts 調査対象者が実験の目的を推定しようと試み、その推定に従って回答すること。

作される独立変数に連動しているならば、その場合にのみ低められるのである。もっとも実際のマーケティング・リサーチではこうしたことがしばしば起こるのであるが。しかし、実験室実験では、フィールド実験よりも複雑なデザインが可能であることという別の観点からの配慮もすべきであろう。リサーチャーは、実験室では、より多くの要因あるいは変数を制御することができ、それによって外的妥当性を増すこともできるのである[25]。

　リサーチャーはこれらの要因をすべて考慮した上で、実験室実験を行うか、フィールド実験を行うかを決めなければならない。実験室実験とフィールド実験は相互に補い合う役割を持っているのであるが[26]、マーケティング・リサーチではフィールド実験は実験室実験より一般的でない。

実験法対非実験法

　第3章では、3種類の調査デザイン、すなわち、探索的調査、記述的調査、因果的調査について論議した。これらの中で、因果的調査のみが、真の意味で因果関係を推測するのに適している。記述的調査のデータも「因果」関係の証拠としてよく使われるが、これらの調査は因果関係に必要な条件をすべて満たしてはいるとは言えない。例えば、記述的調査では、独立変数と従属変数に関して同等の調査対象者グループを事前に確立することが困難である。しかし、実験法では、実験単位を無作為に割付けることによって実験群と対照群間の同等性を確立することができる。また、記述的調査では、変数が生起する時間的順序を確立することも難しい。しかし、実験では、リサーチャーは測定や処理の時期を決めることができる。最後に、記述的調査では、原因となる可能性のある他の要因をわずかしか制御できない。

　われわれは、マーケティング・リサーチにおける記述的調査の重要性を損なうことを願うものではない。第3章でも述べたように、記述的調査はマーケティング・リサーチにおいて最もよく用いられる手法であり、因果関係を検証するのに決して用いてはならない、というわけではない。実際、記述的（非実験的）データから因果関係の推測を導き出す手法を示唆している著者もいる[27]。われわれの意図はむしろ、記述的調査を因果関係の検証に用いる際の限界について読者の注意を喚起することである。同様に、読者が実験法の限界についても認めることを望むものである[28]。

実験法の限界

　マーケティング・リサーチにおいて、実験法はますます重要性を増しつつあるが、時間、費用、および実験の運営に制約がある。

時間

実験には時間がかかる。特に広告キャンペーンの効果のように、処理の長期効果を測定したい場合には、この傾向は顕著である。大部分あるいはすべての独立変数についての処理後の測定を行うために、実験期間は長期間にわたらなければならない。

費用

多くの場合、実験は費用がかかる。実験群と対照群、そして多重測定が求められるときは、高額の調査費用が追加される。

実験の運営

実験を運営することが難しい場合もあり得る。関心外変数を制御することが不可能な場合があり、このことは特にフィールド環境での実験に当てはまる。フィールド実験が会社の日常業務を妨げることはよく起るし、小売業者、卸売業者、その他の関係者の協力を得ることが難しいこともあろう。最後に、競合他社が故意にフィールド実験の結果を汚染して使えなくすることもあり得る。

応用：テスト・マーケティング

テスト・マーケティングは、別名マーケット・テスティングとも呼ばれ、制御された実験の応用例のひとつである。市場全体の中から**テスト市場**と呼ばれる限定されたしかし注意深く選定された一部分で実施される、テスト市場では計画されている全国展開する前のマーケティング・プログラムと同様なもの・模写をテスト的に実施する。テスト・マーケティングでは、適切な全国的マーケティング戦略を確認できるようにするためにさまざまなマーケティング・ミックスの変数（独立変数）をしばしば変えて売上げ（従属変数）をモニターする。テスト・マーケティングの主な目的は、以下の2つである。①製品が市場に受け入れられることの確認、②異なる水準の変数を組み合わせたマーケティング・ミックスのテスト。

テスト・マーケティングの諸手順はスタンダード・テスト・マーケット、コントロールド・テスト・マーケット、シミュレーテッド・マーケット（STM）に分類される。

スタンダード・テスト・マーケット

スタンダード・テスト・マーケットでは、テスト市場が選定され、製品は通常の流通経路を通じて販売される。通常は、自社の販売スタッフが棚への陳列、補充、棚卸を定期的に行う。1つないし複数のマーケティング・ミックス（製品、価格、流通、販促の水準）の組み合わせが用いられる。

スタンダード・テスト・マーケットの設計では、テスト市場の選定基準を何に定めるか、テ

第7章　因果的リサーチの設計：実験法

スト市場を何ヶ所用いるか、どれくらいの期間テストを継続するかを決定する。また、テスト市場の選択には慎重を要する。テスト市場選定の基準は注に示した文献に記述されている[29]。一般には、テスト市場は多く用いることができれば多いほどよい。諸資源に制約がある場合でも、テスト・プログラムのバリエーションごとに最低2カ所は確保すべきである。しかし外的妥当性が重要な場合は、最低4カ所で行うべきであろう。

テスト期間は、製品の再購入サイクル、競合他社の反応の確率、費用への配慮、消費者の初期の反応および、会社の考え方などによって変わってくる。テスト期間は再購入行動を観察するのに十分なだけとるべきである。これは製品の長期的インパクトを示すものである。競合他社のテストに対する反応が予想されるなら、テスト期間は短くすべきである。テスト費用も大切な要素である。テストが長期化するほど費用も膨らみ、ある時点からは費用が追加情報の価値を凌ぐようになる。最近の証拠では、新しいブランドのテスト期間は少なくとも10カ月は必要なことを示唆している。ある経験に基づいた分析によれば、テスト・マーケットで獲得する最終的なシェアに到達するまでの期間は10ヶ月間で85％、12ヶ月で95％であることが明らかになっている[30]。テスト・マーケティングは、製品を成功裡に導入するうえで非常に有益であるが、そこにはリスクも存在する。

〈リサーチの実例〉──テスト・マーケティング：ワウ！

オリーンの名前で売られているオレストラは、プロクター・アンド・ギャンブル社（www.pg.com）が25年を超える歳月と2億ドルを上回る費用をかけて研究開発した目覚しい新料理油で、人々の好むスナック類をカロリー、脂肪を付加えることなく作ることができた。1996年の4月22日から6月21日まで、フリトレー社（www.fritolay.com）はオリーンを使ったマックス・チップスを、3都市、31カ所のスーパーマーケットでテスト・マーケティングを実施した。リサーチャーは売上げデータおよびフリトレー社のマックス・チップスに関連する影響や効果についての顧客レポートを収集した。主要な調査結果は勇気づけられるものであった。すなわち

① 売上げは予想を上回った。初期購入率も再購入率も非常に高い数字が得られた。
② ほとんどの人がオリーンで作られたスナックは脂肪分を減らすのによいと肯定的に捉えていた。
③ 副作用の報告率は、FDAの承認を受ける前に予想したわずかな報告率を、さらに下回る、低いものだった。

テスト・マーケティング test marketing　制御された実験の応用の1つで、限定された、しかし注意深く選ばれたテスト市場で行われる。その製品について計画された全国展開マーケティング・プログラムと同様なもの・模写をテスト・マーケットで行う。
テスト市場 test markets　市場全体の中でテスト・マーケティングに特に適している念入りに選ばれた部分のこと。
スタンダード・テスト・マーケット standard test marketing　通常の流通経路を通じて製品が販売されるテスト・マーケット。テスト中だからといって特別な配慮は行われない。

初期の結果が勇気づけられるものであったため、テスト・マーケティングを1996年9月のオハイオ州コロンバス、1997年2月のインディアナ州インディアナポリスに、拡大することが決定された。これらのテスト市場では、製品のパッケージ・デザインや価格が変えられ、製品名も「ワウ！」に変更された。このネーミングには、最初のテスト・マーケティングで用いられたマックスよりも、美味しさや、脂肪・カロリーともにごく低いという製品の特質がより良く表されていた。テスト・マーケットの結果は再び肯定的であった。好ましい結果に基づいて、1998年2月に、フリトレー社のラッフルズ、レイズ、ドリトス・チップスの各製品に、すべてオレストラを使用した「ワウ！」の製品ラインを全米市場に導入する決定がなされた。ところが、オレストラを使った製品は、当初は人気を博したものの、やがて脂肪分のない製品の副作用の可能性に対して消費者の懸念から、不人気を招いた。その結果、2001年には、P&G社はこれ以上オレストラを消費者ブランドとしては使用しないことを決定したが、ペプシのフリトレー・スナックの一部には引き続き使用されることになるであろう。P&G社の最高経営責任者、アラン・ラフレイは、オレストラのように失敗したブランドは、それまで費やされたマーケティング費用のいかんにかかわらず、今後、より速やかに廃棄する計画である、と述べた[31]。

スタンダード・テスト・マーケティングは、ワン・ショット・ケース・スタディーである。このデザインに関連する問題に加えてテスト・マーケティング特有の問題が2つある。1つは、競合他社がテスト・マーケティングプログラムを汚染して使えなくするために、促進活動を増加させるような行為をしばしば行うことである。プロクター・アンド・ギャンブル社がハンド・ボディー・ローションのワンダをテスト・マーケティングにかけたとき、マーケット・リーダーのチーズブロー・ポンズ社は、自社の最重要ブランドであるワセリン・インテンシブ・ケア・ローションを1つ買えばもう1つ無料でもらえる、という競合キャンペーンを開始した。

すべてオレストラを使った「ワウ！」の製品ラインであるラッフルズ、レイズ、ドリトス・チップスを全米市場に導入するフリトレー社の決定にテスト・マーケティングは極めて重要な役割を演じた。

その結果、消費者はワセリン・インテンシブ・ケア・ローションを買い込み、ワンダはテスト・マーケティングでみすぼらしい結果に終わった。それにもかかわらず、プロクター・アンド・ギャンブル社はワンダを全国展開した。ポンズ社は再び同じ促進戦略で迎え撃った。今日、ワンダのシェアは市場のおよそ4％で、ワセリン・インテンシブ・ケアは22％を占めている[32]。

テスト・マーケティングのもう1つの問題は、ある会社がテスト・マーケティングを行っているうちに、競合他社に全国市場でそれを打ち負かす機会を与えてしまうことである。ヒルズ・ブラザーズ社のハイ・イールド・コーヒーはテスト・マーケットにかけられてから全国的に発売されたが、その前にプロクター・アンド・ギャンブル社がフォルジャーズ・フレイクスを販売開始してしまっていた。プロクター・アンド・ギャンブル社はフォルジャーズ・フレイクスのテスト・マーケティングを省略し、ヒルズ・ブラザーズ社を打ち負かすために先に全国展開したのである。P&G社は、アイボリー・シャンプーも、テスト・マーケティングなしで市場に導入している。

スタンダード・テスト・マーケティングを自社スタッフでは実行することが不可能な場合もある。代わりに外部機関からの支援を求めなければならないことになるが、このような場合、コントロールド・テスト・マーケットは魅力的な選択肢になるだろう。

コントロールド・テスト・マーケット

コントロールド・テスト・マーケットでは、テスト・マーケティング・プログラムのすべてが外部の調査会社により実施される。リサーチ会社は、事前に定められた割合で製品がテスト市場の小売店で流通することを保証する。また、倉庫の管理および、陳列棚への製品補充、販売、在庫管理といったフィールド営業活動を行う。コントロールド・テスト・マーケットには、ミニマーケット（または強制流通）テストと小規模コントロールド小売パネルとがある。ローパーASW社（www.roperasw.com）、エーシーニールセン社（www.acnielsen.com）をはじめ多くの調査会社がこのサービスを提供している。

シミュレーテッド・テスト・マーケット（STM）

別名、ラボラトリー・テストあるいはテスト・マーケット・シミュレーションとも呼ばれている。シミュレーテッド・テスト・マーケットは、新製品に対する消費者の最初の反応に基づき、マーケット・シェアを数学的に推計するものである。そのプロセスは以下のようになる。通常、ショッピング・モールなど人が大勢集まるところで調査対象者に声をかけ、製品の使用

コントロールド・テスト・マーケット controlled test market フィールド実験を行う外部の調査会社によって行われるテスト・マーケティング・プログラム。調査会社は、事前に定められた割合で製品がテスト市場の小売店で流通することを保証する。

シミュレーテッド・テスト・マーケット simulated test market 準テスト・マーケットの1つで調査対象者をあらかじめ選抜して、彼等の購買および製品への態度を質問・観察する。

状況に応じて事前に選抜する。選ばれた人々は、予定されている新製品のコンセプトの説明を受け、実際の店舗あるいは実験室環境の下で、その製品を購入する機会を与えられる。新製品を購入した人に対しては、製品評価と再購入の意向を聞く。このようにして得られた試買および再購入の推計に、予定されている販促活動と流通レベルを加え、マーケット・シェアを推計する。

シミュレーテッド・テスト・マーケットに必要な時間は16週間またはより短期である。ここで得られる情報は機密が保たれ競合他社はそれを手に入れることはできない。また、費用も比較的安く済む。スタンダード・テスト・マーケットは100万ドルもの費用がかかることがあるが、シミュレーテッド・テスト・マーケットはその10分の1以下で済む。エーシーニールセン・BASES社（www.acnielsenbases.com）もこのサービスを提供している大手リサーチ会社の1つである。シミュレーテッド・テスト・マーケットは近年ますます増えつつある[33]。

国際マーケティング・リサーチ

もし米国でフィールド実験が難しいとしたら、国際舞台での難しさは輪をかけることになる。多くの国々において、マーケティング、経済、体制、情報、および技術に関する環境は米国ほど発達していないからである（第23章参照）。例えば、テレビ局を、政府が所有運営しテレビ広告を厳しく制限している国はたくさんある。これでは、広告水準を操作するフィールド実験は極めて困難である。M&M／マーズ社はロシアに大規模な生産設備を建設し、テレビでキャンディ・バーを広告をしている。売上げはまだ潜在市場を開拓しつくすまでには至っていない。マースの広告は多すぎるのか、少なすぎるのか、それともちょうど良いのか。広告水準を操作するフィールド実験を実施すれば回答を得ることが可能であろうが、ロシア政府のテレビ局に対する厳しい統制の下ではそのような因果的リサーチは実行不可能である。こうした困難にもかかわらず、マーズ社はロシアへの投資を続けており、2002年8月にはノボシビルスクでペット・フード工場の操業を開始した。

同様に、バルト諸国には大規模なスーパーマーケットがないため、P&Gが洗剤の店頭プロモーションの売上げへの効果を明らかにするためのフィールド実験を実施する事を難しくしている。アジア、アフリカ、南アメリカのいくつかの国では、人口の大半は小さな町や村に住んでいる。道路や輸送、倉庫設備といった基本的なインフラストラクチャーが欠けているため、望ましい量を流通水準に到達させることが困難である。たとえ実験を計画しても、変数が生起する時間的順序を制御することおよび原因となり得る他の要因の除去、という因果関係に必要な2つの条件を満たすことが難しい。リサーチャーが環境を制御することがほとんどできないため、関心外変数の制御は特に問題をはらんでいる。さらに、最適の実験デザインを適用してこの問題に対応しようとしても、環境の制約が大きく、デザインそのものが実行不可能となる。

それゆえ、米国外のフィールド実験では、通常、内的妥当性、外的妥当性ともに米国内より

も低くなる。他の諸国でフィールド実験を実施することの困難を指摘することで、われわれはこうした因果リサーチを実施できないとか実施すべきでないと望んでいるわけではない。次の事例が語るように、何らかの形のテスト・マーケティングが一般的に可能である。

> ### 〈リサーチの実例〉——1個87,000ドルで完璧な品質の高級品
>
> 腕時計メーカーのランゲ社（www.langeuhren.com）は苦闘する旧東ドイツ経済の中で成功を続けている会社である。ランゲ社の成功の理由は市場理解にある。腕時計の有効的なポジショニングと価格戦略を決定するために、米国、日本、フランスでシミュレーテッド・テスト・マーケティングが実施された。それぞれの国で、さまざまな価格・ポジショニング戦略が試され、消費者の反応が確かめられた。各国ともに同様の結果となり、最も効果的なのは高価格で格式ある高級品というポジショニングであった。共産主義が台頭する以前の東ドイツ地域は、卓越した職人技で知られていた。ランゲ社は、この伝統を復活させるために十分に訓練した労働力と新しいマーケティング方針を用いた。新しいポジショニング戦略は「完璧な品質と高級品」であり、それぞれの国の文化に合わせてこれを独特に描き出した。ランゲ社の腕時計を扱う小売業者は世界で22社のみ、時計の単価は87,000ドルもする。この戦略は的中している。2002年には、同社の高級時計は約4,000個も販売された。
>
> ドイツ宝飾産業の幹部は2003年から2005年にかけての見通しを「慎重ながら楽観的」と表現している。彼らは、2002年1月のユーロ誕生により、腕時計のようなドイツ製の宝飾品に対してユーロ諸国の需要が増えるであろうと信じていた。ヨーロッパはドイツ製品にとって主要な販売市場であり、宝石・腕時計の約70％はこの市場に輸出されていると推定される。これらの予測や統計からすれば、ランゲ社はこの産業で引き続き成功するようにポジショニングされている[34]。

マーケティング・リサーチにおける倫理

妥当な結果を得るためには、実験の目的を隠さなければならない場合がよくある。例えば、ケロッグ社のシリアル、ライス・クリスピーのテレビ・コマーシャルの効果を明らかにするプロジェクトを実施することを考えてみよう。調査対象者が選抜され、会場に案内される。彼らは、栄養に関するテレビ番組を見て、そのあと、いくつかの質問を行うと告げられる。番組のあいだに、ライス・クリスピーのコマーシャル（テスト・コマーシャル）といくつかの他の製品のコマーシャル（つなぎコマーシャル）がところどころに挿入されている。番組とコマーシャルを見たあと、調査対象者は調査票に回答する。調査票から、番組の内容、テスト・コマーシャル、つなぎコマーシャルの評価が収集される。ここで注意してほしいのは、本来は関心がないにもかかわらず、実験の仮装をより確かなものとするために、番組内容やつなぎコマーシ

ャルへの評価を収集してもらう点である。もし調査対象者がライス・クリスピーのコマーシャルの効果を測定することが真の目的であったと知れば、回答が偏ったものとなったかもしれないからこのような手順をとったのである。

　リサーチの目的を仮装する場合は、調査対象者の権利を侵害しない方法を取るべきである。調査対象者に最初に、実験が仮装されていることを伝えるのは、この倫理上のジレンマを取り扱うひとつの方法である。また、調査で調査対象者に何をしてもらうかを説明し、いつでも実験への参加を止めることができると伝えることも必要である。データが収集された後に、調査の真の目的と仮装の方法について十分説明すべきであり、調査対象者に自分の情報を消去する機会を与えるべきである。このような手続きを**デ・ブリーフィング**と呼んでいる。こうした方法での開示で、結果に偏りが生じることはない。そして仮装を知らされた調査対象者から収集されるデータと仮装を知らされなかった調査対象者からのデータが同様であることを示す証拠がある[35]。デ・ブリーフィングは調査対象者のストレスをやわらげることができ、実験は彼等にとり学習機会となる。しかし、適切に行わないと、デ・ブリーフィングそのものがストレスにもなりうる。例えばライス・クリスピーの例なら、調査対象者は、自分はシリアルのコマーシャルを評価するという些細なことに時間を使ってしまったのかと落胆するかもしれない。リサーチャーは、デ・ブリーフィングの際に、こうした問題を予測し、解決しなければならない。

　実験法におけるもう１つの倫理上の問題は、関心外変数に起因する誤差を制御するために、調査者が課題に対して適切な実験デザインを用いる義務を負っていることである。次に挙げる例からも分かるように、最適な実験デザインを決定することは、実験を始めるときだけでなく、継続して注意を払いつづけることが必要である。

〈リサーチの実例〉——誤りを早く正す：早めの1針は9針の手間を省く

　広告を専門とする、あるマーケティング・リサーチ会社がナイキ社（www.nike.com）の競技用シューズのテレビ・コマーシャルの効果を測定していた。2001年にはナイキ社の全売上げは95億ドルに達していた。この調査では１グループ事前事後デザインが採用された。まず調査対象者から、スポーツ番組とナイキを含む数種のコマーシャルを見せる前にナイキの競技用シューズに対し抱いている態度が収集された。そして番組とコマーシャルを見せた後、再び調査対象者の態度が測定された。少人数の標本に基づく最初の評価から、この調査に採用された１グループ事前事後デザインがデマンド・アーティファクツの影響を受けていることが分かった。すなわち、調査対象者は実験の目的を推定しようと試み、その推定に従って回答したことが判明したのである。だが、時間と予算の制約から調査計画を練り直すことは難しく、リサーチは修正されること

デ・ブリーフィング debriefing　実験のあと、テスト参加者に対して、何についての実験で、実験操作がどのように行われたかを知らせること。

なくそのまま続行された。初期段階で間違いを起こしたことを知りながらリサーチ・プロジェクトを続行することは、倫理的な行動ではない。実験デザインに問題があれば、直ちにクライアントに知らせるべきである。調査を再設計するか欠陥をそのままにするかは、調査会社とクライアントとが合同で行うべきである[36]。

インターネットおよびコンピュータ・アプリケーション

　インターネットは因果的リサーチを実施する上でも便利な手段となり得る。異なる実験処理を異なるウェブ・サイトに掲示できるからである。調査対象者はこれらのサイトを訪問し選抜され、従属変数および関心外変数に関わる情報を提供する調査票に回答する。このように、インターネットは、実験室的な環境ではあるが、制御された実験の仕組みを提供することができる。

　この章で検討してきた、広告の効果のテストの例を引き続き考えてみよう。まず、異なる広告物、あるいはコマーシャルが、別々のウェブ・サイトに掲示される。続いて、これらのサイトを訪問する者の中から、マッチング、あるいは無作為化した調査対象者を選択する。このとき、各グループの調査対象者は1つのサイトしか訪れないようにする。もし事前測定が必要であれば、調査対象者はサイト上に掲示された調査票に回答する。それから、所定の広告物やコマーシャルをそのサイトで閲覧する。広告物やコマーシャルを見たあとで、調査対象者は事後測定のための追加質問に回答する。対照群にも同じような方法を適用することができる。こうして、われわれが検討してきたすべてのタイプの実験デザインが、インターネット上で実施できるのである。

バーンズ・アンド・ノーブル社がオンライン顧客を店舗に誘致するためにオンライン・クーポンの最高価値を決める際に実験的調査が助けとなり得る。

〈リサーチの実例〉――インターネット実験：高尚（ノーブル）な努力

　バーンズ・アンド・ノーブル社（www.bn.com）は書籍、ビデオ・ゲーム、娯楽ソフトを店頭販売しているが、一方で書籍のオンライン販売も行っている。2003年現在、多くのインターネット・サイト（www.amazon.com、www.campusbooks.com など）や小売店（ボーダーズ・ブックス社や大学・キャンパス内の書店など）と競合していた。バーンズ・アンド・ノーブルは最近、インターラクティブ・クーポン・ネットワーク社（www.coolsavings.com）の協力を得て、インターネット・クーポンのサービスを始めた。このクーポンは、通常の印刷された書籍を購入する際にも、2001年に販売が開始された電子書籍をダウンロードする際にも利用することができる。インターネット・クーポンの目的は、相互に補い合う販促プログラムを確立することで、より多くの消費者に到達し彼等を顧客として獲得し、これらの消費者に関する追加データを収集することであった。バーンズ・アンド・ノーブルはオンライン顧客をリアルショップ（実店舗）に結びつけることを望んでいたのである。クーポンの額面金額はいくらにすべきだろうか？　異なる額面金額のクーポンを別々のインターネット・ユーザーに提供し、その結果をモニターする実験デザインを用いれば、最適の額面金額を決めることができる[37]。

　インターネットを補うものとして、マイクロコンピュータやメインフレーム・ソフトウェアを実験計画の立案および分析に用いることができよう。包括的な統計分析ソフトウェア・パッケージのMINITABは、実験法の立案に利用可能である。SPSSやSASに似ているが、MINITABには要因実験を用いた品質管理専用の関数やドキュメンテーションが含まれている。例えば、ナイキタウンのように目的のはっきりした買物客が訪れる専門小売店では、店舗のあるセクションの雰囲気の要素のような独立変数の交互作用のいくつかを明らかにしたいと望むかもしれない。この実験での、従属変数は、調査対象者が店内を見てまわり、ざっと見たそのセクションに対する評価であろう。3つの要因がこの2×2×2の調査に含まれるとしよう。照明のレベルが2段階（例えば、暗いと普通）、騒音のレベルが2種類（例えば、屋外スタジアムの騒音と室内運動場の騒音）、においの刺激が2種類（例えば、ホット・チョコレートのにおいとポップコーンのにおい）。これらの中から何を組み合わせればもっとも良い雰囲気になるかを調べることが可能である。

バークの場合

　バークでは、本章で論じたものも含めて、さまざまな実験デザインを実施することが可能である。内的妥当性と外的妥当性に影響する諸要素に十分考慮が払われる一方で、実際的見地から、費用と効率を注意深く考慮しなければならない。例えば、バークは以前、材料をすでに混ぜ合わせて生地の状態にしたケーキ・ミックスの可能性を探るために、2つの要因からなる非常に簡単な実験を計画したことがある。この製品は、消費者がケーキ・ミックスを箱からパン（天火皿）に注いでオーブンで焼くだけ、という簡単なものだった。これまでの経験からすると、消費者は冷蔵用のケースから取出した製品の方が、食品陳列棚に置かれている製品よりもより「新鮮」だと判断していた。また、できあがるまでの関与度の低い製品には（特にケーキ・ミックスをよく使う人々の間には）抵抗感があった。ただパン型に流し込むよりも、ミックスに何かを加えた方が心理的にはより魅力的であるらしい。これらの前提を調べるために、生地状のケーキ・ミックスは2つの要因についてテストされた。

冷蔵：冷蔵が必要　対　冷蔵は不要
材料：卵を加える必要がある　対　何も加える必要はない

　前提を最小限に留めた最も単純な計画は、4つの無作為標本を選出し、それぞれの標本グループに、以下に示したように、異なるケーキ・ミックスを与える方法であろう。しかしながら、これは最も費用のかかるデザインであった。1グループ当たり100人の標本サイズとしても、400人が必要になり、統計的にも非効率的なデザインだった。

	冷　蔵	非冷蔵
卵あり	無作為グループ1	無作為グループ3
卵なし	無作為グループ2	無作為グループ4

　そこで、2つの無作為標本だけで済む代替案が用いられた。それぞれの標本は、同じ材料で保存方法の異なる2つのケーキ・ミックスを割り当てられることになった。

	冷　蔵	非冷蔵
卵あり	無作為グループ1	無作為グループ1
卵なし	無作為グループ2	無作為グループ2

　この実験計画の主な長所は、費用を節約したことと、最も重要な要因についてリサーチャーが感度の高い測定が行えるようにした点である。もちろん、同一調査対象者に、2種類のケーキ・ミックスを渡してその実験を行うことができることを確めなければならない。また、デザインは実験の内的妥当性を損ねる影響があってはならない。

> バークでは、調査対象者に製品やコンセプトなどの刺激を評価する順序を決定するために、実験デザインを用いる場合がある。例えば、ジュース飲料製品の大手メーカーがバークに5種類の異なるジュース・ブレンドの魅力度を測定して欲しい、と依頼してきたことがあった。バークはショッピング・モールで試飲テストを行うことを提案した。感覚への負担のかけすぎを避けるため、調査対象者には5種類のうち3種類だけを評価してもらうことにし、製品をどのようにグループ分けするかに実験計画法を用いた。それぞれの製品は同じ回数だけ3種類の中の1番目、2番目、3番目に評価してもらうようにした。またそれぞれの製品は、残り4つの製品それぞれの前、後に同じ回数だけ位置づけて評価を求めた。このデザインは順序による偏りを最小限に留めるのに役立った。

まとめ

　因果関係についての科学上の概念では、XはYの原因となることを決して証明することはできない。せいぜい、われわれはXはYの原因の1つであり、多分Yを生起させると推測できるにすぎない。因果関係の推測が可能であるためには、その前に、3つの条件が満たされなければならない。

① 共変動、すなわち、XとYは予測される形で同時に変動しなければならない。
② 変数の生起する順序、すなわち、XはYより先に起きなければならない。
③ 原因となり得る他の要因の除去、すなわち、Xと競合する説明要因が除外されなければならない。

実験法はこれら3つの条件すべてについて最も説得力のある証拠を提供する。実験法とは、リサーチャーが1つないし複数の独立変数を操作あるいは制御して、1つないし複数の従属変数にどう影響したかを測定する形式で行われる。

　実験を設計する際には、内的・外的妥当性を考慮することが重要である。内的妥当性とは、独立変数を操作したことが実際に従属変数に効果を生じさせたかどうかを指す。また、外的妥当性とは実験結果を一般化できるかどうかを指す。実験が妥当であるためには、リサーチャーは、ヒストリー、成熟、テスト効果（主効果、交互作用テスト効果）、測定手段の変動、統計的回帰、対象選択者の偏り、脱落などの関心外変数により生ずる脅威を制御しなければならない。関心外変数を制御する方法は4つある。無作為化、マッチング、統計的管理、デザインによる制御である。

　実験デザインは、前実験デザイン、真正実験デザイン、準実験デザイン、そして統計的実験に分類できよう。実験は、実験室環境あるいは現実社会の実際の市場環境で行われる。実験的デザインを包含する因果的デザインだけが、因果関係を推測するのに適切である。

　実験には、時間、費用、および運営面で制約があるが、マーケティングでの普及が進みつつ

第7章 因果的リサーチの設計：実験法

ある。テスト・マーケティングは実験法の重要な応用方法である。

米国外で実施される、フィールド実験の内的・外的妥当性は米国内に比べて一般的に低い。多くの国が発展途上にあり、リサーチャーがマーケティング変数の多くを制御できないためである。因果的リサーチ実施に際して抱える倫理的な問題は、実験目的の仮装である。これらの問題のいくつかは、デ・ブリーフィングによって解決することができよう。インターネットとコンピュータは実験の設計と実施に非常に有用である。

演習

復習問題

1. 2つの変数間の因果関係を推論するには、何が必要か。
2. 内的妥当性と外的妥当性の違いとは何か。
3. 関心外変数を5つ挙げ、それぞれについて内的妥当性を低下させる例を挙げよ。
4. 関心外の事柄を原因とする変数の変動を制御するさまざまな方法について述べよ。
5. 真正実験デザインを前実験デザインと区別する主要な特徴は何か。
6. 対照付き事後のみデザインを実施する際の手順をリストせよ。このデザインを記号で表せ。
7. 時系列実験デザインとは何か。どのような時に用いられるか。
8. 多重時系列デザインは、基本時系列デザインとどう違うのか。
9. 統計的実験計画は、基本的な種々の実験デザインと比べてどんな点が優れているのか。
10. ラテン方格法の限界について述べよ。
11. 実験室実験とフィールド実験を比較せよ。
12. 記述的リサーチは因果関係の調査に用いるべきか。なぜ用いるべきか、あるいは用いるべきでないか。
13. テスト・マーケティングとは何か。テスト・マーケティングの種類を3つ挙げよ。
14. スタンダード・テスト・マーケットとコントロールド・テスト・マーケットの主な違いは何か。
15. シミュレーテッド・テスト・マーケットがどのような仕組みで機能するかを説明せよ。

応用問題

1. ある妊娠中絶反対グループが、中絶反対コマーシャルの効果をテストすることになった。それぞれ250人からなる無作為抽出された2つの標本がアトランタで選抜された。1つのグループには中絶反対のコマーシャルを見てもらい、それから、両グループの調査対象の、中絶に対する態度を測定した。
    a．この実験における独立変数と従属変数は何か。
    b．どのデザインが用いられたか？

c．この実験で、内的・外的妥当性を脅かす可能性のあるものは何か？
2. 1の実験で、調査対象者が無作為にではなく、便宜的に選ばれたとする。その場合は何というデザインが用いられることとなるか。
3. 下記の表は500人の調査対象者を製品の使用状況と所得に基いて分類したものである。これについて下記の質問に答えよ。

製品利用状況	所得レベル		
	高	中	低
高	40	30	40
中	35	70	60
低	25	50	150

　　a．この表は製品使用と所得の間の共変動を示していると読み取れるか。
　　b．この表に基づき、製品使用と所得の間の関係を述べよ。
4. 以下の状況下で実施された実験の種類を述べよ。それぞれの事例で、内的・外的妥当性を脅かす可能性のあるものは何か。
　　a．大手事務機器流通業社がその会社の販売担当者のための新しい販売プレゼンテーション・プログラムを検討している。最大の販売地域で、この新しいプログラムを実施し、売上げへの効果が測定された。
　　b．プロクター・アンド・ギャンブル社はタイドの新しいパッケージが現在のものよりも効果的かどうかを明らかにしたいと思っている。シカゴで12のスーパーマーケットを無作為に選出する。無作為に選んだそのうち6ヶ所で新しいパッケージのタイドが販売され、残りの6ヶ所では古いパッケージのまま販売される。2つのグループの売上げは3ヶ月にわたって測定される。
5. 次の実験計画法が適切なものとなる特定の状況を記述せよ。また、その理由を述べよ。
　　a．1グループ事前事後デザイン
　　b．対照付き事前事後デザイン
　　c．対照付き事後のみデザイン
　　d．多重時系列デザイン
　　e．要因実験

インターネット／コンピュータ演習

1. マーケティング・リサーチにおける制御された実験でのコンピュータの役割に関係のある文献を調べ小論文にまとめよ。
2. www.coupons-online.com.から得た関係する情報をオンライン・クーポンの効果を明らかにする実験を計画せよ。

3. コカ・コーラ社は主要製品であるコークのために3種類の代替パッケージ・デザイン案を開発した。これらの新しいデザインの中で、現存するデザインよりも優れているものがあるかどうかを明らかにするためにインターネットを用いる実験を計画せよ。
4. マイクロソフト社が計算ソフトEXCELの新バージョンを開発したが、ユーザーの反応がどのようになるか確かでない。EXCELの旧バージョンと新バージョンに対するユーザーの反応を調べるインターネット上での実験を計画せよ。
5. トヨタ・カムリの新しい印刷広告の効果測定を行うために、インターネット上で対照付き事後のみデザインを実施するにはどうしたらよいか説明せよ。

実習

ロール・プレイ

1. あなたは、コカ・コーラ社のマーケティング・リサーチ・マネジャーである。会社はコーク・クラッシックの広告費を増やすべきか、減らすべきか、あるいは現状を維持するべきかを決定したいと望んでいる。この問題を解決するフィールド実験を計画せよ。
2. 1.の実験を実施するに当たってどのような困難が予想されるか。これらの困難を克服するために、コカ・コーラ社の幹部からどのような支援が必要であろうか。

フィールド・ワーク

1. どれか1つの香水ブランドについての2種類の異った広告物を、どちらがより効果的かを決定する実験を計画し、実行せよ。それぞれの広告物（処理条件）に露出（提示）するには10人の学生からなる標本を使用せよ。こうした設定の下での広告効果の測定方法を開発せよ。

グループ・ディスカッション

1.「1回の実験を実施することにより因果関係を証明することはできないのだから、実験法は因果関係を検証する科学的な方法とは言えない」。この意見について小グループで討論せよ。

第8章

測定と尺度化：基本原理と相対尺度

「リサーチ結果を分析するとき、測定結果は意見や行動の現実を反映しており、一人の調査対象者のデータと他のすべての調査対象者とがどのように関係しているかを適切にとらえている、との確信がなければならない」
　　——グレッグ・バンスコイ（バーク社、顧客サービス担当、シニア・アカウント・エグゼクティブ）

本章の目的

この章では以下の点を学習する。

① 測定と尺度化の概念、そして尺度化が測定の延長上にある1つの考え方であることを紹介する。
② 名義尺度、順序尺度、間隔尺度、比率尺度の本源4尺度について考察し、その違いを論じる。
③ 尺度化の技法を相対尺度法と絶対尺度法に分類し、相対尺度法に属する、一対比較、順位尺度（ランク・オーダー）、恒常和法（定数配分法）、Qソート尺度法について検討する。
④ 国際的な場面で主な測定尺度を使用する際の留意点を考察する。
⑤ 測定尺度の選択に伴う倫理的な問題を理解する。
⑥ インターネット、コンピュータ上での主要測定尺度の適用方法について論じる。

訳註：本書（特に第8章、第9章）では、原書が名義、順序、間隔、比率の各尺度を「the primary scales」と記述している場合には「本源尺度」を用い、「主要尺度」と区別した。「主要尺度」には「本源尺度」以外のさまざまな順序尺度を含むからである。

本章の概要

リサーチデザインの種類が決まり（第3章から第7章）、入手すべき情報が特定されれば、次のステップとして、測定と尺度化の手順の決定に入る。本章では尺度化と測定の概念を説明し、4つの本源尺度、すなわち、名義尺度、順序尺度、間隔尺度、比率尺度について論じる。次に、相対尺度法と絶対尺度法を述べたうえで、相対尺度法について詳細に説明する。絶対尺度法についての説明は第9章で行う。国際的な市場を調査するとき、本源尺度の利用について留意すべき点を述べる。また、測定と尺度化に際して発生する倫理上の問題を明らかにし、最後に、インターネット上、コンピュータ上で本源尺度をどのように利用すべきかを検討する。

〈リサーチの実例〉――世界の最も賞賛される企業・アメリカの最も賞賛される企業

『フォーチュン』誌の「世界の最も賞賛される企業」が「アメリカの最も賞賛される企業」とともに企業ランキング（順位づけ）として高く評価されているのは、実情を理解している人々、すなわち、それぞれの産業に属する企業の上級役員や社外取締役や、各分野を熟知し競合比較ができる財務アナリストたちがその選定にあたっているからである。「世界の最も賞賛される企業」ランキングの作成にあたって、『フォーチュン』誌はこれらの人々に「アメリカで最も賞賛される企業」の順位づけに用いている8項目につき企業評価を依頼している。その8項目とは、革新性、全般的な経営の質、長期的投資先としての価値、地域社会と環境に対する責任、優れた人々を惹きつけ引き留める能力、製品またはサービスの質、財務の健全性、企業資産の有効活用、である。さらに、世界企業ランキングには国際的視野を反映するもう1つの評価項目が加わる――グローバル・ビジネスを実施する効率である。企業の総合ランキングはこれらのすべての評価項目についてのスコアの平均点で決まる。2002年3月4日号に掲載された「世界の最も賞賛され

ID	企業名	順位	2001年の収益率
A	ゼネラル・エレクトリック	1	−15.1%
B	サウスウェスト航空	2	−17.3%
C	ウォルマート・ストアーズ	3	9.0%
D	マイクロソフト	4	52.7%
E	バークシャー・ハザウェイ	5	6.5%
F	ホーム・デポ	6	12.1%
G	ジョンソン・エンド・ジョンソン	7	14.0%
H	フェデックス	8	29.8%
I	シティグループ	9	0.1%
J	インテル	10	4.9%

第8章　測定と尺度化：基本原理と相対尺度　　345

る企業」の1位はゼネラル・エレクトリック社、2位はウォルマート・ストアーズ社だった。また、2002年3月における「アメリカの最も賞賛される企業」の順位（ランキング）は前頁の表のとおりである。

　この表の中で、会社のIDとして付けられたアルファベットは名義尺度にあたる。「B」はサウスウェスト航空を指し、「F」はホーム・デポを指している。順位は順序尺度である。5位のバークシャー・ハザウェイ社は8位のフェデックス社よりも高く評価されている。各評価項目の平均点である企業スコアは間隔尺度に相当する。このスコアは表には記載されていない。ちなみにゼネラル・エレクトリック社のスコアは8.01だった。最後に2001年の収益率は比率尺度である。マイクロソフト社の収益率はホーム・デポ社の4倍を超えていた[1]。

ゼネラル・エレクトリック社は「世界の」そして「アメリカの最も賞賛される企業」

測定と尺度化

　測定とは、あらかじめ定められた規則に基づいて、対象の特性に数値または他のシンボル（象徴）を割当てることである[2]。私たちが測定するのは、対象そのものではなく、対象についての何かの特性であることに注意しなければならない。私たちは消費者を測定するのではなく、消費者の知覚や、態度、選好、その他の適切と思われる特性を測定するのである。マーケティング・リサーチで数値化（数の割当て）がおこなわれるのは、数値化によって、結果の統計的分析を可能にするためか、測定規則や測定結果を伝えやすくするためかのどちらかの理由による。

　測定で最も重要なことは、特性に数を割当てる規則を特定することである。割当てのプロセスでは、数値と測定される特性とは一対一で対応していなければならない。例えば、年間所得が同じ2つの世帯には同じ金額が割当てられなければならない。このルールが徹底して初めて、数値が測定対象の特定の特性と結びつくことができ、その逆も可能になる。加えて、数値を割当てる規則は標準化され、常に同じ方法が適用されなければならない。対象や時期によって変化してはならないのである。

　尺度化は測定の延長上にある1つの考え方と理解してよい。**尺度化**とは測定される対象を位置づけるための連続体を作ることである。例えば「百貨店に対する態度」という特性に基づいて、消費者を1から100までに位置づけする尺度があるとしよう。個々の調査対象者は、1＝

測定 measurement　あらかじめ定められた規則に基づいて、対象の特性に数値または他のシンボル（象徴）を割り当てること。
尺度化 scaling　測定される対象を位置づけるための連続体を作成すること。

極めて嫌いだ、から100＝極めて好きだ、まで1から100のいずれかの数値を割当てられることになる。測定とは、個々の調査対象者に実際に1から100までの数字を割当てることであり、尺度化とは一人ひとりの百貨店に対する態度に関して連続体の上に調査対象者を位置づけるプロセスである。最初の例としてあげた「最も賞賛される企業」で言えば、収益率を表す数字を割り当てることは測定であり、収益率という連続数値の上に各企業を位置づけることが尺度化である。

測定の本源尺度

本源尺度は4つある——名義尺度、順序尺度、間隔尺度、比率尺度である[3]。**図8.1**はこれらの尺度の例を挙げたものである。それぞれの固有の性質については、**表8.1**に要約したが、以下でも、より詳しく検討していこう。

名義尺度

名義尺度は、対象を識別・分類するラベルや標識としてだけに象徴的に数値を用いる方法で、例えば、調査で調査対象者に付けられる番号は名義尺度である。識別を目的として名義尺度が

図8.1　測定の本源尺度の例

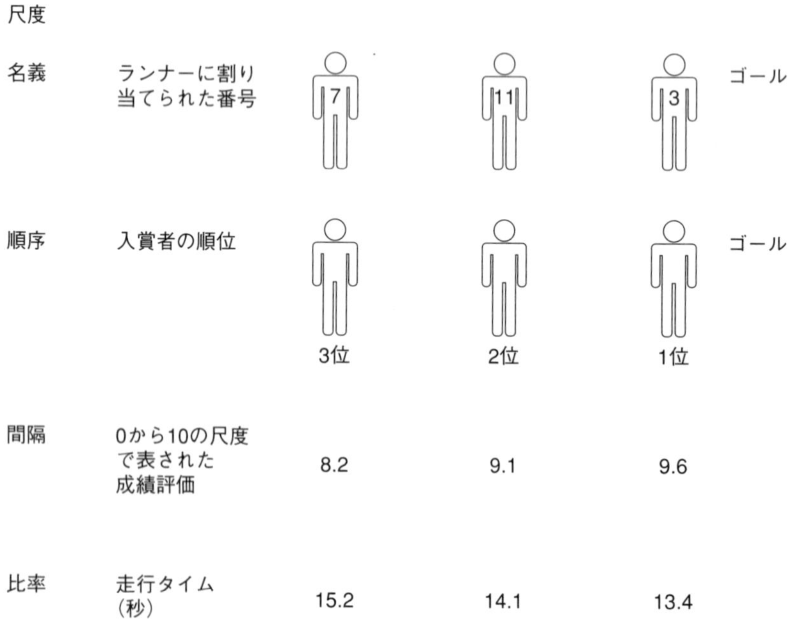

尺度					
名義	ランナーに割り当てられた番号	7	11	3	ゴール
順序	入賞者の順位	3位	2位	1位	ゴール
間隔	0から10の尺度で表された成績評価	8.2	9.1	9.6	
比率	走行タイム（秒）	15.2	14.1	13.4	

名義尺度　nominal scale　対象を識別・分類するラベルや標識としてだけに数値を用いる尺度。対象と数値とは厳密に1対1対で対応している。

第8章 測定と尺度化：基本原理と相対尺度

表8-1 測定の本源尺度

尺度	基本特性	一般的な例	マーケティング上の例	利用可能な統計	
				記述統計	推測統計
名義	対象を識別・分類する数字	社会保障番号、フットボール選手の背番号	ブランド番号、店舗タイプ、性別	百分率、最頻値（モード）	カイ二乗、二項検定
順序	対象間の相対的な位置付けを表す数字。但し違いの大きさは表さない。	品質ランキング、トーナメントにおけるチーム・ランキング	選好性ランキング、マーケット・ポジション、社会的階級	百分順位、中央値（メディアン）	順位相関、フリードマン分散分析
間隔	対象間の違いの程度が比較できる。ゼロ・ポイントは任意に決められる（相対原点）	気温（華氏、摂氏）	態度、意見、指数	範囲（レンジ）、平均（ミーン）、標準偏差	ピアソンの積率相関、t検定、分散分析、回帰分析、因子分析
比率	ゼロ・ポイントは固定されており（絶対原点）、尺度値間の比率を計算することができる。	長さ、重さ	年齢、収入、コスト、売上げ、市場占有率	幾何平均、調和平均	変化係数

使用される場合には、対象と数字は厳密に一対一で対応していなければならない。1つの番号は1つの対象にのみ割り当てられ、逆に1つの対象は1つの番号しか持ちえない。よく知られた例としては、社会保障番号やフットボール選手の背番号が挙げられる。マーケティング・リサーチでは、名義尺度は調査対象者、ブランド、属性、店舗などの識別に利用される。

分類を目的とする場合は、名義尺度で表された数値は種類や分類を表すラベルとして使われる。例えば、対照群をグループ1、実験群をグループ2と分類すると、2つの分類は相互に重なりがなく、かつ、全体を網羅するものとなる。同じ分類に入る対象は、名義尺度の数値で表された特性に関しては、等しいと見なされる。同じ分類に属する対象はみな同じ数値を持ち、異なる分類は別々の数値を持っている。名義尺度では割付に用いるものとして数値だけでなく、アルファベットや記号を用いることもできる。前掲の「最も賞賛される企業」の例では、個々の企業の識別にはアルファベットが用いられていた。

フットボール選手の背番号は名義尺度の好例である

名義尺度の数値は、対象が保持している特性の量を反映するものではない。例えば、社会保障番号の大きい人と小さい人に優劣がつけられるわけではない。分類に用いられる名義

> **アクティブ・リサーチ　百貨店プロジェクト**
>
> ## 名義尺度
>
> 百貨店プロジェクトでは、10店の百貨店に1から10までの通し番号がつけられている（表8.2参照）。シアーズは9番である。しかしだからといって、シアーズと6番のニーマン・マーカスとの間に優劣があるわけではない。シアーズとニーマン・マーカスの番号を交換するなどして、番号を変更しても数値の割付システムには何の影響もない。番号そのものは店舗の特性とは何の関わりもないからだ。「先月は調査対象者の75％が店舗9番（シアーズのこと）をひいきにしていた」というコメントには意味があるが、通し番号の平均が5.5であるから、平均的な百貨店の番号は5.5だ、とするのは無意味である。

尺度の数値にも同じことがいえる。唯一可能な名義尺度の数の操作は、数えることである。名義尺度の数値を統計的に処理する方法は限られており、すべて頻度（度数）の計測が基礎となっている。パーセンテージ（百分率、割合）や、モード（最頻値）、カイ2乗、二項テスト（第15章参照）などがこれにあたる。社会保障番号の平均値や、調査対象者の平均性別、次の例にあるように「平均的百貨店の番号」などを計算しても意味がないのである。

順序尺度

順序尺度は順位づけ（ランキング）尺度のひとつで、数値は対象に対し、対象が持っている特性の相対的な大きさを示すために割当てられる。順序尺度は、対象が持っている特性の大小関係を表すが、どれだけ大きいか、あるいは小さいかという程度を表すことはできない。つまり、順序尺度は対象の相対的位置関係を示すことはできるが、対象間の違いの大きさを表すことはできないのである。1番にランクされた対象は2番の対象より大きい特性を持っていることはわかるが、2番目との差が大きいのか小さいのかは分からない。順序尺度の一般的な例は、品質ランキング、トーナメントでのチーム順位、社会経済的階級、職業ステータスなどである。マーケティング・リサーチでは、順序尺度は相対的な態度、意見、知覚、選好などの測定に用いられる。本章の冒頭の事例では、もっとも賞賛される企業のランキングが順序尺度に相当する。ゼネラル・エレクトリクス社は第1位にランクされ、「アメリカで最も賞賛される企業」に選ばれている。調査対象者の行う「より多く」あるいは「より少なく」という判断は順序尺度に含まれる。

順序尺度では名義尺度同様に、同等の対象であれば同じ順位が与えられる。対象間の順序関

順序尺度 ordinal scale　順位づけ（ランキング）尺度のひとつで、数値は対象に対し、対象が持っている特性の相対的な大きさを示すために割り当てられる。それゆえ、ある対象が他の対象に比べ、一定の特性を多く持っているかどうかを特定することができる。

第8章 測定と尺度化：基本原理と相対尺度

表8-2 測定の本源尺度の例

No.	名義尺度 百貨店	順序尺度 選好順位（ランキング）		間隔尺度 選好評価 1—7	11—17	比率尺度 過去3カ月間の買物額（ドル）
1.	ロード・アンド・テイラー	7	79	5	15	0
2.	メイシーズ	2	25	7	17	200
3.	Kマート	8	82	4	14	0
4.	リッチズ	3	30	6	16	100
5.	ジェイ・シー・ペニー	1	10	7	17	250
6.	ニーマン・マーカス	5	53	5	15	35
7.	ターゲット	9	95	4	14	0
8.	サックス・フィフス・アベニュー	6	61	5	15	100
9.	シアーズ	4	45	6	16	0
10.	ウォルマート	10	115	2	12	10

係が保たれるのであれば、どのような一連の数値を割付けてもかまわない。対象の順番に変更がなければ、順序尺度はどのような形にも変更できるのである[4]。言いかえれば、数字の違いが順位以外の意味を持たないから、尺度の順位を変えない正の単調変換が許される（下記の事例を参照して欲しい）。これらの理由から、順序尺度では、名義尺度で可能だった頻度（度数）の計算に加えて、分位数に基づく計算が可能である。順序尺度のデータから、百分位、四分位、中央値（第15章）、順位相関（第17章）などの要約統計を計算する意味があるのである。

アクティブ・リサーチ　百貨店プロジェクト

順序尺度

表8.2にはある調査対象者の選好ランキングが表されている。この調査では、回答者が10店の百貨店を、最も気に入っている店は1位、次に気に入っている店は2位というようにランク付けしていく。ジェイ・シー・ペニー（1位）はメイシーズ（2位）よりも好まれているが、どれくらい差があるのかは分からない。また選好ランキングは必ずしも1から10の数字で表さなければならないというわけではない。順序尺度の2列目の尺度は、ジェイ・シー・ペニーには10が、メイシーズには25が、リッチズには30が割当てられているが、最初の尺度の正の単調変換なので、順序尺度としては1列目と同等の尺度である。どちらの尺度も百貨店の選好度という意味では全く同じ順番になっている。

間隔尺度

　間隔尺度では、尺度上で数値で示した距離が等しいことは測定されている特性の距離も等しいことをあらわしている。間隔尺度は順序尺度の情報をすべて備えているが、加えて、対象間の程度の差を測定することができる。間隔尺度においては、ある2つの隣接する尺度値の差は、他のいかなる隣接する2つの尺度値の差とも等しい。尺度値間は一定または等間隔である。1と2、3と4の差は同じであり、5と6の差も同じである。日常生活で用いられている間隔尺度の例としては、温度の目盛が挙げられる。マーケティング・リサーチでは、評価尺度で得られる態度データは、間隔尺度として扱われることが多い。冒頭の「最も賞賛される企業」の例では、評価項目の評点はすべて間隔尺度ということができる[5]。

アクティブ・リサーチ　百貨店プロジェクト

間隔尺度

　表8.2では、10店の百貨店に対する回答者の選好度が7段階評点尺度で表示されている。シアーズの評点は6で、ウォルマートの評点は2であるが、だからといって、シアーズがウォルマートの3倍好まれているというわけではない。評価段階を11から17に変換すると（次の欄）、シアーズとウォルマートの評点は16と12となり、もはや3対1ではない。これとは対照的に、選好度の差の比率はどちらの尺度を用いても同じである。ジェイ・シー・ペニーとウォルマートの選好度の差と、ニーマン・マーカスとウォルマートの選好度の差の比率は両方の尺度ともに5対3である。

　間隔尺度ではゼロの位置は固定されたものではない。ゼロの位置も測定単位も恣意的に定められたものである。いま、xをもとの尺度値、yを変更後の尺度値、bを正の定数、aを任意の定数としたとき、$y=a+bx$で表される正の線形変換変更後の尺度値yは、もとの尺度値xの性質をそのまま受け継いでいる。したがって、対象A、B、C、Dをそれぞれ1、2、3、4と評価する間隔尺度と、22、24、26、28と評価する間隔尺度は同等である。2つ目の間隔尺度は、上記の変換方程式に$a=20$、$b=2$を当てはめることで1つ目の間隔尺度から得ることができる。ゼロの位置が固定されていないので、尺度の値の比率をとることには意味がない。DとBの評点の比率は、尺度を変換すると、2対1から7対6へと変化している。しかし、評点の差の比率を計算することは許される。このプロセスで定数a、bは消去される。どちらの尺度を用いても、DとBの評点の差と、CとBの評点の差の比率は2対1と変わらない。

間隔尺度　interval scale　対象を評価するのに数を用いる尺度で、尺度上の距離が数値上等しいことは、測定される特性の距離も等しいことを示す。

第8章　測定と尺度化：基本原理と相対尺度

間隔尺度で利用できる統計手法には、名義尺度・順序尺度で用いられた手法に加えて、算術平均、標準偏差（第15章参照）、ピアソンの積率相関（第17章参照）、その他マーケティング・リサーチでよく使われる手法が含まれている。しかし、幾何平均、調和平均、変動係数など、専門的な統計手法には間隔尺度を用いても意味がないものもある。

間隔尺度についてさらに理解するために、国際サッカー連盟（FIFA）が、順序尺度と間隔尺度を用いて各国のサッカー・チームをランク付けしている例を見てみよう。

〈リサーチの実例〉——サッカー界を尺度化する

国際サッカー連盟（FIFA）（www.fifa.com）の2002年ランキングによれば、1位は807ポイントを獲得したワールド・チャンピオンのフランスで、2位は793ポイントのアルゼンチンであった。FIFAランキングの上位13カ国は以下の表のとおりである。

ここでは、各国に割り当てられたアルファベットは名義尺度、ランキングは順序尺度、獲得ポイントは間隔尺度である。Gはスペインを指し、ランキング7位、獲得ポイントは728ポイントである。各国に割り当てられたアルファベットは識別を目的としており、サッカーの実力には全く関係ない。サッカーの実力について知りたければ、ランキングを見る必要がある。5位のコロンビアは10位のドイツよりも強い。ランキングが上になるほど、実力があることになる。しかし、ランキングだけでは、各国の実力差がどれくらいあるのかまでは分からない。そのためには、ポイントを見る必要がある。獲得ポイントを見れば、719ポイントのメキシコは718ポイントのオランダよりもわずかに上であるに過ぎないことが分かる。ポイントによって、異なる順位の国々の実力がどの程度違うのか、量的に識別できるのである[6]。

		2002年3月時点のランキング		
ID	チーム	ランキング（'02年3月）	ポイント（'02年3月）	ランキング（'01年12月）
A	フランス	1	807	1
B	アルゼンチン	2	793	2
C	ブラジル	3	788	3
D	イタリア	4	738	6
E	コロンビア	5	735	5
F	ポルトガル	6	733	4
G	スペイン	7	728	7
H	メキシコ	8	719	9
I	オランダ	9	718	8
J	ドイツ	10	710	12
K	ユーゴスラビア	11	708	11
L	イングランド	12	704	10
M	アメリカ	13	702	24

比率尺度

比率尺度は名義尺度、順序尺度、間隔尺度のすべての性質を備えていることに加えて、絶対原点（ゼロポイント）を有していることが特徴となっている。比率尺度では、対象を識別・分類したり、順位づけたり、間隔や差を比較できる。そのうえ、尺度値の比率の計算にも意味が生じる。2と5の差が14と17の差と同じであるだけでなく、絶対値として、14が2の7倍であるともいえる。比率尺度の一般的な例としては、高さ、重さ、年齢、金額などが挙げられる。マーケティングでは、売上げ、コスト、市場占有率、顧客数などが比率尺度で測定される変数である。冒頭の例では、「最も賞賛される企業」の収益率が比率尺度となっている。

比率尺度では、$y = bx$（bは正の定数）で表される比例変換のみが可能である。間隔尺度の変換式のように、任意の定数を加えることはできない。この変換の例としては、ヤードをフィートに換算する場合（上記の式で$b=3$）が挙げられる。ヤードでもフィートでも対象間の比較に差はない。

比率尺度に対しては、幾何平均、調和平均、変動係数など専門的な手法を含めた、あらゆる統計手法を利用することができる。

これまでに述べた4つの本源尺度だけで、すべての測定水準の全カテゴリーを論じ尽くしたわけではない。順位を部分的に伝えることのできる名義尺度（部分順序尺度）を作成することも可能であり、順序メトリック尺度のように、順序尺度が間隔情報を部分的に伝えるものもある。しかし、これらの尺度については本書の範囲を超えるものであるので、ここではこれ以上触れないことにしよう[7]。

アクティブ・リサーチ　百貨店プロジェクト

比率尺度

表8.2の比率尺度は、ある調査対象者が過去2カ月間にそれぞれの百貨店で使った金額である。この調査対象者はメイシーズで200ドル使い、ウォルマートで10ドルしか使わなかったのだから、メイシーズでウォルマートの20倍の買物をした、といえる。また、0は回答者がその店で全く買物をしなかったことを表しているので、絶対原点が存在することになる。ドルをセントに換算するためにこれらの数字に100をかけても、尺度としては変わらない。

比率尺度　ratio scale　最上位の尺度。対象を識別・分類し、順位付け、間隔または違いを比較することができる。尺度値の比率を計算することも意味がある。

尺度化技法の比較

マーケティング・リサーチに使われる尺度は、相対尺度と絶対尺度の2つに分類される（図8.2参照）。**相対尺度**には刺激対象同士を直接比較する尺度が含まれる。たとえば、コークとペプシのどちらが好きか、という質問は相対尺度にあたる。相対尺度のデータは相対的に解釈すべきものであり、順序尺度または順位づけ尺度の性質しか持たない。それゆえ、相対尺度はノンメトリック尺度とも呼ばれる。図8.2にあるように、相対尺度には一対比較、順位尺度（ランク・オーダー）、恒常和尺度（定数配分）、Qソート尺度などが含まれる。

相対尺度の主要な利点は、刺激対象間の小さな差異も見つけることができる点である。調査対象者は刺激対象を比較することによって、どちらかを選ぶように強制される。加えて、調査対象者は共通した既知の参照項目により評価を行うため、理解しやすく実施も容易である。相対尺度の他の優れている点としては、理論上の仮説が少ないこと、複数の判断を行うときハロー効果や繰り越し効果が少ないことがあげられる。相対評価の主要な欠点は、得られるデータが序列的なものに留まり、測定された刺激対象以外への一般化が難しいことである。例えば、RCコーラをコーク、ペプシと比較するには、新規のリサーチを行わなければなない。この欠点を大幅に克服しているのが、絶対尺度法である。

絶対尺度は、別名、モナディック尺度、あるいはメトリック尺度とも呼ばれ、刺激セットの中でそれぞれの対象は他の対象とは関係なく独立して測定される。結果は一般には間隔尺度か比率尺度のデータと仮定される[8]。例えば、調査対象者に、コークを1から6の選好尺度（1は全く好まない、6は非常に好む）で評価してもらう。ペプシやRCコーラについても同じように評価してもらう。図8.2にあるように、絶対尺度は連続尺度とカテゴリー尺度に分かれる。

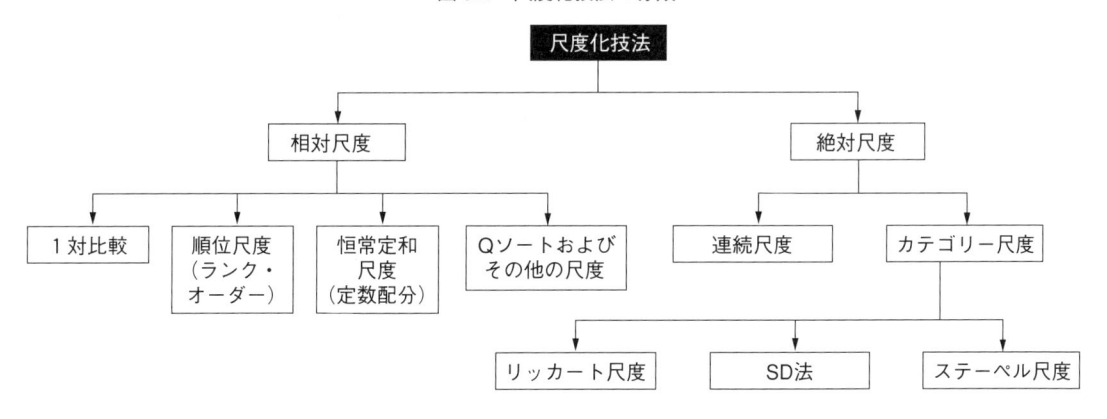

図8.2 尺度化技法の分類

```
                      尺度化技法
            ┌─────────────┴─────────────┐
          相対尺度                     絶対尺度
    ┌────┬────┬────┬────┐         ┌────┴────┐
  1対比較 順位尺度 恒常定和 Qソートおよび  連続尺度  カテゴリー尺度
       （ランク・ 尺度   その他の尺度           ┌────┼────┐
        オーダー）（定数配分）              リッカート SD法 ステーベル
                                          尺度         尺度
```

相対尺度 comparative scale 尺度化技法の2分類の1つ。2つの刺激対象を直接、相互に比較する。
絶対尺度 noncomparative scale 尺度法の2分類の1つ。刺激セットの中で個々の刺激対象を他の対象とは関係なく独立して測定する。別名モナディック尺度、またはメトリック尺度。

さらにカテゴリー尺度はリッカート尺度、SD法、ステーペル尺度に分かれる。絶対尺度はマーケティング・リサーチで最もよく用いられる重要な尺度法であるので、別途第9章で独立して扱うことにしよう。本章の残りの部分では、相対尺度法について説明する。

相対尺度化技法

一対比較尺度

一対比較尺度法は、その名のとおり、調査対象者に2つの対象を提示し、その中から何らかの基準で1つを選んでもらう方法である。当然ながら、収集されるデータの種類は順序尺度である。調査対象者は、シアーズよりもJCペニーでよく買物する、ケロッグのプロダクト19よりもトータルのシリアルの方が好きだ、歯磨きはコルゲートよりもクレストの方を好む、などと答える。一対比較尺度は、目に見える製品が刺激対象となる場合に多く用いられる。コカ・コーラ社はニュー・コークを売り出す際、一対比較を19万回以上繰り返したと言われる[9]。一対比較尺度はもっともよく用いられる相対尺度法である。

図8.3はある調査対象者のシャンプーの選好度を一対比較で調べたものである。ここからも明らかなように、5個のブランドを評価するのに10回の比較を行っている。一般に、n個のブランドについて、可能性のあるすべての対を網羅するには、$[n(n-1)/2]$回の一対比較が

図8.3　1対比較を用いてシャンプーの選好度を明らかにする

設問
　これから10対のシャンプーのブランドを提示します。2つのシャンプーのうち、あなたご自身はどちらをお使いになりたいと思いますか？　それぞれの組み合わせにつき、お使いになりたい方のブランドを選んでください。

記入用紙

	ジルマック	フィネッセ	ビダル・サスーン	ヘッド・アンド・ショルダー	パート
ジルマック		0	0	1	0
フィネッセ	1[a]		0	1	0
ビダル・サスーン	1	1		1	1
ヘッド・アンド・ショルダー	0	0	0		0
パート	1	1	0	1	
選好された回数[b]	3	2	0	4	1

[a] 特定の欄に1と記入されているのは、縦の列のブランドがその横の行のブランドよりも好まれていることを示す。0とあれば、その横の行のブランドが縦の列のブランドよりも選好されている。
[b] そのブランドが選好された回数を指す。それぞれの欄の1の総和。

一対比較尺度法　paired comparison scaling　相対尺度法の1つで、回答者が2つの対象を同時に見て、何らかの基準によりどちらかを選択する方法。当然ながら得られるのは順序尺度データである。

必要になる[10]。

一対比較の結果を分析する方法はいくつかある[11]。ある刺激対象を選好した調査対象者のパーセンテージは、図8.2のマトリックスの数字をすべての調査対象者について足し上げ、調査対象者数で割ってから100をかければ計算できる。すべての刺激対象を同時に評価することも可能である。推移律の仮説を用いて、一対比較データを順位づけデータに変換することができる。**選好の推移律**では、ブランドAがブランドBよりも好まれ、ブランドBがブランドCよりも好まれるのなら、ブランドAはブランドCよりも好まれることを意味する。したがって、順位づけデータに変換するためには、図8.3のそれぞれのブランド欄の値を足し上げ、それぞれのブランドが選好されている回数から知ることができる。この回答者の場合、最も好んでいるのはヘッド・アンド・ショルダーであり、以下、ジルマック、フィネス、パート、ヴィダル・サスーンの順となる。また、サーストン・ケースⅤ法により、一対比較から間隔尺度を導くこともできる。この方法については、これを論じた文献を参照していただきたい[12]。

試飲テストでレッド・クランベリーよりもホワイト・クランベリーを好む人がいることが分かり、オーシャン・スプレイ社はホワイト・クランベリーを製品ラインに追加した。

一対比較法にはいくつかの修正案が提案されている。ひとつは「どちらとも言えない」「違いがない」「意見がない」という選択肢を用意する方法である。他には、一対比較に段階評価を導入する方法がある。この方法では、調査対象者にどちらのブランドを好むかと同時に、どれだけ好むかを質問する。選好の程度を表す方法としては、どれだけ余分に支払えるか、と聞くこともできる。結果を測る尺度は金額を表すメトリック尺度になる。また、もうひとつの修正版として、多次元尺度（第21章参照）によって類似性を判断する方法が広く用いられている。

一対比較尺度法は直接的な比較であり、暗々裡ではなく公然と選択を求めるものであるため、ブランドの数が限られているときには役に立つ。しかし、ブランドの数が多くなると比較数が膨大になり扱いが困難になってしまう。また、推移律の前提が成り立たない場合がある、対象を提示する順序により結果に違いが出る、などの欠点もある。さらに、一対比較は複数の選択肢が存在する現実の市場とは趣きを異にする。また、調査対象者はある対象を比較したものより好むであろうが、それを絶対的な意味で好んでいるとは限らないのである。

選好の推移率 transitivity of preference　1対比較データの結論を順位づけデータに変換するための前提。もしブランドAがブランドBよりも好まれ、ブランドBがブランドCよりも好まれるのなら、ブランドAはブランドCよりも好まれることを意味する。

> ### 〈リサーチの実例〉── 一対比較尺度法
>
> 味覚テストでもっともよく用いられるのは一対比較である。消費者に2つの異なる製品を試してもらい、より魅力的な方を選んでもらう。試飲テストはふつう自宅か、あらかじめ定められた場所で行われる。妥当な標本サイズとしては、最低でも1,000が必要だとされている。
>
> オーシャン・スプレイ社（www.oceanspray.com）は北米ジュース・メーカーの最大手であるが、新製品を開発する際には徹底した試飲テストを行っている。調査対象者に2つの新製品を試飲してもらい、味や香りを評価し、どちらがより好きかを答えてもらうのである。
>
> 試飲テストの結果、酸味の強いレッド・クランベリーよりもホワイト・クランベリーを好む人もいることが分かった。そこで、オーシャン・スプレイ社は2002年初頭に、レッド・クランベリーよりも2～3週間早く収穫される天然のホワイト・クランベリーを使った飲料と、軽い炭酸の入ったジュースを製品ラインに追加し、幅広い製品によってより多くの消費者に訴求しようとしたのである[13]。

順位尺度法（ランク・オーダー）

一対比較の次によく利用される相対尺度法は、順位尺度法である。**順位尺度法（ランク・オーダー）**では、調査対象者は複数の対象を同時に提示し、何らかの基準に基づいてそれらに順位を付けるように求める。例えば、歯磨きのブランドを全体としての好みに従ってランク付けするように求める。図8.4に見られるように、通常、最も好むものに1を、2番目に好むものに2を、というように続けてゆき、最も好まないブランドに n を付ける、という形を取る。一対比較同様に、この方法は相対的なものであり、1を付けたブランドでも、本当は嫌いだ、ということもあり得る。さらに、順位尺度法によって順序尺度のデータが得られる。表8.2では、順序尺度を得るために順位尺度法を用いている。

順位尺度は普通、ブランドや属性に対する選好を測定するために利用される。順位尺度法は、調査対象者が刺激対象に差をつけることを強制するものである。それゆえ、このようなデータを調査対象者から取得する必要のあるコンジョイント分析（第21章参照）においてしばしば利用されている。さらに、こうした尺度化のプロセスは、一対比較に比べて、より現実の買物の状況に近い。時間も短く済み、推移律に反する回答も生じない。順位尺度法（ランク・オーダー）では、刺激対象が n 個ある場合にはわずか $(n-1)$ 回の決定を下せば済む。一対比較法では、$[n(n-1)/2]$ 回の決断を下す必要がある。ほとんどの回答者がランク付けするという指示を容易に理解できるのも利点である。順位尺度法の最大の欠点は順序データしか得るこ

順位尺度法　rank order scaling　相対尺度化技法の1つで、調査対象者に一度に複数の対象を同時に提示し、何らかの基準に基づいて順位づけしてもらうもの。

第8章　測定と尺度化：基本原理と相対尺度　　357

図8.4　順位尺度によるねり歯磨きブランドの選好度

```
指示
　下記のねり歯磨きのブランドを好みに従って順位をつけて下さい。まず、最も好きなブランドを選
び数字の1を記入して下さい。次に、2番目に好きなブランドを選び数字の2を記入して下さい。こ
のようにして、すべてのねり歯磨きに好きな順番に従って番号を振って下さい。最も好きでないブラ
ンドには10がつきます。

2つ以上のブランドに同じ数字を記入しないで下さい。

正解はありませんので、自分の好みで選んで頂いて結構です。一貫性があるように心がけて下さい。

　　　ブランド名　　　　　　　　　順　位
　1　クレスト　　　　　　　　　　_____
　2　コルゲート　　　　　　　　　_____
　3　エイム　　　　　　　　　　　_____
　4　グリーム　　　　　　　　　　_____
　5　マクリーンズ　　　　　　　　_____
　6　ウルトラ・ブライト　　　　　_____
　7　クローズ・アップ　　　　　　_____
　8　ペプソデント　　　　　　　　_____
　9　プラス・ホワイト　　　　　　_____
　10　ストライプ　　　　　　　　 _____
```

とができない点であろう。

　最後に、推移律の前提のもとに、順位データ（ランク・オーダー）は同等の一対比較データに変換することができ、その逆も可能である。この点は図8.3からも明らかである。サーストン・ケースⅤ法を使ってランキングから間隔尺度を導き出すことが可能である。ランキングから間隔尺度を導く方法については、他にもいくつか存在する[14]。次に紹介する事例では、順位尺度法が世界のトップ・ブランドを決めるのにどのように使われているかを示している。

〈リサーチの実例〉——世界で最も有名なブランド

　アメリカ市場の勝者となるには、ブランド認知が必要不可欠である。ブランド価値は、消費者が、悪い評判ではなく良い意味で会社名や製品名を良く知っているブランドとして認識してくれることによって高まるのである。コア・ブランド社（www.corebrand.com）は、ブランド戦略とブランド・コミュニケーションを専門とする会社であるが、毎年、どのブランドが消費者に最も認知されているかを調査し、最もよく知られた会社10社を公表している。この「トップ10社」のリストは順位尺度（ランク・オーダー）の好例でもある。コア・ブランド社の2001年コーポレート・ブランド・インデックスには、世界で最も有名なブランドの実力が相対的に示されている。その上位10社は以下のとおりである[15]。

1. コカ・コーラ社
2. ユナイテッド・パーセル・サービス社（UPS）
3. マイクロソフト社
4. ウォルト・ディズニー社
5. ジョンソン・エンド・ジョンソン社
6. キャンベルスープ社
7. フェデックス社
8. ハーレイ・ダビッドソン社
9. IBM 社
10. マスターカード社

順位尺度（ランク・オーダー）のもう1つの例は、「概要」で示した「アメリカで最も賞賛される企業」のランキングである。

恒常和法、定数配分法

恒常和法は定数配分法ともいい、調査対象者が一定量の単位（点数や金額、チップなど）を、複数の刺激対象に、一定の基準に基づいて配分する方法である。図8.5で、調査対象者は、化粧石鹸の属性を重要度に応じて配点し、合計100点にするように求められている。属性が重要でなければ0点をつける。ある属性が他のどれかの属性よりも2倍重要だとすれば、点数も2倍になる。合計は100点である。恒定和法という名称は合計が一定であることに由来している。

個々の属性の点数は、その属性に対する調査対象者全員の点数を足し上げ、調査対象者数で割ったものになる。図8.5では、その結果が3つのセグメント、あるいはグループに分けられて提示されている。セグメントⅠでは、圧倒的に価格が重要視されている。セグメントⅡでは基本的な洗浄力が最も重要とされている。セグメントⅢでは、泡、香り、保湿効果、そして洗浄力を重視している。順位データ（ランク・オーダー）では、こうした情報は、間隔データへ変換されないかぎり得ることはできない。注目して欲しいのは、恒定和法にも絶対原点があることだ。すなわち、10点は5点の2倍であり、5点と2点の違いは57点と54点の違いに等しい。それゆえ、恒常尺度のデータはメトリック尺度のデータとして扱われることもある。測定される刺激対象に限ればそれは正しいかもしれないが、調査に含まれない他の対象にまで一般化することはできない。したがって、厳密に言えば、恒定和法は、その相対的な性質と結果の一般化が難しいという点から、順序尺度のひとつと見なすべきだろう。図8.5の配点でも、評

恒常和法 constant sum scaling　相対尺度化技法の1つで、調査対象者は何らかの基準に基づいて一組の刺激対象を評価し、定められた合計単位の数（点数、金額、伝票、ラベル、チップなど）を評価に応じて個々の刺激対象に配分する。定数配分法ともいう。

図8.5 恒常和法を用いて明らかにした化粧石鹸の属性の重要度の測定

指示

下に示したのは化粧石鹸の8つの属性です。あなたにとって、それぞれの属性がどれほど重要であるかを表すために、100点をこの8つの属性に配分してください。配点が高いほど、その属性があなたにとって重要であることになります。まったく重要でない属性には0点を付けてください。ある属性が他の属性の2倍重要であるならば、配点も2倍にしてください。

記入用紙

	属性	セグメント別平均回答		
		セグメントⅠ	セグメントⅡ	セグメントⅢ
1.	刺激が少ない	8	2	4
2.	泡立ち	2	4	17
3.	消耗度	3	9	7
4.	価格	53	17	9
5.	香り	9	0	19
6.	包装	7	5	9
7.	保湿効果	5	3	20
8.	洗浄力	13	60	15
合計		100	100	100

浴用石鹸の属性として何がより重要かを理解するために恒定和法を用いたアイリッシュ・スプリングは、製品の改良に成功した。

価は特定の属性に限ったものであることがうかがえる。

　恒定和法の最も優れている点は、短い時間で、刺激対象を細かく差をつけることができることである。一方で、恒定和法には2つの主な短所がある。1つは、調査対象者が決められた数を上回る、あるいは下回る単位数を配分してしまうことである。例えば、調査対象者の配分した点数は合計108点だったり、94点だったりするかもしれない。リサーチャーは点数を修正したり、この回答を分析から除外したりしなければならない。もうひとつの問題は、単位数があまりにも少ないと、切り上げ・切り捨て誤差が生じる可能性があることだ。一方、あまりにも単位数が大きいと、回答者の負担となり、混乱や疲労を招くことになる。

Q ソートおよび他の方法

　Q ソート尺度は、比較的多くの対象を素早く区別するために開発された。この手法は、一定の基準に基づいて類似した対象同士をグループ化するものである。例えば、調査対象者に 100 種類の態度を示した文章が別々に書かれたカードを与え、「全く賛成する」から「全く賛成できない」までの 11 種類のグループに配分するように依頼する。分類する対象の数は 60 を下回らず、140 を上回らないようにしなければならない。60 から 90 ぐらいが理想的である。それぞれのグループの配分はあらかじめ決めておき、全体として対象がおよそ正規分布するように設定する場合が多い。

　この他の相対尺度には、マグニチュード尺度がある[16]。この手法では、それぞれの対象につけられた数字が、それぞれの基準をどの程度満たしているかを反映しており、相互比較ができるようにしたものである。例えば、調査対象者は、百貨店に対する態度を測定する一連の文章について、賛成か反対かを尋ね、次に、それぞれの文章に対する賛否の度合いを表すために 0 から 100 までの数字を示すように求められる。このように数字で評価することは、調査対象者にとっては認知上での困難を伴うので負担となる。最後に、ガットマン・スケール、あるいはスケーログラム分析と呼ばれる方法について触れる必要があろう。この手法は、一連の対象を内的一貫性のある 1 次元の尺度に位置付けられるかどうかを判定する方法である。

国際マーケティング・リサーチ

　4 つの本源尺度の測定レベルは、名義尺度、順序尺度、間隔尺度、比率尺度の順に上がっていく。しかし、測定レベルが上がれば上がるほど内容も複雑になる。調査対象者からすれば、名義尺度が最も簡単で、比率尺度が最も複雑ということになる。多くの先進国では、教育水準も高く消費者も洗練されているため、調査対象者は間隔尺度や比率尺度で回答することに慣れている。しかし、発展途上国では、意見形成が十分に具体化していない可能性があるという議論がある。こうした国々の調査対象者は間隔尺度や比率尺度で求められている等級付けを難しいと感じるのである。こうした場合に選好を測定するのには、順序尺度が適している。特に、順序尺度でも最も簡単な、二項尺度（例：好む／好まない）が望ましいとされている[17]。たとえば、リーバイ・ストラウス社がジーンズの選好を測定しようとすれば、アメリカでは、ある特定の状況でジーンズを履きたいか履きたくないかを、7 段階の間隔尺度で消費者に質問することができる。しかし、パプアニューギニアの消費者であれば、ジーンズを見せて、単純に、特定の状況で（すなわち、買物や、職場や、休日のくつろいだとき）履きたいかどうかを尋ねることができるであろう。次の例は、日本の自動車メーカーがヨーロッパの消費者の自動車に

Q ソート尺度　Q-sort scaling　相対尺度化技法の 1 つで、順位法（ランク・オーダー）により、何らかの複数の類似した対象を基準にしてグループに分類する。

対する選好を調査した事例だが、対象となる調査対象者に合わせて本源尺度を決めることの大切さが伺える。

〈リサーチの実例〉——自動車戦争——日本メーカー先頭に立つ

　初めてヨーロッパのジャーナリストがカー・オブ・ザ・イヤーを与えた日本車——それは日産英国工場で生産された新型ミクラ、1万ドルのサブ・コンパクト・カーだった。これは、日本車の猛攻を水際でせき止めようとしてきたヨーロッパの自動車メーカーにとって痛烈な一撃となった。「日本メーカーによって業界の勢力図は変わるだろう」とフォード・ヨーロッパ社の戦略担当重役、ブルース・ブライズは語っている。日本メーカーはいかにしてこれを成し遂げたのだろうか。

　日産は、選好の違いの大きさを把握するために、ヨーロッパの消費者を対象に、間隔尺度を用いた自動車の選好度調査を行った。間隔尺度を用いたおかげで、日産は日欧間で自動車の特徴はどう違うか、どのような特徴が好まれるのかを理解することができた。調査結果から見たヨーロッパの消費者の好みははっきりとしていた。そこで、よりヨーロッパ人の好みに合ったスタイリングと選好を反映した車を作るために、生産設備と技術センターをヨーロッパに移設し、内陸への侵攻を始めた。また、日産は1999年フランスの自動車メーカー、ルノーと連合を組み、2001年にはヨーロッパで483,990台の自動車を販売している。2003年、日産は、停滞しているヨーロッパ市場での販売向上をねらい、新車種を投入した。ヨーロッパの自動車メーカーはこうした激しい競争で防戦を強いられている[18]。

　一対比較を除く相対尺度では、3つ以上の刺激対象を比較する必要があり、調査対象者の負担感が強い。逆に、絶対尺度では、それぞれの対象を独立して評価する——すなわち、一度に1つの対象を評価するだけで済む。それゆえに、絶対尺度の方が実施しやすく、回答者の教育水準が低くマーケティング・リサーチに不慣れな国には、より適した方法と言えよう。

マーケティング・リサーチにおける倫理

　調査を行う者は、調査目的に適い、仮説を検証できるデータを収集するために、適切な尺度を選択する責任がある。たとえば『ウォールストリート・ジャーナル』紙のような新聞社が、読者と非読者それぞれのプロフィールを把握したいと考えているとしよう。性格・特性についての情報を得るには、調査対象者（読者と非読者の両方を含む）に、性格・特性がひとつずつ書かれた何枚かのカードを配る方法が最も適しているかもしれない。調査対象者には、それぞれのカードが自分の性格に合っているかどうか判断し、最も合っているものを最初のグループに、全く合っていないものを最後のグループというように、分類してもらう。このような方法であれば、回答者は性格カードを比較したり入れ替えたりすることができ、彼らの性格・特性

について豊富な洞察を得ることができる。しかし、得られるデータは順序データであり、容易に多変量解析を用いることはできない。読者と非読者の性格・特性の違いを調べ、マーケティング戦略の変数に関連づけようとすれば、間隔尺度のデータが必要となる。リサーチの目的に沿って、最も適切なデータを収集することは調査を行う者の義務である。この点について、次の事例で説明しよう。

〈リサーチの実例〉──倫理上のジレンマを尺度化する

　マーケティング・リサーチャーの倫理的判断力を測定する調査を設計した際、以前作成され試された尺度がそのまま用いられたことがある。しかし、マーケティング・プロフェッショナル65人の便宜標本を対象に行われた事前テストで、尺度の表現の中に現在ではふさわしくないものがあることが判明し、修正されることになった。たとえば、特定の性別を用いた「彼はこう指摘した……」は「プロジェクト・マネジャーはこう指摘した……」に直された。また、参加者は特定のシナリオに基づくマーケティング・リサーチ・ディレクターの行為について、承認するか承認しないかを答えることになっていた。しかし、二者択一の尺度では大雑把過ぎるということが分かり、承認するかしないかの尺度は、1＝承認しない、2＝どちらかというと承認しない、3＝どちらとも言えない、4＝どちらかというと承認する、5＝承認する、の5段階の尺度に変更された。こうして尺度のジレンマは解消されたのである[19]。

　収集されたデータの分析には適切な方法が選択されなければならない。名義尺度で集められたデータは、名義尺度のデータに利用できる統計手法で分析されなければならない。同様に、順序尺度を使って収集されたデータには、間隔尺度や比率尺度での利用を想定した統計手法を使うべきではない。誤った統計を用いて導かれた結論は誤ったものになる。上記の性格調査のように、順位法（ランク・オーダー）を用いてデータを収集すると決めれば、順序データが集まる。データを収集したあとで、顧客から、読者と非読者の差異を知りたい、という要望があれば、調査者はデータの性格を正しく理解し、ノンメトリックの技法により分析しなければならない（これについては第15章で検討する）。もし調査担当者に適切な統計手法を見出し活用する専門性がなければ、たとえば統計学者など、外部からの助けを求めるべきであろう。

インターネットおよびコンピュータ・アプリケーション

　本章でここまでに検討してきたすべての本源尺度はインターネット上で実施することができる。一般的に用いられている相対尺度についても同様である。一対比較でも、言語、視覚、聴覚に関わるものであれば、簡単に実施できる。しかし、味覚、臭覚、触感に関わる比較はインターネット上では難しい。また、Qソート法のような特殊な尺度を利用することも難しい。相対尺度の実施プロセスについては、インターネット上で他のリサーチャーが用いている例を探

第8章　測定と尺度化：基本原理と相対尺度

せば、容易に理解することができる。

〈リサーチの実例〉――本源尺度を使ってドミノは主要プレーヤーに

　ドミノ・ピザは自社のイメージと製品情報を伝えるために、ウェブ・サイトを構築した。ドミノは同時に、ウェブ・サイトを顧客の情報を集めマーケティング・リサーチを行うメディアとも位置づけていた。ピザのオンライン販売こそ行っていないが、全国的なウェブ・サイト（www.dominos.com）の他にも、地方支店ごとにサイトが構築された。

　地方支社のサイトを訪れた顧客は、サイト上のコメント書き込み欄に入力するように依頼される。この調査の内容は、同じドミノ・ピザでも支社毎に異なっており、それぞれの顧客のニーズを理解し、より良いサービスを提供するのに役立っている。以下は情報の種類と、それぞれに用いられている異なる尺度である。

■名前、電話番号、（Eメール）アドレス（名義尺度）
■その地域で好きなピザ・レストラン（順序尺度）
■ドミノ・ピザのサービスに対する全般的な印象（間隔尺度）
■製品と価格に対する評価（間隔尺度）・顧客満足度（間隔尺度）
■ピザとファストフードに使った金額（比率尺度）

　これによって、ドミノ・ピザはターゲット・マーケティングのための顧客データベースを構築し、マーケティング・ミックス（製品／価格／配達）の何を改善すべきかに役立てている。また、こういった尺度の使用はドミノが顧客満足度を測定し、それを、給与に反映させるなどさまざまな方法で利用することを可能にしている。2001年、ドミノ・ピザは「ドアを開けよう、ドミノだ」と題した広告キャンペーンを実施し、7,000店目の店舗をオープンした。9月11日のテロ攻撃の際には、グラウンド・ゼロで働く人々を支援するため、12,000枚を超えるピザを提供している[20]。

　データベース・ソフトを活用すれば、複数の異なる尺度を開発・テストして、特定の使用目的に合ったものを探し出すことができる。既成のパッケージ・ソフトで利用できるものもいくつかある。味覚の一対比較の実施には、マイクロコンピュータが活用されている。一対比較や他の尺度法を設計・実施するためのプログラムもいくつか存在している。

SPSS Windows

　SPSS Data Entryを使えば、名義、順序、間隔、比率の主要尺度をすべて設計することができる。クエッション・ライブラリを利用することもできるし、独自に尺度を設計することもできる。さらに、一対比較、順位尺度（ランク・オーダー）、恒常和尺度も簡単に実施することができる。下の図は、教育と所得を測定する順序尺度を設計しているSPSS Data Entryの画面

である（図8.6）。Data Entry は SPSS の一部だが、別個に購入することもできる。

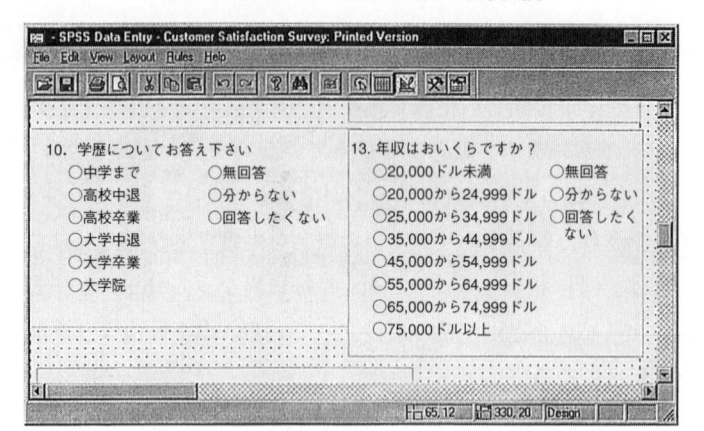

図8.6　教育と収入の測定を行う順序尺度

バークの場合

　バークで扱うプロジェクトは多岐に亘るため、本源4尺度はすべて利用されている。名義尺度は、対象、ブランド、店舗、広告、そしてあらゆる種類のマーケティング刺激を示すのに用いられる。順序尺度は新製品の名前、包装、競合ブランド、そして選好と購買意図に関わる選択や選択肢のランク付けに用いられる。間隔尺度は広く用いられる尺度である。ほとんどのプロジェクトは何らかの形で間隔尺度の測定を行っている。例えば、顧客満足度は4段階の尺度（1＝非常に不満、2＝やや不満、3＝やや満足、4＝非常に満足）で測定される。比率尺度は売上げの可能性（予測）、売上げ、市場占有率を測定するのに用いられる。比率尺度の例としては、バーク統合コンセプト評価システム（ICES）が挙げられる。ICES はその製品（コンセプト）が100世帯当たり何世帯が購入するかを推定することにより、新製品コンセプトを評価する仕組みである。この測定値は、コンセプト潜在スコア（CPS）と呼ばれ、比率尺度である。CPS に基づき、どのコンセプトがもっとも有望かが明らかになる。

　ある大手ドッグ・フード・メーカーは可能性のある新製品が13あると考え、どれから開発を進めるかを決定する方法を求めていた。その手段としてバークの ICES が選ばれたのは、複数のコンセプトを効率よくスクリーニングし、コンセプト潜在スコア（CPS）を用いて売上げの可能性を推定できるからだった。CPS に基づいて、潜在力の高い数製品の開発が加速され、潜在力の低いアイデアは棚上げされ、残りは順次開発されることになった。ICES は、この会社が直面した優先順位付けという火急の問題を解決するのに役立ったのである。コンセプト・製品テストや、市場での実際の売上実績を通じて、これらの初期のスクリーニング結果が立証されたときに、このシステムの本当の価値が明らかになる。さらにこのメーカーは、ICES でテストされたコンセプトが実際にどうなるか、当初の予想と比較するために、コンセプト・スクリーニングの結果をデータベースとして構築した。

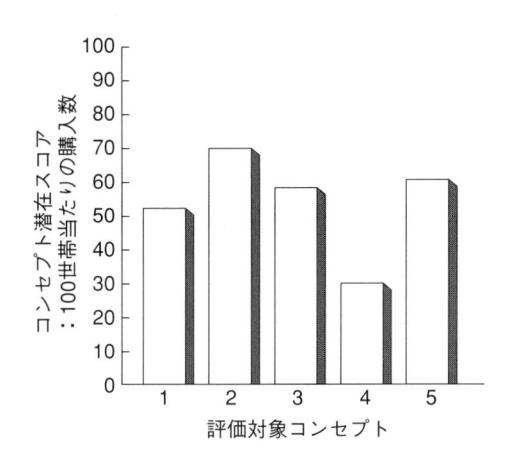

[グラフ: 縦軸「コンセプト潜在スコア：100世帯当たりの購入数」(0-100)、横軸「評価対象コンセプト」(1-5)。各コンセプトについて2本のバーが表示されている]

最後に、バークは相対尺度の利用には非常に慎重な態度を取っている。バークがなぜこのような態度を取っているかを具体的に理解してもらうために、カテゴリー・マネジャーが社長に報告している以下のような場面を想像してみて欲しい。　カテゴリー・マネジャー：「100人に2つの製品コンセプトを評価してもらったところ、70％がコンセプトAを選びました！　生産を始めましょう」

社長（しばし考えた上で尋ねる）：「この新製品を買う人がいると思うかね？」

カテゴリー・マネジャー：「それは質問していませんが、しかし70％の人がコンセプトBよりもコンセプトAが良いと言っているのです！」

社長：「2つの失敗作のましな方がAということもあり得るからね……。どっちもどっちなのでは？」

この会話はまだ続くが、ここまででバークが相対尺度に非常に慎重な理由をお分かりいただけたと思う。調査対象者に、比較、順位付け、点数配分、選好を依頼するとき、限られた対象の中で判断してもらっていることを忘れてはならない。得られた結果は、対象以外にはほとんど、あるいは全く適用できないのである。

まとめ

　測定とは、あらかじめ定められた規則に基づいて、対象の特性に数または他のシンボル（象徴）を割当てることである。尺度化とは測定される対象を位置づけるための連続的な基準を作ることである。本源尺度は4つある——名義尺度、順序尺度、間隔尺度、比率尺度である。この中で名義尺度は最も基礎的な尺度であり、対象を識別・分類する目的だけに用いられる。順序尺度は次の段階の尺度で、対象の相対的位置関係を示すことはできるが、違いの程度を表すことはできない。間隔尺度では、対象間の差を比較することはできるが、原点（ゼロ・ポイント）が恣意的なものであるため、尺度値の比率そのものを計算することは意味がない。比率尺

度では原点が固定されているため、最も高度な測定が可能な尺度である。この尺度を用いれば、尺度値の比率を計算することができる。また、比率尺度はより低位のほかの尺度の特性をすべて持ち合わせている。

尺度化の手法は相対尺度法と絶対尺度法に分類される。相対尺度法は刺激対象同士を直接比較するものである。相対尺度には一対比較、順位尺度（ランク・オーダー）、恒常和尺度（定数配分）、Qソート尺度がある。これらの手法によって得られるデータは順序尺度に留まる。

先進国では、教育水準も高く消費者も洗練されているため、調査対象者は間隔尺度や比率尺度の回答に慣れている場合が多い。しかし、発展途上国で選好を測定する場合は、順序尺度が最も適している。尺度について倫理上考慮すべき点は、リサーチ目的に合致したデータが得られるように適切な尺度を選択することである。インターネットや専門的なコンピュータ・プログラムは、さまざまなタイプの尺度を実施するのに利用することができる。

演習

復習問題

1. 測定とは何か。
2. 測定に用いられる本源尺度を挙げよ。
3. 名義尺度と順序尺度の違いを述べよ。
4. 間隔尺度の原点が相対的なものであることによって、どのような影響が生じるか。
5. 比率尺度が間隔尺度よりも優れている点は何か。これらは意味のあるものか。
6. 相対評価尺度とは何か。
7. 一対比較とは何か。
8. 一対比較尺度法の長所と短所は何か。それぞれ述べよ。
9. 恒常和尺度について説明せよ。他の相対評価尺度との違いを説明せよ。
10. Qソートの手順を述べよ。

応用問題

1. 次の各問題で使われている尺度の種類（名義、順序、間隔、比率）を明らかにし、その理由を述べよ。

    a．私はクロスワード・パズルを解くのが好きだ。

    そうは思わない　　　　　　　　　そう思う
    　　1　　　2　　　3　　　4　　　5

    b．あなたは何歳ですか？＿＿＿＿＿＿＿＿＿＿

    c．次の行動を、あなたの好きな順番に1（最も好む）から5（全く好まない）まで番号を付けて下さい。

　　　　　　ⅰ．雑誌を読む　　＿＿＿＿＿＿＿＿
　　　　　　ⅱ．テレビを見る　＿＿＿＿＿＿＿＿
　　　　　　ⅲ．デートをする　＿＿＿＿＿＿＿＿
　　　　　　ⅳ．買物をする　　＿＿＿＿＿＿＿＿
　　　　　　ⅴ．外食する　　　＿＿＿＿＿＿＿＿
　　ｄ．あなたの社会保障番号は何番ですか？＿＿＿＿＿＿＿＿＿＿
　　ｅ．週日には平均してどれくらいの時間を、宿題に費やしますか？
　　　　　　ⅰ．15分未満　　　　＿＿＿＿＿＿＿＿
　　　　　　ⅱ．15分から30分　　＿＿＿＿＿＿＿＿
　　　　　　ⅲ．31分から60分　　＿＿＿＿＿＿＿＿
　　　　　　ⅳ．61分から120分　 ＿＿＿＿＿＿＿＿
　　　　　　ⅴ．121分以上　　　 ＿＿＿＿＿＿＿＿
　　ｆ．先月は娯楽費にどれくらいお金を使いましたか？＿＿＿＿＿＿＿＿＿

2．応用問題１のａからｆまでの各設問が100人の調査対象者に対して実施されたとする。それぞれの設問の結果を要約するにはどのような分析を採用すべきか述べよ。

インターネット／コンピュータ演習

1．ウェブ上で調査を行っている２つのリサーチ会社のサイトを訪ね、それぞれから１つの調査を選び、そこで使われている本源尺度について批判的に評価するために分析せよ。
2．ネットサーフィンによって、４つの本源尺度それぞれについて２つの例を見つけよ。そして、これらの尺度がどのような状況で使われているかを説明するレポートを作成せよ。
3．昨年最もよく売れた自動車を５位までインターネット上で探し出し、これらのブランドを売上高によって順位（ランク）付けせよ。
4．ターゲットとウォルマートは百貨店プロジェクトで対象とされている店舗である。この２つの店舗イメージ特性を比較するために、一連の一対比較尺度を作成せよ。両店にとり意味のある店舗イメージ特性とは何かを、両店のウェブ・サイトを訪れることによって明らかにせよ（www.target.com,www.walmart.com）。あなたが見出した店舗イメージ特性は百貨店プロジェクトのそれとどう違うか、述べよ（第２章参照）。

実習

ロール・プレイ

1. あなたはコカ・コーラ社のマーケティング・リサーチ・アナリストである。コークの成分を変えることに失敗して以来、経営陣は試飲テストに慎重になり、あなたに、試飲テストの利用と限界について技術レポートを作成し、今後コカ・コーラ社がリサーチとして試飲テストを行うべきかどうか提言してほしいと依頼してきた。レポートを作成し、コカ・コーラ社の経営陣に扮した仲間の前で発表せよ。

フィールド・ワーク

1. 5つのよく使われているねり歯磨きのブランド（クレスト、コルゲート、エイム、ペプソデント、ウルトラ・ブライト）に対する態度を測定するため、3つの相対（一対比較、順位、恒常和）尺度を作成せよ。それぞれの尺度を身の回りの人間5人ずつに対して実施せよ。同じ人間が複数の調査の対象にならないようにすること。それぞれが回答に要した時間を記録し、最も容易に実施できた尺度、最も時間がかからなかった尺度を述べよ。
2. レストランの選好を測定するための恒常和尺度を作成せよ。この尺度をパイロット標本の20人の学生に実施し、あなたの住む町で人気のあるレストランに対する選好を調べよ。パイロット調査によれば、どのレストランが最も人気があるだろうか。

グループ・ディスカッション

1. 「ブランドを順位尺度（ランク・オーダー）で測定した際、考慮したすべてのブランドのなかで中央値が最も高かったにもかかわらず、売上げは振るわない可能性がある」。このコメントについて論じよ。

第9章

測定と尺度化：絶対尺度

「尺度を使用するのは、できる限り高い精度と信頼度をもって、調査対象者を表現するためである。精度と信頼度のどちらかが欠けても、そのデータを信用することはできない」
——バート・ギャンブル（バーク社、顧客サービス担当バイス・プレジデント）

本章の目的

この章では、以下の点を学習する。

① 絶対尺度法とは何か、連続尺度法とカテゴリー尺度法とはどう違うのか、またリッカート尺度およびSD法、ステーペル尺度とは何かを説明する。

② カテゴリー尺度法の構成に関して、尺度カテゴリーの数をどのように決めるのか、釣合型尺度・不釣合型尺度をどのようにして選択するのか、カテゴリー数を奇数・偶数のどちらにするのか、強制選択尺度・非強制選択尺度のどちらにするのか、言葉による表現をどの程度にするのか、尺度の形状はどのように決めるのかについて、各々検討する。

③ 尺度の評価に使用される基準について論じる。また、信頼性、妥当性および一般化可能性の評価方法を説明する。

④ 国際マーケティング・リサーチにおいて絶対評価の尺度を導入する場合に考慮すべき事柄について論じる。

⑤ 絶対尺度を開発する際の倫理的な問題を理解する。

⑥ 連続尺度およびカテゴリー尺度を導入する場合の、インターネットとコンピュータの活用法について検討する。

本章の概要

第8章で論じたように、尺度化法は相対尺度法と絶対尺度法とに分類できる。相対評価尺度法である一対比較、順位法(ランク・オーダー)、恒常和法(定数配分法)、Qソート尺度については前章で検討した。本章では、絶対評価尺度法を取り上げる。この方法には連続尺度法とカテゴリー尺度法とがある。カテゴリー尺度の中で普及しているリッカート尺度、SD法、ステーペル尺度に加えて、多項目尺度の構成についても検討する。尺度法の信頼性と妥当性はいかに評価されるべきかを示し、リサーチャーがどのように特定の尺度法を選択すればよいのかを考察する。また、数学から導き出された尺度も登場する。そして、国際的な市場で調査を行う際の絶対尺度法の適用に当たり配慮すべき事項を論じる。評価尺度の構築の際に生じる倫理的な問題もいくつか確認し、最後に、連続尺度法およびカテゴリー尺度の開発におけるインターネットとコンピュータの活用法について検討する。

〈リサーチの実例〉──ニューヨーク市交通局

MTA New York City Transit

意外に思われるかもしれないが、ニューヨーク市交通局(NYCT)(New York City Transit)(www.mta.nyc.ny.us/nyct/subway)が大好きでたまらないという人は、実はそれほどいない。交通手段を選べるときには公共機関を利用しないという人が多い。しかも、今後、料金の値上げが必至であるために、バス離れ・地下鉄離れがさらに進む恐れが出てきた。そこで、利用者数を増やす方法を探るために調査が行われた。

電話調査で、調査対象者はこの公共運輸機関のさまざまな面を5段階のリッカート尺度を用いて評価するよう求められた。リッカート尺度を選択した理由は、電話調査での扱いが簡便で、また、調査対象者に賛否の程度を答えてもらうだけでよいからである(1=全くそうは思わない、5=非常にそう思う)。

この調査の結果、地下鉄における主な不安要素は「身の安全」であることがわかった。ニューヨーカーは、近所の地下鉄駅を利用することを恐れていた。乗客が恐怖を感じる原因として最も多かったのは、トラブルが起きたときに連絡をする手段がないことであった。そこでニューヨーク市交通局は、乗客の目につくような場所に警察官やNYCT職員の数を多く配置したり、電灯を増設したり、また壁や柱、階段の位置を変えて駅全体をよく見渡せるようにしたりすることで、具体的に、「不安を解消」することができた。

また、この電話調査により、地下鉄の駅や車内が清潔かどうかも「物騒」という知覚に関連していることがわかった。そのため、ニューヨーク市交通局は、どうすれば清潔感を保てるかということにそれまで以上に傾注することができた。また、ホームレスや物乞いの人の数を減らすための対策も講じた。立ち退きを要請し、場合によっては保護施設までの交通費を渡すようにしたのである。

マーケティング・リサーチの結果、ニューヨーク市交通局は地下鉄システムとその周辺についての人々の知覚を改善し、乗客数を伸ばすことができた。2003年時点で、NYCTの年間乗客数は13億人。世界で第5位、北アメリカでは最大規模の地下鉄である[1]。

絶対尺度法

絶対尺度を使用する調査対象者は、自分にとって適切と思われる評価基準を用いて回答する。評価対象を別のものや「あなたの理想のブランド」のようななんらかの方法で特定された基準と比較することはない。1度に1つの対象だけを評価する。そのため、絶対評価尺度をモナディック尺度と呼ぶことも多い。**絶対尺度法**には、連続尺度法とカテゴリー尺度法があり、その概要は**表9.1**のとおりである。次のセクションでは、この両者について検討する。

連続尺度法

連続尺度法はグラフ尺度法とも呼ばれ、調査対象者は基準変数の一方の極端からもう一方の極端を結ぶ1本の実線上の適切な位置に印をつけることで、対象を評価する。このため、調査対象者はリサーチャーがあらかじめ設定した印に縛られずに選択することができる。連続尺度

表9.1 基本的な絶対評価の尺度

尺度	基本的特徴	例	長所	短所
連続尺度	実線の上に印をつける。	テレビ・コマーシャルへの反応	構築しやすい	コンピュータで行わないと、スコア化が煩雑となる場合もある
カテゴリー尺度				
リッカート尺度	1（全くそうは思わない）から5（非常にそう思う）までの尺度に対する一致度を評価する	態度の測定	構築、処理、理解しやすい	多くの時間を要する
SD法	両極の語句の間を7段階で評価する	ブランドや製品、企業のイメージ	多目的に使える	間隔尺度データか否かに関しては議論がある
ステーペル尺度	1つの語句に対し、−5から+5まで（中立点のゼロなし）の10段階尺度で評価する	態度やイメージの測定	構築しやすく、電話調査での扱いが可能	評価に混乱があり応用が難しい

絶対尺度法 noncomparative scale　尺度法の2タイプのうちの1つ。1セットの刺激の中で、他の刺激とは無関係に各刺激対象が尺度化される。

連続尺度法 continuous rating scale　グラフ尺度法とも呼ばれる。この測定尺度は、調査対象者に基準変数の一方の極端からもう一方の極端まで引かれた1本の線上の適切な位置に印をつけることで、対象を評価してもらう。

法の形式はかなり自由に変更することができる。例えば、線は縦でも横でもよいし、数字あるいは短い説明文の形式の評価点があってもよい。そして評価点がある場合もその数は自由だ。以下に、連続尺度法の例を3つ挙げよう。

アクティブ・リサーチ　百貨店プロジェクト

連続尺度法

あなたはシアーズを、百貨店としてどのように思われますか。

例1
たぶん最悪 ─────┼──────────────── たぶん最高

例2
たぶん最悪 ─────┼──────────────── たぶん最高
　　　　　0　10　20　30　40　50　60　70　80　90　100

例3
　　　　　　　大変悪い　　　　　良くも悪くもない　　　　大変良い
たぶん最悪 ─────┼──────────────── たぶん最高
　　　　　0　10　20　30　40　50　60　70　80　90　100

　調査対象者が評価をしたら、リサーチャーはその実線を任意の数に分け、その分類に従って調査対象者の評価をスコア化する。この百貨店プロジェクトの例では、調査対象者はシアーズに対して好ましくない態度を示している。これらのスコアは一般的に間隔尺度データとして扱われる。

　連続尺度法の長所は、構築しやすいことである。ただし、スコア化は煩雑で、信頼性も低い。また、連続尺度法では新しい情報がほとんど得られない。したがって、この方法をマーケティング・リサーチで使用するには限界がある。しかし、コンピュータ支援個人面接法の普及に伴い、最近ではよく利用されるようになってきている。

〈リサーチの実例〉──知覚の連続的測定・分析：
パーセプション・アナライザー

　MSインタラクティブ社製のパーセプション・アナライザー（www.perceptionanalyzer.com）はコンピュータ支援双方向反応システムであり、調査への各参加者が持つ無線あるいは有線の手持ち式ダイヤルと、コンソール（コンピュータ・インターフェイス）、質問を編集しデータを集めて参加者の回答を分析する特別なソフトで構成されている。集団面接の参加者が、テレビ・コ

第9章　測定と尺度化：絶対尺度

マクドナルドをはじめとするさまざまな企業が、コマーシャルや企業紹介ビデオ、その他の音声／映像素材に対する消費者の反応を測定するために、パーセプション・アナライザーを使用している。

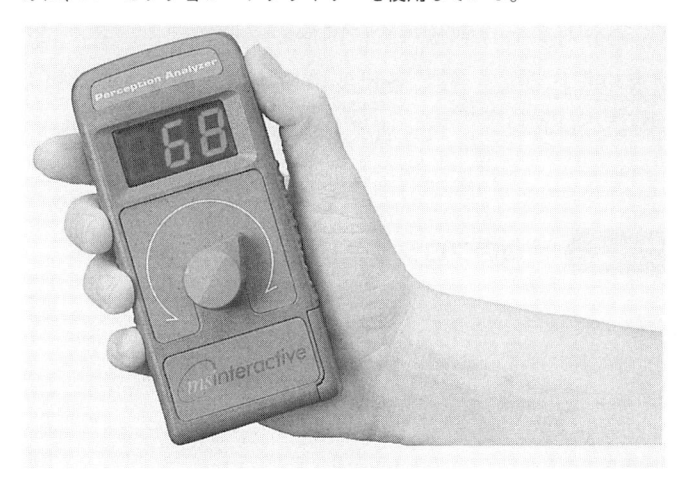

マーシャルに対する情緒的な反応を即時かつ連続的に記録するために使用される。各人はダイヤルを持たされ、テストの素材に対する反応を連続的に記録するよう指示される。調査対象者がダイヤルを回すと、その情報はコンピュータに入力される。このようにしてリサーチャーは、コマーシャルが流れている間、1秒ごとに調査対象者の反応を測定することができる。さらにこの反応を、コマーシャルと同一画面上に映し出し、コマーシャルのさまざまな映像や部分に対する調査対象者の反応を見ることができる。

　このパーセプション・アナライザーは、最近、マクドナルドの一連の「生活の断片」型のコマーシャルに対する反応を測定する際に使用された。この調査では、リサーチャーが、母親と娘がコマーシャルのさまざまな面に対し違った反応を示すことに気づいた。この情緒的反応データを用いて、リサーチャーは母娘共通セグメントに対して、最も強く情感に訴える力をもつコマーシャルはどれかを決定することができた。マクドナルドのマーケティングへの取り組みは、2001年に148億ドルの収益を得るという形で実を結んだ[2]。

カテゴリー尺度法

　カテゴリー尺度法では、調査対象者はカテゴリーごとに番号や短い説明文の書かれた尺度を提示される。これらのカテゴリーは尺度の位置に応じて順序づけられており、調査対象者は対象を最もよく表しているカテゴリーを選択するよう求められる。カテゴリー尺度法は幅広くマーケティング・リサーチで用いられており、多項目尺度法などの、より複雑な尺度の主要構成要素となっている。まず、そのなかでも使用頻度の高いリッカート尺度、SD法（セマンティック・ディファレンシャル）、ステーペル尺度について解説し、その後にこれらの尺度を使用する上での主な問題点について検討しよう。

リッカート尺度

開発者のレンシス・リッカートにちなんで名づけられたリッカート尺度は、広く用いられている評価尺度であり、調査対象者は刺激対象に関する一連の記述の各々に対し、賛成または反対の程度を示すよう求められる[3]。一般に各尺度の項目は「全くそうは思わない」から「非常にそう思う」の5段階に分けられる。百貨店プロジェクトにおいてシアーズに対する態度評価を行うために使われたリッカート尺度の例を紹介しよう。

アクティブ・リサーチ　百貨店プロジェクト

リッカート尺度

質問と回答方法

以下にシアーズに関するさまざまな意見が挙げられています。次の尺度を用いて、あなたがそれぞれの意見に対してどれだけ賛成あるいは反対か、印をつけてください。

1＝全くそうは思わない
2＝そう思わない
3＝どちらでもない
4＝そう思う
5＝非常にそう思う

	全くそうは思わない	そう思わない	どちらでもない	そう思う	非常にそう思う
1. シアーズでは品質の高い商品が販売されている。	1	2 X	3	4	5
2. シアーズは店内サービスが悪い。	1	2 X	3	4	5
3. シアーズで買物をするのが好きだ。	1	2	3 X	4	5
4. シアーズでは、同一品目内で販売しているブランド数が少ない。	1	2	3	4 X	5
5. シアーズの信用販売条件はひどく悪い。	1	2	3	4 X	5
6. シアーズはアメリカが求めている店だ。	1 X	2	3	4	5
7. 私はシアーズの広告が好きではない。	1	2	3	4 X	5
8. シアーズでは、幅広い種類の商品が販売されている。	1	2	3	4 X	5
9. シアーズの提示する価格は適正だ。	1	2 X	3	4	5

カテゴリー尺度法　itemized rating scale　カテゴリーごとに番号や短い説明文の書かれた測定尺度。これらのカテゴリーは尺度の位置に応じて順序づけられている。

リッカート尺度法　Likert scale　「全くそうは思わない」から「非常にそう思う」までの5段階の回答カテゴリーをもつ測定尺度。調査対象者は刺激対象に関する一連の記述のそれぞれに対し、賛成または反対の程度を示すことを求められる。

分析のために、それぞれの回答には-2〜+2、あるいは1〜5の数字スコアが割当てられる。意見項目ごとに分析（プロファイル分析）をすることもできるし、項目を通してスコアを合計し、調査対象者ごとにトータル・スコア（総和点）を出すこともできる。このリッカート尺度が、シアーズだけでなくJCペニーへの態度をも測定するために使われたと仮定してみよう。プロファイル分析は、商品の質、店内サービス、ブランド・ミックス等の各項目に対する調査対象者の平均的評価に関して2つの店を比較する。総和点のアプローチは非常によく使われており、その結果リッカート尺度は評点総和法とも呼ばれている[4]。このアプローチを用いて各百貨店に対する各調査対象者の総和点を算出するときには、高い（あるいは低い）スコアが常に肯定的な反応を示すように、一貫性のあるスコア化の方法を用いることが肝要である。否定的な表現に対して回答するカテゴリーに関しては、スコアを逆にする必要がある。否定的な表現に対する賛成は否定的な反応であり、肯定的な表現に対する賛成は肯定的な反応であることに留意しなければならない。つまり、肯定的な表現に対する「非常にそう思う」という回答と、否定的な表現に関する「全くそうは思わない」という回答のスコアは5なのである。上記の例において、肯定的な態度に高いスコアをつけることにすると、項目2、4、5、7のスコアは逆転されることになる。すると、このプロジェクトにおけるこの調査対象者の態度スコアは22点となる。同様に、各調査対象者の各百貨店に対する総和点を計算する。すると、合計点が最高だった調査対象者が、その百貨店に対して最も好意的な態度を持っていることとなる。総和点によるリッカート尺度を開発する手順については、後に多項目尺度法のセクションで解説する。

リッカート尺度には長所がいくつかある。まず、構成および扱いが簡単なこと、そして、調査対象者が尺度の使用法をすぐに理解できるため、郵送調査、電話調査、あるいは個人面接調査に適していることである。そのため、本章の冒頭に例として挙げたニューヨーク市交通局の電話調査ではこの尺度が使われた。一方、リッカート尺度の最大の短所は、調査対象者が、ひとつひとつの意見をすべて読まなければならないため、他のカテゴリー尺度法より時間がかかる。リッカート尺度がマーケティング・リサーチで使用された例をもう1つ紹介しよう。

〈リサーチの実例〉——職務満足——内発的か外因的か

「店員の内発的な職務満足度（intrinsic job satisfaction；IJS）は、勤続年数とプラスの関連がある」という仮説を検証する研究が行われた。内発的職務満足度は標準的なリッカート尺度を用いて測定された[5]。下記はその測定に使われた項目の一例である。

	全くそうは思わない	そう思わない	どちらでもない	そう思う	非常にそう思う
今やっている仕事に達成感を感じる	1	2	3	4	5

店員の離職率を下げるには、リッカート尺度で測定される内発的職務満足度を高めることが大変重要である。

　この調査で得られたデータは上記の仮説を裏づけた。この研究では、販売部長は採用活動や研修、店員のサポートにもっと力を注ぐべきであり、そうすれば内発的な職務満足度が高まり、店員の離職率が下がるだろうという結論が出た。2002年に行われた研究では、全体的な仕事への満足度と組織のサポートに対する認識が、その職場への忠誠を維持する鍵であることが明らかになった。

SD 尺度

　SD 尺度は、対立する意味をもつ語句が両端にある7段階評定尺度法である。典型的な用い方では、調査対象者は対象をいくつかの項目につき、両端が対立する形容詞（例えば「冷たい」と「暖かい」）で囲まれた7段階尺度上で評価する[6]。ある調査対象者が5つの属性につきシアーズを評価したものを例として示そう。

　調査対象者は「自分なら評価対象をどう表現するか」を最も的確に表している位置に印をつける[7]。つまりこの例では、シアーズは、やや弱く、信頼でき、非常に時代遅れで、暖かく、注意深い、と評価されている。否定的な形容詞や語句は、尺度の左側に配置されることもあれば、右側にくることもある。これは特に、調査対象者が非常に肯定的あるいは非常に否定的な態度をもっていた場合、項目を読まずに右だけ、あるいは左だけに印をつけるのを防ぐためである。尺度に使用する尺度項目の選び方や SD 尺度の構成のしかたについては、筆者による別の出版物においても触れている。その中では、自己概念、人格的概念、製品コンセプトを測定するための一般的な SD 尺度を紹介している。

SD 尺度　semantic differential　対立する意味をもつ語句が両端にある7段階評定尺度法。

アクティブ・リサーチ　百貨店プロジェクト

SD尺度

質問と回答方法

　ここでは、ある百貨店があなたにとってどんな意味をもっているのかを、両極をもつ記述的な尺度を用いて判断していただき、測定します。あなたにとってその百貨店がもつ意味を一方あるいは他方の形容詞がどれだけ正確に表しているか、最もよく示している位置に印（×）をつけてください。すべての尺度に印を付けてください。

　　調査用紙

　　　シアーズは

力強い	―：―：―：×：―：―：	弱い
信頼できない	―：―：―：―：―：×：―	信頼できる
現代的だ	―：―：―：―：―：―：×	時代遅れだ
冷たい	―：―：―：―：―：×：―	暖かい
注意深い	―：×：―：―：―：―：―	不注意な

〈リサーチの実例〉——自己概念、人格的概念、製品コンセプトを測定するSD尺度[8]

1.	雑な	：―：―：―：―：―：―：	繊細な
2.	興奮しやすい	：―：―：―：―：―：―：	冷静な
3.	心地よくない	：―：―：―：―：―：―：	心地よい
4.	支配的な	：―：―：―：―：―：―：	服従的な
5.	質素な	：―：―：―：―：―：―：	豪奢な
6.	快い	：―：―：―：―：―：―：	不快な
7.	現代的な	：―：―：―：―：―：―：	非現代的な
8.	組織的な	：―：―：―：―：―：―：	非組織的な
9.	理性的な	：―：―：―：―：―：―：	感情的な
10.	若々しい	：―：―：―：―：―：―：	成熟した
11.	きちっとした	：―：―：―：―：―：―：	うちとけた
12.	正統的な	：―：―：―：―：―：―：	自由な
13.	複雑な	：―：―：―：―：―：―：	単純な
14.	無色の	：―：―：―：―：―：―：	色彩豊かな
15.	謙虚な	：―：―：―：―：―：―：	傲慢な

SD 尺度の個々の項目は、−3〜+3 または 1〜7 でスコア化することができる。結果のデータはプロファイル分析されるのが一般的である。プロファイル分析では各評定尺度について平均値あるいは中央値を算出し、グラフや統計的分析により比較する。これで、対象同士の全体的な相違点や類似点が明らかとなる。調査対象者のセグメント間の相違点を見極めるためには、各セグメントの回答の平均値を比較すればよい。平均値は要約統計として最もよく使われるが、SD 尺度データを間隔尺度として扱うべきかどうかについて若干議論がある[9]。一方、リサーチャーが店の好みなど、対象物同士の全体としての比較を必要としているときには、個々の項目のスコアを合計し、合計点を算出する。

　SD 尺度は、その融通性からマーケティング・リサーチの評価尺度として人気がある。そのため、ブランド、製品、および企業イメージを比較する際に幅広く使用されてきた。また、広告や販売促進戦略の開発、新製品開発調査でも使用されてきた[10]。基本となる尺度についての修正が、いくつか提案されている。

ステーペル尺度

　開発者のジャン・ステーペル（Jan Stapel）にちなんで名づけられた**ステーペル尺度**は、−5〜+5（中立点のゼロなし）の 10 カテゴリーに分けられた単極評価尺度である[11]。この尺度は通常、回答カテゴリーを縦に配列して提示する。調査対象者は、それぞれの語句がどれだけ正確に、あるいは不正確に対象を表現しているかを、数字で表した回答カテゴリーの中から適切なものを選ぶ形で示すよう要請される。下記の百貨店プロジェクトに示したように、数字が高いほど、その語句は対象を正確に表している。この例では、シアーズは「販売商品が高品質ではなく」「ややサービスが悪い」と評価されている。

アクティブ・リサーチ　百貨店プロジェクト

ステーペル尺度

質問と回答方法

　それぞれの語句が、各百貨店をどれだけ正確に表現しているかを評価してください。その語句がその百貨店のことを正しく表現していると思われたら、プラス（+）の数を選んでください。その語句がその百貨店のことを正しく表現している度合いが大きいほど、+の中でも大きい数値を選んでください。また、その語句がその百貨店のことを正しく表現していないと思われたら、マイナス（−）の数を選んでください。その語句がその百貨店のことを正しく表現していない度

ステーペル尺度　Stapel scale　1つの形容詞を中央に置き、同じ数の値域−5〜+5（中立点のゼロなし）で構成される、態度測定用の尺度。

合いが大きいほど、−の数の中でも大きい数を選んでください。非常に正しいと思われる言葉に対しては、最大+5までの間でどれを選んでいただいても結構です。また、非常に間違っていると思われる言葉に対しては、最大−5までの間でどれを選んでいただいても結構です。

調査用紙

　　　シアーズ

　　+5　　　　　+5
　　+4　　　　　+4
　　+3　　　　　+3
　　+2　　　　　+2×
　　+1　　　　　+1
　高品質　　　貧弱なサービス
　　−1　　　　　−1
　　−2　　　　　−2
　　−3　　　　　−3
　　−4×　　　　−4
　　−5　　　　　−5

　ステーペル尺度を用いて得られたデータは、SD法と同じ方法で分析することができる。ステーペル尺度では、SD法と同様の結果が出る。ステーペル尺度の長所は、2つの形容詞や語句が真に両極にあることを確認するために、プリ・テストを行う必要がないことと、電話調査でも扱えることである。しかし、なかにはステーペル尺度は分かりにくく、使いにくいとみなすリサーチャーもいて、3種類のカテゴリー尺度法の中では最も利用度が低い。だが、この尺度はもっと注目されてしかるべきである。

絶対評価のカテゴリー尺度の決定

　これまで検討してきたことからも明らかなように、絶対評価のカテゴリー尺度は何も原型のまま用いる必要はなく、さまざまな利用形式をとることが可能だ。リサーチャーがこれらの尺度を構成する際に判断をしなければならないのは、主に以下の6つの事柄である。

① 使用する尺度カテゴリーの数
② 釣合型尺度か、不釣合型尺度か
③ カテゴリー数を奇数にするか、偶数にするか
④ 強制選択尺度か、非強制選択尺度か
⑤ 言葉による表現の種類と程度
⑥ 尺度の形状

尺度カテゴリーの数

　尺度カテゴリーの数の決定に関しては、2つの相反する事柄について考慮しなければならない。まず、尺度カテゴリーが多ければ多いほど、刺激対象間の細かい識別が可能があること。一方、ほとんどの調査対象者が一定数以上のカテゴリーをうまく扱えないことである。伝統的なガイドラインでは、適切なカテゴリー数は7±2個、つまり5〜9個であるべきと示されている[12]。しかしこれがまさに最適な数だ、というものは存在しない。カテゴリー数を決める際には、いくつかの要素を考え合わせる必要があるからだ。

　調査対象者が尺度型質問に回答することに興味があり、対象をよく知っている場合には、カテゴリー数は多くてもよい。一方、調査対象者がこの尺度についてあまり知らず、あるいは関与度が低い場合、カテゴリー数は少ないほうがよいだろう。同様に、対象の性質も関係してくる。対象によっては微妙な差が出ないものもあり、その場合にはカテゴリー数は少なくてよい。もう1つの重要な要素は、データ収集の方法である。電話調査の場合、カテゴリー数が多いと調査対象者は混乱する可能性がある。同様に郵送調査の場合は調査票のスペースが限られているため、カテゴリー数も限られてくる。

　データの分析方法および利用方法も、カテゴリー数に影響してくる。各調査対象者についての単一スコアを出すために、いくつかの尺度項目のスコアを合算する場合には、カテゴリー数は5で十分である。リサーチャーが大まかな一般化や集団の比較をしたい場合も同様である。ところが、個々の回答に興味があったり、極めて高度な統計的手法でデータが分析されたりする場合には、7個以上のカテゴリーが必要となるだろう。変数間の関係を表すのによく使われる手段である相関係数（第17章参照）の大きさは、尺度カテゴリーの数で変わってくる。カテゴリー数が少なくなるほど相関係数は小さくなる。つまり、相関係数に基づくすべての統計的分析に影響が出てくる[13]。

釣合型尺度か、不釣合型尺度か

　釣合型尺度では、肯定と否定のカテゴリーの数が等しい。不釣合型尺度ではこれが等しくな

図9.1　釣合型尺度および不釣合型尺度

釣合型尺度	不釣合型尺度
ジョーバンムスク・フォーメンは	ジョーバンムスク・フォーメンは
極めて良い _____	極めて良い _____
非常に良い _____	非常に良い _____
良い _____	良い _____
悪い _____	やや良い _____
非常に悪い _____	悪い _____
極めて悪い _____	非常に悪い _____

釣合型尺度　balanced scale　肯定・否定のカテゴリーの数を等しくする尺度。

い[14]。釣合型尺度と不釣合型尺度の例を図9.1に示す。一般に、客観的データを得るためには釣合型尺度を用いるべきである。しかし回答の分布が肯定あるいは否定にひずむ可能性があるならば、そのひずみの方向にカテゴリー数を増やして不釣合型尺度にする方が適切な場合もある。不釣合型尺度を使用する場合は、尺度の偏りの性質および程度をデータ解析の際に考慮すべきである。

カテゴリー数を奇数にするか、偶数にするか

　カテゴリー数を奇数にする場合、一般的に尺度の真ん中の位置には中立的または公平なものを選定する。中立的なカテゴリーがあるかどうか、その位置、またその表現は、回答に著しく影響を及ぼす可能性がある。リッカート尺度は、カテゴリー数が奇数で中立点をもつ釣合型尺度である[15]。

　カテゴリー数を奇数にするか、偶数にするかは、測定する回答に対して中立の意思をもつ調査対象者がいると思われるかどうかで決まる。少なくとも何人かの調査対象者から中立もしくは肯定・否定を決めかねるという回答が出る可能性がある場合には、カテゴリー数は奇数にすべきである。逆に、リサーチャーがなんとしても肯定・否定のどちらかの回答を得たい場合、あるいは中立または肯定・否定を決めかねるという回答が出ることはないと信じている場合には、カテゴリー数は偶数にすべきである。これに関連して、強制選択尺度・非強制選択尺度のどちらを選ぶかという問題もある。

強制選択尺度か、非強制選択尺度か

　強制選択尺度では、「意見なし」という選択肢がないため、調査対象者は意見を表明することを強制される。その場合、意見を持っていない調査対象者は中央の尺度に印をつけると思われる。かなりの割合の調査対象者がその話題に関して意見を持っていない場合、中央に印をつけることは中心化傾向および分散の測定をゆがめることになる。単に意見を表明したがらないのではなく、本当に意見を持っていない調査対象者がいる場合には、「意見なし」のカテゴリーをもつ非強制尺度の方が、データの正確性が増すであろう[16]。

言葉による表現の種類と程度

　尺度カテゴリーに関する言葉による表現の種類と程度はかなり多様であり、このことが回答に影響を及ぼす可能性がある。尺度カテゴリーは言葉あるいは数値、絵で表してもよい。さらにリサーチャーは、表現を全カテゴリーに提示するか、いくつかに絞るか、あるいは極端なカテゴリーのみにするかを決定しなければならない。意外なことに、各カテゴリーに言葉による

強制選択尺度　forced rating scale　「意見なし」あるいは「知らない」という選択肢がないため、回答者に意見を強制する評価尺度。

表現を付けても、データの精度あるいは信頼度が高まるとは限らない。それでも、すべてのあるいは多くの尺度カテゴリーに言葉による表現を付ければ尺度の曖昧さを減らすとも主張することはできよう。言葉による表現は、できるだけ回答カテゴリーの近くに置いた方がよい。

　尺度の範囲を決定づける表現の強度は、回答の分布に影響する。語感の強い表現（1＝完全に反対、7＝全く賛成）を用いると、調査対象者は極端な尺度カテゴリーを選択しなくなる。その結果、変動の小さい、あるいはピークの大きい回答分布となる。逆に弱い表現（1＝概してそう思わない、7＝概してそう思う）を用いると、一様なあるいは平坦な分布になる。また、釣合型尺度あるいは等間隔尺度になるように、尺度カテゴリーの言葉による表現（カテゴリー・ディスクリプター）に値を与える手続きが開発されている[17]。

形状あるいは構成

　尺度の形状あるいは構成に関しては、数多くの選択肢がある。尺度は縦にも横にも提示できる。カテゴリーは四角、不連続の線、連続した単位で表すことができ、数字をそれに割り当てても割り当てなくてもよい。数値が用いられる場合は、正の数だけ、負の数だけ、またはその

図9.2　尺度の構成

洗剤のチアーの「やさしさ」を測定する際の尺度構成については、さまざまなものが考えられる。以下は、その例である。

洗剤のチアーは

1. 非常に　―　　　―　　　―　　　―　　　―　　　―　　　―　　　非常に
　 きつい　　　　　　　　　　　　　　　　　　　　　　　　　　　　やさしい

2. 非常に　1　　　2　　　3　　　4　　　5　　　6　　　7　　　非常に
　 きつい　　　　　　　　　　　　　　　　　　　　　　　　　　　　やさしい

3. □　非常にきつい
　 □
　 □
　 □　きつくもやさしくもない
　 □
　 □
　 □　非常にやさしい

4. ―――　―――　―――　―――　―――　―――　―――
　 非常に　きつい　やや　　きつくも　やや　　やさしい　非常に
　 きつい　　　　　きつい　やさしく　やさしい　　　　　やさしい
　 　　　　　　　　　　　　もない

5. [−3]　[−2]　[−1]　[0]　[+1]　[+2]　[+3]
　 非常に　　　　　　　　　きつくも　やや　　やさしい　非常に
　 きつい　　　　　　　　　やさしく　やさしい　　　　　やさしい
　 　　　　　　　　　　　　もない

第9章 測定と尺度化：絶対尺度

両方を用いてもよい。こうした構成例をいくつか、図9.2 に示したので参照してほしい。

マーケティング・リサーチで使用される尺度構成には、温度計尺度と笑顔尺度（スマイリング・スケール）というユニークなものがある。温度計尺度では、温度が高いほど評価は肯定的になる。また、笑顔尺度では、嬉しい顔ほど評価は肯定的になる。特に子どもを対象にした調査では、これらの尺度は有用である[18]。図9.3 ではこのような尺度の例を紹介する。また、表9.2 には尺度構成に必要な6つの判断項目を要約してある。

図9.3　図や絵で示したユニークな尺度構成

温度計尺度
質問と回答方法
あなたはマクドナルドのハンバーガーがどれくらい好きですか。青いペンで温度計を塗りつぶして、表してください。下の端から上方向に、マクドナルドのハンバーガーをあなたの好みの程度を最もよく表している温度まで塗りつぶしてください。

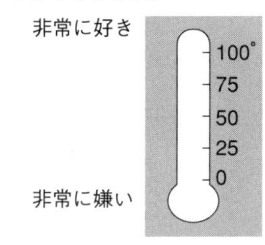

非常に好き　100°
　　　　　　 75
　　　　　　 50
　　　　　　 25
非常に嫌い　 0

笑顔尺度（スマイリング・スケール）
質問と回答方法
あなたはバービー人形をどれくらい好きですか。あなたの気持ちを最もよく表している顔を示してください。あなたがバービー人形を全く好きでない場合は、1番の顔を示してください。逆に非常に好きな場合は、5番の顔を示してください。さあ、あなたはバービー人形をどれくらい好きですか。

1　2　3　4　5

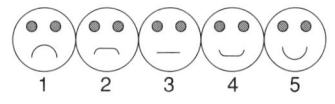

表9.2　絶対評価のカテゴリー尺度の決定についてのまとめ

1. カテゴリーの数	これが最適という数はないが、伝統的なガイドラインでは、適切なカテゴリー数は5～9個であるべきと示されている。
2. 釣合型尺度か、不釣合型尺度か	一般に、客観的データを得るためには釣合型尺度を用いるべきである。
3. カテゴリー数を奇数にするか、偶数にするか	少なくとも何人かの調査対象者から、中立または肯定・否定を決めかねると回答される可能性があれば、奇数のカテゴリーを用いるべきである。
4. 強制選択尺度か、非強制選択尺度か	調査対象者に「意見なし」の者がいると思われる場合は、非強制選択尺度を用いた方がデータの精度は向上する。
5. 言葉による表現	すべて、あるいは多くの尺度カテゴリーに言葉をつけるかどうかについては議論の余地がある。カテゴリーの表現は、該当する回答カテゴリーのできるだけ近くに置くべきである。
6. 尺度の形状・構成	多くの候補を試し、最良のものを選ぶ。

多項目尺度

多項目評価尺度の開発には、かなりの技術的専門知識を要する[19]。図9.4に多項目尺度構成の模範例を示した。測定される特性値は構成概念と呼ばれることが多い。尺度開発はまず、測定される構成概念の基礎を成す理論から始める。理論は尺度の構成だけでなく、結果のスコアを解釈するのにも必要である。次に、尺度カテゴリーの第一次蓄積をする。通常これは、理論および二次データ分析、定性調査に基づいて行われる。ここで蓄積したものから、リサーチャーや識者の判断により数を減らし、見込み尺度カテゴリーのセットを作成する。この判断のためには、何らかの定性的基準が採用される。ここで絞られたカテゴリーのセットは、まだ尺度を構成するには大きすぎる。そこで定量的方法を用いてさらに絞りこむ。

プリ・テスト用の大規模標本を用いて、これまでに絞られた見込み尺度カテゴリーのセットに関するデータを収集する。このデータを本書で後に検討する相関、因子分析、クラスター分析、判別分析、統計的検定などの方法で分析する。こうした統計的分析の結果、さらにいくつかの項目が削除され、洗練された尺度となる。こうして洗練された尺度は、さらに別の標本からデータを収集することで、その信頼性と妥当性が評価される（次のセクションを参照のこと）。こうした評価を経て、最終的な尺度カテゴリーのセットが選択される。図9.4をご覧いただければわかるように、尺度開発のプロセスは、いくつものフィードバック・ループのある反復プロセスである[20]。

図9.4　多項目尺度の開発

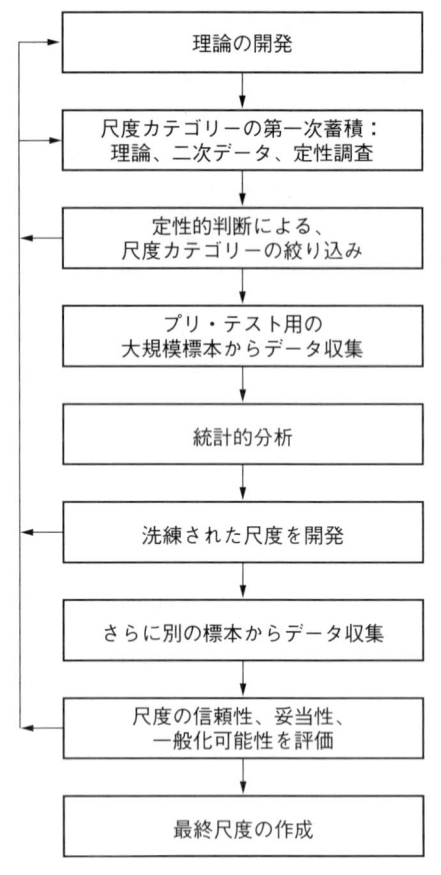

```
理論の開発
    ↓
尺度カテゴリーの第一次蓄積：
理論、二次データ、定性調査
    ↓
定性的判断による、
尺度カテゴリーの絞り込み
    ↓
プリ・テスト用の
大規模標本からデータ収集
    ↓
統計的分析
    ↓
洗練された尺度を開発
    ↓
さらに別の標本からデータ収集
    ↓
尺度の信頼性、妥当性、
一般化可能性を評価
    ↓
最終尺度の作成
```

〈リサーチの実例〉——技術的に洗練された尺度で、技術的洗練度を測定

下記の多項目尺度は、製品ラインの技術的洗練度を測定するものである[21]。

1. 技術的な　　　　　　　　　　1　2　3　4　5　6　7　　非技術的な
2. 工学的内容のレベルが低い　　1　2　3　4　5　6　7　　工学的内容のレベルが高い
3. 変化が速い　　　　　　　　　1　2　3　4　5　6　7　　変化が遅い

4. 洗練されていない	1	2	3	4	5	6	7	洗練されている
5. 汎用品の	1	2	3	4	5	6	7	特別仕様の
6. ユニークな	1	2	3	4	5	6	7	よくある
7. 複雑な	1	2	3	4	5	6	7	単純な

項目1、3、6、7は、スコア化の際に逆転させる。この尺度は、顧客の生産ラインの技術的洗練度を測定し、技術的品質を改善するための変革を提案する、インダストリアル・マーケティングに使うことができる。

尺度の評価

多項目尺度は、その正確さと適用可能性を評価すべきである[22]。図9.5に示したように、それにはこの尺度の信頼性、妥当性、一般化可能性の評価が関わってくる。信頼性は、再テスト的信頼性、平行形式信頼性、内部一貫性的信頼性を検証することで測ることができる。妥当性は、内容的妥当性、基準関連妥当性、構成概念妥当性を検証することで評価できる。

信頼性や妥当性を検討する前に、尺度評価の基礎となる測定の正確さを理解する必要がある。

測定の精度

第8章で述べたように、測定結果は対象の何らかの特性を反映した数字である。測定結果はその特性の真値ではなく、むしろその特性に関する観測値であるといえる。さまざまな要素が**測定誤差**を引き起こす可能性をもっており、測定結果または観測スコアは、測定される特性の真値と異なる結果となる（図9.6を参照）。**真値モデル**は、測定の精度を理解するための枠組

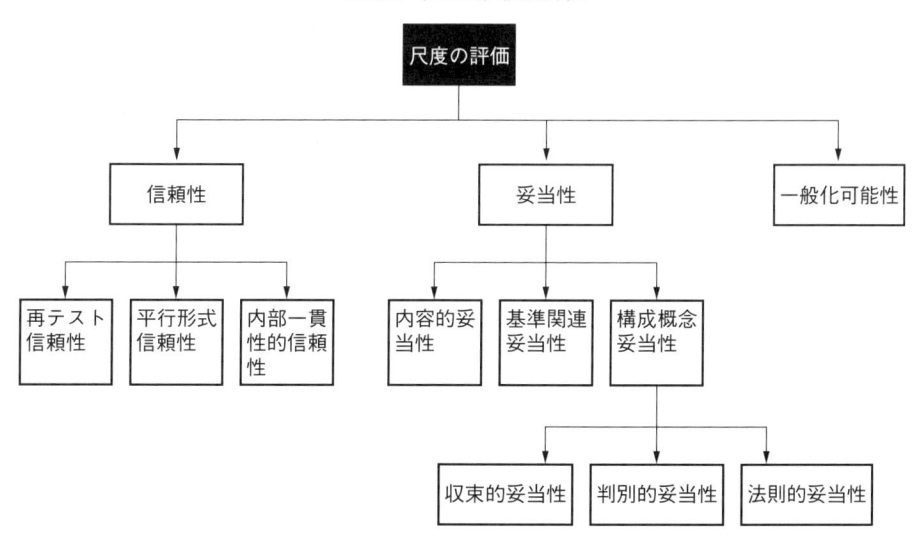

図9.5 多項目尺度の評価

図9.6 測定誤差の潜在的要因

> 1. テスト・スコアに影響を及ぼす個人の比較的不変の特性。知性、社会的望ましさ、教育など。
> 2. 短期的あるいは一時的な個人的要因。健康、感情、疲労など。
> 3. 状況的要因。他人の存在、騒音、気の散ることなど。
> 4. 尺度に含まれるカテゴリーの選出方法。カテゴリーの追加あるいは削除、変更。
> 5. 尺度の不明瞭さ。指示やカテゴリーそのものの不明瞭さを含む。
> 6. 使用マテリアルの要因。印刷の質の悪さ、調査票に掲載されているカテゴリーが多すぎる、デザインの悪さなど。
> 7. 尺度の運営・管理。面接調査による差異など。
> 8. 分析的要素。スコア化や統計的分析の差異など。

みを示している。このモデルによると、

$$X_O = X_T + X_S + X_R$$

ここでは、

X_O＝観測スコアあるいは測定結果

X_t＝その特性の真値

X_s＝系統誤差

X_R＝偶然誤差

測定誤差には、系統誤差 X_s および偶然誤差 X_R が含まれることに注意したい。**系統誤差**とは、測定に対して一定の形で影響を及ぼし測定が行われるたびに同じように観測スコアに影響を及ぼす安定した因子を指す（図9.6参照）。一方、**偶然誤差**は一定ではない。測定が行われるたびに異なる形で観測スコアに影響を及ぼす一時的要因――一時的な個人的要因あるいは状況的な要因など――である。系統誤差と偶然誤差を区別することは、信頼性と妥当性を理解するうえで極めて重要である。

信頼性

信頼性とは、測定が繰り返し行われた場合、その尺度が一貫した結果を生み出す程度をいう[23]。系統誤差は、信頼性に悪影響を及ぼすことはない。というのは、系統誤差とは測定に対して一定の影響を及ぼすものであり、首尾一貫性が損なわれることがないからである。これとは対称的に、偶然誤差では首尾一貫性が損なわれ、信頼性の低下につながる。信頼性とは、測定結果が偶然誤差 X_R に影響されない度合いを表すと定義できる。$X_R=0$ であれば、その測定

測定誤差 measurement error　リサーチャーが求めている情報と、採用された測定プロセスにより生成された情報との差（変動）。
真値モデル true score model　測定の正確さを理解するための枠組みを提供する数学的モデル。
系統誤差 systematic error　測定に対して一定の形で影響を及ぼし、また、測定が行われるたびに同じように観測スコアに影響を及ぼす安定した因子を表す誤差。
偶然誤差 random error　調査対象者や測定状況における偶然の変化や差異により生じる測定誤差。
信頼性 reliability　ある特性について測定が繰り返し行われた場合、ある尺度が一貫性のある結果を生み出す程度。

は完全に信頼できる。

信頼性は、ある尺度における系統的変動の割合を測定することで評価できる。同じ尺度での測定を何度か行い、そこで得られたデータの関連性を測定する。この関連性が高ければ、この尺度は一貫性のある結果をもたらし、したがって、信頼性があることとなる。信頼性を評価する方法には、再テスト、平行形式テスト、内部一貫性アプローチがある。

再テスト信頼性

再テスト信頼性を測るには、調査対象者は全く同じ尺度カテゴリーのセットについて、できるだけ同じ条件のもとで2度テストされる。2度のテストあるいはその実施の時間的間隔は、おおむね2〜4週間である。2度の測定の類似の度合は、相関係数を算出して測定する(第17章参照)。相関係数が高いほど、信頼性は高い。

信頼性を測る再テストには、いくつか問題がある。まず、2度のテストの間の時間的間隔に影響されやすいことである。他の条件が同じである場合、時間的間隔が長ければ長いほど、信頼性は低くなる。第2に、最初の測定によって測定対象の特性が変化する可能性がある。例えば、低脂肪乳に対する調査対象者の態度を測定すると、調査対象者の健康志向度が高まり、低脂肪乳に対する態度がより肯定的になる。第3に、測定を繰り返すことができない場合もある(例えば、新製品に対する第一印象を調査する場合)。第4に、1度目の測定が2度目の測定に繰り越し効果を及ぼす可能性がある。調査対象者は1度目のテストでの回答を思い出そうとするかもかもしれない。第五に、測定対象の特性が2度の測定の間に変わってしまうかもしれない。例えば、ある対象に関する肯定的情報が1度目と2度目の測定の間に流された場合、調査対象者の態度はより肯定的になる可能性がある。最後に、各カテゴリー自体の相関により再テスト信頼度係数が増大する可能性がある。これら各カテゴリー自体の相関は、別の尺度カテゴリー間の相関よりも再テストを通して高くなる傾向がある。つまり、たとえ別の尺度カテゴリー間の相関関係が非常に低い場合でも、何度か測定されるある特定の尺度カテゴリー同士の相関関係が高いために、再テストでは高い相関関係が出る可能性がある。こうした問題があるため、再テストは平行形式テストなど、別の方法と合わせて用いるのが望ましい[24]。

平行形式信頼性

平行形式信頼性では、2つの同等の形式の尺度が構成される。同一調査対象者が2度(通常、2〜4週間の間隔をあけて)、それぞれ異なる尺度用紙を使って測定される。これらの代替関係にある尺度を用いた調査用紙から得られるスコアには相関関係があり、それによって信頼性が

再テスト信頼性 test-retest reliability 信頼性を評価する方法の1つ。調査対象者は、できる限り同等の条件で、2度、まったく同じ尺度カテゴリーを用いて調査される。

平行形式信頼性 alternative-forms reliability 信頼性を評価するために、2つの同等の形式の尺度を構成し、同一調査対象者を2度にわたって測定するアプローチ。

評価できる[25]。

　この方法には大きな問題が2つある。1つは、同等の尺度をもつ調査用紙を構成するのに時間と費用がかかること。もう1つは、同等の2つの調査用紙を構成することが困難なこと。2種類の調査用紙は、内容的に同等であるべきである。厳密に言うと、2セットのカテゴリー尺度が、同じ平均値、分散、相関関係を有しているべきなのである。たとえこうした条件が満たされても、2つの調査用紙は内容的に同等ではないことがある。したがって、スコアの相関関係が低い場合には、尺度の信頼性が低い、あるいは調査用紙が同等でない、という2つの可能性が考えられるのである。

内部一貫性的信頼性

　内部一貫性的信頼性は、いくつかのカテゴリーを合計してトータル・スコアを出す総和尺度の信頼性を評価する際に用いられる。このタイプの尺度では個々のカテゴリーは、尺度全体で測定される構成概念のある面を測定する。そして1つの特性を表現するカテゴリーの間には一貫性があるべきである。この測定では、尺度を形成するカテゴリー同士の内部一貫性に注目する。

　内部一貫性の測定方法で最も単純なものは、**折半法評価**である。尺度上のカテゴリーを折半すると、二分されたスコア同士は相関関係をもつ。これらの相関関係が高いほど、内部一貫性による信頼性は高いといえる。尺度カテゴリーを折半する方法に関しては、偶数と奇数で分けてもよいし、無作為に分けてもよい。この方法の問題は、どのように尺度カテゴリーを折半するかによって結果に差が出ることである。この問題の解決方法としてよく用いられるのが、アルファ係数である。

　「クロンバックのアルファ」とも呼ばれる**アルファ係数**は、尺度カテゴリーをさまざまな方法で折半した結果得られる可能性のあるあらゆる折半係数を平均したものである。この係数は0から1までの値をとるが、0.6以下の場合は、一般的には内部一貫性による信頼性は満足できないことを示している。アルファ係数の重要な特性は、尺度カテゴリーの数が多いほど、この値が高く出る傾向にあることだ。したがって、不必要な尺度カテゴリーをいくつか混ぜれば、アルファ係数を人為的にあるいは不適切に高めることもできる[26]。アルファ係数と合わせて採用できるもう1つの係数は、ベータ係数である。ベータ係数は、アルファ係数の算出のために平均値を出す過程で、矛盾したカテゴリーが隠されていないかどうかを判断するのに役立つ。

内部一貫性的信頼性 internal consistency reliability　尺度のトータル・スコアを算出するために複数のカテゴリーを合計してトータル・スコアを出す総和尺度の信頼性を評価する場合、カテゴリーのセットの内部一貫性により評価するアプローチ。

折半法評価 split-half reliability　内部一貫性による信頼性評価の一形式。尺度を構成するカテゴリーを折半し、半分ずつのスコアの相関関係により評価する。

アルファ係数 coefficient alpha　内部一貫性による信頼性の指標。尺度カテゴリーをさまざまな方法で折半して算出されるすべての可能性のある折半係数を平均したもの。

多項目尺度の中には、多元的構成概念のさまざまな面を測定するために、数組のカテゴリーを含むものがある。例えば、店に対するイメージとは、品物の質、品物の多様性および品揃え、返品および補修に対するポリシー、店員のサービス、価格、立地条件、店内のレイアウト、返金および請求に対するポリシーを含む多次元構成概念である。したがって、店に対するイメージを測定するために設計された尺度には、上記のそれぞれの次元を測定するカテゴリーが含まれていると思われる。上記のような次元はどちらかというと独立したものなので、これらの次元を横断する形で内部一貫性を測定するのは不適切であると思われる。しかし、それぞれの次元を測定するカテゴリーが複数使用されているのであれば、側面ごとに内部一貫性による信頼性を算出することは可能だ。

〈リサーチの実例〉──テクノロジーに関するオピニオン・リーダーシップを支える「テクノロジー」

テクノロジー採用に関する調査において、次のような7段階（1＝非常にそう思う、7＝全くそうは思わない）のリッカート尺度を用いたオピニオン・リーダーシップの測定が行われた。

オピニオン・リーダーシップ

1. ハードウェア製品やソフトウェア製品に関する私の意見は、他の人にとって重要ではないようだ。
2. 他の人がハードウェア製品やソフトウェア製品を導入するときに、私のアドバイスを求める。
3. 他の人がハードウェア製品やソフトウェア製品を選定するときに、私のアドバイスを参考にすることはほとんどない。
4. 私は、自分の好きなハードウェア製品やソフトウェア製品を採用するよう、他の人を説得することがよくある。
5. ハードウェア製品やソフトウェア製品を選ぶにあたって、他の人がアドバイスを求めて私のところへ来ることはほとんどない。
6. ハードウェア製品やソフトウェア製品に関する他の人の意見に、私が影響を及ぼすことがよくある。

オピニオン・リーダーシップに関するアルファ係数は0.88で、すぐれた内部一貫性を示した。この調査から、テクノロジー製品の初期採用者は、オピニオン・リーダーで、新情報を求めており、コンピュータ経験が豊富な比較的若い男性である傾向があることがわかった。マイクロソフトのようなIT企業は、製品の初期採用者から確実に良い反応を得る必要があり、新製品導入段階ではこうした人々に対してマーケティング活動を集中するべきである[27]。

妥当性

尺度の**妥当性**とは、観察された尺度スコアの差異が、系統誤差や偶然誤差ではなく、測定している特性における対象間の真の差異を示している程度であると定義できる。妥当性が完璧であるといえるのは、測定誤差が全くない（$X_O=X_T$、$X_R=0$、$X_S=0$）場合である。リサーチャーは、内容的妥当性、基準関連妥当性、構成概念妥当性を評価することができる[28]。

内容的妥当性

表面的妥当性と呼ばれることもある内容的妥当性は、尺度の内容が、そのときに測定すべきことをどれだけ含んでいるかということに関する、主観的だが体系的な評価である。リサーチャー達、あるいはしかるべき者が、その尺度カテゴリーが測定したい構成概念のすべての面を適切にカバーしているかどうかを検証する。それ故店のイメージを測定するために設計された尺度であれば、主な特性（品質、商品の多様性および品揃えなど）のいずれかが含まれなければその尺度は不適切だとみなされる。この検証法はかなり主観的な性質をもっているため、これだけでは尺度の妥当性を十分に測定できるとはいえないが、一般的には尺度スコアの解釈の一助となる。また、これに加えて基準関連妥当性を検証すれば、より正式な評価ができる。

基準関連妥当性

基準関連妥当性は、ある尺度が、意味を持つ基準（基準変数）として選ばれた別の変数との関連で、予想されたとおりとなるかどうかを問うものである。基準変数には、人口統計特性や心理特性、態度や行動の測定、あるいは他の尺度で得られたスコアが含まれることがある。時間という軸から見ると、基準関連妥当性は、併存的妥当性と予測的妥当性の2つの形式に分けることができる。

併存的妥当性は、評価対象の尺度に基づくデータと基準変数に基づくデータが同時に収集されるときに評価される。この評価にあたっては、標準的な人格検査の簡易版を作成してもよい。人格検査の原版と簡易版を同時に被験者のグループに実施して、その結果を比較する。一方、予測的妥当性を評価するためには、リサーチャーはある時点でその尺度から得られたデータと、その後、基準変数から得られたデータとを収集する。例えば、シリアルのブランドに対する態度は、スキャナー・パネルの構成員による、将来のシリアルの購買行動を予測するために使用することが可能だ。まずパネルの構成者から態度に関するデータを得て、その後スキャナー・データを使って購買行動を追跡する。購買予測と実際の購買行動を比較すれば、態度を測定す

妥当性 validity 観察された尺度スコアの差異が、系統誤差や偶然誤差ではなく、測定している特性における対象間の真の差異を示している程度。

表面的妥当性 content validity 妥当性の一種で、表面的妥当性と呼ばれることもある。当面の測定課題に対し、尺度の内容がそれに応えているかに関する、主観的だが体系的な評価から成り立っている。

基準関連妥当性 criterion validity 妥当性の一種で、ある測定尺度が、意味のある基準（基準変数）として選ばれた別の変数との関連で、予想されたとおりとなるかどうかを検査する。

る尺度の予測的妥当性を評価することができる。

構成概念妥当性

　構成概念妥当性は、その尺度が実際にどんな構成概念あるいは特性を測定しているのかを問うものである。構成概念妥当性を評価するとき、リサーチャーは、なぜその尺度が機能するのか、また根底にある理論に関連してどんな演繹ができるのか、という理論的な質問に答えようとする。つまり構成概念妥当性には、測定対象となっている構成概念の性質に関する、そしてその構成概念が他の構成概念とどう関連するかに関する、合理的な理論が求められるのである。この構成概念妥当性は、最も洗練された妥当性であり、したがってもっとも確立が難しいものである。図9.5で示したように、構成概念妥当性には、収束的妥当性、判別妥当性、法則的妥当性が含まれる。

　収束的妥当性は、同じ構成概念に対して行った別の測定と、その尺度が性の相関をする程度である。これらすべての測定を、既存の尺度手法を用いて行う必要はない。**判別妥当性**は、ある尺度が、結果が異なるはずの別の構成概念と相関しない程度である。異なる構成概念同士には相関関係がないことを示す必要がある。**法則的妥当性**は、異なるが関連性のある構成概念の測定と、その尺度が理論的に予測どおりに相関する程度である。さらなる演繹、テスト、推定につながる理論モデルが形成される。次第に、いくつかの構成概念が体系的に相関する法則的な網が作られてくる。以下に、自己概念を測定するために設計した多項目尺度と関連づけて、構成概念妥当性の例を示す[29]。

〈リサーチの実例〉——本当の自分になるために

　次のような結果が得られれば、自己概念を測定するための多項目尺度に、構成概念妥当性があることを示す証拠となるであろう。

- 自己概念を測定する他の尺度および、すでに報告されている友人による分類との相関性が高い。（収束的妥当性）
- ブランド・ロイヤルティおよびバラエティ・シーキング（同一製品カテゴリーの中で多様なものを求める行動）という自己概念と関連性のない構成概念との相関性が低い。（判別妥当

構成概念妥当性　construct validity　妥当性の一種で、その尺度が実際にどんな構成概念あるいは特性を測定しているのかを問う。なぜその尺度が機能するのか、また、尺度の根底にある理論に関してどんな演繹ができるのか、という理論的な質問に答えようとする。
収束的妥当性　convergent validity　構成概念妥当性の測定法のひとつ。同じ構成概念に対して行った別の測定と、その尺度が正の相関をする程度を測定する。
判別妥当性　discriminant validity　構成概念妥当性の一種。ある測定結果が、異なるものであると想定される別の構成概念と相関しない程度を評価する。
法則的妥当性　nomological validity　理論的構成概念同士の関連性を評価する妥当性の一種。構成概念同士の有意な相関関係が理論によって予測されたとおりであることを確認する。

性）
・理論により自明のこととされたように、個人の自己概念と一致するブランドがより好まれる。（法則的妥当性）
・高水準の信頼性

　この例では、高水準の信頼性が構成概念妥当性の証拠として含まれていることに留意してほしい。これは信頼性と妥当性の関係を示している。

信頼性と妥当性の関係

　信頼性と妥当性の関係は、真値のモデル式によって理解することができる。ある測定が完全に妥当であれば、それはまた完全に信頼性がある。この場合、$X_O=X_T$、$X_R=0$、$X_S=0$である。このように、完璧な妥当性は完璧な信頼性をも意味する。もし、ある測定が信頼できないならば、少なくとも $X_O=X_T+X_R$ であるため、完全に妥当であるとはいえない。また、系統誤差も存在するであろう。つまり、$X_S \neq 0$ である。このように、信頼性がないことは妥当性がないことだといえる。たとえある測定が完全に信頼できるものであっても、完全に妥当性があるかもしれないし、妥当性は完全でないかもしれない。それは、やはり系統誤差が存在する（$X_O=X_T+X_S$）かもしれないからである。信頼性がないことは、妥当性に対して否定的な証拠となるが、信頼性はそれ自身妥当性を意味するものではない。信頼性は、妥当性に対する十分条件ではなく、必要条件である。

一般化可能性

　一般化可能性は、手元の観測を母集団一般に適用できる程度のことである。リサーチャーが一般化したいと思うすべての測定条件のセットが母集団一般である。その測定条件には、カテゴリー、インタビュアー、観測の状況などが含まれるであろう。リサーチャーは、個人面接に使用するために開発した尺度を、郵送調査や電話調査などの他のデータ収集モードに一般化したいと考えるかもしれないし、同様に、カテゴリーの標本をカテゴリーの母集団に、測定回数の標本を測定回数の母集団に、または観測者の標本を観測者の母集団に一般化することを望むかもしれない[30]。

　一般化可能性の調査では、それぞれの領域から測定条件をサンプリングすることで当該母集団を調べるための測定方法を設計する。当該母集団のそれぞれに対して、「面」と呼ばれる測定の側面が調査に含まれることとなる。伝統的な信頼性測定法は、「単一面」一般化可能性の調査であるとみなすことができる。再テストの相関は、ある測定尺度から得られたスコアが、常に可能なすべての母集団測定スコアに一般化できるかどうかに関連する。いくら再テストの

一般化可能性　generalizability　ひとつの票本に基づく研究が、母集団一般に適用できる程度。

相関が高かろうと、他の母集団に対するその尺度の一般化については何ら言及することができない。他の母集団に対して一般化するためには、一般化可能性の理論による手順を採用しなければならない。

尺度法の選択

信頼性および妥当性の理論的検討と評価に加え、ある特定のマーケティング・リサーチ課題に対する尺度技法を選択するにあたっては、いくつかの実践的な要素を検討すべきである[31]。求められている情報のレベル（名義、順序、間隔、あるいは比率）、調査対象者の能力、刺激対象物の特性、実施方法、背景、費用などである。

一般的規則としては、所定の状況で可能な限り最高レベルの情報をもたらすと思われる尺度法を使用すると、統計的分析の多様性の度合いが最も高まる。また、いかなる種類の尺度を使おうとも、可能であれば、複数の尺度カテゴリーを用いて当該特性を測定すべきである。そうすれば、単一の尺度カテゴリーで測定したときより正確な測定ができる。多くの場合、複数の尺度法を使用したり、数学的に導かれた尺度を使用して追加の測定を行ったりするのが望ましい。

数学的に導かれた尺度

本章で紹介している尺度法はすべて、調査対象者に刺激対象のさまざまな特性を直接評価するよう求めている。それとは対照的に、数学的尺度法を使用すれば、リサーチャーは刺激対象の特性に対する調査対象者の評価を推測することができる。こうした評価は、対象に対する調査対象者の総合判断から推測する、数学的に導かれた尺度には、多次元尺度構成法とコンジョイント分析という2つの有名な尺度がある。これらの技法については第21章で詳しく述べる。

国際マーケティング・リサーチ

尺度や回答用紙を設計する際には、調査対象者の教育レベルや識字レベルを考慮する必要がある[32]。汎文化的な、あるいは文化的偏りとは関係のない尺度を開発するアプローチもある。これまで検討してきた尺度法の中では、SD法が汎文化的であると言えるだろう。多くの国々でテストされ、首尾一貫して、類似の結果を出してきた。

〈リサーチの実例〉——ゼロックスという名前をコピーする

　ゼロックス（Xerox；www.xerox.com）という名称は、過去30年間、旧ソ連で良く受け入れられていた。実際、「書類のコピーを取る」行為は、その社名をとって「ゼロックスする」と言われていた。品質の高さと同一視されていたブランド名であった。ところが、ソ連邦が崩壊して独立国家共同体となるとゼロックスの売上げは落ち始めた。ゼロックスの幹部は、当初これを、キヤノン、リコー、三菱電機、ミノルタ・カメラなどの強力な競合企業との激しい競争の末に生じた問題だとみなしていた。そのため、より競争力のある製品を作る試みは、何の効果も得られなかった。そこで、ゼロックスおよび競合製品のイメージを測定するために、マーケティング・リサーチが行われた。調査にあたっては、汎文化的だと考えられていたSD法が用いられた。両極の語句に関しては、ロシアの状況において意図どおりの意味になっているかどうかを確認するため、何度も慎重にテストが行われた。

　この調査の結果から、真の問題は、ゼロックス製品に対するロシア人顧客の否定的な知覚が増加していることにあると判明した。何が悪かったのだろうか。実は、問題はゼロックスにはなく、ゼロックスの商標権を違法に侵害してコピー機を作っている数社の独立製造業者が存在したことにあった。ソ連崩壊により、商標の保護が不明確になり、商標権の侵害が増え続けていたのである。その結果、顧客の間に、ゼロックスが低品質の製品を売っているという誤解が広がったのであった。いくつか考えられた対策の中から、ゼロックスはロシア全国のテレビ、ラジオ、地方の印刷媒体を通じて企業キャンペーンを展開することを選ぶ。そしてその中で、品質要求の非常に高い独立国家共同体の国々でゼロックスが市場のリーダーであることを強調した。これは、ロシア人顧客のゼロックスに対する誤解を取り除く第一歩になった。さらにゼロックスは、共和国ごとに別々に商標を登録した。ゼロックスは2000年第1四半期に、ロシアおよびその他の発展途上市場で15%の成長を果たし、2001年には、165億ドルの年間収益を達成した[33]。

ロシアにおけるゼロックスと競合製品のイメージを測定するために、SD法が用いられた。

ロシアの状況においてSD法は有効であったが、一方で、基準となる指示対象として自己定義について、その国の典型的な行動様式に合わせた尺度を開発するというアプローチも考えられる。例えば、調査対象者に、文化固有の刺激セットに対し自らの立場や位置を示すことを求めてもよい。このアプローチは、文化的基準に関連して定義される態度（夫婦の役割に対する態度など）を測定するのに役に立つ。回答用紙の作成には、言葉による評定尺度がもっともふさわしいようである。あまり教育を受けていない調査対象者であっても、言葉による評定尺度なら直ちに理解し、回答することができる。その際、特に注意を払いたいのは、言葉や文化が異なっても同等の言葉による表現を定めるように開発することだ。特に、尺度の端点が異なって解釈されがちである。尺度化の方法に関わりなくも、ある文化では1は最良であると解釈されるが、別の文化では逆に1は最悪であると解釈される、というようなことが生じる。尺度の端点と言葉の表現を、特定の文化に適合する形で採用することが重要である。

最後に、国際マーケティング・リサーチにおいては、さまざまな国からデータを得るために使われる尺度や測定の等価性を確立することが非常に重要である。この件は複雑なので、第23章で詳しく述べることとする。

マーケティング・リサーチにおける倫理

リサーチャーには、適度な信頼性、妥当性および一般化可能性を有する尺度を使用する倫理的責任がある。対象母集団にとって信頼性も、妥当性も、一般化可能性もない尺度から生みだされた結果は、せいぜい問題があるとしか言えず、深刻な倫理的問題を引き起こす。さらにリサーチャーは、尺度に対して、ある特定の方向に結果を歪めるようなバイアスをかけるべきではない。表現の言葉づかい（リッカート尺度のようなタイプ）や、尺度に付ける言葉の説明などには、容易にバイアスをかけることができる。尺度に説明を添えることを考えてみよう。尺度を構成するために使われる言葉を選ぶときに、例えばクライアントのブランドに対する肯定的な意見や競合他社のブランドに対する否定的な意見をつくり出すように、望ましい方向の結果に偏らせようとすることができる。例えば、クライアントのブランドを好意的に伝えるため、調査対象者にそのブランドのいくつかの属性に対する意見を示させる際に「非常に悪い」から「良い」までの言葉で指定された7段階尺度を用いたとしよう。すると調査対象者は、その製品を「非常に悪い」と評価する気にならないものである。実際、その製品のことを単に平凡だと思っている調査対象者は、最終的には肯定的に回答する。以下の例を読者自身で試してみよう。あなたはBMWの自動車を次の属性についてどう評価するだろうか。

信頼性	ひどい	1	2	3	4	5	6	7	良い
性能	非常に劣る	1	2	3	4	5	6	7	良い
品質	最悪のひとつ	1	2	3	4	5	6	7	良い
名声	最低	1	2	3	4	5	6	7	良い

BMWの自動車を好意的に評価しなかっただろうか。このような技法を使って、肯定的な言葉には強い表現を用いる（極めて良い）代わりに、否定的な言葉には穏やかな言葉（どちらかといえば悪い）を用いれば、競合ブランドの評価を否定的にゆがめることができる。

それ故、同等の肯定的・否定的表現を用いた釣合型尺度を用いることがどれだけ重要かということがわかる。このガイドラインが破られたときには、回答は歪められるので、しかるべき解釈をされるべきである。リサーチャーには、クライアントおよび調査対象者の両方がその尺度を確実に適用し、使えるようにする責任がある。同様に、クライアント企業には、顧客および公衆を倫理的に扱う責任がある。下記に、ダイレクト・マーケティングの担当者の行動を評価する適切な尺度の例を挙げるので、参考にしてほしい。

〈リサーチの実例〉──ダイレクト・マーケティング担当者の倫理観を直接測定

昨今、さまざまな企業が、製品購入を説得しようと対象である個々人のことを考えもせずに、電話や電子メール、ダイレクト・メールなどによりマーケティング活動を行っている。これまでに、保険会社、医療関係企業、通信事業者などを含むダイレクト・マーケティングを行う多くの企業が、非倫理的なマーケティング活動を行ったとして、何十億ドルもの罰金を支払っている。デニー・ハッチは、ダイレクト・マーケティングを行う企業に対し、下記のような誠実さの尺度を提案した。

1. 私の申し出は全体としてデック・ベンソンが言うところの「厳密に正直」なものである。
   0　　1　　2　　3　　4　　5
2. 私は、母親や娘に対しても、この申し出を誇りをもって行う。
   0　　1　　2　　3　　4　　5
3. 保証は明確に示されており、ゆるぎないものである。私は保証義務を果たす。
   0　　1　　2　　3　　4　　5
4. 私は、申し出の中で交わした約定をすべて、細かいところまで信用している。
   0　　1　　2　　3　　4　　5
5. 私の用いるプロモーション（促進）資料はすべて読みやすく、コピーは明瞭である。
   0　　1　　2　　3　　4　　5
6. 有名人による推薦はすべて実際のものであり、進んで与えられたものである。
   0　　1　　2　　3　　4　　5
7. 商品は約束の日時に届く。いい加減な対応はしない。
   0　　1　　2　　3　　4　　5
8. 私は、全業界のオプトイン・オプトアウト・ガイドラインを厳守する。
   0　　1　　2　　3　　4　　5
9. 商品の解約や返品に関しては、誠心誠意、便宜をはかる。

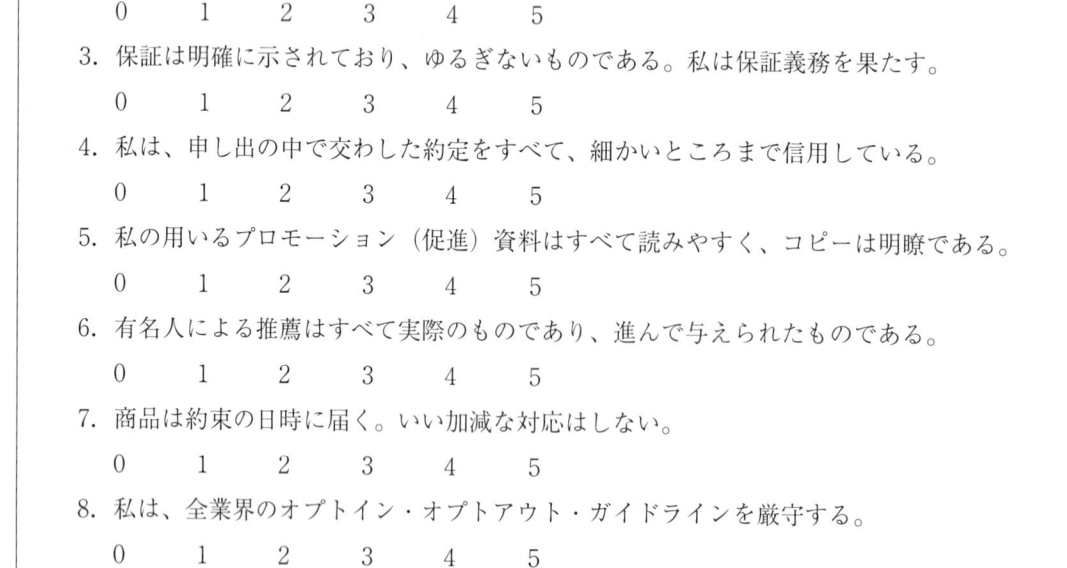

　　　　　0　　1　　2　　3　　4　　5
　10. 私は、満足いただけないお客様には即時返金をする。
　　　　　0　　1　　2　　3　　4　　5

　これは自己評価の尺度であり、0が「落第」で5が「優秀」を意味している。ダイレクト・マーケティングの担当者はこれを自分自身に当てはめ、自分の活動がどれだけ倫理に適ったものであるかを確認するべきである。スコアが50未満であれば、あなたは「厳密に正直」ではない[34]。

インターネットおよびコンピュータ・アプリケーション

　連続尺度法は、インターネット上での実施が容易であるといえよう。カーソルを連続的にスクリーン上で動かせば、尺度の中から回答者の評価をもっともよく表している正しい位置を選ぶことができる。さらに、尺度の値を自動的にコンピュータでスコア化することができ、データ加工の速度および確度が上がる。

　3種類のカテゴリー尺度法も、すべて、インターネット上で簡単に実施することができる。さらにインターネットによって、他のリサーチャーが使用した同じような尺度を探し出すこともできる。また、他のリサーチャーが、多項目尺度の信頼性や妥当性に関する評価を報告しているかもしれない。新しい尺度を作成する前には、まず他のリサーチャーが使用した同様の尺度を検証し、それが測定目的に合うようであれば適用しよう。『マーケティング・スケールズ・ハンドブック』の作成機関として非常によく知られている南イリノイ大学カーボンデール校のオフィス・オブ・スケールズ・リサーチは、インターネット上に専門的な報告を掲載している（www.siu.edu/departments/coba/mktg/osr）。

〈リサーチの実例〉——あなたのオンライン・プライバシーはどれだけ保護されているか

　電子商取引は莫大な可能性を有しているにもかかわらず、その全取引に占める割合は依然として低く留まっている。2002年の時点では、世界経済の1%に満たない。消費者がオンライン・プライバシーを信用していないことが、電子商取引の成長を阻む大きな問題となっているのである。最近の報告では、米国のインターネット・ユーザーおよび非ユーザーを含めたほぼすべての人（94.5%）が「インターネットで何かを購入する場合の個人情報の保護」に懸念を抱いていることがわかった。そこでリサーチャー何人かで、インターネット・ユーザーの個人情報保護に関する不安を測定するための尺度を開発した。これは10カテゴリー、3次元の尺度で、3次元とは、管理、知識、収集である。10の各カテゴリーが7段階のリッカート・タイプの「そう思う・そう思わない」という尺度でスコア化される。この尺度には、すぐれた信頼性および構成概念妥当

性があることが明らかになっている。この尺度により、オンライン・マーケターおよびオンライン・ポリシーの決定者は、インターネット・ユーザーの個人情報に関する懸念を測定し、それに取り組むことができるはずだ。そうすれば、今後、電子商取引は増加するであろう[35]。

マイクロコンピュータは、連続尺度法およびカテゴリー尺度法、特に多項目尺度の開発および試験をするのに便利である。サンフランシスコのコンピューターズ・フォー・マーケティング・コーポレーション（CfMC）社の開発したサーヴァント（SURVENT）は、尺度を調査票に印刷したり、電話調査でインタビュアーが使用できるように、パソコンのディスプレイ上で、自動化することなく一瞬にしてカスタマイズできるものである。この他にも、カテゴリー尺度法の構築に使える専門的なプログラムもある。第10章で検討するが、こうした調査票の設計パックの中には、相対尺度および絶対尺度を構築することができるものもある。例えば、アイデア・ワークス社（www.ideaworks.com）は、メジャメント・アンド・スケーリング・ストラテジストを販売している。これは、キーコンセプトのための既存の尺度を見つけ出し、同時に新しい測定および尺度に関しても、妥当性および信頼性を最大限に保ちつつ、その設計を支援するものである。また、このソフトウェアは、調査票の開発の際に陥りがちな共通の落とし穴をも避けてくれる。さらに、状況依存のヘルプ、詳細報告、ビルト・イン・エディターなどの機能も備えられている。

SPSS Windows

SPSS Data Entryを使用すれば、リサーチャーは3種類の絶対尺度、つまりリッカート尺度、SD法、ステーペル尺度のいずれをも設計することができる。さらに、多項目尺度も簡単に用立てることができる。質問ライブラリーを使ったり、あるいはカスタマイズされた尺度を設計したりすることもできる。図9.7は、販売員と製品特性の評価のためにリッカート・タイプの尺度を設計するために、SPSS Data Entryを使用した例である。

図9.7 販売員と製品特性の評価のための、リッカート・タイプの尺度

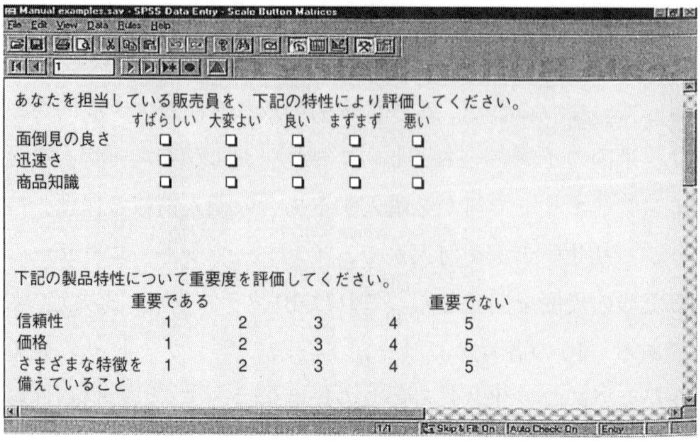

第9章 測定と尺度化：絶対尺度

バークの場合

　バークでは、個々のクライアントのニーズに応えるために、それぞれの調査を設計する。したがって尺度の使用法も各様である。本章で検討したさまざまな形の尺度を使用しているが、リッカート・タイプの尺度が最もよく使用されている。バークのブランド商品については、一般的に標準実施手順を順守し、同じ尺度セットをどのクライアントにも使用することに執着している。ここでは、「安定」顧客の割合を測定するため、および改善の優先順位を浮かび上がらせる戦略的青写真を提供するために設計された尺度について検証してみよう。バークの標準実施手順は「安定顧客指数」（Secure Customer Index®）として知られる合成尺度を作成するために、下記の3つの基準測定値を使用している。

全体的満足度
  4＝非常に満足している
  3＝いくらか満足している
  2＝いくらか不満である
  1＝非常に不満である

推薦意欲
  5＝確実に薦めるだろう
  4＝おそらく薦めるだろう
  3＝薦めるかもしれないし、薦めないかもしれない
  2＝おそらく薦めないだろう
  1＝確実に薦めないだろう

再使用の見込み
  5＝確実にまた使う
  4＝おそらくまた使うだろう
  3＝また使うかもしれないし、もう使わないかもしれない
  2＝おそらく二度と使わないだろう
  1＝確実に二度と使わない

　安定顧客指数とは、「非常に満足している」「確実に薦めるだろう」「確実にこのクライアントの製品やサービスをまた使う」のすべてを選んだ顧客の割合である。

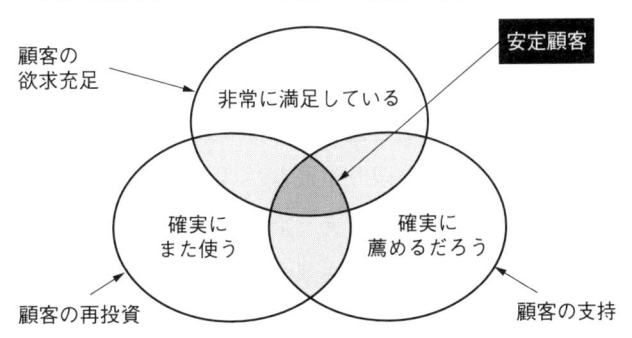

バークは「安定顧客指数」では全体的満足度の質問のみよりも一層識別力のある結果が出ることに気づいた。バークはまた「安定顧客指数」と、利益率、マーケット・シェア、顧客維持率などの実際の業績測定値との間に強い相関関係があることを文書で裏付けた。例えば、コンピュータのハードウェアおよびソフトウェアのビジネス用ユーザーの調査では、ユーザー顧客の「安定度」が上がるにつれて顧客維持率も伸びることがわかった。

安定度のレベル	顧客維持率
安定	88%
好意的	57%
無関心	30%
不満	25%

「安定顧客指数」に加え、バークは通常、一連の属性に関する評価を収集している。ここでも、リッカート・タイプの尺度が使用されている。バークは、どの属性がユーザー顧客の安定度を「動かす」のかを判断するために、つまりクライアント企業が改善の対象とすべき属性を決めるために、データの分析を行っている。

まとめ

　絶対尺度では、各対象は刺激対象の他の対象とは独立に評価される。結果のデータは一般的に、間隔尺度または比率尺度で出されることとなる。絶対尺度は、連続尺度にもカテゴリー尺度にもなりうる。カテゴリー尺度法はさらに、リッカート尺度、SD法、ステーペル尺度に分類される。絶対尺度を使用する際は、リサーチャーは尺度カテゴリーの数をいくつにするか、釣合型尺度にするか不釣合型尺度にするか、カテゴリー数を奇数にするか偶数にするか、強制選択尺度にするか非強制選択尺度にするか、言葉による表現の種類と程度をどうするか、尺度の形状あるいは構成をどうするかを決めなければならない。

　多項目尺度は多くの評価尺度で構成される。これらの尺度は、その信頼性と妥当性を評価しなければならない。信頼性とは、調査が繰り返し行われた場合、ある尺度が一貫性のある結果を生み出す程度である。信頼性は、再テスト、平行形式テスト、内部一貫性によって検証できる。妥当性、あるいは測定の精度は、内容的妥当性、基準関連妥当性、構成概念妥当性を検証することで、評価できる。

　ある一定の状況において特定の尺度法を選択する際には、論理的かつ実用的な検討に基づいて行うべきである。一般的には、可能な限り最高レベルの情報をもたらす尺度法が選ばれる。さらに、複数の尺度を使用したほうが確実である。

　国際マーケティング・リサーチでは特に、さまざまな言語や文化における、同等の言葉による表現を選ぶことに傾注すべきである。リサーチャーには、クライアントおよび調査対象者の

第9章　測定と尺度化：絶対尺度

両方がその尺度を確実に適用し、使えるようにする責任がある。インターネットとコンピュータは、連続尺度およびカテゴリー尺度、特に多項目尺度の開発およびテストに便利である。

演習

復習問題

1. SD法とは何か。この尺度を用いる目的を述べよ。
2. リッカート尺度について説明せよ。
3. ステーペル尺度とSD法との違いは何か。どちらの尺度がよく使われるか。
4. カテゴリー尺度を構築する上での、最も大きな意思決定とは何か。
5. カテゴリー尺度法ではカテゴリーをいくつ用いればよいか。それはなぜか。
6. 釣合型尺度と不釣合型尺度の違いについて述べよ。
7. カテゴリー尺度法でのカテゴリー数は、奇数・偶数のどちらであるべきか。
8. 強制選択尺度と非強制選択尺度の違いについて述べよ。
9. 言葉による表現の質や程度は、どのようにカテゴリー尺度に対する回答に影響を与えるか。
10. 多項目尺度とは何か。
11. 真値のモデル式について説明せよ。
12. 信頼性を定義せよ。
13. 再テストでの信頼性と平行形式テストでの信頼性の違いについて述べよ。
14. 内部一貫性による信頼性の概念を述べよ。
15. 妥当性とは何か。
16. 基準関連妥当性とは何か。どのように評価されるのか。
17. 多項目尺度の構成概念妥当性は、どのように評価されるのか。
18. 信頼性と妥当性との関係について説明せよ。
19. 特定の尺度法を選択する方法について述べよ。

応用問題

1. ある店舗のロイヤルティを測定するための、リッカート尺度、SD法、ステーペル尺度を開発せよ。
2. 経営カリキュラムの国際化に対する学生の態度を測定するための、多項目尺度を開発せよ。また、この尺度の信頼性および妥当性をどのように評価するか。
3. 一般情報源としてのインターネットに対する学生の態度を測定するための、リッカート尺度を開発せよ。10名の小サンプルに対してその尺度を用いた測定を実施し、改良せよ。
4. 次の尺度は、昨今、新しいテクノロジーに対する態度を測定するために使用されたものである。新しいテクノロジーに対するあなたの意見を表現するとして、下記の言葉にあなたは、

どの程度賛成あるいは反対するか。1〜5の尺度（1＝強く不同意、5＝強く同意）を用いて答えよ。

　　私は、新しいテクノロジーを避ける人間である。
　　私は、最新テクノロジーをいつも追いかけるテクノロジーマニアである。
　　私は、新しいテクノロジーの良さが証明されるまで「様子を見る」タイプである。
　　私は、友人が新しいテクノロジーを購入しようとするときに、アドバイスを求められるタイプの人間である。

　a．新しいテクノロジーに対する態度を測定するこの尺度における、あなたの得点を記せ。
　b．新しいテクノロジーに対する態度を測定する同等の尺度を、SD法で開発せよ。
　c．新しいテクノロジーに対する態度を測定する同等の尺度を、ステーペル尺度で開発せよ。
　d．どの尺度が、電話調査にもっとも適しているか。

インターネット／コンピュータ演習

1. フォード・モーター社のホームページの有用性を測定するリッカート尺度を設計せよ。その後、www.ford.com を閲覧しながら、自分が開発した尺度でこのホームページを評価せよ。
2. フェデックスの翌日配達サービスについての知覚を測定するためのSD法での尺度を設計し、UPSの翌日配達サービスのそれと比較せよ。関連情報は、2社のホームページから得ることができる。（www.fedex.com、www.ups.com）
3. オフィス・オブ・スケールズ・リサーチ（www.siu.edu/departments/coba/mktg/osr.）のホームページを閲覧して、リッカート尺度が使用されている例とSD法が使用されている例を見つけだし、それぞれの尺度が使用されている状況について、レポートを作成せよ。
4. 何らかのサーベイを行っているマーケティング・リサーチ会社2社のホームページを訪れ、両社が行っている調査を1つずつ取り上げて分析し、使用されているカテゴリー尺度法を批評せよ。
5. インターネット上で、リッカート尺度、SD法、ステーペル尺度が使用されている例を2つずつ見出し、それぞれの尺度が使用されている状況について、レポートを作成せよ。

実　習

ロール・プレイ

1. あなたは、医療産業のための意思決定支援システム（DSS）の開発を専門とする企業の、マーケティング・リサーチ部門で働いている。あなたの会社は、DSSに対する病院経営者の態度の測定を計画している。この調査は電話で行われることになっている。まず、このよ

うな目的に適合する尺度を開発せよ。次に、経営幹部に対してその尺度を説明をし、その構築にあたってあなたが打ち立てた推論が正当であることを証明せよ。

フィールド・ワーク

1. あなたの住んでいる都市に就航している二大航空会社のイメージを測定するための、SD法の尺度を開発せよ。その尺度を用いて、20名の学生から成るパイロット・サンプルにつき調査を実施せよ。あなたのパイロット・スタディによると、どちらの航空会社がより好意的なイメージを有しているか。

グループ・ディスカッション

1. 「どの尺度法を使うかなどは、まったく問題にはならない。測定に信頼性がある限り、正しい結果が得られるのだ」。この意見について、少人数のグループで議論せよ。
2. 「応用マーケティング・リサーチにおいては、信頼性や妥当性などに気をとられる必要はない」。この意見について、少人数のグループで議論せよ。

第10章

調査票と観察フォームの設計

「すぐれた調査票とは、調査対象者を引きつけ、完全かつ正確に回答しようという気にさせるものである。それと同時に、調査票は、すべての調査対象者が質問および回答を同じように理解できるように作成しなければならない」
——ボビー・ブラントリー（バーク社、リサーチ・サービス部トレーニング・マネージャー）

本章の目的

この章では、以下の点を学習する。
① 調査票の目的と目標について説明する。目標は調査対象者が回答できるように、また回答しようと思うように調査対象者を励ますこと、そして回答誤差を最小限に抑えることである。
② 調査票設計のプロセス、プロセスに含まれるステップ、ならびに各ステップで従わなければならないガイドラインを解説する。
③ 観察フォームによるデータ収集について論じ、観察する人（誰）、もの（何を）、いつ、どこで、なぜ、そして行動の方法を特定する。
④ 国際マーケティング・リサーチのための調査票を設計する際に考慮すべき事柄を論じる。
⑤ 調査票の設計に伴う倫理的な問題を理解する。
⑥ 調査票を設計する際の、インターネットやコンピュータの活用法について論じる。

本章の概要

調査票あるいは観察フォームの設計は、調査設計の策定における重要なステップである。ひとたび、どのような調査を計画すべきかが特定され、（第3章から第7章まで）、尺度化の手順が決定されれば（第8章および第9章）、調査票あるいは観察フォームを開発することができる。本章ではまず、調査票および観察フォームの重要性について述べる。次に、調査票の諸目標、および調査票の設計に必要なステップについて解説する。しっかりした調査票を設計するためのガイドラインをいくつか紹介していく。続いて、観察フォームの設計について考察する。また、国際マーケティング・リサーチ用の調査票を設計する際に考慮すべき事柄を論じ、調査票設計において生じる倫理的問題もいくつか確認する。そして最後に、調査票設計の際における、インターネットやコンピュータの使用について論じて章を終える。

〈リサーチの実例〉——2000年センサスの調査票に関するコンセンサス

アメリカの国勢調査局（www.census.gov）は、10年ごとに同国内の人口とそれらの人々の、さまざまな人口統計を明らかにする調査すなわち国勢調査（センサス）を実施している。それまで使用されてきた用紙は長くてわかりにくいものであったため、センサスの郵送回答率は低下していた。そこで、2000年のセンサスの調査票が設計し直された。その目標は、回答率の向上を期待して記入者に一層親しみやすく、より短い調査票を作ることであった。

改訂の結果、調査票はかなり短縮された。1990年短縮版では12項目から構成されていたが、2000年短縮版ではわずか7項目（各世帯の一人ひとりの氏名、性別、年齢、世帯内関係、ヒスパニック出身かどうか、および人種、そして持ち家か借家か）となった。同様に、原版についても、1990年の38項目に対して2000年は34項目となった。

調査票の内容を決定すると、次に、その構成と実際の記述の言葉遣い（ワーディング）に取り組んだ。この段階で難しかったのは、調査対象者の興味を引きつけるために質問文を短くしつつも、必要なデータを得られるような程度の長さを維持することであった。各質問は、あいまいでない言葉を用いて明確に定義されなければならなかった。1990年国勢調査の質問を見直し、どの質問を改訂すべきかを決定した。こうして質問の内容、構造、ワーディング、順序が決まると、国勢調査局はニューヨークのデザイン会社、トゥー・トゥエルブ・アソシエイツ社（www.twotwelve.com）に対し、フォーマットおよびレイアウトの改善と、ロゴおよびスローガンを含む調査票の視覚的イメージの開発を依頼した。

改訂された調査票は、徹底的に事前テストにかけられた。その最も大規模なものは1996年ナショナル・コンテント・サーベイ（正式には「2000年合衆国国勢調査テスト」として知られている）で、ここでは、新規および改訂された質問のワーディング、体裁および順序をテストするように設計された。

実際のデータ収集の過程では、調査票を送付する前にまずハガキを送り、調査対象者が、英語

第10章　調査票と観察フォームの設計

デザインを改善した結果、2000年国勢調査の郵送回答率は1990年と比べて約10%上昇した。

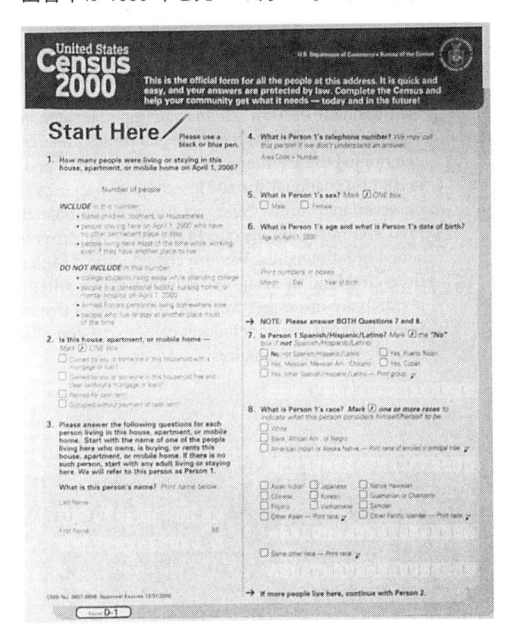

版、スペイン語版、中国語版、韓国語版、ベトナム語版、タガログ語版のなかから、どのタイプの調査票を請求するかを選べるようにした。そして、表（オモテ）に国勢調査のロゴの入った公用封筒で調査票セットを送った。封筒には、回答が法律で義務づけられている旨の注意書きが印刷された。

2000年の調査票がわかりやすい書式になった結果、郵送回答率は1990年と比べて約10%上昇した。2000年の調査票は、明らかに、10年前に使われた調査票よりも格段に改善されたとのコンセンサスを獲得した[1]。

調査票および観察フォーム

第6章で述べたように、質問法と観察法は、記述的リサーチにおいて量的一次データを得るための基本的な手法である。いずれの手法も、得られたデータに内部一貫性があり、同一規準により首尾一貫した方法で分析できるように、データ収集のプロセスを標準化することが必要である。もし40人の面接調査員が国内のさまざまな場所で個人面接あるいは観察を実施するとすれば、彼らが収集するデータは、彼らが特定のガイドラインに従い、標準的な方法で質問を行い、回答を記録しないかぎり、比較可能とはならない。調査票や観察フォームを標準化すれば、データの比較可能性が確実となり、記録の速度と精度が増し、データ処理が容易になる。

調査票の定義

　調査票は、スケジュール、インタビュー・フォーム、測定用具などとも呼ばれるが、調査対象者から情報を得るための一連の質問の正式なセットである。普通、調査票と呼ばれているものは、こうした質問の正式なセットの一要素に過ぎず、他に、次のものが状況に応じて含まれている。①調査対象者を選抜したり調査対象者に質問する際の指示書などのフィールドワーク（実地調査）手順文書（第13章参照）、②調査対象者への報酬、プレゼントあるいは謝礼、③（個人面接においては）地図、写真、広告、製品などのコミュニケーション・ツール、あるいは（郵送調査においては）返送用封筒。実施するデータ収集方法に関わらず、調査票は、以下に挙げる3つの目標によって特徴づけられる。

調査票の目標

　どんな調査票にも目標が3つある。第1に、必要な情報を、調査対象者が答えることができるような、また、答えようとするような一連の特定な質問に表現（翻訳）しなければならない。調査対象者が答えることができ、答えようとし、かつ求めている情報を導き出すような質問を開発するのは困難なことである。2つの一見同種の方法で質問をしたとしても、そこから導き出される情報は異なるかもしれない。したがって、まさにやりがいのある目標である。

　第2に、調査対象者がそのインタビューに関心を持ち、協力し、最後までインタビューに答えようという気になるよう、対象者の気持ちを高め、動機づけ、励ますものでなければならない。完了できなかったインタビューは、せいぜい、限られた有用性を持つにすぎない。調査票を設計するにあたっては、調査対象者の疲労、倦怠、未完了、無回答を最小限に抑えるよう懸命に努力しなければならない。調査票を上手に設計すれば、冒頭の2000年国勢調査の例のように、調査対象者を動機づけ、回答率を上げることができる。

　第3に、調査票による回答誤差を最小限に抑えなければならない。調査設計において誤差を引き起こす可能性のある要因については第3章で述べたが、そこでは回答誤差を「調査対象者が不正確な回答をしたり、回答が誤って記録・分析された場合に生じる誤差」と定義した。調査票は回答誤差の主な要因になりうる。こうした誤差を最小限に抑えることは、調査票設計における重要な目標である。

調査票設計のプロセス

　調査票設計の大きな弱点は理論の欠落である。最適な、あるいは理想的な調査票を保証する科学原理がないため、調査票設計は経験によって培われる技術である。つまり、それは、科学というよりはむしろ技である。スタンリー・ペインの『質問を行う技』（The Art of Asking

---

調査票 questionnaire　調査対象者から情報を得るために口頭または文書で行う質問の一連の正式セット。

Questions）は1951年に出版された書籍だが、今でもこの分野の基本書である[2]。本節では、新人リサーチャーが調査票を設計する際に役立つガイドラインを示す。このガイドラインに従えば大きな失敗は避けられるだろう。ただし、調査票の精巧な調整には熟練リサーチャーの創造力が必要となる。

　調査票の設計は、一連のステップにまとめることができる（図10.1参照）。①必要な情報を指定する。②インタビュー方法を指定する。③個々の質問の内容を決定する。④調査対象者の回答不能、および回答したくない気持ちを克服する質問を設計する。⑤質問構成を決定する。⑥質問のワーディングを決定する。⑦質問を適切な順序に配列する。⑧フォーマットおよびレイアウトを決める。⑨調査票を印刷する。⑩調査票の事前テストを行う。以下に、これらの各ステップについてのガイドラインを示していく。これらのステップは、実際には相互に関連しているため、調査票開発の間に何度か繰り返したり、あるいは前のステップに戻ったり、ということも生じうる。例えば、ある質問をどんなワーディングを用いて表現しても、調査対象者が誤解してしまうこともあるだろう。その場合には、質問構成を決める段階に立ち戻る必要がある[3]。

必要な情報を指定する

　調査票設計の最初のステップは、必要な情報を指定することである。これは調査設計におけるプロセスの第1段階でもある。リサーチ・プロジェクトが進行するにしたがって、必要な情

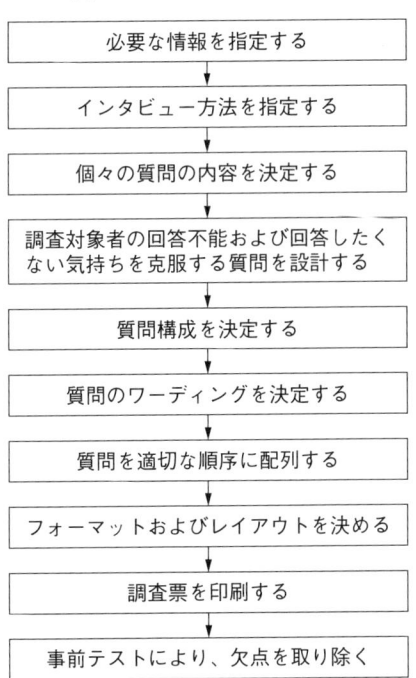

図10.1　調査票設計プロセス

```
┌─────────────────────────┐
│   必要な情報を指定する   │
└─────────────────────────┘
             ↓
┌─────────────────────────┐
│ インタビュー方法を指定する │
└─────────────────────────┘
             ↓
┌─────────────────────────┐
│ 個々の質問の内容を決定する │
└─────────────────────────┘
             ↓
┌─────────────────────────────────┐
│ 調査対象者の回答不能および回答したく │
│ ない気持ちを克服する質問を設計する   │
└─────────────────────────────────┘
             ↓
┌─────────────────────────┐
│    質問構成を決定する    │
└─────────────────────────┘
             ↓
┌─────────────────────────┐
│ 質問のワーディングを決定する │
└─────────────────────────┘
             ↓
┌─────────────────────────┐
│ 質問を適切な順序に配列する │
└─────────────────────────┘
             ↓
┌─────────────────────────┐
│ フォーマットおよびレイアウトを決める │
└─────────────────────────┘
             ↓
┌─────────────────────────┐
│    調査票を印刷する     │
└─────────────────────────┘
             ↓
┌─────────────────────────┐
│ 事前テストにより、欠点を取り除く │
└─────────────────────────┘
```

報がますます明確に定義されていくことを忘れないでほしい。課題とアプローチの各要素、特に質問事項、仮説、必要な情報を見直してみるとよいであろう。さらに、収集する情報が、課題の要素を確実にすべて網羅するようにするために、リサーチャーはダミーの表を用意すると良い。ダミーの表とは収集されるデータを列挙した、空白の表である。データを収集した後、どのように分析を組み立てるかを示すものである。

　目標母集団をしっかり理解しておくことも重要である。調査対象者グループの特徴は、調査票設計に大きな影響を及ぼす。大学生には適切な質問でも、主婦には適切でないかもしれない。調査対象者の社会経済的特徴を理解しておくべきである。さらに、調査対象者に対する理解が不十分であると、「わからない」あるいは「意見がない」という回答が多くなる可能性がある。対象者のグループの多様性が増すほど、そのグループ全体に適切な単一の調査票を設計することが難しくなる。

インタビュー方法の種類

　インタビュー方法が調査票設計にどんな影響を及ぼすかの判断は、各方法で調査票がどのように取扱われるかを考えるとわかりやすい（第6章参照）。個人面接法では、調査対象者は調査票を見て、インタビューアと直接顔を合わせてやりとりすることができる。したがって、長く、複雑で多様な質問を行うことができる。電話法では、調査対象者はインタビューアとやりとりするものの、調査票を見ることはない。したがって、尋ねることのできる質問は、短くて単純なものに限られる（百貨店プロジェクト参照）。郵送法では、調査対象者が自分で回答を記入するため、質問は単純でなければならず、また詳しく指示を印刷しておかなければならない。コンピュータ支援インタビュー（CAPIやCATI）では、複雑なスキップパターンや順序によるバイアスを除くための質問の順番の無作為化を取り入れることも容易である。インターネットでの調査はCAPIと多くの点で似ているが、電子メールで送られる調査票はもっと単純でなければならない。また、個人面接法および電話法のために調査票を設計する際には、質問を会話調で記述する必要がある。

　百貨店プロジェクトの例でいえば、電話による10店舗の順位付け（ランク・オーダー）は複雑すぎるタスクであろう。その代わりに、各百貨店を1つずつ評価する、より単純な方式が選好を測定する方法として選択された。個人面接法では、順序付けのタスクを容易にするために、カードを使用する。インタビューアへの指示は質問や回答を記入するものとは異なった活字や大きさを変えて印刷するが、個人面接法ではその数が圧倒的に多くなる。その他の違いとしては、たとえばインタビューアが介在しない郵送法や電子的調査では調査対象者自身が順位を書き込む、個人面接法ではインタビューアが店名を記録する、などがある。インタビュー方法の種類はまた、個々の質問内容にも影響を与える。

個々の質問の内容

必要な情報が指定され、インタビューの手法が決定されたならば、次のステップでは各質問の内容、つまり個々の質問には何が含まれるべきかを決める。

その質問は必要か

調査票の質問はすべて必要な情報をもたらす、あるいはある特定の目的を果たすのに貢献しなければならない。ある質問からもたらされるデータを満足に使えないのであれば、その質問は削除した方がよい。本章の冒頭の例で示したように、米国の2000年国勢調査の調査票の短縮版は1990年版をよく検討した結果、5項目に関する質問が削除されている。

しかし、場合によっては、必要な情報に直接関係のない質問が行われることがある。特に調査票のトピックがデリケート、あるいは論議を呼ぶものである場合、調査対象者の調査への関与とラポールを築き上げるため、調査票の冒頭で中立的質問をいくつかすることは有用である。時には、プロジェクトの目的や依頼者を隠すために、追加の質問をすることもある。依頼者を隠すために、対象ブランドの質問数を減らすのではなく、競合ブランドについて質問することもある。例えば、IBM社の依頼でパソコンに関する調査を行う場合、デル社やアップル社に関する追加の質問をすることもある。そのプロジェクトに関するクライアントの支持を得るために、当面の問題に関係しない質問をすることもある。時には、信頼性や妥当性を評価する目的でいくつかの質問を繰り返す場合もある[4]。

1問で済むのか、数問必要か

質問が必要であることがはっきりしたら、求めている情報を充分に得られることを確認しなければならない。必要な情報をあいまいでない形で得るために、いくつかの質問が必要となる場合もある。次の質問を考えてみよう。

「あなたは、コカ・コーラ（Coca-Cola）は、おいしくてさわやかな清涼飲料水だと思いますか」（不適切）

「はい」という答えならおそらく明確であるが、「いいえ」という答えならどうだろう。調査対象者は、コカ・コーラ（Coca-Cola）はおいしくない、と思っているのか、さわやかではない、と思っているのか、それとも、おいしくもなく、さわやかでもない、と思っているのか。このような質問は、2つ以上の質問が1つの質問に結合されているので、**ダブルバーレル式質問**と呼ばれている。必要な情報を得るためには、2つの別個の質問を行うべきである。

ダブルバーレル式質問 double-barreled question　2つの問題をカバーしようとしている単一の質問。こうした質問は、調査対象者を混乱させる可能性があり、あいまいな回答をまねく。

アクティブ・リサーチ　百貨店プロジェクト

インタビュー方法が調査票設計に及ぼす影響

郵送法の調査票

　あなたが次の百貨店で買物をすることを考えて、下記の百貨店にあなたの好きな順位をつけて下さい。まずあなたが一番好きな百貨店を選び、「1」と書き入れて下さい。そして、2番目に好きな百貨店を選び、「2」と書き入れて下さい。同じように10店すべてに数字を書き入れて下さい。一番好きでない百貨店には「10」がつけられることになります。2つの百貨店に同じ数字を書き入れることはしないで下さい。好き嫌いの判断基準は、すべてあなたがお決め下さい。正解も不正解もありません。ただ、一貫したお考えでご記入下さい。

百貨店名	順　位
1. ロード・アンド・テーラー	_____
2. メーシーズ	_____
3. ケーマート	_____
4. リッチズ	_____
5. JCペニー	_____
6. ニーマン・マーカス	_____
7. ターゲット	_____
8. サックス・フィフス・アベニュー	_____
9. シアーズ	_____
10. ウォルマート	_____

電話法の調査票

　これからいくつかの百貨店の名前を読みあげます。その百貨店で買物をすることがどの程度お好きかを評価して下さい。10点の尺度を使います。「1」は「あまり好きはでない」ことを、「10」は「非常に好き」なことを表します。1と10の間の数字は、その間の好みの程度を表します。繰り返しますが、数字が大きくなるほど、好きな程度が高いということです。では、始めます。(店の名前を1つ読みあげて)_____で買物をすることが、どの程度、お好きか答えて下さい。

百貨店名	あまり好きではない									非常に好き
1. ロード・アンド・テーラー	1	2	3	4	5	6	7	8	9	10
2. メーシーズ	1	2	3	4	5	6	7	8	9	10
3. ケーマート	1	2	3	4	5	6	7	8	9	10
4. リッチズ	1	2	3	4	5	6	7	8	9	10
5. JCペニー	1	2	3	4	5	6	7	8	9	10
6. ニーマン・マーカス	1	2	3	4	5	6	7	8	9	10
7. ターゲット	1	2	3	4	5	6	7	8	9	10

8. サックス・フィフス・アベニュー	1	2	3	4	5	6	7	8	9	10
9. シアーズ	1	2	3	4	5	6	7	8	9	10
10. ウォルマート	1	2	3	4	5	6	7	8	9	10

個人面接法

　（調査対象者に、百貨店名を印刷したカード10枚を一度に手渡す）ここに、1枚に1つずつ百貨店名が書かれた一組のカードがあります。そのカードをよくご覧ください。（調査対象者に時間を与える）それでは、もう一度カードをよくご覧いただいて、あなたが一番好きな百貨店、つまりそこで買物をするのが一番好きな百貨店の名前が書かれたカードを私に下さい（その百貨店の名前を記録し、そのカードを受け取り手元に置く）。では、残りの9枚のカードをよくご覧下さい。残りの9店の百貨店の中で、あなたがそこで買物をするのが一番好きな店はどれですか（調査対象者の手元のカードが1枚になるまで、これを続ける）。

　　　評価（好きな順位）　　百貨店名
　　　1.　　　　1　　　　_____
　　　2.　　　　2　　　　_____
　　　3.　　　　3　　　　_____
　　　4.　　　　4　　　　_____
　　　5.　　　　5　　　　_____
　　　6.　　　　6　　　　_____
　　　7.　　　　7　　　　_____
　　　8.　　　　8　　　　_____
　　　9.　　　　9　　　　_____
　　　10.　　　10　　　　_____

　この質問を電子メールやインターネットで行う場合には、郵送法の調査票と非常に良く似たものになる。これらの手法では、調査票は調査対象者自身が記入するからである。

「あなたは、コカ・コーラ（Coca-Cola）は、おいしい清涼飲料水だと思いますか」
「あなたは、コカ・コーラ（Coca-Cola）は、さわやかな清涼飲料水だと思いますか」
　（適切）

複数の質問が1つの質問に埋め込まれているものの例としてもう1つ挙げられるのが、「なぜ」という質問である。百貨店に関する調査の中で、次の質問について考えてみよう。

　「あなたはなぜ、ナイキ・タウンで買物をするのですか」（不適切）

この質問に対しては、「運動靴を買うため」「他の店より便利な場所にあるから」「親友に薦められたから」というような回答が考えられる。これらの回答は、「なぜ」という質問に埋め込まれているさまざまな質問と関係している。最初の回答では、なぜその調査対象者が運動用品店で買物をするのかが述べられており、2番目の回答では、その調査対象者が他の店よりナ

「他の店と比べて、あなたはナイキ・タウンのどこが好きですか」というような質問をすれば、ナイキ・タウンの肯定的な特徴がいくつか明らかになるだろう。

イキ・タウンを好む理由が明らかになっている。そして3番目の回答では、その対象者がナイキ・タウンを知った経緯が述べられている。これらの3種類の回答を比較することはできず、どの回答も充分ではない。完全な情報は、次のような2つの別個の質問をすれば得られるものと考えられる。

　「他の店と比べて、あなたはナイキ・タウンのどこが好きですか」
　「ナイキ・タウンで初めて買い物をしたのは、どのようなきっかけからでしたか」
　（適切）

　ある製品あるいは代替品の使用に関する「なぜ」という質問のほとんどは、①製品の属性、②製品知識を得るのに影響を与えた物事という2つの面を含んでいるのである[5]。

回答不能を克服する

　リサーチャーは、調査対象者がすべての質問に対し、正確あるいは合理的な回答をすることができると思い込むべきではない。逆に、調査対象者が答えられないという問題を克服するべきである。一定の要因から、調査対象者が求められている情報を提供する能力を制限することもある。すなわち、調査対象者は知らなかったり、思い出さなかったり、あるいは回答を明確に表現できなかったりすることがある。

調査対象者は知っているか

　知らないトピックについて、調査対象者が質問されることがよくある。妻が食料品の買物や百貨店での買物をしている場合、夫は月々それにどのくらいの支出をしているか知らないであろうし、その逆もありうる。ある調査からは、調査対象者は自分がたとえ知らなくても、質問に答えることがあることが判明した。次に挙げる例を見てほしい。

第10章 調査票と観察フォームの設計

〈リサーチの実例〉——消費者の不満に関する不満

ある調査において「全米消費者苦情局は、欠陥商品を購入してしまった消費者が救済を得る効果的な手段を提供している」という文章に対して、調査対象者に、肯定あるいは否定の程度を回答するよう求めた。その結果、調査対象者のうち、法律家の96.1％、一般人の95％が、この問題に関して意見を表明した。「わからない」という回答選択肢を選んだ人のうちでも、法律家の51.9％と一般人の75.0％が、全米消費者苦情局に対して意見を表明した。こうした高い回答率が、なぜ問題になるのだろうか。それは「全米消費者苦情局」などという組織は、実在しないからである！[6]

調査対象者全員が、対象となるトピックについて知識を持っているとは限らない場合には、本題の質問を行う前に、そのトピックをどれほど知っているか、製品の使用状況、そして過去の経験を測定する、**フィルター質問**を行うべきである[7]。フィルター質問は、リサーチャーがトピックについて十分に知らない調査対象者を排除することができる。

百貨店に関する調査票には、一流百貨店からディスカウント・ストアまでの10店の百貨店に関する質問が含まれていた。多くの調査対象者がすべての店について充分に知っている可能性は低かったため、それぞれの店に対してどれほど知っているか、またどの程度ひいきにしているかを知るための情報が取得された（第1章参照）。これにより、調査対象者があまりよく知らない店に関するデータ分析を別途行うことができた。「知らない」という選択肢は、全体の回答率を下げることも、また、情報を持っている質問に対する回答率を下げることもなく、知らないで行う回答を低減するようである。したがってリサーチャーは、調査対象者が質問の主題について十分に知らないかもしれない、と考えるなら、「知らない」という選択肢を加えるべきである[8]。

調査対象者は思い出すことができるか

すべてに人が知っていると期待される多くの事項は、ほんのわずかしか記憶されていない。自分でも試してみよう。あなたは次の質問に答えられるだろうか。

「2週間前にあなたが着ていたシャツのブランド名は何でしたか」

「1週間前、昼食に何を食べましたか」

「1ヶ月前の昼、あなたは何をしていましたか」

「過去4週間で、あなたは何リットルのソフトドリンクを消費されましたか」（不適切）

こうした質問は、調査対象者の記憶力の限界を超えているので不適切である。消費者はとり

フィルター質問 filter questions　標本の要件に合致している調査対象者を選別するための質問で、調査票の冒頭の個所で行う。

わけ製品の消費量に関して思い出すのが苦手だ、という報告もある。事実に関する資料が入手可能な状況で比較したところ、消費者は実際の使用より2倍以上も多い量を回答していたことが明らかになった[9]。したがって、ソフトドリンクの消費量を知るのであれば、次のように質問した方がより正確な情報を得ることができると思われる。

通常の1週間で、あなたは何回くらいソフトドリンクを消費されますか。

　　　i 　＿＿＿＿　週に1回未満
　　　ii 　＿＿＿＿　週に1〜3回
　　　iii 　＿＿＿＿　週に4〜6回
　　　iv 　＿＿＿＿　週に7回以上　　　（適切）

調査対象者の側が思い出せないと、欠落、短縮（テレスコーピング）、創作という誤りにつながる。「欠落」とは、実際に起こった事象を思い出せないことである。「短縮」（テレスコーピング）とは、ある人が、あるできごとを、実際に起こった時よりももっと近い過去に起こったものとして思い出し、時間を短縮あるいは圧縮することである[10]。例えば、ある調査対象者が、あるスーパーマーケットに過去2週間に3回行ったと報告する。だが実は、そのうちの一度は18日前のことだった。これが「短縮」である。「創作」の誤りは、調査対象者が実際には起こらなかったできごとを「思い出す」ことにより起こるものである。

あるできごとを思い出す能力というのは、①できごとそのもの、②そのできごとが起こってから経過した時間、③記憶を支援するできごとの存在あるいは欠如、に影響を受ける。我々には、重要なことや異例のこと、あるいはしばしば起こることを覚えている傾向がある。人は自分の結婚記念日や誕生日を覚えている。同じように、最近起こったできごとほど思い出しやすい。つまり、日用品を買いに行く人は、3回前に買ったものより、前回買ったもののほうをよく覚えているのである。

ある調査によると、調査対象者にそのできごとに対するヒントを与えずに、非助成想起（純粋想起）による質問をすると、実際に起こったよりも少ない回答が返ってくるという。例えば、ソフトドリンクのコマーシャルを、非助成想起により「昨夜テレビで、どのブランドのソフトドリンクのコマーシャルをご覧になりましたか」といった質問で測定する場合である。助成想起の方法は、調査したい出来事に関連するヒントを与えることで調査対象者の記憶を刺激する。助成想起の方法では、多くのソフトドリンクのブランドをリストアップし、「昨夜テレビで、これらのブランドのうち、どのブランドのコマーシャルをご覧になりましたか」と質問する。ヒントを与えるときには、リサーチャーはいくつかの異なったレベルの刺激を順次用いて、回答にバイアスがかからないようにしなければならない。刺激が回答に与える影響を分析すれば、適切なレベルの刺激を選択することができる。

テレスコーピング（短縮） telescoping　ある人があるできごとを、実際に起こった時よりももっと近い過去に起こったものとして思い出すことにより、時間を短縮あるいは圧縮するときに起きる心理的現象。

調査対象者は明確に表現することができるか

　回答の種類によっては、調査対象者が明確な言葉で表現できない場合もありうる。例えば、ひいきにしたいと思う百貨店の雰囲気を述べるように尋ねられても、ほとんどの調査対象者が彼らの回答を言葉で表すことができないだろう。一方、同じ対象者に店の雰囲気に関する表現の選択肢を提示すれば、一番好きな表現を選ぶことができる。調査対象者は、質問に対する答えを明確に表現することができない場合、その質問を無視しがちであり、調査票の残りの部分に答えることを拒否してしまうかもしれない。つまり調査対象者には、絵、地図、言語表現など、答えを表現するための助けを提供するべきなのである。

回答したくない気持ちを克服する

　たとえ、調査対象者が特定の質問に回答できる場合でも、答えたくないと思うかもしれない。その理由としては、回答するのに労力がかかりすぎる、回答を開示する状況あるいは内容が適切でない、求められている情報について正当な目的や必要性が明白でない、あるいは求められている情報が機微に渡りデリケートである、のいずれかであろう。

調査対象者に求める負担

　調査対象者のほとんどが、情報提供に多くの労力を使いたくないと思っている。したがって、リサーチャーは調査対象者に求める労力を最小限に抑えるべきである。例えば、調査対象者が一番最近買物に出かけたときに、店のどの売場から商品を買ったかを知りたいとする。この情報は、少なくとも2つの方法で得ることができる。対象者に、一番最近買物に出かけたときに商品を買った売場をすべてリストアップしてもらうこともできるし、あるいはすでにリストアップしてある売場名から適切なものに印をつけてもらうこともできる。

　「あなたは、百貨店へ一番最近買物に出かけたとき、どの売場で商品を買いましたか？
　売場名をすべて書き出してください」　　（不適切）

　「次のリストの中から、あなたが百貨店へ一番最近買物に出かけたときに商品を買った売場名すべてに、印をつけてください」

　　1. 婦人服売場　　　　　＿＿＿＿＿
　　2. 紳士服売場　　　　　＿＿＿＿＿
　　3. 子ども服売場　　　　＿＿＿＿＿
　　4. 化粧品売場　　　　　＿＿＿＿＿
　　　　　　　⋮
　　　　　　　⋮
　　　　　　　⋮
　　17. 宝飾品売場　　　　　＿＿＿＿＿

18. その他（具体的に）＿＿＿＿＿（適切）

2番目の方が、調査対象者の労力が少なくてすむので、好ましい。

前後関係（コンテクスト）

　質問によっては、調査の前後関係（コンテクスト）からみて適切なこともあればそうでないこともある。例えば、個人的な衛生習慣に関する質問が、アメリカン・メディカル・アソシエーションの依頼で行われた調査の中でなされたのであれば適切であろうが、ファスト・フード店の依頼で行われた調査の中でなされたとしたら不適切であろう。調査対象者は、前後関係からみて適切でないと思われる質問には、答えたくないものである。ときにリサーチャーは、質問が適切に思えるように、質問がなされる前後関係を操作することができる。例えば、ファスト・フード店の依頼で行われる調査において個人的な衛生に関する情報を求める場合には、その前に次のような表現を付け加える。「当店は、ファスト・フード店として、お客様に清潔で衛生的な環境を提供したいと切に考えております。つきましては、あなたの衛生に関していくつか質問をさせていただきたいと思います」

正当な目的

　ある情報を提供することに正当な目的があると思えない場合も、調査対象者はその情報を明かしたくないものである。シリアルを販売している会社が、なぜ調査対象者の年齢、収入、職業を知りたがるのか。そのデータがなぜ必要なのかを説明すれば、その情報提供を求めることが正当であると捉えられ、調査対象者の回答意欲も高まるだろう。「シリアルの消費量やシリアルのブランドの好みが、年齢や収入、職業により、どのくらい変わるかを知るために、私たちは次の情報……を必要としています」といった表現を加えれば、その情報提供は正当であるとみなすことができる。

デリケートな情報

　デリケートな情報は、公表することで困惑したり、調査対象者の名誉や対象者自身のイメージを脅かしたりすることになるかもしれないため、少なくとも、正確には開示したくないものである。もし回答を強要されたなら、特に個人面接法においては偏った回答をするかもしれない（第6章、表6.2参照）[11]。デリケートなトピックには、お金、家庭生活、政治信念、宗教的信仰、事故や犯罪への関与が含まれる。調査対象者が知らせたくない情報を入手する可能性を高めるためには、次の節で述べるような手法を採用してもよいだろう。

調査対象者の回答意欲を高める

　次の手法を使えば、調査対象者は知らせたくない情報も答えようという気になるであろう[12]。

① デリケートなトピックは、調査票の最後にまわす。それまでの間に、面接当初の不信感

が払拭されて調査対象者と調査員とのラポール（信頼関係）が築かれ、プロジェクトの正当性が認められれば、調査対象者の側に情報を提供しようという気持ちが高まってくる可能性があるからである。

② 対象となる行動はよくあることだ、ということを質問の前に前置きする。例えば、クレジットカードの負債に関する情報を求めるのであれば、その前に「最近の調査では、ほとんどのアメリカ人が負債を抱えているという結果が出ています」と述べる。逆バイアス表現と呼ばれているこの手法については、次の例でさらに詳しく見てみよう[13]。

〈リサーチの実例〉――公的か私的か

最近ローパーASW社（www.roperasw.com）が『USニュース・アンド・ワールド・リポート』誌のために行った世論調査は、政界への立候補者や一般市民の個人情報が公開されるべきか否かに関する情報を得るために行われたものである。質問は、「プライバシーの問題にどこで線を引くか、という点が昨今大いに議論されており、重要な公職に就こうとしている人々と一般市民とでは基準は異なるべきだという人もいます」という前置きの後で提示され、この表現により人々の回答意欲が高められた。

③ 第三者法（第5章参照）、つまりあたかも他の人のことを言っているかのような文章を使用して質問をする。

④ 調査対象者が答えたいと思うような他の質問のグループの中に、その質問をこっそり入れる。これらの質問を尋ねる際の速度を上げることもできる。

⑤ 具体的な数字を質問するのではなく、回答カテゴリーを提示する。「世帯年収はいくらですか」とは聞かない。その代わり「25,000ドル以下、25,001～50,000ドル、50,001～75,000ドル、75,000ドル以上」という収入額のカテゴリーの中から適切なものを選んでもらう。個人面接法では、番号で選べるようなリストを調査対象者に渡す。そして、調査対象者は番号で回答する。

⑥ 無作為化の手法を用いる。この手法では、調査対象者には質問が2問提示される。1問はデリケートな問題で、もう1問は「はい」と答える確率が既知の中立的な質問（例：「あなたは3月生まれですか」）である。調査対象者は回答すべき質問を1つ無作為に選ぶ。たとえば、硬貨を投げて表か裏かで決めてもらう。そして対象者は、どちらの質問に答えているかを言わずに、その質問に対する回答として「はい」または「いいえ」を選択する。全体的に「はい」と答える確率、デリケートな質問が選ばれる確率、そして中立的な問題に「はい」と答える確率を考え合わせ、リサーチャーは確率の法則を使用してデリケートな問題に「はい」と答えた確率を確定することができる。しかしリサーチャーは、どの調査対象者がそのデリケートな問題に「はい」と答えたかを知ることはできない[14]。

質問構成を選択する

質問は構成的の場合もあるし、非構成的の場合もある。次のセクションでは、非構成的質問を定義し、構成的質問と比較したときの長所および短所を明らかにする。また、主たる構成的質問である、多項選択質問、二項選択質問、そして尺度について考察する[15]。

非構成的質問

　非構成的質問とは、調査対象者が自分の言葉で回答するオープンエンド質問である。自由回答質問とも呼ばれる。以下にいくつか例を挙げよう。

・あなたのご職業は何ですか。
・ディスカウント百貨店をひいきにする人たちをどう思いますか。
・好きな政治家はだれですか。

　オープンエンド式質問は、あるトピックに関する最初の質問にふさわしい。調査対象者は一般的な態度や意見を表現することができ、それによってリサーチャーは、続く構成的質問に対する回答を解釈することができる。また非構成的質問は、構成的質問と比べて回答に対するバイアスがかなり少ない。調査対象者はどんな意見でも自由に表現することができる。リサーチャーは、調査対象者のコメントや説明から、調査対象者について深く洞察することができる。したがって、非構成的質問は探索的調査において有効である。

　一方、非構成的質問の主な短所は、面接調査員によるバイアスを生じる可能性が高いことである。面接調査員が回答を逐語的に記録するか、あるいは主なポイントだけ書き留めるか、そのデータは面接調査員の技量に左右される。したがって、逐語的な記録が重要であれば、テープ・レコーダーを用いるべきである。

　非構成的質問のもう1つの重大な短所は、回答のコーディングに時間および費用がかかることである[16]。データ解析および解釈に役立つフォーマットで回答を要約するために必要となるコーディングの手順は、広範にわたるのである。その他の欠点としては、非構成的質問（あるいはオープンエンド式質問）では、考えをはっきり述べる調査対象者により大きいウエイトを暗黙裏に与えてしまうこと、また、非構成的質問は、自記式の調査票（郵送、CAPI、電子メール、インターネット）には向いていないことが挙げられる。後者は、話すときよりも書くときの方が、回答が簡単になりがちであるためである。

　非構成的質問の短所のいくつかは、プリコーディングによって克服することができる。つまり、調査対象者に対し質問はオープンエンドの形式で行い、予想される回答を多項選択の様式で記録する。調査対象者の回答に基づき、面接調査員が適当な回答カテゴリーを選択する。調

非構成的質問　unstructured questions　調査対象者が自分の言葉で回答するオープンエンド質問。

査対象者が回答を明確に表現しやすく、回答の選択肢が限られていてプリコードするカテゴリーを構築しやすいときは、この方法は満足のいくものといえよう。例えば、家庭用機器の所有情況に関する情報を得たいときには、この方法を適用することができるだろう。また、次の例のような、企業に対する質問調査でも成功裏に用いることができた。

> **〈リサーチの実例〉──アクセスに対する態度を評価する**
>
> ある大手テレコミュニケーション企業が、同等のアクセス提供に対するさまざまな企業の態度を知るために、全国規模の電話調査を行った。そのうちの1問については、プリコーディングした回答を用意した上で、オープンエンド質問の形式で行った[17]。
>
> あなたの事業所では、遠距離電話サービスに現在どの会社を使用していますか。2社以上使用している場合は、すべての社名をお知らせください(オープンエンド式質問として聞く。複数回答も可。下記に記録すること)。
>
> 1. ＿＿＿ MCI
> 2. ＿＿＿ US スプリント
> 3. ＿＿＿ コンテル
> 4. ＿＿＿ AT&T
> 5. ＿＿＿ 地元の電話会社(会社名を書く)
> 6. ＿＿＿ その他(具体的に)
> 7. ＿＿＿ わからない／無回答

一般にオープンエンド質問は、探索的調査に用いる場合、あるいは最初の質問として使う場合に有用である。大規模な質問調査においては、それ以外の用途では短所の方が長所を上まわってしまう[18]。

構成的質問

構成的質問は、回答の選択肢と回答様式を指定するものである。構成的質問とは、多項選択質問、二項選択質問、尺度のいずれかであると考えられる。

多項選択質問

多項選択質問では、リサーチャーは選択肢を用意し、調査対象者は提示された選択肢の中から1つないし複数の回答を選ぶよう求められる。次の質問について考えてみよう。
あなたは今後6カ月以内に、車を買うつもりですか。

構成的質問 structured questions 回答の選択肢と回答様式が事前に指定されている質問。構成的質問とは、多項選択質問、二項選択質問、尺度のいずれかであると考えられる。

_____絶対に買わない
_____たぶん買わない
_____決めていない
_____たぶん買う
_____絶対に買う
_____その他（具体的に）

　カテゴリー尺度法に関して第9章で述べた問題のうちのいくつかは、多項選択の回答にもあてはまる。多項選択質問を設計する上でさらに考慮しなければならないのは、含まれるべき選択肢の数と、その順序バイアスあるいは位置バイアスの2点である。

　回答の選択肢には、考えられる回答がすべて含まれているべきである。一般的なガイドラインとしては、上記のように、重要と思われる選択肢をすべて挙げ、さらに「その他（具体的に）」という項目を入れるとよい。また、回答選択肢は相互に排反でなければならない。リサーチャーが2項目以上の選択を特別に認めた場合（例：「過去1週間で消費したソフトドリンクのブランドをすべて答えてください」）以外は、調査対象者は回答を選択肢の中から1つだけを選ぶ。また、回答の選択肢が非常に多い場合は、調査対象者が情報処理する必要性を減らすために、2つ以上の質問を用いることを考えるべきである。

　順序バイアス、あるいは**位置バイアス**とは、調査対象者が、選択肢が占める場所や、リストに示される順序だけの理由で、ある選択肢を選ぶ傾向のことである。調査対象者は、リストの最初または最後の選択肢、特に最初の選択肢を選ぶ傾向がある。また、数字（量や価格）のリストの場合は、リストの中央の回答が多くなるバイアスが生じる。順序バイアスを調整するためには、用紙によって選択肢の順序の異なる調査票をいくつか用意しなければならない。各選択肢がそれぞれ両極、中央、そしてその間の、どこかにくるようにすべきである[19]。

　多項選択質問を用いれば、オープンエンド式質問の短所の多くを克服できる。面接調査員によるバイアスも軽減され、これらの質問がすばやく実施されるからである。また、データのコーディングおよび処理にかかる時間や費用も、大幅に削減される。自計式の調査票においても、質問の大多数が構成的質問であれば、調査対象者の協力が改善されることとなる。

　だが、多項選択質問にも短所がないわけではない。効果的な多項選択質問を作成するのにかなりの労力を必要とする。適切な選択肢を決めるためには、オープンエンド質問を使用した探索的調査が必要になるかもしれない。記載されていない選択肢に関する情報を得るのも困難である。たとえ「その他（具体的に）」というカテゴリーが含まれていても、調査対象者は記載されている選択肢の中から選ぶ傾向がある。加えて、ありうる回答のリストを調査対象者に示す場合、回答にバイアスが生じることもある[20]。順序バイアスが生じる可能性もある。

二項選択質問

　二項選択質問は、回答の選択肢が「はい」と「いいえ」、「そう思う」と「そう思わない」の

第10章 調査票と観察フォームの設計

ように、2項しかないものである。ただし、その2つの選択肢のほかに、「意見なし」「わからない」「両方」あるいは「どちらでもない」のような中立的な選択肢が補われることが多い[21]。先ほど多項選択質問で尋ねた、車の購買意向に関する質問については、以下のように、二項選択形式で質問することもできる。

　　あなたは今後6カ月間以内に、車を買うつもりですか。
　　＿＿＿はい
　　＿＿＿いいえ
　　＿＿＿わからない

　二項選択質問を使用するか否かは、調査対象者がその問題に対して「はい」「いいえ」という回答形式と同様な考え方で意思決定をしているかどうかによって決めるとよい。意思決定はしばしば一連の二者択一、あるいは二項選択という特徴をもっているが、根底にある意思決定プロセスが不確実性を反映していることもあり、こうした場合には多項選択式質問が最もよくその実態を捉えることができる。例えば、現在の好況がこのまま続けば、6カ月以内に車を同程度の可能性で買う2人の調査対象者がいるとしよう。経済情勢の先行きに楽観的な1人は上の質問に対し「はい」と答えるのに対し、先行きに悲観的なもう1人は「いいえ」と答えるであろう。

　二項選択質問を作成する上でのもう1つの課題は、中立的な選択肢を入れるかどうかである。中立的な選択肢を入れなければ、調査対象者はたとえ「どう答えてもよい」と感じても「はい」か「いいえ」のどちらかを強制的に選ぶことになる。一方、中立的な選択肢が入ると、調査対象者はその問題に対する立場を決めることを回避でき、結果にバイアスが生じる。推奨するガイドラインは次の通りである。①調査対象者のかなりの割合が中立的であると予測できるのであれば、中立的な選択肢を入れる、②中立的な調査対象者の割合が少ないと思われるのであれば、中立的な選択肢を入れない。

　二項選択質問の長所と短所は、多項選択質問の場合と非常に似通っている。二項選択質問はコーディングや分析が最も容易なのだが、一方で、この手法には重大な問題が1つある。それは、回答が質問のワーディングの影響を受ける恐れがあるということである。例えば「この国の犯罪や無法状態に関しては、社会的情勢よりも一人ひとりの責任が大きい」というステートメント（主張を述べた文章）は、調査対象者の59.6％から支持を得た。しかし、構成が同じ標本（マッチド・サンプル）に対して「この国の犯罪や無法状態に関しては、一人ひとりよりも社会的情勢の責任が大きい」という上記とは反対のステートメントに対する回答を求めた結果は、43.2％が賛成（40.4％が反対）した[22]。この問題を克服するためには、調査票を二分

順序バイアス（位置バイアス） order or position bias　調査対象者が、回答の選択肢の場所や、選択肢が提示される順序による理由だけで、ある選択肢を選ぶ傾向のこと。
二項選択質問 dichotomous question　回答の選択肢が、「はい」と「いいえ」のように、2つしかない構成的質問。

し、それぞれ反対の質問をするとよい。この手法はスプリット・バロット・テクニック（折半法）と呼ばれている。

尺度

尺度については、第8章と第9章で詳しく述べた。尺度と他の構成的質問との違いを説明するために、新車の購入意向に関する質問について検討してみよう。以下は、尺度を使用した質問の一例である。

あなたは今後6ヶ月以内に、車を買うつもりですか。

確実に買わない	たぶん買わない	決めていない	たぶん買う	確実に買う
1	2	3	4	5

上の例は、この質問に用いることのできるいくつかの尺度のうちの1つであるにすぎない（第8章および第9章を参照のこと）。次の例に示すように、1つの調査に異なった種類の質問を含めてもよい。

〈リサーチの実例〉──GAPにおける質問構成

グローバル・エアライン・パフォーマンス（GAP）・スタディーは、世界中の30の空港に発着便をもつ22の航空会社について、旅客の意見を測定するために実施されている調査である。毎年240,000名の旅客を対象に、7カ国語で調査が行われている。この調査では、下記のように多項選択質問、二項選択質問、尺度など、さまざまな種類の構成的質問が使用されている[23]。

問：あなたはどのような方法で予約をしましたか。（1つだけ選んでください）
　　＿＿＿航空会社のホームページ
　　＿＿＿航空会社の電話予約あるいは航空券売場
　　＿＿＿旅行会社経由で
　　＿＿＿その他

問：あなたは、今回のご旅行でeチケット（ペーパーレスの電子チケット）を使用されていますか。
　　＿＿＿はい
　　＿＿＿いいえ

問：本日の空の旅を経験して、次回同じルートのご旅行で、この航空会社をお選びになりますか。
　　＿＿＿確実に選ぶ（5）
　　＿＿＿たぶん選ぶ（4）
　　＿＿＿選ぶかもしれないし、選ばないかもしれない（3）
　　＿＿＿たぶん選ばない（2）
　　＿＿＿確実に選ばない（1）

質問ワーディングの選択

　質問のワーディング（言葉遣い）とは、求めている質問内容と構造とを、調査対象者が明確かつ容易に理解できる言葉に言い換えることである。質問のワーディングの決定は、冒頭の2000年国勢調査の調査票の例が示すように、調査票を作成する際に最も重要で、かつ困難なタスクだといえよう。質問が的確な言葉で表現されていなければ、調査対象者が回答を拒否したり、誤って回答することもありうるのだ。前者は、「項目無回答」（item nonresponse）として知られており、データ解析の複雑さを増大させることになる[24]。後者は、先に解説した回答誤差につながる。調査対象者とリサーチャーが質問を完全に同じ意味のものと認めない限り、深刻な偏りを招くことになる[25]。

　このような問題を避けるために、次のようなガイドラインを提示しよう。①問題を定義する、②普通の言葉を使用する、③あいまいな言葉を避ける、④誘導質問を避ける、⑤暗黙の選択肢を避ける、⑥暗黙の前提を避ける、⑦一般化と推定値を避ける、⑧肯定的表現・否定的表現の両方を使う。

問題を定義する

　質問は、取り組んでいる問題を明確に定義していなければならない。なりたてのジャーナリストには、誰が（Who）、何を（What）、いつ（When）、どこで（Where）、なぜ（Why）、どのように（Way）という6つのWで問題を定義するように忠告される[26]。これは、質問において問題を定義するためのガイドラインとしても役に立つ（これらのガイドラインの記述的リサーチへの応用に関しては第3章を参照）。次の質問を例にとって考えてみよう。

　　「あなたはどのシャンプーのブランドを使用していますか」（不適切）

　一見すると、うまく定義された質問のように見えるかもしれないが、誰が、何を、いつ、ど

ある人が使用しているシャンプーのブランドを特定するためには、はっきりと定義された質問が必要となる。

こでと1つずつ、つぶさにこの質問を調べていくと、違う結論に達するであろう。この質問で「誰が」は調査対象者を指している。しかし、リサーチャーが指しているのが対象者が個人的に使用しているブランドなのか、それとも世帯で使用しているブランドなのかがはっきりしていない。「何を」は、シャンプーのブランドである。しかし、2種類以上のブランドを使用していた場合はどうなるだろうか。対象者は、一番好きなブランドについて回答すればよいのだろうか。それとも、一番頻繁に使用しているブランド、一番最近使用したブランド、一番初めに頭に思い浮かんだブランドについて回答すればよいのだろうか。「いつ」もまた、明確でない。前回という意味か、それとも、先週、先月、去年、今までの間でという意味なのだろうか。「どこで」に関しては、シャンプーの自宅での使用を暗示しているようだが、これもはっきりとは記述されていない。この質問の好ましいワーディングは、以下のようになるだろう。

「あなたは、最近1ヶ月間にご自宅でどのようなシャンプーのブランドをあなたご自身でお使いになりましたか。2つ以上のブランドを使用した場合は、あてはまるすべてのブランド名を挙げてください」（適切）

普通の言葉を使用する

　調査票では普通の言葉を使用しなければならず、その言葉は調査対象者の語彙のレベルに合っていなければならない[27]。例えば、米国内の調査であれば、平均的な米国人が、大学教育ではなく高校教育レベルであることを念頭に置いたうえで、言葉を選択しなければならない。調査対象者のグループによっては、教育水準がそれよりも低くなることもある。例えば、筆者は、地方で主に業務を展開している大手通信会社のあるプロジェクトを行ったことがある。その地域の平均的な教育水準は高校レベルよりも低く、調査対象者の多くが小学校4、5年の教育しか受けていなかった。同様に、専門用語も避けるべきである。ほとんどの調査対象者は専門的なマーケティング用語を知らないからである。質問の例を挙げてみよう。

ソフトドリンクの流通を評価するには、ソフトドリンクと同じように、ごく普通の良く使われる言葉を使うことが必要となる。

第10章 調査票と観察フォームの設計

「ソフトドリンクの流通は適切であると思いますか」　（不適切）

「買いたいときにソフトドリンクがすぐに手に入ると思いますか」　（適切）

あいまいな言葉を避ける

　調査票で使用される言葉は、さまざまな調査対象者から単一の意味に受け取られるものでなければならない。一見あいまいでないような言葉が、違う人にとっては違う意味を持つことはよくある[28]。例えば、「usually（普段）」「normally（普通）」「frequently（頻繁に）」「often（しばしば）」「regularly（定期的に）」「occasionally（時折）」「sometimes（時々）」などがその例である。次の質問で考えてみよう。

　「普通に月に、あなたは通常、1ヶ月にどのくらいの頻度で、百貨店でショッピングをなさいますか」

　　　　＿＿＿＿Never（一切しない）
　　　　＿＿＿＿Occasionally（時折する）
　　　　＿＿＿＿Sometimes（時々する）
　　　　＿＿＿＿Often（しばしばする）
　　　　＿＿＿＿Regularly（定期的にする）　　（不適切）

　この質問に対する回答は回答バイアスを伴う。というのは、回答カテゴリーを表すために使われている言葉が調査対象者によって違う意味を持つからである。例えば、月に1度買物をする対象者が3人いる場合、各人が3つの違うカテゴリー、occasionally（時折する）、sometimes（時々する）、often（しばしばする）にチェックを入れる可能性がある。したがって、この質問にとり好ましいワーディングは以下のようになる。

　「普通に月に、あなたは1ヵ月にどのくらいの頻度で、百貨店でショッピングをなさいますか」

　　　　＿＿＿＿1回未満
　　　　＿＿＿＿1、2回
　　　　＿＿＿＿3、4回
　　　　＿＿＿＿5回以上　　（適切）

　この質問が、どの調査対象者にとっても首尾一貫した枠組みを提供していることに注目しよう。回答カテゴリーが客観的に定義されており、こうなると、調査対象者が質問を自分なりに解釈する余地はない。

　言葉の選択を行う際、リサーチャーは、辞書や類語辞典を調べ、使用するそれぞれの言葉について、以下の6項目を自問しなければならない。

① この言葉は意図したことを意味しているか。
② この言葉には他の意味がないか。
③ 他に意味がある場合、この質問内容は意図した意味を明確に伝えているか。

④ この言葉には複数の発音があるか。
⑤ この言葉と混同される可能性のある、類似した発音を持つ言葉が他にあるか。
⑥ もっと簡単な言葉または言い回しはないか。

米国国勢調査局は、2000年国勢調査の調査票にごく普通の、あいまいでない言葉を使おうと大変苦労した。そのおかげで、回収率が向上しただけでなく、より正確なデータを得ることができた（本章冒頭の例を参照）。

誘導質問または偏りを生じさせる質問を避ける

誘導質問は、どんな回答が望ましいかにつき調査対象者に手掛かりを与えたり、ある方向に答えるように調査対象者を誘導したりする質問である。例をみてみよう。

「輸入車を買うと米国人が失業に追いやられる可能性がある場合、あなたは、愛国心の強い米国人は輸入車を買うべきだと思いますか」
　　　＿＿＿はい
　　　＿＿＿いいえ
　　　＿＿＿わからない　（不適切）

この質問は、調査対象者に「いいえ」という回答を誘導する質問といえる。一体、どうやったら愛国心の強い米国人が米国人を失業に追いやることができるのだろうか。そのため、この質問は、輸入車対国産車に関する米国人の選好を特定するのには役立たない。より良い質問はこのようになる。

「あなたは、米国人は輸入車を買うべきだと思いますか」
　　　＿＿＿はい
　　　＿＿＿いいえ
　　　＿＿＿わからない　（適切）

調査対象者が当該プロジェクトのスポンサーについてヒントを得た場合にも、偏りが生じる可能性がある。調査対象者は概してスポンサー寄りの回答をする傾向にある。例えば、「コルゲートは、あなたの好きな練り歯磨きブランドですか」という質問は、回答をコルゲート支持に偏らせないとも限らない。偏りのない質問は、「あなたの好きな練り歯磨きブランドは何ですか」であろう。同様に、権威ある名前、あるいはそうでない名前を挙げると、回答を偏らせることになる。例えば、「コルゲートが虫歯予防に有効であるという米国歯科学会の見解に賛成ですか」という質問がそれにあたる。偏りのない質問をするなら、「コルゲートは虫歯予防に有効でしょうか」となるだろう[29]。

誘導質問　leading question　どんな回答が望ましいかにつき調査対象者に手掛かりを与えたり、ある方向に答えるように調査対象者を誘導したりする質問。

暗黙の選択肢を避ける

選択範囲に明示的に表記されていない選択肢は、暗黙の選択肢である。**暗黙の選択肢を明示**すると、その選択肢を選ぶ人の割合が増えることになる。次の2つの質問をみてみよう。

1. 短い距離を旅行する場合、飛行機を利用したいと思われますか。　　（不適切）
2. 短い距離を旅行する場合、飛行機を利用したいと思われますか。それとも車を運転して行きたいとお考えですか。　　（適切）

1番目の質問では、車を運転して行くという選択肢は暗に含まれている選択肢にすぎないが、2番目の質問では、これがはっきりと表現されている。1番目の質問では、2番目の質問より飛行機の選好の方が大幅に多くなる可能性が高い。

暗黙の選択肢を含まなければならない特別な理由がない限り、暗黙の選択肢のある質問は避けるべきである[30]。選択肢が選好で競り合っていたり、選択肢の数が多い場合には、電話調査の場合には読みあげるリストの最後にある選択肢が選ばれるチャンスが非常に高くなる。この偏りを克服するためには、スプリット法を使用して、選択肢が表れる順番をローテーションしなければならない。

暗黙の前提を避ける

質問は、質問の回答が、結果として起こるだろうと推測される内容に関する暗黙の前提に左右されるようなワーディングにするべきではない。暗黙の前提とは、次の例にあるように、質問文に明記されていない前提のことである[31]。

1. あなたは均衡予算に賛成ですか。　　（不適切）
2. もし、均衡予算が個人所得税の引き上げとなる場合、あなたは均衡予算に賛成ですか。　　（適切）

質問1における暗黙の内容は、均衡予算の結果として生じるであろうさまざまな帰結である。それらは、防衛費の削減、個人所得税の引き上げ、社会事業の削減等々であろう。そのため、この質問内容を表現するには質問2が適している。質問1では前提を明確にできていないため、均衡予算に対する調査対象者の支持を過大評価することになるだろう。

一般化と推定値を避ける

質問は概括的なものではなく具体的でなくてはならない。さらに質問は、調査対象者が一般化したり、推定値を計算しなければならないようなワーディングにするべきではない。例えば、世帯における1人当たりの年間食料雑貨費を知りたいと仮定しよう。

「あなたの世帯が1年間に食料雑貨品に費やす金額は1人当たりいくらですか」　　（不適切）

暗黙の選択肢　implicit alternative　選択範囲に明示的に表現されていない選択肢。

このように質問すると、調査対象者はまず1カ月の食料雑貨費を12倍するか、1週間の食料雑貨費を52倍して年間の費用を特定しなければならない。それから、その年間費用を世帯の人数で割ることになる。対象者はこのような計算をしたがらない、あるいはできないことが多い。この場合に必要な情報を入手する適正な方法は、調査対象者に2つの簡単な質問を尋ねることであろう。

「あなたの世帯では、1カ月（または1週間）にいくら、食料雑貨品に支出されますか」

「あなたの世帯は何人ですか」　　（適切）

その後、リサーチャーが必要な計算を行うことができる。

対の表現：肯定と否定

多くの質問、特に態度やライフスタイルを測定する質問では、調査対象者がその質問の表現に対してどの程度、賛成または反対しているのかを示すことができるようにワーディングする。入手される回答は、質問の表現の方向性に左右されることが立証されている。すなわち、回答は質問が肯定的に述べられているか、否定的に述べられているかによって影響されるのである。このような場合には、いくつかは肯定的に、その他は否定的にというように、2通りの表現を使うとよい。具体的には、2種類の調査票を用意して、1つには否定的な表現が半分、肯定的な表現が半分が調査票の中で入り交じって含まれるようにする。そして、もう1つの調査票では、表現の否定・肯定を最初の調査票と逆にする。2通りの表現の一例は、シアーズに対する受けとめ方を測定するために設計された、第9章のリッカート尺度（評点総和法）に見ることができるので、そちらも参照してほしい。

質問順を決める

冒頭の質問

冒頭のいくつかの質問は、調査対象者の信頼と協力を得るうえで極めて重要である。そのため、興味深くシンプルで、かつ、相手を脅かすことのないようなものを選ばなければならない。調査対象者に意見を求める質問は、初めの質問にふさわしい。というのも、多くの人が自分の意見を話したいと考えているからである。質問内容がリサーチ課題と関係がなく、その回答が分析されない場合でも、このような質問を行うことがある[32]。

〈リサーチの実例〉──意見を尋ねる冒頭質問が、協力の扉を開く

アメリカン・チクル・グループとファイザー社(www.pfizer.com)の依頼により、ローパー ASW社（www.roperasw.com）が実施したのが、全米チクル青少年世論調査（アメリカン・チクル・

第10章　調査票と観察フォームの設計　　431

ユース・ポール）である。全米の断面図となるこの調査では、8〜17歳で学校に通う米国人の若者1,000人を対象にインタビューが行われた。調査票には、その地方の町あるいは都市に住むことに関する意見を尋ねる単純な冒頭の質問が含まれていた。

> はじめに、あなたはこの町／都市に住むことをどのくらい気に入っていますか。とても好き、少し好き、特に好きでない、の中から選んでください。
>
> とても好き　　＿＿＿＿＿
> 少し好き　　　＿＿＿＿＿
> 特に好きでない　＿＿＿＿＿
> わからない　　＿＿＿＿＿

　場合によっては、調査対象者としての資格を備えているか、つまり、対象者がインタビューに参加する資格があるかどうかを確定することが必要になる。このようなケースでは、資格確認質問が冒頭の質問になる。

情報のタイプ

　調査票で入手される情報のタイプは、①基本情報、②分類情報、③身元確認情報、に分類される。基本情報は直接リサーチ課題に関係する。社会経済的特性と人口統計的特性からなる**分類情報**は、調査対象者を分類し、結果を理解するために使われる。**身元確認情報**には氏名、住所、電話番号が含まれる。身元確認情報は、リストにある対象者が実際にインタビューされたかを確認したり、約束した報酬を送金したりするなど、さまざまな目的のために収集される。一般的なガイドラインとしては、基本情報が最初に入手され、続いて分類情報、最後に身元確認情報となる。リサーチ・プロジェクトに最も重要なのは基本情報である。この入手に先だって個人的な質問をいくつか重ねてしまい、調査対象者との関係を引き離してしまうようなことがあってはならない。本章の演習・応用問題7にある調査票は、個人識別情報（氏名）と分類情報（人口統計的特性）などを誤って最初に取得してしまった例である。

難しい質問

　難しい質問や、デリケート、困惑、複雑、退屈な質問は、後のほうにまわすべきである。調査員と対象者の間にラポール（調査員と対象者の間に生じる「親和関係」）が構築され、対象者が積極的にインタビューに関与するようになれば、このような質問を嫌がる可能性が少なくなるからである。それゆえ、百貨店プロジェクトでは、基本情報の最後に、クレジットカードによる負債に関する情報を尋ねた。同様に、収入に関しては分類情報の最後の項目に、また、

分類情報　classification information　調査対象者を分類するために使われる社会経済的特性と人口統計的特性。調査対象者特性と呼ばれている。
身元確認情報　identification information　調査票で入手される情報の一種で、氏名、住所、電話番号が含まれる。

> **アクティブ・リサーチ　百貨店プロジェクト**
>
> ## 冒頭の質問
>
> 　百貨店プロジェクトでは、百貨店での買物のほとんどを行っていた世帯主（男性あるいは女性）に回答してもらうことにしていた。冒頭の質問は「あなたの世帯では、百貨店でのショッピングのほとんどを、どなたがなさっていますか」であった。このように、冒頭の質問は資格がある対象者を特定するのに役立った。上の質問はシンプルで、また相手を脅かすようなトーンでもなかったので、調査対象者からの協力を得ることができた。

電話番号に関しては身元確認情報の最後の項目にするべきである。

後に続く質問への影響

　一連の質問を行う場合、前の質問が後に続く質問の回答に影響を与えることがある。経験則からいえば、一般的な質問は、具体的な質問よりも前に位置づけなければならない。具体的な質問が、一般的な質問に対する答えに偏りを与えるのを避けるためである。次の質問の順序をみてみよう。

　　Q1：百貨店を選択する際、考慮すべき点としては、どんなことがあなたにとって重要ですか。

　　Q2：百貨店を選択する際、便利な場所にあることはどの程度重要ですか。　　（適切）

　最初の質問が一般的で、次の質問は具体的である。仮にこの2つの質問が反対の順序で尋ねられると、調査対象者は場所の利便性というヒントを与えられてしまうため、一般的な質問に際して「場所の利便性」と回答する可能性が高くなると思われる。

　一般的な質問から具体的な質問へ進ことを**ファネル・アプローチ**（じょうご法）と呼ぶ。ファネル・アプローチは、調査対象者の一般的な選択行動と具体的な製品の評価に関する情報を入手しなければならないときに特に役立つ[33]。また、逆ファネル・アプローチが有用となる場合もある。逆型のアプローチでは、具体的な質問から始まり、一般的な質問で終わる。対象者は、一般的な評価を下す前に具体的な情報を提供せざるを得ない。そのためこの手法は、対象者が特に強い感情を抱いていなかったり、主張をまとめていなかったりする場合に有効である。

論理的な順序

　質問は論理的な順序で行われなければならない。特定のトピックをテーマとする質問はすべて、新しいトピックが始まる前に完了しておくべきである。また、トピックを切り換える際には、調査対象者が思考の脈略を切り換えられるように、トピックが変わることを知らせる簡単な移行のフレーズを用いることが望ましい。

第10章 調査票と観察フォームの設計

図 10.2 調査票設計用フローチャート

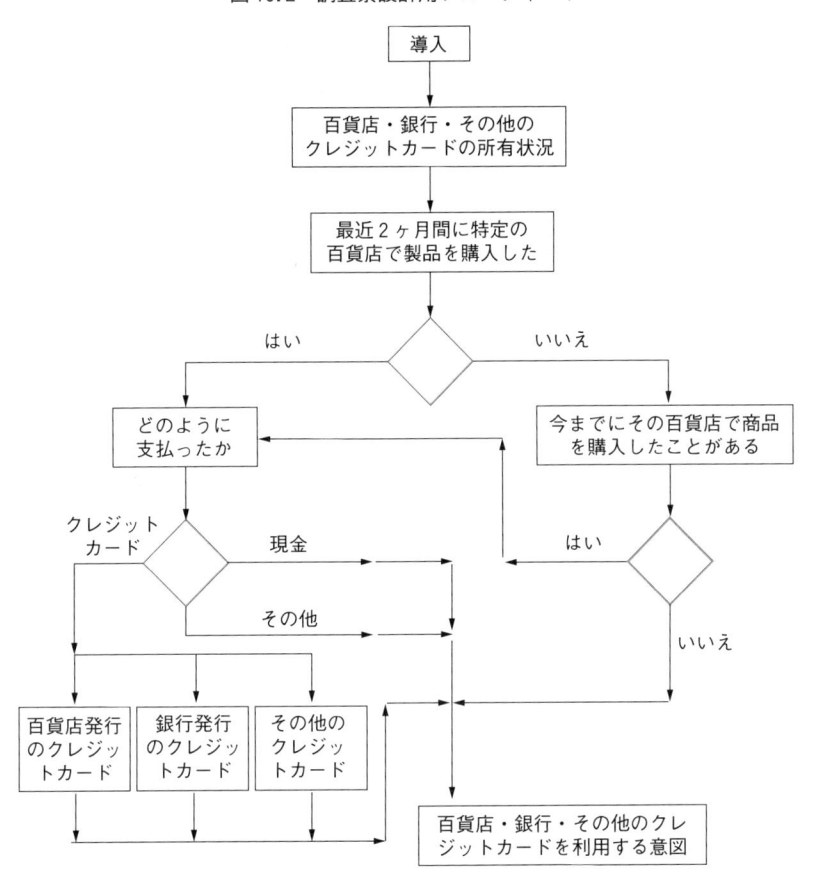

```
            [導入]
              ↓
   [百貨店・銀行・その他の
    クレジットカードの所有状況]
              ↓
   [最近2ヶ月間に特定の
    百貨店で製品を購入した]
         ↓          ↓
       はい        いいえ
         ↓          ↓
   [どのように   [今までにその百貨店で商品
    支払ったか]   を購入したことがある]
                    ↓
   クレジット         はい
   カード  現金       ↓
         その他     いいえ
    ↓ ↓ ↓
  [百貨店発行][銀行発行][その他の
   のクレジッ のクレジッ クレジッ
   トカード] トカード] トカード]
            ↓
   [百貨店・銀行・その他のクレ
    ジットカードを利用する意図]
```

　枝分かれ質問は慎重に設計しなければならない[34]。枝分かれ質問とは、対象者が当面の質問に対してどのように回答するかに基づき、調査票の異なる場所に調査対象者をそれぞれ誘導するものである。したがって、可能性のあるあらゆる回答を確実に網羅したものでなければならない。枝分かれ質問は、インタビュアーと調査対象者の誤差を減らすとともに、回答を完了させるのを助ける。枝分かれ質問に基づいたスキップ・パターン（対象者の回答に応じていくつかの質問をしないで先に進めること）はかなり複雑になる場合がある。すべての可能な回答を把握するための簡単な方法は、論理的可能性のフローチャートを作成し、それに基づき枝分かれ質問とその指示を作り出すことである。百貨店の購入におけるクレジットカードの使用状況を把握するために使われたのが、図 10.2 のフローチャートである。

　枝分かれ質問を設定することは重要である。その設定にあたっては次のガイドラインに従うことが望ましい。①枝分かれ先の質問（調査対象者が指示される質問）は、枝分かれの元とな

ファネル・アプローチ（じょうご法） funnel approach　調査票の質問順序に関する方策の1つ。一般的な質問から始まり、徐々に具体的な質問へ移る。具体的な質問が一般的な質問に影響を与えないようにするためのアプローチである。
枝分かれ質問 branching question　ある調査を通じて、インタビュアー／調査対象者をその回答に応じて調査票上の異なった場所にある次の質問に導くために使われる質問。

> **アクティブ・リサーチ　百貨店プロジェクト**
>
> ## 形式とレイアウト
>
> 　百貨店プロジェクトでは、調査票をいくつかの部分に分けた。パートAには、資格確認質問と、熟知度に関する情報、ショッピングの頻度、選択基準の8因子それぞれに関する10店舗の評価、10店舗の選好度に関する質問を含めた。パートBでは、選択基準の各因子についての相対的重要度に関して質問し、10店舗の選好順位を質問した。そしてパートCではライフスタイルに関する情報を、最後にパートDでは標準的な人口統計情報と身元確認情報を求めた。身元確認情報は、なるべく目立たないようにするために、個別の部分とせずに分類情報と一緒に尋ねた。このように調査票をいくつかの部分に分けることよって、トピックを自然に移行させ、さらに、対象者とインタビュアーの両者に対して、各セクションが始まるとそれまでとは違うタイプの情報が求められることに注意を促すことができたのである。

る質問のできるだけ近くに置かなければならない。②枝分かれ質問は、どのような付帯情報を求めているのかを調査対象者に察知されることのないよう、その並べ方に配慮しなければならない。そうしないと、枝分かれ質問に対してある回答をすれば、込み入った質問に答えなくても済むということを、調査対象者に気づかれてしまうおそれがでてくる。例えば、調査対象者に見たことのあるコマーシャル（複数）を評価する質問を行う前に、まず、リストにあるコマーシャルのうちのいずれかを見たことがあるか、と問うべきである。そうしないと、調査対象者は、コマーシャルを見たことがあると回答すれば、そのコマーシャルに関する詳しい質問に答えなければならなくなり、逆に、そのコマーシャルを見たことがないと回答すれば詳しい質問を避けられる、ということをすぐに見抜いてしまう。

フォーマットとレイアウト

　冒頭に挙げた2000年米国国勢調査の調査票の例が示すように、フォーマットやスペースどり、質問の位置は、調査結果に大きな影響を与える。自記式調査票ではこれが特に重要になる。国勢調査向けの郵送調査票のために行われた実験では、ページの一番上にある質問がページの下にある質問よりも注目されることが明らかになった。指示が赤字で印刷されていると、対象者には調査票がより複雑に見えるらしい、ということを除けば、結果にほとんど差が出ないことがわかった。

　調査票をいくつかの部分に分けることは良い方法である。基本情報に関連する質問には、部分がいくつか必要になる。

　各部分の質問には番号をつける。特に枝分かれ質問ではこれを忘れてはならない。質問に番号をふると、回答のコーディングが容易になる。また、調査票はプリコーディングされている

ことが望ましい。**プリコーディング**においては、コンピュータに入力するコードが調査票に印刷される。通常、そのコードは、特定の回答が入力される行番号と欄番号を表す。CATIやCAPIが使用される際には、このプリコーディングがソフトウェアに組み込まれていることに注意しよう。調査票のコーディングについては、データ準備に関する第14章でも詳しく説明する。本章では、プリコーディングされた調査票を紹介しよう。スペースの関係で、調査票の一部だけを再現した。

〈リサーチの実例〉──月刊誌『アメリカン・ロイヤー』からのプリコーディング調査例

アメリカン・ロイヤー
購読者秘密調査

1.『アメリカン・ロイヤー』の平均的な号を手にとり、熟読あるいはざっと目を通される際、1号あたり合計でどのくらいの時間をかけていらっしゃいますか。

30分未満	□─1	1時間30分～1時間59分	□─4
30～59分	□─2	2時間～2時間59分	□─5
1時間～1時間29分	□─3	3時間以上	□─6

2.『アメリカン・ロイヤー』を読み終わった後、通常、その号をどうされますか。

会社の資料室で全号を保管する	□─1	待合い室／公共のスペースに置く	□─5
自宅で利用するために全号を保管する	□─2	廃棄する	□─6
社内のスタッフに見せる（回覧）	□─3	その他（具体的に記入してください）	
興味のある項目を切り抜いて保管する	□─4		□─7

3. あなたが私費で購入した（会社の経費で購入したものではない）『アメリカン・ロイヤー』を、何人の方が、熟読あるいはざっと目を通していらっしゃいますか。ご自身は含めずにお答えください。

1号あたりの追加読者の数

1人	□─1	5人	□─5	10～14人	□─9
2人	□─2	6人	□─6	15人以上	□─X
3人	□─3	7人	□─7	なし	□─0
4人	□─4	8～9人	□─8		

調査票には通し番号をつけるべきである。これにより、コーディングおよび分析はもちろんのこと、現場で調査票をスムーズに管理できるようにもなる。通し番号をつけることにより、

プリコーディング precoding 調査票の設計で、データ収集の前に考えられるすべての回答にコード（符号）をあらかじめ割当てること。

調査票を把握しやすくなり、紛失したかどうかも把握しやすくなる。この方法が通用しない例としては、郵送の調査票が挙げられる。郵送された調査票に番号が付けられていれば、調査対象者がある番号が具体的な対象者を特定することになるのではないかと考えてしまうからだ。こうした状況下では、調査への参加を拒否したり、異なる回答をする人も出てくるだろう。しかしながら、最近のリサーチからは、たとえ、匿名性が維持できないことが調査結果になんらかの影響を与えたとしても、その程度は限られたものにとどまるということが示唆されている[35]。

調査票の印刷

　調査票が実施に向けどのように印刷されるのかは、調査結果に影響を与える。例えば、調査票が質の悪い用紙に印刷されていたり、そうでなくとも見かけがお粗末だったりすると、対象者がプロジェクトがつまらないものであると解釈し、その結果、回答の質に悪影響を及ぼすことになりかねない。そのため、調査票は良質の用紙に印刷され、見た目に専門家が行う仕事らしく整えられていることが望まれる。

　印刷された調査票が数ページにわたる場合、クリップやホッチキスで紙が何枚も留められているのではなく、小冊子の形状になっている方がよい。小冊子であれば、インタビュアーと調査対象者が扱いやすく、クリップやホッチキスで留められた束のように、使っているうちにバラバラになることがない。また、質問に見開きページを使用することができ、より専門職業にふさわしく見える。

　各質問は1ページ（または見開き）に収まるように印刷するべきである。回答のカテゴリーも含め、1つの質問をページをまたいで分割表示してはならない。質問が分割されていると、インタビュアーおよび調査対象者が、その質問はページ末で完結しているものと誤って思い込む可能性がある。こうなると、不完全な質問に基づいた回答を導き出すことになる。

　回答欄は各質問に対して縦方向に配置するのがよい。回答欄をいくつもの欄にわたって横に読み進めるよりも1つの欄を下に読んでいく方が、インタビュアーと対象者には負担が少ない。横のフォーマットと質問の分割はスペースを節約するためによく使われるが、これは避けなければならない。この問題は『アメリカン・ロイヤー』誌の調査票にも見てとれる（前掲の「リサーチの実例」を参照）。

　調査票を短く見せようと質問をぎっしり詰め込む傾向は避けなければならない。質問と質問の間にほとんどスペースを置かずに質問を詰め込みすぎると、データ収集でのエラーの原因となり、短くて情報量の少ない回答をもたらす可能性がある。さらに、調査票が複雑であるという印象を与えかねず、得られる協力と回答完了率が低減するだろう。調査票は長めよりも短めがより好ましいが、かといって質問を詰め込むまでして縮めるべきではない。

　個々の質問に対する指示や説明は、できる限り質問の近くに置かなければならない。質問が

調査対象者にどのように処理、回答されなければならないのかということに関連した説明は、質問の直前に配置するべきである。回答がどのように記録されるのか、あるいは、プロービングをどのように行わなければならないのかという指示は質問の後に置くとよい（プロービングとその他のインタビュー方法の情報に関しては第13章を参照のこと）。太字のように目立つ文字を使って指示文を質問文と区別する例もよく見られる（先の「インタビュー方法の種類」の節、百貨店プロジェクトを参照）。

色は調査票の回収率に影響を与えるものではないが、その他の点に活かすことが可能である。例えば、カラー・コーディングは枝分かれ質問に役立つ。この場合、調査対象者に示される次の質問がカラーで印刷されていて、その色が枝分かれ質問の回答を記した箇所と同じ色になっているとよい。また、違う対象者グループに向けて行う調査を違う色の用紙に印刷することもできる。ある大手通信会社で行われた郵送の調査では、事業所向け調査票は白い用紙、世帯向け調査票は黄色い用紙に印刷されていた。

調査票は、読みやすく答えやすい方法で印刷されていなければならない。また、文字については大きめのサイズ、はっきりしたフォントを用いること。調査票を読むことが負担になるようではいけない。中には、質の高い印刷仕上がりを実現し、同時にコストも削減できるテクノロジーもいくつかある。このような方針に沿った結果、印刷コストを1,150ドル（約12万6,000円）から214ドル（約2万3,500円）にまで下げることができた例もある[36]。

事前テスト

事前テストとは、調査票の潜在的な問題を確認し取り除くために、調査対象者の小規模な標本に調査票のテストを実施することを指す。たとえ大変優れた調査票であっても、事前テストで改善すべき点が出てくる。原則として、適切な事前テストを行うことなく調査票をフィールドでの本調査に使用してはならない。冒頭の2000年国勢調査の事例で説明したように、事前テストは徹底的に行われることが望ましい。それには、調査票のあらゆる側面、例えば、質問内容、ワーディング、順序、フォーマットとレイアウト、質問の難易度、指示文などが含まれる。事前テストの調査対象者は、背景となる特性やトピックの熟知度、対象に対する態度や行動に関して、本調査で調査する対象者と同様のものでなければならない[37]。換言すれば、事前テストの対象者と本調査の対象者とは同じ母集団から選ばれなければならない。

本調査が郵送、電話、コンピュータを利用して実施されるとしても、事前テストはまず個人面接で行うのが最善策である。というのも、インタビュアーが調査対象者の反応や態度を観察できるからである。必要な変更がなされた後、郵送であれ、電話であれ、コンピュータであれ、

事前テスト pretesting 小規模な調査対象者の標本について、調査票の潜在的な問題を確認し取り除き、その質を向上させるために、調査票をテストすること。

本調査で使われる方法でもう一度、事前テストを行う。後半の事前テストではインタビューの方法に特有の問題点が明らかになるだろう。事前テストは、できる限り本調査の場合と似通った環境と状況のもとに行わなければならない。

　事前テストにはさまざまなインタビュアーを用いるべきである。プロジェクト・ディレクター、調査票を作成したリサーチャー、リサーチ・チームの主要メンバーが、何人かにつき事前テストのインタビューを実施するべきである。彼らは、テストに参加することによって潜在的な問題や期待されるデータの性質に関して的確な感触を得るであろう。とはいうものの、事前テストのインタビューの大部分は、通常のインタビュアーが担当することが望ましい。経験豊富なインタビュアーと新人インタビュアーの両者を用いるとよい。経験豊富なインタビュアーは、調査対象者が答えにくそうだったり、混乱していたり、回答を嫌がっていたりするのをすぐに見分けることができる。一方、新人インタビュアーを使用すれば、リサーチャーがインタビュアーに関連する問題点を発見しやすくなる。通常、事前テストの標本サイズは小規模で、ターゲット母集団の異質性の程度によるが、初期テストでは15〜30人の対象者が見込まれる。ただし、事前テストが数段階にわたる場合には、標本サイズがかなり増えることになる。

　プロトコル分析とデ・ブリーフィングは、いずれも事前テストでよく使われる手法である。プロトコル分析では、調査対象者は調査票に回答する間中「声に出して考える」ことを求められる。通常、対象者の発言は録音され、調査票のさまざまな箇所で出た反応を判断するために分析される。デ・ブリーフィングは、調査票の回答が完了した後に行われる。調査対象者には、回答し終えたばかりの調査が調査票の事前テストであり、事前テストの目的が告げられる。その後、自分が行った回答を説明するために各質問の意味を述べ、調査票を回答する際に行き当たった問題をすべて詳しく伝えるよう指示される。

　編集には、事前テストで明らかになった問題を解決するための、調査票の修正作業が含まれる。調査票が大幅に修正された場合には、その都度別の対象者の標本を使って、さらに事前テストを実施しなければならない。十分な事前テストを行うにはいくつか段階が必要になる。事前テストが1回というのは最低ラインである。事前テストは、変更の必要がなくなるまで続けられなければならない。

　事前テストから入手された回答は、最終的にコード化され、分析される。事前テスト回答の分析は、課題定義と、必要とされる情報を入手するために求められるデータと分析の適切さを、チェックする役目を果たす。調査票を作成する前に準備したダミーの表があると、さまざまなデータが必要であることがわかる。質問に対する回答が予め用意したダミーの表の項目と関連づけることができない場合には、そのデータは、不必要、あるいは適切な分析が予見されないと判断される。またダミーの表に空欄が残っているようであれば、必要な質問が省かれてしまった可能性がある。事前テストのデータの分析は、本調査で収集されるデータがフルに活用でき、調査票が必要なデータをすべて入手することを保証する[38]。

　調査票の設計プロセスをチェックリスト形式にして、**表10.1**にまとめたので参照してほし

い。

観察フォーム

　観察データを記録するフォームは、調査票よりも容易に構成できる。質問の心理的な影響や、質問を尋ねる方法を考慮する必要がない。リサーチャーが留意しなければならないのは、①必要とされている情報を明確に確認し、②実地担当者が難なくその情報を正確に記録でき、そして③データのコーディング、入力、分析が容易な、フォームを作り上げることである。

　観察フォームは、観察する行動に対して、誰が、何を、いつ、どこで、なぜ、どのようにという点を特定できなければならない。百貨店プロジェクトでは、購買調査の観察フォームにおいて、次に挙げる情報すべてに回答スペースを取ろうと考えた。

アクティブ・リサーチ　百貨店プロジェクト

観察

誰が：購入者、店内を漫然と見て回る人、男性、女性、親子づれ、子供だけ

何を：考慮した製品／ブランド、購入した製品／ブランド、サイズ、チェックしたパッケージの価格、子供や家族など他のメンバーが与える影響

いつ：曜日、時間、観察年月日

どこで：店内、レジカウンター、店内の売り場の種類

なぜ：購入に対する、価格、ブランド名、パッケージの大きさ、販促、あるいは家族のメンバーの影響

どのように：販売員に扮した個人観察者、ありのままの個人観察者、隠しカメラ、明らかにそれとわかる装置

　フォーマットとレイアウトならびに観察フォームの印刷に関しては、調査票で説明したガイドラインに従えばよい。適切に設計されたフォームであれば、実地担当者が観察を、要約（これは誤差をまねきかねない）することなく、個々の観察を記録できる。最後に、観察フォームにも、調査票と同じように適切な事前テストが必要となることを記しておく。

国際マーケティング・リサーチ

　調査票やリサーチに用いる印刷物や刺激物などはその文化特有の環境に適合されていなけれ

表 10.1 調査票設計チェックリスト

ステップ1　必要な情報を特定する
1. 入手される情報が、課題の要素に十分に応えようとしているかどうかを確認する。また、課題とアプローチの各要素（特に調査項目と仮説、必要とされる情報）について、さらに検討する。
2. 入手しようとしている情報についてダミーの表を一式、準備する。
3. ターゲット母集団に関して明確な考えを持つ。

ステップ2　インタビューの手法を特定する
1. 第6章で論じた配慮事項に基づき決定したインタビューの手法を再検討する。

ステップ3　個々の質問の内容を決定する
1. この質問は必要か？
2. 必要な情報をあいまいでない形で入手するためには、質問を1つに限らず、複数設定するべきなのではないか？
3. ダブルバーレル式質問を使わない。

ステップ4　調査対象者の側の、回答不能・回答拒否を克服する質問を設計する
1. 調査対象者はトピックについて情報を持っているか？
2. 調査対象者が情報を持っていそうにない場合には、トピック自体の質問の前に、製品、ブランドへの親密度、製品の使用状況、過去の経験を測定するフィルター質問を行うべきである。
3. 調査対象者は思い出すことができるか？
4. 欠落、短縮（テレスコーピング）、創作から生じる誤差を防ぐ。
5. 調査対象者にヒントを与えない質問は、現実に起こった出来事を実際よりも過小評価しがちである。
6. 調査対象者は自分の考えを表現できるか？
7. 調査対象者の負担を最小限に抑える。
8. この質問は前後関係（コンテクスト）からみて適切か？
9. 情報提供の要請は正当なものに見えるか？
10. 情報がデリケートな問題である場合には、以下のように対処する。
    a．デリケートなトピックは調査票の最後にまわす。
    b．対象となる行動はよくあることだ、という内容の文章を前置きする。
    c．第三者法を使って質問をする。
    d．対象者が答えたいと思うような他の質問のグループの中に、その質問をこっそり入れる。
    e．具体的な数字を尋ねるよりも、回答のカテゴリーを提供する。
    f．適切な場合には、無作為化手法を使う。

ステップ5　質問の構成を決める
1. オープンエンド式の質問は探索的リサーチおよび初めの質問として役立てる。
2. 可能な限り、構成的質問を使う。
3. 多項選択質問を用いる場合には、回答の選択肢が、可能な選択をすべて含み、相互排反でなければならない。
4. 二項選択質問を用いる場合、かなりの割合の調査対象者が中立的であると思われるときには、中立的な選択肢を含める。
5. 二項選択質問と多項選択質問の順序バイアスを減らすために、スプリット法を使うことを考慮する。
6. 回答の選択肢が非常にたくさんある場合、調査対象者の情報処理の負担を減らすために、複数の質問を使うことを考慮する。

ステップ6　質問のワーディングを決める
1. 6つのW、誰が（who）、何を（what）、いつ（when）、どこで（where）、なぜ（why）、どのように（way）の観点から問題を定義する。
2. ごく普通の言葉を使う。対象者の語彙レベルと同等の言葉を用いること。
3. usually（いつもは）、normally（普通）、frequently（頻繁に）、often（しばしば）、regularly（定期的に）、occasionally（時折）、sometimes（時々）などのあいまいな言葉を避ける。
4. 回答がどんなものなのか、対象者にヒントを与える誘導質問を避ける。

表 10.1　調査票設計チェックリスト（続き）

　　5. 選択範囲に明確に表記されていない暗黙の選択肢を避ける。
　　6. 暗黙の前提を避ける。
　　7. 調査対象者が一般化をしたり、推定値を計算することがないよう留意する。
　　8. 肯定的表現・否定的表現の双方を用いる。

ステップ7　適切な順序で質問を配置する
　　1. 冒頭の質問は、興味深くシンプル、かつ、脅かすことのないものとなるよう配慮する。
　　2. 資格確認質問を、冒頭の質問とする。
　　3. 基本情報を最初に入手し、続いて分類情報、最後に身元確認情報を得る。
　　4. 難しい質問や、デリケート、複雑な質問は、後のほうにまわすようにする。
　　5. 一般的な質問は、具体的な質問よりも前に行う。
　　6. 質問は論理的な順序で尋ねる。
　　7. 枝分かれ質問は、可能性のあるあらゆる回答を網羅するよう、慎重に構成する。
　　8. 枝分かれ先の質問は、枝分かれの元となる質問のなるべく近くに置く。また、枝分かれ質問は、どのような追加情報を求めているのかを対象者に察知されることのないように配置する。

ステップ8　フォーマットとレイアウトを特定する
　　1. 調査票をいくつかの部分に分ける。
　　2. 各部分の質問には番号をふる。
　　3. 調査票はプリコーディングする。
　　4. 調査票には、通し番号をつける。

ステップ9　調査票の印刷
　　1. 調査票は、専門家が行う仕事らしく見えるように体裁を整える。
　　2. 長い調査票は、小冊子の形態にまとめる。
　　3. 各質問が1ページ（あるいは見開き）に収まるように印刷する。
　　4. 回答欄は、縦方向に配置する。
　　5. 同じ回答カテゴリーを使う関連質問が数多くある場合には、グリッド（マス目の表）が役に立つ。
　　6. 調査票を短く見せようとして質問を詰め込まない。
　　7. 個々の質問に対する指示文、説明文はできる限り質問の近くに配置する。

ステップ10　事前テストでバグ（欠点）をなくす
　　1. 事前テストは必ず実施する。
　　2. 質問内容、ワーディング、順序、フォーマットとレイアウト、質問の難度、指示文など、調査票のあらゆる面をテストする。
　　3. 事前テストの調査対象者は、本調査に含まれる対象者と同様の人々となるよう留意する。
　　4. 事前テストは、他の方法を使う場合でも個人面接から始める。
　　5. 本調査で郵送法や電話調査法などを用いる場合には、事前テストでも同じ手法を実施する。
　　6. 事前テストには、さまざまなインタビュアーを用いる。
　　7. 事前テストの標本サイズは小規模に。初期テストでは15〜30人の対象者を見込む。
　　8. 調査票の問題を特定するには、プロトコル分析とデ・ブリーフィングを用いる。
　　9. 調査票を大幅に改訂した場合には、その都度、別の調査対象者のサンプルを使って事前テストを行う。
　10. 事前テストで入手した回答はコード化し、分析する。

ばならず、さらに、あるひとつの文化の影響で偏りがあってはならない。そのためには、調査票の設計プロセスの各ステップで十分な注意が必要となる。まず、必要とされている情報を明確に特定しなければならない。この場合、表面には見えてこない消費者の行動や意思決定プロセス、心理的特性、ライフスタイル、人口統計学的変数における差異を考慮することが重要である。人口統計的特性において、婚姻状況や教育、世帯の大きさ、職業、収入、住居単位に関する情報は、国によって別個に特定されなければならないことがある。というのも、これらの変数については、各国を同じように直接的に比較することができない場合もあるからである。例えば、複合家族の構成をとる国では、同じ屋根の下で2家族、場合によっては3家族が暮らす習慣があることを考えると、世帯の定義と大きさは、非常に多岐にわたるといえるだろう。

個人面接は国際マーケティング・リサーチでは主要な調査方法であるが、国によって異なる手法が取られる場合もある。したがって、複数の方法で実施できるように調査票を設計しておかなければならないことがある。質問についての理解と翻訳を容易にするためには、複雑な質問を1つ設定するよりは、複数の簡単な質問で構成するほうが望ましい。さらに回答不能を克服するために、異なる文化背景を持つ調査対象者が調査の主題に関してどの程度情報を得ているのか、その変動の幅をも考慮しなければならない。例えば、極東やCIS（独立国家共同体・旧ソ連）の国々においては、調査対象者が米国の対象者ほどには情報を持っていない場合がある。

リサーチャーが他国における回答の決定要素に関する知識を充分に持っていない場合には、非構成的、つまり、オープンエンド式の質問を利用するとよい。非構成的質問はまた、回答の選択肢を押しつけることがないので、文化的偏りの程度を弱めてくれる。しかしながら、非構成的質問は構成的質問より教育レベルの違いの影響を受けやすい。識字率の低い国では慎重に扱わなければならない。非構成的質問と構成的質問とを補完的に利用することにより、豊かな洞察が得られることもある。次の例を見てみよう。

〈リサーチの実例〉——テーマ：シンガポールのテーマ・レストラン

シンガポールは60を越える小島から成っており、2003年現在の人口は約400万人である。同国は、レストラン産業が多岐にわたっていることで、世界的に知られている。22,000ある食品サービスの事業所のうち、21％がレストランに分類されている。シンガポールにあるテーマ・レストラン4社、ハードロックカフェ（www.hardrock.com）、プラネット・ハリウッド（www.planethollywood.com）、セレブリティーズ・アジア、およびハウス・オブ・マオに関して、調査が実施された。

調査票は、4つのテーマ・レストランすべてで食事を取ったことのある人、20人に対して事前テストされた。これらの人々からのコメントに基づき、調査票には何回か手が加えられた。本調査は、調査対象者自身が記入する形式の調査票で300人の参加者を対象に実施された。この調査

票は、テーマ・レストラン4社に対する参加者の知覚を調べるために設計されていた。参加者は、モール・インターセプト手法で無作為に抽出され、過去1年間にテーマ・レストランで食事をしたことがあるかどうかを質問された。この質問の回答が「はい」だった場合、調査に参加し、4ページの調査票に記入するよう依頼された。調査票は2つのセクションに分かれていた。参加者は、セクションAではテーマ・レストランに対する全般的な知覚を聞かれ、セクションBではこの4つのレストランを9つの違う属性について、それぞれ5段階評価するように求められた。調査対象者は、調査票の最後に「将来シンガポールにはもっとテーマ・レストランができると思うか」、また、「これから先、テーマ・レストランは成功すると思うか」といったオープンエンド形式のいくつかの質問にも回答するように依頼された。

調査対象者の多くは、将来シンガポールにはもっとテーマ・レストランが開店すると感じ、レストランの成功に関してはどっちつかずであった。ハウス・オブ・マオがテーマのコンセプトで一番高い評価を受け、ハードロックカフェが全般的に期待したような経験ができたという点で最も高い評価を受けた。9つの属性に関して全体として最も良く評価されていたのはハードロックカフェだった。この調査によれば、シンガポールのテーマ・レストラン産業には成長の余地があることとなる。

1999年4月にプラネット・ハリウッドが米国連邦破産法第11章を申請するなど、テーマ・レストランはこの2、3年、米国では打撃を受けている。ファッション・カフェとオールスター・カフェも90年代前半のオープン時には高い期待を寄せられたが、結局は経営難に陥った。この種のレストランは、事業拡張にあたり、シンガポールのような国に目を向ける必要があるだろう[39]。

調査票はさまざまな文化の下で使用されるため、翻訳が必要となる場合もでてくる。その際、リサーチャーは、違う言語で書かれた調査票が同等の内容であることを確認しなければならない。この目的で設定される特別な手順に関しては、第23章で論じている。

国際的なマーケティング・リサーチでは、調査票の事前テストは複雑になる。使用されている言語同士が同等であることを事前テストしなければならないためである。2セットの事前テストが推奨される。1つは、翻訳された調査票を、母国語（1カ国語）しか話せない調査対象者で事前テストする。もう1つは、英語で書かれた原本と翻訳版を、2カ国語を話す調査対象者でテストする。文化による偏りを発見するためには、違う国や文化の下で調査票を使って収集された事前テストのデータを分析し、回答のパターンを比較することが望ましい。

マーケティング・リサーチにおける倫理

「リサーチャー対調査対象者」の関係と「リサーチャー対クライアント」の関係に関連する倫理的な問題のいくつかには、調査票の設計段階で取り組まなければならないものがある。特に問題なのは、非常に長い調査票を使用すること、デリケートな質問をすること、同一の調査

票あるいは質問調査に複数の顧客の質問を組み合わせること（相乗り）、意図的に調査票を偏らせることである。

　調査対象者は自発的に時間を割いてくれているのだから、あれもこれもと情報を求めて負担をかけ過ぎてはならない。リサーチャーは過度に長い調査票を避けるべきである。調査票が長すぎると、調査のトピック、必要とされる作業、オープンエンド式質問の数、複雑な尺度の利用頻度、データ収集方法などの変数によって、時間の長さ、つまり完了までの時間は変動する。カナダ・マーケティング・リサーチ専門家協会のガイドラインによると、訪問面接によるインタビューを除き、終了までに30分を超えるような調査票は一般に「長すぎる」とみなされる。個人訪問面接の場合、調査対象者に負荷をかけずに60分まで可能である。長すぎる調査票は対象者の負担になり、しかも、回答の質に悪影響を及ぼす。同様に、混乱させるような質問や、対象者の能力を超えた質問、難解な質問、その他、不適切なワーディングの質問もまた、避けなければならない。

　デリケートな質問には特に注意を払わなければならない。意味のある調査結果を生み出すには率直で正直な回答が必要だが、その一方で、リサーチャーは調査対象者のプライバシーを侵害したり、対象者に過度のストレスを与えてはならない。そのため、本章で説明してきたガイドラインに従うことが重要になる。対象者の不快感を最小限に抑えるためには、不快に思う質問には答える必要がないことを、インタビュー開始時に明言しておくべきである。

　「リサーチャー対クライアント」の関係において重大な問題は相乗りである。この問題は、調査票に複数のクライアントに関連のある事項が含まれている場合に生じるものである。相乗りは、さまざまなクライアント企業が自社の質問の実査を共有できる、オムニバス・パネル（第3章、第4章参照）においてよく使われる手法である。コストを大幅に抑えることができ、クライアント側が他の手段では費用を負担できないような一次データを収集するのに適している。ただし、この手法を採る場合においては、すべてのクライアントが相乗りで実査が行われることを承知、同意していなければならない。残念ながら、リサーチ企業の利益増加という目的だけで、クライアントに無断で相乗りが使われることがときどきある。これは倫理に反している。

　最後に、偏りのない方法で必要な情報を入手するために、調査票の設計について倫理的な責任を負わなければならないのがリサーチャーであることを記しておこう。意図的に調査票を望ましい方向へ偏らせるのは（例えば、誘導質問をするなど）、許されることではない。質問の構成を決める際には、次の例にあるように、最も都合の良いものではなく、最も適切なものが採用されなければならない。また、調査票は、フィールドワーク（実査作業）が始まる前に徹底して事前テストを施さなければならない。さもなければ、倫理的な違反が生じてしまう。

〈リサーチの実例〉——国際マーケティングの倫理を問う

　調査票を設計する際に回答カテゴリーが明らかでない場合には、オープンエンド式質問が最も適切であろう。国際マーケティングにおける倫理問題を特定するために設計されたある調査では、一連のオープンエンド式質問が使われた。この調査の目的は、国際マーケティング活動を行っているオーストラリアの企業が最も頻繁に遭遇する倫理問題を、重要性の高い順に3つ引き出すことであった。リサーチャーは結果を検討のうえ集計し、頻繁に起こる問題を10のカテゴリーに分類した。すなわち、慣例化している小規模な賄賂、大規模な賄賂、贈り物・優遇措置・もてなし、価格設定、不適切な製品・技術、脱税行為、違法あるいは社会的倫理に反する行為、流通業者への疑わしい手数料、文化の相違、政治的問題の関与である。カテゴリーの数だけみても、国際的なマーケティングの倫理問題が、さらにしっかりと問題として取り上げられなければならないことがわかる。もし仮にここで構成的質問を使っていたら、調査を簡便に進めることはできただろうが、倫理的な問題を取り上げる上では適正な結果が得られることはなかっただろう[40]。

インターネットおよびコンピュータ・アプリケーション

　本章で概要を説明した調査票の設計プロセスは、インターネットの調査票にも適用できる。ソートゥース・ソフトウェア社のように、インターネットの調査票の設計用のソフトウェアとサービスを提供する企業がいくつかある。インターネットの調査票にはCAPIの調査票と同様の特徴が多い。グラフィックス、写真、広告、アニメーション、サウンドクリップ、フルモーション・ビデオのような多種多様な刺激を使用する調査票を設計することができる。さらに、リサーチャーは、調査対象者がその刺激を見る時間および各刺激にアクセスできる回数を管理できる。このおかげで、インターネットで実施できる調査票の範囲が大いに広がり、複雑な対応が可能になった。CATIとCAPIの場合のように、複雑なスキップ・パターンを調査票に組み込むこともできる。質問は調査対象者一人ひとりに個別に構築でき、前問に対する回答を次の質問に挿入することができる。詳しくは www.customersat.com を参照してほしい。

〈リサーチの実例〉——ウェブ・サイトを評価するサーベイ・サイト

　オンライン・マーケターとウェブ・サイト・デザイナーは、設計上のどのような特徴や経験がサイトへのビジターをリピーターに変えるのかについて、ますます関心を抱いている。また、逆に、どのような特徴や経験が望ましくないのかを知ることも、彼らにとって重要な関心事である。それがわかれば、自社サイトからその好ましくない内容を除外することが可能となるからである。オンライン・マーケティング・リサーチ会社のサーベイサイト社（www.surveysite.com）は、こ

の疑問に対応すべく広範囲な調査を行った。

　同社は、87の、米国およびカナダのウェブ・サイトにこの調査に協力するよう要請した。各サイトにフィードバックのアイコンを付け、ビジターにアクセス先の評価を問う規格を統一したサーベイに参加するよう促した。調査票は12の質問から構成されており、設計／技術評価と、アクセス中の情緒的経験という2つの広範なセクションに分かれていた。技術的な知識を持ち合わせていない調査対象者でも回答できるように、設計／技術に関する質問はシンプルにまとめられていた。まずパートAで、設計／技術に関する質問が論理的な順序で行われた。その後、パートBでは、情緒的経験に関連した質問が行われた。オープンエンド式質問1つを除くすべての質問に、7段階の評価尺度が用いられた。オープンエンド式の質問は、当該サイトにもう1度アクセスするかどうかを決める際に、どんな要因が最も重要であるかを問うものであった。そして最終パートであるパートCでは、ウェブの利用状況と人口統計情報が問われた。この調査票は、本調査で使用される前に徹底的に事前テストが行われていた。

　調査の結果から、サイトにリピーターが付くか付かないかに関しては、コンテンツが重要な決め手になっていることがわかった。これに相応するように、「くだらないコンテンツ」がそのサイトに二度とアクセスしない理由として最も多く挙げられていた。リピート率を決める2番目に重要な要因は、対象者がサイトにアクセスして楽しめたかどうかであった。「楽しい」とはすなわち、ビジターが探していた情報を見つけることができたことを意味する。また、その次にリピート率に影響を与えていたのは、サイトを運営している組織の質と独自性の度合いであった。本調査の結果に立脚すると、マーケターとサイト・デザイナーは、ウェブ・サイトの開発にはコンテンツとレイアウト、独自性を考慮しなければならないと結論づけることができる。これらを果たすことにより、リピーターを増やすことが可能になるであろう[41]。

　多くの調査票設計パッケージソフト、特にマイクロコンピュータ向けのものが出回っている。よく知られているソフトの1つがCi 3（www.sawtoothsoftware.com）である。また最近の製品としては、コンピューターズ・フォー・マーケティング・コーポレーション（www.cfmc.com）のSURVENTがある。このソフトでも調査票の作成やテスト、準備が可能で、完成した調査票をフィールド・ワークに使えるような互換性のあるインタビュー・システムに移すことができる。カリフォルニア州メンロパークにあるアピアン・ソフトウェア社（www.apian.com）のSURVEYPROは、調査票の設計しやすさと、DTP（デスクトップ・パブリッシング）機能とを兼ね備えたソフトである。SURVEYPROに関しては、最近、NetCollectやDirectCollectなどのアドオン・ソフトも整えられていて、これらを用いることにより調査のウェブ編集（NetCollect）や自動電話調査（DirectCollect）も可能になっている[42]。

SPSS Windows

　SPSS Data Entryでも、プログラムのドラッグ・アンド・ドロップ機能によって簡便に調査票を設計することができる。

バークの場合

　調査票を作成する際、バークでは、マーケティング・リサーチ課題で特定されたすべての情報を必ず入手できるようにしている。この目的を達成するためには、次に挙げる手順を踏む。

1. まずは、マーケティング・リサーチ課題に基づき、求められる情報のフローチャートを作成する（図10.2参照）。
   a．情報の流れがすべて並べられると、相互関係がはっきりしてくる。
   b．調査票から収集しようとしている実際のデータを、フローチャートにある情報のニーズと照合する。
   c．情報とデータの各分野での目標を明確にする。各分野の目的を明確に書き出せば、質問を構築できるようになる。
2. 第2段階では、批判者の立場でフローチャートを精査し、以下の項目について自問する。
   a．果たして、この内容について知る必要があるのか。それを用いて何をしようとしているかを正確に理解しているか。あるいは、
   b．それは、知っていれば好ましいが、知らなくてもよい程度のものではないのか。

「調査対象者の注目を集めているうちに、＿＿＿＿＿を尋ねるのは絶好の機会ではないか！」クライアント側のこんな台詞を絶えず耳にしてはいないだろうか。だが、バークでは、「知っていれば好ましい」タイプの質問を項目として加えることには、強く異議を唱えている。

　質問のニーズが設定されたら、今度はその構成を決定する。質問の大半は、多項選択や尺度を駆使した構成的なものとなる。非構成的質問の使用は制限されている。ことに、大勢の調査対象者に実施する調査ではそれが顕著である。また、質問のワーディングの選択にも相当の注意が払われている。目標は、単純かつ正確で、すべての対象者がリサーチャーが意図したとおりに理解できるような、そして正確で偏りのない回答を引き出せるような質問を練りあげることである。質問順序の決定に当たっては、調査対象者の参加資格を問うために作成されるスクリーニング質問を初めに行い、そして人口統計データや個人情報を問う質問については最後にもってくるようにする。そしてその間に、マーケティング・リサーチ課題に関連する質問を論理的な順序で配していく。フォーマットとレイアウトに関しては、調査票を複数のセクションに分けて、各セクションに特定のトピックに関する質問を配置していく。ウェブ・サイトの性能の手際良さを評価するために設計されたWEBNOSTICSの調査票を見てみよう。入手できる情報のタイプと入手できる順序は以下の通りである。

- ウェブ・サイトのコンテンツ（有益な、適切である、面白い）
- 技術的な性能（ページをダウンロードする時間、プラグインの利用）
- デザイン／レイアウト（スマートである、進みやすい、直観的、グラフィックスの質が高い）
- ダウンロード（実用性、スピード、信頼性、頻繁に更新されている）
- リンク（適切、リンク先を探索したか、外部からのヒット）
- 購入（安全性、取引が簡単、価格、品質）

- 広告（アピール、「クリック」広告をクリックしたか）
- チャット／スレッドのニュースグループ（関連性、利用頻度）
- ゲーム／コンテスト（興味、賞品、参加頻度）
- プライバシー（サイトの信頼性、個人情報の要請）

デリケートな問題であるプライバシーに関しては、最後に質問するということを忘れずに。

最後になるが、バークの事前テストは非常に独特なものである。どの調査票も、実際の調査で用いるのと同じ方法で選んだ調査対象者に対して、同じインタビュー手順に従って徹底的に事前テストする。問題を発見した場合には、調査票を再度、事前テストにかけることになる。このようにして優れた調査票を設計しているおかげで、バークはクライアントのために価値ある発見を生み出すことができる。

まとめ

定量一次データを収集するためには、リサーチャーは、調査票あるいは観察フォームを設計しなければならない。調査票には以下に挙げる3つの目標がある。第1に、必要とされる情報を調査対象者が回答でき、かつ回答しようと思うような一連の質問に翻訳しなければならない。第2に、調査対象者にインタビューを最後まで答えてもらうよう動機づけなければならない。そして第3に、回答誤差を最小限に抑えなければならない。

調査票の設計は科学というよりも技(わざ)である。そのプロセスは、①必要とされる情報、および②インタビュー方法のタイプを具体的に決定することから始まる。次のステップは、③個々の質問の中身を決めることである。また、④質問は、対象者が回答できない、あるいは回答したくないようなものであってはならない。調査対象者がトピックについてよく知らなかったり、思い出せなかったり、明確に表現できなかったりすると、回答不能となる。加えて、調査対象者の回答したがらない態度も克服しなければならない。質問に回答するのに多くの労力を必要としたり、前後関係からみて不適切な質問をされたり、正当な目的に適っていなかったり、あるいはデリケートな情報を求められたりすると、調査対象者は答えたがらないであろう。続いて、⑤質問の構成を決めることとなる。質問は状況に応じて非構成的（オープンエンド式）であったり、構成的であったりする。構成的質問には、多項選択質問と二項選択質問、尺度がある。

⑥各質問のワーディングを決定するには、問題を定義し、ごく普通の言葉とあいまいでない言葉、ステートメントについては肯定・否定の二通りの表現、を使うことが必要となる。リサーチャーは、誘導質問や暗黙の選択肢、暗黙の前提、一般化と推定値を避けなければならない。質問のワーディングが決定されると、⑦調査票内での質問の順番を決めることになる。冒頭の

第10章　調査票と観察フォームの設計

質問、情報のタイプ、困難な質問、次に続く質問への影響などには特別な配慮が必要である。質問は論理的な順序で配置されなければならない。

次は、⑧質問のフォーマットとレイアウトを決める段階に入る。⑨調査票を印刷する際にも重要な要素がいくつかある。すなわち、外観、小冊子の使用、ひとつの質問全体を1ページに収める、回答カテゴリーのフォーマット、詰めすぎを避ける、指示文の配置、カラー・コーディング、読みやすいフォーマット、そして、コストである。最後に重要となるのは、⑩事前テストである。事前テストにおいては、その程度、調査対象者の特質、インタビュー手法、インタビュアーのタイプ、標本サイズ、プロトコル分析とデ・ブリーフィング、エディティングおよび分析が重要なポイントになる。

観察フォームを設計するには、何を観察するのか、その行動をどのように記録するのかを明確に決定しなければならない。観察する行動に関して、誰が（Who）、何を（What）、いつ（When）、どこで（Where）、なぜ（Why）、どのように（Way）を特定すると有用である。

調査票は、その文化特有の環境に合うように適合されていなければならず、さらに、特定のひとつの文化に偏ってはならない。また、さまざまなインタビュー手法がさまざまな国で使用されるので、調査票は複数の手法で実施できるようになっていなければならない。リサーチャー対調査対象者の関係と、リサーチャー対クライアントの関係に関連した倫理問題には真剣に取り組む必要がある。しっかりとした調査票と観察フォームを設計するのに、インターネットとコンピュータは大いに役立つ。

演習

復習問題

1. 調査票と観察フォームの目的は何か。
2. データ収集方法が調査票の設計にどのように影響を与えるかを説明せよ。
3. ある1つの質問が調査票に含まれるべきか否かを見極めるには、どのようにしたらよいか。
4. ダブルバーレル式質問とは何か。
5. 対象者が質問に回答できない理由には、どのようなものがあるか。
6. 欠落、短縮、創作から生じる誤差を説明せよ。このような誤差を減らすためにはどうすればよいか。
7. 助成想起と非助成想起の概念を説明せよ。
8. 対象者が特定の質問に答えたくない理由としては、どのようなものが挙げられるか。
9. 情報提供の要請を正当化するために、リサーチャーは何をすればよいか。
10. デリケートな情報を入手する際に利用する無作為化法について説明せよ。
11. 非構成的質問の長所と短所をそれぞれ挙げよ。
12. 多項選択質問を設計する際に生じる問題とは何か。

13. 質問のワーディングを決めるために役に立つガイドラインを示せ。
14. 誘導質問とは何か。例を1つ挙げよ。
15. 基本情報、分類情報、身元確認情報の入手を要する場合、これらの質問をどのように配列すればよいか。
16. 調査票のフォーマットとレイアウトを決めるために役立つガイドラインを示せ。
17. 調査票を事前テストする際に伴う問題を述べよ。
18. 観察フォームを設計する際に伴う重要な決定とは何か。

応用問題

1. 飛行機利用と、乗客の航空会社に対する選好に関するダブルバーレル式質問の例を3つ作成せよ。あわせて、各々を正したものをも作成せよ。

テレフォン・カード世帯調査

1. あなたのお名前 ＿＿＿＿＿＿
2. 年齢 ＿＿＿＿＿＿＿＿
3. 婚姻状態 ＿＿＿＿＿＿＿
4. 所得 ＿＿＿＿＿＿＿＿
5. 次のテレフォン・カードで、あなたがお持ちになっているのはどれですか。
   a. ___ AT&T   b. ___ MCI
   c. ___ US スプリント   c. ___ その他
6. どのくらい頻繁にテレフォン・カードを使いますか。
   たまに   非常に頻繁に
   1   2   3   4   5   6   7
7. AT&T から出されているテレフォン・カードをどのように思いますか。
   ＿＿＿＿＿＿＿＿＿＿＿＿＿＿＿＿＿＿＿＿＿＿＿＿＿＿＿＿＿＿
8. あなたの世帯でテレフォン・カードを選ぶとしましょう。カードを選ぶ上で、次の要因の重要性を評価してください。

                              重要でない   非常に重要である
   a. 1通話あたりの通話料金   1   2   3   4   5
   b. 使いやすさ   1   2   3   4   5
   c. 同一の請求書に地域内通話と遠距離通話の請求が含まれている
                                1   2   3   4   5
   d. 通話に対するリベートと割引
                                1   2   3   4   5
   e. 電話サービスの質   1   2   3   4   5
   f. カスタマ・サービスの質   1   2   3   4   5
9. 電話会社にとってテレフォン・カードの提供はどの程度重要でしょうか。
   重要でない   非常に重要である
   1   2   3   4   5   6   7
10. 自宅にお子さんはいらっしゃいますか。 ＿＿＿＿＿＿＿
                    ご協力ありがとうございました。

第10章 調査票と観察フォームの設計　　　　　　　　　　　　　　451

2. 質問を文章化する際に使ってはならないあいまいな言葉を、少なくても10個挙げよ。
3. 次の質問は問題を定義しているといえるだろうか。その理由を述べよ。
   a．あなたのお気に入りの練り歯磨きのブランドは何ですか。
   b．あなたはどのくらいの頻度で休暇に行きますか。
   c．あなたはオレンジ・ジュースを消費されますか。
      1．はい　　2．いいえ
4. ガーデニングをする世帯かどうかを見極めるためのオープンエンド式質問を作成せよ。また、同じ情報を得るために多項選択質問と二項選択質問を作成せよ。どちらの形式が最も望ましいか。
5. 調査対象者に、一般化や推定値を提供するように求める質問を5つ作成せよ。
6. 10歳未満の子供のいる世帯のうち、児童虐待が起きている家庭の占める割合を明らかにするための一連の質問を開発せよ。無作為化技法を使用すること。
7. ある大手通信会社のマーケティング・リサーチ部門に雇われた大学新卒者が、世帯の、テレフォン・カードの選好を明らかにする調査票を準備するように指示された。質問調査はモール・インターセプト面接で実施されることになっている。調査票設計の原則にしたがい、新卒者が作成した調査票を批判的に評価せよ。調査票は前頁の通りである。

インターネット／コンピュータ演習

1. IBMは、同社のパソコンのイメージと主な競合他社（アップル社、デル社、ヒューレット・パッカード社）のイメージを明らかにするために、インターネット調査を実施しようとしている。このサーベイのための調査票を作成せよ。関連情報は各社のサイト（www.ibm.com、www.applecomputer.com、www.dell.com、www.hp.com）へアクセスして入手すること。
2. Ci3システムのような調査票設計パッケージ・ソフトウェアを利用して、フィールド・ワーク1の課題における調査票を作成せよ。マイクロコンピュータを使って、10人の学生にこの調査票を用いて調査を実施せよ。
3. 調査票設計パッケージ・ソフトウェアを利用して、フィールド・ワーク2の課題における調査票を作成せよ。このようにしてソフトウェアを用いた場合と、手作業で調査票を設計する場合との間にはどのような違いがあるか。両者を比較対照せよ。
4. オンライン・マーケティング・リサーチ企業のうち1社のウェブ・サイトにアクセスせよ（例えば、グリーンフィールド・オンライン・リサーチ・センター社、www.greenfieldonline.com）。このサイトで現在実施されているサーベイを探し出せ。本章で論じた原則に沿って、その調査票を批判的に分析せよ。

実　習

ロール・プレイ
1. あなたは、主要家庭用機器メーカーから経営管理の候補生として雇われたばかりである。上司から、世帯がどのように主要家庭用機器の購入計画を立て、購入、使用するのかを明らかにするための調査票を開発するように指示された。この調査票は国内の全国調査で使用される。しかしながら、あなたは、自分にはこのような複雑な調査票を構築する専門知識と経験がないと感じている。この状況を上司（仲間の学生に演じてもらう）に説明せよ。
2. あなたは、国内の百貨店チェーンでアシスタント・マーケティング・リサーチ・マネージャーとして働いている。経営陣（学生が何人かで担当）は従業員による商品の盗難について懸念している。あなたは、従業員による盗難がどの程度生じているかを明らかにするための調査票を作成するタスクを与えられる。この調査票は全米の社員に郵送される予定である。経営陣に対して、調査票の設計へのアプローチを説明せよ。（ヒント：無作為化応答技法を用いること）

フィールド・ワーク
1. 学生がどのようにレストランを選択するのかを明らかにするための調査票を作成し、10人の学生を対象とする個人面接により、この調査票を事前テストせよ。そして、この事前テストに基づき、調査票の修正すべき点について考察せよ。
2. シリアルの人気ブランドの世帯における選好を明らかにするために調査票を作成し、10人の女性世帯主を対象に、個人面接によりこの調査を実施せよ。これを電話インタビューで行う場合には、調査票をどのように修正すればよいか。また、郵送で実施する場合はどんな変更が必要になるであろうか。

グループ・ディスカッション
1. 「調査票の設計は技なのだから厳正なガイドラインに従うのは無駄である。それよりもむしろ、プロセスはすべてリサーチャーの創造性と器用さに任せるべきである」。この意見について少人数のグループで討論せよ。
2. リサーチの全誤差を最小限に抑えるにあたり、調査票が果たす役割について、少人数で討論せよ。
3. 調査票の構成におけるフォーマットとレイアウトの重要性について討議せよ。

第11章

標本抽出：設計と実行手順

「大部分の母集団について完全な全数調査を行うことはほとんど不可能である。適切に設計された標本調査は（失敗した全数調査と比較して）より効率的な運用ができ、バイアスの可能性も少ない。またほとんどすべての目的に必要なレベルの情報を提供することができる」
　　　　　　　――リンダ・クランプ（バーク社、顧客サービス担当、バイス・プレジデント）

本章の目的

この章では、以下の点を学習する。
① 全数調査と標本調査を区別し、全数調査に対して標本調査が有利となる条件を確認する。
② 標本設計のプロセス、すなわち目標母集団の定義、抽出フレームの決定、標本抽出法の選択、標本サイズの決定、標本抽出プロセスの実行について論じる。
③ 標本抽出法を、非確率抽出法と確率抽出法に分類する。
④ 非確率抽出法に属する便宜抽出法、判断抽出法、割当法、スノーボール抽出法について解説する。
⑤ 確率抽出法に属する単純無作為、系統的、層化、および集落の各抽出法について解説する。
⑥ 確率抽出法よりも非確率抽出法が有利となる条件を確認する。
⑦ 国際マーケティング・リサーチにおける標本設計プロセスと抽出法について理解する。
⑧ 標本設計プロセスおよび適切な抽出法の利用に関する倫理的な問題を確認する。
⑨ 標本設計におけるインターネットとコンピュータの利用について説明する。

本章の概要

　標本抽出は、調査設計の一部を構成している。調査設計の構築は、マーケティング・リサーチの第3段階に当たる。この段階においては、マーケティング・リサーチの課題に答えるのに必要な情報が特定され、調査設計（探索的、記述的、因果的リサーチ）の種類は決定済みである（第3〜7章）。さらに、尺度と測定手順が定められ（第8〜9章）、調査票が設計されている（第10章）。次のステップは、適切な標本抽出手順を設計することである。標本設計には、次の基本的な質問が含まれている。①全対象を調べるのではなく、その一部、すなわち標本を選ぶべきか、②選ぶ場合は、どんな手順を踏むべきか、③どのような種類の標本を抽出すべきか、④標本の大きさはどの程度にするか、⑤無回答誤差の管理、調整はどうするか。

　本章では、標本抽出の基本概念と上記の質問に答えるために必要な定性的に配慮すべき事項を紹介する。全対象を調べるべきか標本を抽出すべきかどうかの問題について触れ、標本抽出のステップを説明する。次に、非確率抽出法および確率抽出法について述べる。国際マーケティング・リサーチにおける抽出技術の使用について論じ、標本抽出に関連する倫理的な問題を確認し、標本抽出のためのインターネットとコンピュータの利用について述べる。標本サイズの統計的決定法と無回答誤差の原因、管理、調整については、第12章で述べる。

〈リサーチの実例〉——レイム・ダック復活作戦

　米国野生生物部（USFWS、www.fws.gov）が湿地保護の資金作りのために発行したダック・スタンプ（鴨を描いた切手）は、売上げが減少していた。そこで、USFWSは、ペンシルベニア州ランカスターに本社を置くマーケティング・リサーチおよび広告会社ザ・ボールグループ（www.ballgroup.com）に、次の質問に答えるための調査実施を依頼した。①他の誰がこの切手を買うことに関心を示すであろうか。そして、その理由は。②どんなマーケティング活動を実施すべきか。③スタンプがもたらす恩恵について人々はどのように認識しているか。ザ・ボールグループは、これらの質問に答えるために集団面接と電話法を実施することを決定した。電話法による標本抽出手順は次のとおり。ダック・スタンプは、米国全土で購入可能な切手で、米国民全員が湿地保護の恩恵を受けることとなるため、母集団は米国民全員と定義された。抽出枠は、無作為かつ効率的に電話番号を発生させるコンピュータ・ソフト。標本サイズは、資源の制約および同様の調査で使われた標本サイズを考慮し1,000と決定した。

　標本設計プロセスの各ステップは、次のとおり。
① 目標母集団：男性または女性の世帯主、抽出単位：現在使われている電話番号、対象範囲：米国、期間：調査期間中。
② 抽出フレーム：現在使われている電話番号を無作為かつ効率的に発生させるコンピュータ・プログラム。ただし、使われていない電話番号および企業の電話番号を除く。
③ 抽出法：単純無作為抽出法。ただし、使われていない電話番号および企業の電話番号を除く。

適切な標本設計により、米国野生生物部はダック・スタンプ・プログラムの効果的なマーケティング戦略を策定することができた。

④ 標本サイズ：1,000
⑤ 実行：世帯の電話番号のリストを無作為に発生させるコンピュータ・プログラムを使用。男性または女性の世帯主の中から次に誕生日を迎える人を選定する。コンピュータ支援電話インタビュー（CATI）システムによるインタビューを実施する。

このリサーチの結果、インタビューの回答者はダック・スタンプ・プログラムに協力する意向をもつ一方で、彼らの善意を示す何らかの印を希望している、ということが判明した。そこで、米国野生生物部は、この切手が湿地保護の「寄付金」としてすばらしい役割を果たすということを米国民に訴えるマーケティング活動の開始を決定した。30ドル払えば、切手のほかに湿地保護に協力したことを示す証明書を受け取れるようにした。2003年現在、このダック・スタンプ・プログラムは大成功を収めている[1]。

この例では、標本設計プロセスのさまざまなステップを明らかにしている。しかし、標本抽出のこれらの側面を詳細に述べる前に、リサーチャーは標本調査か全数調査のどちらを行うべきかという問題について触れておこう。

標本調査か全数調査か

大半のマーケティング・リサーチ・プロジェクトの目的は、**母集団**の特性または母数（パラメーター）についての情報を得ることである。母集団とは、マーケティング・リサーチ課題の目的を達成するための領域を構成し、一定の共通特性を持つすべての要素の集合体を指す。母

母集団 population　マーケティング・リサーチ課題の目的を達成するための領域を構成し、一定の共通特性を持つすべての要素の集合体を指す。

表11.1 標本調査と全数調査の比較

	利用に有利に働く条件	
	標本調査	全数調査
1. 経費	少ない	多い
2. 結果を得るまでの時間	短い	長い
3. 母集団のサイズ	大きい	小さい
4. 特性値の分散	小さい	大きい
5. 標本誤差による損失	少ない	多い
6. 非標本誤差による損失	多い	少ない
7. 測定の性質（要素の破壊・汚損による損失）	破壊的でも可能	非破壊的でないと不可能
8. 個々の事例への注目	あり	なし

集団パラメーターは通常は数字で、例えば歯磨きの特定のブランドを愛用している消費者の割合である。母集団のパラメーターに関する情報は、**全数調査**（センサス）または標本調査で得られる。全数調査とは、母集団の要素をすべて数え上げることである。母集団パラメーターは全数調査後そのまま直接計算することができる。一方、**標本**とは、調査に含めるために選択された母集団の部分集団である。標本の特性値は統計量と呼ばれ、母集団パラメーターを推測するために使われる。標本特性値と母集団パラメーターを結びつける推測は、推定手順および仮説検定により行われる。

表11.1では、標本調査の有利な条件を、全数調査との比較で要約してある。標本調査は、経費と期限の制約がある条件下では有利である。全数調査は実施するのに、コストも時間もかかる。ほとんどの消費財の場合に当てはまるように、母集団が大きい場合には全数調査は非現実的である。しかし、産業財では多くの場合、母集団が小さいため、全数調査が実行可能である上、望ましいこともある。例えば、米国の自動車メーカーがある工作機械の使用について調査する場合、標本調査よりも全数調査の方が選好されるであろう。このケースで全数調査が選好されるのは、調査する特性値の分散が大きいからという別の理由もある。例えば、フォードの工作機械の使い方は、ホンダの使い方とは大きく異なるであろう。測定対象の母集団が小さく、特性値の分散が大きい場合には全数調査の方が有利である。

標本誤差による損失が大きい場合（例えば、標本にフォードのような主要メーカーが含まれていない場合には、結果は誤解を招くものとなろう）、そのような誤差を除去できる全数調査が望ましい。一方、非標本誤差による損失が大きい場合は、標本調査が有利となろう。全数調査は、非標本誤差を標本調査の標本誤差を上回るほど大幅に増加させることがある。非標本誤

全数調査 census 母集団の要素もしくは調査対象をすべて数え上げること。
標本 sample 調査に含めるために選択された母集団の要素の部分集団。

差は、誤差全体の主要部分を占めるが、無作為標本誤差は比較的少ない（第3章を参照)[2]。したがって、ほとんどの場合において、精度の観点からは、全数調査よりも有利であろう。米国センサス局が標本調査を実施して、さまざまなセンサス（全数調査）の正確さをチェックしているのはこの理由による[3]。しかし、米国自動車メーカーについての調査の場合のように、標本誤差を十分に埋め合わせられるほどに非標本誤差を減らすのは常に可能とは限らない。

　測定プロセスで抽出した要素を破壊または汚損することになる場合は、標本調査が望ましい。例えば、製品の使用テストではその製品を消費することになる。したがって、家庭で写真フィルムの新製品を使ってもらわなければならないような調査では新製品全部を使い切ってしまう全数調査は使えない。深層面接のように個別のケースに焦点を絞って調査する場合も、標本調査が必要となるであろう。最後に、調査を秘密裡に行う必要がある場合などでは、実際的な観点から、全数調査よりも標本調査の方が向いている。

標本設計プロセス

　標本設計プロセスには5つのステップがあり、図11.1で順序に従って示されている。これらのステップは相互に密接な関係があり、問題の定義から結果の提示にいたるマーケティング・リサーチの全局面とも関連している。したがって、標本設計の決定は、リサーチ・プロジェクトのその他すべての決定と合わせて行われるべきである[4]。

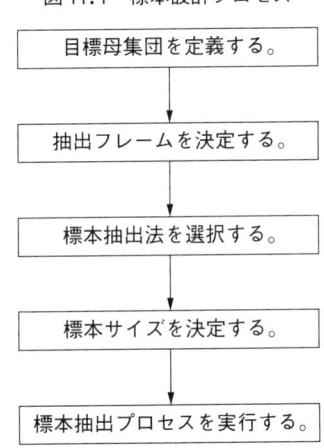

図11.1　標本設計プロセス

```
目標母集団を定義する。
    ↓
抽出フレームを決定する。
    ↓
標本抽出法を選択する。
    ↓
標本サイズを決定する。
    ↓
標本抽出プロセスを実行する。
```

目標母集団を定義する

　標本設計は、**目標母集団**を特定することから始まる。目標母集団とは、リサーチャーが求め

目標母集団　target population　リサーチャーが求めている情報を保有し、それについて推測が行われる要素または対象の集合。

ている情報を保有し、それについて推測が行われる要素または対象の集合である。目標母集団は、正確に定義しなければならない。目標母集団の定義が不正確だと、調査が非効率的に終わるだけでは済まず、最悪の場合、誤解を招く結果を出すこととなる。目標母集団の定義には、調査課題を解釈し、標本に誰を入れ、誰を入れるべきでないかを正確に記述することが含まれる。

　目標母集団は、**要素**、抽出単位、範囲、時間で定義しなければならない。要素とは、それに関して、またはそこから情報が求められる対象である。サーベイ（質問調査）においては、要素は通常、調査対象者である。**抽出単位**とは、要素または標本抽出プロセスのある段階において選択対象となりうる要素を含む単位である。例えば、レブロンが口紅の新製品に対する消費者の反応を見るために19歳以上の女性を標本抽出するとする。この場合、抽出単位が要素と同じであれば19歳以上の女性を直接、標本抽出することが可能となる。これとは別に、抽出単位を世帯とすることも考えられる。この場合は、世帯が抽出され、選択された各世帯の19歳以上の女性全員がインタビューを受けることになり、抽出単位と母集団の要素は異なる。範囲とは地図上の境界を、時間的要素は計画している時間を指している。前述のダック・スタンプの例は、母集団が適切に定義されたことを示している。もう1つの例を、百貨店のプロジェクトで見てみよう。

アクティブ・リサーチ　百貨店プロジェクト

目標母集団

百貨店プロジェクトの目標母集団の定義は、次のとおり。
要素——百貨店での買い物で大半の決定権を持つ男性または女性の世帯主。
抽出単位——世帯。
範囲——アトランタ大都市圏。
時間——2003年。

　目標母集団の定義は、実際にはこの例ほど容易でないかもしれない。男性用コロンの新製品に対する消費者の反応を調べるマーケティング・リサーチ・プロジェクトを考えてみよう。目標母集団に誰を含めるべきであろうか。男性全員か。先月、男性用コロンを使った男性か。17歳以上の男性か。女性は夫のためにコロンを買うこともあるので、女性も含めるべきか。目標母集団が正しく定義される前に、以上の質問および同様の質問に答えを出さなければならない[5]。

要素　element　リサーチャーが求めている情報を保有し、それについて推測が行われる対象を指す。
抽出単位　sampling unit　抽出される母集団の要素を含む基本単位。

抽出フレームを決定する

抽出フレーム（または抽出率）は目標母集団の要素を表現するものである。目標母集団に属するものであることを確認するためのリストもしくは一連の指示で構成される。抽出フレームの例としては、電話帳、ある業界における所属企業名を掲載した協会名簿、名簿業者から購入した郵送先名簿、市名一覧、地図などがある。リストの作成ができなければ、電話調査におけるランダム・ディジット・ダイアリングのような、少なくとも目標母集団に属することを確認するための何らかの指示を特定すべきである（第6章参照）。前述のダック・スタンプの例では、抽出枠は、使われていない電話番号および企業の電話番号を除いて無作為かつ効率的に電話番号を発生させるコンピュータ・プログラムであった。

母集団の要素のリスト作成や取得は可能なことが多いが、リストには母集団の一部の要素が抜けていたり、母集団に属さない要素が含まれていたりすることがある。したがって、リストを使用すると、抽出フレームの誤差を生じる可能性があるが、これについては第3章で説明した[6]。

場合によっては、母集団と抽出フレームの食い違いが微少で無視しても差し支えないこともある。しかし、ほとんどの場合、リサーチャーは抽出フレームの誤差を認識し対応すべきである。この方法は、少なくとも3通りある。その1つは、抽出フレームによって母集団を再定義することである。抽出フレームに電話帳を使う場合は、世帯の母集団はある地域の電話帳に正しく記載されている世帯として再定義することができるだろう。この方法は、非常に簡単であるが、調査される実際の母集団について、リサーチャーの誤解を防止できるのである[7]。

もう1つは、データ収集の段階で調査対象者を選別し、抽出フレームの誤差を明らかにする方法。調査対象者を人口統計上の特性、製品に対する認知度、製品使用などで選別し、目標母集団としての基準を満たすことを確認するのである。選別では、抽出フレームに含まれる不適切な要素を排除できるが、除外した要素は明らかにできない。

さらに別の方法としては、収集したデータをウェイト付けして抽出枠の誤差を打ち消して調整する。これについては第12章と第14章で述べる。いずれの方法を採用するにしても、不適切な母集団の推論を避けることができるためには抽出枠誤差を認識することが重要である。

標本抽出法の選択

標本抽出法の選択には、より広範囲の決定がいくつか含まれている。リサーチャーはベイズ抽出法か伝統的な標本抽出法のどちらを使うか、また重複抽出法か不重複抽出法か、また非確率抽出法か確率抽出法かを決定しなければならない。

ベイズ抽出法では、要素は逐次選択される。各要素が標本に加えられるごとに、データが収

抽出フレーム sampling frame 目標母集団の要素を表現するもの。目標母集団に属するものであることを確認するためのリストもしくは一連の指示で構成される。抽出枠ともいう。

集され、標本統計量が計算され、標本抽出にかかるコストが決定される。ベイズ抽出法は、コストおよび誤った決定を行う確率と同様に母集団のパラメーターに関する事前情報を明示的に考慮に入れる。この方法は、理論的には魅力的である。しかし、コストや確率に関する必要な情報の多くが入手できないため、マーケティング・リサーチでは広く使用されてはいない。伝統的な標本抽出法では、データ収集が開始される前に標本全部が選択される。伝統的な方法が最も広く使われているため、次項以降でもこの方法を使うこととする。

重複抽出法では、ある要素が抽出フレームから選択され、適切なデータが取得される。その後、その要素は抽出フレームに戻される。その結果、ある要素が2回以上標本に含まれる可能性がある。**不重複抽出法**では、ある要素がいったん、選択されて標本に入れられると、抽出フレームから除外されて再び選択されることはない。この2つの方法の統計計算は、若干違った形になるが、抽出フレームが最終的な標本サイズに比べて大きな場合は、統計的推測にさしたる違いは生じない。したがって、標本サイズとの比較で抽出フレームが大きくない場合に限り、その区別は重要である。

標本抽出法の選択に関して最も重要な決定は、確率抽出法、非確率抽出法のいずれを使うべきかという点である。問題の重要性を考え、この決定については、本章で詳細に述べることとする。

抽出単位が要素と異なる場合は、抽出単位の中の要素がどのように選択されるかを、正確に特定しなければならない。個人訪問面接や電話インタビューでは、単に住所や電話番号を特定するだけでは不十分であろう。例えば、玄関ベルや電話に応対する人にインタビューをすべきなのか、他の家族員にインタビューすべきなのか。世帯の中で2人以上が調査条件に合致することもよくある。例えば、家族レジャーについての調査では、男性、女性双方の世帯主が調査条件に合うかもしれない。確率抽出法を採用する場合は、それぞれの世帯で調査条件に合うすべての人から無作為に調査対象者を選択しなければならない。無作為選択の簡単な手順として、次の誕生日を基準とする方法がある。前述のダック・スタンプの例と同様、インタビュアーは世帯において調査対象者となる資格を有する者の中で、誰が次に誕生日を迎えるかを尋ね、その人を標本に加えるのである。

標本サイズを決定する

標本サイズ(または標本の大きさ)とは、調査に含まれる要素の数である。標本サイズを決定するのは複雑な作業であり、質的、量的な側面を考慮しなければならない。質的な要因は本

ベイズ抽出法 bayesian approach 要素を逐次選択する方法のひとつ。ベイズ抽出法は、コストおよび誤った決定を行う確率と同様に母集団のパラメーターに関する事前情報を明示的に考慮に入れる。
重複抽出法 sampling with replacement ある要素を標本に2回以上含めることができる抽出法
不重複抽出法 sampling without replacement ある要素を標本に2回以上含めることができない抽出法
標本サイズ sample size 調査に含まれる要素の数

章で述べ、量的要因は第12章で述べる。標本サイズを決定するにあたり考慮すべき重要な質的要因には、①決定の重要性、②調査の性質、③変数の数、④分析の性質、⑤同様の調査で使われた標本サイズ、⑥出現率、⑦完了率、⑧資源の制約、がある。

一般的に、意思決定の重要性が高くなるほどより多くの情報が必要となり、その情報の入手にはより高い精度が要求される。これには、より大きな標本が必要となるが、標本が大きくなれば、情報の各単位の入手にかかるコストが増加する。精度は、平均値の標準偏差で測定できよう。平均値の標準偏差は、標本サイズの平方根に反比例する。単位当たりの標本サイズの増加による精度の向上は標本サイズの増加に伴い、低下することになる。

調査の性質も、標本サイズに影響を及ぼす。定性リサーチを使う探索的リサーチ設計の場合は、標本サイズは一般的に小さい。記述的調査などの検証的調査については、より大きな標本が必要となる。同様に、データが多くの変数を収集する場合は、より大きな標本が必要である。変数間の標本誤差の累積的な影響は、大きな標本では少なくなる。

多変量解析法を使うデータの高度な分析が必要な場合は、標本は大きくなければならない。データを非常に詳細に分析する場合も同様である。したがって、データがサブ・グループまたはセグメント・レベルで分析されるのであれば、分析が標本全体に限定される場合より大きな標本が必要になる。

標本サイズは、同様の調査における平均的な標本サイズに影響される。さまざまなマーケティング・リサーチで使用されている標本サイズのイメージを**表11.2**に示す。これらの標本サイズは経験則で決定されたもので、大まかな指針として特に非確率抽出法が使われる場合に参考になろう。

最後に、標本サイズは資源の制約を考慮に入れて決定されるべきである。どのようなマーケティング・リサーチのプロジェクトでも、資金と時間の制約がある。その他の制約として、データ収集に当たる適当な人材が確保できるかどうかがある。前述のダック・スタンプの例では、同様の調査における資源の制約と標本サイズをもとに、標本サイズが1,000人と決定されたの

表11.2 マーケティング・リサーチで使用されている標本サイズ

調査のタイプ	大きさの下限	通常の範囲
課題特定リサーチ（例：市場規模の予測）	500	1,000–2,500
課題解決リサーチ（例：価格決定）	200	300–500
製品テスト	200	300–500
テスト・マーケティング調査	200	300–500
テレビ・ラジオ・印刷物の広告テスト（テストコマーシャルまたはテスト印刷物ごとに）	150	200–300
テスト・マーケットのための小売店監査	10店	10–20店
集団面接	6グループ	10–15グループ

である。必要な標本サイズは、適格調査対象者の出現率と回収率によって調整しなければならないが、これについては次章で述べる。

標本抽出作業の実行

標本抽出作業の実行にあたっては、母集団、抽出フレーム、抽出単位、標本抽出法、標本サイズに関してどのように標本設計を決定するかに関する詳細な仕様が必要である。世帯が抽出単位であるならば、作業を実施する上での世帯の定義が必要である。空き家の取扱いや不在の場合のコールバック（折り返し電話または再訪問）についての作業手順を明記しておかなければならない。すべての標本設計に関する意思決定には、詳細な情報が提供されなければならない。

〈リサーチの実例〉——観光局、誕生日を最初に迎える男女に電話調査を実施

フロリダ州住民の旅行に関する行動について理解を深めるために、フロリダ州観光局（www.myflorida.com）の電話調査が行われた。2003年現在のフロリダ州人口は、約1,600万人であった。世帯は、フロリダ州北部、中央部、南部に層化された。これらの世帯に電話するために、コンピュータによるランダム・ディジット標本が使われた。次の4つの条件に合致する家族がいる世帯が選ばれた。

① 25歳以上。
② 1年のうち少なくとも7カ月間、フロリダ州に居住している。
③ フロリダ州に少なくとも2年以上、居住している。
④ フロリダ州の運転免許証を取得している。

条件に合致する個人を代表する標本を獲得するために、世帯内から調査対象者を選ぶ方法として次のような無作為抽出法が用いられた。すなわち4つの条件に合致する世帯員全員のリストを作成し、その中から次の誕生日を最初に迎える人を選ぶ方法である。そして、その人と連絡を取るために、何度も電話がかけられた。標本設計プロセスのステップは次のとおりである。

① 目標母集団：調査期間（時間）中、フロリダ州（範囲）で使われている電話番号を持つ世帯（抽出単位）に属し、上記の4条件を満たす成人（要素）
② 抽出枠：無作為に電話番号を発生させるコンピュータ・プログラム
③ 標本抽出法：層化抽出法。目標母集団は、フロリダ北部、中部、南部と地図上の3つの地域に層化された。

正しい標本設計に基づいた調査は、フロリダ州観光局が、州内だけでなく州外の顧客にもフロリダ州を売り込むことに役立った。

④ 標本サイズ：868
⑤ 実行：各層に標本を配分する。コンピュータによるランダム・ディジット・ダイアリングを使う。前記4条件に合致する世帯員全員のリストを作成し、その中から至近誕生日法、すなわち次の誕生日を最初に迎える人を一人調査対象者に選ぶ方法を用いる[8]。

適正な標本設計プロセスを踏むことにより、フロリダ州観光局が州の住民の旅行に関する行動について貴重な知見を得ることができた。前述のダック・スタンプの例は、標本設計プロセスを説明するもう1つの事例である。

標本抽出法の分類

標本抽出法は、大きく非確率抽出法と確率抽出法（**図11.2**を参照）に分けられる。**非確率抽出法**は、標本の要素の選択を確率ではなく、リサーチャーの個人的な判断に依存している。リサーチャーは、どの要素を標本に含めるかを恣意的もしくは意識的に決定することができる。非確率標本で母集団の特性について良い推定をもたらすこともある。しかし、標本結果の精度に関して客観的な評価はできない。標本に特定の要素が選択される確率を決定する方法がないため、得られた推定値は、母集団を統計的に予測できるものではない。一般に使われている非確率抽出法には、便宜抽出法、判断抽出法、割当法、スノーボール抽出法がある。

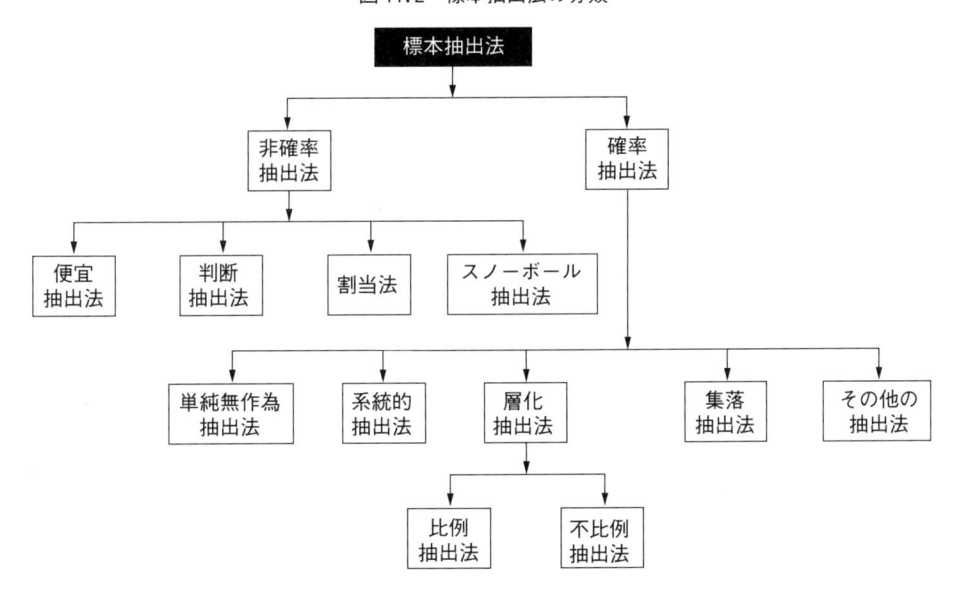

図11.2 標本抽出法の分類

非確率抽出法 nonprobability sampling 確率的選択手順を使わない標本抽出法。選択はリサーチャーの個人的な判断に頼る。

確率抽出法においては、抽出単位は偶然による選択となる。母集団から抽出することができるある所定の大きさのすべての可能な標本を各標本の選択される確率とともに事前に特定することができる。可能な標本は全部が同一の選択確率を有する必要はなく、所定の大きさの特定標本を選択する確率が特定できればよい。これには、目標母集団の正確な定義だけでなく、抽出枠についての全般的な仕様が必要になる。標本の要素が偶然による選択となるため、調査テーマに関する特性についての標本推定の精度を決定することができる。所定の水準の確実性を持って母集団の真実の値を含む、信頼区間を計算することが可能である。これによりリサーチャーは標本が抽出された目標母集団に関する推論もしくは予測を立てることができる。確率抽出法は、次の局面をもとに分類される。

・要素対集落
・等確率対不等確率
・無層化対層化
・無作為対系統
・一段対多段

上記5つの局面の可能な組み合わせにより、全部で32種類の確率抽出法が考えられる。それらの中から、本章では単純無作為抽出法、系統的抽出法、層化抽出法、集落抽出法について深く掘り下げて考察を行い、その他のいくつかについては概略を述べる。しかし、それに先だって、まず非確率抽出を取り上げる。

非確率抽出法

便宜抽出法

便宜抽出法とは、獲得することが好都合な要素で構成する抽出法である。抽出単位の選択は、主にインタビュアーに任されている。調査対象者は、たまたまその時その場所にいたというだけで、選ばれることが多い。便宜抽出法の例としては、次のようなケースがある。①学生、教会のグループ、社会的団体の会員、②調査対象者の条件を限定せずに行うモール・インターセプト・インタビュー、③掛売り勘定の顧客リストを用いて行う百貨店調査、④雑誌に挿入された調査票、⑤街頭インタビュー[9]。

便宜抽出法は、すべての抽出法の中で最もコストがかからず、最短時間で実施できる。抽出単位は、近づきやすく測定が容易で、協力も得やすい。こういった利点にもかかわらず、この抽出法には、重大な制約がある。多くの選定バイアスの可能性が存在し、その中には調査対象者による自発的な選定も含まれる。便宜抽出法は、定義可能ないかなる母集団をも代表するも

確率抽出法 probability sampling 母集団の各要素が、一定の確率で標本に選択されるチャンスを持つ標本抽出手順。
便宜抽出法 convenience sampling 獲得することが好都合な要素で構成する非確率抽出法。抽出単位の選択は、主にインタビュアーに任されている。

第11章　標本抽出：設計と実行手順

のではない。したがって、便宜抽出法からいかなる母集団についても一般化するのは、理論的に意味がなく、便宜抽出法は母集団への推測を伴うマーケティング・リサーチ・プロジェクトには適当な方法とは言えない。便宜抽出法は記述的リサーチや因果的リサーチには勧められないが、アイデアや洞察、仮説を生み出すための探索的リサーチには使える。すなわち、集団面接、調査票の事前テスト、パイロット調査に使うことができる。ただし、これらの場合でも、結果の解釈に当たっては注意が必要である。それでも、この方法は時として大規模なサーベイでも使われることがある。

〈リサーチの実例〉——オリンピックの便宜サンプリング

　国際オリンピック委員会（IOC、www.olympic.org）は、2000年夏のシドニー大会において、観客が同大会の商業主義の水準についてどう考えているかを知るために一連の調査を実施した。そのうちの1つでは、便宜標本として観客200人を選び、観客が適切と思う商業主義の水準について、シドニー大会の商業主義が行き過ぎと考えるか、大会への企業スポンサー行為が肯定的と思えるかどうかを尋ねた。パフォーマンス・リサーチ社（www.performanceresearch.com）が実施した調査によると、観客の77%がコカ・コーラ（www.cocacola.com）やマクドナルド（www.mcdonalds.com）などの大企業がスポンサーであることは適切であると考えていた。さらに、観客の88%は、スポンサーが積極的にオリンピック貢献していると答えた。約33%の観客は、企業がオリンピックに参画することで、一般的にその企業に対するイメージが向上すると回答した。

　パフォーマンス・リサーチ社は、引き続き、2002年のユタ州ソルトレークシティの冬季オリンピックでも便宜標本を使い、オリンピックにおけるスポンサー行動に関して、電話調査を900人、インターネット調査を1,500人、会場での調査を300人に対して実施した。企業スポンサーおよびオリンピックへの参画に対する反応は、ここでも前向きの結果が出た。IOCはこの結果を見て、スポンサー収入を増やすことにしたのである。2002年冬季大会の30秒スポット広告は60

便宜抽出法による調査で、スポンサー企業のイメージが良好であったことが判明し、VISAは、2002年ユタ州ソルトレークシティの冬季オリンピックに関連した広告を出した。

万ドル程度であった。広告を出した企業はコカ・コーラ、VISA、コダック、マクドナルド、パナソニック、スポーツ・イラストレーテッド、ゼロックスなどである[10]。

判断抽出法

判断抽出法とは便宜抽出法の一形態で、母集団要素がリサーチャーの判断に基づき意図的に選択される方法である。リサーチャーは判断力もしくは専門知識を駆使して、要素が調査対象となる母集団を代表している、または適切であると判断して、その要素を選択し標本に含める。判断抽出法の一般例として、次のようなケースがある。①新製品の将来性を判断するために選択されたテスト市場、②インダストリアル・マーケティング・リサーチで会社を代表していると判断されて選ばれた担当購買エンジニア、③投票行動リサーチにおいて選ばれた先導的な投票区、④法廷で証言させられる専門家証人、⑤新商品展示システムを試験するために選ばれた百貨店。

アクティブ・リサーチ　百貨店プロジェクト

標本抽出法

百貨店プロジェクトでは、大都市地域の20センサス・トラクト（米国の国勢調査に用いられている最小単位であるシティ・ブロックをいくつかまとめた地域。シティ・ブロックは4つの通り、または何らかの目印で境界が定められている。人口4,000人以上）が判断抽出法によって選択された。貧困層の多い地域および好ましくない（犯罪率が高い）地域は除外された。各地域の中で、代表的あるいは典型的と判断されたブロックが選ばれた。最後に、各ブロック内で互いに距離的に離れた10軒の家を選定した。インタビュアーへの指示は次のとおりであった。

「指定したブロックの南東の角から始める。時計方向にブロック全体を一周する。1つのインタビューを終了したら、10軒先が次の世帯である。ただし、次のいずれかの場合はその隣の住居を選ぶ。調査対象者が不在、調査への協力拒否、調査条件に合う人がいない場合。1ブロックの調査を終了したら、次に指示されたブロックへ行き、決められた数のインタビューが完了するまで、前述の手順に従って調査を続ける」

この例では、判断抽出法によって特定のセンサス地区、ブロック、世帯が選ばれた。判断抽出法は経費がかからず、便利で手早くできるが、通常、母集団が明確に定義されないため、特定の母集団への一般化を直接行うことはできない。判断抽出は主観的な方法であり、その価値

判断抽出法　judgement sampling　便宜抽出法の一形態で、母集団要素がリサーチャーの判断に基づき意図的に選択される方法。

はリサーチャーの判断、専門知識、創造性に全面的に依存している。広範囲の母集団の推論が必要とされない場合は、よい方法かもしれない。百貨店調査の例にあるとおり、判断抽出法は、民間調査機関が実施するマーケティング・リサーチ・プロジェクトではよく使われている。この方法の延長が、割当法である。

割当法

　割当法は、二段階限定判断抽出法と考えることができる。第一段階では、母集団要素の統制カテゴリーもしくは割当（クォータ）の開発を行う。これらの割当を開発するために、リサーチャーは統制カテゴリー特性を一覧表にし、目標母集団におけるこれらの特性の分布を決定する。関係する統制カテゴリーには、性、年齢、人種が含まれる場合もあろうが、これらは判断により決められる。割当は、統制カテゴリーの特性を有する標本要素の比率が、これらの特性をもつ母集団要素の比率と同じになるように決定されることがよくある。つまり、割当法を使えば、標本の構成は関心のある特性に関して、必ず母集団の構成と同じになる。第二段階では、標本要素は、便宜抽出法または判断抽出法にもとづいて選ばれる。いったん割当が決まってしまえば、標本に含めるべき要素の選択自由度は非常に大きい。唯一の必要条件は、選択された要素が統制カテゴリーの特性に合致したものでなければならないということである[11]。

＜リサーチの実例＞——大都市圏の雑誌閲読率は上昇？

　人口35万のある大都市圏の成人を対象に、雑誌の閲読率を明らかにする調査が実施される。割当法による標本で1,000人の成人が選ばれる。統制カテゴリーの特性は性別、年齢、人種である。その地域の成人人口の構成にもとづき、次のとおり割当が行われる。

統制カテゴリーの特性	母集団構成 パーセント	標本構成 パーセント	標本サイズ
性			
男性	48	48	480
女性	52	52	520
	100	100	1,000
年齢			
18-30歳	27	27	270
31-45歳	39	39	390
46-60歳	16	16	160
61歳以上	18	18	180
	100	100	1,000
人種			
白人	59	59	590
黒人	35	35	350
その他	6	6	60
	100	100	1,000

割当法 quota sampling　非確率抽出法の1つで、2段階からなる制約を付けた判断抽出法である。第一段階は、母集団要素の統制カテゴリーもしくは割当（クォータ）の開発である。第二段階で、便宜抽出法あるいは判断抽出法で標本要素を選択する。

この例では、標本の構成が人口構成と同じになるよう割当が行われる。しかし、場合によっては、ある特性を持った要素の標本を少なめあるいは多めに割り当てることが望ましいこともある。例えば、ある製品のヘビーユーザーについて、その行動を詳細に検討できるように、多めに標本を入れることが望ましいかもしれない。この標本タイプは母集団を代表するものではないが、それでも非常に適切といえよう。

割当法は、雑誌の閲読率を明らかにするための非常に効果的な方法である。

　統制カテゴリー特性に関して標本構成が母集団構成を反映するとしても、その標本が母集団を代表しているという保証はない。意味のある特性が見過されれば、割当標本は代表性があると言えなくなる。意味のある統制カテゴリー特性はしばしば除外されることがあるが、それは多くの管理特性を含めることに関して実際的な困難が存在するからである。各割当の中の要素は便宜抽出法か判断抽出法によって選択されるため、選択バイアスの多くの源泉が潜在的に存在する。インタビュアーは、調査条件に合う人がいそうな地域を選んでいるかもしれない。同様に、彼らは愛想の悪そうな人、あるいは服装に問題のある人、また望ましくない地域に住んでいる人を避けているかもしれない。割当法では標本誤差の評価ができないのである。

　割当法は、相対的に安いコストで母集団を代表する標本の獲得をめざす。利点としては、コストが安く、インタビュアーにとり各割当の要素を選択する際の利便性がより大きいことである。最近、インタビュアーに対する管理が厳格化され、モール・インターセプト割当法の質の向上に向けた選択バイアス低減のためのインタビュー手順および指針が提言されている。状況によっては、割当法によって、従来の確率抽出で得られる結果にほぼ近い結果が得られる[12]。

スノーボール抽出法

　スノーボール抽出法では、調査対象者の当初のグループが通常、無作為に選ばれる。インタビュー終了後、調査対象者は調査の目標母集団に属する他の人を紹介するよう依頼される。次の調査対象者は、こうした紹介によって選ばれる。この手法は、紹介者からの紹介というように波状的に行うことができ、調査対象者の数を雪だるま式に増やす効果がある。確率抽出法を当初の調査対象者の選択に使ったとしても、最終的な標本は非確率標本である。紹介された人は、確率的に選ばれた人と比較して、人口統計学的にも心理的にも紹介者とよく似た特性をもっているであろう[13]。

　スノーボール抽出法の主な目的は、母集団には稀にしか存在しない者の特性を推定すること

スノーボール抽出法 snowball sampling　非確率抽出法の1つで、調査対象者の当初のグループは無作為に選ばれる。その後の調査対象者は、当初の調査対象者からの紹介や情報にもとづいて選ばれる。このプロセスは、紹介者からの紹介というように波状的に継続して行うことができる。

である。その例としては、食料切符など政府や社会の特別福祉サービスを受けている氏名を明かすことができない人々、および特別のセンサスグループに属する人々、すなわち35歳未満で妻に先立たれた男性や米国内各地に散在する少数民族のメンバーがある。スノーボール抽出法は、産業における買い手・売り手の調査で買い手と売り手の対（つい）を確認するために使われる。スノーボール抽出法の主な利点は、母集団における望ましい特性の保持者を見つける可能性が大幅に増加することである。また、相対的に標本分散、コストともに低く抑える結果をもたらす[14]。

〈リサーチの実例〉──知識は力なり

　毎日、何百人もの人がHIVに感染しAIDSを発症している。インドシナ系の麻薬使用者（IDU）の危険な行動を探るべく、構成的調査票を用いた調査が15歳から24歳までのIDU 184人について実施された。調査対象者は「街や路上にいる若者のネットワークを使って」スノーボール抽出法で募集した。この方法が用いられたのは、麻薬使用者が他の麻薬使用者を知っており、リサーチのために気軽に紹介してくれるからである。調査対象者は、麻薬使用、注射に由来する危険行動、および自分たちがHIVに対しどのように敏感であるかなどに関する多くの質問を受けた。インタビューはメルボルンとシドニーで行われた。インタビューの場所は、街頭からレストランやコーヒーショップなどさまざまで、個人宅でも行われた。

　結果によると、調査対象者の98％が初めて注射をした薬物はヘロインで、そのうち86％が静脈注射をする以前は薬物をタバコのように吸っていたと答えた。初めて注射を経験した年齢は、11歳から23歳までとまちまちで、平均は17歳であった。36％は注射針を他人と使い回ししたことがあると答え、そのうち23％は親しい友人と、1％はパートナー、恋人と同じ針を使ったという。血液を通してウィルスが感染することや、関連する合併症についての認識は低かった。以上の結果をもとに、オーストラリアの公衆衛生担当者は、IDUたちが直面しているリスクとそのリスクを減らすために彼らにできることについて、積極的な教育活動を展開することを決定した[15]。

この例では、スノーボール抽出法は、無作為抽出よりも効率的であった。その他のケースでは、確率抽出法で調査対象者を無作為抽出する方がより適切である。

確率抽出法

　確率抽出法には、抽出効率の点からさまざまな方法がある。抽出効率とは、抽出にかかるコストと精度の兼ね合いを反映した概念である。精度は、測定される特性の不確実性の水準に関係する。精度は、標本誤差と負の関係にあるが、コストとは正の関係にある。精度が上昇すると、コストも上昇するため、ほとんどの調査では兼ね合いが必要となる。リサーチャーは、与

えられた予算内で最も効率のよい標本設計を行わなければならない。さまざまな確率抽出法の効率は、単純無作為抽出法の効率と比較することにより評価することができる。

単純無作為抽出法

単純無作為抽出法（SRS）では、母集団内の要素のひとつひとつが選択される確率は既知であり、かつ、すべて等しい。さらに、与えられた大きさ（n）の可能な標本ひとつひとつが実際に選ばれる確率も既知であり、すべて等しい。これは、すべての要素がすべての他の要素から独立して選ばれるということを意味している。標本は、抽出枠から無作為に抽出される。この方法は、名前を記入したカードを容器に入れ、容器を振り、当選者の名前が公平なくじ引きで決定するという抽選の仕組みと同等である。

単純無作為標本を抽出するには、リサーチャーはまず、各要素に１つしかない認識番号を割り当てる抽出枠を作る。次に、標本にどの要素を入れるかを決定するために、乱数を生成させる。乱数は、コンピュータのルーチンまたは乱数表（統計表の付録の表１を参照）で生成できる。800の要素を含む抽出枠から大きさが10の標本を選出することを考えてみよう。これは、表１を用いて次のように行えばよい。第１行、第１欄からスタートし、右端の３桁を見て１から800までの数字を10個選択するまで下の行へ下がる。この範囲外の数字は無視する。生成された乱数に対応する要素で標本が構成される。この例では、要素480、368、130、167、570、562、301、579、475、553が選択されることになる。第６行（921）と第11行（918）の最後の３桁が無視されたのは、対象範囲外の数字であるからという点に注意してほしい。

SRSには、多くの望ましい特徴がある。まず、わかりやすいということ。標本結果によって、目標母集団を推定できる。統計的推論のアプローチはほとんどが、データが単純無作為抽出で収集されることを前提としている。しかし、SRSには少なくとも、次の４つの重要な制約がある。まず、単純無作為抽出を可能にする抽出枠の構築が困難な場合が多い。次に、SRSでは、非常に大きなまたは地理的に広範囲に広がる標本になる可能性があり、そのため、データ収集にかかる時間とコストが増加する。第３の点は、SRSではしばしば、他の確率抽出法よりも標準誤差が大きく精度が低くなることである。第４は、SRSは母集団を代表する標本になる場合も、ならない場合もあるという点である。抽出された標本は平均的にはよく母集団を代表するとしても、与えられたひとつの単純無作為標本が目標母集団をひどくゆがめて伝える可能性がある。標本サイズが小さい場合には、この可能性が大きくなる。以上の理由によって、SRSはマーケティング・リサーチでは広く使われていない。系統的抽出法などの方法がより一般的である。

単純無作為抽出法 simple random sampling 確率抽出法の１つで、選択される確率が既知であり、その上すべて等しい要素により構成されている母集団から各要素を無作為に独立して抽出する方法。標本は抽出枠から無作為に抽出される。

系統的抽出法

　系統的抽出法では、定められた抽出間隔内で無作為にスタート・ポイントを選び、以後、抽出間隔ごとに要素を順番に抽出枠から選んで標本とする。抽出間隔 i は、母集団の大きさ N を標本サイズ n で割り小数第1位を四捨五入して決定する。例えば、母集団内に10万個の要素があり、標本サイズは1,000が望ましいとする。この場合、抽出間隔 i は100である。1から100までの乱数の中からひとつが選ばれる。例えば、この数字が23であれば、標本は要素23、123、223、323、423、523などで構成されることにとなる[16]。

　系統的抽出法は、母集団の各要素が選ばれる確率が既知で等しいという点でSRSと類似している。しかし、大きさ n の標本のうち、許容されたもののみが既知で等しい確率で抽出されることができ、残りの標本が選ばれる確率ゼロであるという点でSRSと異なっている。

　系統的抽出法を利用する場合、リサーチャーは母集団要素が何かの基準で配列されているものと仮定している。場合によっては、その配列の仕方（例えば、電話帳のアルファベット順の記載）は、調査のテーマとは何の関係もないことがある。他の場合では、その配列は当面の調査の特性に直接関わっていることがある。例えば、クレジットカードの顧客は、利用残高の順序で記載されているかもしれず、ある業界の企業は年間売上高の順序で並べられているかもしれない。母集団の要素が調査のテーマに関係なく配列されている場合は、系統的抽出法による結果はSRSとほぼ同じになる。

　一方、要素の配列が調査のテーマと関連している場合は、系統的抽出法で標本の代表性が増すことになる。ある業界の企業が年間売上高の少ない方から並べてある場合、系統的抽出法には小企業と大企業が含まれる。単純無作為標本では、例えば、小企業だけ、もしくは不均衡な数の小企業を含む可能性があるため、代表性が得られないことがある。要素の配列がある一定の循環パターンになっている場合は、系統的抽出法は標本の代表性を減じる可能性がある。例えば、過去60年間の月次売上高を含む抽出枠から、百貨店の月次売上高の標本を作るのに系統的抽出法を使うとする。もし抽出間隔を12にすると、得られる標本は売上高の月別変化を反映しなくなるであろう[17]。

　系統的抽出法は無作為抽出を一度だけしか行わないので、SRSよりも低コストで簡単である。さらに、乱数は、SRSの場合のように個々の要素と対応する必要がない。何百万個もの要素を含むリストもあるので、時間を大幅に節約できる。これは、標本抽出のコスト低減につながる。母集団についての調査テーマに関する情報が使える場合は、系統的抽出法ではSRSに比べてより代表性があり信頼性の高い（標本誤差が小さい）標本を得ることができる。もう1つの利点は、系統的抽出法は抽出枠の構成（要素）がわからなくても使えることである。例えば、百貨店またはモールから出てくる i 人目ごとに尋ねることができるのである。以上の理由により、

系統的抽出　systematic sampling　確率抽出の1つで、定められた抽出間隔内で無作為にスタート・ポイントを選び、以後、抽出間隔ごとに要素を順番に抽出枠から選んで標本とする方法。

系的統抽出法は、消費者向け郵送調査、電話調査、モール・インターセプト、インターネット・インタビューでよく用いられている。

> 〈リサーチの実例〉——Autos.msn.com が携帯電話アクセサリーの自動車搭載を実現させる
>
> Autos.msn.com はマイクロソフトが運営するウェブ・サイト（autos.msn.com）で、自動車の価格やその他の自動車リサーチ情報を消費者に提供している。同サイトは、ハンズフリーの携帯電話用機器を現在使っているか、または使いたいと考えているかを明らかにする調査を行った。同サイトでは、画面を閲覧した50人目ごとのビジターを系統的抽出法で選び、インターネット調査を実施した。調査対象となった879人中、836人が回答した。
>
> 結果によると、調査対象者の62%がハンズフリー機器を一度も使用した経験がなく、わずか54%が将来使ってみたいと答えたにすぎなかった。消費者が自分の車にハンズフリー機器を取り付けることにあまり積極的でないことが判明したことに照らし、2006年までに携帯電話アクセサリーが搭載されるのは米国における車の65%になると予測された。これは、今後2〜3年の間に州による立法化が増加する法規制の結果、実現することとなろう。2001年11月に法律が施行されたニューヨーク州などでは、運転中に携帯電話を手に持って通話することはすでに全面的に禁止されている[18]。

層化抽出法

層化抽出法は、2段階で抽出を行う。第1段階では母集団を層または副次母集団に分割する。層は、相互に排他的で、層全体としては母集団をあますところなく含んでいなければならない。各母集団要素は1つ、ただ1つの層に割り当てられ、母集団要素は一切省略されてはならない。第2段階では、要素が各層から無作為抽出、通常はSRSによって選ばれる。理論的には、各層から要素を選ぶ方法はSRSだけであるべきである。実際には、系統的抽出法やその他の確率抽出法が用いられることもある。層化抽出法は、標本要素が便宜的抽出法や判断的抽出法によるのではなく確率的に選ばれる点で、割当法と異なっている。層化抽出法の主な目的は、コストを抑えながら精度を上げることである[19]。

母集団を層に分割するために用いられる変数を層化変数という。これらの変数の選定基準は、均質性、異質性、関連性およびコストである。1つの層内の要素は、可能な限り均質であり、また別の層の要素とは可能な限り異質でなければならない。層化変数はまた調査テーマに密接な関連性があるものにすべきである。これらの基準を満たす程度が増すほど外生的標本変動を

層化抽出法 stratified sampling 確率抽出法の1つで、二段階で抽出を行う。第1段階では母集団を層または副次母集団に分割する。第2段階で要素が各層から無作為に抽出される。

管理する効率が向上する。最後に、測定および応用が簡単である層化変数は、層化のプロセスのコスト削減に資するはずである。一般的に、層化に用いられる変数は、人口特性（割当法の例で説明したとおり）、顧客のタイプ（クレジットカードを使用する／使用しない）、企業規模、業種などである。層化に当たって、2つ以上の変数を使用することも可能だが、3つ以上使われるのは、実用面、コスト面から稀である。層の数をいくつにするかはその時の判断によるが、これまでの経験から6層までというところだろう。6層を超えると、精度の向上分は層化と標本抽出のコスト増大によって相殺されるどころかマイナスになってしまう。

〈リサーチの実例〉——オンラインによる退職プランが始動

シグナ退職投資サービス（www.cigna.com）の2001年度の収入は190億ドルに達した。シグナは、オンライン・ユーザーによるインターネットの追加退職プランへの需要を調査するため、全米層化マーケティング・リサーチ質問調査を実施した。同社はローパーASW社（www.roperasw.com）と調査契約を結び、19歳以上の正社員の659人を対象に調査を行った。ただし、調査対象者のうち80％は雇用主を通じて年金もしくは401（k）プランなどの退職年金プランに加入している者に調査を割り当てた。インターネットの使用状況や退職年金サービスへの関心に相違がある可能性が考えられるため、標本は収入と年齢によって層化された。採用された標本設計は、下表に記載のとおりである。

調査によると、結果は収入と年齢による変動が見られ、これらを層化のための変数としたことの有用性が確認された。例えば、年収2万ドル未満の人の75％は、インターネットでの取引を一度もしたことがなかったのに対し、年収5万ドル以上の人で経験のない人はわずか30％だった。退職年金プランのオンライン情報に対するユーザーの選好度について、年齢は重要な要素であり、65歳以上の人は最低の選好度を示した。

全体として見れば、オンラインでアクセスできる従業員の間では、年金を自分の管理下におけ
る可能性が高まるため、退職制度や退職金についての関心が高まってきているという調査の結果
が明らかとなった。シグナはこの調査結果をAnserNetとCIGNATradeに提供した。これらはそ
れぞれ、顧客が自分の退職プランと資金運用口座にアクセスできるウェブ・サイトである。2002
年春、シグナとYahoo！はシグナのヘルスケア会員と退職年金制度加入者が、My Yahoo！のイ
ンターフェースをベースにした個人給付金サイトを開設できるようにした[20]。

標本設計

目標母集団	調査対象の基準に合う成人：19歳以上、米国内に勤務する正社員、通話可能な電話番号を持っている。80％の調査対象者は調査期間中に退職年金制度に加入していること。
抽出フレーム	ローパーASW社が提供した業務用電話番号リスト。
抽出法	年齢と収入による層化抽出法。
標本サイズ	659
実行	層ごとに標本を配分し、リストから無作為に電話番号を選び、割当に必要な条件に適合する最初の世帯員を調査する。

もう1つの重要な決定に、比例抽出法もしくは不比例抽出法（図11.2を参照）の採用がある。比例層化抽出法においては、各層から選ばれる標本サイズは、母集団合計における層の相対的な大きさに比例している。不比例層化抽出法では、各層から選ばれる標本サイズは、その層の相対的な大きさおよびその層の全要素の中にある調査テーマの特性値分布の標準偏差に比例している。不層化比例抽出法の背景にあるロジックは単純である。まず、相対的により大きなサイズの層は、母集団平均の決定に、より大きい影響を及ぼし、これらの層は標本推定を得る際にもより大きな影響を及ぼすはずである。その結果、相対的により大きなサイズの層からは、より多くの要素が選ばれなければならない。次に、精度向上のためには、より大きな標準偏差の層から、より多くの要素が選ばれるべきで、より小さな標準偏差の層から選ばれる要素は少なくすべきである（ある層の中の要素がすべて同一であれば、標本サイズは「1」で完全な情報となる）。調査テーマの特性値の各層内標準偏差が等しい場合は、上記2つの方法（比例抽出法と不比例抽出法）は同一であることに留意してほしい。

　不比例層化抽出法では、層内の相対変動についての何らかの推定または調査テーマの特性値の分布の標準偏差が既知であることが必要である。この情報は常に入手可能とは限らず、リサーチャーは直感と各層の標本サイズを決めるロジックに依存しなければならない可能性がある。例えば、大型小売店は小型店舗よりもいくつかの商品についての販売の変動はより大きいことが予想されるであろう。したがって、この場合には、ある標本中の大型店舗数は、不均衡に大きくなる。リサーチャーの主な関心が、層と層の相違を検証することである場合、一般的な標本抽出法は各層から同じサイズの標本を選ぶことである。

　層化抽出では、すべての重要な部分母集団が標本中に含まれていることを確認できる。これは、母集団における調査テーマの特性値の分布が左右対称ではなく歪んでいる場合は特に重要である。例えば、ほとんどの世帯の年収が5万ドル未満であるから、世帯収入の分布は歪んでおり、年収12万5,000ドル以上の世帯は非常にわずかしかいない。単純無作為抽出法を用いた場合には、12万5,000ドル以上の収入がある世帯は、標本に十分に含まれないかもしれない。層化抽出法では、標本に必ずこれらの世帯が一定数含まれることを保証する。層化抽出法は、SRSの単純性と精度の向上を合わせ持った方法である。したがって、これはよく用いられる標本抽出法である。

集落抽出法

　集落抽出法では、目標母集団はまず相互に排他的で全体としては母集団をあますところなく含んでいる部分母集団、つまりクラスターに分割される。次に、クラスターの無作為標本が、

集落抽出法 cluster sampling　2段階で抽出を行う方法のひとつである。第1段階ではまず、目標母集団が、クラスターと呼ばれる相互に排他的で全体としては母集団をあますところなく含んでいる部分母集団に分割される。次に、クラスターの無作為標本が、単純無作為抽出法などの確率抽出法にもとづいて選ばれる。選ばれた各クラスターについては、すべての要素が標本に含まれる場合と、要素の標本が確率的に選ばれる場合がある。

図 11.3 集落抽出の種類

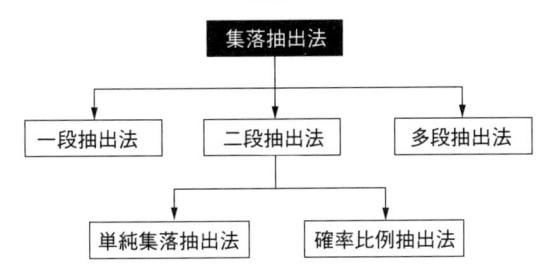

```
                    集落抽出法
           ┌───────────┼───────────┐
       一段抽出法    二段抽出法    多段抽出法
                ┌────────┴────────┐
          単純集落抽出法      確率比例抽出法
```

SRSなどの確率抽出法により選ばれる。選ばれた各クラスターについては、すべての要素が標本に含まれる場合と、要素の標本が確率的に選ばれる場合のいずれかになる。選ばれた各クラスター中のすべての要素が標本に含まれる場合、その方法は一段抽出法と呼ばれる。要素の標本が選ばれた各クラスターから確率的に選ばれる場合、その方法は二段抽出法という。図11.3 に示されるとおり、二段抽出法は SRS を含む単純二段集落抽出法か、確率比例抽出法（PPS）のいずれかである。さらに、集落抽出法は、多段集落抽出法のように、多段（三段以上）抽出法がある。

集落抽出法と層化抽出法の重要な相違点は、集落抽出法では一部のクラスターだけが副次母集団（クラスター）の標本として選ばれるのに対して、層化抽出法ではその後の標本抽出のために、すべての副次母集団（層）が選ばれることである。集落抽出法は、コスト削減によって標本抽出の効果をあげることを目的としている。層化抽出法の目的は、精度の向上である。均質性と異質性という点では、クラスター形成の基準は、層の形成基準と正反対である。クラスター内の要素は可能な限り異質とするべきだが、クラスター同士は、可能な限り均一でなければならない。理想的には、各クラスターが母集団を小規模ながら代表していればよい。集落抽出法では、標本に選ばれたクラスターだけに抽出枠が必要である。

集落抽出法の一般的な形態は地域抽出法または**エリア・サンプリング**で、クラスターは、郡、住宅トラクト、ブロック（通りなどで境界を区切られた地域で日本の国勢調査に当たる地域）などの地域で構成される。基本要素の選択で標本抽出を一段階しか行わない場合（例えば、リサーチャーがブロックを複数抽出し、選択されたブロック内の世帯を全部標本に含める場合）、標本設計は、一段地域抽出法と呼ばれる。基本要素の選択までに二段階（またはそれ以上）の標本抽出が行われる場合（リサーチャーがブロックを抽出し、選択されたブロック内の世帯をさらに抽出する場合）、標本設計は、二段（多段）地域抽出法という。一段地域抽出法は、選ばれたブロック（または地域）内のすべての世帯が標本に含まれるという点が大きな特徴と言えよう。

エリア・サンプリング area samplimg　集落抽出の一般的な方法で、クラスターは郡、住宅調査区、ブロックその他の地域で構成される。

二段抽出法には、図11.3のとおり2つの方法がある。1つは第一段階（例えばブロックの抽出）と第二段階（例えばブロック内の世帯の抽出）においてSRSを使う方法。この方法は、単純二段集落抽出法と呼ばれる。この方法では、第二段階で選ばれる要素（例えば世帯）は、抽出されるそれぞれのクラスター（例えば選ばれたブロック）について同一の抽出率が適用される。

〈リサーチの実例〉——富裕層の多いブロック・グループ

あるマーケティング・リサーチ・プロジェクトで、富裕層の消費行動調査が実施された。国勢調査で判明した収入が上位半分に属し、平均収入が5万ドルを超えるブロック・グループ（ブロックをいくつか集めた地域）のリストから単純無作為抽出法により800が全米から選ばれた。これら800のブロック・グループで国勢調査の対象となった世帯の約95％の世帯主氏名と住所が、民間の名簿業者からの提供された。こうして得られた合計21万3,000世帯から、単純無作為抽出法で9,000世帯が選ばれた[21]。

この方法は、クラスターの大きさが同じ、つまり、クラスターにほぼ同数の抽出単位が含まれている場合に適切である。しかし、クラスターのサイズが大きく異なる場合、単純二段集落抽出法では偏った推定値が出る可能性がある。場合によって、クラスターを合併して同じサイズに揃えることができる。このオプションが実行できないときは、確率比例抽出法（PPS）を使うことができる。

確率比例抽出法では、クラスターは大きさに比例した確率で抽出される。クラスターの大きさはクラスター内の抽出単位の数で定義される。したがって、第一段階では大きなクラスターが小さいクラスターよりも抽出される可能性が高い。第二段階では、選ばれたクラスターの中

富裕世帯の選択には、二段地域抽出法が用いられた。

確率比例抽出法　probability proportionate to size sampling　二段抽出法の1つで、クラスターはそれぞれの大きさに比例した確率で選ばれ、選ばれたクラスターから抽出単位はクラスターの大きさの逆数に比例した確率で選ぶ方法。

で抽出単位を選ぶ確率は、クラスターの大きさの逆数に比例する。したがって、ある特定の抽出単位が標本に含まれる確率は、すべての単位につき等しい。その理由は、第一段階での等確率は、第二段階での不等確率でバランスが取れるからである。抽出された抽出単位の数は、選ばれたクラスターの間ではほぼ等しくなる。

集落抽出法には、実行可能性と低予算という2つの大きな利点がある。多くの場合、目標母集団に使うことのできる唯一の抽出フレームは、クラスターであって母集団要素ではない。与えられた資源と制約条件を考えると、母集団に属する消費者全員のリストを作成することは不可能である。しかし、地域のリスト、電話局、消費者についての他のクラスターは、比較的簡単に作ることができる。集落抽出法はコスト面で最も効率的な抽出法である。この利点をいくつかの制約事項と比較検討すべきである。集落抽出法では、結果的に比較的精度の低い標本となる。クラスター内が異質な標本を構成することは困難であるが、その理由は、ブロック内の世帯は皆同じような傾向を持ち、異なった傾向が現れないからである[22]。クラスターに基づいて統計を計算、解釈することは困難な可能性がある。集落抽出と他の基本的な抽出法の長所と短所を、**表11.3**に示す。また、解説コラム11.1には確率標本を選ぶ手順を示す。

その他の確率抽出法

上記4つの基本的な抽出法に加えて、他にもいろいろな抽出法がある。そのほとんどは、基本抽出法の延長線上にあると考えられ、抽出における複雑な問題に対応するために開発されたものである。マーケティング・リサーチにある程度関連性のある2つの抽出法は、逐次抽出法と二重抽出である。

逐次抽出法では、母集団要素が逐次抽出され、データ収集と分析が各段階で実施され、その都度追加の母集団要素を抽出すべきかどうかの決定がなされる。標本サイズは事前にわからないが、抽出作業の前に決定ルールは定めておく。各段階で、このルールをもとに標本抽出を続行するか、情報が十分集まったかを判断する。逐次抽出法は2つの競合する選択肢のどちらを選好するかを決定するために用いられている。ある研究では、調査対象者はどちらの選択肢を好むかを尋ねられ、選好度が検証可能な程度までデータが集積された段階で標本抽出は打ち切られた。また、耐久消費材の標準モデルと高級モデルの価格差を決めるのにも用いられたことがある[23]。

二重抽出法は、二相抽出法とも呼ばれ、母集団要素が2度抽出される。第一段階では、標本が選ばれ、なんらかの情報が標本のすべての要素から収集される。第二段階では、元の標本からサブサンプル(副次標本)が抽出され、そのサブサンプルの要素から追加情報が得られる。さらに段階を踏んで三段階以上まで継続することができ、異なった段階を同時もしくは別の時

逐次抽出法 sequential sampling 確率抽出法の1つで、母集団要素が順次抽出され、データ収集と分析が各段階で実施され、その都度追加の母集団要素を抽出すべきかどうかの決定がなされる。
二重抽出法 double sampling ある母集団要素が2回抽出される抽出法

表11.3 基本的な標本抽出法の長所と短所

非確率抽出法		
方法	長所	短所
便宜抽出法	時間とコストが最も少なく、最も便利	選択バイアスあり。標本に代表性がない。記述的リサーチや因果的リサーチには勧められない。
判断抽出法	コストがかからず、便利。短時間でできる。	一般化できない。主観的。
割当法	標本を一定の特性に合わせて管理できる。	選択バイアスあり。代表性が得られる保証なし。
スノーボール抽出法	稀な特性値を推定できる。	時間がかかる

確率抽出法		
方法	長所	短所
単純無作為抽出法（SRS）	わかりやすく、母集団推定が可能。	抽出フレームの作成が困難。コストがかかる。精度が低い。代表性が得られる保証なし。
系統的抽出法	代表性を高められる。SRSよりも実施が容易。抽出フレームが不要。	代表性が低下する可能性あり。
層化抽出法	重要な副次母集団をすべて含む。精度が高い。	適切な層化変数を選ぶのが困難。多くの変数を使った層化は実施困難。コストがかかる。
集落抽出法	容易に実施できる。コスト効率が高い。	低精度。結果の計算と解釈が困難。

期に実施することも可能である。二重抽出は、最終抽出単位の選択のための抽出枠をすぐには入手できないが、枠の要素がさらに大きな抽出枠に含まれていることがわかっている場合に利用することができる。例えば、リサーチャーがある市でりんごジュースを消費する世帯を選ぼうとしているとする。対象世帯は、全世帯に含まれているが、リサーチャーにはどの世帯が該当するかわからない。二重抽出を使うに当たり、リサーチャーは第一段階で全世帯を含む抽出枠を得ようとする。これは、市の名簿から作成するか、購入することができよう。次に、りんごジュースの消費量を決定するために系統的無作為抽出法で世帯の標本が抽出される。第二段階で、りんごジュースを消費する世帯が選ばれ、りんごジュースの消費量により層化される。その後、層化無作為標本が選ばれ、りんごジュースの消費に関する詳細な質問が行われる[24]。

非確率抽出法、確率抽出法のどちらを選ぶか

非確率標本と確率標本のどちらを選ぶかは、調査の性質、非標本誤差と標本誤差の相対的な大きさ、母集団可変性すなわち母集団を構成する要素の分布（散らばり）状況、また統計上および運用上の検討事項をもとに決定すべきである（**表11.4**を参照）。例えば、探索的リサーチ

第 11 章　標本抽出：設計と実行手順

解説コラム 11.1　確率標本の選出手順

単純無作為抽出法
1. 適切な抽出フレームを選ぶ。
2. 各要素に 1 番から N 番（母集団の大きさ）まで番号をつける。
3. 1 から N までの間の異なった乱数を n 個（標本サイズ）生成する。これには、パソコンまたはメインフレームのソフトを使うか、単純乱数表（付属統計表の表 1）を使ってもできる。表 1 を使うには、適切な桁数を選ぶ（例えば $N=900$ であれば、3 桁を選択する）。任意の場所（行、欄）を選んで最初の数字とする。以下、1 から N までの間の数字が n 個選ばれるまで、上または下へ進む。ただし、ゼロ、重複する数字および N を超える数字は選択しない。
4. このようにして生成された数字が、標本に含めるべき母集団の要素を構成する。

系統的抽出法
1. 適切な抽出フレームを選ぶ。
2. 各要素に 1 番から N 番（母集団の大きさ）までの番号をつける。
3. 抽出間隔 i を決める。$i = \dfrac{N}{n}$　小数点未満は、四捨五入し整数にする。
4. 単純無作為抽出法で説明したように、1 から i までの間の乱数をひとつ、r、を選ぶ。
5. 次の数字がついた要素が、系統無作為標本を構成する。
   $r, r+i, r+2i, r+3i, r+4i, \ldots\ldots, r+(n-1)i$

層化抽出法
1. 適切な抽出フレームを選ぶ。
2. 層化変数と層の数（H）を選ぶ。
3. 母集団全体を H 層に分割する。層化変数にもとづき、母集団の各要素を H 層のいずれか 1 つに振り分ける。
4. 各層において、要素に 1 から N_h（層 h の母集団の大きさ）までの数字をつける。
5. 比例抽出または不比例抽出により、各層 n_h の標本サイズを決める。次の式に注意。
   $$\sum_{h=1}^{H} n_h = n$$
6. 各層で、大きさ n_h の単純無作為標本を選ぶ。

集落抽出法
ここでは、最も一般的に用いられる二段確率比例抽出（PPS）標本の選定順序を述べる。
1. 母集団の各要素に 1 から N までの数字をつける。
2. 母集団を C 個のクラスターに分割する。そのうち c 個のクラスターが標本に含まれる。
3. 抽出間隔 i を計算する。$i = \dfrac{N}{c}$　小数点未満は、四捨五入して整数にする。
4. 単純無作為抽出の項で述べた方法で、1 個の乱数 r を 1 から i までの間から選ぶ。
5. 次の番号の要素を見つける。$r, r+i, r+2i, r+3i, \ldots\ldots r+(c-1)i$
6. 見つけた要素を含むクラスターを選ぶ。
7. SRS もしくは系統的抽出法により選ばれた各クラスター内で抽出単位を選ぶ。各標本クラスターから選ばれた抽出単位の数は、ほぼ同じであり、$\dfrac{n}{c}$ に等しい。
8. クラスターの母集団が抽出間隔 i を超える場合、そのクラスターは必ず選ばれる。そのクラスターは、それ以降の検討対象から除外される。新しい母集団の大きさ N^*、選ばれるクラスターの数 $c^*(=c-1)$、新しい抽出間隔 i^* を計算する。この手順を、残りのクラスターのそれぞれが当該抽出間隔より小さい母集団を持つようになるまで繰り返す。b 個のクラスターが確実に選ばれているならば、残りの $c-b$ 個のクラスターを、上記 1 から 7 までのステップに従って選ぶ。確実に選ばれた各クラスターから抽出される単位の抽出率は、全体の抽出率となる $=\dfrac{n}{N}$。したがって、確実に選ばれたクラスターで選ぶ単位数は、$n_s = \dfrac{n}{N}(N_1+N_2+\cdots\cdots+N_b)$ 個となる。したがって、PPS 抽出法で選ばれたクラスターから選ばれた単位数は、$n^* = n - n_s$ 個である。

表1.4　非確率抽出法　対　確率抽出法

考慮すべき要因	用いることが好ましい条件	
	非確率抽出法	確率抽出法
調査の性質	探索的	検証的
標本の非標本誤差の相対的大きさ	非標本誤差大	標本誤差大
母集団分布の均質性	均質（散らばり小）	異質（散らばり大）
統計学的配慮	好ましくない	好ましい
調査実施上の配慮	好ましい	好ましくない

では、結果は中間報告的なものとされ、確率抽出法を行うことは正当化されないだろう。一方、リサーチャーがマーケット・シェアや市場全体の大きさを推定するために結果を使う検証的リサーチでは、確率抽出法が好まれる。確率標本を使うと、結果から目標母集団についての統計的予測が可能になる。この理由により、前述のダック・スタンプの例では確率抽出法が用いられたのである。

　ある種の調査課題については、母集団の特性値に関する高度に正確な推定が必要となる。この場合、選択バイアスの排除と、標本誤差の計算ができる確率抽出法が望ましい。しかし、確率抽出法で常により正確な結果が出るとは限らない。非標本誤差が重要な要因になりそうな場合には、非確率抽出が望ましいが、これは判断抽出法を使えば抽出過程をよりよく管理できるからである。

　もう1つ、調査テーマの変数に関する母集団の均質性も考慮すべきだろう。母集団の異質性がさらに高い場合は確率抽出が支持されるが、これは代表的な標本を確保することが一層重要になるからである。確率抽出は、最も一般的な統計的手法の基礎であるため、統計学的な見地からは好ましい。

　しかし、確率抽出法は高度で、統計学の教育を受けたリサーチャーが必要となる。また一般的に、非確率抽出よりコストも時間もかかる。多くのマーケティング・リサーチ・プロジェクトでは、時間の延長と予算増額は困難なため、次の例でも説明するように、実際には調査の目的によってどの抽出法を採用するかが決まるのである。

〈リサーチの実例〉——雇用統計で苦労

　労働統計局（BLS、www.bls.gov）は、毎月の雇用統計を発表している。BLSは伝統的に割当法を使っていたが、この方法は特定の業界や労働セクターの雇用主のタイプ毎に一定数の回答が集まった時点で標本の収集を打ち切るものであった。2000年6月にBLSは、大型小売店への納入業者、建設請負業者、病院、農場を含む卸売業セクターの労働者数推計を目的とした新しい方

法を採用した。新しい方法は労働セクター別に従業員を層化する層化抽出法であった。雇用数の真の代表値が得られるよう、従業員は各層から無作為に選ばれた。割当法は特定のセクター内の雇用主のタイプ別の実際の割合の年々の変化に対応していかなかった。例えば、農場の雇用主数は減少しているが、病院および医療関係の雇用主数は増加しており、割当の割合を変更すべきであった。割当法は、すべてのセクターで2003年6月までに順次廃止される予定である。

確率抽出法では、各労働セクター内で雇用主を無作為に選ぶため、より正確な雇用統計推計が可能となる。標本抽出法による推定は母集団への予測と標本、抽出誤差の推定を可能とする。BLSの「雇用動態統計部」のパトリシア・M・ゲッツ部長は、確率抽出法は「より科学的根拠のある、一般的に認められた標準的な方法」であると述べている[25]。

非確率・確率抽出法の利用の仕方

非確率抽出法は、母集団の予測が通常不必要なコンセプトテスト、パッケージテスト、ネーミングテスト、コピーテストで使われる。そのような調査で関心の的となるのは、さまざまな反応や態度表現をする標本の割合である。このような調査の標本は、モール・インターセプト割当法などの方法を使って抽出できる。一方、確率抽出法は、市場シェアや市場全体の売上高の精度の高い予測が必要とされる場合に使われる。製品カテゴリーやブランドの使用率およびユーザーの心理的、人口統計的特性に関する情報を提供する全米市場追跡調査は、確率抽出法を用いている。確率抽出法を使う調査では、電話インタビューが一般的である。調査対象者は何らかの形でランダム・ディジット・ダイアリングと組み合わせた層化抽出法および系統抽出法により選ばれる。

国際マーケティング・リサーチ

国際的なマーケティング・リサーチで標本設計のプロセスを実行するのは、生易しいことではない。目標母集団の定義には何種類かの要因を考慮しなければならない。調査課題に関連する要素（調査対象者）は国によって異なることもある。米国では、子供用シリアルの購入には子供が重要な役割を果たしている。しかし、権威主義的に子供の育て方をする国では、その要素は母親になるであろう。米国では、車などの耐久財の購入に女性が主要な役割を果たしている。中東など男性主導の社会では、耐久財購入の決定権は男性にある。調査対象者への接近の可能性も国によって異なる。メキシコでは、家の境界壁と使用人により、よそ者を家の中へ入れない仕組みになっている。さらに、住居番号の表示がなく、通りの名前も不明で、目指す家がなかなか見つからない[26]。

適切な抽出フレームを作成するのは難しい仕事である。多くの国、特に開発途上国では、目

標母集団についての信頼できる情報が二次データから入手できないことがある。政府のデータは入手不可能か、非常に偏っている可能性がある。母集団のリストは、商業ルートで入手できないかもしれない。これらのリスト作成に要する時間と資金は、とてつもないレベルになる可能性がある。例えば、サウジアラビアでは、公式に認められた国勢調査もなければ選挙もなく、当然ながら有権者登録の記録もなく、人口集中地区の正確な地図もない。このような状況で、インタビュアーは指定の単位数が抽出されるまで、あるスタートポイントから始めるよう、またn軒おきに世帯の標本抽出をするよう指示されることがある。

適切な抽出フレームがない、あるいは一部の社会で女性に近づけないなど、ある調査対象者に接近できない事情がありうること、また個人面接が一般的であることを考慮すると、確率抽出法は国際マーケティング・リサーチでは普通に行われている方法でないと言える。割当法は、先進国、開発途上国における消費者調査、産業調査双方で広く使われている。スノーボール抽出法も、調査テーマについての特性を持ったものが目標母集団において稀である場合や調査対象者にたどりつけない場合に、魅力的な方法である。例えばサウジアラビアでは、親戚や友人に調査票を手渡す仕事に大学院生を雇うよう提案されたことがある。これらの第一対象者は他の見込み対象者を紹介してくれるよう依頼され、次々に紹介が行われる。このアプローチによって、標本サイズの増加と回答率の上昇をもたらすこととなる。

標本抽出法とその手順は、正確さ、信頼性、コストの点で国によって異なる。同じ抽出法を各国で使ったとしても、結果は比較できないかもしれない。標本の構成や代表性を比較可能にするためには、国により異なった抽出法を使うのが望ましい場合もあるだろう。

〈リサーチの実例〉――調査の多様化で標本を比較可能にする

米国での調査によると、ほとんどの消費者は、いくつかのブランドの候補の中から商品を選ぶ買物にはある程度のリスクが伴うと感じている。米国の結果を、メキシコ、オランダ、トルコ、タイ、サウジアラビアの結果と比較するための調査が実施された。各国で目標とされた調査対象者は、大都市に住む中流の上の収入を得ている女性であった。しかし、国ごとに標本抽出が異なっていた。米国では、電話帳を使って無作為抽出を行った。メキシコでは、目標とする調査対象者が住む地域を専門家による判断抽出法で選び、個人面接の対象となる家は無作為に選択された。タイでも判断抽出法が使われたが、調査は大都会の中心地で行われ、ストア・インターセプトで調査対象者が選ばれた。最後に、サウジアラビアではスノーボール抽出法を使った便宜抽出法が行われたが、これは、抽出枠に使えるリストが全くなく、社会的慣習として紹介なしに行う個人面接は禁じられていたからである。このようにして、標本の構成と代表性は、異なった国で異なった抽出法を使って実現されたのである[27]。

マーケティング・リサーチにおける倫理

　リサーチャーは、クライアント企業と調査対象者の双方に対して倫理的な責任を負っている。クライアントに対して、リサーチャーは標本誤差や非標本誤差（第3章を参照）を管理するための適切な標本設計を作成しなければならない。適切な場合には、確率抽出法を使用すべきである。非確率抽出法が使われる場合は、代表的な標本を得る努力をしなければならない。非確率標本を確率標本として扱ったり、調査結果を目標母集団に対する予測に用いるのは非倫理的で誤解を招く行為である。次の事例でわかるように、倫理的に調査を実施し、その結果を使うには、母集団と抽出フレームの適切な定義と正しい抽出方法を使うことが極めて重要である。

〈リサーチの実例〉——系統抽出により、倫理的判断に関する系統的な性別間の相違が明らかに

　男性と女性のマーケティング専門家の間に、調査の倫理判断に違いがあるかどうかを調べるために、420人の調査対象者からデータを収集した。母集団は、マーケティング専門家、抽出フレームはアメリカマーケティング協会（AMA）の名簿であった。調査対象者は、系統抽出法により名簿から選ばれた。無回答を避けるための工夫として、調査票に挨拶状と切手を貼った返信用封筒を同封しただけでなく、調査対象者にはリサーチの結果報告書の写しを送付すると約束した。調査結果によると、女性マーケティング専門家は、一般的に、男性同業者よりも調査に関して倫理判断のレベルが高いということが判明した[28]。

　リサーチャーは、企業調査、従業員調査、その他母集団サイズが小さいプロジェクトを実施するに当たり、調査対象者の匿名性遵守に配慮しなければならない。母集団サイズが小さいときは、大きな母集団から標本が抽出される場合に比べて、調査対象者の特定が容易になる。詳細すぎる標本抽出の記述や、クライアントへの報告書の中に対象者の発言記録を引用すれば、対象者の匿名性が危うくなる可能性がある。そのような場合には、クライアントやその他関係者へ報告する標本抽出の詳細が限定されることとなろうとも、リサーチャーは対象者の匿名性を守る義務を負っている。

インターネットおよびコンピュータ・アプリケーション

　もし、作成される標本が目標母集団を代表しているのであれば、インターネット・サーフィンをしている潜在的な調査対象者を抽出する意味がある。このような判断基準を満たす産業がますます増えている。ソフトウェア、コンピュータ、ネットワーキング、テクニカル・パブリ

ッシング、半導体、大学院教育分野においては、質問調査のような定量リサーチで調査対象者を抽出する際にインターネットを利用することが急速に利用できる方法になってきている。また、クライアント企業の従業員が会社のeメールシステムを共有しているのであれば、外部インターネットに接続できない場合でも、社内顧客調査をイントラネット・サーベイにより行うことができる。しかし、コンピュータが関わりを持たない多くの消費者向けの製品については、インターネットによる標本抽出はまだあまり実用的ではない。

　抽出に際しての誤りを回避するために、リサーチャーは調査対象者が選ばれる元となる対象者候補の集まり（プール）を管理できなければならない。また、同一の対象者が複数回、回答しないよう保証しなければならない（「投票用紙の不正使用」）。これらの要求事項には、リサーチャーが特定の対象者を選ぶeメールによるサーベイでは対応できる。さらに、対象者からの返信を対応する発信メールと一対にするためにコード化することもできる。これはインターネット・サーベイでも可能である。すなわち選ばれた対象者にeメールで呼びかけ、調査票が掲示されているホームページを開くよう依頼するのである。この場合、サーベイはパスワードで保護されたホームページの隠された場所に掲示する。これで、招かれざるインターネット・サーファーにはアクセスが不可能となる。

　非確率抽出法も確率抽出法もインターネットでの実施が可能である。さらに、対象者を事前に募集しておくこともオンラインで選ぶこともできる。ウェブサイトを訪問した者を対象者に選ぶのは、明らかに便宜抽出法に該当する。リサーチャーの判断で、事前に調査対象者を選別するために、一定の資格基準を設けることも可能である。割当法でも実施可能であるが、それが対応できる程度は、サイトへの訪問者の人数と割当てる特性により制約を受ける。

　同様に、単純無作為抽出法も広く使われている。毎回、同じ「プロ」の対象者（ここで「プロ」というのは、ポイントを稼ぐために多数のオンライン・サーベイに参加する者を指す）から情報を集めてしまい標本の代表性を損なうことがないよう、ミルワード・ブラウン・インテリクェスト社（www.intelliquest.com）などの企業は「クリック・ストリーム・インターセプト」を利用している。この方法では、オンライン・ユーザーを無作為に選び、調査への参加・不参加の意思表示の機会を与える。またその他にも、確率抽出のさまざまな方法が使用可能である。そのなかには、系統的抽出などのように比較的簡単に使える方法も含まれる。

〈リサーチの実例〉——無作為抽出とポップアップ・サーベイ

　サーベイサイト社（www.surveysite.com）は、カナダのオンタリオ州に本社を置くフルサービスのリサーチ会社である。同社の掲げている使命は「最先端の革新的ウェブサイト評価システムおよびマーケット・リサーチをインターネット社会に」提供することであり、その目標を「ウェブサイト・リサーチおよびビジター分析に関する品質面での最強リーダー」になることとしている。2001年、同社はカナダのハイテク産業が米国と比較して、どのように認識されているかを

第11章 標本抽出：設計と実行手順

調査した。カナダのITマネージャー3,000人が調査対象となり、カナダ人は米国よりも技術面で遅れをとっていると考えていることがわかった。調査対象者の多くは、カナダは米国よりもオーストラリアと比較するほうが現実的であると答えた。

サーベイサイト社が提案するリサーチ・プログラムの1つに、「ポップアップ・サーベイ」がある。このプログラムは、ウェブサイトを訪れる人数を数え、あらかじめ決められた間隔でビジターを選定する。例えば、クライアントのウェブサイトをクリックする人から、系統的抽出法により100人目ごとに対象者を選んでゆく。100人目ごとに対象者が選ばれるたびに小さなJavaスクリプトが画面に現れる。このスクリプトで、短いオンライン・サーベイに協力してもらうよう依頼する。ビジターが「ノー」をクリックすると、Javaスクリプトは消え、ホームページを引き続き閲覧できる。ビジターが「イエス」をクリックすると、クライアントが設計した調査票が現れる。

この「ポップアップ」モデルの利点は、ユーザーの回答率が大幅に上昇することである。一般的なサーベイ方式では、バナーでビジターにサーベイ参加を呼びかける。しかし、バナーでは回答率が非常に低い傾向にあり、一般的に約0.2%、これはビジター500人当たり1人の割合である。サーベイサイト社の「ポップアップ」は、回答率を劇的に向上させ、データ収集期間を数週間から数日に短縮することができる。

その結果、サーベイサイト社のインターネット・リサーチ戦略により、同社はタイメックス、デルタ・ホテル、トロント・ドミニオン銀行、ケロッグ、カナディアン・タイヤなどの企業をクライアントとして獲得できたのである[29]。

バークの場合

バークは、プロジェクトの性質や目的に応じてさまざまな標本抽出法を用いている。非確率抽出法の中で最もよく使われるのが割当法で、主にオピニオン・ワン・サーベイ（第6章の「バークの場合」を参照）などのモール・インターセプト・インタビューと同時に利用されている。これらのプロジェクトでは、主な関心事は母集団に対する結果の推測ではなく、刺激物の相対評価（例えば、さまざまな広告）にある。特定のブランドの売上高や市場シェアの推定のように、予測が関心の対象となれば、標本選択に確率抽出法が用いられる。単純無作為抽出法は、郵送先名簿から調査対象者を選定したり、ランダム・ディジット・ダイアリングの改訂版を使ってCATIサーベイ用の電話番号を生成するために用いられる。バークは、この方法で生成された電話番号の中から役に立たないものを除去する効率的な手順を開発した（例えば、使われていない電話番号、重複、世帯調査の際の企業の電話番号を除去する）。系統的抽出法は、インターネット・サーベイのための調査対象者を選定するのに使われている。バークのWEBNOSTICSサーベイは、ホームページの手際よさの成果を評価する調査であるが、無作為に抽出間隔の中から選ばれたビジターから、すべてのn番目（本書で使用されている用語の意味ではi番目）ごとにインターネットの調査対象者を抽出する。クライアントのホームページ

を閲覧した n 番目（i 番目）ごとのビジターの画面にフレームが現れ、サーベイへの協力を依頼し、協力へのインセンティブも提示する。現実世界でのリサーチ同様、ホームページのビジターもサーベイ協力に「ノー」と言うことができる。バークは、系統抽出を使うことによって対象者の自己選択バイアスを回避することができる。このバイアスは、オンラインで情報収集するためのサイトに簡単な「クリック・ミー」ボタンを配置することが災いのもととなっている。

バークがよく使うもう1つの確率抽出法は、層化抽出法である。いくつかのプロジェクトで、あるセグメントを確実に標本に含めて精度を向上させるために、人口統計変数やその他の変数による母集団の層化を行う。こうしたプロジェクトにおいてバークが直面する主な問題点は、比例抽出法か不比例抽出法のどちらを選択するかということである。バークは、最近、女性をターゲットにした年金投資商品を開発したある企業のプロジェクトを実施した。クライアント企業は、2つの変数を使って女性を層化することに決定した。すなわち、年齢（35歳未満と35歳以上）と婚姻状態（未婚と結婚経験あり）である。クライアントの当初の仕様では、4層のそれぞれに100人の調査対象者が必要とした。センサス・データによると、これらのグループの母集団分布は次のとおりであった。

15歳から34歳までの未婚女性	10.4%
35歳以上の未婚女性	3.4%
15歳から34歳までの結婚経験ありの女性	22.3%
35歳以上の結婚経験ありの女性	64.0%

当然ながら、35歳以上の未婚女性は、母集団に占める割合が非常に低いため（3.4%）、探し出すコストが大きくなる。また、データ分析のためのウエイト付けが非常に複雑な問題となるであろう（第14章を参照）。詳細な統計分析を行わなくとも、このウェイト付けの度合は、比例抽出法による代表的な標本と比較して、最終的な推定の分散を大幅に増加させてしまうことがわかる。したがって、バークは、クライアントが女性の特定のセグメントではなく、女性市場全体の予測に関心を持っていたことを考慮して比例抽出法を推奨した。バークは、クライアントのニーズにきわめて敏感である。この事例で、仮に、クライアントが35歳以上の未婚女性の3.4%を重要なニッチ市場と考え、そのセグメントだけの予測が必要であったとすれば、コスト節約や行き過ぎたウェイト付けによるマイナスの結果よりも、クライアントのニーズの方が優先度が高くなり、バークはクライアントの当初の計画に沿って調査を進めることになるはずである。結局、バークはクライアントの利益を最優先にした標本設計を採用しているのである。

標本設計プロセスは、パソコンやメインフレームの使用によって、より効果的、効率的なものにすることが可能である。コンピュータは、母集団要素のリストと地図を扱うことができるため、抽出フレームの特定に利用できる。パソコンやメインフレームは、非確率抽出法や確率

抽出法のいずれかを使って、必要な標本の選定に使うことができる。抽出フレームが決定したら、乱数を生成してデータベースから直接標本を選定するためにシミュレーションを行う。この作業には、SPSS、SAS、MINITAB、EXCELなどのソフトを利用できる。電話インタビュー用GENESYS標本抽出システムなどの専門プログラムを使えば、リサーチャーは、サーベイで非生産的なコールをするという無駄を避けつつ、正確なランダム・ディジット・ダイアリング（RDD）標本を構成することができるようになる。

まとめ

母集団の特性に関する情報は、標本調査または全数調査を実施することによって入手できる。予算および時間の制限、大きな母集団サイズ、調査テーマの特性の分散が小さいことが標本調査の使用に有利に働く。標本誤差による損失が少なく、非標本誤差による損失が多く、測定の性質が破壊的、そして個々の事例に注目しなければならない場合にも標本調査が選好される。諸条件がこれらと反対の場合には全数調査が有利となる。

標本設計は、要素、抽出単位、範囲、時間について、目標母集団を定義することから始まる。そして、抽出フレームを決定しなければならない。抽出フレームは、目標母集団の要素を代表するものであり、目標母集団確認のための指示のリストで構成されている。この段階で、存在しているかもしれない抽出フレームの誤差を認識することが重要である。次のステップで、抽出法の選択と標本サイズを決定する。標本サイズを決定するに当たり、定量分析に加えて、いくつかの定性的な問題も考慮しなければならない。最後に、標本抽出の実行には、抽出プロセスにおいて各ステップの詳細な仕様が必要である。

標本抽出法は、非確率抽出法と確率抽出法に分けられる。非確率抽出法は、リサーチャーの判断に依存している。そのため、標本結果の精度について客観的な評価ができず、得られた推定値からは統計的に母集団を予測することはできない。一般的に使われている非確率抽出法には、便宜抽出法、判断抽出法、割当法、スノーボール抽出法がある。

確率抽出法では、抽出単位の選択は偶然によっている。各抽出単位の選ばれる可能性はゼロではなく、リサーチャーは、母集団から抽出される可能性のある一定のサイズの潜在的な各標本について、また各標本の選定の確率を事前に特定することができる。また、標本推定値と推測の精度を決定し、目標母集団に対する予測を行うことも可能である。確率抽出法には、単純無作為抽出法、系統的抽出法、層化抽出法、集落抽出法、逐次抽出法、二重抽出法が含まれている。確率抽出法と非確率抽出法のどちらを選択するかは、リサーチの種類、誤差の許容範囲、標本誤差と非標本誤差の相対的な大きさ、母集団の変動、および統計上、実務上の配慮にもとづいて決定する。

国際マーケティング・リサーチを実施する場合は、たとえ国ごとに異なる抽出法を使用しなければならないことがあるにせよ、標本の構成と代表性で比較可能にすることが望ましい。非

確率抽出法を確率抽出法として扱い、調査結果から目標母集団を予測することは非倫理的であり、誤解を招く。標本設計プロセスをより効果的、効率的にするために、インターネットとコンピュータを利用することができる。

演習

復習問題

1. 標本調査と全数調査の主要な違いは何か。
2. どのような状況下で、標本調査が全数調査よりも望ましいか。また、全数調査は標本調査よりも望ましいか。
3. 標本設計プロセスについて記述せよ。
4. 目標母集団はどのように定義すべきか。
5. 抽出単位とは何か。母集団要素との相違点は何か。
6. 標本サイズを決定するにあたって考慮すべき定性的要因について述べよ。
7. 出現率とは何か。それは標本サイズにどのような影響を及ぼすか。
8. 確率抽出法と非確率抽出法との相違点を挙げよ。
9. すべての標本抽出法の中で、最も低予算、短時間で実施できるのはどれか。その方法の主たる限界は何か。
10. 判断抽出法と便宜抽出法の主な相違点を述べよ。
11. 割当法と判断抽出法にはどんな関係があるか。
12. 単純無作為抽出法の大きな特徴は何か。
13. 系統無作為標本の抽出手順を述べよ。
14. 層化抽出法について記述せよ。層化変数の選定基準となるのは何か。
15. 比例抽出法と不比例抽出法の違いは何か。
16. 集落抽出法の手順について記述せよ。集落抽出法と層化抽出法の主な相違点は何か。
17. 確率抽出法と非確率抽出法のいずれかを選択する際に考慮すべき点を挙げよ。
18. 無回答を調整するには、どのような方法があるか。

応用問題

1. 次のそれぞれの場合において、適切な目標母集団と抽出フレームを定義せよ。
    a．シリアル・メーカーが、シカゴで新ブランドのインホーム・ユース・テストを計画している。
    b．全国チェーンの小売店が、自社クレジットカードを持つ顧客の買物行動の把握を計画している。
    c．ある地方テレビ局が、世帯の視聴慣習および番組選好について明らかにしようと計画

している。
　　d．アメリカ・マーケティング協会の地方支部が、アトランタで新会員獲得キャンペーンの効果をテストしようとしている。
2. あるメーカーが、新規開発中の押出成形機の潜在需要を探るために、ユーザー調査を実施しようとしている。この押出成形機には500トンの能力があり、価格は22万5,000ドルである。軽量および重量鋼板による製品製造が可能であり、自動車、建設機械、主要家電メーカーが使用する可能性がある。
　　a．使用可能な母集団と抽出フレームを特定せよ。
　　b．特定した抽出フレームを使って、どのように単純無作為標本を抽出できるかを述べよ。
　　c．層化抽出法は使えるか。使えるとすれば、どのようにすればよいか。
　　d．集落抽出法は使えるか。使えるとすれば、どのようにすればよいか。
　　e．あなたが推奨する抽出法はどれか。その理由についても論ぜよ。

インターネット／コンピュータ演習

1. P&Gは、カリフォルニア州で歯磨きのブランドについて消費者の嗜好調査を実施したいと考えている。同調査では層化抽出法を使うことになっている。ホームページ www.census.gov にアクセスして、所得と年齢の層を決定するための関連情報を特定せよ。
2. GENESYSなどのソフトを用いて、あなたが住む大都市圏において人口1,000人分のランダム・ディジット電話標本を生成せよ。
3. ロール・プレイ1に述べられた割当標本を、パソコンを使って生成せよ。
4. パソコンまたはメインフレーム・プログラムを使って、単純無作為標本を選ぶために1,000個の乱数から成るセットを生成せよ。
5. サーベイサイト社のホームページにアクセスして実施中のインターネット・サーベイについて調べ、使用されている標本抽出計画についてレポートを作成せよ。

実習

ロール・プレイ

1. あなたの大学の同窓会事務局は、新規募金に対する同窓生の態度を明らかにするためのサーベイを実施する計画である。あなたは、コンサルタントとして、割当標本を設計しなければならない。どのような割当変数と変数のレベルを使えばよいか。各セルに何人の同窓生を含めるべきか。あなたの大学キャンパスにある同窓会事務局または図書館で必要な情報を入手し、同窓会事務局役を演じる仲間に対して、あなたの作業結果を提出せよ。
2. あなたは、ニューヨークの大手都市銀行のマーケティング・リサーチ・マネージャーであ

る。経営陣は、人種によって銀行との取引慣習に違いがあるかどうかを知りたいという。彼らは、ニューヨーク市の人種ごとの人口を考慮して市場を「人種」により細分化することに意義があるかどうかを計りかねている。サーベイを実施することになった。あなたは、適切な標本抽出プロセスの設計を依頼されている。この仕事を完成し、銀行経営陣役を演じる仲間に対して、あなたの結果をプレゼンテーションせよ。

フィールド・ワーク

1. 大手ソフトウェア企業が、スプレッドシートの使用状況をカリフォルニア州にある、①メーカー、②サービス企業、③教育機関別に明らかにする計画である。図書館にある資料を用いて、適切な標本抽出計画を立案せよ。
2. 地元のマーケティング・リサーチ会社を訪問し、その企業が、電話インタビューにおいてインターネットによる標本を管理するために、どのようなプロセスを用いているかを明らかにせよ。レポートにあなたの調査結果に要約せよ。

グループ・ディスカッション

1. 「米国センサス局が多くのセンサスの精度をチェックするために標本調査を用いていることに鑑み、10年ごとの国勢調査を標本調査に変える憲法改正案が可決されるべきである」。この意見について、小グループで討論せよ。
2. 「非標本誤差は標本誤差より大きいため、実のところ、どの抽出法を使うかは問題ではない」。この意見について討論せよ。

第12章

標本抽出：最終段階および初期段階における標本サイズの決定

　標本サイズを最終的に決めるのは、予算と意思決定の経済的重要性、および母集団の可変性すなわち要素の散らばりの程度である。これら3要素のうち前の2つは、あなたがマネジメントの問題として決めることである。そして、3番目（母集団の可変性）だけが、あなたには管理できない外的要因である。
　　　　——ブレンダ・ランディ（バーク社、顧客サービス担当、シニア・アカウント・エグゼクティブ）

本章の目的

この章では、以下の点を学習する。
① 標本抽出に関する中心コンセプトと記号を定義する。
② 標本分布、統計的推論、標準誤差の概念を理解する。
③ 単純無作為抽出法に基づく標本サイズの決定と信頼区間設定の統計的アプローチについて論じる。
④ 平均値と割合を推定するための、標本サイズを統計的に決定するための公式を導き出す。
⑤ 標本抽出における無回答の問題と、回収率の改善、無回答の調整について論じる。
⑥ 国際マーケティング・リサーチにおいて、標本サイズを統計的に決定することの困難さを理解する。
⑦ 標本サイズの決定、特に母分散の推定に関する倫理的な問題を明らかにする。
⑧ 標本サイズを統計的に決定する際の、インターネットとコンピュータの活用法について説明する。

本章の概要

　第11章では、調査設計方式における標本抽出の役割を考察し、標本抽出のプロセスを述べ、そして非確率抽出法や確率抽出法のさまざまな方法を説明した。

　本章では、単純無作為抽出法における標本サイズの決定を中心に述べる。さまざまな概念と記号を定義し、標本分布の性質を論じる。加えて、信頼区間に基づく標本サイズ決定の統計的アプローチについて述べる。これらのアプローチで使う標本サイズを求める計算式を提示し、その使い方を説明する。また、他の確率標本設計に拡張した場合の標本サイズの決定について、簡単に論じる。統計的方法により決定される標本サイズは、最終または正味の、つまり完了したインタビューや観察の数である。しかし、この最終的な標本サイズを得るには、始めの段階でさらに多くの調査対象者に接触しておかなければならない。統計的に決定された標本サイズを達成するためには、出現率、完了率、および当初計算された標本サイズを考慮の上、調整することが必要なことを述べる。また、標本抽出における無回答の問題についても取り上げ、回答率の改善と無回答の調整に焦点を当てることにする。国際マーケティング・リサーチにおける標本サイズの統計的決定に伴う困難と、それに関連する倫理的な問題を明らかにし、インターネットとコンピュータの役割について説明する。

　標本サイズを統計的に決定するには、正規分布に関する知識と正規確率表の使い方を知らなければならない。正規分布は、つりがね型で左右対称である。その平均値、中央値と最頻値は等しい（第15章参照）。正規分布に関する情報と正規確率表の使い方を、付録12.1(523頁)に記す。

〈リサーチの実例〉──『バイシクリング』誌が誤りによる事故の減少に貢献

　『バイシクリング』誌（www.bicycling.com）が実施した米国の自転車小売店の調査で、標本サイズは統計的配慮の影響を受けた。標本誤差の許容限度は5パーセント・ポイントであった。

『バイシクリング』誌は、サイクリストである読者もそうであるように、偶然（標本抽出）の要因による誤りを最小にしようとしている。

第12章　標本抽出：最終段階および初期段階における標本サイズの決定

　次の表は、標本誤差の許容範囲を決定するために使われたものである。信頼区間は、標本設計が標本誤差に与える影響を考慮に入れて算出されている。この信頼区間は、標本抽出の手順、調査の実施、調査票が同じという前提のもと、同時期に繰り返し使われる標本抽出の結果が95%の確率で変動する範囲（表記載の数値のプラス・マイナス）を示している[1]。

それぞれのパーセント・ポイントに対する標本誤差の推奨許容範囲

パーセント・ポイント	（標本サイズが456で信頼水準が95%の場合）
10% 前後	3
20% 前後	4
30% 前後	4
40% 前後	5
50% 前後	5
60% 前後	5
70% 前後	4
80% 前後	4
90% 前後	3

　表の使い方は次の通り。結果が43%であれば、「40%前後」の行を見る。この行の数値は5であるので、得られた43%という数字にはプラス・マイナス5%ポイントの標本誤差があるということになる。別の言い方をすると、繰り返し標本抽出が行われた場合、平均値が38%から48%までの間にある可能性が非常に高く（100回のうち95回）最もありそうなのは43%であるということである。『バイシクリング』誌が最近実施した調査は、2001年9月11日の同時テロ犠牲者の遺族のために義援金を募る「一致団結サイクリング」という募金イベントへの関心度を測定することを目的にしており、標本誤差の推定にはこの表が利用された。

　標本抽出の統計的な意味を把握するためには、基本的な定義と記号を理解することが重要である。

定義と記号

　標本サイズの決定に中心的な役割を果たす信頼区間とその他の統計概念の定義は次の通りである。

母数：母数は、目標母集団の固定した特性値または測定値の要約した記述である。母数は、標本調査ではなく、全数調査が実施された場合に得られるであろう真値である。

統計量：統計量は、標本の特性値または測定値の要約した記述である。標本統計量は、母数を推定するのに用いられる。

有限母集団修正：有限母集団修正（fpc）は、標本サイズが母集団の大きさの10%以上になる場合における、母数、たとえば平均値や割合の分散の過大評価の修正である。

精度水準：母数を、標本統計量を使って推定する場合の推定区間の望ましい大きさが精度水準である。これは、標本統計量と母数の最大許容差である。

信頼区間：一定の信頼水準のもとで、母数が含まれる範囲が信頼区間である。

表12.1 母集団と標本の変数を表す記号

変数	母集団	標本
平均値	μ	$\overline{X}$
割合	π	p
分散	σ^2	s^2
標準偏差	σ	s
大きさ、サイズ	N	n
平均値の標準誤差	$\sigma_{\overline{x}}$	$S_{\overline{x}}$
割合の標準誤差	σ_p	S_p
標準化変量 (z)	$\dfrac{X-\mu}{\sigma}$	$\dfrac{X-\overline{X}}{S}$
変動係数 (C)	$\dfrac{\sigma}{\mu}$	$\dfrac{S}{\overline{X}}$

信頼水準：信頼水準は、信頼区間が母数を含む確率である。

母数や標本の特徴を示す統計記号は、表12.1に示す。

標本分布

標本分布とは、特定された標本抽出計画のもとで目標母集団から抽出される可能性のある標本のそれぞれについて算出された標本統計量の値の分布である[2]。20の病院で構成される母集団から、単純無作為抽出法で5つを選ぶとする。大きさ5の標本の可能な組み合わせの数は、$(20 \times 19 \times 18 \times 17 \times 16)/(1 \times 2 \times 3 \times 4 \times 5) = 15,504$ となる。この15,504の異なった標本の平均値の相対度数分布が、平均値の標本分布を特定する。

マーケティング・リサーチの重要な役割は、標本平均や標本割合などの統計値を計算し、それを使って対応する母集団の真実の値を推定することである。標本抽出結果を母集団の結果に一般化する過程を、**統計的推定**と言う。実際には、所定の大きさの標本が1つ選ばれて、標本統計量（平均や割合など）が算出される。仮説としては標本統計量から母集団の母数を推定するためには、すべて可能な標本につき統計量を計算すべきである。そして可能な限りすべての標本が実際に抽出されれば、それらの統計量の分布が標本分布である。実際には、抽出される標本は1つだけであるが、標本分布の概念は依然として適切であり、母集団値の推定に確率論を使うことができる。

大標本（30以上）について、平均値の標本分布とそれに対応する割合の標本分布の重要な性質は次のとおりである。

標本分布 sampling distribution　特定された標本抽出計画のもとで目標母集団から導き出される標本のそれぞれについて算出された標本統計量の値の分布。
統計的推定 statistical inference　標本抽出結果を母集団の結果に一般化する過程。

① 平均値の標本分布は、**正規分布**（付録12.1を参照）に従う。割合の標本分布は、厳密には二項分布に従う。しかし、標本サイズが大きい（$n=30$ 以上）場合は、正規分布で近似することができる。

② 平均値 $\left(\overline{X} = \dfrac{\sum_{i=1}^{n} X_i}{n}\right)$ の標本分布の平均値または割合（p）は、それぞれ、対応する母数 μ または π に等しい。

③ 平均値または割合の標本分布の標準偏差は、平均値または割合の**標準誤差**と呼ばれる。なお、これは標本や母集団の標準偏差のことではない。式は次のとおりである。

　　　　平均値　　　　　　　　　　　割合

　　$\sigma_{\overline{x}} = \dfrac{\sigma}{\sqrt{n}}$ 　　　　　　　　$\sigma_p = \sqrt{\dfrac{\pi(1-\pi)}{n}}$

④ 母集団の標準偏差 σ は、未知の場合が多い。こういった場合には、次の式を用いて標本から推定することができる。

$$s = \sqrt{\dfrac{\sum_{i=1}^{n}(X_i - \overline{X})^2}{n-1}}$$

または

$$s = \sqrt{\dfrac{\left(\sum_{i=1}^{n} X_i^2\right) - \dfrac{\left(\sum_{i=1}^{n} X_i\right)^2}{n}}{n-1}}$$

σ が s から推定される場合は、平均値の標準誤差は次のようになる。

$$\text{est. } \sigma_{\overline{x}} = \dfrac{s}{\sqrt{n}}$$

「est.」は、s が σ の推定値として使われていることを示す。

測定誤差がないと仮定すると、母数の推定の信頼性は、標準誤差で評価できる。

⑤ 同様に、割合の標準誤差は、標本割合 p を母集団割合 π の推定量として用いて次のように推定できる。

$$\text{est. } s_p = \sqrt{\dfrac{p(1-p)}{n}}$$

⑥ 任意の2点の間にある標本分布の面積は、**z 値**で計算できる。ある点の z 値は、点が平

正規分布　normal distribution　外見がつりがね型で左右対称の分布になる古典的な統計推定の基本。分布の中心的傾向を示す測定値（平均値、中央値、最頻値）はすべて同じ値になる。
標準誤差　standard error　平均値または割合の標本分布の標準偏差。
z 値　z values　ある点が平均値（0）から乖離している標準誤差の数、すなわち平均値から標準誤差を尺度として何個へだたっているか。

均値から乖離している標準誤差の数すなわち平均値から標準誤差を尺度として何個へだたっているかである。z 値は次の式により算出できるであろう。

$$z = \frac{\overline{X} - \mu}{\sigma_{\overline{x}}}$$

例えば、平均値（0）と、z 値1.0、2.0、および3.0を持つ点の間のカーブの面積は、それぞれ0.3413、0.4772、そして0.4986となる。（統計表の付録、表2を参照。）割合の場合も、z 値の計算は同様に行う。

⑦ 標本サイズが母集団の大きさの10%以上の場合、標準誤差の式は母集団の平均値または割合の標準偏差を過大に推定してしまう。したがって、次の式で定義される有限母集団修正項により調整すべきである。

$$\sqrt{\frac{N-n}{N-1}}$$

この場合は、標準誤差の式は次のようになる。

$$\sigma_{\overline{x}} = \frac{\sigma}{\sqrt{n}} \sqrt{\frac{N-n}{N-1}}$$

標本サイズ決定のための統計的アプローチ

標本サイズ決定に際しては、いくつかの質的要因も考慮に入れる必要がある（第11章参照）。それには、決定の重要性、調査の性質、変数の数、分析の性質、同様の調査で使われている標本サイズ、出現率、完了率、利用できる資源の制約などがある。統計的に決定された標本サイズとは、正味または最終の標本サイズのことであり、条件に合わない、あるいはインタビューを完了しない潜在的な調査対象者を除外した末に残った標本サイズのことである。当初の標本数サイズは、出現率と完了率に応じてかなり多めにしておく必要があるだろう。民間調査機関が実施するマーケティング・リサーチでは、時間や資金、専門の人材資源の制約が、標本サイズの決定に非常に大きな影響を与えることがある。百貨店プロジェクトにおいては、標本サイズはこれらへの考慮に基づいて決定された。

われわれが考える標本サイズ決定までの統計的アプローチは、伝統的な統計的推測に基づくものである[3]。このアプローチでは、精度の水準が事前に指示される。またこのアプローチは、標本平均値または割合の信頼区間の構築に基づいている。

信頼区間に基づくアプローチ

信頼区間に基づく標本サイズ決定のアプローチは、標本平均値または標本割合の周囲に標準誤差式を使って信頼区間を構築する方法である。このことは本章初めの『バイシクリング』誌

第12章 標本抽出：最終段階および初期段階における標本サイズの決定

図 12.1 95％信頼区間

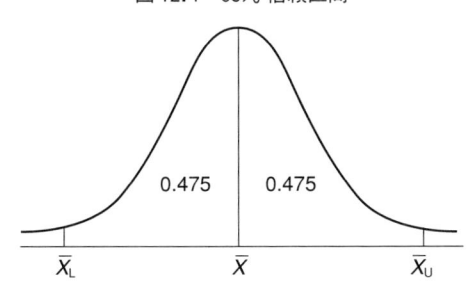

$$\overline{X}_L \quad \overline{X} \quad \overline{X}_U$$
0.475　0.475

の例で説明したが、そこでは、標本誤差は、標本サイズと信頼水準に関連していた。ここで、もう1つ別の例を考察してみよう。あるリサーチャーが単純無作為抽出で300世帯を選んで百貨店での月間支出額を推定し、1世帯当たりの月間支出平均額を182ドルと算出したと仮定する。過去の調査によると、母集団の標準偏差 σ は55ドルと仮定することができる。

ここで知りたいのは、標本平均値の一定の割合が含まれる区間である。仮に、標本平均値の95％を含む母集団平均値の周囲の区間を、300世帯の標本をもとに決定するとする。95％は、図 12.1 のとおり、母集団平均値を境に上の半分と下の半分に2等分することができる。信頼区間の算出とは、正規曲線の決められた面積を含む母集団の平均値 ($\overline{X}$) から下 ($\overline{X}_L$) と上 ($\overline{X}_U$) の距離を決定することである。

$\overline{X}_L$ と $\overline{X}_U$ に対応する z 値は、次の式により算出できる。

$$z_L = \frac{\overline{X}_L - \mu}{\sigma_{\overline{x}}}$$

$$z_U = \frac{\overline{X}_U - \mu}{\sigma_{\overline{x}}}$$

ただし、$z_L = -z$ で、$z_U = +z$。したがって、$\overline{X}$ の低い方の値は、

$$\overline{X}_L = \mu - z\sigma_{\overline{x}}$$

また、$\overline{X}$ の上方の値は、次の式で求められる。

$$\overline{X}_U = \mu + z\sigma_{\overline{x}}$$

μ は、$\overline{X}$ から推定されることに注意。信頼区間は、

$\overline{X} \pm z\sigma_{\overline{x}}$ で求められる。

これで、標本の平均値182ドルの周囲に95％信頼区間を設定することができる。第1ステップとして、平均値の標準誤差を次の式により計算する。

$$\sigma_{\overline{x}} = \frac{\sigma}{\sqrt{n}} = \frac{55}{\sqrt{300}} = 3.18$$

統計表の付録にある表2によると、正規分布の中心の95％は、z 値の±1.96の範囲内にある。95％信頼区間は、次の式により算出する。

$$\overline{X} \pm 1.96\sigma_{\overline{x}}$$

百貨店での買物における世帯当たりの月間支出額の推定は、何らかの程度の信頼度なしには不可能である。

$= 182.00 \pm 1.96(3.18)$

$= 182.00 \pm 6.23$

以上から、95% 信頼区間は、175.77 ドルから 188.23 ドルまでの値となる。真の母平均が 175.77 ドルから 188.23 ドルの間にある確率は、95% である。

標本サイズの決定：平均値

信頼区間を求めるためにここで使われるアプローチは、結局、要求されている信頼区間となるように標本サイズを決定するときに適用できる[4]。リサーチャーが百貨店での買物に世帯が月間いくら支出するかをより正確に推定し、推定値を真の母集団の値の±5 ドルの範囲に収めたいと欲していると仮定しよう。標本サイズはどれほどにすべきだろうか。表 12.2 にまとめた次のステップをたどることにより、答えが得られるだろう。

① 精度水準を具体的に決める。これは、標本平均と母平均の最大許容差異（D）である。この例の場合は、$D = \pm 5$ ドルである。

② 信頼水準を具体的に決める。信頼水準 95% が望ましいと仮定する。

③ 統計表の付録の表 2（付 4 頁）を使って、信頼水準に適合する z 値を決定する。信頼水準 95% で、母平均が一方の端で区間外の値となる確率は 0.025（0.05/2）である。適合する z 値は 1.96 となる。

④ 母集団の標準偏差を決定する。母集団の標準偏差は、二次情報源からわかることがある。それで判明しなければ、パイロット調査を実施して推定する。あるいはリサーチャーの判断に基づいて推定することもあろう。例えば、正規分布している変数の範囲が±3 倍の標準偏差と等しければ、標準偏差は範囲を 6 で除して推定することができる。範囲は、事象に関する知識に基づいて推定することが可能となることが多い。

⑤ 平均値の標準誤差を求める式を使って、標本サイズを決定する。

第12章 標本抽出：最終段階および初期段階における標本サイズの決定

表12.2 平均値と割合を求めるための標本サイズの決定

ステップ	平均値	割合
1 精度水準を具体的に決定する。	$D = \pm 5.00$ ドル	$D = p - \pi = \pm 0.05$
2 信頼水準（CL）を具体的に決定する。	CL=95%	CL=95%
3 CLに適合するz値を決定する。	z値 1.96	z値 1.96
4 母集団の標準偏差を決定する。	σを推定する $\sigma = 55$	πを推定する $\pi = 0.64$
5 標準誤差を求める式を使い、標本サイズを決定する。	$n = \dfrac{\sigma^2 z^2}{D^2}$ $n = \dfrac{55^2(1.96)^2}{5^2}$ $= 465$	$n = \dfrac{\pi(1-\pi)z^2}{D^2}$ $n = \dfrac{0.64(1-0.64)(1.96)^2}{(0.05)^2}$ $= 355$
6 標本サイズが母集団の10%になる場合、有限母集団修正（fpc）を行う。	$n_c = \dfrac{nN}{N+n-1}$	$n_c = \dfrac{nN}{N+n-1}$
7 必要に応じて、σの推定にsを使って信頼区間を再推定する。	$= \bar{X} \pm z s_{\bar{x}}$	$= p \pm z s_p$
8 精度が絶対値ではなく相対値で決定される場合は、標本サイズの決定にはこれらの方程式を使う。	$D = R\mu$ $n = \dfrac{C^2 z^2}{R^2}$	$D = R\pi$ $n = \dfrac{z^2(1-\pi)}{R^2 \pi}$

$$z = \frac{\bar{X} - \mu}{\sigma_{\bar{x}}}$$

$$= \frac{D}{\sigma_{\bar{x}}}$$

または

$$\sigma_{\bar{x}} = \frac{D}{z}$$

または

$$\frac{\sigma}{\sqrt{n}} = \frac{D}{z}$$

または

$$n = \frac{\sigma^2 z^2}{D^2}$$

この例では、

$$n = \frac{55^2(1.96)^2}{5^2}$$
$$= 464.83$$
$$= 465（小数点未満切り上げ）$$

標本サイズを算出する式から判るのは、母集団の変動、信頼度、求められる推定に必要な精度水準が増加するにしたがって標本サイズが増加するということである。標本サイズは σ^2 に直接正比例するため、母集団の変化が大きくなれば、それだけ標本サイズも大きくなる。同様に、信頼度が高くなれば、z 値も大きくなり、その結果標本サイズも大きくなる。σ^2 と z はともに分子に現れる。D は分母に現れるため、精度がより大であることは D の値がより小さくなりを意味し、その結果、標本サイズは大きくなる。

⑥ 標本サイズが母集団の 10% 以上となる場合は、有限母集団修正（fpc）を適用する必要がある[5]。必要な標本サイズは、次の式により算出する。

$$n_c = nN/(N+n-1)$$

ここで、n = fpc を行わない標本サイズ

n_c = fpc を行なう場合のサイズ

⑦ 母集団の標準偏差 σ が未知で何らかの推定値が使われる場合には、標本が抽出された時点で再推定を行うべきである。標本標準偏差 s を σ の推定値として使い、実際に得られた精度水準を決定するために、信頼区間を計算し修正する。

真値が未知であるため、仮に σ の推定値として 55.00 が用いられたとする。そして $n=465$ の標本が抽出され、これらから、平均値 $\overline{X}$ が 180.00 となり、標本の標準偏差 s が 50.00 となったとする。以上から、修正後の信頼区間は、

$$\overline{X} \pm z s_{\overline{x}}$$
$$= 180.00 \pm 1.96(50.0/\sqrt{465})$$
$$= 180.00 \pm 4.55$$

または

$175.45 \leq \mu \leq 184.55$ である。

ただし、算出される信頼区間は計画よりも狭くなることに注意すること。その理由は、標本の標準偏差によって判断された、母集団の標準偏差が過大に推定されていたからである。

⑧ 場合によっては、精度が絶対値ではなく相対値で決められることもある。つまり、推定値が平均値のプラス・マイナス R パーセンテージ・ポイント以内で決められることがある。記号としては、次の式で表される。

$$D = R\mu$$

こういった場合、標本サイズは、次の式で決定される

第12章　標本抽出：最終段階および初期段階における標本サイズの決定

$$n = \frac{\sigma^2 z^2}{D^2}$$

$$= \frac{C^2 z^2}{R^2}$$

ここで、変動係数 $C = (\sigma/\mu)$ は推定される必要がある。

　母集団サイズ N は、有限母集団修正係数を適用する場合を除き、標本サイズに直接影響することはない。これは直感に反する考え方かもしれないが、よく考えると理に適っている。例えば、母集団の要素すべてが等しければ、平均値を完璧に推定するにあたり標本サイズは1で十分であろう。つまり、母集団の要素が 50 あろうが、5,000 あろうが、5 万あろうが同じことである。他方、標本サイズに直接影響を及ぼすのは、母集団の特性値の可変性すなわち、母集団を構成する要素の分布（散らばりの程度）である。可変性は、母分散 σ^2 または標本分散 s^2 として標本サイズの計算の中に入っている。

標本サイズの決定：割合

　求めたい統計量が平均値ではなく割合であれば、標本サイズの決定のアプローチは平均値の場合と同様なものとなる。仮に、リサーチャーが百貨店のクレジットカードを持っている世帯の割合を推定しようとしているとしよう。そのためには、次のようなステップを踏まなければならない。

① 精度水準を決める。仮に、望ましい精度として許容範囲内の区間を $D = p - \pi = \pm 0.05$ とする。
② 信頼水準を決める。仮に、望ましい信頼水準を 95% とする。
③ 信頼水準に適合する z 値を決定する。平均値の推定の例で述べたように、これは $z = 1.96$ である。
④ 母集団の割合 π を推定する。前述の通り、母集団の比率は、二次データ、パイロット調査、あるいはリサーチャーの判断によって推定できよう。仮に、リサーチャーが、二次データから、百貨店のクレジットカードを持つ世帯の目標母集団中の割合を 64% と推定したとしよう。つまり、$\pi = 0.64$ となる。
⑤ 割合の標準誤差を求める式を使い、標本サイズを決定する。

$$\sigma_p = \frac{p - \pi}{z}$$

$$= \frac{D}{z}$$

$$= \sqrt{\frac{\pi(1-\pi)}{n}}$$

または

$$n = \frac{\pi(1-\pi)z^2}{D^2}$$

今回の例では、

$$n = \frac{0.64(1-0.64)(1.96)^2}{(0.05)^2}$$

$= 354.04$

$= 355$（小数点以下切り上げ）

⑥ 計算の結果、標本サイズが母集団の10%以上となった場合は、有限母集団修正（fpc）を適用する必要がある。その結果、必要な標本サイズは、次の式から求められる。

$n_c = nN/(N+n-1)$

ただし、

$n = $ fpc を行わない場合の標本サイズ

$n_c = $ fpc を行う場合の標本サイズ

⑦ π の推定が正確でなければ、信頼区間の精度は、望ましいと考えられるよりも高くあるいは低くなる。仮に、標本の抽出後、割合 p が0.55と計算されたとする。すると、信頼区間は、s_p を使って再推定し、未知の σ_p を次の式で推定する。

$p \pm z s_p$

ここで、

$$s_p = \sqrt{\frac{p(1-p)}{n}}$$

今回の例では、次のようになる。

$$s_p = \sqrt{\frac{0.55(1-0.55)}{355}}$$

$= 0.0264$

その結果、信頼区間は

$= 0.55 \pm 1.96(0.0264)$

$= 0.55 \pm 0.052$

これは、始めに定められたものよりも広い区間となる。$p=0.55$ として求めた標本の標準偏差が、$\pi=0.64$ として求めた母集団の推定標準偏差よりも大きかったという事実が原因であろう。

初めに決められた区間よりも広くなるのが受け入れられないのであれば、母集団における最大可能な変動を反映して標本サイズを決定することができる。最大可能な変動は、$\pi(1-\pi)$ の積が最大となるとき、すなわち π が0.5となるときに生じる。この結果はまた、直感的にも捉えることができよう。母集団の半分に1つの特性値があり、残りの半分にも

第12章 標本抽出：最終段階および初期段階における標本サイズの決定

う1つの特性値があるのだから、妥当な推論を導き出すためには、状況がより明白で、大半が1つの特性値を持っている場合よりも多くの証拠が必要となろう。この例では、次の式によって、標本サイズを算出することができる。

$$n = \frac{0.5(0.5)(1.96)^2}{(0.05)^2}$$

$$= 384.16$$

$$= 385（小数点未満切り上げ）$$

⑧ 場合によっては、精度は絶対値ではなく相対値で決められる。つまり、母集団の割合の $\pm R$ パーセンテージ・ポイントの範囲内で推定するように決めることがある。式で示せば、

$$D = R\pi \text{ である。}$$

そのような場合は、標本サイズは次の式で求められる。

$$n = \frac{z^2(1-\pi)}{R^2\pi}$$

〈リサーチの実例〉——統計的サンプリング：常に緊急事態というわけではない

　カリフォルニア州ロサンゼルス市は、プライス・ウォーターハウス・クーパーズ（PWC）社を通じて、市の非緊急サービスへのユーザー需要を評価し、カスタマー・サービスの利用パターンを調査した。目標は、同市の911番緊急電話システムの混雑軽減のために新システムを導入することである。市の住民1,800人を無作為抽出の上、電話調査が実施された。

　ランダム・ディジット・ダイアリングによる電話調査では、市民を900人ずつの2つのグループに層化した。すなわち、過去6カ月間に市の緊急サービスに連絡したことがある市に居住するカスタマーグループと、その他の居住者である。標本サイズは、95%信頼水準と3.5%の誤差限界を用いて決定された。この信頼水準で、すべてのロサンゼルスの居住者が同じ調査を受けたとしても、回答が±3.5%より大きく変わることはないことを意味する。

　900人という標本サイズが適切であることを確認するために、最大可能な母集団変動（$\pi = 0.5$）を使って次の通り、割合による標本サイズ決定が行われた。この調査の D の精度は、信頼水準が95%で0.035である。

$$n = \frac{\pi(1-\pi)z^2}{D^2}$$

$$n = [(0.5)(1-0.5)(1.96^2)]/(0.035)^2 = 784$$

したがって、標本サイズは900で十分ということになる。

　電話調査の結果、電気水道局、衛生部、駐車違反部、警察あての連絡が、市の非緊急サービスへの全連絡の約半数を占めていることがわかった。主な連絡手段は電話で全体の連絡の約74%

を占めていた。これに対し、直接訪問は18%であった。ロサンゼルスではインターネットの利用率が高いにもかかわらず、ホームページから市のサービスに連絡する市民は非常に少なかった。したがって、ホームページで市のサービスの利用が可能になれば電話量が減り、大幅な費用削減とサービス向上が期待できた。また、この調査によって、市民がオンライン・サービスで期待するサービスと機能性も明らかになった。これにより、ロサンゼルス市は、9-1-1電話システムの混雑を軽減するべく、1999年に3-1-1インターネット・サービスを開始した。2003年現在、このカスタマー・サービスは盛んに利用されており、市の非緊急連絡の大きな部分を担っている[6]。

多数の特性値と母数

これまでの例では、1つの母数の推定に焦点を当ててきた。民間調査機関が実施するマーケティング・リサーチでは、どのプロジェクトでも、1つだけでなく複数の特性値に注目するのが普通である。リサーチャーは1つだけでなく複数の母数を推定することを求められる。こういった場合の標本サイズは、下記の百貨店の例で説明したように、推定しなければならないすべての母数を考慮した上で計算しなければならない。

アクティブ・リサーチ　百貨店プロジェクト

標本サイズの推定

百貨店での買物における世帯当たり月間平均支出額に加えて、衣料品とギフトへの世帯の月間平均支出額を推定することとなったとしよう。3つの月間平均支出額のそれぞれを推定するのに必要な標本サイズは、**表12.3**のとおり、百貨店での買物が465、衣料品が246、ギフトが217である。この3つの変数の重要性がすべて同程度であれば、最も保守的なアプローチは、$n=465$の最大値を選択して標本サイズを決定する方法である。これにより、それぞれの変数が少なくとも決められたとおりの精度で推定されることになる。ただし、リサーチャーが世帯の衣料品への月間平均支出額に対して最大の関心を持っているのなら、標本サイズ$n=246$を選択すればよいだろう。

以上の標本サイズの決定に関する解説は、伝統的な統計的推論法に基づいたもので、単純無作為抽出を仮定したものである。次節では、その他の標本抽出法を用いた場合の標本サイズの決定について説明する。

表12.3 多数の母数推定のための標本サイズ

	月間平均世帯支出額		
	百貨店での買物	衣料品	ギフト
信頼水準	95%	95%	95%
z値	1.96	1.96	1.96
精度水準（D）	$5	$5	$4
母集団の標準偏差（σ）	$55	$40	$30
必要な標本サイズ（n）	465	246	217

その他の確率抽出法

　その他の確率抽出法の標本サイズも、同様の原則によって定められる。リサーチャーは、精度水準と信頼度を決め、検定統計量の標本分布を推定しなければならない。

　単純無作為抽出においては、費用は標本サイズの計算に直接入れていない。しかし、層化抽出法や集落抽出法の場合には、費用は重要な要素である。調査1回当たりの費用は層やクラスターによって変動し、リサーチャーはこの費用を最初に何らかの推定をしておく必要がある。さらに、リサーチャーは層内変動またはクラスター内およびクラスター間変動を考慮しなければならない。全体の標本サイズが決定したら、標本は層またはクラスターに配分される。これによって、標本サイズを求める式が一段と複雑化する。この詳細に関心を抱く読者には、標本抽出理論に関する標準的な文献を参照することをお勧めする[7]。一般に単純無作為抽出と同程度の信頼性を確保するためには、標本サイズを、系統抽出法の場合には同じ、層化抽出法の場合には少なめ、集落抽出法の場合には多めにする。

統計的に決定された標本サイズの調整

　統計的に決定された標本サイズとは、最終的な標本サイズ、または正味の標本サイズを表しおり、母数が望ましい精度と与えられた信頼水準をもとに、確実に推定するために達成しなければならないサイズである。調査においては、これは完了しなければならないインタビューの数である。この最終的な標本サイズを達成するためには、より多くの潜在的な調査対象者に接触しなければならない。通常は出現率と完了率は100%未満であるため、当初の標本サイズはより大きくしておかなければならない[8]。

　出現率とは、調査に参加する資格を有する人々の出現する率またはパーセンテージである。

出現率　incidence rate　調査に参加資格のある人が出現する率をパーセントで表したもの。

出現率は、所定の標本サイズを得るために選別を必要とする接触数を決定する。例えば、床洗浄剤の調査で、25歳から55歳までの女性世帯主のサンプルが必要になったとする。20歳から60歳までの女性に条件に合うかどうかを探るために接触すると、そのうちの約75％の世帯主が25歳から55歳の範囲に納まった。これはすなわち、1名の条件に合った調査対象者を確保するには、平均1.33人の女性に接触しなければならないということを意味する。さらに調査対象者の基準（例えば、製品の使用行動）を加えると、接触すべき人数は増加する。仮に、過去2ヵ月間に床洗浄剤を使ったことのある女性という資格要件を加えるとする。接触した女性の60％がこの基準に合致すると推定されたとする。以上の結果、出現率は0.75×0.60＝0.45となる。したがって、最終的な標本サイズは（1/0.45）つまり2.22倍増加させなければならない。

同様に、標本サイズは、条件に合っていながら調査を拒否する人をも考慮の上、決定しなければならない。**完了率**とは、調査への参加資格のある対象者のうち、インタビューを完了する者の割合（パーセント）である。例えば、リサーチャーの予想する調査対象者のインタビュー完了率が80％の場合、調査対象者への接触数は1.25倍に増やさなければならない。出現率と完了率を合わせると、接触すべき潜在的な調査対象者、つまり当初の標本サイズは、必要な標本サイズの2.22×1.25、つまり2.77倍の数が必要ということになる。一般に、c個の資格要因の出現率（割合）が $Q_1, Q_2, Q_3 \cdots Q_c$ であれば、次のような割合として表される。

$$出現率 = Q_1 \times Q_2 \times Q_3 \cdots \times Q_c$$

$$当初の標本サイズ = \frac{最終的な標本サイズ}{出現率 \times 完了率}$$

標本として抽出すべき単位数は、当初の標本サイズによって決定される。次の交響楽団の例にあるとおり、調査への参加資格のある潜在的な対象者に対して多くの変数が使われ、それによって出現率が低下する。

〈リサーチの実例〉——交響楽団の標本をチューン・アップ

　ジャクソンビル交響楽団（www.jaxsymphony.org）に対する消費者知名・態度について、電話調査が実施された。調査対象者を選ぶ要件は、①ジャクソンビルに1年を超えて居住しており、②25歳以上の、③クラシックまたはポピュラー音楽を聴き、④クラシックまたはポピュラー音楽のコンサートに行く人であった。これらの要件により、出現率は15％未満にまで低下し、実質的に接触する人の数は大幅に増加した。要件を4つにした結果、目標が非常に絞られチューン

完了率 completion rate　調査への参加資格のある対象者のうち、インタビューを完了する者の割合（パーセント）。これにより、リサーチャーは参加資格のある調査対象者がインタビューを拒否する可能性を考慮に入れることが可能になる。

第12章 標本抽出：最終段階および初期段階における標本サイズの決定

ジャクソンビル交響楽団は、調査対象者を適切に選別することによって、正しく標本を調整した。

・アップされた標本になったが、電話を受けた人々の何人かが条件に合わなかったため、インタビュープロセスの効率は低下した。調査の結果、駐車場の問題があること、および人々がオーケストラともっと関わりを持ちたいと思っていることが判明した。そこで、2002年にジャクソンビル交響楽団はコンダクターズ・クラブの広告を行った。その内容は、このクラブの会員になり毎年寄付金を払えば、すべてのジャクソンビル交響楽団のクラシックやポピュラー音楽コンサートにおいて、係員付き無料駐車サービスの特典が受けられるというものであった。また全会員に対して、一部のコンサートの休憩時間中にデービス・ギャラリーに無料で入場できるチケット（オープン・バーとオードブル込み）が贈呈された[9]。

完了率は無回答の影響を受ける。したがって、無回答の問題にも注意する必要がある。

標本抽出における無回答の問題

標本抽出における無回答の主な問題は、回収率の向上と無回答の調整の2点である。無回答誤差は、標本中の潜在的調査対象者の一部が回答しない場合に発生する（第3章を参照）。これは、サーベイにおいて最も重大な問題の1つである。無回答者は、人口統計、心理特性、性格、態度、動機、行動の変数が回答者と異なっている[10]。ある調査で、無回答者が関心のある特性で回答者と異なっていれば、標本の推定が大幅に偏ったものになってしまう。一般に、回収率が高ければ無回答バイアスは低下するが、回収率が無回答バイアスの適切な指標とならない可能性もある。回収率自体は、回答者が本来の標本を代表しているかどうかを示すものではないからだ[11]。したがって、追加された調査対象者が、すでに回答した人と異なっておらず、未回答の人とは異なる場合には、回収率が上がっても無回答バイアスが減らない可能性がある。回収率が低いと無回答バイアスの確率が上昇するため、次項で述べるように、常に回収率の向上に努めなければならない[12]。

回収率の向上

回収率が低くなる主な原因は、図12.2のとおり、回答拒否と不在である。

回答拒否：標本に含まれた人が回答する気がない、または回答する能力がないことにより回答拒否ということになれば、回収率が低下し、無回答バイアスの可能性が上昇する。拒否率とは、接触した調査対象者のうち、調査への協力を拒否する者の割合のことであり、電話調査では0から50％以上にものぼる。モール・インターセプト調査での拒否率はさらに高く、郵送調査では最高となる。ほとんどの回答拒否は、インタビュアーが最初の説明をした直後、または潜在的な調査対象者が郵便の封を切ったときに発生する。ある全国規模の電話調査では、40％の人が調査の前置きの段階で拒否したが、インタビューの途中で拒否したのはわずか6％であった。次に、回答拒否、中止、インタビュー完了についての例を示す。

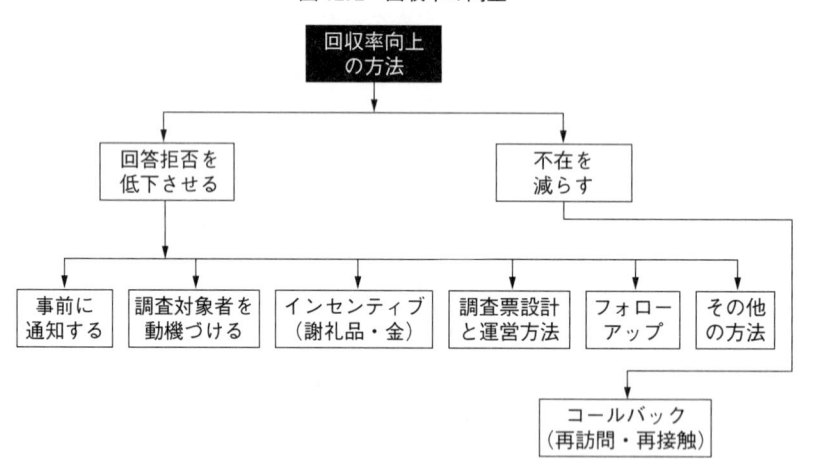

図12.2 回収率の向上

```
          回収率向上
           の方法
         /          \
    回答拒否を      不在を
    低下させる      減らす
```

回答拒否を低下させる：事前に通知する／調査対象者を動機づける／インセンティブ（謝礼品・金）／調査票設計と運営方法／フォローアップ／その他の方法

不在を減らす：コールバック（再訪問・再接触）

〈リサーチの実例〉——回答拒否の理由

電話調査における回答拒否の問題を調べる調査で、電話インタビューを前回の調査の回答者と非回答者の中から、それぞれ100人から成る副次標本（サブサンプル）について実施した。その結果は、次の表の通りである。

回答拒否、中止、インタビュー完了

特性	全標本	回答者	非回答者
回答拒否数 (1)	224	31	193
中止数 (2)	100	33	67
インタビュー完了数 (3)	203	102	101
接触数合計 (1+2+3)[a]	527	166	361
拒否率 (1/[1+2+3])[b]	42.5%	18.7%	53.5%
中止率 (2/[1+2+3])	19.0%	19.9%	18.5%
完了率 (3/[1+2+3])[b]	38.5%	61.4%	28.0%

[a] これらの接触回数を得るために、合計1,388回の接触を試みる必要があった。166人の回答者を得るために466回接触を試み（1回答者当たり1回コールバックをする）、361人の非回答者を得るのに982回（1回答者当たり2回コール

第12章 標本抽出：最終段階および初期段階における標本サイズの決定

> バックをする）接触を試みた。抽出フレームには、965人の電話番号があり、うち回答者が313人、非回答者が652人であった。
> b 回答者と非回答者の間には、危険率 $\alpha = 0.05$ で有意差があった（両側検定による）。
>
> 調査の結果、電話調査に協力してくれそうな人（回答者）には、次のような点において、協力を拒否する人（非回答者）との違いが見られた。①質問調査に対する信頼度、②調査機関に対する信頼度、③人口統計上の特性、④電話調査に対する信念や態度。
> CMOR（米国のマーケティング・世論調査協議会）が2002年に実施した調査では、消費者は電話調査よりインターネット調査を好むことが示唆された。統計的に見れば、米国の消費者1,753人のうち、インターネットを最も好む調査方法と答えたのは78.9%で、これに対して電話調査と答えたのはわずか3.2%であった[13]。

リサーチャーとしては、この調査で判明した回答者と非回答者の違いを考慮して拒否率を下げていかねばならない。その手法としては、事前の通知、調査対象者に対する動機づけ、インセンティブの付与、適切な調査票設計、運営方法、フォローアップが挙げられる。

事前の通知：調査対象者になる人に対し、近いうちに郵便、電話、面接またはインターネットによる調査を実施する旨、手紙を送って事前に通知する。事前の通知を行うことにより、驚きや不安が軽減され、より協力的な雰囲気を作り出すことができるため、回収率が上昇する[14]。

調査対象者への動機づけ：潜在的な調査対象者に対して、調査への関心や関わりの度合いが増すことができれば調査への協力の動機づけが可能となる場合がある。その技法としては、段階的要請法と譲歩誘導法がある。この2つのテクニックはともに、要請を連続して行うことによって調査への協力を得る方法である。段階的要請法では、第6章でも概説したように、インタビュアーが「5つの質問に答えていただきたいのですが、5分間だけよろしいでしょうか」などと比較的簡単な依頼を行うが、これには大半の人が応じてくれる。そのあとに、調査や実験への協力を求める難しい要請（こちらが、重要な要請）を行う。最初の要請に応じれば、その後の要請にも応じてくれる可能性が高まるという理論である。譲歩誘導法は、その逆である。最初の要請は比較的難しく、たいていの人は同意しない。難しい要請をしてから、調査に協力してもらえるような少し簡単な要請（こちらが、重要な要請）を持ち出す。後から出した重要な要請で譲歩を取り付ければ応じてもらえる可能性が増すという考え方である。段階的要請法のほうが、譲歩誘導法よりも効果的である[15]。

インセンティブ：回収率は、調査対象者に金銭的、非金銭的なインセンティブを与えて向上させることができる。金銭的なインセンティブの場合は、前払いか約束を行う。前払い式のインセンティブの場合には、調査・調査票に同封する。インセンティブを約束する場合は、調査を完了してくれた調査対象者だけに約束したものを送付する。非金銭的なインセ

ンティブとして最も一般的なものには、ペンや鉛筆、本などの物品、そして調査結果の提供がある[16]。

　前払い式のインセンティブの方が、インセンティブの約束よりも、回収率が良くなることがわかっている。インセンティブの金額は10セントから50ドル以上までさまざまである。またインセンティブの金額は、回収率とプラスの関係にあるが、多額のインセンティブを提供すれば、そのコストが、追加で得られる情報の価値を上回ることもある。

適切な調査票設計と運用：適切に設計された調査票は、拒否率を低下させることができ、特定の質問に対する拒否も減らすことができる（第10章を参照）。同様に、電話や個人面接法における調査票の運用スキルによっても回収率を上げることができる。訓練されたインタビュアーは、相手が拒否の姿勢を示している会話への対応や説得のスキルを持っている。相手が「ノー」と答えても、追加の依頼をしないまま引き下がることはない。追加依頼においては、調査票も短く、調査対象者の意見が重要であることが強調される。熟練したインタビュアーであれば、拒否率を平均約7％引き下げることができる。インタビュー手順の詳細については、第13章で述べる。

フォローアップ：フォローアップ、つまり初めて接触してから周期的に無回答者に接触する方法は、特に、郵送調査で拒否率を下げるのに効果的である。リサーチャーは、無回答者にハガキや手紙を送り、調査票に記入・返送してもらうよう依頼する。初回の送付から、さらに2、3回追加で郵送することが必要である。適切なフォローアップによって、郵送調査の回収率は80％以上になることがある。フォローアップは、電話、eメール、または個人的な接触によっても行うことができる[17]。

その他の方法：特定の名前の人宛に作成した手紙を送る手法によっても、回収率を上げることができる[18]。次の例では、アービトロン社が回収率を上げるために採用した手順を紹介する。

〈リサーチの実例〉——低回収率に対しアービトロン社が取った対策

　大手マーケティング・リサーチ会社アービトロン（www.arbitron.com）は、2001年、年間売上高2億2,700万ドルを達成した。昨今、同社は自社で実施する調査から一層意味のある結果を得るために、回収率の向上策を検討していた。そして、この問題に取り組むために、部署の枠組みを超えた社員チームを組織した。この方法は「ブレークスルー方式」と名付けられ、回収率に関する同社全体のシステムが見直され、変更された。チームは、回収率の向上に向けて以下の6つの主要方略を提案した。

① 留置き法やフォローアップ電話法の効率を最大化する。
② 調査票などの素材をもっと興味をかきたてるような、かつ簡単に記入できるようなものにする。

③ アービトロンの知名度を上げる。
④ 調査協力者への報償の額を改善する。
⑤ 調査対象者用資料の到着を最適化する。
⑥ 返送されてきたダイアリーの使い勝手を良くする。

以上6つの方略を実行するために、80の新しい対策が開始された。その結果、回収率は大幅に向上した。しかし、良い結果が出たとはいえ、アービトロンのスタッフはまだ慎重な姿勢を崩していない。これで仕事が終わったわけではなく、毎日の努力で回収率を高水準に維持しなければならないからである。同社の2001年冬と春の回収率は、それぞれ37.6%と36.9%であった[19]。

不在：回収率を低くするもう1つの要因は、不在である。電話インタビューと個人訪問面接法においては、接触を試みた時点で調査対象者が不在であれば、回収率が低下する。合計100万人を超える消費者を標本とした182の民間調査機関による電話調査を分析した結果、調査対象者の多くに一度も接触できなかったということが判明した。接触不能率の中央値は40%であった。また、対象者への接触をたった1回しか試みなかった調査が、全体のほぼ40%にのぼった。高度なランダム・ディジット・ダイアリングM/A/R/Cテルノ・システム（www.marcgroup.com）を使った電話調査では、計25万9,088人に対して行われた初回コールのうち、インタビューを完了できたのは10%未満であった[20]。

調査対象者が不在の可能性は、いくつかの要因で変動する。小さな子供を持つ親は、独身者や離婚者と比べて在宅の可能性が高い。消費者は平日よりも週末に、また昼よりも夜に在宅している可能性が高い。事前の連絡や日時の約束をしておけば、連絡を取るときに対象者が在宅している可能性は高まる。

無回答者に連絡を取るために何度もコールバックしたり、周期的にフォローアップを試みることによって、不在率を大幅に低下させることができる。何回コールバックをするかは、コスト・アップに対する無回答バイアスを低減させる利点をよく検討した上で決定しなければならない。コールバックが終了した時点で、さらにコールバックを続ける有用性を検討するために、コールバック回答者とすでに回答した人とを比較すべきである。消費者調査ではたいていの場合、3回から4回のコールバックが望ましい。初回のコールで最も多くの回答が得られるのは確かだが、1回当たりの回収率となると2回目、3回目のコールの方が高い。コールバックは事前の計画に従って行い、管理することが重要である。

無回答バイアスの調整

回収率が高まれば、無回答バイアスが大きくなる確率が低下する。無回答率は常に報告し、できれば無回答の影響を推定しなければならない。これは、無回答率を回答者・無回答者の推定の差と関連づけにより行うことができる。2つのグループ間の差異に関する情報は、標本そのものから得られるであろう。例えば、コールバックで判明した差異は外挿することができ、

無回答者の副次標本についてフォローアップを集中して行うことができる。また、他の情報源から差異を推定することもできる[21]。例えば、主要な家庭用機器の所有者の調査では、回答者および無回答者の人口構成やその他の情報が保証書から判ることがある。郵送パネル（郵送法により購入・所有等のデータを継続的に収集する調査）の場合、そうした会員制調査を実施しているシンジケート機関が回答者、無回答者の両グループのさまざまな情報が入手可能である。標本が一般母集団を代表すると考えられる場合は、センサスの数値との比較が可能となる。無回答の影響を推定するのが無理であっても、データ解析と解釈の過程である程度の調整が行われるべきである[22]。無回答誤差の調整に使える手法には、無回答者のサブサンプリング、置換、代用、主観的推定、傾向分析、単純加重、そして代入がある。

無回答者のサブサンプリング法： 無回答者のサブサンプリングは、特に郵送調査の場合に、無回答バイアスの調整が効果的である。この方法では、リサーチャーは通常、電話または個人面接によって無回答者のサブサンプルに接触する。その結果、サブサンプルの回収率が高まることが多い。サブサンプルで得られた値が、無回答者全員を推定し、その結果で無回答バイアスを調整する。この方法では、関心のある特性についての無回答の影響が推定できる。

置換法： 置換法では、現在の調査における無回答者を、過去の同様の調査での無回答者と置き換えする。リサーチャーは、過去の調査での無回答者に接触を試み、できればある程度のインセンティブを付けて、現在の調査の調査票に回答または記入してもらう。ただし、現在の調査と過去の調査における無回答者の性質が同様であることが重要である。2つの調査が同種の調査対象者に対して行われ、かつ、調査と調査の間隔は短くなければならない。例えば、百貨店プロジェクトで1年ごとに同じ調査が繰り返される場合、現在の無回答者を、前回の調査での無回答者と置き換えることができる。

代用法： 代用法では、リサーチャーは無回答者を、回答すると期待される抽出フレームの他の要素で代用する。抽出フレームはサブグループに分けられ、各サブグループは各サブグループ内の調査対象者は特性の点では等質だが、回収率ではグループ間で異質であるようにする。そして、これらのサブグループは、特定の無回答者と特性の点では同様であるが、すでに標本内にある回答者とは異なる代用者を特定するために使われる。ただし、このアプローチにおいては、代用者がすでに標本内の回答者と特性の点で同様である場合には、無回答バイアスを低下させることにならないことに注意すべきである。

〈リサーチの実例〉——投票者の出口調査：無回答者の代表

　大統領選挙の出口調査の計画は、選挙当日の2年も前から始まる。ギャラップ（www.gallup.com）やハリス・インタラクティブ（www.harrisinteractive.com）などの調査会社は、調査員を

代用法 substitution　回答すると期待される抽出フレームの他の要素を無回答者に代用する方法。

組織的に募集し、訓練する。

　質問は短く的確だ。ある質問では、有権者の選択の決定要因となる広く知られた事項について、また他の質問では、政治スキャンダルなど土壇場になって明らかになった問題をとりあげる。調査票は、できるだけ投票日ギリギリに作成され、有権者が誰に投票したかだけでなく、何を根拠にしたかがわかるように工夫される。

　出口調査で問題なのは、非協力的な投票者である。インタビュアーは、インタビューに応じてくれなかった投票者の人口統計データを記録するよう指示されている。この人口統計データによって、有権者の特性が割り出され、代用法を使って非協力的な投票者を交換する。年齢、性別、人種、住居は、アメリカ人の投票行動を示す重要な要素である。例えば、若い有権者は道徳面の問題で票が揺れる傾向が強く、年齢が上になるほど候補者の個人的な資質を重視する傾向が強くなる。したがって、リサーチャーは、無回答者の代用として、年齢、性別、人種、住居が同様の投票者の中から出口調査の調査対象者を選ぶ。広範囲の地域を対象とした出口調査とインタビューに応じない投票者に代用法を使うことで、リサーチャーは、誤差の範囲を約3〜4%に抑えることができる[23]。

主観的推定法：サブサンプリング、置換え、代用のいずれの方法によっても回収率を上昇させることが困難となった場合でも、無回答バイアスの性質と影響の主観的推定という方法が残されている。これは、経験と入手できる情報に基づいて無回答の影響を評価する方法である。例えば、小さな子供を持つ既婚者は、独身者や離婚者、子供のない既婚者と比べて在宅している可能性が高い。この情報は、個人面接または電話調査において不在が原因で無回答となる影響を評価する基礎になる。

傾向分析法：傾向分析法は、調査初期と後期回答者の間にある傾向を識別することを目的としている。この傾向によって、無回答者が関心のある特性についてどの位置を占めているかを推定することができる。例えば、**表12.4**では、ある郵送調査で3回（3波）にわたって行われた結果を示している。ここでは、過去2カ月間に百貨店の買物で支出された金額が関心事になっている。無回答者を含む標本全体の値は既に明らかとなっており、表の最下行にある。回答者のそれぞれの連続した調査（波）の値は、無回答者の値に近づく。例えば、2回目の郵送で答えた人は、1回目の郵送で回答した人の79%の金額を支出した。3回目の郵送で回答した人は、2回目の郵送で答えた人の85%の金額を支出した。この傾向をたどっていくと、無回答者の支出額は、3回目の郵送で答えた人の91%［85＋(85−79)］になると推定できるだろう。この結果、無回答者の支出額は252ドル（277×0.91）、また過去2カ月間の標本全体の百貨店での平均支出額は288ドル（0.12×412＋0.18×325＋0.13×277＋0.57×252）と推定できる。ただし、無回答者の実際の支出額は230ドル、実際の標本平均額は275ドルであり、傾向分析

傾向分析法　trend analysis　リサーチャーが、調査初期と後期回答者の間にある傾向を識別して無回答バイアスを調整する方法。この傾向によって、無回答者の特性を推定する。

表12.4 無回答調整における傾向分析の利用

	回答者の割合（%）	平均支出額（ドル）	前回の波に対する支出額の割合（%）
1回目の郵送による回答者（第1波）	12	412	―
2回目の郵送による回答者（第2波）	18	325	79
3回目の郵送による回答者（第3波）	13	277	85
無回答者	(57)	(230)	91
合計	100	275	

で推定したそれぞれ252ドルと288ドルという値とは差が出ていることに注意しなければならない。傾向分析による推定値は実際とは異なっているが、無回答者を無視した場合の結果よりも誤差は小さい。無回答者を無視した場合は、標本の平均支出額は335ドル$(0.12\times412+0.18\times325+0.13\times277)/(0.12+0.18+0.13)$と推定される。

加重法（ウエイティング）：加重法は、回収率に応じてデータに異なるウエイトを割当てることにより、無回答の及ぼす影響を補正する方法である[24]。例えば、あるパソコンについての調査では、標本を所得別に層化した。回収率は、高所得、中所得、低所得の順にそれぞれ85%、70%、40%であった。このデータ解析で、これらのサブグループに、回収率と反比例するウエイトを割当てる。すなわち、高所得、中所得、低所得のグループに、それぞれ(100/85)、(100/70)、(100/40)のウエイトを割当てる。加重法では、グループによる異なる無回答の影響を補正することができるが、一方で、標本設計の自動加重の性質を破壊し、複雑化を招くこともある。加重法については、データの準備に関する第14章で詳しく述べる。

代入法：代入法は、代入、つまり無回答者と回答者の双方に使用できる変数の類似性に基づき、無回答者にすでに得られた問題となっている特性値を割当てる方法である[25]。例えば、ブランドの使用について回答しなかった調査対象者の空欄に、同様の人口統計上の特質を持つ回答者のデータを代入する。問題となっている特性値と他の変数の間には高い相関関係があることが多い。そのような場合には、この相関関係は、無回答者の特性値を予想するのに利用できるのである（第17章を参照）。

国際マーケティング・リサーチ

外国でマーケティング・リサーチを実施する場合には、母分散の推定値が入手できないため、標本サイズの統計的推定が困難となる場合があろう。そのため、標本サイズは、第11章で述

加重法 weighting 回収率に応じてデータに異なるウエイトを割当てることにより、無回答の及ぼす影響を補正する統計的手法。
代入法 imputation 無回答者と回答者の双方に使用できる変数の類似性に基づき、無回答者にすでに得られた問題となっている特性値を割当てて調整する手法。

何百万人もの中国人にとって旅行は比較的新しい経験であり、中国人が飛行機による旅行に対する好みは、アメリカ人の好みと比較して、より大きな可変性を示すであろう。

べたように、次の定性的な要素を考慮して決定されることが多い。①意思決定の重要性、②調査の性質、③変数の数、④分析の性質、⑤同様の調査で使われた標本サイズ、⑥出現率、⑦完了率、⑧資源の制約。標本サイズの統計的な推定がすべて試みられたならば、母分散の推定値が国によってさまざまであることがわかるはずである。例えば、消費者の好みを測定する場合、消費者の好みが定着していない国では不均一性が高いことがわかる。したがって、異なる国において、母分散が同じと仮定すること、そして同じ標本サイズを用いるのは誤りであろう。

〈リサーチの実例〉——中国人の好みは際限なく飛行機旅行へ

　航空市場が急速に成長している中国では、航空業界は強力で有望な市場潜在力を持っているように見える。中国は何十億ドルもの投資によって急増する需要を満たし、他国に追いつこうとしている。強力な経済成長、急増する貿易、観光の復活がこの好景気を助長してきた。2000年の中国の航空旅客数は、6,721万7,000人で、1999年に比べ10.3％増となった。ボーイング（www.boeing.com）によれば、2020年までの今後20年間で、中国市場全体（香港、マカオを含む）の商用ジェット機販売数は約1,764機、1,440億米ドル相当となり、米国以外で最も大規模の航空市場になると予測されている。

　しかし、何百万人もの中国人にとって、飛行機による旅行は比較的新しい経験であり、飛行機を利用したことのない人の数はこれよりはるかに多い。したがって、中国人の飛行機を使った旅行に対する好みは、アメリカ人と比較してより大きな可変性を示している可能性がある。デルタ航空が行った、飛行機旅行に対する態度についての中国と米国での調査では、両国の調査における推定精度が比較可能になるよう、中国の調査での標本サイズをアメリカの調査よりも大きくしなければならなかった[26]。

重要なことは、回収率が国によって大きく変わる可能性があることを理解することである。

2000年に22カ国で実施された対事業所郵送調査では、回収率が、最低の香港で7.1％、最高のデンマークで42.1％と大きくばらつき、全体の回収率は20％という結果になった。この調査では、回収率に差が出る要因も分析した。考察した要因には、調査票が発送されたオランダからの文化的、地理的な距離があった。その他にも、海外売上高、輸出、GNP、従業員数、パワー・ディスタンス、企業規模が含まれた[27]。

マーケティング・リサーチにおける倫理

　統計的に決定される標本サイズは通常は客観的なものであるが、それでも倫理的な懸念は残る。算式からもわかるとおり、標本サイズは、変数の標準偏差によって変わり、標準偏差はデータが集まるまで正確に知ることが不可能である。標準偏差の推定は、標本サイズを計算するのに用いられる。この推定値は、二次データ、判断、小規模なパイロット調査に基づいて算出される。標準偏差を過大に見積もれば、標本サイズが大きくなり、調査会社のプロジェクト収益も増加する可能性がある。標本サイズの式を使うと、例えば標準偏差が20％増加すれば、標本サイズが44％増加することがわかる。マーケティング・リサーチ会社の収益増大だけを目的に、標準偏差を膨らませて標本サイズを増加させるのは、明らかに倫理に反している。

　だが、倫理的ジレンマは、標準偏差を誠実に推定したときにも発生する。標準偏差が始めに推定した値と異なるのは、実際の調査ではよくあることである。標準偏差が当初の推定値よりも大きい場合は、信頼区間も望ましい値より大きくなっているはずである。そのような場合には、リサーチャーは、クライアントと相談し、どのように対処するかを共同で決定する責任を負う。統計標本に基づく調査の推定の信頼区間についての誤報による倫理的な波及は、政治的世論調査の声価を低下させた。

〈リサーチの実例〉——調査、選挙に奉仕

　調査によっては、その結果を広く公表することが状況を操作し、非倫理的であるとして強く批判されてきた。特に、選挙前および期間中に選挙調査の結果を公表することの倫理性が問題となっている。このような調査に反対する人は、一般市民が調査結果によって誤った判断に導かれると主張している。まず選挙前には、有権者は誰が当選するかという予想に影響される。自分の支持する候補者が負けそうだとわかれば、勝つ見込みがないとしてその候補者に投票しなくなるかもしれない。また、投票時間中に選挙結果を予想することは、さらに厳しい批判にさらされている。このような行動によって、有権者は、勝ちが予想されている候補者に投票しようという気持ちになるか、あるいは投票する気が失せてしまうと言われている。自分の州でまだ投票が締め切られないうちに、メディアがすでに当選者が決まっているように報道すれば、投票しない人が多く出てくることだろう。選挙予想の影響のみならず、予想の正確さについても同様に疑問視され

ることが多い。ある候補者の獲得票の割合の誤差は±1%と知られているとしても、信頼区間は標本サイズによっては、より大きい可能性がある[28]。

リサーチャーは、無回答バイアスの可能性を調べ、無回答バイアスを調整する合理的な努力を行う倫理的な責任も負っている。採用した手法と判明した無回答バイアスの程度は、はっきりとクライアントに連絡すべきである。

インターネットおよびコンピュータ・アプリケーション

標本サイズや信頼区間を計算できる無料ソフトは、インターネット上の多くのサイトで見出すことができる。例えば、サーベイ・システム社（www.surveysystem.com）。同社のサイトで公開されている計算ソフトを使えば、できるだけ正確に目標母集団を反映した結果を得るためには、何人にインタビューをすればよいかを決定することができる。加えて、すでに自分が持っている標本の精度の水準も確かめることができる。また、ディスカバリー・リサーチ・グループ社（www.drgutah.com）も、標本サイズの計算ソフトを公開している。

〈リサーチの実例〉――オピニオン・プレイスのオピニオンは、調査対象者1,000人の声

今や、マーケティング・リサーチ会社は、オンライン・リサーチを行うように変質してきている。マーケティング・リサーチ大手4社（ASIマーケティング・リサーチ、カスタム・リサーチ、M/A/R/Cリサーチ、ローパーASW）は最近、AOLを使ったカスタム・リサーチを実施すべく、ダラスにあるデジタル・マーケティング・サービス社（DMS）と提携した。

DMSとAOLは、AOLのオピニオン・プレイス（www.opinionplace.com）のサイトを使い、平均1,000人の調査対象者でオンライン・リサーチを実施することになった。この標本サイズは、統計的な理由から、また伝統的な手法で実施された同様の調査で使われた標本サイズということで決定されたものだ。AOLは、謝礼として調査対象者にポイントをつけている（景品と引き換え可能）。ユーザーは、自分のメール・アドレスを送信する必要はない。調査は、広告主のオンライン・キャンペーンへの反応の測定に使われる。これらの調査の主な目的は、メディア・バイヤーがキャンペーン企画に役立てるために、消費者態度とその他の主観的な情報を評価することである。

オンライン調査のもう1つの利点は、確実に目標に到達できる（標本コントロール）ことと、モール・インターセプトや世帯訪問面接などの伝統的な調査法と比べて、迅速に実施できることである。また、費用も安い（調査対象者1,000人のモール・インターセプト調査では3万～4万ドルかかるが、DMSが行うオンライン調査の費用は2万ドルである）。

回収率の向上

　インターネットを使えば、調査の回収率が上昇すると考えられているが、これはインターネットによる調査はアクセスが容易で、必要であれば何回かに分けて完了することができるためである。インターネットでの調査は、その分量が標本対象者に隠されているため、調査の分量が原因で調査対象者が回答を渋るという傾向は少ない。調査票設計で電子的にスキップパターンを組み込んでいることもまた、調査対象者が調査を容易に扱う上での助けとなるために、高い回収率を確保できる要因となっている。インターネット調査は、魅力的なデザインや音楽、ビデオといったプラグインを使うことにより、回答のプロセスをより楽しくすることができる。

　多くのインターネット・マーケティング・リサーチ会社は、eメールによる調査に関して、スポンサーが調査の実施をeメールで事前に通知することを強く推奨している。また、これらのリサーチ会社は、最初の調査を発信してから2, 3日後に、無回答者に催促のeメールを送っている。調査対象者に回答を促す動機づけのもう1つの方法は、調査結果がサービスの向上に役立てられるかどうかを伝えることである。ジョージア・テック・グラフィックス・ビジュアライゼーション・アンド・ユーザビリティ・センターが実施したインターネット・ユーザー調査によると、ウェブ・ブラウザの85%はサービスの向上に役立つのであれば、調査に協力したいと答えている。

　もう1つの動機づけの方法は、調査の協力者にインセンティブを提供することである。リサーチ・インフォ・チャット・ボード社がインターネット・インタビューの調査対象者の募集方法について尋ねたとき、調査対象者の1人は、参加者に現金が当たる抽選に惹かれてある調査に参加したことがあると述べている。また、調査協力者に商品と交換したり割引を受けたりすることができるポイントを付与することも1つの手段である。インターネット調査の調査対象者を募集するその他の方法については、リサーチ・インフォのチャットルーム www.researchinfo.com を参照してほしい。

　パソコンおよびメインフレームは、さまざまな標本抽出法の標本サイズの決定に役立つ。単純なアプリケーションなら、スプレッドシート・プログラムを使って適切な標本サイズの式を入力することができる。リサーチャーが望ましい精度、信頼水準、母分散を指定すると、プログラムが調査に適切な標本サイズを決定する。各標本単位の費用を入力して、標本サイズを予算に合わせて調整することも可能である。データ・ビジョン・リサーチ社（www.dvrinc.com）のソフトウェア、Statchekは信頼区間を計算してくれるので、標本サイズの決定に利用できる。標本サイズを統計的に決定し、標本統計の推定などを行う標本設計ソフトウェアやサービスを提供するマーケティング・リサーチ会社はいくつかある。サーベイ・サンプリング社（www.surveysampling.com）は、標本抽出のソフトウェア製品を取り揃えている。同社のContact and Cooperation Rate Adjustment Softwareは、予想される出現率と完了率を考慮に入れて、統計的に標本サイズを調整してくれる。

第12章　標本抽出：最終段階および初期段階における標本サイズの決定　　519

バークの場合

適切な標本サイズを推奨する前に、バークでは次の要因を考慮している。

- 「母集団」の大きさはどれくらいか。つまり、調査の参加条件に合う顧客は何人いるか。母集団が、世帯や消費者といった大きな数であるとわかっている場合には、母集団の大きさは考慮すべき事柄ではない。しかし、母集団がビジネス・トゥ・ビジネスや産業マーケティングの場合のように小さい場合には、これが重要な要素となる。
- クライアントが必要とする精度はどれくらいか。要求される精度が高ければ、それだけ標本サイズを大きくしなければならない。
- サブグループは、分析対象となるか。分析対象となる場合、標本サイズは各サブグループから信頼できる結論を引き出せるよう、十分な大きさにしなければならない。
- クライアント企業はどれくらいの頻度で同一標本からデータ収集を行おうとしているのか。顧客（調査対象者）が何度も調査に参加することを嫌がる場合もあるため、クライアント企業はバークが各回（波）につきインタビューできる顧客数を絞らなければならないことがある。
- クライアント企業の予算はどれほどか。

統計的に標本サイズを平均値と割合について決定するにあたり、バークは本章で述べたアプローチを使って算出している。標本サイズの算出に必要な母集団の標準偏差は、バークが過去に実施した同様の調査に基づいて推定している。

米国南東部のある大都市の商工会議所が、バークに10の郡における大都市圏のクオリティ・オブ・ライフに関する調査を依頼してきた。商工会議所は、次の3つの基準に基づいて適切な標本サイズを推奨するようバークに依頼した。

- 商工会議所としては、地域全体と10の郡それぞれにつきデータを分析したい。
- 標本内の住民の意見が、全住民の意見を代表しているという信頼度を90％にする。
- 誤差の範囲は、標本割合の±5％未満とする。

上記の基準を使い、バークは1つの郡当たり標本サイズ270を推奨した。この標本サイズは$\pi=0.5$、$D=0.05$、$z=1.645$として割合を求める式を使って統計的に決定された。すなわち、各郡についての調査結果は、理論的に90％の信頼度をもって、±5％の誤差の範囲内で、その郡の住民全体の意見を表すものだと言えよう。

バークは当初の出現率を、過去に実施した同社の調査または他の二次情報源に基づいて算出した。電話インタビューの完了率が約25％であることがわかったため、バークはインタビュー割り当て数（最終的な標本サイズ）を完了するためには電話番号がいくつ必要かを次の式を用いて推定した。（割当数÷推定出現率）×4。出現率37％で1,000の割当数を完了するために、バークは、約1万800件の電話番号により調査を開始することになろう。

バークは、多くのB2B調査で金銭的なインセンティブを提供している。インセンティブは、調査対象者の職務の内容、かかってくる電話を選別する「門番：取次ぎ」がいるかどうか、ま

たインタビューにどの程度の時間を要するかによって、10ドルから100ドルまでさまざまに異なる。例えば、心臓外科医への20分間のインタビューでは、100ドルのインセンティブが必要になることもある。

バークでは、消費者への電話インタビューでインセンティブを提供することはまずない。ただし、インタビュー時間が長い（45分以上）場合や出現率が低い（5%以下）場合には、例外的にインセンティブを提供することもある。また、電話で事前に選抜し、電話または郵送によるフォローアップ調査に協力してもらう消費者には、インセンティブを提供することがある。例えば、ある地域の通信会社が、家庭用に開発した数種の新製品およびサービスについて、顧客の評価を収集するようバークに求めてきたことがある。バークは、郵便によるフォローアップ調査の条件に合う調査対象者を集めるために、電話をかけて住民を選抜した。協力を得るために、バークは懸賞を行い、高額商品が当たるくじ引きに調査参加者の名前を入力した。さらに、調査対象者へ郵送した資料の小包に2ドル紙幣を同封した。

一方、「目隠し」郵送調査（事前に電話で調査対象者を募集しない調査）を実施する場合には、許容しうる回収率を達成するにはインセンティブがほとんど不可欠である。ある米国最大手銀行の一つが、同行に口座を持つ顧客への郵送調査を依頼してきたとき、バークは、60%の回収率を達成するために、8ページの調査票に2ドル紙幣を同封した。モール・インターセプトでは、一般に、インタビューが20分を超える場合、または出現率が20%未満となる場合に金銭のインセンティブが必要となる。モール・インターセプトのインセンティブは、一般に2ドルから5ドルまでである。

SPSS Windows

SPSSのSamplePowerは、信頼区間の計算と標本サイズを統計的に調整するために使うソフトウェアである。標本サイズの計算は、平均値と割合の双方について入手可能である。

まとめ

標本サイズを決定するための統計的アプローチは、信頼区間に基づいて行う。このアプローチには、平均値または割合の推定を含むものである。平均値の推定に際しては、信頼区間を使った標本サイズの決定にあたり、精度水準、信頼水準、母集団の標準偏差を特定する必要がある。割合の推定の場合には、精度水準、信頼水準、母集団の割合を定めなければならない。統計的に決定される標本サイズは、達成すべき最終の、正味の標本サイズである。この最終的な標本サイズを得るためには、出現率と完了率により回答が減るのを見越して、さらに多くの潜在的な調査対象者に接触する必要がある。

標本に含まれた何人かの潜在的な調査対象者が回答しない場合に、無回答誤差が発生する。回収率が低くなる主な原因は、拒否と不在である。拒否率は、事前の通知、調査対象者への動

機づけ、インセンティブ、適切な調査票設計と運用、フォローアップによって低下させることが可能であろう。不在率は、コールバックによって大幅に引き下げられる。無回答バイアスの調整は、無回答者のサブサンプリング、置換え、代用、主観的推定、傾向分析、加重、代入の各方法によって行うことができる。

　標本サイズの統計的推定は、国によって母分散が違うため、国際マーケティング・リサーチにおいては一段と複雑である。標本サイズ決定のための母分散を予備的に推定することには、倫理的な問題も含まれている。インターネットとコンピュータは、標本サイズの決定と予想される出現率と完了率に対処するための調整の助けとなることができる。

演習

演習復習問題

1　標本分布を定義せよ。
2　平均値の標準誤差とは何か。
3　有限母集団修正を定義せよ。
4　信頼区間を定義せよ。
5　平均値の前後の信頼区間を求める手順を述べよ。
6　母平均を推定する際の絶対精度と相対精度の違いについて述べよ。
7　信頼度と精度の間にはどのような違いがあるか。
8　精度と信頼度および既知の母分散が与えられたとき、母平均の推定に必要な標本サイズの決定手順を述べよ。標本選択後、信頼区間はどのように算出されるか。
9　精度と信頼度が与えられ、母分散が未知の場合、母平均の推定に必要な標本サイズの決定手順を述べよ。標本選択後、信頼区間はどのように算出されるか。
10　母平均の推定に使われる絶対精度が2倍になれば、標本サイズはどのような影響を受けるか。
11　母平均の推定に使われる信頼度が95%から99%に上昇すれば、標本サイズはどのような影響を受けるか。
12　母集団割合を推定する際、絶対精度と相対精度はどのような意味を持つか述べよ。
13　精度と信頼度が既知の場合、母集団割合の推定に必要な標本サイズを決定する手順を述べよ。標本選択後、信頼区間はどのように算出されるか。
14　母集団割合の推定に際して、リサーチャーは、算出した信頼区間が望ましい信頼区間より大きくないことをどのようにして確かめることができるか。
15　いくつかの母数が推定されるときに、標本サイズはどのような手順で決定されるか。
16　出現率と完了率を定義せよ。これらの比率は、最終的な標本サイズの決定にどのような影響を与えるか。

17　無回答バイアスの調整方法を列挙せよ。

応用問題

1. 統計表の付録の表2を使って、次の確率を計算せよ。
   a．z 値が 1.48 未満である。
   b．z 値が 1.90 を超える。
   c．z 値が 1.48 から 1.90 の間にある。
   d．z 値が -1.48 から 1.90 の間にある。
2. 次の場合の z 値を求めよ。
   a．全体の 60% を超える場合の z 値
   b．全体の 10% を超える場合の z 値
   c．可能な全 z 値（平均値の前後に左右対称に分布）の 68.26% が、信頼区間内に含まれる場合の z 値。
3. ある地方のレストランの経営陣が、レストランでの1世帯の月間平均支出額を調べることになった。目標市場におけるある世帯は支出額がゼロであったが、他の世帯では月 300 ドル支出している。経営陣は調査結果の信頼度を 95% とし、誤差を ±5 ドル以内にしたいと考えている。
   a．1世帯の月間平均支出額を算出するための標本サイズを求めよ。
   b．調査実施後、平均支出額は 90.30 ドル、標準偏差は 45 ドルという結果となった。95% 信頼区間を推定せよ。精度水準については何が言えるか。
4. VCR新製品の広告キャンペーンの効果を調べるため、経営陣は新ブランドを何パーセントの世帯が知っているかを測定することになった。広告代理店は、知名度は 70% にのぼると考えている。経営陣は 95% 信頼区間、誤差の範囲を ±2% 以下にしたいという。
   a．この調査では、標本サイズはどれほどにすべきか。
   b．経営陣が信頼度を 99%、誤差を ±3% 以内にしたいと仮定すると、標本サイズはどのように変化するか。
5. $n=100$、$N=1,000$、$\sigma=5$ と仮定して、有限母集団修正を行う場合と行わない場合の平均値の標準誤差を求めよ。

インターネット／コンピュータ演習

1. スプレッド・シート（エクセルなど）を使って、さまざまなアプローチにおける標本サイズを決定する式をプログラムせよ（非常に簡単な作業）。
2. あなたが作成したプログラムを使って、上記の応用問題 1〜4 を解け。
3. ギャラップ社のホームページ（www.gallup.com）を訪れて、同社が最近実施した調査を

第12章　標本抽出：最終段階および初期段階における標本サイズの決定　　523

いくつか選び、それらの調査の標本サイズと、どのようにそれが決定されたかについて述べよ。

実習

ロール・プレイ

1. あなたはバーガーキングのマーケティング・リサーチ部に勤務している。同社は、ハンバーガーをよりおいしくする新調理法を開発した。そして、新製品を発売するにあたって、味に関するテストを行うことになった。このテストの標本サイズはどうやって決定すべきか。どのようなアプローチがよいと思うか。仲間にバーガーキングの経営陣役を演じてもらい、彼らに対して、あなたの推奨するアプローチが正しいことを説明せよ。

2. ある大手電力会社が夏の冷房に費やす1世帯当たりの平均電気料金を明らかにしたいと考えている。同社の経営陣は、質問調査（サーベイ）を行うべきであると考えている。そこで、あなたがコンサルタントに任命された。標本サイズの決定にどのような手順を推奨したいか。電力会社のCOO、CFO、CMO役となる3人の仲間の前で、このプロジェクトに関するプレゼンテーションを行え。

フィールド・ワーク

1. 地元のマーケティング・リサーチ会社を訪問して、最近行われた質問調査や実験でどのように標本サイズが決定されたかを調べ、その内容をレポートにまとめよ。

グループ・ディスカッション

1. 「標本サイズの決定には、質的要因よりも量的要因のほうが重要である」。この意見について、少人数のグループで討論せよ。
2. 信頼区間のアプローチの相対的な利点と欠点について、討論せよ。

付録 12.1

正規分布

この付録では、正規分布の概略と正規分布表の使い方について説明する。正規分布は標本サイズの算出に使われ、古典的な統計的推論の基礎となっている。多くの連続事象が正規分布に従っているか、近似的に従っている。同様に、正規分布は多くの離散型確率分布を近似させるのに使われている(注)。

正規分布には、いくつかの重要な理論上の性質がある。分布の型はつりがね型（欧米のベル型）で左右対称である。その中心の値を示す値（平均値、中央値、最頻値）はすべて等しい。

その確率変数の範囲は無限（$-\infty < x < +\infty$）である。

正規分布は、母平均μと母集団標準偏差σで定義される。μとσの組み合わせが無限にあるため、正規分布は無限に存在し、表は無限個に必要になるだろう。しかし、データを標準化すれば、統計表の付録の表2のような表が1つあれば十分である。どんな確率変数Xでも、次の式によって標準化された正規確率変数zに転換できる。

$$z = \frac{X - \mu}{\sigma}$$

確率変数zは、常に平均値0と標準偏差1で正規に分布していることに注意てほしい。正規確率表は一般に、①既知の値Xまたはzに対応する確率を計算する、②既知の確率に対応する値Xまたはzを見つける、という2つの目的のために使われる。それぞれの使い方を以下に説明する。

既知の値に対応する確率を計算する

例えば、図12 A.1 が、あるエンジニアリング会社の1年ごとの工事受注契約数の分布を表すとする。データには、会社の過去の実績全部がカバーされているため、図12 A.1は母集団を表していることになる。したがって、曲線の下部分の確率、すなわち面積の割合は、合計すると1.0になる。この会社のマーケティング担当バイス・プレジデントは、次年度の契約数が50から55の間になる確率を明らかにしたいと欲している。答えは、統計表の付録の表2を使って算出できる。

表2からは、標準化された正規曲線の下部分の標準化された平均値（0）から標準化された

図12 A.1　既知の値に対応する確率を計算する

面積は0.3413

$\mu-3\sigma$	$\mu-2\sigma$	$\mu-1\sigma$	μ	$\mu+1\sigma$	$\mu+2\sigma$	$\mu+3\sigma$	
35	40	45	50	55	60	65	（$\mu=50$、$\sigma=5$）
-5	-2	-1	0	$+1$	$+2$	$+3$	z値目盛

μと$\mu+1\sigma$の間の面積$=0.3413$
μと$\mu+2\sigma$の間の面積$=0.4772$
μと$\mu+3\sigma$の間の面積$=0.4986$

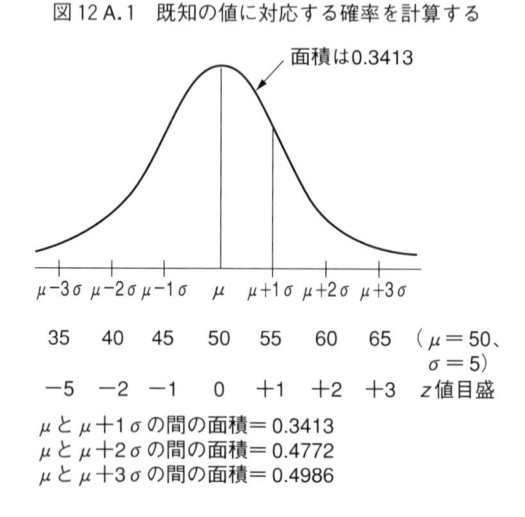

注）この教材は、マーク・L・ベレンソン、デイビッド・M・レビン、ティモシー・クレービール共著『Basic Business Statistics : Concepts and Applications』第8版（ニュー・ジャージー州エングルウッド・クリフス、プレンティス・ホール、2002年）より抜粋したものである。

関心のある値（z）までの確率、すなわち面積がわかる。表にはzがプラス値で入力された場合に限り記載されている。平均値ゼロの左右対称分布の場合、平均値から$+z$（すなわち、平均値を上回る標準偏差のz倍）までの面積は、平均値から$-z$（平均値を下回る標準偏差のz倍）までの面積と等しいからである。

契約数50と55の差異が、z値1.00に相当することに注意してほしい。表2を用いるためには、z値はすべて小数第2位まで表示しなければならない。確率、つまり平均値0から$z=1.00$までの曲線の下部分の面積を読むには、表2のzの列を上から下へ、当該z値（小数1位まで）の場所までたどっていく。これで、$z=1.0$の行で止まる。それから、z値が小数第2位まで表示されている列に当たるまで横へたどる。結局、表2では、$z=1.00$となる確率は、$z=1.0$の行と$z=1.00$の列の交差する場所になり、0.3413となる。図12A.1のとおり、その会社の次年度の受注契約数が50から55までの間になる確率は0.3413である。同様に、来年の受注契約数が45から55までの間になる確率は0.6826（2×0.3413）であると結論づけることができよう。

この結果は次のように一般化できる。すなわち、正規分布では、無作為に選択された項目が平均値の±1の範囲の標準偏差に収まる確率は0.6826になる。また、表2からは、無作為に選択された正規分布が平均値の±2の範囲の標準偏差になる確率が0.9544であり、これが平均値の±3の範囲の標準偏差になる確率は0.9973であることを確認することができる。

既知の確率に対応する値を見つける

マーケティング担当バイス・プレジデントがさらに、年間契約数の5%を受注するためには、何件の契約を受注しなければならないかを明らかにしたいと望んでいるとしよう。契約数の5%が取れていれば、残り95%がまだ受注できていないことになる。図12A.2に示すとおり、この95%は2つの部分に分けられる。平均値を上回る（50%）契約数と平均値から望ましいz値までの間（45%）の契約数である。標準化された平均値ゼロからこのzまでの正規分布曲線の下部分の面積が0.4500でなければならないため、望ましいz値は表2から導き出される。表2から、その面積、すなわち確率が0.4500となるzを探すのである。最も近似値となるのは、0.4495か0.4505である。0.4495の場合は、z値の行（1.6）とz値の列（0.04）に対応

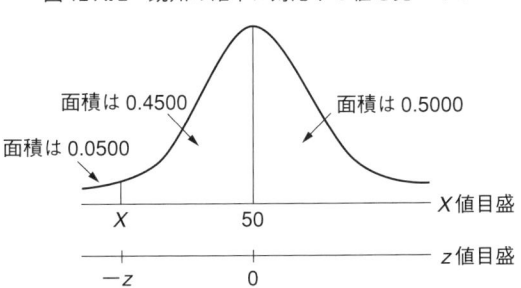

図12A.2　既知の確率に対応する値を見つける

図12 A.3　既知の確率に対応する確率を見つける：信頼区間

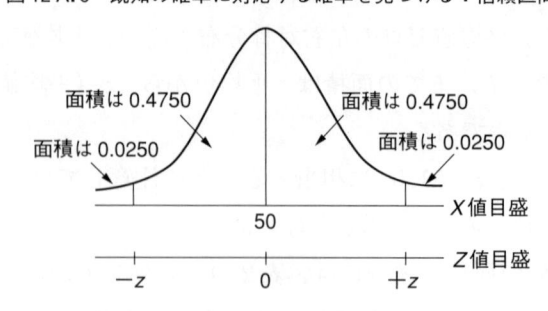

　面積は 0.4750　　面積は 0.4750
　面積は 0.0250　　面積は 0.0250
　　　　　　50　　　　　　X値目盛
　　　－z　　0　　＋z　　　Z値目盛

するz値は 1.64 であることがわかる。しかし、z値は標準化された平均値ゼロ未満であるため、マイナスとなるはずだ（つまり、$z=-1.64$）。同様に、0.4505 の範囲に対応するz値は-1.65である。0.4500 は、0.4495 と 0.4505 の中間にあるため、適切なz値は2つのz値の中間となり、-1.645と推定される。したがって、対応するX値は、次の標準化式で算出される。

$$X = \mu + z\sigma$$

または

$$X = 50 + (-1.645)5 = 41.775$$

　前述のバイス・プレジデントが、仮に、来年の契約数の 95% が予想される信頼区間を明らかにすることを望んでいるとしよう。図 12 A.3 で示されるように、対応するz値は、± 1.96である。この値は、$50\pm(1.96)5$、つまり 40.2 と 59.8 のX値に対応する。この範囲は、95% 信頼区間を表す。

第2部の事例

2.1 予報は晴れ。ザ・ウェザー・チャンネル！

　1982年、初の24時間気象専門ネットワークのザ・ウェザー・チャンネルが放送を開始した時、同社は立ちどころに嘲笑の的となった。「業界の多くの企業がわれわれを馬鹿にし、広告主になるのはレインコート会社か雨靴会社だけだろうと言いたげだった」と同社のCEO、マイケル・エカートは振り返る。広告収入の懸念もあったが、加えて、壁紙を眺める程度にしかおもしろ味のない、天気の話ばかりする番組にチャンネルを合わせる視聴者とはどんなタイプの人間かという疑問が湧き起こっていた。

　こうした疑問に対する回答は、現在までのところまったく意外なものばかりである。放送開始後20年余りの間に、同社は財力豊かな広告主からの支持を獲得した。その中にはビューイック、モトローラ、キャンベル・スープが含まれている。2003年にはザ・ウェザー・チャネルは米国の8,300万を超える世帯に到達し、ケーブルテレビ視聴世帯の95％を包含した。さらに、国境を越えて、ラテンアメリカでは「エル・カナル・デル・ティエンポ」という名前で820万世帯に到達している。

　ザ・ウェザー・チャンネルの戦略マーケティング担当バイス・プレジデントのスティーブン・クラップ氏は「かつては、視聴者自身、自分がザ・ウェザー・チャンネルを見ていることを認めたがらなかった時代があったかもしれない。だが今では、皆、視聴者であることを誇りに思っている。理由を突きとめることは難しいが、調査は、それ（視聴率が上がっていること）を示している」と言う。人気上昇につながった大きな出来事は、1995年春に始まったブランド構築への広範な努力であった。単に役に立つ情報として天気予報を視聴する人がいる一方で、天気予報の番組提示がブランドになる見込みがあると考える「天気予報に引き込まれた」視聴者、つまりきまって番組を見てくれる、ネットワークが到達したいと望む視聴者のセグメントが増えてきているのである。クラップ氏は「視聴者は、わが社の番組を高品質の天気予報、気象の専門家として頼りにしている。わが社としては、それをもう一歩進めて、視聴者と気持ちの上での結びつきを強める努力をしている」と語る。ブランディングの専門家、ヘイズ・ロス氏も、チャンネルをブランド化することによって視聴者や広告主とのつながりをより強くすることができると同意見である。同社の取り組みは、ネットワークの番組を改善することに始まり、ザ・ウェザー・チャンネルの名前を関連商品にまで拡大し、大キャンペーンを実施するまでに拡大した。

同社は、「地球上で最高のお天気番組」とうたったスローガンを掲げ、専門家による予報の提供を超えて視聴者の興味を釘付けにするための番組ラインを制作した。気象局のデータを分析するスタッフとして100人を超える気象予報士を用い、4,000カ所の地域の天気予報を用意している。地域ごとの天気予報は、このチャンネルの大黒柱であるが、新しくなった番組を開始してから、平均視聴時間を11分から約14分に伸ばす効果があり、熱狂的な視聴者のなかには1回数時間も見ている人もいた。これらの新番組は、同社の提供する気象情報の構成を拡大し、平均的な視聴者の関心を単なる気象から飛躍的に広げることにつながった。例えば、「スキーヤー予報」では、スキー場の滑走斜面が目立つようにしている。また、ナショナル・フットボール・リーグと提携して、試合当日の天気予報を準備している。最近、視聴者の気象への関心が高まっている中で、同社は竜巻を追う人々を描いた「ザ・チェイス」、また第二次世界大戦の重要な戦闘の決断における天候の役割に注目した1時間の「フォーカスト・フォー・ビクトリー」という特集番組を放送した。こういった特集番組は、単なる天気予報以上のもののためにチャネルに釘づけにされている確かな市場セグメントを確保している。

ブランドの認知度を一層高め、また、天気予報と最新の気象情報の正確さを可能な限り保つために、2001年、同社と米国海軍は気象情報を共有することで提携した。これにより、同社は天気予報と気象情報に役立てるために、海軍の高度な技術を利用できるようになった。さらに2002年1月から、USAトゥデイ紙の国内・国際版とUSAToday.comの天気予報を担当することになった。両社は2002年ソルトレークシティ冬季オリンピックの天気ニュースを、共同で報道したのである。

ザ・ウェザー・チャンネルは、テレビの体裁を越えてその境界を拡張した。30を上回るオンライン・サービス、250のラジオ局、人気の高い電話番号900番サービス、そして米国中64の新聞でそれぞれの注文に応じた気象番組が利用でき、そのすべてにザ・ウェザー・チャンネルのキャッチフレーズかロゴがつけられている。また、最近、同社は無線で携帯端末へ気象情報を流すサービスも開始した。このプロジェクトは、ベライゾン、AT&T、スプリント、パーム・パイロット各社との協力で実現したものである。ヘイズ・ロス氏によれば、「消費者がザ・ウェザー・チャンネルの名前を新聞で見つければ、それだけでブランド強化につながる」。このような合弁事業に加え気象を創造的な方法で、書籍、ホームビデオ、カレンダー、小学校向け教材、「気象のすべて」と題したCD-ROMなどに商品化した。実際、非常に反応の良かった通信販売のテストの後、同社をテーマにした商品のカタログ販売を開始した。製品ラインの拡大の中で最も人気が高いもののひとつは、ユーザーが自分だけの気象に関するページを作ることができる同社のホームページwww.weather.comである。サービス開始後わずか40分間で、1,000人のユーザーが自分用のページを作成していたほどである。

2000年の遅い時期に、Weather.comは外観、雰囲気、コンテンツの構成を一新しようとしてサイトを再出発させた。目標は、より大量の通信とコンテンツ処理に適応し、さらにデータベース機能を組み込むことを可能にすることであった。現在では、Weather.comは、一段と高

度に個人化された気象コンテンツを配信している。サイトの再出発は気象を適切に扱うという進行中のサイト戦略の一環である。それはまた、ライフスタイルのサイトとしてWeather.comそのものを位置付けることの持続でもある。Weather.comのデボラ・ウィルソン社長兼CEOは、さらに多くの視聴者を獲得するために、国ごとに特化したサイトを新設する予定であると述べた。現に同社は、英国、フランス、ドイツを標的とした新しいサイトが収益の増大をもたらすことを望んでおり、2001年後半と2002年にその立ち上げ作業にとりかかった。同社のサイト、Weather.comは、「契約購読ベースのサービスのポートフォリオ」を報じている。しかし、ウィルソン氏は、この事業の収益に及ぼす影響の見通しについては説明を差し控えた。

ウェブ・サイトそのものをライフスタイル志向に変換させる取り組みの中、2001年、Weather.comは4都市でテスト・マーケティングを行った。これは同社にとり初のオフライン広告である。テストの対象都市はヒューストン、ナッシュビル、フィラデルフィア、オハイオ州コロンバス。このキャンペーンの費用は、テスト都市での結果次第で、200万〜1,000万ドルかかると予想された。同社は他のメディアでも広告を探求してみる必要性を感じ、テレビ、ラジオ、アウトドア関連などさまざまなオフライン広告が含まれていた。さらに、ドライ・クリーニングの袋や飛行機内で出されるピーナッツの袋に広告を印刷するという型破りな方法も試した。伝統にとらわれないキャンペーンでは「パリのファッションを忘れて、アンカレッジのことを考えて」や「あなたには自分のドップラーがありますか」という特徴的なキャッチフレーズを掲げた。マーケティング担当バイス・プレジデントのアラン・カミンスキー氏は「今回のテスト・キャンペーンは、天気予報をより一層目立つ存在にするための強力な戦略の一部」と言う。

Weather.comのプロモーション・キャンペーンは同社の戦略全体に貢献したが、ブランディング専門家のヘイズ・ロス氏によれば、同社には、高い将来性が見込まれるにもかかわらず、いまだ克服すべき課題がいくつか残っていたという。「ブランド価値は非常に高いが、トースト（パン）のように退屈だ。放送によるブランド構築としては月並み。チャンネルを回していても、面白くないのですぐに他に変えてしまう」。同氏はWeather.comブランドはクールあるいは格好良いというイメージに欠けているとみている。また、同氏は「MTVのロゴが入った服を着ている人が多いのは、そのロゴが格好いいからだ。でも、ザ・ウェザー・チャンネルのロゴを服につけたいと思う人がいるだろうか」と疑問を投げかける。Weather.comは、一部に灰色の雲があるものの、快晴の部分も見える。多くの忠実な視聴者がおり、その点は他社の羨望の的である。さらに、Weather.comは彼らが語っていることを熟知しており、それは市場性ある商品である。気象というブランド商品の保有者となる大きな可能性、気象の公式ブランドとなる可能性がある。灰色の雲に注意しよう。それが晴れればザ・ウェザー・チャンネルの予報は晴れだ。

質　問

1. ザ・ウェザー・チャンネルのウェブ・サイト（www.weather.com）を訪れ、このサイトで利用できる情報の種類についてレポートを作成せよ。
2. 気象に関する情報が得られる他の情報源を明らかにせよ。
3. 消費者の気象関係情報に対するニーズを明らかにする定性リサーチの役割について論ぜよ。どのような定性リサーチの手法を使うべきか。
4. 気象関連情報に対する消費者の嗜好を決定する調査を実施するとしたら、あなたならどのようなインタビュー法を推奨するか。また、その理由も述べよ。
5. 気象関連情報に対する消費者の嗜好を決定する調査として観察法は使えるか。「使える」とすれば、あなたならどんな観察法を使うか。その理由も述べよ。

参考文献

「E-Business : The Weather Channel, Inc.」『インターネットウィーク』（877）（2001年9月10日号）: 48.

著者不明「The Weather Channel gets Navy Data」『ブロードキャスティング・アンド・ケーブル』131（25）（2001年6月11日号）: 67.

キム・マッケイボイ「Changing With the Weather.com.」『ブロードキャスティング・アンド・ケーブル』131（7）（2001年2月12日号）: 38-39.

キース・フレーマー「Eye of the Storm」『ブロードキャスティング・アンド・ケーブル』130（40）（2000年9月25日号）: 84-86.

2.2　最高のおもてなしができるのは誰か

　かつては伝統的に自己満足していたホテル業界だが、ホテル数の増加とそれに伴う客室稼働率の低下のため、そのサービスについて市場に学ばざるを得なくなった。2001年1,100億ドルの売上げを生み出したホテル業界では、すべてのチェーンは市場でより大きなシェアを獲得すべく引き続き囲い込みのための市場のセグメント化を試みている。おそらく、ホテル産業が直面している最も困難な問題は、顧客のロイヤルティが欠如していることであろう。ほとんどのホテルが同じような施設を提供しており、ほとんどの宿泊客はホテル間の違いを十分認識するほど何回も旅行をしていない。そこで、多くのホテル企業は、自社ホテルを複数のブランド、あるいは異った市場セグメントへの参入を通して差別化することにした。大手チェーンは、引き続き広範囲の市場に到達する手法を用いている。その理由は広範囲の市場の中のいくつかのセグメントを目標として獲得し、彼らのニーズに対し競合相手よりも良い対応をすることが将来の成功をもたらすと感じていることにある。1990年代にホテル・チェーンにとり一層重要度が増した顧客セグメントは、ビジネス客、シニア層、長期滞在者の3つである。

　高級ホテル・チェーンにとって、ビジネス客の重要性は見過ごされることはなかった。マー

ケティング・リサーチによると、高級ホテルの顧客の75％がビジネス客であった。したがって、ビジネス客を誘うためにいままでのやり方を変えてまで努力するチェーンが出現したのもうなずける。1990年前半、マリオットホテル（www.marriott.com）は、ビジネス客のニーズに合った部屋を提供し始めた。コートヤード・ホテルのコンセプトで、ビジネス客をターゲットにすることにより中位に価格付けられた市場に参入できると見込んだのである。ビジネス客のニーズによりよく応えられるよう、マリオットでは、2000年10月にホテルに高速インターネット接続の設備を設置し始めた。また同社では、長期滞在のビジネス客向けの部屋を運営するエグゼクステイ部門を擁している。この部門は、米国内に6,500もの家具付きのアパートメント・スタイルの部屋を運営している。さらに、マリオットホテルではビジネス客用に会議センターの設備を整えている。この会議センターは最新技術の視聴覚機器を備え、出張先での会議に利用できる。

　他方、ホリデーインなどの一部チェーンでは、企業間（B to B）マーケティングを直接試みている。ホリデーインは見本市、ダイレクト・マーケティング、そしてビジネス・セクターのメンバー企業に的を絞った伝統的なメディアを用いている。ホリデーインのブライアン・ラングトンCEOは「わが社のコーポレート・マーケティング予算の25％はB to Bに配分されている」と言う。ホリデーインは、部屋もビジネス客に便利なような造りにしている。1994年から1999年までの間に、ホリデーイン・チェーンは、ホテル改装に15億ドルを超える額を支出した。ホリデーイン・チェーンのオーナー企業であるシックス・コンチネンツ・ホテルズ（www.sixcontinentshotels.com）は、傘下のクラウン・プラザおよびエンバシー・スイート・チェーンを上級のビジネス客に提供するよう訴求し、コートヤード・ホテルと競争した。同社は、中級クラスのイメージを持つホテルにホリデーインの名前を使い、モーテル6、レッド・ルーフ、デイズ・イン、スーパー8、エコノ・ロッジなどのエコノミー・タイプのホテルと競合するホテルには、ホリデーイン・エキスプレスの名称を使った。しかしながら、ホリデーインは、それでもグループ内でのさまざまなブランド間の差別化に困難を経験し、そのことは特に2つ以上同社のホテルが同じ都市にある場合に著しかった。シックス・コンチネンツ・ホテルズは、顧客が滞在したホテルに戻ることを確保するために、同社が「世界初で最大マルチ・ブランド・ホテル・ロイヤルティ・プログラム」と呼ぶ「プライオリティ・クラブ・ワールドワイド」をスタートさせた。このクラブのメンバーになって、世界中に3,200あるシックス・コンチネンツ・ホテルズのいずれかに宿泊すると、特別なプロモーションとともにポイントを獲得できる。ポイントは無料宿泊、航空会社のマイレージポイント、ブランド名入り商品、休暇旅行パッケージと交換できる。2001年11月、ホリデーインは「ネクスト・ナイト・フリー」キャンペーンを実施した。このキャンペーン中、宿泊客は1泊するともう1泊、最高5泊まで無料になるチャンスが与えられた。このキャンペーンの目的は、休暇シーズンに長期間旅行者がホリデーインに滞在することを促進することであった。

　ハイアット・ホテル（www.hyatt.com）の調査によると、ビジネス客の58％が「部屋での

仕事により多くの時間を費やしている」、72％が「出張中、仕事の成果を示す圧力を感じている」と答えている。そこで、ハイアットは客室に事務所スタイルの便利さを供えた「ビジネス・プラン」プログラムのマーケティングを開始した。すなわち部屋では、部屋で無料市内電話、フリーダイヤル、クレジットカード電話が使え、24時間いつでもプリンター、コピー機、ファクスが利用できるようにした。またビジネス客には高速イーサネット通信やビデオ・コンファレンスなどの最先端技術も提供している。さらに、ビジネス客の出張中の宿泊滞在をより生産的なものにするために、無料朝食付きとした。2000年には、ハイアットは1-800-CHECKINシステムなどの、より速く、より効率的なチェックイン方法を他社に先駆けて開発した。このシステムを使って、宿泊客は米国、カナダ国内から電話でチェックインできるようになった。業界がこのような方向に向かう中、ホテル各社はホームページを開設して、オンラインにより予約ができるようにウェブ・サイトを特別につくり、そして、インターネット媒体向けの特別の広告を開発した。また、ビジネス客の仕事を超えたニーズにも応えられるよう試みている。ヒルトン・ホテルは、ビジネス客の約50％がなんらかの形で不眠症を訴えていることを知り、国立睡眠財団との提携で特別室を設計した。「熟睡ルーム」プロジェクトは「究極の睡眠環境」を提供し、次の特徴を主張している。最高級マットレス、人工羽毛の枕、疲れたビジネス客をスムーズに眠りに誘うCDプレーヤー付き音楽システム。出勤30分前にやさしく目覚めさせてくれる時計と特製ランプ。

　ホテル・チェーンが誘いかけているもう1つの市場セグメントは、シニア層である。ローパーASW社の調査によると、今後25年間に50歳を超える米国人の人口は4,730万人増加するという。米国に限ると、7秒に1人が50歳になっている。マーケティング・リサーチの結果、50歳を超える男女は、若い人たちよりも旅行する回数が多く、ホテル滞在日数が長く、2000年だけで見ると、旅行への支出は300億ドルを超えていた。チョイス・ホテルズは、1995年にこのセグメントのために設備・食事を適合させ、現在にいたるまで成功を持続している。セレクト・チョイス・チェーンは、全部屋数の10％をシニア・ルーム・パッケージとし、自宅と同様のくつろぎ感を提供できることが特徴となっている。この特別室では明るい照明、大きなプッシュボタンの電話機、テレビのリモコンが快適さを支え標準装備となっている。浴室は特に配慮が行き届いており、レバー式のドアの取っ手と手すりが特徴である。このような部屋が年間500万ドルの収益を生み出しているため、他のホテル・チェーンは、このセグメントを対象とした事業を調べている。ホテル・チェーンにとり重要性が加わっているシニア層へのケータリングの1つの形は生活の支援である。生活支援施設は、独立した生活と養護施設の中間に位置づけられ、食事や家事などの追加サービスを提供し、シニア層が望む生活ができるようにするものである。いくつかのチェーンがこのセグメントに進出している中でクラシック・レジデンス施設を運営するハイアットと、ブライトン・ガーデンズ施設を運営しているマリオットは、リーダーである。

　最も成長の速い長期滞在客の市場は、伝統的に一番軽視されている。2000年時点で、長期

滞在型市場は、ホテル市場全体の約30〜35％であった。長期滞在客とは5日間以上宿泊する客で、フロント・スタッフの24時間待機、キッチン設備など特別の便宜を求める者である。だが、残念なことにこのタイプの部屋の需要は供給をはるかに上回っている。2000年には、長期滞在用として供されたのは部屋数全体のわずか3〜5％、やっと10万室を上回る程度でしかなかった。

プライスウォーターハウス・クーパーズが2000年にエクステンデッド・ステイアメリカのために実施した調査では、およそ30万室新規供給に需要があることを示した。ホテル・チェーンは、こうした機会を見過ごしたことに気づき、これらの施設の開発、マーケティングに資源を投入し始めた。現在、マリオットのレジデンス・インがこの市場で優位を占めているが、このセグメントへの新規参入者は長期滞在者用客室についての広範囲な関心に便乗しようとしている。1997年、ホリデーインはこの市場向けに特別に設計した新規拡張ブランド、ステイブリッジ・スイーツを導入した。このスイートルームの特徴は、24時間利用可能なセルフサービス・ランドリー、24時間営業のコンビニエンス・ストア、高速インターネット接続、個人用電話番号、そして各スイートにボイスメール・ボックスがついていることである。2000年現在、ホリデーインは25の新築ホテルで成功しており、さらに建設中のホテルが25あった。ホリデーインのブランド拡張は成功したのである。

ホテルは、顧客市場をセグメント化し、顧客に魅力を感じさせるためにサービス強化に務めている。集客に成功するためには「最高のおもてなし」の姿勢が重要である。マーケティング・リサーチはこの業界で成功するための主要な担い手のひとつ、キー・ドライバーとなるであろう。

質　問

1. ホテル業界にとって、二次データの情報源となりうるのは何か。インターネットではどのようなタイプのデータが入手できるか。
2. ホテル業界は差別化の難しさに直面した。ホリデーインは、競合他社とどのように差別化ができるかについて、マーケティング・リサーチを開始しようとしている。あなたなら、どのような調査設計を推奨するか。
3. ホリデーインにとり、他社との差別化を進めるためのプログラムを開発するために必要な情報は何か。
4. 関連情報を入手するための調査票を設計せよ。
5. ホテルに対する消費者の変化するニーズと嗜好をモニタリングするには、どのような調査設計が適切か。
6. マリオットは、ホテル市場をセグメント化する最良の方法は何かを知りたがっている。あなたなら、どのような種類の調査設計を推奨するか。また、その理由も述べよ。

参考文献

エドワード・R・デローム「Hotel Industry Slowly Sees Light at the End of a Recession Tunnel」『リアル・エステート・ファイナンス・ジャーナル』17（3）（2000年冬号）：36～37.

ジュリー・フォースター・アンドリュー＆クリストファー・パルメリ「Making Hay While it Rains」『ビジネス・ウィーク』（2002年1月14日号）：32～33.

エリン・ブラウン「Heartbreak Hotel」『フォーチュン』144（11）（2001年11月26日号）：161～165.

ポール・デイビッドソン、ダグ・キャロル「Marriott Chief Says Travel Industry Is in Recession；Occupancy Rate Down, but It Has Risen Since Sept. 11」『USAトゥデイ』（2001年11月20日付）：B 10.

ダニエル・ノーシングトン、シェリダン・プラッソ「Holiday Inn Has Just the Ticket」『ビジネス・ウィーク』（3720）（2001年2月19日号）：16.

2.3　ハーシーにとってはキャンディは素晴しい商品だが

　戦いの火蓋が切って落とされた。2大キャンディ・メーカーのハーシーとマーズが年間730億ドルのキャンディ産業トップの座を争い、一騎打ちとなった。ハーシー（www.hersheys.com）は1970年代前半に王座を明け渡して以来、競争の舞台へ復帰するまでにかなりの時間を要した。しかし、1985年までにマーズとハーシーはキャンディ・バーで上位10位以内の製造業者に入り、2社合計で市場の70％を占めた。キャドバリーは約9％、ネスレはわずか6％だった。その後1988年に、ハーシーはキャドバリーを取得し、シェアはキャンディ市場の36％から44％へと飛躍した。キャドバリー・デーリー・ミルク・チョコレート、ピーター・ポール・マウンズ、アーモンド・ジョイ、ヨーク・ペパーミント・パティなどのブランドが加わったことで、ハーシーは、キャンディ市場の王座を奪還できたのである。

　1980年代後半から1990年代前半にかけて、ハーシーは、ハーシーズ・キシーズ・ウィズ・アーモンズ、ハッグズ、ハッグズ・ウィズ・アーモンズ、アメイジン・フルーツ・ガミー・ベアーズ、クッキーズン・ミント・チョコレート・バーなどの新製品を発売した。1994年、ハーシー・フード社は創業100周年を祝った。チョコレート以外の製品分野で強力な看板商品がなかった同社は、ジョリー・ランチャーやグッド・アンド・プレンティなどの売れ筋商品を持つリーフ・ノース・アメリカンのブランドを1996年に取得することによりこの問題に対処した。同じ1996年、ハーシーは低脂肪の製品ラインスイート・エスケープを発表し、1997年には1億ドルを超える売上げをもたらした。

　1999年には新物流システムの導入に問題があったが、2000年の売上高、市場シェアは回復、収益は増加し、数量面では1996年以来最良の年となった。2001会計年度には、総売上高は対前年同期比8％増の45億ドルとなった。2002年、ハーシーはマーケット・シェア30.3％でキャンディ市場の主位を確保していた。2番手のM&Mマーズの市場シェアは16.8％、3位の競争相手ネスレは6.3％だった。過去100年間のハーシーの意思決定は多岐にわたり、また収

表1 ハーシーの沿革

1895年	ハーシーズ・チョコレート・バー第1号を発売
1907年	ハーシーズ・キシーズを発売
1908年	ハーシーズ・ミルク・チョコレート・バー・ウィズ・アーモンドを発売
1911年	売上高500万ドル達成
1925年	チョコレート・バーの「ミスター・グッドバー」を発売
1938年	ザ・ハーシーズ・クレーケル・バーを発売
1939年	ハーシーズ・ミニチュアズを発売
1945年	ミルトン・ハーシー氏死去。享年88歳
1963年	リーシーズ・ピーナッツ・バター・カップのメーカー、リース・キャンディ社を買収
1966年	サン・ジョルジオ・マカロニ社を買収
1968年	ハーシー・チョコレート社、社名をハーシー・フード社に変更
1977年	トゥイズラーズやニブズなどの甘草や甘草タイプの製品メーカー、Y&Sキャンディーズ社を買収
1986年	製菓会社ディートリッヒ・コーポレーションズの買収により、ルーデンズとフィフス・アベニューのブランドを追加
1988年	ハーシー・フーズ社は、キャドバリーのアメリカ菓子部門ピーター・ポール社を買収。獲得したブランドは、ピーター・ポール・マウンズ、アーモンド・ジョイ・バーズ、ヨーク・ペパーミント・パティーズ
1990年	ハーシーズ・キシーズ・ウィズ・アーモンズを発売
1991年	チョコレート飲料製造のための、液体ミルク工場を買収
1992年	ハーシーズ・クッキーズン・ミント・バーとアメイジン・フルーツ・ガミー・バーを発売
1993年	ハーシーズ・ハッグズとハーシーズ・ハッグズ・ウィズ・アーモンズを発売
1994年	ハーシーズ・ナゲッツ・チョコレートとリーシーズ・ピーナッツ・バター・パフズのブランドのシリアルを発売
1996年	低脂肪チョコレートの製品ライン、スイート・エスケープスを発売。チョコレート以外の分野強化のため、リーフ・ノース・アメリカンのブランドを取得
1997年	リーシーズ・クランチー・クッキー・カップスを発売
1998年	リース・スティックスを発売
1999年	ハーシーズ・バイツを発売。フレーバーは、アーモンド・ジョイ、リーシーズ・ピーナッツバター・カップス、ハーシーズ・ミルク・チョコレート・ウィズ・アーモンズ、ハーシーズ・クッキーズ、クレームの各種
2000年	ナビスコのブレス・ミント事業とチューインガム事業を1億3,500万ドルで取得
2001年	ハーシーズ・バイツが2000年の新製品導入トップ10リストの第10位を確保

表2 チョコレート・ブランドのトップ10

順位	ブランド	市場シェア（%）
1	スニッカーズ	10.20
2	リーシーズ	9.33
3	M&Mピーナッツ	6.31
4	M&Mプレーン	5.26
5	キットカット	4.97
6	バターフィンガー	4.71
7	ハーシー・アーモンド	3.39
8	クランチ	3.33
9	ミルキー・ウェイ	3.25
10	ハーシー・ミルク	2.91

益をあげてきた（表1、2を参照）。

M&Mマーズとの競争においてハーシーを救った要因の1つに、同社のすぐれたマーケティング・リサーチ部門の存在があった。ハーシーの調査は、一般消費者がキャンディをぜいたく品、または自分本位の品と考えていることを示した。このような態度と信念のため、キャンディの売上高の70%は衝動買いによるものだった。1999年、ハーシーはキャンディ・バーの小型版で一口サイズのハーシー・バイツを発売した。2002年時点で、この一口サイズのキャンディには、最も評判の良い普通サイズのキャンディ・バー7種類のフレーバーが揃っていた。ハーシー・バイツは大成功を収め、無包装のキャンディ分野の売上げを33.4%伸ばした。消費者には、明らかに一口サイズ・キャンディの受け入れ素地ができていたのである。また、キャンディの消費者は気まぐれで、続けて同じキャンディを買うことはめったにない傾向にあった。

消費者の年齢も購買慣習に影響を及ぼすことが示された。マーケット・リサーチはまたハーシーに、人口の高齢化を知らせた。1970年代および1980年代初期には、13～20歳台後半の若者層が有力なグループであった。1990年代には有力グループは35～50歳の年齢層に移りつつあった。このため、キャンディ業界はベビーブーム世代の成人の関心を引くために製品の高級化をすすめる決定をした。2000年には、アメリカ人の年齢の中央値は40歳であった。全米菓子協会は、アメリカ人は年を重ねるにつれて、生活の中でもっと良いものを求める傾向にあると考えている。この良いものの中には、高級菓子が含まれている。消費パターンを多重クロス分析した結果、成人のキャンディ消費量は、増加し続けていることがわかった（表3）。つまり、成人市場が、うま味を増していることを証明したのである。

さらに、マーケット・シェアを獲得するために、ハーシーは大胆な製品革新者となる意思決定をした。例えば、リーシーズ・ナットレイジャス・キャンディは、1998年に「アクレイム」という名称で当初テストされた。残念なことに、ハーシーのマーケティング・スタッフが白紙に「アクレイム」とタイプ打ちされた名前を消費者に示し何を思い出すかと訊ねたところ、最も多く連想されたのはプリマス製のアクレイムという自動車であった。このことはマーケターが、新しい製品名を創り出す必要があることを示し、ナットレイジャスという名前がテストされた。この名前は製品の内容を完璧に表していた。1998年に発売されたリース・スティックスは、消費者に人気の3つの原材料を組み合わせたものである。すなわち、リーシーズ・ピ

表3　キャンディの年齢グループ別消費構成（%）

年齢グループ	1980年	1990年	2000年（推定）
0～17歳	46%	38%	33%
18～34歳	22%	23%	24%
35～45歳	20%	24%	26%
46歳以上	12%	15%	17%

ーナッツ・バター、クリスピー・ウェファー、ミルクチョコレートである。リース・スティックスは大成功であることが明らかとなり、発売当初の需要はハーシーの通常のパッケージ・タイプのキャンデの全生産能力を超えてしまうほどであった。より食欲旺盛な成人に訴えるために、ハーシーは2000年5月にキットカット・ビッグカットを発売した。従来の人気商品の大型版となるこの製品は、一区切りの幅が通常のキットカットの2倍、そして厚さが3倍もある。子供向けには、ハーシーズ・キャンディ・バー・ファクトリーという、キャンディを自分で作り出せる新製品を発売した。2000年6月に市場に投入されたこの製品は、子供が自分自身のユニークなチョコレート・キャンディを作る創造性と想像力を用いることができるものだった。

　ハーシーは、競合他社と同様、種々の理由から、甘味菓子はキャンディだけという訳ではないとの洞察のもとに、スナック菓子業界の傾向を見ていた。現在、一段と洗練された消費者は、何か甘いものを欲したときは、アイスクリーム・バーやクッキー、そしてチョコレートのかかったグラノラ・バーなどに目が行くようだ。1999年、ハーシーとブレイヤーズは提携し、2つの味のキャンディ・フレーバー・アイスクリームを発売した。アーモンド・チョコレート・アイスクリームと渦巻きにしたファッジを乗せたブレイヤーズ・ハーシーズ・ミルク・チョコレートと、ファッジの渦巻きを載せたブレイヤーズ・リーシーズ・ピーナッツ・バター・カップ・アイスクリームである。グラノラ市場については、その頃すでに、ニュー・トレイルという名前のグラノラ・バーで参入済みであった。また、キャンディ以外の製品、例えばベーキング・チョコレートとキャンディ、チョコレート・シロップ、チョコレート飲料、アイスクリーム用トッピング、ホット・ココア・ミックス、ピーナッツバターも製造している。また、トゥウィズラーズやニブズを製造していたY&Sキャンディーズ社の取得で、チョコレート・キャンディ以外の市場にも進出した。遊び心満点のトゥウィズラー・ブランドに改めて注目を集めるため、2001年春、新たにキャンペーンが展開された。コマーシャルは、30秒の生演技によるスポット広告で、15年前からのアニメCMとは違ったことを印象づける内容である。2000年6月に発売されたトゥウィズラーの新製品ツイストンフィル・キャンディ（TWIST–n–FILL）も、トゥウィズラーの遊び心を強調している。TWIST–n–FILLはフレーバーの組み合わせが可能で、スイカとチェリー、ラズベリーとトロピカルフルーツなど2つを組み合わせが入手できる。

　2000年後半にハーシーは、ナビスコのブレス・ミント事業とチューインガム事業を1億3,500万ドルで取得した。取得されたブランドには、アイス・ブレーカーズ、ブレス・セイバーズ・クール・ブラスツの強力ミント、ケア*フリー、スティック*フリー、バブル・ヤム、フルーツ・ストライプ・ガムが含まれる。また、ナビスコのプエルトリコにあるガム工場も取得した。ハーシーにとってキャンディは素晴らしい商品だが、キャンディ・バーだけでは最高の利益を上げられないのが厳しい現実である。

質　問

1. インターネットを検索して、キャンディ市場に関する情報をまとめよ。
2. キットカット・ビッグカットを発売まで導くことを可能としたと思われるマーケット・リサーチの種類について記述せよ。また、適切であったと思われるリサーチ設計の種類について論ぜよ。
3. キットカット・ビッグカットの目標となった消費者層を記述せよ。また、その層の嗜好、購入意思、行動、ライフスタイル、サイコグラフィックス、人口統計上の特性に関して、どのような情報を入手する必要があったか。
4. キャンディに関する嗜好、購買意思、ライフスタイル、態度、知識の測定に用いるべき尺度技法について論ぜよ。これらの各尺度から得られる情報の性質（名目、順序、間隔または比率）はどのようなものか。
5. この情報を得るために必要と思われる調査票の部分を設計せよ。
6. 設計した質問票を運用する最善の方法は何か。どのようなインタビュー方法、質問調査が使われるべきか。その理由も述べよ。
7. この調査に適切な標本抽出法を推奨せよ。標本サイズはどのように決定されるべきか。
8. いろいろな種類のキャンディ・バーに対する消費者の嗜好を明らかにするために、観察法は使えるか。もし使えるとすれば、あなたはどの観察法を採用するか。その理由も述べよ。

参考文献

ビル・サロン「Hershey Foods Tops Candy-Selling Rivals」『ナイト・リッダー・トリビューン・ビジネス・ニュース』（2002年1月19日付）：1.

ステファニー・トンプソン「Hershey to Increase Ad Budgets for Key Brands」『アドバタイジング・エイジ』（72）44（2001年10月29日付）：1、40.

著者不明「Rite Aid Names Hershey to Supplier of the Year List」『ドラッグ・ストア・ニュース』（23）15（2001年10月22日付）：26.

著者不明「Hershey's Bites Make IRI's Top New Products List」『キャンディ・インダストリー』2（2001年2月号）11.

著者不明「Hershey Takes On Nabisco Mint, Gum Business」『キャンディ・インダストリー』165（12）（2000年12月号）.

2.4 香りは甘く、競争は苦い

　成熟した芳香品（フラグランス）産業は、マーケティング戦争地帯となった。すべてのメーカーは一片のシェアのために戦っている。1970年代には、芳香品は高額支出商品の上位20位内にあった。だが、1990年代中頃までにその地位は上位50位まで低落した。その結果、メーカーは、消費者の関心を惹くために新製品の発売に大きく依存するようになり、古くからある

ブランドと同価格で出すこともあった。新製品導入数は 1980 年代初めの年当たり 20～25 種類から 1990 年中頃には 30～40 種にはね上がった。しかし、新製品を発売しても、売上本数の増加にはならなかった。1981 年以来、米国では女性用芳香品の総売上本数は約 34％ 転落している。

21 世紀に入り、芳香品産業は、価格競争の激化、価格の透明性、流通の根本的な変化という問題に引き続き直面している。2000 年の 7 カ国における芳香品市場は約 150 億ドルであった。市場は、有力なファッション動向に強く影響を受け、ブランド・ロイヤルティの低さに特徴づけられている。これらすべての要因が、芳香品産業の将来の成長見通しの低さにつながっている。しかし、芳香品メーカー間の競争は現在も続いている。芳香品メーカーは、自社ブランドを「ビンの中の夢」として描くことを試みなければならない。2001 年、芳香品メーカーは、自社の製品の「夢のような」品質を描こうと、合計 4,680 万ドルの広告費を支出した。

芳香品の広告で主要なテーマとなるのはセックスである。売上げが減少したのは、セックスが重要という観点が、何社かのメーカーが期待したほどには訴えるものがなかったことを示唆している。ロンドンに本拠地を置くマーケティング・リサーチ・コンサルタント会社、ユーロモニターの 2000 年の報告書によると、芳香品産業がユニセックス製品に力点を置いているにもかかわらず、市場はピークを打ち、より伝統的で、一方の性に特定した芳香品が再び流行りだしている。競争が熾烈なこの業界の特徴を背景に、一部のメーカーは新しい流通販路探索を余儀なくされた。その 1 つがドラッグストア市場である（表 1 参照）。百貨店の統合により、芳香品の流通販路の数は減少した。マーケティング・リサーチによると、ドラッグストアの客は、メークアップ化粧品や芳香品など、薬以外の商品を以前より多く買っている。芳香品の売上金額に占める薬局とドラッグストアのシェアは、2000 年には 47％ であった。しかし、この割合は、食料品チェーンとの競合が激化するために低下すると予想される。30～60 歳の消費者は、より若い世代と比較すると、薬の処方のためにドラッグストアに行く頻度が高かった。小さな子供のいる 20 代や 30 代の女性も頻繁にドラッグストアを利用している。芳香品を買う

表 1　ドラッグストアでの販売

高級芳香品の中で上位を占めるブランド
- カルバン・クライン
- イヴ・サン・ローラン
- エステー・ローダー
- シャネル
- ヒューゴ・ボス
- クリスチャン・ディオール

普及品の中で上位を占めるブランド
- リンクス
- ジレット・シリーズ
- コティ
- イヴ・ロシェ
- レブロン
- オールド・スパイス

表2　主要ブランドのマーケットシェア（2000年、%）

1. LVMH　モエ・ヘネシー・ルイ・ヴィトン	8.2
2. ロレアル	7.6
3. エステー・ローダー	7.0
4. ユニリーバ・グループ	6.5
5. エイボン・プロダクツ	5.8
6. コティ	4.7

　顧客の8～9%を占めている25歳未満の女性は、百貨店よりもドラッグストアで芳香品を買うことを好んだ。一方、高収入で自由裁量購買力のある45歳以上の女性の芳香品購買額は33%を占めた。この層の女性が芳香品を買うのは、百貨店が一般的であった。総売上高の伸び率が、百貨店やディスカウント店の2倍の勢いであるため、衣料専門店も注目を集めている。ドラッグストアやディスカウント店に芳香品の販路を広げたことにより、より多くの価格に敏感な消費者にとって高級芳香品が入手しやすくなった。しかし、それは同時に高級芳香品のイメージを低下させることにつながった。さまざまなタイプの小売店で多くのブランドが入手できるようになったため、限られた数の店で高い値段でしか販売されていないブランドとの隔たりが生じた。表2は、主要ブランドのマーケット・シェアを示したものである。

　マイノリティもまた、もう1つの可能性のある市場セグメントであった。黒人、スペイン系、アジア系アメリカ人の芳香品への支出は、それ以外の人々よりもはるかに速く成長すると予想されている。米国における芳香品市場が衰退しているため、マーケターはラテンアメリカ諸国のような新しい市場への進出を選択した。ラテンアメリカ諸国ではグローバル経済への統合が続いており、また、ラテン文化の高まりが世界中に広がりを見せているため、マーケターはこれらの国には今後大きな成長の機会があるであろうと考えた。こうした態度は、ペルー、ベネズエラ、アルゼンチン、チリで達成された市場全体の成功により引き起こされた。データモニター社は、インフレ率の低下、民営化の規模拡大、二国間通商協定や包括的協定による既存の通商制限の緩和を通じて、ラテンアメリカ諸国は引き続き経済状態が改善し、将来は芳香品の大きな市場になると予想した。その上に、男性向けセグメントが今後、有力な市場になるとみられている。1990年代が女性の肯定的イメージを開発する時代であったので、次の10年間は男性の肯定的イメージを開発する時代になると考えられている。2000年の女性用芳香品の売上高は、4億7,800万ドルであった。2003年の男性用芳香品の市場規模は、女性市場のおよそ半分であった。男性向けのライフスタイル誌やファッション雑誌が初めて出版された頃、男性用芳香品の使用は増加したが、その市場規模は、1999～2000年にかけてわずか1.3%しか伸びなかった。約30%の男性がギフトとしてコロン、アフターシェーブ・ローション、芳香品を贈られているものの、自分で芳香品を買うときには男性の39%が特定のブランドにこだわると答えている。その上36%の男性が、常に身につける芳香品のブランドを決めていると答

えている。香水メーカーが見過ごすことのできないもう1つのセグメントは、シルバー世代のアメリカ人である。2003年までに、人口の3分の1以上が50歳を超えていた。

2003年、芳香品業界ではeコマースが、既存のブランドおよびそれ以外の方法では手に入らない新規ブランドにとって非常に有望な利益率の高いビジネスとなった。専門家らは、芳香品マーケターに、ブランド認知度を高めるためにeコマースを結び付けることを示唆している。しかし、芳香品マーケターは、インターネットの興隆が価格の透明性を高め、消費者が最も有利な価格を求めてさまざまなホームページを訪れることが可能になっていることを認識しなければならない。

また、マーケターはマーケティング・リサーチの重要性が増していることを学ばなければならない。成功へのカギは、市場とは何かを定義し、消費者の嗜好を真に理解し、期待に合致したブランドを創造し、こうしたブランドの特質を消費者に伝達することである。人気のトレンドを見極める以上に、ブランド・イメージを芳香品にマッチさせることが重要である。たとえ最高の芳香品でも、ブランドの特性に合った認識がなされなければ、売れないだろう。製品がイメージに合っているかどうかを確認するために行われている消費者テストは、業界にとって、一段と重要性を増してきている。

NPDグループの調査から、女性は、誰かに買ってもらうのを待つのではなく自分で芳香品を買うことが判明した。芳香品を使う女性の49％は、過去1年以内に自分で使うために3本以上買ったという。同様に、香水ギフトセットの売上げが一時的に伸びた時期があったが、これは女性が自分で使うためにこのギフトセットを買ったことが大きな原因であった。こうした購買によって、「芳香品をつける女性の大部分は6本以上持っている」という。2002年に実施された調査では、有名ブランドであることがますます重要になっていることが明らかになった。このことを裏づけるように、芳香品を使う人の63％が、デザイナーや有名人の名前がブランドを決める要因となっていることを認めている。この傾向は「有名な香水により忠実に」とどまっている高年齢層よりも、15～34歳の女性ではっきりしている」

現代の消費者のライフスタイルは多様で、芳香品マーケターの目標はこれらの多様なニーズに応えることである。重要なトレンドの1つは、心のやすらぎとストレスの軽減を自己の価値観に従って追求することへの消費者の関心である。1990年代初期に流行した強い香りから、2000年以降には、よりさわやかで軽い香りへの際立った動きがある。バニラ、チョコレート、コーヒーなどの心安らぐ家庭用芳香剤も人気上昇中である。健康志向のライフスタイルは今でも人気のトレンドであり、健康と活力を表す花やフルーツの香りも人気がある。大手芳香品の供給者であるクエスト社は、自然の香りをとらえて、さわやかなボディ用芳香品に変える最新技術を用いている。一方、消費者の方は、夜の魅惑的なドレスアップへの関心を復活させている。こういったさまざまなライフスタイルの希望に添うために、消費者は特別な日や夜の装いや気持に対応できる芳香品を求めている。優雅な豪華さも備えた上品な態度を提供できるブランド、人気あるイメージをうまく伝えることができるブランドが利益を生むのである。マーケ

ターが、新たなミレニアムに売上げを復活させ、成功という甘い香りで競争の苦い味を覆い隠すことを望むならば、それは彼等が消費者の期待に応えるか否かにかかっている。

質　問

1. 芳香品産業の二次データの情報源となる可能性のあるものを確認せよ。そのうち、インターネット上に見いだせるのはどの情報源か。またその際、どのようにインターネット検索を行うべきかを説明せよ。
2. 新しい芳香品への需要の有無を明らかにするために、芳香品メーカーが実施できるマーケット・リサーチの種類について論ぜよ。
3. 新しい芳香品のターゲットとなる消費者が決まった後に、その消費者の態度、選好、意思、行動、動機、サイコグラフィクス、人口統計特性に関し、どのような情報が必要か。
4. 上記で必要な情報を収集するために、あなたはどの技法を推奨するか説明せよ。
5. 上記で明らかとなった情報を手に入れるための適切な尺度を設計せよ。
6. 新しい芳香品に対する需要評価のためのマーケティング・リサーチ・プロジェクトについて、若手アナリストが添付の調査票（別紙1）を作成した。この調査票のできばえはどうか。不備がある場合、どのように改善すればよいか。

参考文献

ピーター・ランドー「Euromonitor Finds That Unisex Fragrance Are Losing Appeal」『ケミカル・マーケット・リポーター』257（10）（2000年3月6日付）：31.

マーク・ドリバー「Taking Fragrant Matters Into Their Own Hands」『アドウィーク』41（50）（2000年12月11日号）：61.

ビル・シュミット「Making Scents of Demand and Technology Trends」『ケミカル・ウィーク』（163）43（2001年11月21～28日号）：36.

クレン・コーザー「Retail Scents」『グローバル・コスメティック・インダストリー』（169）6（2001年11月号）50.

著者不明「Message in a Bottle」『ケミスト＆ドラッギスト』（2001年10月13日号）40.

テイラー・ネルソン・ソフレ「www.tnsofres.com.」2001年7月29日、ドラッグストアのトップ・ブランド.

別紙1　新芳香品調査

次の調査の質問に対する回答をできるだけ正確にご記入ください。

第1部

1. あなたの性別は？
　　＿＿＿男性
　　＿＿＿女性
2. あなたはどの年齢グループですか？
　　＿＿＿18～24歳
　　＿＿＿25～29歳
　　＿＿＿30～34歳

_____35～44歳
　　　　_____45歳以上
　3．どの所得のカテゴリーにあなたは当てはまりますか？
　　　　_____0～15,000ドル
　　　　_____15,000～25,000ドル
　　　　_____25,000～35,000ドル
　　　　_____35,000～45,000ドル
　　　　_____45,000ドル以上
　4．あたなの婚姻状況は？
　　　　_____既婚
　　　　_____独身
　5．既婚の場合、何人の子供をお持ちですか？
　　　　_____1人
　　　　_____2人
　　　　_____3人
　　　　_____4人以上
　6．どれくらいの頻度でショッピング・モールに行きますか？
　　　　_____週1回（またはそれ以上）
　　　　_____月1回
　　　　_____6カ月に1回
　　　　_____年に1回
　7．百貨店で買物をするとしたら、次のどの百貨店にたびたび行きますか？
　　　　_____ターゲット
　　　　_____J.C.ペニー
　　　　_____シアーズ
　　　　_____サックス・フィフス・アベニュー／ニーマン・マーカス

第2部
　8．私は普段、私の芳香品を百貨店で買う。

1	2	3	4	5
強く同意する	同意する	わからない	同意しない	強く同意しない

　9．私は普段、私の芳香品をドラッグストアで買う。

1	2	3	4	5
強く同意する	同意する	わからない	同意しない	強く同意しない

　10．私は芳香品を1つのブランドに限り買う。

1	2	3	4	5
強く同意する	同意する	わからない	同意しない	強く同意しない

　11．百貨店の芳香品は高くてもそれだけの価値がある。

1	2	3	4	5
強く同意する	同意する	わからない	同意しない	強く同意しない

　12．無料のギフトパッケージは、芳香品を買うときの決定的な誘因となる。

1	2	3	4	5
強く同意する	同意する	わからない	同意しない	強く同意しない

　13．有名人による芳香品支持はその製品を一層魅力あるものとする。

1	2	3	4	5
強く同意する	同意する	わからない	同意しない	強く同意しない

　14．有名人が支持している芳香品は、高品質だ。

1	2	3	4	5
強く同意する	同意する	わからない	同意しない	強く同意しない

15. 新しい芳香品に関心がある。
1	2	3	4	5
強く同意する	同意する	わからない	同意しない	強く同意しない

16. 新しい芳香品が出るとよく試してみる。
1	2	3	4	5
強く同意する	同意する	わからない	同意しない	強く同意しない

第3部

17. あなたはどれくらいの頻度で芳香品を買いますか。
   _____
   _____

18. あなたの好きな芳香品はどれですか。
   _____
   _____

19. あなたが芳香品に求めるのはどのような品質ですか。
   _____
   _____

20. あなたは現在、市場に出ている芳香品に満足していますか。
   _____
   _____

貴重な時間をありがとうございました。あなたのご支援は、私どもがあなたの芳香品ご希望に一段と沿う上で助けとなります。

2.5 スーパーボウルの広告は超（スーパー）効果的か？

　約1億4,000万人のアメリカ人と世界全体で7億人の視聴者がスーパーボウル・サンデーにチャンネルを合わせ、このイベントはホームエンターテインメントの最大行事の1つとなっている。スーパーボウルの番組中の広告時間は限られており、プレミアム価格がつけられている。このゴールデンアワーにスポット広告を出すための戦いは、実際の放送日の数カ月前から始まる。1993年の30秒間のスポット広告料は85万ドルもの高値であったが、それがさらに1997年になると、同じ30秒で120万ドルまでに跳ね上がった。翌1998年は130万ドル、そして2000年には平均220万ドルと史上最高値を記録している。ちなみに同年には、現在は倒産したり、あるいは厳しい経営を強いられているドット・コム企業が、スーパーボウルの広告枠の40％を購入した。2001年の第35回スーパーボウルのスポット広告料は、約210万ドルであった。

　2002年、第36回スーパーボウルの放送にあたり、フォックス・ネットワークが合計30分間で60本のスポット・コマーシャル枠を売り出した。1回30秒のスポットの平均広告料金は200万ドルを切り、190万ドルであった。第36回スーパーボウルでコマーシャルを流した企業は、30秒スポットを10回流したアンホイザー・ブッシュ、ブリットニー・スピアーズ主演の90秒のコマーシャルを1回放送したペプシコ、Eトレード、M&Mマーズ、AT&Tワイヤレス、リーバイ・ストラウス、ヤフー、VISA、ファスト・フード・チェーンのクィズノ、タコベル、

サブウェイなどであった。

　フォックスは、ほとんどすべての広告スポットを売り切ったのだが、最終の広告枠だけは試合前の木曜日まで売れなかった。販売が鈍ったのと2002年の広告料が安くなったのには、いくつか理由がある。第1の理由は、マーケターが「最近の記憶のなかで、最悪の広告不況」に直面していたことである。このため、各社は広告予算の使い途を注意深く監視し、多くの会社が資金を別のどこかで使う方が良いであろうと決定した。多くの企業が、もっと手頃な値段のゴールデンタイムの他のイベントに広告を出すことを選択した。2002年には、夕方のニュース時間における30秒スポット広告の平均料金は、4万5,900ドルであった。ゴールデン・グローブ賞授与式（30秒スポットの推定料金は4万5,000ドル）、グラミー賞授与式（30秒スポットの推定料金は5万7,000ドル）、アカデミー賞授与式（30秒スポットの推定料金は160万ドル）などのイベント番組でさえ、企業に一段と低い広告料金をオファーしていた。しかしながら、これらのイベントは、スーパーボウルほどに多くの視聴者を惹きつけることはない。第2の理由は、NFL（プロ・フットボール・リーグ）が初めて、スーパーボウル前の金曜の夜にプレ・ゲーム・ショーのスポンサーとなったことである。AOLタイム・ワーナー、フィリップ・モリス、ミラー・ブリューイング、モトローラなど一部の企業は、「テレビで最も高額なコマーシャル料金」を払うのをやめ、プレ・ゲーム・ショーに安い料金で広告を流すことにしたのである。さらに、広告料の引き下げとスーパーボウルの広告時間に対する企業の関心が薄れた第3の理由は、2002年冬季オリンピックとの競合であった。オリンピックは、スーパーボウルのわずか5日後に開会式を迎え、広告主は17日間にわたるオリンピックの間の広告時間を買うことができた。オリンピック期間中のゴールデンタイムの30秒スポット広告料は平均60万ドルにすぎず、スーパーボウルに比べると格安であった。

　スーパーボウルでの広告は、費用に見合うだけの値打があるであろうか。前年までのスーパーボウルで広告を出した多くの広告主の答えは、全くの「ノー」である。日産、ポルシェ、フィラ、MCIはゲームの期間中に広告を出すチャンスを見送った。マーケティング・コンサルタントのジャック・トラウト氏によると、広告料の高騰でスーパーボウルの広告時間を買うことを正当化するのが困難になってきたという。日産のマーケティング責任者ブラッド・ブラッドショー氏は、ゲームで広告する意図があったが、自動車の販売には資源をもっと他へ回して使う方が良いという結論に達した、と述べている。

　費用の要因に加えて、多くの人が、広告が視聴者に与える実際の効果を疑問視している。広告の目的は、消費者間で特定のブランドの認知度を上げることにある。しかし、スーパーボウルでの広告の場合、視聴者の注意を惹くコマーシャル自体が第一の目的で、ブランド名は二の次であることが多い。スーパーボウルでの広告は広告そのものがイベントになってしまい、各企業はコマーシャル自体が話題になる、あっと驚くような作品を出そうとする。アップル・コンピュータの有名な広告「1984年」以来、企業は前年の広告を上回る作品を制作しようと努めている。広告代理店とクライアントは、本来の広告の目的に沿ったものではなく、むしろ

製品の購買に結びつかない大方の注目を集めて人々の意表をつくための意外な広告を作ろうと努力しているように見受けられる。多くの広告主が投入した広告費は、消費者の心に長期にわたり保持されるブランド・イメージを築き上げる代わりに、スーパーボールの週限りで使い捨てられる話題を提供するだけになる可能性があり、信じられないような素晴らしいコマーシャルにもかかわらず、果してブランド名が消費者の心に保持されるか疑問である。スーパーボウルの広告の効果およびその消費者に与える心理的影響について新たにマーケティング・リサーチを実施しないのであれば、多くの広告主は、スーパーボウルの広告時間の購入を避けて世界最大数のテレビ視聴者を諦めるほうが好都合かもしれない。

　ピュリーナ社のキャット・フードなど一部の広告主は、若干異なったアプローチをとっている。すなわち、スーパーボウルが終わった直後のショーの放映時間を購入した。これらの広告主は、スーパーボウルの広告料の6分の1で放映時間を購入したが、その時間にはまだスーパーボールの視聴者の約40%がチャンネルを切らずに見続けていると信じている。広告投資で最も得をしたのはどちらの広告主であろうか。スーパーボウル2002の最中に広告を放送したM&Mマーズか、ゲーム終了後の番組で広告を流したピュリーナのキャット・フードか。スーパーボウルでの広告の効果を測定するための組織的なマーケティング・リサーチが実施されなければ、このような質問に対し回答を回避することとなる。スーパーボウルでの広告が「スーパー」効果的かどうかについては、今後の立証を待たなければならない。

質　問

1. M&Mマーズが行ったスーパーボウルでの広告の効果を測定するために、あなたはどのような調査設計を推奨するか。
2. 上記の調査設計に世帯調査が含まれる場合、あなたはどの調査手法を推奨するか。その理由も述べよ。
3. あなたは、その調査にどのような測定方法と尺度を使うか。
4. M&Mマーズが行ったスーパーボウルでの広告の効果を測定するために、観察法は使えるか。使えるとしたら、どの観察法を推奨するか。その理由も明示せよ。
5. 本書で述べられたシンジケート・サービスのうち、どのサービスから、この調査に役立つ情報が提供できるか。

参考文献

「Super Bowl Ads Sold Out」『CNNマネー』（2002年2月1日付）money.cnn.com/2002/02/01/news/wires/super-bowl_ads_ap/

ヴァネッサ・オコネル、ジョー・フリント「Super Bowl Gets Competition」『ザ・ウォール・ストリート・ジャーナル』（2002年1月28日付）：B1

「Super Bowl Veteran Scrambling to Score」『ザ・ウォール・ストリート・ジャーナル』（2001年1月19日付）：B5

ビデオによる事例

2.1 スターバックス：マーケティング・リサーチの助けを得て、世界に進出する一方で現地にとどまる

　スターバックス社は、高品質のコーヒー豆を仕入・販売をするとともに、主に直営コーヒーショップを通して挽きたての薫り高いコーヒー、イタリアン・スタイルのエスプレッソ、ブレンドしたコールド・ドリンク、さまざまなペーストリーや砂糖菓子、コーヒー関連の付属品や備品、いろいろな種類の高級紅茶、一連のCDなどの販売を行っている。直営店経由の販売に加え、同社は他の流通経路を通じて、コーヒーおよび紅茶の製品を販売しており、それには同社の業務提携部門や特製品業務店（以下、合わせて「特製品業務店」という）が含まれる。また、合弁会社を通じてボトル入りフラペチーノ（シェイクのような冷たい飲み物）や高級なアイスクリームの数々を製造販売している。

　過去20年にわたりスターバックスは、コーヒー産業を再生させてきた。スターバックス誕生を支えたインスピレーションはCEOハワード・シュルツがイタリアを訪問した時に育まれた。彼はイタリアのコーヒーショップの雰囲気に注目し、その経験を米国で再現したいと考えた。

　同社の目標は、スターバックスを世界で最も良く知られ、立派なブランドとして確立させることである。この目標は、直営コーヒーショップの数を急速に増やし続け、特製品業務の売上げやその他の事業部門を伸ばすことにより達成できると同社では予想している。また、マーケティング・リサーチにより明確にされる、消費者ニーズに合う新製品、新販売チャネルを通じて、スターバックス・ブランドを挺子として利用する機会を引き続き追求していくことにしている。

　スターバックスは、近年目覚しい成長を遂げた。2001年の総売上高は、前年比31%増の30億ドルに達した。増収分の大半は、2001年中に新規開店した1,208店舗の売上高に因るものである。新規店舗の立地は、マーケティング・リサーチに基づいて決定される。純売上高の約84%は直営店の売上げによっている。特製品業務の売上高は、残りに当たる16%を占める。現在、コーヒーショップで販売されるコーヒー全製品の3分の1が、会社所有の店またはスターバックスのライセンス店で売られている。これは、米国全体のコーヒーショップの26.5%にあたる（北米全域に4,247店）。

　同社が、大きな成長目標を達成するにあたっての主要課題は、広くアメリカ人に訴える一方

で、ヨーロッパのコーヒーショップ文化のエッセンスをとらえることであった。マーケティング・リサーチが、スターバックス・ブランドを表現する４つの戦略的大黒柱すなわちコーヒー、コーヒー関連製品、環境、経験を決定した。コーヒーとコーヒー関連製品はもちろん重要な柱だが、実は、同社の成功のカギとなったのは後者の２つである。暖かくもてなす環境が設計され、コミュニティや地域文化の一部にひたっている経験を提供した。スターバックスのカルチャーというものを強調したことで、成功の達成につながった。

マーケティング・リサーチは、スターバックスが地域社会とつながりを持ちつづけることが重要であることを示していた。広範囲に店舗が拡大した現在、同社にとって地域社会とのつながりが弱まるのが最大の懸念である。ブランドの質を維持するためには、店舗間の整合性を保つことが重要であったし、現在もそれは同じである。同社は、各店舗において従業員と密接なつながりを保つことによってそれを実現している。転じてこうした従業員は、顧客とのつながりを保とうと努力している。地元従業員との関係を維持するために、同社は彼らをパートナーとして待遇し、会社にとってなくてはならない存在であることを自覚させている。実際、彼らはそういう存在なのである。

スターバックスは、経験と文化をマーケティングの主要ソースとして使っている。従業員は経験を仕事に生かし、それをスターバックスのカルチャーに加えていく存在であるため、彼らの能力を開発訓練し、また彼らを優しく扱うことは非常に重要である。同社は、従来のマーケティング手法が行ってきた以上に、従業員の開発に多額の費用を投入している。したがって、同社の戦略は口コミで成長することであり、それは極めて成功したことが証明されている。また、広範囲にわたってマーケティング・リサーチを実施し、顧客からアイデアを聞きだしてもいる。提供している製品やサービスの多くは、顧客や地元従業員からの示唆がそのまま反映されたものである。

コーヒーハウスでブランド構築に成功した結果、スターバックスはもう１つの重要な市場へ入り込むことに成功した。ACニールセンのシンジケート・リサーチデータによると、米国ではコーヒーの３分の２が食料品店で販売されており、スターバックスはこの旨味のある市場に参入できたのである。さらに、収益拡大を目指して他業種とのパートナーシップも用いている。

スターバックスは目標達成に絶大の成功を収めた。地球規模で大きく成長しているにもかかわらず、地元の感覚を維持することに成功している。さらに驚くべきことは、大々的なマーケティング・キャンペーンを行わず、また同社を特別な存在に育て上げる技術的な要素があったわけでもないのに、この成功がもたらされたことである。同社は、マーケティング・リサーチを通して、文化を強調し、従業員と顧客を重視する戦略をとったのである。

質問

1. インターネットにより、米国のコーヒー消費に関する二次情報源を探せ。
2. 消費者はコーヒーショップでの経験に何を求めているか。そして顧客はスターバックスの

コーヒーショップでの経験をどう考えているか。スターバックスはこれらの質問に対する回答をどのように明らかにすることができるかを考察せよ。

3. コーヒー飲みがスターバックスおよび他のコーヒーショップ・チェーンに対して持っているイメージを明らかにするために質問調査を実施することとなった、どの調査手法を使用するべきか。また、その理由も述べよ。
4. スターバックスは、香り高い新しいグルメ・コーヒーを発売することを考えている。全国発売に先立ってこのコーヒーに対する消費者の反応を明らかにするために、観察法を使うことは可能か。可能である場合、どの観察法を使うべきか。
5. スターバックスのイメージを測定するのに適切な尺度はどのような種類のものか。そうした尺度を設計せよ。
6. 質問3の質問調査を実施するための、標本抽出計画を設計せよ。

参考文献

www.starbucks.com

ロバート・V・コージネッツ「The Field Behind the Screen: Using Netnography for Marketing Research in On-line Communities」『ジャーナル・オブ・マーケティング・リサーチ』(2002年冬号):61

ダイナ・エルボダディ「Dina ElBoghdady,"Pouring It On; The Starbucks Strategy? Locations, Locations, Locations」『ザ・ワシントン・ポスト』(2002年8月25日付):H01

テリー・プリスティン「Veni, Venti, Grande; Starbucks Strikes Deep in a Wary Land of Pushcarts and Delis」『ザ・ニューヨーク・タイムズ』(2002年4月29日付):B1

2.2 ナイキ：アスリート、業績、ブランドを結びつける

ナイキ社は、スポーツ・シューズ、ウェア、スポーツ用品、アクセサリー製品のデザイン、開発、販売を行っている。ナイキは、競技用スポーツ・シューズと競技用ウェアで、全世界の30％のマーケット・シェアを保持する世界最大の売り手である。その製品を米国内では約1万7,000の小売取引先、世界中では約140カ国で販売している。ナイキは1963年の売上高8,000ドル企業から、2002年には99億ドルへと成長を遂げた。

2002年、ナイキは広告、エンドースメント（有名アスリートによる推奨広告）、販売促進活動に約13億ドルもの多額の資金を使った。こうした資金が適正に使われていることを確かめるために、同社はマーケティング・リサーチを頼みにしている。それはナイキのマーケティングにおける革新とインスピレーションの歴史、そして同社が消費者とスポーツの世界への適合が迅速であったことを示している。同社は、将来の成長の芽がどこにあるかを理解するためにマーケティング・リサーチを利用してきた。最近の例としては、伝統的なスポーツ（バスケットボールや陸上競技）から、従来同社がそれほど強くなかった他のスポーツ（ゴルフやサッカー）へとマーケティング活動の重点を変更したことが挙げられる。マーケティング・リサーチ

の結果、サッカーやゴルフの選手の間では、ナイキの知名度が低いことが判明したため、同社はこの分野での知名度向上に向けて力を注ぐことにした。ナイキが強力な分野でライセンスに必要な資金を、ブランドが認知されていない他のスポーツ分野に使用した方がよいとの意思決定を下した。

　現在、ナイキの「スウーシュ」ロゴは、世界中に認められている。これは、40年間にわたる努力と技術革新の成果である。同社は、1973年にアスリートたちと自社のシューズを履いてもらう契約を最初に交わした。同社は早くから、アスリートと自社製品を結びつけることの重要性を真に理解していた。アスリートとのパートナーシップは、彼らの優秀さをブランド認識に関連づけるのに役立つ。ナイキは、マーケティング・リサーチにより、マス・マーケットが少数のトップ・アスリートの嗜好に影響されるというピラミッド型の影響を発見した。この効果を理解して以後、有名アスリートのエンドースメントに何百万ドルもの資金を投じ始めた。アスリートとの結び付きは、またナイキという会社はどんな企業でどんな信条を持っているかを形づくるうえで助けとなる。これはナイキにとって非常に重要であったし、現在もそうである。世界中のアスリートに革新的な技術をもたらすことが同社の目標であるというメッセージを伝えることをナイキは望んでいる。ナイキは、またアスリート一人ひとりの目標に合せることを試みており、そのことが会社の製品設計にアスリート本人を起用することとなっている。

　また、同社は、高い成長目標の達成には、多くの市場セグメントにアピールしなければならないことを理解している。マーケティング・リサーチに基づき、ナイキは市場を3つの異なるグループに分けた。究極のアスリート、競技参加者、そしてスポーツ文化に影響を受ける消費者のグループである。

　ナイキは、これまで常にマーケティング・リサーチの積極的な利用者であり、このことはヨーロッパ市場への攻勢で示されている。ナイキは、ヨーロッパの消費者に到達するためには、いろいろなスポーツに力を注がなければならないと意思決定を下した。それは主要なスポーツ・イベント（ワールドカップおよびオリンピック）とヨーロッパの消費者に関係のある著名アスリートであった。集団面接と質問調査の形で実施したマーケティング・リサーチは、ナイキ・シューズにとっての最善のポジショニングは、スポーツで記録を伸ばせる高性能製品であることを明らかにした。大々的な広告キャンペーンによって、ナイキ製品の認識を、ファッションから性能へと変えることが可能となり、その過程で売上高は劇的に増加した。

　ナイキがとったもう1つの方法は、特定の市場向けに製品ラインを設計することである。マーケティング・リサーチで特定の市場セグメントのライフスタイルと製品使用の特徴を明らかにし、そのうえでそのセグメント向けに製品を設計した。その一例が、ある一定のライフスタイルの若者達に合わせて作られたプレスト・シリーズである。まず、彼らのライフスタイルを考えて、そのグループ向けに製品類を彼らの到達することを期待して設計した。また、同社は目標とする市場に情報を伝達する最も効果的な媒体を明らかにするためにも、マーケティング・リサーチを使用した。

これらすべての方法により、ナイキは米国民の97％に認識されるようになり、その過程で売上高は上昇した。しかし、ナイキは今、新たな懸念に直面している。それは、小規模ながらも革新的企業という以前からのイメージから逸脱してしまったのではないかという懸念である。また、自社のブランド・エクィティやブランドの意味を維持していくうえで将来にわたる障害にも直面している。マーケティング・リサーチへの継続的な信頼が、ナイキブランドをトップ・アスリートと業績に結びつけ、ブランド・イメージの強化につながることを助けることとなろう。

質　問

1. ナイキは、スポーツ・シューズの市場シェアを拡大したいと望んでいる。経営陣の意思決定課題を定義せよ。
2. あなたが認識した経営陣の意思決定課題に対応する、適切なマーケティング・リサーチの課題を定義せよ。
3. 消費者のスポーツ・シューズのブランド選択を説明する図式モデルを開発せよ。
4. ナイキのブランド・イメージを強化するために、どのように定性リサーチを用いることが出来るか。また、どんな手法を用いるべきか。その理由も述べよ。
5. ナイキは、ナイキ・タウンのような高級直営店をより多く開設するために投資すべきか。経営陣は、質問調査が回答を提供できるのではないかと考えている。こうした調査をどのように行えばよいか。
6. ナイキのランニング・シューズの耐久性を評価するための、リッカート尺度、SD尺度、ステーペル尺度を開発せよ。
7. ナイキ、リーボック、アディダスのイメージ測定のための調査票を開発せよ。
8. 質問5の質問調査を実施するための、標本抽出計画を開発せよ。

参考文献

www.nike.com

クリステン・ヴィナクメンス「Brands Draw on Art in Lifestyle Campaigns」、『ブルニコ・コミュニケーションズ・インク』(2002年8月26日付)：1

ボアズ・ヘルツォーク「Marketing That Stings」『ザ・オレゴニアン』(2002年4月12日付)：D 01

リア・ベス・ウォード「Private Sector;At Nike, Function Over Fashion」『ザ・ニューヨーク・タイムズ』(2002年4月28日付) 第3部：2

2.3　インテル：ビルディング・ブロックを製品の目立つ場所に

インテル社は、半導体メモリー製品の製造を目的に1968年に設立された。同社は、1971年、世界初のマイクロプロセッサを導入した。マイクロプロセッサは、中央演算処理装置（CPU）

とも呼ばれ、よくコンピュータの「頭脳」と形容される。今日、インテルは、コンピュータ産業や通信産業にビルディング・ブロック（構成要素）を供給している。ビルディング・ブロックには、半導体素子（チップ）、基盤、システム、ソフトウェアが含まれ、これらはコンピュータ、サーバ、ネットワーキングや通信機器に使われている。同社のウェブ・サイトで言明しているように、「インテルの使命は、インターネット経済への卓越したビルディング・ブロック供給者であること」である。

インテルは4つの独立した事業単位に組織されている。インテル・アーキテクチャ事業、インテル・コミュニケーションズ・グループ、ワイヤレス・コミュニケーションズ＆コンピューティンググループ、そして新規事業グループである。インテル・アーキテクチャ事業では、デスクトップ、サーバ、モバイル市場セグメント向けのプラットフォーム・ソリューションを開発している。インテル・コミュニケーションズ・グループは、3つの分野に焦点を定めたネットワーキングと通信プラットフォーム用の製品を開発している。この3つの分野とは、イーサネット接続、光学コンポーネント、ネットワーク処理コンポーネントである。ワイヤレス・コミュニケーション＆コンピューティンググループは、デジタル式携帯電話やその関連分野向けのハードウェアおよびソフトウェア・コンポーネントを提供している。新規事業グループは、同社の核となる潜在能力周辺の新規事業を開発するために計画された部門である。

インテルの顧客の大半は、相手先商標による製造会社（OEM）とPC・ネットワーク通信機器ユーザーの2つのグループに分かれる。OEM各社は、コンピュータ・システム、携帯電話、モバイルPC、通信・ネットワーク通信機器およびその周辺機器を製造している。PC・ネットワーク通信機器ユーザーには、インテルのPCエンハンストメントとネットワーキング製品、ビジネス・コミュニケーション製品を、再販業者、小売店、eビジネス、OEMチャネルを通じて購入している個人、大企業、中小企業、サービス・プロバイダーが含まれる。インテルはまた、グローバル企業としても成長を続けている。2001年の売上高の地域別内訳は、北米がわずか35％だったのに対し、アジアとヨーロッパがそれぞれ31％、25％であった。

インテルは特に1990年代を通じて、めざましい成長を遂げた。純売上高は1992年の約60億ドルから、市場全体が268億ドルまで縮小し落ち込んだ2002年以前の年には340億ドルへと増加した。同社の成功の多くは、マーケティング・リサーチに基づくマーケティング部門内部における革新によるものであるということができよう。この革新は、インテルが当時、直面していた複数の障害を乗り越えるために必要とされたものであった。主要な課題は、より大型の製品の構成要素であるひとつの「成分」ブランドを販売しようと試みていたことであった。それゆえ課題は製品として見えることがなく、それが何であるか、なぜそれがそこにあるのかさえ知らない消費者にそのブランドが到達することの難しさであった。

インテルは1980年代にマーケティング・リサーチを開始した。顧客が「286マイクロプロセッサ」から「396マイクロプロセッサ」になかなかアップグレードしないという困難を抱えていたからである。この困難が消費者がアップグレードについて知らなかったためであること

をマーケティング・リサーチが示したため、同社は事態の改善に乗り出した。小規模ながら効果的な広告キャンペーンを行った。実際に、このキャンペーンの過程で、インテル・ブランドが意図せずして作り上げられた。この小規模のキャンペーンの成功の後、同社はマーケティングとマーケティング・リサーチの重要性に気づき、この分野に一層の努力と資金を集中させるようになった。

マーケティング・リサーチの結果、マーケティング・キャンペーン全体が効果的であるためには、消費者に到達しコンピュータの外見と同様にその内部が重要であることを確信してもらわなければならないことが判明した。このことは、1990年代初めに行われた「Intel Inside」（インテル入ってる）キャンペーンの重要な要素となった。このスローガンは、同社が自社製品に名前を付け、複数の製品を1つのタイトルのもとに包含することに役立った。

さらに、マーケティング・リサーチは技術上のパートナーとともにマーケティングを行うのが最も効果的であろうということを示した。こうすることで、消費者はインテルが完成させるのに役立っている製品を理解する上で助けとなるであろう。同社はこれをパートナーの広告に「Intel Inside」のロゴを入れる形で行った。この広告物には資金提供も行った。他社の広告にインテルのスローガンを入れるにあたっては、他社のコマーシャルを妨害することを望んでいないことを示すことが課題であった。そこで、インテルは小さな自社ロゴが現れるたびに、ジングル（短い音楽）とともに消えていくという広告にした。このジングルは非常に覚えやすく、インテルのロゴと同義語のようになった。このような経験から、同社は知名度向上という目標を自覚するようになった。マーケティング・リサーチによる広告効果の継続した測定の結果、「Intel Inside」キャンペーンは非常に大きな効果を生んだことがわかり、2003年現在も継続している。

インテルの次の計画は、同社のマイクロプロセッサに名前を考えることだった。これにより特許が取得できない製品を番号で呼ぶ方式を避けることが可能となるうえ、消費者がインテルのプロセッサであると識別できるような名前をつけることにした。徹底的なマーケティング・リサーチを行った後、同社はペンティアムという名称を選択したが、この名称は消費者から好意的な反応が生れることが明らかとなった。それ以降、同社は自社のプロセッサをペンティアム名でマーケティング活動を行っている。

1990年から1993年までの間に、インテルはブランド価値の構築のため、広告に5億ドルを投入した。1993年までに、米国の人々の間での知名度は80%となり、75%がブランドに対して好感を示した。最も重要な点は、消費者の50%が完成品を買うときにこのブランドが入っているものを探していることである。マーケティング努力の大きな貢献の結果、インテルのマイクロプロセッサは、1994年に95%の市場シェアを獲得した。このシェアは2002年に82.8%に低下したが、これはライバル企業、AMDとの競争の激化のためである。こうした状況下、市場で圧倒的な地位を維持しようとするインテルにとって、マーケティング・リサーチは一段と重要性を増した。同社の成功は、技術力、ブランド・イメージ、ブランド価値を重視した結

果である。インテルは依然として、今後もさまざまな課題に直面している。すなわち、競争の激化、新しい市場の開拓、新製品の開発などである。インテルは、これらの課題を克服し、卓越したビルディング・ブロック・サプライヤーとしての、自社のイメージ強化に役立てるために、マーケティング・リサーチへの信頼を続けるであろう。

質 問

1. インテルが「Intel Inside」キャンペーンを考案する上でマーケティング・リサーチが果たした役割について考察せよ。
2. インテルは、個人ユーザー、ビジネス・ユーザーの双方のセグメントにおけるPCユーザーの間で、インテルのチップに対する選好度を上げたいと考えている。この場合の、同社の経営陣の意思決定課題を定義せよ。
3. 質問2で確認した経営陣の意思決定課題に対応する、適切なマーケティング・リサーチ課題を定義せよ。
4. インテルは、企業がどのようにPCとネットワーク・コミュニケーション機器を選定するのかについて、より良い理解を得たいと考えている。この場合、どのタイプのリサーチ設計を採用すべきか。
5. 質問3であなたが定義したマーケティング・リサーチ課題に関係する二次データを入手する際における、インターネットの役割を論ぜよ。
6. 企業のPCとネットワーク・コミュニケーション機器の選定方法を理解するための定性リサーチの役割について論ぜよ。この場合、どのような定性リサーチを用いるべきか。その理由も明示せよ。
7. 企業がPCとネットワーク・コミュニケーション機器の選定に用いる基準を明らかにするために質問調査を実施するとしたら、どの手法を採用すべきか。その理由も述べよ。
8. 企業がPCとネットワーク・コミュニケーション機器の選定に用いる基準を探るために用いる調査票を設計せよ。
9. 質問7の質問調査を実施するために適切な標本抽出計画を開発せよ。

参考文献

www.intel.com

オルガ・カーリフ、「Intel Is Kicking Silicon at AMD」『ビジネスウィーク・オンライン』(2002年9月24日付け)

カーク・ラデンドルフ「AMD Takes on Intel with Its Hammer」『コックス・ニュース・サービス』(2002年8月18日付):金融ページ

マイケル・カネロス「Intel Gains Market Share on AMD's Back」CNET News.com (2002年7月30日)

2.4 ニベア：マーケティング・リサーチでマーケティングに首尾一貫

　ニベア・スキンケア製品は、ドイツのバイエルスドルフ社の1部門の製品である。ニベアのスキンケア・シリーズは94カ国で販売されている。この製品ラインにはおよそ80年の歴史があるが、科学的躍進で開発された水と油分が分離しない初めてのスキン・クリームが起源である。このことに知的なマーケティングが伴って、ニベアの成功の大きな原因となる強力なプラスのブランド・イメージが形成された。同社の成功が長年にわたって持続したのは、社内のマーケティングと研究・開発の結婚にもとえられる密接な結び付きによるものである。研究・開発は継続して行われ、皮膚科学、製品技術、原材料などの最新の成果が既存の製品に取り入れられた。ニベアの製品ラインにとって、製品の効能と品質の改善は至上目標である。ニベアは、たえず製品テストを行うことと、マーケティング・リサーチで得られた消費者の声をフィード・バックさせることによって、高品質を確かなものにしてきた。

　ニベアの販売は1920年代に開始されたが、その頃にロゴを変更し、世界各地に販路を拡大した。当初より、純粋で肌に優しい、家族で使える製品というブランド・アイデンティティ（独自性）を確立していた。広告には、ニベア・ガールの写真が使われていた。1924年、同社は伝統を打ち破ってニベア・ボーイズを広告に起用した。そしてこの広告は、ニベアが家族全員のための製品であるというメッセージを伝えることに役立った。このブランド・イメージは、家族関係や家族の価値を強調する広告を確立する基礎として、数十年の年月を超えて受け継がれた。

　1970年代に、ニベアは初めて本格的な競争に対し自らを守らざるを得なくなった。同社は2方面戦略の策定を助けたマーケティング・リサーチに大きく依存した。2方面の一方は新しい広告キャンペーン「クレーム・ド・ラ・クレーム」によって、コア・ビジネスを防衛することであり、他方はブランドの新鮮さを保ち、新たな販売の源を引出す新製品導入であった。

　1980年代になり、マーケティング・リサーチが、ブランドの差別化が一段と重要になりつつあることを示すとニベアは、サブブランドを使ったブランディングを開始した。サブブランドには、スキンケア、入浴製品、日焼け止め、ベビー用製品、フェイシャルケア、ヘアケア、男性用ケア製品などがある。同社は、コアブランドのもとにすべてのサブブランドを包含するアンブレラ戦略を用いた。この戦略の目標は、独特ものでありながらもニベアのコアイメージと一貫性を保った、個々のイメージをサブブランドについて確立することであった。ブランド名を弱めることなく、新しいサブブランドをコアブランドの伝統的な価値と関連づけることに力点が置かれた。その結果、売上高は爆発的に上昇した。

　ニベアは1990年代も引き続き成功をつづけることができ、売上高はこの10年を通して急増した。成長は、主に新製品の発売によるところが大きいが、各新製品は徹底的なマーケティング・リサーチに基づき発売されたものである。最も成功した製品は、しわ防止のクリームおよび化粧品ライン全般だった。

ニベアは売上高27億ドルの、世界ナンバー・ワンのスキンケア・化粧品メーカーとして、新しいミレニアムに突入した。だが、同社に課題がなくなったわけではない。最大の課題は米国市場にある。同社のブランドは、米国では、他の市場ほど強力ではない。米国市場は世界最大で、かつ最もダイナミックであるがゆえに障害も多い。ニベアはこれらの障害を多岐にわたりマーケティング・リサーチを利用することで克服することを望んでいる。こうしたリサーチは、ニベアが、より多くの新製品を導入し、マーケティング戦略を策定するように導くであろう。もう1つの難題は、同社がマーケティングの一貫性を重視していることに内在する。さまざまなカルチャーに同一のメッセージを浸透させるには困難がつきまとうからだ。しかしながら、ニベアは一貫性を保持することが競合相手に対する優位となると確信しているので、どのようなことがあろうともこれを貫き通すであろう。それは、消費者がニベアのすべての製品をコアブランドとコアアイデンティティに関連づけるのに役立つのである。ニベアは、世界市場を舞台にしたマーケティングにおいて一貫性を持続し、磨きあげるためにマーケティング・リサーチを頼みにし続けるであろう。

質 問

1. ニベアは米国市場においてシェアを伸長したいと考えている。この場合の、経営陣の意思決定課題を定義せよ。
2. 質問1であなたが特定した経営陣の意思決定課題に基づき、適切なマーケティング・リサーチ課題を定義せよ。
3. ニベアでは、アメリカの消費者のスキンケア製品に対する嗜好を理解するために、リサーチを実施したいと考えている。この場合、どのようなリサーチ設計を採用すべきか。また、その理由も述べよ。
4. アメリカの消費者のスキンケア製品に対する嗜好を理解するための定性リサーチの役割について論ぜよ。この場合、どのような定性リサーチの手法を用いるか。その理由も述べよ。
5. アメリカの消費者のスキンケア製品に対する嗜好を理解するために質問調査を行うとしたら、どの手法を用いるべきか。また、その理由も述べよ。
6. 外国のスキンケア製品に対する消費者の評価を明らかにするための、リッカート尺度、SD尺度、ステーペル尺度を開発せよ。
7. 質問5における質問調査を実施するための標本抽出計画を開発せよ。

参考文献

www.nivea.com

著者不明「World's Top 100 Brands–Are They Fact or Fiction?」『ブランド・ストラテジー』(2002年8月21日付)：10

著者不明「Beauty Is in the Eye of the Brand Holder」『マーケティング・ウィーク』(2002年5月30日号)：19

付　録

乱数表

表1

Simple Random Numbers

LINE/COL.	(1)	(2)	(3)	(4)	(5)	(6)	(7)	(8)	(9)	(10)	(11)	(12)	(13)	(14)
1	10480	15011	01536	02011	81647	91646	69179	14194	62590	36207	20969	99570	91291	90700
2	22368	46573	25595	85393	30995	89198	27982	53402	93965	34095	52666	19174	39615	99505
3	24130	48390	22527	97265	76393	64809	15179	24830	49340	32081	30680	19655	63348	58629
4	42167	93093	06243	61680	07856	16376	39440	53537	71341	57004	00849	74917	97758	16379
5	37570	39975	81837	16656	06121	91782	60468	81305	49684	60072	14110	06927	01263	54613
6	77921	06907	11008	42751	27756	53498	18602	70659	90655	15053	21916	81825	44394	42880
7	99562	72905	56420	69994	98872	31016	71194	18738	44013	48840	63213	21069	10634	12952
8	96301	91977	05463	07972	18876	20922	94595	56869	69014	60045	18425	84903	42508	32307
9	89579	14342	63661	10281	17453	18103	57740	84378	25331	12568	58678	44947	05585	56941
10	85475	36857	53342	53988	53060	59533	38867	62300	08158	17983	16439	11458	18593	64952
11	28918	69578	88231	33276	70997	79936	56865	05859	90106	31595	01547	85590	91610	78188
12	63553	40961	48235	03427	49626	69445	18663	72695	52180	20847	12234	90511	33703	90322
13	09429	93969	52636	92737	88974	33488	36320	17617	30015	08272	84115	27156	30613	74952
14	10365	61129	87529	85689	48237	52267	67689	93394	01511	26358	85104	20285	29975	89868
15	07119	97336	71048	08178	77233	13916	47564	81056	97735	85977	29372	74461	28551	90707
16	51085	12765	51821	51259	77452	16308	60756	92144	49442	53900	70960	63990	75601	40719
17	02368	21382	52404	60268	89368	19885	55322	44819	01188	65255	64835	44919	05944	55157
18	01011	54092	33362	94904	31273	04146	18594	29852	71585	85030	51132	01915	92747	64951
19	52162	53916	46369	58586	23216	14513	83149	98736	23495	64350	94738	17752	35156	35749
20	07056	97628	33787	09998	42698	06691	76988	13602	51851	46104	88916	19509	25625	58104
21	48663	91245	85828	14346	09172	30163	90229	04734	59193	22178	30421	61666	99904	32812
22	54164	58492	22421	74103	47070	25306	76468	26384	58151	06646	21524	15227	96909	44592
23	32639	32363	05597	24200	13363	38005	94342	28728	35806	06912	17012	64161	18296	22851
24	29334	27001	87637	87308	58731	00256	45834	15398	46557	41135	10307	07684	36188	18510
25	02488	33062	28834	07351	19731	92420	60952	61280	50001	67658	32586	86679	50720	94953
26	81525	72295	04839	96423	24878	82651	66566	14778	76797	14780	13300	87074	79666	95725
27	29676	20591	68086	26432	46901	20849	89768	81536	86645	12659	92259	57102	80428	25280
28	00742	57392	39064	66432	84673	40027	32832	61362	98947	96067	64760	64584	96096	98253
29	05366	04213	25669	26422	44407	44048	37937	63904	45766	66134	75470	66520	34693	90449
30	91921	26418	64117	94305	26766	25940	39972	22209	71500	64568	91402	42416	07844	69618
31	00582	04711	87917	77341	42206	35126	74087	99547	81817	42607	43808	76655	62028	76630
32	00725	69884	62797	56170	86324	88072	76222	36086	84637	93161	76038	65855	77919	88006
33	69011	65795	95876	55293	18988	27354	26575	08625	40801	59920	29841	80150	12777	48501
34	25976	57948	29888	88604	67917	48708	18912	82271	65424	69774	33611	54262	85963	03547
35	09763	83473	73577	12908	30883	18317	28290	35797	05998	41688	34952	37888	38917	88050
36	91567	42595	27958	30134	04024	86385	29880	99730	55536	84855	29088	09250	79656	73211
37	17955	56349	90999	49127	20044	59931	06115	20542	18059	02008	73708	83517	36103	42791
38	46503	18584	18845	49618	02304	51038	20655	58727	28168	15475	56942	53389	20562	87338
39	92157	89634	94824	78171	84610	82834	09922	25417	44137	48413	25555	21246	35509	20468
40	14577	62765	35605	81263	39667	47358	56873	56307	61607	49518	89656	20103	77490	18062
41	98427	07523	33362	64270	01638	92477	66969	98420	04880	45585	46565	04102	46880	45709
42	34914	63976	88720	82765	34476	17032	87589	40836	32427	70002	70663	88863	77775	69348

(Continued)

表1（続き）

Simple Random Numbers

LINE/COL.	(1)	(2)	(3)	(4)	(5)	(6)	(7)	(8)	(9)	(10)	(11)	(12)	(13)	(14)
43	70060	28277	39475	46473	23219	53416	94970	25832	69975	94884	19661	72828	00102	66794
44	53976	54914	06990	67245	68350	82948	11398	42878	80287	88267	47363	46634	06541	97809
45	76072	29515	40980	07391	58745	25774	22987	80059	39911	96189	41151	14222	60697	59583
46	90725	52210	83974	29992	65831	38857	50490	83765	55657	14361	31720	57375	56228	41546
47	64364	67412	33339	31926	14883	24413	59744	92351	97473	89286	35931	04110	23726	51900
48	08962	00358	31662	25388	61642	34072	81249	35648	56891	69352	48373	45578	78547	81788
49	95012	68379	93526	70765	10592	04542	76463	54328	02349	17247	28865	14777	62730	92277
50	15664	10493	20492	38301	91132	21999	59516	81652	27195	48223	46751	22923	32261	85653
51	16408	81899	04153	53381	79401	21438	83035	92350	36693	31238	59649	91754	72772	02338
52	18629	81953	05520	91962	04739	13092	97662	24822	94730	06496	35090	04802	86774	98289
53	73115	35101	47498	87637	99016	71060	88824	71013	18735	20286	23153	72924	35165	43040
54	57491	16703	23167	49323	45021	33132	12544	41035	80780	45393	44812	12515	98931	91202
55	30405	83946	23792	14422	15059	45799	22716	19792	09983	74353	68668	30429	70735	25499
56	16631	35006	85900	98275	32388	52390	16815	69293	82732	38480	73817	32523	41961	44437
57	96773	20206	42559	78985	05300	22164	24369	54224	35083	19687	11052	91491	60383	19746
58	38935	64202	14349	82674	66523	44133	00697	35552	35970	19124	63318	29686	03387	59846
59	31624	76384	17403	53363	44167	64486	64758	75366	76554	31601	12614	33072	60332	92325
60	78919	19474	23632	27889	47914	02584	37680	20801	72152	39339	34806	08930	85001	87820
61	03931	33309	57047	74211	63445	17361	62825	39908	05607	91284	68833	25570	38818	46920
62	74426	33278	43972	10119	89917	15665	52872	73823	73144	88662	88970	74492	51805	99378
63	09066	00903	20795	95452	92648	45454	69552	88815	16553	51125	79375	97596	16296	66092
64	42238	12426	87025	14267	20979	04508	64535	31355	86064	29472	47689	05974	52468	16834
65	16153	08002	26504	41744	81959	65642	74240	56302	00033	67107	77510	70625	28725	34191
66	21457	40742	29820	96783	29400	21840	15035	34537	33310	06116	95240	15957	16572	06004
67	21581	57802	02050	89728	17937	37621	47075	42080	97403	48626	68995	43805	33386	21597
68	55612	78095	83197	33732	05810	24813	86902	60397	16489	03264	88525	42786	05269	92532
69	44657	66999	99324	51281	84463	60563	79312	93454	68876	25471	93911	25650	12682	73572
70	91340	84979	46949	81973	37949	61023	43997	15263	80644	43942	89203	71795	99533	50501
71	91227	21199	31935	27022	84067	05462	35216	14486	29891	68607	41867	14951	91696	85065
72	50001	38140	66321	19924	72163	09538	12151	06878	91903	18749	34405	56087	82790	70925
73	65390	05224	72958	28609	81406	39147	25549	48542	42627	45233	57202	94617	23772	07896
74	27504	96131	83944	41575	10573	03619	64482	73923	36152	05184	94142	25299	94387	34925
75	37169	94851	39117	89632	00959	16487	65536	49071	39782	17095	02330	74301	00275	48280
76	11508	70225	51111	38351	19444	66499	71945	05422	13442	78675	84031	66938	93654	59894
77	37449	30362	06694	54690	04052	53115	62757	95348	78662	11163	81651	50245	34971	52974
78	46515	70331	85922	38329	57015	15765	97161	17869	45349	61796	66345	81073	49106	79860
79	30986	81223	42416	58353	21532	30502	32305	86482	05174	07901	54339	58861	74818	46942
80	63798	64995	46583	09785	44160	78128	83991	42865	92520	83531	80377	35909	81250	54238
81	82486	84846	99254	67632	43218	50076	21361	64816	51202	88124	41870	52689	51275	83556
82	21885	32906	92431	09060	64297	51674	64126	62570	26123	05155	59194	52799	28225	85762
83	60336	98782	07408	53458	13564	59089	26445	29789	85205	41001	12535	12133	14645	23541
84	43937	46891	24010	25560	86355	33941	25786	54990	71899	15475	95434	98227	21824	19535
85	97656	63175	89303	16275	07100	92063	21942	18611	47348	20203	18534	03862	78095	50136
86	03299	01221	05418	38982	55758	92237	26759	86367	21216	98442	08303	56613	91511	75928
87	79626	06486	03574	17668	07785	76020	79924	25651	83325	88428	85076	72811	22717	50585
88	85636	68335	47539	03129	65651	11977	02510	26113	99447	68645	34327	15152	55230	93448
89	18039	14367	61337	06177	12143	46609	32989	74014	64708	00533	35398	58408	13261	47908
90	08362	15656	60627	36478	65648	16764	53412	09013	07832	41574	17639	82163	60859	75567
91	79556	29068	04142	16268	15387	12856	66227	38358	22478	73373	88732	09443	82558	05250
92	92608	82674	27072	32534	17075	27698	98204	63863	11951	34648	88022	56148	34925	57031
93	23982	25835	40055	67006	12293	02753	14827	23235	35071	99704	37543	11601	35503	85171
94	09915	96306	05908	97901	28395	14186	00821	80703	70426	75647	76310	88717	37890	40129

(Continued)

表1（続き）

Simple Random Numbers

LINE/COL.	(1)	(2)	(3)	(4)	(5)	(6)	(7)	(8)	(9)	(10)	(11)	(12)	(13)	(14)
95	59037	33300	26695	62247	69927	76123	50842	43834	86654	70959	79725	93872	28117	19233
96	42488	78077	69882	61657	34136	79180	97526	43092	04098	73571	80799	76536	71255	64239
97	46764	86273	63003	93017	31204	36692	40202	35275	57306	55543	53203	18098	47625	88684
98	03237	45430	55417	63282	90816	17349	88298	90183	36600	78406	06216	95787	42579	90730
99	86591	81482	52667	61582	14972	90053	89534	76036	49199	43716	97548	04379	46370	28672
100	38534	01715	94964	87288	65680	43772	39560	12918	80537	62738	19636	51132	25739	56947

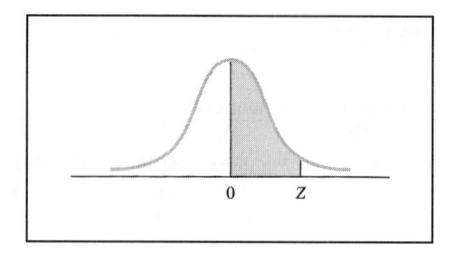

表2

Area Under the Normal Curve

Z	.00	.01	.02	.03	.04	.05	.06	.07	.08	.09
0.0	.0000	.0040	.0080	.0120	.0160	.0199	.0239	.0279	.0319	.0359
0.1	.0398	.0438	.0478	.0517	.0557	.0596	.0636	.0675	.0714	.0753
0.2	.0793	.0832	.0871	.0910	.0948	.0987	.1026	.1064	.1103	.1141
0.3	.1179	.1217	.1255	.1293	.1331	.1368	.1406	.1443	.1480	.1517
0.4	.1554	.1591	.1628	.1664	.1700	.1736	.1772	.1808	.1844	.1879
0.5	.1915	.1950	.1985	.2019	.2054	.2088	.2123	.2157	.2190	.2224
0.6	.2257	.2291	.2324	.2357	.2389	.2422	.2454	.2486	.2518	.2549
0.7	.2580	.2612	.2642	.2673	.2704	.2734	.2764	.2794	.2823	.2852
0.8	.2881	.2910	.2939	.2967	.2995	.3023	.3051	.3078	.3106	.3133
0.9	.3159	.3186	.3212	.3238	.3264	.3289	.3315	.3340	.3365	.3389
1.0	.3413	.3438	.3461	.3485	.3508	.3531	.3554	.3577	.3599	.3621
1.1	.3643	.3665	.3686	.3708	.3729	.3749	.3770	.3790	.3810	.3830
1.2	.3849	.3869	.3888	.3907	.3925	.3944	.3962	.3980	.3997	.4015
1.3	.4032	.4049	.4066	.4082	.4099	.4115	.4131	.4147	.4162	.4177
1.4	.4192	.4207	.4222	.4236	.4251	.4265	.4279	.4292	.4306	.4319
1.5	.4332	.4345	.4357	.4370	.4382	.4394	.4406	.4418	.4429	.4441
1.6	.4452	.4463	.4474	.4484	.4495	.4505	.4515	.4525	.4535	.4545
1.7	.4554	.4564	.4573	.4582	.4591	.4599	.4608	.4616	.4625	.4633
1.8	.4641	.4649	.4656	.4664	.4671	.4678	.4686	.4693	.4699	.4706
1.9	.4713	.4719	.4726	.4732	.4738	.4744	.4750	.4756	.4761	.4767
2.0	.4772	.4778	.4783	.4788	.4793	.4798	.4803	.4808	.4812	.4817
2.1	.4821	.4826	.4830	.4834	.4838	.4842	.4846	.4850	.4854	.4857
2.2	.4861	.4864	.4868	.4871	.4875	.4878	.4881	.4884	.4887	.4890
2.3	.4893	.4896	.4898	.4901	.4904	.4906	.4909	.4911	.4913	.4916
2.4	.4918	.4920	.4922	.4925	.4927	.4929	.4931	.4932	.4934	.4936
2.5	.4938	.4940	.4941	.4943	.4945	.4946	.4948	.4949	.4951	.4952
2.6	.4953	.4955	.4956	.4957	.4959	.4960	.4961	.4962	.4963	.4964
2.7	.4965	.4966	.4967	.4968	.4969	.4970	.4971	.4972	.4973	.4974
2.8	.4974	.4975	.4976	.4977	.4977	.4978	.4979	.4979	.4980	.4981
2.9	.4981	.4982	.4982	.4983	.4984	.4984	.4985	.4985	.4986	.4986
3.0	.49865	.49869	.49874	.49878	.49882	.49886	.49889	.49893	.49897	.49900
3.1	.49903	.49906	.49910	.49913	.49916	.49918	.49921	.49924	.49926	.49929
3.2	.49931	.49934	.49936	.49938	.49940	.49942	.49944	.49946	.49948	.49950
3.3	.49952	.49953	.49955	.49957	.49958	.49960	.49961	.49962	.49964	.49965
3.4	.49966	.49968	.49969	.49970	.49971	.49972	.49973	.49974	.49975	.49976
3.5	.49977	.49978	.49978	.49979	.49980	.49981	.49981	.49982	.49983	.49983
3.6	.49984	.49985	.49985	.49986	.49986	.49987	.49987	.49988	.49988	.49989
3.7	.49989	.49990	.49990	.49990	.49991	.49991	.49992	.49992	.49992	.49992
3.8	.49993	.49993	.49993	.49994	.49994	.49994	.49994	.49995	.49995	.49995
3.9	.49995	.49995	.49996	.49996	.49996	.49996	.49996	.49996	.49997	.49997

Entry represents area under the standard normal distribution from the mean to Z

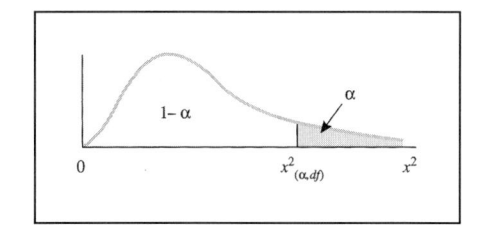

表 3

Chi-Square Distribution

Degrees of Freedom	.995	.99	.975	.95	.90	.75	.25	.10	.05	.025	.01	.005
1	—	—	0.001	0.004	0.016	0.102	1.323	2.706	3.841	5.024	6.635	7.879
2	0.010	0.020	0.051	0.103	0.211	0.575	2.773	4.605	5.991	7.378	9.210	10.597
3	0.072	0.115	0.216	0.352	0.584	1.213	4.108	6.251	7.815	9.348	11.345	12.838
4	0.207	0.297	0.484	0.711	1.064	1.923	5.385	7.779	9.488	11.143	13.277	14.860
5	0.412	0.554	0.831	1.145	1.610	2.675	6.626	9.236	11.071	12.833	15.086	16.750
6	0.676	0.872	1.237	1.635	2.204	3.455	7.841	10.645	12.592	14.449	16.812	18.548
7	0.989	1.239	1.690	2.167	2.833	4.255	9.037	12.017	14.067	16.013	18.475	20.278
8	1.344	1.646	2.180	2.733	3.490	5.071	10.219	13.362	15.507	17.535	20.090	21.955
9	1.735	2.088	2.700	3.325	4.168	5.899	11.389	14.684	16.919	19.023	21.666	23.589
10	2.156	2.558	3.247	3.940	4.865	6.737	12.549	15.987	18.307	20.483	23.209	25.188
11	2.603	3.053	3.816	4.575	5.578	7.584	13.701	17.275	19.675	21.920	24.725	26.757
12	3.074	3.571	4.404	5.226	6.304	8.438	14.845	18.549	21.026	23.337	26.217	28.299
13	3.565	4.107	5.009	5.892	7.042	9.299	15.984	19.812	22.362	24.736	27.688	29.819
14	4.075	4.660	5.629	6.571	7.790	10.165	17.117	21.064	23.685	26.119	29.141	31.319
15	4.601	5.229	6.262	7.261	8.547	11.037	18.245	22.307	24.996	27.488	30.578	32.801
16	5.142	5.812	6.908	7.962	9.312	11.912	19.369	23.542	26.296	28.845	32.000	34.267
17	5.697	6.408	7.564	8.672	10.085	12.792	20.489	24.769	27.587	30.191	33.409	35.718
18	6.265	7.015	8.231	9.390	10.865	13.675	21.605	25.989	28.869	31.526	34.805	37.156
19	6.844	7.633	8.907	10.117	11.651	14.562	22.718	27.204	30.144	32.852	36.191	38.582
20	7.434	8.260	9.591	10.851	12.443	15.452	23.828	28.412	31.410	34.170	37.566	39.997
21	8.034	8.897	10.283	11.591	13.240	16.344	24.935	29.615	32.671	35.479	38.932	41.401
22	8.643	9.542	10.982	12.338	14.042	17.240	26.039	30.813	33.924	36.781	40.289	42.796
23	9.260	10.196	11.689	13.091	14.848	18.137	27.141	32.007	35.172	38.076	41.638	44.181
24	9.886	10.856	12.401	13.848	15.659	19.037	28.241	33.196	36.415	39.364	42.980	45.559
25	10.520	11.524	13.120	14.611	16.473	19.939	29.339	34.382	37.652	40.646	44.314	46.928
26	11.160	12.198	13.844	15.379	17.292	20.843	30.435	35.563	38.885	41.923	45.642	48.290
27	11.808	12.879	14.573	16.151	18.114	21.749	31.528	36.741	40.113	43.194	46.963	49.645
28	12.461	13.565	15.308	16.928	18.939	22.657	32.620	37.916	41.337	44.461	48.278	50.993
29	13.121	14.257	16.047	17.708	19.768	23.567	33.711	39.087	42.557	45.722	49.588	52.336
30	13.787	14.954	16.791	18.493	20.599	24.478	34.800	40.256	43.773	46.979	50.892	53.672
31	14.458	15.655	17.539	19.281	21.434	25.390	35.887	41.422	44.985	48.232	52.191	55.003
32	15.134	16.362	18.291	20.072	22.271	26.304	36.973	42.585	46.194	49.480	53.486	56.328
33	15.815	17.074	19.047	20.867	23.110	27.219	38.058	43.745	47.400	50.725	54.776	57.648
34	16.501	17.789	19.806	21.664	23.952	28.136	39.141	44.903	48.602	51.966	56.061	58.964
35	17.192	18.509	20.569	22.465	24.797	29.054	40.223	46.059	49.802	53.203	57.342	60.275
36	17.887	19.233	21.336	23.269	25.643	29.973	41.304	47.212	50.998	54.437	58.619	61.581
37	18.586	19.960	22.106	24.075	26.492	30.893	42.383	48.363	52.192	55.668	59.892	62.883
38	19.289	20.691	22.878	24.884	27.343	31.815	43.462	49.513	53.384	56.896	61.162	64.181
39	19.996	21.426	23.654	25.695	28.196	32.737	44.539	50.660	54.572	58.120	62.428	65.476
40	20.707	22.164	24.433	26.509	29.051	33.660	45.616	51.805	55.758	59.342	63.691	66.766

(*Continued*)

表3（続き）

Chi-Square Distribution

Degrees of Freedom	.995	.99	.975	.95	.90	.75	.25	.10	.05	.025	.01	.005
41	21.421	22.906	25.215	27.326	29.907	34.585	46.692	52.949	56.942	60.561	64.950	68.053
42	22.138	23.650	25.999	28.144	30.765	35.510	47.766	54.090	58.124	61.777	66.206	69.336
43	22.859	24.398	26.785	28.965	31.625	36.436	48.840	55.230	59.304	62.990	67.459	70.616
44	23.584	25.148	27.575	29.787	32.487	37.363	49.913	56.369	60.481	64.201	68.710	71.893
45	24.311	25.901	28.366	30.612	33.350	38.291	50.985	57.505	61.656	65.410	69.957	73.166
46	25.041	26.657	29.160	31.439	34.215	39.220	52.056	58.641	62.830	66.617	71.201	74.437
47	25.775	27.416	29.956	32.268	35.081	40.149	53.127	59.774	64.001	67.821	72.443	75.704
48	26.511	28.177	30.755	33.098	35.949	41.079	54.196	60.907	65.171	69.023	73.683	76.969
49	27.249	28.941	31.555	33.930	36.818	42.010	55.265	62.038	66.339	70.222	74.919	78.231
50	27.991	29.707	32.357	34.764	37.689	42.942	56.334	63.167	67.505	71.420	76.154	79.490
51	28.735	30.475	33.162	35.600	38.560	43.874	57.401	64.295	68.669	72.616	77.386	80.747
52	29.481	31.246	33.968	36.437	39.433	44.808	58.468	65.422	69.832	73.810	78.616	82.001
53	30.230	32.018	34.776	37.276	40.308	45.741	59.534	66.548	70.993	75.002	79.843	83.253
54	30.981	32.793	35.586	38.116	41.183	46.676	60.600	67.673	72.153	76.192	81.069	84.502
55	31.735	33.570	36.398	38.958	42.060	47.610	61.665	68.796	73.311	77.380	82.292	85.749
56	32.490	34.350	37.212	39.801	42.937	48.546	62.729	69.919	74.468	78.567	83.513	86.994
57	33.248	35.131	38.027	40.646	43.816	49.482	63.793	71.040	75.624	79.752	84.733	88.236
58	34.008	35.913	38.844	41.492	44.696	50.419	64.857	72.160	76.778	80.936	85.950	89.477
59	34.770	36.698	39.662	42.339	45.577	51.356	65.919	73.279	77.931	82.117	87.166	90.715
60	35.534	37.485	40.482	43.188	46.459	52.294	66.981	74.397	79.082	83.298	88.379	91.952

For a particular number of degrees of freedom, entry represents the critical value of χ^2 corresponding to a specified upper tail area, α

For larger values of degrees of freedom (DF) the expression $z = \sqrt{2\chi^2} - \sqrt{2(\mathrm{DF})-1}$ may be used and the resulting upper tail area can be obtained from the table of the standardized normal distribution.

表4

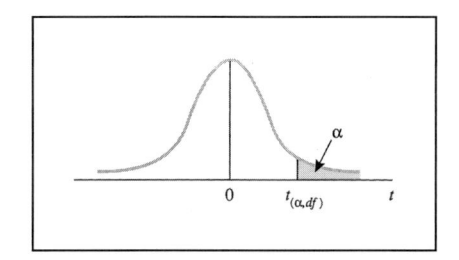

t Distribution

Degrees of Freedom	Upper Tail Areas					
	.25	.10	.05	.025	.01	.005
1	1.0000	3.0777	6.3138	12.7062	31.8207	63.6574
2	0.8165	1.8856	2.9200	4.3027	6.9646	9.9248
3	0.7649	1.6377	2.3534	3.1824	4.5407	5.8409
4	0.7407	1.5332	2.1318	2.7764	3.7469	4.6041
5	0.7267	1.4759	2.0150	2.5706	3.3649	4.0322
6	0.7176	1.4398	1.9432	2.4469	3.1427	3.7074
7	0.7111	1.4149	1.8946	2.3646	2.9980	3.4995
8	0.7064	1.3968	1.8595	2.3060	2.8965	3.3554
9	0.7027	1.3830	1.8331	2.2622	2.8214	3.2498
10	0.6998	1.3722	1.8125	2.2281	2.7638	3.1693
11	0.6974	1.3634	1.7959	2.2010	2.7181	3.1058
12	0.6955	1.3562	1.7823	2.1788	2.6810	3.0545
13	0.6938	1.3502	1.7709	2.1604	2.6503	3.0123
14	0.6924	1.3450	1.7613	2.1448	2.6245	2.9768
15	0.6912	1.3406	1.7531	2.1315	2.6025	2.9467
16	0.6901	1.3368	1.7459	2.1199	2.5835	2.9208
17	0.6892	1.3334	1.7396	2.1098	2.5669	2.8982
18	0.6884	1.3304	1.7341	2.1009	2.5524	2.8784
19	0.6876	1.3277	1.7291	2.0930	2.5395	2.8609
20	0.6870	1.3253	1.7247	2.0860	2.5280	2.8453
21	0.6864	1.3232	1.7207	2.0796	2.5177	2.8314
22	0.6858	1.3212	1.7171	2.0739	2.5083	2.8188
23	0.6853	1.3195	1.7139	2.0687	2.4999	2.8073
24	0.6848	1.3178	1.7109	2.0639	2.4922	2.7969
25	0.6844	1.3163	1.7081	2.0595	2.4851	2.7874
26	0.6840	1.3150	1.7056	2.0555	2.4786	2.7787
27	0.6837	1.3137	1.7033	2.0518	2.4727	2.7707
28	0.6834	1.3125	1.7011	2.0484	2.4671	2.7633
29	0.6830	1.3114	1.6991	2.0452	2.4620	2.7564
30	0.6828	1.3104	1.6973	2.0423	2.4573	2.7500
31	0.6825	1.3095	1.6955	2.0395	2.4528	2.7440
32	0.6822	1.3086	1.6939	2.0369	2.4487	2.7385
33	0.6820	1.3077	1.6924	2.0345	2.4448	2.7333
34	0.6818	1.3070	1.6909	2.0322	2.4411	2.7284
35	0.6816	1.3062	1.6896	2.0301	2.4377	2.7238
36	0.6814	1.3055	1.6883	2.0281	2.4345	2.7195
37	0.6812	1.3049	1.6871	2.0262	2.4314	2.7154
38	0.6810	1.3042	1.6860	2.0244	2.4286	2.7116
39	0.6808	1.3036	1.6849	2.0227	2.4258	2.7079
40	0.6807	1.3031	1.6839	2.0211	2.4233	2.7045
41	0.6805	1.3025	1.6829	2.0195	2.4208	2.7012
42	0.6804	1.3020	1.6820	2.0181	2.4185	2.6981
43	0.6802	1.3016	1.6811	2.0167	2.4163	2.6951

(Continued)

t Distribution

Degrees of Freedom	Upper Tail Areas					
	.25	.10	.05	.025	.01	.005
44	0.6801	1.3011	1.6802	2.0154	2.4141	2.6923
45	0.6800	1.3006	1.6794	2.0141	2.4121	2.6896
46	0.6799	1.3002	1.6787	2.0129	2.4102	2.6870
47	0.6797	1.2998	1.6779	2.0117	2.4083	2.6846
48	0.6796	1.2994	1.6772	2.0106	2.4066	2.6822
49	0.6795	1.2991	1.6766	2.0096	2.4049	2.6800
50	0.6794	1.2987	1.6759	2.0086	2.4033	2.6778
51	0.6793	1.2984	1.6753	2.0076	2.4017	2.6757
52	0.6792	1.2980	1.6747	2.0066	2.4002	2.6737
53	0.6791	1.2977	1.6741	2.0057	2.3988	2.6718
54	0.6791	1.2974	1.6736	2.0049	2.3974	2.6700
55	0.6790	1.2971	1.6730	2.0040	2.3961	2.6682
56	0.6789	1.2969	1.6725	2.0032	2.3948	2.6665
57	0.6788	1.2966	1.6720	2.0025	2.3936	2.6649
58	0.6787	1.2963	1.6716	2.0017	2.3924	2.6633
59	0.6787	1.2961	1.6711	2.0010	2.3912	2.6618
60	0.6786	1.2958	1.6706	2.0003	2.3901	2.6603
61	0.6785	1.2956	1.6702	1.9996	2.3890	2.6589
62	0.6785	1.2954	1.6698	1.9990	2.3880	2.6575
63	0.6784	1.2951	1.6694	1.9983	2.3870	2.6561
64	0.6783	1.2949	1.6690	1.9977	2.3860	2.6549
65	0.6783	1.2947	1.6686	1.9971	2.3851	2.6536
66	0.6782	1.2945	1.6683	1.9966	2.3842	2.6524
67	0.6782	1.2943	1.6679	1.9960	2.3833	2.6512
68	0.6781	1.2941	1.6676	1.9955	2.3824	2.6501
69	0.6781	1.2939	1.6672	1.9949	2.3816	2.6490
70	0.6780	1.2938	1.6669	1.9944	2.3808	2.6479
71	0.6780	1.2936	1.6666	1.9939	2.3800	2.6469
72	0.6779	1.2934	1.6663	1.9935	2.3793	2.6459
73	0.6779	1.2933	1.6660	1.9930	2.3785	2.6449
74	0.6778	1.2931	1.6657	1.9925	2.3778	2.6439
75	0.6778	1.2929	1.6654	1.9921	2.3771	2.6430
76	0.6777	1.2928	1.6652	1.9917	2.3764	2.6421
77	0.6777	1.2926	1.6649	1.9913	2.3758	2.6412
78	0.6776	1.2925	1.6646	1.9908	2.3751	2.6403
79	0.6776	1.2924	1.6644	1.9905	2.3745	2.6395
80	0.6776	1.2922	1.6641	1.9901	2.3739	2.6387
81	0.6775	1.2921	1.6639	1.9897	2.3733	2.6379
82	0.6775	1.2920	1.6636	1.9893	2.3727	2.6371
83	0.6775	1.2918	1.6634	1.9890	2.3721	2.6364
84	0.6774	1.2917	1.6632	1.9886	2.3716	2.6356
85	0.6774	1.2916	1.6630	1.9883	2.3710	2.6349
86	0.6774	1.2915	1.6628	1.9879	2.3705	2.6342
87	0.6773	1.2914	1.6626	1.9876	2.3700	2.6335
88	0.6773	1.2912	1.6624	1.9873	2.3695	2.6329
89	0.6773	1.2911	1.6622	1.9870	2.3690	2.6322
90	0.6772	1.2910	1.6620	1.9867	2.3685	2.6316
91	0.6772	1.2909	1.6618	1.9864	2.3680	2.6309
92	0.6772	1.2908	1.6616	1.9861	2.3676	2.6303
93	0.6771	1.2907	1.6614	1.9858	2.3671	2.6297
94	0.6771	1.2906	1.6612	1.9855	2.3667	2.6291

(Continued)

表4（続き）

t Distribution

Degrees of Freedom	Upper Tail Areas					
	.25	.10	.05	.025	.01	.005
95	0.6771	1.2905	1.6611	1.9853	2.3662	2.6286
96	0.6771	1.2904	1.6609	1.9850	2.3658	2.6280
97	0.6770	1.2903	1.6607	1.9847	2.3654	2.6275
98	0.6770	1.2902	1.6606	1.9845	2.3650	2.6269
99	0.6770	1.2902	1.6604	1.9842	2.3646	2.6264
100	0.6770	1.2901	1.6602	1.9840	2.3642	2.6259
110	0.6767	1.2893	1.6588	1.9818	2.3607	2.6213
120	0.6765	1.2886	1.6577	1.9799	2.3578	2.6174
130	0.6764	1.2881	1.6567	1.9784	2.3554	2.6142
140	0.6762	1.2876	1.6558	1.9771	2.3533	2.6114
150	0.6761	1.2872	1.6551	1.9759	2.3515	2.6090
∞	0.6745	1.2816	1.6449	1.9600	2.3263	2.5758

For a particular number of degrees of freedom, entry represents the critical value of *t* corresponding to a specified upper tail area α.

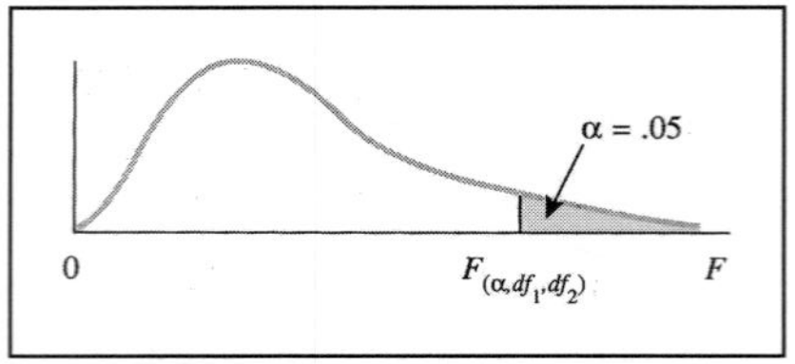

表5 F Distribution

$F_{(\alpha, df_1, df_2)}$, $\alpha = .05$

DENOMINATOR DF_2	NUMERATOR DF_1																
	1	2	3	4	5	6	7	8	9	10	12	15	20	24	30	40	60	120	∞
1	161.4	199.5	215.7	224.6	230.2	234.0	236.8	238.9	240.5	241.9	243.9	245.9	248.0	249.1	250.1	251.1	252.2	253.3	254.3
2	18.51	19.00	19.16	19.25	19.30	19.33	19.35	19.37	19.38	19.40	19.41	19.43	19.45	19.45	19.46	19.47	19.48	19.49	19.50
3	10.13	9.55	9.28	9.12	9.01	8.94	8.89	8.85	8.81	8.79	8.74	8.70	8.66	8.64	8.62	8.59	8.57	8.55	8.53
4	7.71	6.94	6.59	6.39	6.26	6.16	6.09	6.04	6.00	5.96	5.91	5.86	5.80	5.77	5.75	5.72	5.69	5.66	5.63
5	6.61	5.79	5.41	5.19	5.05	4.95	4.88	4.82	4.77	4.74	4.68	4.62	4.56	4.53	4.50	4.46	4.43	4.40	4.36
6	5.99	5.14	4.76	4.53	4.39	4.28	4.21	4.15	4.10	4.06	4.00	3.94	3.87	3.84	3.81	3.77	3.74	3.70	3.67
7	5.59	4.74	4.35	4.12	3.97	3.87	3.79	3.73	3.68	3.64	3.57	3.51	3.44	3.41	3.38	3.34	3.30	3.27	3.23
8	5.32	4.46	4.07	3.84	3.69	3.58	3.50	3.44	3.39	3.35	3.28	3.22	3.15	3.12	3.08	3.04	3.01	2.97	2.93
9	5.12	4.26	3.86	3.63	3.48	3.37	3.29	3.23	3.18	3.14	3.07	3.01	2.94	2.90	2.86	2.83	2.79	2.75	2.71
10	4.96	4.10	3.71	3.48	3.33	3.22	3.14	3.07	3.02	2.98	2.91	2.85	2.77	2.74	2.70	2.66	2.62	2.58	2.54
11	4.84	3.98	3.59	3.36	3.20	3.09	3.01	2.95	2.90	2.85	2.79	2.72	2.65	2.61	2.57	2.53	2.49	2.45	2.40
12	4.75	3.89	3.49	3.26	3.11	3.00	2.91	2.85	2.80	2.75	2.69	2.62	2.54	2.51	2.47	2.43	2.38	2.34	2.30
13	4.67	3.81	3.41	3.18	3.03	2.92	2.83	2.77	2.71	2.67	2.60	2.53	2.46	2.42	2.38	2.34	2.30	2.25	2.21
14	4.60	3.74	3.34	3.11	2.96	2.85	2.76	2.70	2.65	2.60	2.53	2.46	2.39	2.35	2.31	2.27	2.22	2.18	2.13
15	4.54	3.68	3.29	3.06	2.90	2.79	2.71	2.64	2.59	2.54	2.48	2.40	2.33	2.29	2.25	2.20	2.16	2.11	2.07
16	4.49	3.63	3.24	3.01	2.85	2.74	2.66	2.59	2.54	2.49	2.42	2.35	2.28	2.24	2.19	2.15	2.11	2.06	2.01
17	4.45	3.59	3.20	2.96	2.81	2.70	2.61	2.55	2.49	2.45	2.38	2.31	2.23	2.19	2.15	2.10	2.06	2.01	1.96
18	4.41	3.55	3.16	2.93	2.77	2.66	2.58	2.51	2.46	2.41	2.34	2.27	2.19	2.15	2.11	2.06	2.02	1.97	1.92
19	4.38	3.52	3.13	2.90	2.74	2.63	2.54	2.48	2.42	2.38	2.31	2.23	2.16	2.11	2.07	2.03	1.98	1.93	1.88
20	4.35	3.49	3.10	2.87	2.71	2.60	2.51	2.45	2.39	2.35	2.28	2.20	2.12	2.08	2.04	1.99	1.95	1.90	1.84
21	4.32	3.47	3.07	2.84	2.68	2.57	2.49	2.42	2.37	2.32	2.25	2.18	2.10	2.05	2.01	1.96	1.92	1.87	1.81
22	4.30	3.44	3.05	2.82	2.66	2.55	2.46	2.40	2.34	2.30	2.23	2.15	2.07	2.03	1.98	1.94	1.89	1.84	1.78
23	4.28	3.42	3.03	2.80	2.64	2.53	2.44	2.37	2.32	2.27	2.20	2.13	2.05	2.01	1.96	1.91	1.86	1.81	1.76
24	4.26	3.40	3.01	2.78	2.62	2.51	2.42	2.36	2.30	2.25	2.18	2.11	2.03	1.98	1.94	1.89	1.84	1.79	1.73
25	4.24	3.39	2.99	2.76	2.60	2.49	2.40	2.34	2.28	2.24	2.16	2.09	2.01	1.96	1.92	1.87	1.82	1.77	1.71
26	4.23	3.37	2.98	2.74	2.59	2.47	2.39	2.32	2.27	2.22	2.15	2.07	1.99	1.95	1.90	1.85	1.80	1.75	1.69
27	4.21	3.35	2.96	2.73	2.57	2.46	2.37	2.31	2.25	2.20	2.13	2.06	1.97	1.93	1.88	1.84	1.79	1.73	1.67
28	4.20	3.34	2.95	2.71	2.56	2.45	2.36	2.29	2.24	2.19	2.12	2.04	1.96	1.91	1.87	1.82	1.77	1.71	1.65
29	4.18	3.33	2.93	2.70	2.55	2.43	2.35	2.28	2.22	2.18	2.10	2.03	1.94	1.90	1.85	1.81	1.75	1.70	1.64
30	4.17	3.32	2.92	2.69	2.53	2.42	2.33	2.27	2.21	2.16	2.09	2.01	1.93	1.89	1.84	1.79	1.74	1.68	1.62
40	4.08	3.23	2.84	2.61	2.45	2.34	2.25	2.18	2.12	2.08	2.00	1.92	1.84	1.79	1.74	1.69	1.64	1.58	1.51
60	4.00	3.15	2.76	2.53	2.37	2.25	2.17	2.10	2.04	1.99	1.92	1.84	1.75	1.70	1.65	1.59	1.53	1.47	1.39
120	3.92	3.07	2.68	2.45	2.29	2.17	2.09	2.02	1.96	1.91	1.83	1.75	1.66	1.61	1.55	1.50	1.43	1.35	1.25
∞	3.84	3.00	2.60	2.37	2.21	2.10	2.01	1.94	1.88	1.83	1.75	1.67	1.57	1.52	1.46	1.39	1.32	1.22	1.00

(Continued)

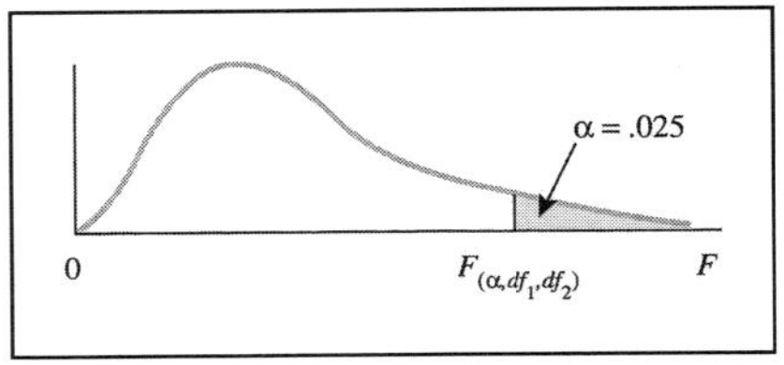

表5 (続き)

F Distribution

DENOMINATOR DF$_2$	\multicolumn{17}{c}{NUMERATOR DF$_1$}																
	1	2	3	4	5	6	7	8	9	10	12	15	20	24	30	40	60	120	∞
1	647.8	799.5	864.2	899.6	921.8	937.1	948.2	956.7	963.3	968.6	976.7	984.9	993.1	997.2	1001	1006	1010	1014	1018
2	38.51	39.00	39.17	39.25	39.30	39.33	39.36	39.37	39.39	39.40	39.41	39.43	39.45	39.46	39.46	39.47	39.48	39.49	39.50
3	17.44	16.04	15.44	15.10	14.88	14.73	14.62	14.54	14.47	14.42	14.34	14.25	14.17	14.12	14.08	14.04	13.99	13.95	13.90
4	12.22	10.65	9.98	9.60	9.36	9.20	9.07	8.98	8.90	8.84	8.75	8.66	8.56	8.51	8.46	8.41	8.36	8.31	8.26
5	10.01	8.43	7.76	7.39	7.15	6.98	6.85	6.76	6.68	6.62	6.52	6.43	6.33	6.28	6.23	6.18	6.12	6.07	6.02
6	8.81	7.26	6.60	6.23	5.99	5.82	5.70	5.60	5.52	5.46	5.37	5.27	5.17	5.12	5.07	5.01	4.96	4.90	4.85
7	8.07	6.54	5.89	5.52	5.29	5.12	4.99	4.90	4.82	4.76	4.67	4.57	4.47	4.42	4.36	4.31	4.25	4.20	4.14
8	7.57	6.06	5.42	5.05	4.82	4.65	4.53	4.43	4.36	4.30	4.20	4.10	4.00	3.95	3.89	3.84	3.78	3.73	3.67
9	7.21	5.71	5.08	4.72	4.48	4.32	4.20	4.10	4.03	3.96	3.87	3.77	3.67	3.61	3.56	3.51	3.45	3.39	3.33
10	6.94	5.46	4.83	4.47	4.24	4.07	3.95	3.85	3.78	3.72	3.62	3.52	3.42	3.37	3.31	3.26	3.20	3.14	3.08
11	6.72	5.26	4.63	4.28	4.04	3.88	3.76	3.66	3.59	3.53	3.43	3.33	3.23	3.17	3.12	3.06	3.00	2.94	2.88
12	6.55	5.10	4.47	4.12	3.89	3.73	3.61	3.51	3.44	3.37	3.28	3.18	3.07	3.02	2.96	2.91	2.85	2.79	2.72
13	6.41	4.97	4.35	4.00	3.77	3.60	3.48	3.39	3.31	3.25	3.15	3.05	2.95	2.89	2.84	2.78	2.72	2.66	2.60
14	6.30	4.86	4.24	3.89	3.66	3.50	3.38	3.29	3.21	3.15	3.05	2.95	2.84	2.79	2.73	2.67	2.61	2.55	2.49
15	6.20	4.77	4.15	3.80	3.58	3.41	3.29	3.20	3.12	3.06	2.96	2.86	2.76	2.70	2.64	2.59	2.52	2.46	2.40
16	6.12	4.69	4.08	3.73	3.50	3.34	3.22	3.12	3.05	2.99	2.89	2.79	2.68	2.63	2.57	2.51	2.45	2.38	2.32
17	6.04	4.62	4.01	3.66	3.44	3.28	3.16	3.06	2.98	2.92	2.82	2.72	2.62	2.56	2.50	2.44	2.38	2.32	2.25
18	5.98	4.56	3.95	3.61	3.38	3.22	3.10	3.01	2.93	2.87	2.77	2.67	2.56	2.50	2.44	2.38	2.32	2.26	2.19
19	5.92	4.51	3.90	3.56	3.33	3.17	3.05	2.96	2.88	2.82	2.72	2.62	2.51	2.45	2.39	2.33	2.27	2.20	2.13
20	5.87	4.46	3.86	3.51	3.29	3.13	3.01	2.91	2.84	2.77	2.68	2.57	2.46	2.41	2.35	2.29	2.22	2.16	2.09
21	5.83	4.42	3.82	3.48	3.25	3.09	2.97	2.87	2.80	2.73	2.64	2.53	2.42	2.37	2.31	2.25	2.18	2.11	2.04
22	5.79	4.38	3.78	3.44	3.22	3.05	2.93	2.84	2.76	2.70	2.60	2.50	2.39	2.33	2.27	2.21	2.14	2.08	2.00
23	5.75	4.35	3.75	3.41	3.18	3.02	2.90	2.81	2.73	2.67	2.57	2.47	2.36	2.30	2.24	2.18	2.11	2.04	1.97
24	5.72	4.32	3.72	3.38	3.15	2.99	2.87	2.78	2.70	2.64	2.54	2.44	2.33	2.27	2.21	2.15	2.08	2.01	1.94
25	5.69	4.29	3.69	3.35	3.13	2.97	2.85	2.75	2.68	2.61	2.51	2.41	2.30	2.24	2.18	2.12	2.05	1.98	1.91
26	5.66	4.27	3.67	3.33	3.10	2.94	2.82	2.73	2.65	2.59	2.49	2.39	2.28	2.22	2.16	2.09	2.03	1.95	1.88
27	5.63	4.24	3.65	3.31	3.08	2.92	2.80	2.71	2.63	2.57	2.47	2.36	2.25	2.19	2.13	2.07	2.00	1.93	1.85
28	5.61	4.22	3.63	3.29	3.06	2.90	2.78	2.69	2.61	2.55	2.45	2.34	2.23	2.17	2.11	2.05	1.98	1.91	1.83
29	5.59	4.20	3.61	3.27	3.04	2.88	2.76	2.67	2.59	2.53	2.43	2.32	2.21	2.15	2.09	2.03	1.96	1.89	1.81
30	5.57	4.18	3.59	3.25	3.03	2.87	2.75	2.65	2.57	2.51	2.41	2.31	2.20	2.14	2.07	2.01	1.94	1.87	1.79
40	5.42	4.05	3.46	3.13	2.90	2.74	2.62	2.53	2.45	2.39	2.29	2.18	2.07	2.01	1.94	1.88	1.80	1.72	1.64
60	5.29	3.93	3.34	3.01	2.79	2.63	2.51	2.41	2.33	2.27	2.17	2.06	1.94	1.88	1.82	1.74	1.67	1.58	1.48
120	5.15	3.80	3.23	2.89	2.67	2.52	2.39	2.30	2.22	2.16	2.05	1.94	1.82	1.76	1.69	1.61	1.53	1.43	1.31
∞	5.02	3.69	3.12	2.79	2.57	2.41	2.29	2.19	2.11	2.05	1.94	1.83	1.71	1.64	1.57	1.48	1.39	1.27	1.00

(Continued)

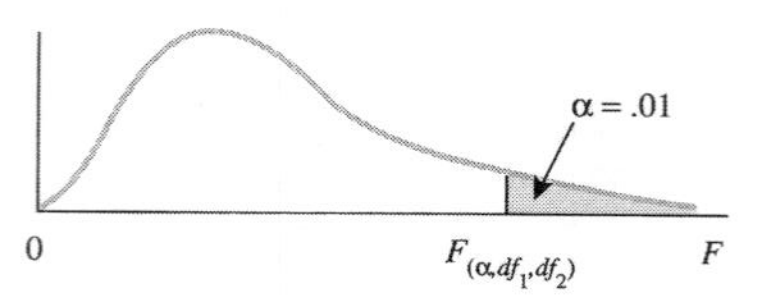

表 5（続き）

F Distribution

DENOMINATOR DF$_2$	\	NUMERATOR DF$_1$																
		1	2	3	4	5	6	7	8	9	10	12	15	20	24	30	40	60	120	∞
1		4052	4999.5	5403	5625	5764	5859	5928	5982	6022	6056	6106	6157	6209	6235	6261	6287	6313	6339	6366
2		98.50	99.00	99.17	99.25	99.30	99.33	99.36	99.37	99.39	99.40	99.42	99.43	99.45	99.46	99.47	99.47	99.48	99.49	99.50
3		34.12	30.82	29.46	28.71	28.24	27.91	27.67	27.49	27.35	27.23	27.05	26.87	26.69	26.60	26.50	26.41	26.32	26.22	26.13
4		21.20	18.00	16.69	15.98	15.52	15.21	14.98	14.80	14.66	14.55	14.37	14.20	14.02	13.93	13.84	13.75	13.65	13.56	13.46
5		16.26	13.27	12.06	11.39	10.97	10.67	10.46	10.29	10.16	10.05	9.89	9.72	9.55	9.47	9.38	9.29	9.20	9.11	9.02
6		13.75	10.92	9.78	9.15	8.75	8.47	8.26	8.10	7.98	7.87	7.72	7.56	7.40	7.31	7.23	7.14	7.06	6.97	6.88
7		12.25	9.55	8.45	7.85	7.46	7.19	6.99	6.84	6.72	6.62	6.47	6.31	6.16	6.07	5.99	5.91	5.82	5.74	5.65
8		11.26	8.65	7.59	7.01	6.63	6.37	6.18	6.03	5.91	5.81	5.67	5.52	5.36	5.28	5.20	5.12	5.03	4.95	4.86
9		10.56	8.02	6.99	6.42	6.06	5.80	5.61	5.47	5.35	5.26	5.11	4.96	4.81	4.73	4.65	4.57	4.48	4.40	4.31
10		10.04	7.56	6.55	5.99	5.64	5.39	5.20	5.06	4.94	4.85	4.71	4.56	4.41	4.33	4.25	4.17	4.08	4.00	3.91
11		9.65	7.21	6.22	5.67	5.32	5.07	4.89	4.74	4.63	4.54	4.40	4.25	4.10	4.02	3.94	3.86	3.78	3.69	3.60
12		9.33	6.93	5.95	5.41	5.06	4.82	4.64	4.50	4.39	4.30	4.16	4.01	3.86	3.78	3.70	3.62	3.54	3.45	3.36
13		9.07	6.70	5.74	5.21	4.86	4.62	4.44	4.30	4.19	4.10	3.96	3.82	3.66	3.59	3.51	3.43	3.34	3.25	3.17
14		8.86	6.51	5.56	5.04	4.69	4.46	4.28	4.14	4.03	3.94	3.80	3.66	3.51	3.43	3.35	3.27	3.18	3.09	3.00
15		8.68	6.36	5.42	4.89	4.56	4.32	4.14	4.00	3.89	3.80	3.67	3.52	3.37	3.29	3.21	3.13	3.05	2.96	2.87
16		8.53	6.23	5.29	4.77	4.44	4.20	4.03	3.89	3.78	3.69	3.55	3.41	3.26	3.18	3.10	3.02	2.93	2.84	2.75
17		8.40	6.11	5.18	4.67	4.34	4.10	3.93	3.79	3.68	3.59	3.46	3.31	3.16	3.08	3.00	2.92	2.83	2.75	2.65
18		8.29	6.01	5.09	4.58	4.25	4.01	3.84	3.71	3.60	3.51	3.37	3.23	3.08	3.00	2.92	2.84	2.75	2.66	2.57
19		8.18	5.93	5.01	4.50	4.17	3.94	3.77	3.63	3.52	3.43	3.30	3.15	3.00	2.92	2.84	2.76	2.67	2.58	2.49
20		8.10	5.85	4.94	4.43	4.10	3.87	3.70	3.56	3.46	3.37	3.23	3.09	2.94	2.86	2.78	2.69	2.61	2.52	2.42
21		8.02	5.78	4.87	4.37	4.04	3.81	3.64	3.51	3.40	3.31	3.17	3.03	2.88	2.80	2.72	2.64	2.55	2.46	2.36
22		7.95	5.72	4.82	4.31	3.99	3.76	3.59	3.45	3.35	3.26	3.12	2.98	2.83	2.75	2.67	2.58	2.50	2.40	2.31
23		7.88	5.66	4.76	4.26	3.94	3.71	3.54	3.41	3.30	3.21	3.07	2.93	2.78	2.70	2.62	2.54	2.45	2.35	2.26
24		7.82	5.61	4.72	4.22	3.90	3.67	3.50	3.36	3.26	3.17	3.03	2.89	2.74	2.66	2.58	2.49	2.40	2.31	2.21
25		7.77	5.57	4.68	4.18	3.85	3.63	3.46	3.32	3.22	3.13	2.99	2.85	2.70	2.62	2.54	2.45	2.36	2.27	2.17
26		7.72	5.53	4.64	4.14	3.82	3.59	3.42	3.29	3.18	3.09	2.96	2.81	2.66	2.58	2.50	2.42	2.33	2.23	2.13
27		7.68	5.49	4.60	4.11	3.78	3.56	3.39	3.26	3.15	3.06	2.93	2.78	2.63	2.55	2.47	2.38	2.29	2.20	2.10
28		7.64	5.45	4.57	4.07	3.75	3.53	3.36	3.23	3.12	3.03	2.90	2.75	2.60	2.52	2.44	2.35	2.26	2.17	2.06
29		7.60	5.42	4.54	4.04	3.73	3.50	3.33	3.20	3.09	3.00	2.87	2.73	2.57	2.49	2.41	2.33	2.23	2.14	2.03
30		7.56	5.39	4.51	4.02	3.70	3.47	3.30	3.17	3.07	2.98	2.84	2.70	2.55	2.47	2.39	2.30	2.21	2.11	2.01
40		7.31	5.18	4.31	3.83	3.51	3.29	3.12	2.99	2.89	2.80	2.66	2.52	2.37	2.29	2.20	2.11	2.02	1.92	1.80
60		7.08	4.98	4.13	3.65	3.34	3.12	2.95	2.82	2.72	2.63	2.50	2.35	2.20	2.12	2.03	1.94	1.84	1.73	1.60
120		6.85	4.79	3.95	3.48	3.17	2.96	2.79	2.66	2.56	2.47	2.34	2.19	2.03	1.95	1.86	1.76	1.66	1.53	1.38
∞		6.63	4.61	3.78	3.32	3.02	2.80	2.64	2.51	2.41	2.32	2.18	2.04	1.88	1.79	1.70	1.59	1.47	1.32	1.00

For a particular combination of numerator and denominator degrees of freedom, entry represents the critical values of F corresponding to a specified upper tail area α.

注

第1章

1. Anonymous, "IBM Unveils Linux-Driven Mainframe," (January 25, 2002); and Joseph Rydholm, "A Global Enterprise," *Quirk's Marketing Research Review* (November 1997).
2. Joe Flint, "How NBC Defies Network Norms—To Its Advantage," *Wall Street Journal* (May 20, 2002): A1, A10; Michael Freeman, "NBC: No Laughing Matter," *Electronic Media,* 21 (1) (January 7, 2002); and Jack Neff, "Marketers Use Recipio to Tap Users' View," *Advertising Age,* 72 (7) (February 12, 2001): 24.
3. Barbara Benson, "Market Researcher Wins Clients with Documentaries," *Crain's New York Business,* 17 (17) (April 23, 2001): 31.
4. Jack Neff, "P&G Targets Teen Via Tremor, Toejam Sites," *Advertising Age,* 72 (10) (March 5, 2001): 12; and www.pg.com.
5. For the strategic role of marketing research, see Denise Jarratt and Ramzi Fayed, "The Impact of Market and Organizational Challenges On Marketing Strategy Decision Making," *Journal of Business Research,* 51 (01) (January 2001): 61–72; and Lexis F. Higgins, "Applying Principles of Creativity Management to Marketing Research Efforts in High-Technology Markets," *Industrial Marketing Management,* 28 (3) (May 1999): 305–317.
6. The AMA definition is reported in "New Marketing Research Definition Approved," *Marketing News,* 21 (January 2, 1987). See also Michelle Wirth Fellman, "An Aging Profession," *Marketing Research,* Chicago (Spring 2000): 33–35; and Lawrence D Gibson, "Quo Vadis, Marketing Research?" *Marketing Research,* Chicago (Spring 2000): 36–41.
7. For a historical discussion and an assessment of marketing research, see Stephen Brown, "Always historicize! Researching Marketing History in a Post Historical Epoch," *Marketing Theory,* 1 (1) (September 2001): 49–89; L. McTier Anderson, "Marketing Science: Where's the Beef?" *Business Horizons,* 37 (January/February 1994): 8–16; Alvin J. Silk, "Marketing Science in a Changing Environment," *Journal of Marketing Research,* 30 (November 1993): 401–404; and Frank M. Bass, "The Future of Research in Marketing: Marketing Science," *Journal of Marketing Research,* 30 (February 1993): 1–6.
8. Gordon A Wyner, "Learn and Earn Through Testing on the Internet," *Marketing Research* (Fall 2000): 3; and Jerry W. Thomas, "How, When, and Why to do Market Research," *Nation's Restaurant News,* 31 (19) (May 12, 1997): 84, 136.
9. Peter H. Gray, "A Problem-Solving Perspective on Knowledge Management Practices," *Decision Support Systems,* Amsterdam; (May 2001): 87; and Barry de Ville, "Intelligent Tools for Marketing Research: Case-Based Reasoning," *Marketing Research: A Magazine of Management & Applications,* 9 (2) (Summer 1997): 38–40.
10. Anonymous, "Kellogg's Brings Olympic Spirit to America's Breakfast Table," *PRNewswire* (December 6, 2001); Anonymous, "Kellogg's Crunchy Nut Gets Ready for Adult Breakfast," *Grocer,* 224 (7524) (October 6, 2001): 53; and www.kelloggs.com.
11. Rayna Katz, "Marriott Establishing a Substantial Presence Across the State," *Meeting News,* 26 (5) (April 8, 2002): 19; and Sanjit Sengupta, Robert E. Krapfel and Michael A. Pusateri, "The Marriott Experience," *Marketing Management,* 6 (2) (Summer 1997): 33.
12. For relationship among information processing, marketing decisions, and performance, see William D. Neal, "Advances in Marketing Segmentation," *Marketing Research,* Chicago, (Spring 2001): 14–18.
13. "Motrin," *Advertising Age,* 72 (11) (March 12, 2001): 44; and "J.J. Unit Purchases St. Joseph's Aspirin of Schering-Plough," *Wall Street Journal,* 236 (120) (December 20, 2000): 20.
14. For the role of marketing research in marketing management, see Naresh K. Malhotra, "The Past, Present, and Future of the Marketing Discipline," *Journal of the Academy of Marketing Science,* 27 (Spring 1999): 116–119; Naresh K. Malhotra, Mark Peterson, and Susan Kleiser, "Marketing Research: A State-of-the-Art Review and Directions for the Twenty-First Century," *Journal of the Academy of Marketing Science,* 27 (Spring 1999): 160–183; and Siva K. Balasubramanian, "The New Marketing Research Systems—How to Use Strategic Database Information for Better Marketing," *Journal of the Academy of Marketing Science,* 24 (2) (Spring 1996): 179–181.
15. Naresh K. Malhotra and Mark Peterson, "Marketing Research in the New Millennium: Emerging Issues and Trends," *Market Intelligence and Planning,* 2001, 19 (4) (2001): 216–235; David Smith and Andy Dexter, "Whenever I Hear the Word 'Paradigm' I Reach for my Gun: How to Stop Talking and Start Walking: Professional Development Strategy and Tactics for the 21st Century Market Researcher," *International Journal of Market Research,* 43 (3) (Third Quarter 2001): 321–340; and Naresh K. Malhotra, "Shifting Perspective on the Shifting Paradigm in Marketing Research," *Journal of the Academy of Marketing Science,* 20 (Fall 1992): 379–387.
16. Alex Taylor, "Can the Germans Rescue Chrysler?" *Fortune,* 143 (09) (April 30, 2001): 106; and Jean Halliday, "Chrysler Group Restructures," *Advertising Age,* 72 (13) (March 26, 2001): 41.
17. Stephanie Thompson, "Oscar Mayer Hams It Up for New Lunch Meat Line," *Advertising Age,* 71 (32) (July 31, 2000): 14; and Charlie Etmekjian and John Grede, "Marketing Research in a Team-Oriented Business: The Oscar Mayer Approach," *Marketing Research: A Magazine of Management & Applications* (December 1990): 6–12.
18. A complete listing and description of the individual firms in the marketing research industry is provided in *The GreenBook International Directory of Marketing Research Companies and Services* (New York Chapter, American Marketing Association, annually). See the Web site *www.greenbook.org.*
19. Jack Honomichl, "Honomichl Top 50: Annual Business Report on the Marketing Research Industry," *Marketing News* (June 10, 2002): H1–H43.
20. For a historical note and future directions in syndicated services, see Mike Penford, "Continuous Research—Art Nielsen to AD 2000," *Journal of the Market Research Society,* 36 (January 1994): 19–28; and the ACNielsen website (*www.acnielsen.com*).
21. Joe Nicholson, "Baxter Ads Fuel New Recruitment Trend," *Editor and Publisher,* New York (September 25, 2000): 36;

Robert Gray, "High Gloss Boost to Customer Titles," *Marketing,* London (October 12, 2000): 25–26; and Thomas C. Kinnear and Ann R. Root, *1988 Survey of Marketing Research,* Chicago: American Marketing Association.
22. Sarah Nonis and Gail Hudson, "The Second Course in Business Statistics and Its Role in Undergraduate Marketing Education," *Journal of Marketing Education,* 21 (December 1999): 232–241; and Ralph W. Giacobbe and Madhav N. Segal, "Rethinking Marketing Research Education: A Conceptual, Analytical, and Empirical Investigation," *Journal of Marketing Education,* 16 (Spring 1994): 43–58.
23. Richard Burnett, "BP Plans to Build Up-Scale Convenience Stores in Orlando, Fla., Area," *Knight Ridder Tribune Business News* (January 19, 2002): 1, "AMR Interviews Abdul Azhari, On Today and the Future of Marketing Research at a Major Corporation," *Applied Marketing Research* (Spring 1989): 3–8; and www.bpamoco.com.
24. O. I. Larichev, A. V. Kortnev, and D. Yu Kochin, "Decision Support System for Classification of a Finite Set of Multicriteria Alternatives," *Decision Support Systems,* 33 (1) (May 2002): 13–21.
25. Sanjay K. Rao, "A Marketing Decision Support System for Pricing New Pharmaceutical Products," *Marketing Research,* Chicago (Winter 2000): 22–29.
26. R. Jeffery Thieme, "Artificial Neural Network Decision Support Systems for New Product Development Project Selection," *Journal of Marketing Research* (November 2000): 499–507.
27. Anonymous, "FedEx Ground Receives Wireless Industry Award for New System That Captures Digital Signatures At Package Delivery," *Businesswire* (December 10, 2001); Aisha Williams, "FedEx Delivers Information Right To Customers' Hands," *Information Week* (March 19, 2001): 33; and www.fedex.com.
28. Allyson Stewart, "Do Your International Homework First," *Marketing News,* 33 (01) (January 4, 1999): 25.
29. Vanessa O'Copnell, "Unilever To Run Some TV Spots, Digitized, Online," *Wall Street Journal,* 237 (43) (March 2, 2001): 1; and David Kilburn, "Thai Recipe for Haircare Growth," *Marketing Week,* 20 (2) (April 10, 1997).
30. Naresh K. Malhotra and Gina Miller, "Social Responsibility and the Marketing Educator: A Focus on Stakeholders, Ethical Theories, and Related Codes of Ethics," *Journal of Business Ethics,* 19 (1999): 211–224.
31. Information about the software cited in this book, if not referenced, can be obtained from recent issues of *Marketing News and Marketing Research: A Magazine of Management & Applications,* published by the American Marketing Association, or from a software vendor directory.

第2章

1. Marilyn Alva, "Hog Maker Gets (Financial) Motor Running," *Investor's Business Daily* (Monday, January 28, 2002): A9; Ian Murphy, "Aided by Research, Harley Goes Whole Hog," *Marketing News* (December 2, 1996): 16–17; and www.harleydavidson.com.
2. Jagdish N. Sheth and Rajendra S. Sisodia, "Marketing Productivity: Issues and Analysis," *Journal of Business Research,* 55 (5) (May 2002): 349; and Patrick Butler, "Marketing Problem: From Analysis to Decision," *Marketing Intelligence & Planning,* 12 (2) (1994): 4–12.
3. Molly Inhofe Rapert, "The Strategic Implementation Process: Evoking Strategic Consensus Through Communication," *Journal of Business Research,* 55 (4) (April 2002): 301; and David Smith and Andy Dexter, "Quality in Marketing Research: Hard Frameworks for Soft Problems," *Journal of the Market Research Society,* 36 (2) (April 1994): 115–132.
4. Greg W. Marshall, "Selection Decision Making by Sales Managers and Human Resource Managers: Decision Impact, Decision Frame and Time of Valuation," *The Journal of Personal Selling and Sales Management* (Winter 2001): 19–28; and Berend Wierenga and Gerrit H. van Bruggen, "The Integration of Marketing Problem Solving Modes and Marketing Management Support Systems," *Journal of Marketing,* 61 (3) (July 1997): 21–37.
5. Anonymous, "How to Decide Who Should Get What Data," *HR Focus* (May 2001): 7; and Mary J. Cronin, "Using the Web to Push Key Data to Decision Makers," *Fortune,* 36 (6) (September 29, 1997): 254.
6. Neil A. Morgan, "Marketing Productivity, Marketing Audits, and Systems for Marketing Performance Assessment: Integrating Multiple Perspectives," *Journal of Business Research,* 55 (5) (May 2002): 363; Merrilyn Astin Tarlton, "Quick Marketing Audit," *Law Practice Management,* 23 (6) (September 1997): 18, 63; and Leonard L. Berry, Jeffrey S. Conant, and A. Parasuraman, "A Framework for Conducting a Services Marketing Audit," *Journal of the Academy of Marketing Science,* 19 (Summer 1991): 255–268.
7. Ram Charan, "Conquering a Culture of Indecision," *Harvard Business Review* (April 2001): 74; and Saviour L. S. Nwachukwu and Scott J. Vitell, Jr., "The Influence of Corporate Culture on Managerial Ethical Judgments," *Journal of Business Ethics,* 16 (8) (June 1997): 757–776.
8. Tobi Elkin, "Cingular Believes in Self," *Advertising Age,* Midwest region edition, 72 (26) (June 25, 2001): 39; and Joe Zibell, "Velocity Chosen by Cingular to Maximize Sports Sponsorships," *The Business Times,* 23 (8) (August 1, 2001): 9.
9. Keith Malo, "Corporate Strategy Requires Market Research," *Marketing News,* 36 (2) (January 21, 2002): 14; Ruth Winett, "Guerilla Marketing Research Outsmarts the Competition," *Marketing News,* 29 (1) (January 2, 1995): 33; and J. Scott Armstrong, "Prediction of Consumer Behavior by Experts and Novices," *Journal of Consumer Research,* 18 (September 1991): 251–256.
10. Matthew Arnold, "Can New Flavours Help Coke Get Back Its Fizz?" *Marketing* (April 11, 2002): 15; Karen Benezra, "Diet Cherry Coke Apes Full-Cal Sister," *Brandweek* (May 11, 1998); and Hank Kim, "Freeman Sets Goals for Cherry Coke," *Adweek* (August 24, 1998).
11. Arlene Weintraub and Gerry Khermouch, "Chairman of the Board; How Shoemaker Vans Turned Itself into Skateboarders' Fave," *Business Week,* Industrial/Technology Edition (3734) (May 28, 2001): 96; Becky Ebenkamp, "Van's Board Room Battle," *Brandweek,* 41 (12) (March 20, 2000): 17–20.
12. Anonymous, "Movers, Shakers, and Decision Makers 2002," *Financial Planning* (January 1, 2002): 1; and, Mary T. Curren, Valerie S. Folkes, and Joel H. Steckel, "Explanations for Successful and Unsuccessful Marketing Decisions: The Decision Maker's Perspective," *Journal of Marketing,* 56 (April 1992): 18–31.
13. Michael J. Hennel, "Forecasting Demand Begins with Integration," *B to B,* 87 (11) (November 11): 9; and C. L. Jain, "Myths and Realities of Forecasting," *Journal of Business Forecasting,* 9 (Fall 1990): 18–22.
14. Tania Mason, "Pizza Hut Boss Moves to Concepts Role in U.S.," *Marketing* (January 17, 2002): 1; and Johnson, Kemba, "Brown Baggin' It," *American Demographics,* 23 (1) (January 2001): 12.

15. Ray Suutari, "Playing the Decision-Making Game," *CMA Management,* 75 (7), (October 2001): 14–17; Lehman Benson III and Lee Roy Beach, "The Effect of Time Constraints on the Prechoice Screening of Decision Options," *Organizational Behavior & Human Decision Processes,* 67 (2) (August 1996): 222–228; and Ron Sanchez and D. Sudharshan, "Real-Time Market Research," *Marketing Intelligence and Planning,* 11 (1993): 29–38.
16. Based on a marketing research project conducted by the author. See also Darren W. Dahl, "The Influence and Value of Analogical Thinking During New Product Ideation," *Journal of Marketing Research,* 39 (1) (February 2002): 47–60.
17. Jennifer Sabe, "Advertising Agency of the Year 2000," *MC Technology Marketing Intelligence,* 20 (4) (April 2000): 44; Hillary Chura and Stephanie Thompson, "Bozell Moving Beyond Mustaches in Milk Ads," *Advertising Age,* 70 (43) (October 18, 1999): 81; and www.gotmilk.com/story.html, 16 January 2001.
18. R. Jeffery Thieme, "Artificial Neural Network Decision Support Systems for the New Product Development Project Selection," *Journal of Marketing Research,* Chicago (Nov 2000): 499–507; and Stephen M. Heyl, "Decision Matrix Points the Way to Better Research ROI," *Marketing News,* 31 (19) (September 15, 1997): 18, 30.
19. www.tennis.com/external.cfm?articleid= 2141, January 13, 2002; Tony Lance, Telephone interview (212.636.2731), January 12, 2002; Mark Adams, "Court Marshal," *Mediaweek,* 6 (12) (March 18, 1996): 22.
20. Gary L. Lilien, "Bridging the Marketing Theory," *Journal of Business Research,* 55 (2) (February 2002): 111; and Shelby D. Hunt, "For Reason and Realism in Marketing," *Journal of Marketing,* 56 (April 1992): 89–102.
21. A positivist perspective on research is used here. Positivism encompasses logical positivism, logical empiricism, and all forms of falsificationism. This is the dominant perspective adopted in commercial marketing research. More recently, a relativist perspective has been offered. See, for example, Jillian Dawes and Reva Berman Brown, "Postmodern Marketing: Research Issues for Retail Financial Services," *Qualitative Market Research,* 3 (2) (2000): 90–98; and Shelby D. Hunt, *A General Theory of Competition* (Thousand Oaks, CA: Sage Publishing Co., 2000).
22. Mika Boedeker, "New-Type and Traditional Shoppers: A Comparison of Two Major Consumer Groups," *International Journal of Retail & Distribution Management,* 23 (3) (1995) 17–26; and Naresh K. Malhotra, "A Threshold Model of Store Choice," *Journal of Retailing* (Summer 1983): 3–21.
23. Naresh K. Malhotra and Lan Wu, "Decision Models and Descriptive Models: Complementary Roles," *Marketing Research,* 13 (4) (December 2001): 43–44; and Peter S. H. Leeflang, "Building Models for Marketing Decisions: Past, Present and Future," *International Journal of Research in Marketing* (September 2000): 105.
24. The integrated role of theory, models, research questions, and hypotheses in marketing research can be seen in Arne Nygaard and Robert Dahlstrom, "Role Stress and Effectiveness in Horizontal Alliances," *Journal of Marketing,* 66 (April 2002): 61–82; and Joseph C. Nunes, "A Cognitive Model of People's Usage Estimations," *Journal of Marketing Research,* 37 (4) (November 2000): 397–409.
25. Deepak Sirdeshmukh, "Consumer Trust, Value, and Loyalty in Relational Exchanges," *Journal of Marketing,* 66 (1) (January 2002): 15–37.
26. Brian Wansink and Cynthia Sangerman, "The Taste of Comfort," *American Demographics,* 22 (7) (July 2000): 66–67; and Anonymous, "Comfort Food," *Potentials,* 35 (1) (January 2002): 12.
27. Nancy Dillon, "United Airlines to Rehire Customer Service, Other Staffers," *Knight Ridder Tribune Business News* (March 23, 2002): 1; "Marketing Key for Air Giants," *Advertising Age,* 72 (03) (January 15, 2001): 22; and Karen Schwartz and Ian P. Murphy, "Marketers Improve Menus to Please Passengers," *Marketing News,* 31 (21) (October 13, 1997): 1, 10.
28. Sonia Reyes, "Heinz Builds on EZ Squirt Success with Adult-Skewing Kick'rs Line," *Brandweek,* 43 (3) (January 21, 2002): 4; and "ConAgra, Heinz Rule Mexican Frozens," *Frozen Food Age,* 45 (11) (June 1997): 16.
29. Paul Westhead, "International Market Selection Strategies Selected by 'Micro' and 'Small' Firms," *Omega,* 30 (1) (February 2002): 51; and Susan P. Douglas and C. Samuel Craig, *International Marketing Research* (Englewood Cliffs, NJ: Prentice-Hall, 1983).
30. Sonoo Singh, "Unilever Picks Global Brand Director for Surf," *Marketing Week* (March 7, 2002): 7; and David Kilburn, "Unilever Struggles with Surf in Japan," *Advertising Age,* May 6, 1991.
31. J. Pierre Brans, "Ethics and Decisions," *European Journal of Operational Research,* 136 (2) (January 16, 2002): 340; and G. R. Laczniak and P. E. Murphy, *Ethical Marketing Decisions, the Higher Road* (Boston, MA: Allyn and Bacon, 1993).

第3章

1. Anonymous, "Environmental Groups Unveil Eco-friendly Coffee Guidelines," *Gourmet News,* 66 (7) (July 2001): 5; and Marianne Wilson. "More Than Just Causes," *Business and Industry,* 76 (August 2000): 37–54.
2. I. M. Halman, "Evaluating Effectiveness of Project Start-ups: An Exploratory Study," *International Journal of Project Management,* 20 (1) (January 2002): 81; and Thomas T. Semon, "Marketing Research Needs Basic Research," *Marketing News,* 28 (6) (March 14, 1996): 12.
3. John W. Creswell, *Research Design: Qualitative, Quantitative, and Mixed Method Approaches,* 2nd ed. (Thousand Oaks, CA: Sage Publications, 2002); Hanjoon Lee, Jay D. Lindquist, and Frank Acito, "Managers' Evaluation of Research Design and Its Impact on the Use of Research: An Experimental Approach," *Journal of Business Research,* 39 (3) (July 1997): 231–240; and R. Dale Wilson, "Research Design: Qualitative and Quantitative Approaches," *Journal of Marketing Research,* 33 (2) (May 1996): 252–255.
4. For examples of exploratory research, see Paul Ellis and Anthony Pecotich, "Social Factors Influencing Export Initiation in Small- and Medium-Sized Enterprises," *Journal of Marketing Research,* 38 (1) (February 2001): 119–130; and Ellen Bolman Pullins, "An Exploratory Investigation of the Relationship of Sales Force Compensation and Intrinsic Motivation," *Industrial Marketing Management,* 30 (5) (July 2001): 403.
5. Eyal Rabinovitch, "360 Degrees: Microsoft Publisher 2002," *Fortune Small Business,* 11 (10) (January 2002): 79; Robert W. Scott, "The Small Biz Wars," *Accounting Technology,* 17 (3) (April 2001): 18–21; Microsoft's Web site: *www. microsoft.com*; and *www.sba.gov/advo/stats/sbfaq.pdf*.
6. For an example of descriptive research, see William T. Robinson, "Is the First to Market the First to Fail?" *Journal of Marketing Research,* 39 (1) (February 2002): 120–128.
7. Jeff Goldsmith, "Integrating Care: A Talk with Kaiser Permanente's David Lawrence," *Health Affairs,* 21 (1)

(January/February 2002): 39–48; and Julie T. Chyna, "Is Your Culture e-Compatible?" *Healthcare Executive,* 17 (1) (January/February 2002): 53.

8. John Creswell, *Research Design: Qualitative, Quantitative, and Mixed Method Approaches,* 2nd ed. (Thousand Oaks, CA: Sage Publications, 2002); Ranjita Misra and B. Panigrahi, "Changes in Attitudes Toward Women: A Cohort Analysis," *International Journal of Sociology & Social Policy,* 15 (6) (1995): 1–20; and Norval D. Glenn, *Cohort Analysis* (Beverly Hills: Sage Publications, 1981).

9. Joseph O. Rentz, Fred D. Reynolds, and Roy G. Stout, "Analyzing Changing Consumption Patterns with Cohort Analysis," *Journal of Marketing Research,* 20 (February 1983): 12–20. See also Joseph O. Rentz and Fred D. Reynolds, "Forecasting the Effects of an Aging Population on Product Consumption: An Age-Period-Cohort Framework," *Journal of Marketing Research* (August 1991): 355–360.

10. David Teel, "Anheuser-Busch Replaces Virginia Men's Golf Tournament with Women's Event," *Knight Ridder Tribune Business News* (March 2, 2002): 1; and Anonymous, "Ways to Use Golf," *Incentive* (January 2001): 2–7.

11. For recent applications of panel data, see Jack K. H. Lee, K. Sudhir, and Joel H. Steckel, "A Multiple Ideal Point Model: Capturing Multiple Preference Effects from within an Ideal Point Framework," *Journal of Marketing Research,* 39 (1) (February 2002): 73–86. For a basic treatment, see Gregory B. Markus, *Analyzing Panel Data* (Beverly Hills: Sage Publications, 1979).

12. Table 3.6 can also be viewed as a transition matrix. It depicts the brand-buying changes from period to period. Knowing the proportion of consumers who switch allows for early prediction of the ultimate success of a new product or change in market strategy.

13. Kurt Brannas, "A New Approach to Modeling and Forecasting Monthly Guest Nights in Hotels," *International Journal of Forecasting,* 18 (1) (January-March 2002): 19; and Seymour Sudman and Robert Ferber, *Consumer Panels* (Chicago: American Marketing Association, 1979): 19–27.

14. Toon W. Taris, *A Primer in Longitudinal Data Analysis* (Thousand Oaks, CA: Sage Publications, 2001); G. J. Van Den Berg, M. Lindeboom, and G. Ridder, "Attrition in Longitudinal Panel Data and the Empirical Analysis of Dynamic Labour Market Behaviour," *Journal of Applied Econometrics,* 9 (4) (October-December 1994): 421–435; and Russell S. Winer, "Attrition Bias in Econometric Models Estimated with Panel Data," *Journal of Marketing Research,* 20 (May 1983): 177–186.

15. Jack K. H. Lee, K. Sudhir, and Joel H. Steckel, "A Multiple Ideal Point Model: Capturing Multiple Preference Effects from within an Ideal Point Framework," *Journal of Marketing Research,* 39 (1) (February 2002): 73–86; and Laszlo Maytas and Patrick Sevestre, eds., *The Econometrics of Panel Data, A Handbook of the Theory With Applications* (Norwell, MA: Kluwer Academic Publishers, 1996).

16. Grant F. Gould and James L. Gould, *Chance and Causation: To Experimental Design and Statistica* (New York: W. H. Freeman & Company, 2001); John Hulland, Yiu Ho, and Shunyin Lam, "Use of Causal Models in Marketing Research: A Review," *International Journal of Research in Marketing,* 13 (2) (April 1996): 181–197.

17. Russell S. Winer, "Experimentation in the 21st Century: The Importance of External Validity," *Journal of the Academy of Marketing Science* (Summer 1999): 349–358.

18. Anonymous, "Mead, Westvaco Join Forces," *Printing Impressions,* 44 (4A) (October 1, 2001): 1–2; and www.meadwestvaco.com/consumer.html. April 11, 2002.

19. Jack Willoughby, "Exit Citigroup Smiling," *Barron's,* 82 (11) (March 18, 2002): 1; and Sabra Brock, Sara Lipson, and Ron Levitt, "Trends in Marketing Research and Development at Citicorp/Citibank," *Marketing Research: A Magazine of Management and Applications,* 1 Number 4 (December 1989).

20. Eunkyu Lee, "Are Consumer Survey Results Distorted? Systematic Impact of Behavioral Frequency and Duration on Survey Response Errors," *Journal of Marketing Research,* (February 2000): 125–133; and Solomon Dutka and Lester R. Frankel, "Measuring Response Error," *Journal of Advertising Research,* 37 (1) (January/February 1997): 33–39.

21. Alison Stein Wellner, "The American Family in the 21st Century," *American Demographics,* 23 (8) (August 2001): 20; Rebecca P. Heath, "Life on Easy Street," *American Demographics,* 19 (4) (April 1997): 32–38; and *Marketing News* (April 10, 1987): 3.

22. Pritbhushan Sinha, "Determination of Reliability of Estimations Obtained with Survey Research: A Method of Simulation," *International Journal of Market Research,* 42 (3) (Summer 2000): 311–318; Margret R. Rollere, "Control is Elusive in Research Design," *Marketing News,* 31 (19) (September 15, 1997): 17; and Tom Corlett, "Sampling Errors in Practice," *Journal of Market Research Society,* 38 (4) (October 1996): 307–318.

23. I. M. Premachandra, "An Approximation of the Activity Duration Distribution in PERT," *Computers and Operations Research,* New York (April 2001): 443; and Zedan Hatush and Martin Skitmore, "Assessment and Evaluation of Contractor Data Against Client Goals Using PERT Approach," *Construction Management & Economics,* 15 (4) (July 1997): 327–340.

24. Carl Rohde and Ole Christensen, "Understanding European Youth," *Quirk's Marketing Research Review* (November 2000), article number 0630 online at www.quirks.com/articles/article_print.asp?arg_articleid=630.

25. Neil C. Herndon, Jr., "An Investigation of Moral Values and the Ethical Content of the Corporate Culture: Taiwanese versus U.S. Sales People," *Journal of Business Ethics,* 30 (1) (March 2001): 73–85; and Betsy Peterson, "Ethics Revisited," *Marketing Research: A Magazine of Management & Applications,* 8 (4) (Winter 1996): 47–48.

26. Anonymous, "Bright Ideas," *Internet World,* 7 (3) (February 1, 2001): 11.

27. Sou-Sen Leu, "A Genetic Algorithm-based Optimal Resource-constrained Scheduling Simulation Model," *Construction Management and Economics,* 20 (2) (March 2002): 131–141; Pritbhushan Sinha, "Determination of Reliability of Estimations Obtained with Survey Research: A Method of Simulation," *International Journal of Market Research,* 42 (3) (Summer 2000): 311–318; Naresh K. Malhotra, "An Approach to the Measurement of Consumer Preferences Using Limited Information," *Journal of Marketing Research,* 23 (February 1986): 33–40; and Naresh K. Malhotra, "Analyzing Marketing Research Data with Incomplete Information on the Dependent Variable," *Journal of Marketing Research,* 24 (February 1987): 74–84.

第4章

1. Niall Ó. Dochartaigh, *The Internet Research Handbook: A Practical Guide for Students and Researchers in the Social Sciences* (Thousand Oaks, CA: Sage Publications, 2002); Stephen B. Castleberry, "Using Secondary Data in Marketing

Research: A Project that Melds Web and Off-Web Sources," *Journal of Marketing Education,* 23 (3) (December 2001): 195–203; and Gordon L. Patzer, *Using Secondary Data in Marketing Research* (Westport: Greenwood Publishing Group, 1995).
2. Anonymous, "HMR: Designed to Beat Eating Out," *Grocer,* 224 (7505) (May 26, 2001): 52–53. www.bostonmarket.com/4_company/news_110601.htm.
3. Steven M. Barney, "A Changing Workforce Calls for Twenty-First Century Strategies," *Journal of Healthcare Management,* 47 (2) (March/April 2002): 81–84; and www.elotouch.com/pdfs/marcom/regal.pdf.
4. For recent applications of secondary data, see Masaaki Kotabe, "Using Euromonitor Database in International Marketing Research," *Journal of the Academy of Marketing Science,* 30 (2) (Spring 2002): 172; and Paul A. Bottomley and Stephen J. S. Holden, "Do We Really Know How Consumers Evaluate Brand Extensions? Empirical Generalizations Based on Secondary Analysis of Eight Studies," *Journal of Marketing Research,* 38 (4) (November 2001): 494–500.
5. Anonymous, "Nielsen Ratings," *Adweek,* 43 (4) (January 21, 2002): B1; Claude Brodesser, "Nielsen Under Fire on Hispanic Sample," *Mediaweek* (July 21, 1997): 15; and www.acnielsen.com/services/media/trad/. January 26, 2002.
6. Antonio A. Prado, "E-Tail Revenue Numbers Seldom Add Up," *Investor's Business Daily,* 18 (201) (January 25, 2002): A6.
7. Terry Maxon, "American Airlines to Join Swiss Air Lines in Marketing Partnership," *Knight Ridder Tribune Business News,* (March 27, 2002): 1; Peter Keating, "The Best Airlines to Fly Today," *Money* (November 1997): 118–128.
8. Ronald G. Drozdenko and Perry D. Drake, *Optimal Database Marketing* (Thousand Oaks, CA: Sage Publications, 2002); and Drayton Bird, "Database Marketing Gets Vote Over Management Consultants," *Marketing* (March 7, 2002): 18.
9. Jean Halliday, "Carmakers Learn to Mine Databases," *Advertising Age* (April 2000): S6–S8; and www.daimlerchrysler.com/company/company_e.htm. January 27, 2002.
10. Jeremy White, "KFC Seeks a Modern Identity Beyond the Animated Colonel," *Campaign* (January 18, 2002): 14; "The Colonel's Bold Campaign," *Chain Store Age* (June 1997): A12–A13; and www.kfc.com/about/kfcfacts.htm. January 28, 2002.
11. Keith Malo, "Corporate Strategy Requires Market Research," *Marketing News,* 36 (2) (January 21, 2002): 14.
12. Bob Brewin, "U.S. Census Bureau Plans for First Paperless Tally in 2010," *Computerworld,* 36 (12) (March 18, 2002): 5; Cynthia Etkin, "Historical United States Census Data Browser," *Library Journal,* 125 (7) (April 15, 2000): 58; and www.census.gov.
13. Katarzyna Dawidowska, "The Census Bureau Century," *American Demographics,* 24 (3) (March 2002): 12.
14. One such firm is Claritas (www.claritas.com). See David Wren, "San Diego's Claritas Studies Myrtle Beach, SC, Demographics by ZIP Code," *Knight Ridder Tribune Business News* (May 7, 2002): 1.
15. Robert J. Samuelson, "Can America Assimilate?" *Newsweek,* 137 (15) (April 9, 2001): 42; and www.census.gov. January 28, 2002.
16. Ephraim Schwartz, "Dawn of a New Database," *InfoWorld,* 24 (11) (March 18, 2002): 32; Carol Post, "Marketing Data Marts Help Companies Stay Ahead of the Curve and in Front of the Competition," *Direct Marketing,* 59 (12) (April 1997): 42–44.
17. Darla Martin Tucker, "Technology: Online Database Set to Debut This Summer," *The Business Press* (March 18, 2002): 8.
18. Jody Dodson, "Dos, Don'ts of Online Research," *Advertising Age's Business Marketing* (August 1999): 8.
19. Anonymous, "infoUSA.com Provides Fee Internet Database," *Direct Marketing* (January 2000): 15–16; and Mary Ellen Bates, "American, Business Information: Here, There, and Everywhere," *Database,* 20 (2) (April/May 1997): 45–50.
20. Carol Tenopir, "Links and Bibliographic Databases," *Library Journal,* 126 (4) (March 1, 2001): 34–35; and Greg R. Notess, "The Internet as an Online Service: Bibliographic Databases on the Net," *Database,* 19 (4) (August/September 1996): 92–95.
21. For applications of PIMS database, see David Besanko, David Dranove, and Mark Shanley, "Exploiting a Cost Advantage and Coping with a Cost Disadvantage," *Management Science,* 47 (2) (February 2001): 221; and Venkatram Ramaswamy, Hubert Gatignon, and David J. Reibstein, "Competitive Marketing Behavior," *Journal of Marketing,* 58 (April 1994): 45–56.
22. "The MonitorTM Service," brochure prepared by Yankelovich and Partners (www.yankelovich.com); and Gail Pitts, "Too Bad We Can't Eat the Campbell's Soup Web Site," *Knight Ridder Tribune Business News* (February 6, 2002): 1.
23. Julie Napoli, "The Net Generation: An Analysis of Lifestyles, Attitudes, and Media Habits," *Journal of International Consumer Marketing* (2001): 21; and Leon G. Schiffman and Leslie Lazar Kanuk, *Consumer Behavior,* 7th ed. (Upper Saddle River, NJ: Prentice Hall, Inc., 1999).
24. William D. Wells, "Recognition, Recall, and Rating Scales," *Journal of Advertising Research,* 40 (6) (November/December 2000): 14–20.
25. "NPD Fashion Word Reveals that Women Secretly Like Shopping for Swimwear: Two New NPDFashionworld Reports Examine the Swimwear Market and Shopping Experience" at www.npd.com (January 23, 2002).
26. Allison Romano, "New to Nielsen's Numbers," *Broadcasting and Cable,* 132 (5) (February 4, 2002): 29; and Steve Wilcox, "Sampling and Controlling a TV Audience Measurement Panel," *International Journal of Market Research,* 42 (4) (Winter 2000): 413–430.
27. Anonymous, "Over Half of All U.S. Citizens are Online According to New Commerce Department Report," *Internet Business News* (February 2002).
28. Anonymous, "Arbitron Tweaks Race Methodology," *Mediaweek,* 12 (2) (January 14, 2002): 24.
29. Eunkyu Lee, Michael Y. Hu, and Rex S. Toh, "Are Consumer Survey Results Distorted? Systematic Impact of Behavioral Frequency and Duration on Survey Response Errors," *Journal of Marketing Research,* 37 (1) (February 2000): 125–133; "Why Consumer Mail Panel Is the Superior Option" (Chicago: Market Facts, Inc., undated); and John H. Parfitt and B. J. K. Collins, "Use of Consumer Panels for Brand-Share Predictions," *Journal of Market Research Society,* 38 (4) (October 1996): 341–367.
30. Kevin J. Clancy, "Brand Confusion," *Harvard Business Review,* 80 (3) (March 2002): 22; and Seymour Sudman, "On the Accuracy of Recording of Consumer Panels II," *Learning Manual* (New York: Neal-Schumen Publishers, 1981).
31. Harald J. Van Heerde, "The Estimation of Pre- and Post-Promotion Dips with Store Level Scanner Data," *Journal of Marketing Research,* 37 (3) (August 2000): 383–396. A study investigating the accuracy of UPC scanner pricing systems found that both underring and overring rates were significantly higher than retailers' expectations: Ronald C. Goodstein, "UPC Scanner Pricing Systems: Are They Accurate?" *Journal of Marketing,* 58 (April 1994): 20–30.

32. Martin Natter, "Real World Performance of Choice-Based Conjoint Models," *European Journal of Operational Research*, 137 (2) (March 1, 2002): 448; and Marcel Corstjens and Rajiv Lal, "Building Store Loyalty Through Store Brands," *Journal of Marketing Research*, 37 (3) (August 2000): 281–291.
33. It is possible to combine store-level scanner data with scanner panel data to do an integrated analysis. See Tulin Erdem, Glenn Mayhew, and Baohong Sun, "Understanding Reference-Price Shoppers: A Within- and Cross-Category Analysis," *Journal of Marketing Research*, 38 (4) (November 2001): 445–457; and Gary J. Russell and Wagner A. Kamakura, "Understanding Brand Competition Using Micro and Macro Scanner Data," *Journal of Marketing Research*, 31 (May 1994): 289–303.
34. Jack K. H. Lee, K. Sudhir, and Joel H. Steckel, "A Multiple Ideal Point Model: Capturing Multiple Preference Effects from within an Ideal Point Framework," *Journal of Marketing Research*, 39 (1) (February 2002): 73–86; and Anonymous, "Cereals: A Key Meal—But When?" *Grocer*, 224 (7507) (June 9, 2001): 72.
35. Examples of recent applications of scanner data include Katherine W. Lemon and Stephen M. Nowlis, "Developing Synergies Between Promotions and Brands in Different Price-Quality Tiers," *Journal of Marketing Research*, 39 (2) (May 2002): 171–185; and Pradeep K. Chintagunta, "Investigating Category Pricing Behavior at a Retail Chain," *Journal of Marketing Research*, 39 (2) (May 2002): 141–154.
36. Anonymous, "Study of Online Shopping in U.S. Released by ComScore Networks," *Internet Business News* (January 21, 2002); and www.ashford.com.
37. For applications of single source data, see Bruce Fox, "Retailers Integrate Space Planning with Key Business Functions," *Stores*, 83 (12) (December 2001): 59–60; Michael Darkow, "Compatible or Not? Results of a Single Source Field Experiment within a TV Audience Research Panel,"*Marketing & Research Today*, 24 (3) (August 1996): 150–161; and John Deighton, Caroline M. Henderson, and Scott A. Neslin, "The Effects of Advertising on Brand Switching and Repeat Purchasing," *Journal of Marketing Research*, 31 (February 1994): 28–43.
38. Stephanie Thompson, "Diet V8 Splash Carves Niche in Juice Category for Adults," *Advertising Age*, 71 (13) (March 27, 2000): 24; Joanne Lipman, "Single-Source Ad Research Heralds Detailed Look at Household Habits," *Wall Street Journal*, (February 16, 1988): 39; www.cbs.com; and www.v8juice.com.
39. Jonathan W. Lowe, "GIS Meets the Mapster," *Geospatial Solutions*, 12 (2) (February 2002): 46–48.
40. For an example of international marketing research based on secondary data, see Sherriff T. K. Luk, "The Use of Secondary Information Published by the PRC Government," *Market Research Society, Journal of the Market Research Society* (July 1999): 355–365.
41. Peter M. Chisnall, "Marketing Research: State of the Art Perspectives," *International Journal of Market Research*, 44 (1) (First Quarter 2002): 122–125.
42. Daniel Joelson, "Latin America Set for ATM Spike; Consumer Demand is Making Latin Banks Reassess Their ATM Strategies," *Bank Technology News*, 15 (1) (January 2002): 7–8.
43. Dan Trigoboff, "Saying No to Nielsen," *Broadcasting & Cable*, 132 (5) (February 4, 2002): 33; and Alan Bunce, "Faced with Lower Ratings, Networks Take Aim at Nielsen; The Big Three Consider a Competing Ratings Service," *Christian Science Monitor* (March 20, 1997).
44. Len Strazewski, "Fine Tune Your Agency Web Site," *Rough Notes*, 145 (1) (January 2002): 102–105; and www.nytimes.com, January 31, 2002.

第5章

1. Rick Popely and Jim Mateja, "General Motors Takes Lead in Introduction of New Models, Show Cars," *Knight Ridder Tribune Business News* (February 7, 2002); and Joseph Rydholm, "Igniting the Sunfire," *Quirk's Marketing Research Review* (March, 1995).
2. Kenneth Wade, "Focus Groups' Research Role Is Shifting," *Marketing News*, 36 (5) (March 4, 2002): 47; and Rana Dogar, "Marketing to the Sense," *Working Woman* (April, 1997): 32–35.
3. Kathryn C. Rentz, "Reflexive Methodology: New Vistas for Qualitative Research," *The Journal of Business Communication*, 39 (1) (January 2002): 149–156; and David J. Carson, Audrey Gilmore, Chad Perry, and Kjell Gronhaug, *Qualitative Marketing Research* (Thousand Oaks, CA: Sage Publications, 2001).
4. Gill Ereaut, Mike Imms, and Martin Callingham, *Qualitative Market Research: Principle & Practice: Seven Volume Set* (Thousand Oaks, CA: Sage Publications, 2002); and Shay Sayre, *Qualitative Methods for Marketplace Research* (Thousand Oaks, CA: Sage Publications, 2001).
5. A positivist perspective on research is being adopted here. Positivism encompasses logical positivism, logical empiricism, and all forms of falsificationism. This is the dominant perspective in commercial marketing research. A relativist perspective has been offered. See, for example, Richard R. Wilk, "The Impossibility and Necessity of Re-Inquiry: Finding Middle Ground in Social Science," *Journal of Consumer Research*, 28 (2) (September 2001): 308–312; and Shelby D. Hunt, *A General Theory of Competition* (Thousand Oaks, CA: Sage Publications, 2000).
6. Sara Eckel, "Cheese Whiz," *American Demographics*, 23 (3) (March 2001): S14.
7. Gill Ereaut, Mike Imms, and Martin Callingham, *Qualitative Market Research: Principle & Practice: Seven Volume Set* (Thousand Oaks, CA: Sage Publications, 2002); and John Gill and Phil Johnson, *Research Methods for Managers*, 3rd ed. (Thousand Oaks, CA: Sage Publications, 2002).
8. Michael Bloor, Jane Frankland, Michelle Thomas, and Kate Robson, *Focus Groups in Social Research* (Thousand Oaks, CA: Sage Publications, 2001).
9. Richard A. Krueger and Mary Anne Casey, *Focus Groups: A Practical Guide for Applied Research*, 3rd ed. (Thousand Oaks, CA: Sage Publications, 2000).
10. The group size of 8 to 12 is based on rules of thumb. For more discussion, see Edward F. Fern, *Advanced Focus Group Research* (Thousand Oaks, CA: Sage Publications, 2001); and Robert Blackburn, "Breaking Down the Barriers: Using Focus Groups to Research Small- and Medium-Sized Enterprises," *International Small Business Journal*, 19 (1) (October–December 2000): 44–67.
11. Catherine Forrest, "Research with a Laugh Track," *Marketing News*, 36 (5) (March 4, 2002): 48; Gloria F. Mazella, "Show-and-Tell Focus Groups Reveal Core Boomer Values," *Marketing News*, 31 (12) (June 9, 1997): H8.
12. Colin MacDougall, "Planning and Recruiting the Sample for Focus Groups and In-Depth Interviews," *Qualitative Health Research*, 11 (1) (January 2001): 117–126; and Hazel Kahan, "A Professional Opinion," *American Demographics (Tools Supplement)* (October 1996): 14–19.
13. Jonathan Hall, "Moderators Must Motivate Focus Group," *Marketing News*, 34 (9) (September 11, 2000): 26–27; and Thomas L. Greenbaum, *Moderating Focus Groups: A Practical Guide for Group Facilitation* (Thousand Oaks, CA: Sage Publications,

1999). Adapted from Donald A. Chase, "The Intensive Group Interviewing in Marketing," *MRA Viewpoints,* 1973.
14. Edward F. Fern, *Advanced Focus Group Research* (Thousand Oaks, CA: Sage Publications, 2001); and Richard A. Krueger, *Developing Questions for Focus Groups* (Newbury Park, CA: Sage Publications, 1997).
15. Becky Ebenkamp, "The Focus Group Has Spoken," *Brandweek,* 42 (17) (April 23, 2001): 24; and David L. Morgan, *The Focus Group Guidebook* (Newbury Park, CA: Sage Publications, 1997).
16. Anonymous, "Focus Groups: A Practical Guide for Applied Research," *International Journal of Public Opinion Research,* 13 (1) (Spring 2001): 85; and Richard A. Krueger and Mary Anne Casey, *Focus Groups: A Practical Guide for Applied Research,* 3rd ed. (Thousand Oaks, CA: Sage Publications, 2000).
17. Joan Raymond, "All Smiles," *American Demographics,* 23 (3) (March 2001): S18; and Stephanie Thompson, "Kraft Does the 'Twist'," *Advertising Age,* 72 (4) (January 22, 2001): 8.
18. Edward F. Fern, *Advanced Focus Group Research* (Thousand Oaks, CA: Sage Publications, 2001); and Anonymous, "Research Reports: Efficiency Through Telephone Focus Groups," *Agri Marketing,* Skokie (June 2000): 17.
19. Ronald E. Goldsmith, "The Focus Group Research Handbook," *The Service Industries Journal,* 20 (3) (July 2000): 214–215; and Thomas L. Greenbaum, *The Handbook for Focus Group Research* (Newbury Park, CA: Sage Publications, 1997).
20. Anonymous, "Focus Group Warning," *Marketing News,* 34 (6) (March 13, 2000): 6; Howard Furmansky, "Debunking the Myth About Focus Groups," *Marketing News,* 31 (13) (June 23, 1997): 22; and Jack Edmonston, "Handle Focus Group Research with Care," *Business Marketing,* 79 (6) (June 1994): 38.
21. Don Akchin, "Quick & Dirty Research," *Nonprofit World,* Madison (May/June 2001): 32–33; and "How Nonprofits Are Using Focus Groups," *Nonprofit World,* 14 (5) (September/October 1996): 37.
22. Poppy Brech, "Research Proves the Obvious," *Marketing,* (March 21, 2002): 48.
23. Shay Sayre, *Qualitative Methods for Marketplace Research* (Thousand Oaks, CA: Sage Publications, 2001); and "Looking for a Deeper Meaning," *Marketing* (Market Research Top 75 Supplement) (July 17, 1997): 16–17.
24. Edward C. Baig, "One Smart Card for All Your Debts," *USA Today* (February 6, 2002): D7.
25. Gwendolyn Bounds, "Psychology of Marketing: Marketers Tread Precarious Terrain—Ads Alluding to Sept. 11 Risk Taint of Commercializing Tragedy to Push Products," *Wall Street Journal* (February 5, 2002): B1; and Klaus G. Grunert and Suzanne C. Grunert, "Measuring Subjective Meaning Structures by Laddering Method: Theoretical Considerations and Methodological Problems,"*International Journal of Research in Marketing,* 12 (3) (October 1995): 209–225. This example is derived from Jeffrey F. Durgee, "Depth-Interview Techniques for Creative Advertising," *Journal of Advertising Research,* 25 (December 1985/January 1986): 29–37.
26. R. Kenneth Wade, "Focus Groups' Research Role Is Shifting," *Marketing News,* 36 (5) (March 4, 2002): 47; Brian Wansink, "New Techniques to Generate Key Marketing Insights," *Marketing Research,* 12 (2) (Summer 2000): 28–36; and Richard A. Feder, "Depth Interviews Avoid Turmoil of Focus Groups," *Advertising Age,* 68 (16) (April 21, 1997): 33.
27. Robert A. Guth, "PlayStation 2 Helps Sony Beat Forecasts," *Wall Street Journal* (January 28, 2002): A12; and Brian Wansink, "New Techniques to Generate Key Marketing Insights," *Marketing Research,* 12 (Summer 2000): 28–36.
28. Gill Ereaut, Mike Imms, and Martin Callingham, *Qualitative Market Research: Principle & Practice: Seven Volume Set* (Thousand Oaks, CA: Sage Publications, 2002); and H. H. Kassarjian, "Projective Methods," in R. Ferber, Ed., *Handbook of Marketing Research* (New York: McGraw-Hill, 1974), 3.85–3.100.
29. Judith Lynne Zaichowsky, "The Why of Consumption: Contemporary Perspectives and Consumer Motives, Goals, and Desires," *Academy of Marketing Science,* 30 (2) (Spring 2002): 179; and Sidney J. Levy, "Interpreting Consumer Mythology: Structural Approach to Consumer Behavior Focuses on Story Telling," *Marketing Management,* 2 (4) (1994): 4–9.
30. Miriam Catterall, "Using Projective Techniques in Education Research," *British Educational Research Journal,* 26 (2) (April 2000): 245–256; Marilyn M. Kennedy, "So How'm I Doing?" *Across the Board,* 34 (6) (June 1997): 53–54; and G. Lindzey, "On the Classification of Projective Techniques," *Psychological Bulletin* (1959): 158–168.
31. Kerri Walsh, "Soaps and Detergents," *Chemical Week,* 164 (3) (January 23, 2002): 24–26; and "Interpretation is the Essence of Projective Research Techniques," *Marketing News* (September 28, 1984): 20.
32. J. Dee Hill, "7-Eleven Hopes Hosiery Has Legs," *Adweek,* 22 (42) (October 16, 2000): 12; and Ronald B. Lieber, "Storytelling: A New Way to Get Close to Your Customer," *Fortune Magazine* (February 3, 1997); and www.dupont.com.
33. Amy Zuber, "McD Unveils New Brands, Tries to Reverse 'McSlide'," *Nation's Restaurant News,* 35 (46) (November 12, 2001): 1–2; David Kilburn, "Haagen-Dazs Is Flavor of Month," *Marketing Week,* 20 (23) (September 4, 1997): 30; and S. Bhargava, "Gimme a Double Shake and a Lard on White," *Business Week* (March 1, 1993): 59.
34. Debby Andrews, "Playing a Role," *Business Communication Quarterly,* 64 (1) (March 2001): 7–8; "Role Playing for Better Service," *Lodging Hospitality,* 53 (2) (February 1997): 16.
35. Kevin Smith, "Apartment, Townhouse Area Offers Upscale Living in Rancho Cucamonga, Calif.," *Knight Ridder Tribune Business News* (May 17, 2002): 1; and Jerome R. Corsi, "Adapting to Fit the Problem: Impact Research Takes a Different Approach to Marketing," *Rocky Mountain Business Journal,* 36 (26) (March 25, 1985): 1.
36. Edward H. Phillips, "Fear of Flying," *Aviation Week & Space Technology,* 154 (3) (January 15, 2001): 419; "Fear of Flying" *Economist,* 339 (7966) (May 18, 1996): 30; www.airlines.org; and www.airsafe.com.
37. Gill Ereaut, Mike Imms, and Martin Callingham, *Qualitative Market Research: Principle & Practice: Seven Volume Set* (Thousand Oaks, CA: Sage Publications, 2002); David Bakken, "State of the Art in Qualitative Research," *Marketing Research: A Magazine of Management & Applications,* 8 (2) (Summer 1996): 4–5; Elaine Cibotti and Eugene H. Fram, "The Shopping List Studies and Projective Techniques: A 40-Year View," *Marketing Research: A Magazine of Management & Applications,* 3 (4) (December 1991): 14–22; and Maison Haire, "Projective Techniques in Marketing Research," *Journal of Marketing,* 14 (April 1950): 649–656.
38. John Gill and Phil Johnson, *Research Methods for Managers,* 3rd ed. (Thousand Oaks, CA: Sage Publications, 2002); and Sajeev Varki, Bruce Cooil, and Roland T. Rust, "Modeling Fuzzy Data in Qualitative Marketing Research," *Journal of Marketing Research,* 37 (4) (November 2000): 480–489.
39. Alan S. Zimmerman and Michael Szenberg, "Implementing International Qualitative Research: Techniques and Obstacles,"

Qualitative Market Research, 3 (3) (2000): 158–164; and Jeffery S. Nevid, "Multicultural Issues in Qualitative Research," *Psychology & Marketing* (July 1999): 305–325.
40. Thomas L. Greenbaum, "Understanding Focus Group Research Abroad," *Marketing News,* 30 (12) (June 3, 1996): H14, H36.
41. Richa Mishra, "India: Whirlpool to Continue with New Marketing Initiative," *Businessline* (November 6, 2001): 1; and Hal Daume, "Making Qualitative Research Work in the Pacific Rim," *Marketing News,* 31 (May 12, 1997): 13.
42. Connie Rate Bateman, "Framing Effects Within the Ethical Decision-Making Process of Consumers," *Journal of Business Ethics,* 36 (1/2) (March 2002): 119–138.
43. Evan Thomas, "Calling All Swing States," *Newsweek,* 136 (21) (November 20, 2000): 110–120.
44. Robert V. Kozinets, "The Field Behind the Screen: Using Netnography for Marketing Research Online Communities," *Journal of Marketing Research,* 39 (1) (February 2002): 61–72; Thomas L Greenbaum, "Focus Groups vs. Online," *Advertising Age,* Chicago (February 14, 2000): 34; and Judith Langer, " 'On' and 'Offline' Focus Groups: Claims, Questions," *Marketing News,* 34 (12) (June 5, 2000): H38
45. Chuck Moozakis, "Nissan Wants to Be like Dell—Automaker Says It Can Achieve Build-to-Order Via the Web in 18 Months; Experts Are Skeptical," *InternetWeek* (January 7, 2002): 11; Jean Halliday, "Makers Use Web to Help Design Cars," *Automotive News* (5860) (February 7, 2001): 22; and www.nissandriven.com.

第6章

1. Humphrey Taylor, John Bremer, Cary Overmeyer, Jonathan W. Siegel, and George Terhanian, "Using Internet Polling to Forecast the 2000 Elections," *Marketing Research,* 13 (Spring 2001): 26–30.
2. Anonymous, "Canon Logs Record Profit, Sales in '01," *Jiji Press English News Service* (January 31, 2002): 1; and Johnny K. Johansson and Ikujiro Nonaka, "Market Research the Japanese Way," *Harvard Business Review* (May/June 1987): 16–18.
3. Surveys are commonly used in marketing research. See, for example, Naresh K. Malhotra and Daniel McCort, "A Cross-Cultural Comparison of Behavioral Intention Models: Theoretical Consideration and an Empirical Investigation," *International Marketing Review,* 18 (3) (2001): 235–269.
4. Rajesh Nakwah, "Getting Good Feedback," *Quirk's Marketing Research Review* (November 2000).
5. David W. Glasscoff, "Measuring Clinical Performance: Comparison and Validity of Telephone Survey and Administrative Data," *Marketing Health Services,* 22 (1) (Spring 2002): 43–44; and Niki Thurkow, "The Effects of Group and Individual Monetary Incentives on Productivity of Telephone Interviewers," *Journal of Organizational Behavior Management,* 20 (2) (2000): 3.
6. Leigh Dyer, "Maya Angelou Sells Lines to Hallmark," *Knight Ridder Tribune Business News* (February 1, 2002): 1.
7. www.roperasw.com. See also Floyd J. Fowler, Jr., *Survey Research Methods,* 3rd ed. (Thousand Oaks, CA: Sage Publications, 2001).
8. Karen V. Fernandez, "The Effectiveness of Information and Color in Yellow Pages Advertising," *Journal of Advertising,* 29 (2) (Summer 2000): 61–73; and A. J. Bush and J. F. Hair, Jr., "An Assessment of the Mall Intercept as a Data Collection Method," *Journal of Marketing Research* (May 1985): 158–67.

9. Rebecca Gardyn, "Same Name, New Number," *American Demographics,* 23 (3) (March 2001): 6.
10. Anonymous, "Comerica Bank, KeyCorp, Bank One Rank in Top 15 with Their Internet Sites," *Michigan Banker,* 12 (7) (July 2000): 29; Nicolaos E. Synodinos and Jerry M. Brennan, "Computer Interactive Interviewing in Survey Research," *Psychology and Marketing,* 5 (Summer 1988): 117–138; and www.bankone.com/about/profile/description.
11. Mail surveys are common in institutional and industrial marketing research. See, for example, H. L. Brossard, "Information Sources Used by an Organization During a Complex Decision Process: An Exploratory Study," *Industrial Marketing Management,* 27 (1) (January 1998): 41–50.
12. Jack Schmid, "Assigning Value to Your Customer List," *Catalog Age,* 18 (5) (April 2001): 69; and Rob Yoegei, "List Marketers Head to Cyberspace," *Target Marketing,* 20 (8) (August 1997): 54–55.
13. Michael Straus, "Charlotte Art Museum Uses Research to Light Path to 21st Century," *Quirks* (February 1998) (www.quirks.com/articles/article.asp?arg_ArticleId= 311); and www.mintmuseum.org/mmcd/index.htm.
14. Matthew Schwartz, "Postal and E-mail 'Combos' Gain Favor with Marketers," *B to B,* 87 (2) (February 11, 2002): 25; and Jim Stevens and John Chisholm, "An Integrated Approach: Technology Firm Conducts Worldwide Satisfaction Research Survey Via E-Mail, Internet," *Quirk's Marketing Research Review,* 11 (8) (October 1997): 12–13, 64–65.
15. John W. Gorman, "An Opposing View of Online Surveying," *Marketing News* (April 24, 2000).
16. Steven K. Thompson, *Sampling* (New York: John Wiley & Sons, 2002); and Terry L. Childers and Steven J. Skinner, "Theoretical and Empirical Issues in the Identification of Survey Respondents," *Journal of the Market Research Society,* 27 (January 1985): 39–53.
17. Gregory B. Murphy, "The Effects of Organizational Sampling Frame Selection," *Journal of Business Venturing,* 17 (3) (May 2002): 237; and Wayne Smith, Paul Mitchell, Karin Attebo, and Stephen Leeder, "Selection Bias from Sampling Frames: Telephone Directory and Electoral Rolls Compared to Door-to-Door Population Census: Results from the Blue Mountain Eye Study," *Australian and New Zealand Journal of Public Health,* 21 (2) (April 1997): 127–133.
18. Timothy R. Graeff, "Uninformed Response Bias in Telephone Surveys," *Journal of Business Research,* 55 (3) (March 2002): 251; and Scott Keeter, "Estimating Telephone Noncoverage Bias with a Telephone Survey," *Public Opinion Quarterly,* 59 (2) (Summer 1995): 196–217.
19. Anonymous, "Random Sampling," *Marketing News,* 36 (3) (February 4, 2002): 7; Dana James, "Old, New Make Up Today's Surveys," *Marketing News* (June 5, 2000): 4; David Wilson, "Random Digit Dialing and Electronic White Pages Samples Compared: Demographic Profiles and Health Estimates," *Australian and New Zealand Demographic Profiles and Health Estimates,* 23 (6) (December 1999): 627–633; Johnny Blair and Ronald Czaja, "Locating a Special Population Using Random Digit Dialing," *Public Opinion Quarterly,* 46 (Winter 1982): 585–590; and E. L. Landon, Jr., and S. K. Banks, "Relative Efficiency and Bias of Plus-One Telephone Sampling," *Journal of Marketing Research,* 14 (August 1977): 294–299.
20. Sherry Chiger, "Benchmark 2002: Lists and E-lists," *Catalog Age,* 19 (3) (March 1, 2002): 41–45; David O. Schwartz,

"Mailing List Owners and the Millennium," *Marketing News,* 31 (11) (May 26, 1997): 4; Paul M. Biner and Deborah L. Barton, "Justifying the Enclosure of Monetary Incentives in Mail Survey Cover Letters," *Psychology and Marketing* (Fall 1990): 153–162; and "Lists Make Targeting Easy," *Advertising Age* (July 9, 1984): 20.

21. B. Zafer Erdogan, "Increasing Mail Survey Response Rates from an Industrial Population: A Cost Effectiveness Analysis of Four Follow-Up Techniques," *Industrial Marketing Management,* 31 (1) (January 2002): 65; Jack Edmonston, "Why Response Rates are Declining," *Advertising Age's Business Marketing,* 82 (8) (September 1997): 12; Raymond Hubbard and Eldon L. Little, "Promised Contributions to Charity and Mail Survey Responses: Replications with Extension," *Public Opinion Quarterly,* 52 (Summer 1988): 223–230; and Paul L. Erdos and Robert Ferber, Ed., "Data Collection Methods: Mail Surveys," *Handbook of Marketing Research* (New York: McGraw-Hill, 1974): 102.

22. Floyd J. Fowler, Jr., *Survey Research Methods,* 3rd ed. (Thousand Oaks, CA: Sage Publications, 2001); Pamela G. Guengel, Tracy R. Berchman, and Charles F. Cannell, *General Interviewing Techniques: A Self-Instructional Workbook for Telephone and Personal Interviewer Training* (Ann Arbor, MI: Survey Research Center, University of Michigan, 1983).

23. Eunkyu Lee, "Are Consumer Survey Results Distorted? Systematic Impact of Behavioral Frequency and Duration on Survey Response Errors," *Journal of Marketing Research,* 37 (1) (February 2000): 125–133.

24. Lee Murphy, "Survey Software Gets Simpler, More Effective," *Marketing News,* 35 (3) (January 29, 2001): 4–5; and Karen Fletcher, "Jump on the Omnibus," *Marketing* (June 15, 1995): 25–28.

25. Jamie Smith, "How to Boost DM Response Rates Quickly," *Marketing News,* 35 (9) (April 23, 2001): 5; Richard Colombo, "A Model for Diagnosing and Reducing Nonresponse Bias," *Journal of Advertising Research,* (January/April 2000): 85–93; Barbara Bickart, "The Distribution of Survey Contact and Participation in the United States: Constructing a Survey-Based Estimate," *Journal of Marketing Research,* Chicago, (May 1999): 286–294; William L. Nicholls, II, "Highest Response," *Marketing Research: A Magazine of Management & Applications,* 8 (1) (Spring 1996): 5–7; Jeannine M. James and Richard Bolstein, "The Effect of Monetary Incentives and Follow-Up Mailings on the Response Rate and Response Quality in Mail Surveys," *Public Opinion Quarterly,* 54 (Fall 1990): 346–361; and Julie Yu and Harris Cooper, "A Quantitative Review of Research Design Effects on Response Rates to Questionnaires," *Journal of Marketing Research,* 20 (February 1983): 36–44.

26. Bruce Keillor, "A Cross-Cultural/Cross-National Study of Influencing Factors and Socially Desirable Response Biases," *International Journal of Market Research,* 43 (1) (First Quarter 2001): 63–84; Maryon F. King, "Social Desirability Bias: A Neglected Aspect of Validity Testing," *Psychology & Marketing,* New York (Feb 2000): 79; Deniz Ones, Angelika D. Reiss, and Chockalingam Viswesvaran, "Role of Social Desirability in Personality Testing for Personnel Selection: The Red Herring," *Journal of Applied Psychology,* 81 (6) (December 1996): 660–679.

27. Anonymous, "Random Sampling: Homework—Yeah Right," *Marketing News,* 36 (6) (March 18, 2002): 4; Gerald Vinten, "The Threat in the Question," *Credit Control,* 18 (1) (1997): 25–31; and Priya Raghubir and Geeta Menon, "Asking Sensitive Questions: The Effects of Type of Referent and Frequency Wording in Counterbiasing Method," *Psychology & Marketing,* 13 (7) (October 1996): 633–652.

28. Timothy R. Graeff, "Uninformed Response Bias in Telephone Surveys," *Journal of Business Research,* 55 (3) (March 2002): 251; Eleanor Singer, "Experiments with Incentives in Telephone Surveys," *Public Opinion Quarterly,* 64 (2) (Summer 2000): 171–188; Charles F. Cannell, Peter U. Miller, Lois Oksenberg, and Samuel Leinhardt, Eds., "Research on Interviewing Techniques," *Sociological Methodology* (San Francisco: Jossey-Bass, 1981); and Peter U. Miller and Charles F. Cannell, "A Study of Experimental Techniques for Telephone Interviewing," *Public Opinion Quarterly,* 46 (Summer 1982): 250–269.

29. Duane P. Bachmann, John Elfrink, and Gary Vazzana, "E-mail and Snail Mail Face Off in Rematch," *Marketing Research,* 11 (Winter 1999/Spring 2000): 10–15.

30. Mark McMaster, "E-Marketing Poll Vault," *Sales and Marketing Management,* 153 (8) (August 2001): 25; and Arlene Fink, *A Survey Handbook* (Thousand Oaks, CA: Sage Publications, 1995).

31. Jon Martin Denstadli, "Analyzing Air Travel: A Comparison of Different Survey Methods and Data Collection Procedures," *Journal of Travel Research,* 39 (1) (August 2000): 4–10; Hybrid methods that combine the features of these basic methods are also being employed. For example, the disk-by-mail (DBM) involves mailing the questionnaire on a disk to the respondents. This method is growing in popularity, as it offers the benefits of both computer-assisted and mail surveys. Anonymous, "Disk-by-Mail Data Collection: A Researcher's Notes," *Sawtooth News,* 10 (Winter 1994/1995): 3–4. See also David Chaudron, "The Right Approach to Employee Surveys," *HR Focus,* 74 (3) (March 1997): 9–10.

32. Cihan Cobanoglu, Bill Warde, and Patrick J. Moreo, "A Comparison of Mail, Fax, and Web-Based Survey Methods," *International Journal of Market Research,* 43 (4) (Fourth Quarter 2001): 441–452; Sophie K. Turley, "A Case of Response Rate Success," *Journal of the Market Research Society* (July 1999): 301–309; and Stanley L. Payne, "Combination of Survey Methods," *Journal of Marketing Research* (May 1964): 62.

33. Don Bruzzone and Lizabeth L. Reyer, "Using Recognition-Based Tracking to Compare the ROI of Print, Radio and TV," *Quirk's Marketing Research Review,* March 1999, online at www.qmrr.com/articles/article.asp?arg_ArticleId= 469.

34. Andrew J. Milat, "Measuring Physical Activity in Public Open Space—An Electronic Device Versus Direct Observation," *Australian and New Zealand Journal of Public Health,* 26 (1) (February 2002): 1; Stephen B. Wilcox, "Trust, But Verify," *Appliance Manufacturer,* 46 (1) (January 1998): 8, 87; Langbourne Rust, "How to Reach Children in Stores: Marketing Tactics Grounded in Observational Research," *Journal of Advertising Research,* 33 (November/December 1993): 67–72.

35. Beth Kurcina, "Use Videos to Obtain Crucial POP Info," *Marketing News,* 34 (24) (November 20, 2000): 16; A. V. Seaton, "Unobtrusive Observational Measures as a Qualitative Extension of Visitor Surveys at Festivals and Events: Mass Observation Revisited," *Journal of Travel Research,* 35 (4) (Spring 1997): 25–30; and Fred N. Kerlinger, *Foundations of Behavioral Research,* 3rd ed. (New York: Holt, Rinehart & Winston, 1986): 538.

36. Joseph Rydholm, "Extending Excellence," (January 1998), www.quirks.com, Article 0297.

37. Erwin Ephron, "Nielsen's Secret Passive Meter," *Mediaweek,* 10 (36) (September 18, 2000): 32; Laurence N. Gold, "Technology in Television Research: The Meter," *Marketing Research: A Magazine of Management & Applications,* 6 (1) (Winter 1994): 57–58.
38. Rik Pieters, Edward Rosbergen, and Michel Wedel, "Visual Attention to Repeated Print Advertising: A Test of Scanpath Theory," *Journal of Marketing Research,* 36 (4) (November 1999): 424–438; and J. Edward Russo and France Leclerc, "An Eye-Fixation Analysis of Choice Processes for Consumer Nondurables," *Journal of Consumer Research,* 21 (September 1994): 274–290.
39. For applications of GSR, see Gary H. Anthes, "Smile, You're on Candid Computer," *Computerworld,* 35 (49) (December 3, 2001): 50; Priscilla A. LaBarbera and Joel D. Tucciarone, "GSR Reconsidered: A Behavior-Based Approach to Evaluating and Improving the Sales Potency of Advertising," *Journal of Advertising Research,* 35 (5) (September/October 1995): 33–53; and Piet Vanden Abeele and Douglas L. Maclachlan, "Process Tracing of Emotional Responses to TV Ads: Revisiting the Warmth Monitor," *Journal of Consumer Research,* 20 (March 1994): 586–600.
40. N'Gai Croal, "Moviefone Learns to Listen," *Newsweek,* 135 (19) (May 8, 2000): 84; S. Gregory, S. Webster, and G. Huang, "Voice Pitch and Amplitude Convergence as a Metric of Quality in Dyadic Interviews," *Language & Communication,* 13 (3) (July 1993): 195–217; and Glen A. Buckman, "Uses of Voice-Pitch Analysis," *Journal of Advertising Research,* 20 (April 1980): 69–73.
41. Rinus Haaijer, "Response Latencies in the Analysis of Conjoint Choice Experiments," *Journal of Marketing Research* (August 2000): 376–382; Nicholas Vasilopoulos, "The Influence of Job Familiarity and Impression Management on Self-Report Measure Scale Scores and Response Latencies," *Journal of Applied Psychology,* 85 (1) (February 2000): 50; John N. Bassili and B. Stacey Scott, "Response Latency as a Signal to Question Problems in Survey Research," *Public Opinion Quarterly,* 60 (3) (Fall 1996): 390–399; and David A. Aaker, Richard P. Bagozzi, James M. Carman, and James M. MacLachlan, "On Using Response Latency to Measure Preference," *Journal of Marketing Research,* 17 (May 1980): 237–244.
42. Joseph Rydholm, "Design Inspiration," *Marketing Research Review* (January 2000); and www.newellrubbermaid.com, June 3, 2001.
43. Kimberly A. Neuendorf, *The Content Analysis Guidebook* (Thousand Oaks, CA: Sage Publications, 2002); and Cheng Lu Wang, "A Content Analysis of Connectedness vs. Separateness Themes Used in U.S. and PRC Print Advertisements," *International Marketing Review,* 18 (2) (2001): 145.
44. Laurel Wentz, "2002 Lookout: Global," *Advertising Age,* 23 (1) (January 7, 2002): 8; Michael Maynard, "Girlish Images Across Cultures: Analyzing Japanese Versus U.S. Seventeen Magazine Ads," *Journal of Advertising,* 28 (1) (Spring 1999): 39–48; Subir Sengupta, "The Influence of Culture on Portrayals of Women in Television Commercials: A Comparison Between the United States and Japan," *International Journal of Advertising,* 14 (4) (1995): 314–333; Charles S. Madden, Marjorie J. Caballero, and Shinya Matsukubo, "Analysis of Information Content in U.S. and Japanese Magazine Advertising," *Journal of Advertising,* 15, 3 (1986): 38–45; and *adv.asahi.com.*
45. Dan Verton, "SafeWeb Users Vulnerable," *Computerworld,* 36 (8) (February 18, 2002): 6; and Ruby Bayan, "Privacy Means Knowing Your Cookies," *Link-Up,* 18 (1) (January/February 2001): 22–23.
46. Gerald Berstell and Denise Nitterhouse, "Looking 'Outside the Box'," *Marketing Research: A Magazine of Management & Applications,* 9 (2) (Summer 1997): 4–13.
47. Kendra Parker, "How Do You Like Your Beef?" *American Demographics,* 22 (1) (January 2000): 35–37; and www.beef.org.
48. Bruce Keillor, "A Cross-Cultural/Cross-National Study of Influencing Factors and Socially Desirable Response Bias," *International Journal of Market Research* (First Quarter 2001): 63–84; C. L. Hung, "Canadian Business Pursuits in the PRC, Hong Kong, and Taiwan, and Chinese Perception of Canadians as Business Partners," *Multinational Business Review,* 6 (1) (Spring 1998): 73–82; and C. Min Han, Byoung-Woo Lee, Kong-Kyun Ro, "The Choice of a Survey Mode in Country Image Studies," *Journal of Business Research,* 29 (2) (February 1994): 151–162.
49. Richard Linnett, "Reebok Re-Brands for Hip-Hop Crowd," *Advertising Age,* 73 (4) (January 28, 2002): 3–4.
50. Steve Jarvis, "CMOR Finds Survey Refusal Rate Still Rising," *Marketing News,* 36 (3) (February 4, 2002): 4.
51. Marla Royne Stafford and Thomas F. Stafford, "Participant Observation and the Pursuit of Truth: Methodological and Ethical Considerations," *Journal of the Market Research Society,* 35 (January 1993): 63–76.
52. Guilherme D. Pires, "Ethnic Marketing Ethics," *Journal of Business Ethics,* 36 (1/2) (March 2002): 111–118; and C. N. Smith and J. A. Quelch, *Ethics in Marketing* (Homewood, IL: Richard D. Irwin, 1993).
53. Anonymous, "In-Stat Market Snapshot," *Wireless Week,* 8 (4) (January 28, 2002): 15; Deborah Mendez-Wilson, "PCIA Report Predicts Mobile Usage," *Wireless Week,* 8 (5) (February 4, 2002): 18; and Adam Creed, "AOL to Put Instant Messenger in Mobile Phones," *Newsbytes* (February 19, 2002).

第7章

1. Booth Moore, "Fashion Notes: Those '70s Bags Are Back in LeStyle, with a New Range of Looks," *The Los Angeles Times,* Record Edition (December 21, 2001): E.2; "LeSportsac Announces Latest International Expansion," *Showcase,* 20 (6) (December 1995): 67; "Surveys Help Settle Trade Dress Infringement Case," *Quirk's Marketing Research Review,* (October/November 1987): 16, 17, 33.
2. Anonymous, "In-Store Promo Drives Soda Sales, Study Says," *Drug Store News,* 23 (18) (December 17, 2001): 81; Robert Dwek, "Prediction of Success," *Marketing* (POP & Field Marketing Supplement) (April 17, 1997): XII–XIII; and "POP Radio Test Airs the Ads In Store," *Marketing News* (October 24, 1986): 16.
3. Michael Sobel, "Causal Inference in the Social Sciences," *Journal of the American Statistical Association,* 95 (450) (June 2000): 647–651; and R. Barker Bausell, *Conducting Meaningful Experiments* (Thousand Oaks, CA: Sage Publications, Inc., 1994).
4. Grant F. Gould and James L. Gould, *Chance and Causation: To Experimental Design and Statistica* (New York: W. H. Freeman & Company, 2001); and Robert F. Boruch, *Randomized Experiments for Planning and Evaluation* (Thousand Oaks, CA: Sage Publications, Inc., 1994).
5. Thomas Lee, "Experts Say Point-of-Purchase Advertising Can Influence Shoppers' Choices," *Knight Ridder Tribune Business*

News (January 19, 2002): 1; and Michele Witthaus, "POP Stars," *Marketing Week,* 20 (16) (July 17, 1997): 37–41.
6. John Liechty, Venkatram Ramaswamy, and Steven H. Cohen, "Choice Menus for Mass Customization: An Experimental Approach for Analyzing Customer Demand with an Application to a Web-Based Information Service," *Journal of Marketing Research,* 38 (2) (May 2001): 183–196; Gordon A. Wyner, "Experimental Design," *Marketing Research: A Magazine of Management & Applications,* 9 (3) (Fall 1997): 39–41; and Steven R. Brown and Lawrence E. Melamed, *Experimental Design and Analysis* (Newbury Park, CA: Sage Publications, 1990).
7. Paul W. Farris, "Overcontrol in Advertising Experiments," *Journal of Advertising Research* (November/December 2000): 73–78.
8. "CPGs Change Coupon Media Mix & Purchase Requirements," *NCH Marketing Services Press Release* (March 15, 2002): 1–4; John Fetto, "Redeeming Value," *American Demographics,* 23 (10) (October 2001): 25; Uri Ben-Zion, "The Optimal Face Value of a Discount Coupon," *Journal of Economics and Business,* 51 (2) (March/April 1999): 159–164; and Robert W. Shoemaker and Vikas Tibrewala, "Relating Coupon Redemption Rates to Past Purchasing of the Brand," *Journal of Advertising Research,* 25 (October/November 1985): 40–47.
9. In addition to internal and external validity, there also exist construct and statistical conclusion validity. Construct validity addresses the question of what construct, or characteristic, is in fact being measured and is discussed in Chapter 9 on measurement and scaling. Statistical conclusion validity addresses the extent and statistical significance of the covariation that exists in the data and is discussed in the chapters on data analysis. See Richard R. Klink and Daniel C. Smith, "Threats to the External Validity of Brand Extension Research," *Journal of Marketing Research,* 38 (3) (August 2001): 326–335.
10. Gilles Laurent, "Improving the External Validity of Marketing Models: A Plea for More Qualitative Input," *International Journal of Research in Marketing,* 17 (2) (September 2000): 177; Prashant Bordia, "Face-to-Face Computer-Mediated Communication: A Synthesis of the Experimental Literature," *Journal of Business Communication,* 34 (1) (January 1997): 99–120; and David M. Bowen, "Work Group Research: Past Strategies and Future Opportunities," *IEEE Transactions on Engineering Management,* 42 (1) (February 1995): 30–38; and John G. Lynch, Jr., "On the External Validity of Experiments in Consumer Research," *Journal of Consumer Research,* 9 (December 1982): 225–244.
11. Russell Winer, "Experimentation in the 21st Century: The Importance of External Validity," *Academy of Marketing Science,* 27 (3) (Summer 1999): 349–358; Chris Argyris, "Actionable Knowledge: Design Causality in the Service of Consequential Theory," *Journal of Applied Behavioral Science,* 32 (4) (December 1966): 390–406; John G. Lynch, Jr., "The Role of External Validity in Theoretical Research," B. J. Calder, L. W. Phillips, and Alice Tybout, "Beyond External Validity," and J. E. McGrath and D. Brinberg, "External Validity and the Research Process," *Journal of Consumer Research* (June 1983): 109–111, 112–114, and 115–124.
12. Paul Berger and Robert Maurer, *Experimental Design with Applications in Management, Engineering and the Sciences* (Boston: Boston University Press, 2002).
13. Paul R. Rosenbaum, "Attributing Effects to Treatment in Matched Observational Studies," *Journal of the American Statistical Association,* 97 (457) (March 2002): 183–192; and Lloyd S. Nelson, "Notes on the Use of Randomization in Experimentation," *Journal of Quality Technology,* 28 (1) (January 1996): 123–126.
14. Paul R. Rosenbaum, "Attributing Effects to Treatment in Matched Observational Studies," *Journal of the American Statistical Association,* 97 (457) (March 2002): 183–192; Marcus Selart, "Structure Compatability and Restructuring in Judgment and Choice," *Organizational Behavior & Human Decision Processes,* 65 (2) (February 1996): 106–116; and R. Barker Bausell, *Conducting Meaningful Experiments* (Thousand Oaks, CA: Sage Publications, Inc., 1994).
15. Beomsoo Kim, "Virtual Field Experiments for a Digital Economy: A New Research Methodology for Exploring an Information Economy," *Decision Support Systems,* 32 (3) (January 2002): 215; Eleni Chamis, "Auto Dealers Test Online Sales in 90-Day Experiment," *Washington Business Journal,* 19 (54) (May 11, 2001): 15; Betsy Spethmann, "Choosing a Test Market," *Brandweek,* 36 (19) (May 8, 1995): 42–43; and Andrew M. Tarshis, "Natural Sell-in Avoids Pitfalls of Controlled Tests," *Marketing News* (October 24, 1986): 14.
16. Other experimental designs are also available. See Connie M. Borror, "Evaluation of Statistical Designs for Experiments Involving Noise Variables," *Journal of Quality Technology,* 34 (1) (January 2002): 54–70; and Donald T. Campbell and M. Jean Russo, *Social Experimentation* (Thousand Oaks, CA: Sage Publications, 1999).
17. For an application of the Solomon four-group design, see Joe Ayres, "Are Reductions in CA an Experimental Artifact? A Solomon Four-Group Answer," *Communication Quarterly,* 48 (1) (Winter 2000): 19–26.
18. Duncac Simester, "Implementing Quality Improvement Programs Designed to Enhance Customer Satisfaction: Quasi Experiments in the United States and Spain," *Journal of Marketing Research,* 37 (1) (February 2000): 102–112; C. Moorman, "A Quasi Experiment to Assess the Consumer and Informational Determinants of Nutrition Information-Processing Activities—The Case of the Nutrition Labeling and Education Act," *Journal of Public Policy and Marketing,* 15 (1) (Spring 1996): 28–44.
19. Fred S. Zufryden, "Predicting Trial, Repeat, and Sales Response from Alternative Media Plans," *Journal of Advertising Research,* 40 (6) (November/December 2000): 65–72; Leonard M. Lodish, Magid M. Abraham, Jeanne Livelsberger, Beth Lubetkin, et al, "A Summary of Fifty-Five In-Market Experimental Estimates of the Long-Term Effects of TV Advertising," *Marketing Science* (Summer 1995): G133–G140; and Lakshman Krishnamurthi, Jack Narayan, and S. P. Raj, "Intervention Analysis of a Field Experiment to Assess the Buildup Effect of Advertising," *Journal of Marketing Research,* 23 (November 1986): 337–345.
20. See, for example, Anthony Vagnoni, "Fear of Funny Abating," *Advertising Age,* 73 (10) (March 11, 2002): 8–9; and M. G. Weinberger, H. Spotts, L. Campbell, and A. L. Parsons, "The Use and Effect of Humor in Different Advertising Media," *Journal of Advertising Research,* 35 (3) (May/June 1995): 44–56.
21. For a recent application of factorial designs, see Jaideep Sengupta and Gerald J. Gorn, "Absence Makes the Mind Grow Sharper: Effects of Element Omission on Subsequent Recall," *Journal of Marketing Research,* 39 (2) (May 2002): 186–201.
22. Michelle L. Roehm, Ellen Bolman Pullins, and Harper A. Roehm, Jr., "Designing Loyalty-Building Programs for

Packaged Goods Brands," *Journal of Marketing Research,* 39 (2) (May 2002): 202–213.
23. Niraj Dawar, "Impact of Product Harm Crises on Brand Equity: The Moderating Role of Consumer Expectations," *Journal of Marketing Research,* 37 (2) (May 2000): 215–226.
24. Vicki R. Lane, "The Impact of Ad Repetition and Ad Content on Consumer Perceptions of Incongruent Extensions," *Journal of Marketing* (Apr 2000): 80–91; J. Perrien, "Repositioning Demand Artifacts in Consumer Research," *Advances in Consumer Research,* 24 (1997): 267–271; and T. A. Shimp, E. M. Hyatt, and D. J. Snyder, "A Critical Appraisal of Demand Artifacts in Consumer Research," *Journal of Consumer Research,* 18 (3) (December 1991): 272–283.
25. Chezy Ofir and Itamar Simonson, "In Search of Negative Customer Feedback: The Effect of Expecting to Evaluate on Satisfaction Evaluations," *Journal of Marketing Research,* 38 (2) (May 2001): 170–182; and Gilles Laurent, "Improving the External Validity of Marketing Models: A Plea for More Qualitative Input," *International Journal of Research in Marketing,* 17 (2,3) (September 2000): 177.
26. Karen Blumenschein, "Hypothetical Versus Real Willingness to Pay in the Health Care Sector: Results from a Field Experiment," *Journal of Health Economics,* 20 (3) (May 2001): 441; and Richard M. Alston and Clifford Nowell, "Implementing the Voluntary Contribution Game: A Field Experiment," *Journal of Economic Behavior & Organization,* 31 (3) (December 1996): 357–368.
27. Grant F. Gould and James L. Gould, *Chance and Causation: To Experimental Design and Statistica* (New York: W. H. Freeman & Company, 2001); Hurbert M. Blalock, Jr., *Causal Inferences in Nonexperimental Research* (Chapel Hill: University of North Carolina Press, 1964).
28. In some situations, surveys and experiments can complement each other and may both be used. For example, the results obtained in laboratory experiments may be further examined in a field survey.
29. Cynthia Vinarsky, "Test Market for Smokeless Tobacco," *Knight Ridder Tribune Business News* (March 11, 2002): 1; Peter Romeo, "Testing, Testing," *Restaurant Business,* 97 (2) (January 15, 1998): 12.
30. Keith Lawrence, "Owensboro, Kentucky Could Be Next Test Market for New McDonald's Eatery Concept," *Knight Ridder Tribune Business News* (February 7, 2002): 1; Stephanie Thompson, "Tetley Tests Higher-Value Pitches," *Brandweek,* 38 (47) (December 15, 1997): 8; and Ed Rubinstein, "7-Eleven Tests Internet Kiosks in Seattle Market," *Nation's Restaurant News,* 31 (42) (October 20, 1997): 24.
31. Anonymous, "P&G Wields Axe on Failing Brands," *Grocer,* 224 (7509) (June 23, 2001): 18; and Tara Parker-Pope, "Frito-Lay to Begin Selling Wow! Chips Made with Olestra Later This Month," *The Wall Street Journal* (February 10, 1998): B2.
32. Anonymous, "Vaseline to Back Dermacare with Llm Ads Activity," *Marketing* (January 10, 2002): 4; and Sean Mehegan, "Vaseline Ups Ante via AntiBacterial," *Brandweek,* 38 (21) (May 26, 1997): 1, 6.
33. Anonymous, "Simulated Test Marketing," *Sloan Management Review,* 36 (2) (Winter 1995): 112.
34. Frank S. Costanza, "Exports Boost German Jewelry Industry," *National Jeweler,* 45 (8) (April 16, 2001): 57; and David Woodruff and Karen Nickel, "When You Think Deluxe, Think East Germany," *Business Week,* May 26, 1997: 124E2.
35. Anonymous, "The Disclosure Dilemma," *Workspan,* 45 (1) (January 2002): 72; and Bernd H. Schmitt, "Contextual Priming of Visual Information in Advertisements," *Psychology & Marketing,* 11 (1) (January/February 1994): 1–14.
36. Marlene de Laine, *Fieldwork, Participation and Practice: Ethics and Dilemmas in Qualitative Research* (Thousand Oaks, CA: Sage Publications, 2001); and Betsy Peterson, "Ethics, Revisited," *Marketing Research: A Magazine of Management & Applications,* 8 (4) (Winter 1996): 47–48.
37. Jim Milliot, "Barnes & Noble.com to Integrate Fatbrain," *Publishers Weekly,* 249 (5) (February 4, 2002): 9; Dan Verton, "Barnes & Noble Takes Popular Literature Digital," *Computerworld,* 35 (2) (January 8, 2001): 14; and Isabelle Sender, "Internet Coupons Driving Store Traffic," *Chain Store Age,* 73 (9) (September, 1997).

第8章

1. www.fortune.com/lists/mostadmired/index.html. April 3, 2002.
2. Stephen J. Newell, "The Development of a Scale to Measure Perceived Corporate Credibility," *Journal of Business Research* (June 2001): 235; Ken Gofton, "If it Moves, Measure It," *Marketing* (Marketing Technique Supplement (September 4, 1997): 17; and Jum C. Nunnally, *Psychometric Theory,* 2nd ed. (New York: McGraw-Hill, 1978), p. 3.
3. Subabrata Bobby Banerjee, "Corporate Environmentalism: The Construct and Its Measurement," *Journal of Business Research,* 55 (3) (March 2002): 177; and Stanley S. Stevens, "Mathematics, Measurement and Psychophysics," in Stanley S. Stevens, Ed., *Handbook of Experimental Psychology* (New York: John Wiley, 1951).
4. Helen M. Moshkovich, "Ordinal Judgments in Multiattribute Decision Analysis," *European Journal of Operational Research,* 137 (3) (March 16, 2002): 625; Wade D. Cook, Moshe Kress, and Lawrence M. Seiford, "On the Use of Ordinal Data in Data Envelopment Analysis," *Journal of the Operational Research Society,* 44 (2) (February 1993): 133–140; and William D. Perreault, Jr. and Forrest W. Young, "Alternating Least Squares Optimal Scaling: Analysis of Nonmetric Data in Marketing Research," *Journal of Marketing Research,* 17 (February 1980): 1–13.
5. Merja Halme, "Dealing with Interval Scale Data in Data Envelopment Analysis," *European Journal of Operational Research,* 137 (1) (February 16, 2002): 22; and Michael Lynn and Judy Harris, "The Desire for Unique Consumer Products: A New Individual Difference Scale," *Psychology & Marketing,* 14 (6) (September 1997): 601–616.
6. www.fifa.com/index_E.html. April 1, 2002.
7. For a discussion of these scales, refer to Delbert C. Miller and Neil J. Salkind, *Handbook of Research Design and Social Measurement,* 6th ed. (Thousand Oaks, CA: Sage Publications, 2002); Taiwo Amoo, "Overall Evaluation Rating Scales: An Assessment," *International Journal of Market Research* (Summer 2000): 301–311; and C. H. Coombs, "Theory and Methods of Social Measurement," L. Festinger and D. Katz, Eds., *Research Methods in the Behavioral Sciences* (New York: Holt, Rinehart & Winston, 1953).
8. However, there is some controversy regarding this issue. See Donald T. Campbell and M. Jean Russo, *Social Measurement* (Thousand Oaks, CA: Sage Publications, 2001); and T. Amoo, "Do the Numeric Values Influence Subjects' Responses to Rating Scales," *Journal of International Marketing and Marketing Research* (Feb 2001): 41.
9. Anonymous, "Competition Between Coca-Cola and Pepsi to Start," *Asiainfo Daily China News* (March 19, 2002): 1; Leah

Rickard, "Remembering New Coke," *Advertising Age,* 66 (16) (April 17, 1995): 6; and "Coke's Flip-Flop Underscores Risks of Consumer Taste Tests," *Wall Street Journal* (July 18, 1985): 25.
10. However, it is not necessary to evaluate all possible pairs of objects. Procedures such as cyclic designs can significantly reduce the number of pairs evaluated. A treatment of such procedures may be found in Albert C. Bemmaor and Udo Wagner, "A Multiple-Item Model of Paired Comparisons: Separating Chance from Latent Performance," *Journal of Marketing Research,* 37 (4) (November 2000): 514–524; and Naresh K. Malhotra, Arun K. Jain, and Christian Pinson, "The Robustness of MDS Configurations in the Case of Incomplete Data," *Journal of Marketing Research,* 25 (February 1988): 95–102.
11. For an advanced application involving paired comparison data, see Albert C. Bemmaor and Udo Wagner, "A Multiple-Item Model of Paired Comparisons: Separating Chance from Latent Performance," *Journal of Marketing Research,* 37 (4) (November 2000): 514–524.
12. Donald T. Campbell and M . Jean Russo, *Social Measurement* (Thousand Oaks, CA: Sage Publications, 2001); Rensis Likert, Sydney Roslow, and Gardner Murphy, "A Simple and Reliable Method of Scoring the Thurstone Attitude Scales," *Personnel Psychology,* 46 (3) (Autumn 1993): 689–690; L. L. Thurstone, *The Measurement of Values* (Chicago: University of Chicago Press, 1959). For an application of the case V procedure, see Naresh K. Malhotra, "Marketing Linen Services to Hospitals: A Conceptual Framework and an Empirical Investigation Using Thurstone's Case V Analysis," *Journal of Health Care Marketing,* 6 (March 1986): 43–50.
13. Anonymous, "Cranberry Juice in a Can," *Grocer,* 225 (7538) (January 26, 2002): 64; and The Beverage Network; *www.bevnet.com.*
14. Paul A. Bottomley, "Testing the Reliability of Weight Elicitation Methods: Direct Rating Versus Point Allocation," *Journal of Marketing Research,* 37 (4) (November 2000): 508–513; and Michael W. Herman and Waldemar W. Koczkodaj, "A Monte Carlo Study of Pairwise Comparison," *Information Processing Letters,* 57 (1) (January 15, 1996): 25–29.
15. *www.corebrand.com/brandpower/index.html.* April 1, 2002.
16. Tony Siciliano, "Magnitude Estimation," *Quirk's Marketing Research Review* (November 1999); Noel M. Noel and Nessim Hanna, "Benchmarking Consumer Perceptions of Product Quality with Price: An Exploration," *Psychology & Marketing,* 13 (6) (September 1996): 591–604; and Jan-Benedict E. M. Steenkamp and Dick R. Wittink, "The Metric Quality of Full-Profile Judgments and the Number of Attribute Levels Effect in Conjoint Analysis," *International Journal of Research in Marketing,* 11 (3) (June 1994): 275–286.
17. Roger Calantone, "Joint Ventures in China: A Comparative Study of Japanese, Korean, and U.S. Partners," *Journal of International Marketing,* 9 (1) (2001): 1–22; Joseph Marinelli and Anastasia Schleck, "Collecting, Processing Data for Marketing Research Worldwide," *Marketing News* (August 18, 1997): 12, 14; and Naresh K. Malhotra, "A Methodology for Measuring Consumer Preferences in Developing Countries," *International Marketing Review,* 5 (Autumn 1988): 52–66.
18. Anonymous, "Sales Down but Profits Up for Nissan," *Northern Echo* (January 31, 2002): 14.
19. Gael McDonald, "Cross-Cultural Methodological Issues in Ethical Research," *Journal of Business Ethics,* 27 (1/2) (September 2000): 89–104; and I. P. Akaah, "Differences in Research Ethics Judgments Between Male and Female Marketing Professionals," *Journal of Business Ethics,* 8 (1989): 375–381. See also Anusorn Singhapakdi, Scott J. Vitell, Kumar C. Rallapalli, and Kenneth L. Kraft, "The Perceived Role of Ethics and Social Responsibility: A Scale Development," *Journal of Business Ethics,* 15 (11) (November 1996): 1131–1140.
20. Amy Zuber, "Pizza Chains Top Customer Satisfaction Poll," *Nation's Restaurant News,* 36 (9) (March 4, 2002): 4–5; and *www.dominos.com.* April 1, 2002.

第9章

1. Anonymous, "Planned Rail Projects Still Moving Forward," *New York Construction News* (March 20, 2002): 10; Heidi Tolliver, "A Tale of Four Cities: How Paris, London, Florence and New York Measure—and React—to What Riders Want," *Mass Transit,* XXII (2) (March/April 1996): 22–30, 107; and *www.mta.nyc.ny.us/nyct/index.html.* April 14, 2002.
2. Bob Sperber, "McDonald's Targets Adults with 'Trust' Effort," *Brandweek,* 43 (14) (April 8, 2002): 6; William Murphy and Sidney Tang, "Continuous Likeability Measurement," *Marketing Research: A Magazine of Management & Applications,"* 10 (2) (Summer 1998): 28–35; and *www.perceptionanalyzer.com.*
3. Taiwoo Amoo and Hershey H. Friedman, "Overall Evaluation Rating Scales: An Assessment," *International Journal of Market Research,* 42 (3) (Summer 2000): 301–310; G. Albaum, "The Likert Scale Revisited—An Alternate Version," *Journal of the Market Research Society,* 39 (2) (April 1997): 331–348; C. J. Brody and J. Dietz, "On the Dimensionality of 2-Question Format Likert Attitude Scales," *Social Science Research,* 26 (2) (June 1997): 197–204; and Rensis Likert, "A Technique for the Measurement of Attitudes," *Archives of Psychology,* 140 (1932).
4. However, when the scale is multidimensional, each dimension should be summed separately. See Jeffrey M. Stanton, "Issues and Strategies for Reducing the Length of Self-Report Scales," *Personnel Psychology,* 55 (1) (Spring 2002): 167–194; and Jennifer L. Aaker, "Dimensions of Brand Personality," *Journal of Marketing Research,* 34 (August 1997): 347–356.
5. Jeongkoo Yoon, "A Dual Process Model of Organizational Commitment: Job Satisfaction and Organizational Support," *Work and Occupations,* 29 (1) (February 2002): 97–125; John P. Walsh and Shu-Fen Tseng, "The Effects of Job Characteristics on Active Effort at Work," *Work & Occupations,* 25 (1) (February 1998): 74–96; and George H. Lucas, Jr., A. Parasuraman, Robert A. Davis, and Ben M. Enis, "An Empirical Study of Salesforce Turnover," *Journal of Marketing,* 51 (July 1987): 34–59.
6. Rajesh Sethi, Daniel C. Smith, and C. Whan Park, "Cross-Functional Product Development Teams, Creativity, and the Innovativeness of New Consumer Products," *Journal of Marketing Research,* 38 (1) (February 2001): 73–85; and T. A. Chandler and C. J. Spies, "Semantic Differential Comparisons of Attributions and Dimensions Among Respondents from 7 Nations," *Psychological Reports,* 79 (3 pt 1) (December 1996): 747–758.
7. Delbert C. Miller and Neil J. Salkind, *Handbook of Research Design and Social Measurement,* 6th ed. (Thousand Oaks, CA: Sage Publications, 2002); and William O. Bearden and Richard G. Netemeyer, *Handbook of Marketing Scales: Multi-Item Measures for Marketing and Consumer Behavior Research* (Thousand Oaks, CA: Sage Publications, 1999).
8. Naresh K. Malhotra, "A Scale to Measure Self-Concepts, Person Concepts and Product Concepts," *Journal of Marketing Research,* 18 (November 1981): 456–464. See also Aron

O'Cass, "A Psychometric Evaluation of a Revised Version of the Lennox and Wolfe Revised Self-Monitoring Scale," *Psychology & Marketing* (May 2000): 397.
9. However, there is little difference in the results based on whether the data are ordinal or interval. See Shizuhiko Nishisato, *Measurement and Multivariate Analysis* (New York: Springer-Verlag, New York, 2002); and John Gaiton, "Measurement Scales and Statistics: Resurgence of an Old Misconception," *Psychological Bulletin,* 87 (1980): 564–567.
10. Chezy Ofir, "In Search of Negative Customer Feedback: The Effect of Expecting to Evaluate on Satisfaction Evaluations," *Journal of Marketing Research,* Chicago (May 2001): 170–182; Timothy H. Reisenwitz and G. Joseph Wimbish, Jr., "Over-the-Counter Pharmaceuticals: Exploratory Research of Consumer Preferences Toward Solid Oral Dosage Forms," *Health Marketing Quarterly,* 13 (4) (1996): 47–61; and S. Malhotra, S. Van Auken, and S. C. Lonial, "Adjective Profiles in Television Copy Testing," *Journal of Advertising Research* (August 1981): 21–24.
11. Michael K. Brady, "Performance Only Measurement of Service Quality: A Replication and Extension," *Journal of Business Research,* 55 (1) (January 2002): 17; Jan Stapel "About 35 Years of Market Research in the Netherlands," *Markonderzock Kwartaalschrift,* 2 (1969): 3–7.
12. Eugene W. Anderson, "Foundations of the American Customer Satisfaction Index," *Total Quality Management,* 11 (7) (September 2000): 5869–5882; A. M. Coleman, C. E. Norris, and C. C. Peterson, "Comparing Rating Scales of Different Lengths—Equivalence of Scores from 5-Point and 7-Point Scales," *Psychological Reports,* 80 (2) (April 1997): 355–362; Madhubalan Viswanathan, Mark Bergen, and Terry Childers, "Does a Single Response Category in a Scale Completely Capture a Response?" *Psychology & Marketing,* 13 (5) (August 1996): 457–479; and Eli P. Cox, III, "The Optimal Number of Response Alternatives for a Scale: A Review," *Journal of Marketing Research,* 17 (November 1980): 407–422.
13. Yadolah Dodge, "On Asymmetric Properties of the Correlation Coefficient in the Regression Setting," *The American Statistician,* 55 (1) (February 2001): 51–54; D. F. Alwin, "Feeling Thermometers Versus 7-Point Scales—Which Are Better," *Sociological Methods & Research,* 25 (3) (February 1997): 318–340; M. M. Givon and Z. Shapira, "Response to Rating Scales: A Theoretical Model and Its Application to the Number of Categories Problem," *Journal of Marketing Research* (November 1984): 410–419; and D. E. Stem, Jr., and S. Noazin, "The Effects of Number of Objects and Scale Positions on Graphic Position Scale Reliability," in R. F. Lusch, et al., *1985 AMA Educators' Proceedings* (Chicago: American Marketing Association, 1985): 370–372.
14. Bradford S. Jones, "Modeling Direction and Intensity in Semantically Balanced Ordinal Scales: An Assessment of Congressional Incumbent Approval," *American Journal of Political Science,* 44 (1) (January 2000): 174; D. Watson, "Correcting for Acquiescent Response Bias in the Absence of a Balanced Scale—An Application to Class-Consciousness," *Sociological Methods & Research,* 21 (1) (August 1992): 52–88; and H. Schuman and S. Presser, *Questions and Answers in Attitude Surveys* (New York: Academic Press, 1981), pp. 179–201.
15. Palmer Morrel-Samuels, "Getting the Truth into Workplace Surveys," *Harvard Business Review,* 80 (2) (February 2002): 111; and G. J. Spagna, "Questionnaires: Which Approach Do You Use?" *Journal of Advertising Research,* (February/March 1984): 67–70.
16. Janet McColl-Kennedy, "Measuring Customer Satisfaction: Why, What and How," *Total Quality Management,* 11 (7) (September 2000): 5883–5896; Kathy A. Hanisch, "The Job Descriptive Index Revisited: Questions About the Question Mark," *Journal of Applied Psychology,* 77 (3) (June 1992): 377–382; and K. C. Schneider, "Uninformed Response Rate in Survey Research," *Journal of Business Research* (April 1985): 153–162.
17. T. Amoo, "Do Numeric Values Influence Subjects' Responses to Rating Scales," *Journal of International Marketing and Market Research* (February 2001): 41; K. M. Gannon and T. M. Ostrom, "How Meaning Is Given to Rating Scales—The Effects of Response Language on Category Activation," *Journal of Experimental Social Psychology,* 32 (4) (July 1996): 337–360; and H. H. Friedman and J. R. Leefer, "Label Versus Position in Rating Scales," *Journal of the Academy of Marketing Science,* (Spring 1981): 88–92.
18. D. F. Alwin, "Feeling Thermometers Versus 7-Point Scales—Which Are Better," *Sociological Methods & Research,* 25 (3) (February 1997): 318–340.
19. For recent constructions of multiitem scales, see Tom Brown, "The Customer Orientation of Service Workers: Personality Trait Effects on Self- and Supervisor-Performance Ratings," *Journal of Marketing Research,* 39 (1) (February 2002): 110–119; and Charla Mathwick, Naresh K. Malhotra, and Edward Rigdon, "Experiential Value: Conceptualization, Measurement and Application in the Catalog and Internet Shopping Environment," *Journal of Retailing,* 77 (2001): 39–56.
20. For example, see Leisa Reinecke Flynn and Dawn Pearcy, "Four Subtle Sins in Scale Development: Some Suggestions for Strengthening the Current Paradigm," *International Journal of Market Research,* 43 (4) (Fourth Quarter 2001): 409–423; and Maryon F. King, "Social Desirability Bias: A Neglected Aspect of Validity Testing," *Psychology & Marketing,* 17 (2) (February 2000): 79.
21. Stephania H. Davis, "Smart Products for Smart Marketing," *Telephony,* 234 (9) (March 2, 1998): 66; and Erin Anderson, Wujin Chu, and Barton Weitz, "Industrial Purchasing: An Empirical Exploration of the Buyclass Framework," *Journal of Marketing,* 51 (July 1987): 71–86.
22. Walter C. Borman, "An Examination of the Comparative Reliability, Validity, and Accuracy of Performance Ratings Made Using Computerized Adaptive Rating Scales," *Journal of Applied Psychology,* 86 (5) (October 2001): 965; and Eric A. Greenleaf, "Improving Rating Scale Measures by Detecting and Correcting Bias Components in Some Response Styles," *Journal of Marketing Research,* 29 (May 1992): 176–188.
23. Bruce Thompson, *Score Reliability: Contemporary Thinking on Reliability Issues* (Thousand Oaks, CA: Sage Publications, 2002); Pritibhushan Sinha, "Determination of Reliability of Estimations Obtained with Survey Research: A Method of Simulation," *International Journal of Market Research,* 42 (3) (Summer 2000): 311–317; E. J. Wilson, "Research Design Effects on the Reliability of Rating Scales in Marketing—An Update on Churchill and Peter," *Advances in Consumer Research,* 22 (1995): 360–365; William D. Perreault, Jr. and Laurence E. Leigh, "Reliability of Nominal Data Based on Qualitative Judgments," *Journal of Marketing Research,* 25 (May 1989): 135–148; and J. Paul Peter, "Reliability: A Review

of Psychometric Basics and Recent Marketing Practices," *Journal of Marketing Research,* 16 (February 1979): 6–17.
24. Donald T. Campbell and M . Jean Russo, *Social Measurement* (Thousand Oaks, CA: Sage Publications, 2001); Simon S. K. Lam and Ka S. Woo, "Measuring Service Quality: A Test-Retest Reliability Investigation of SERVQUAL," *Journal of the Market Research Society,* 39 (2) (April 1997): 381–396.
25. David Hunt, *Measurement and Scaling in Statistics* (London, UK: Edward Arnold, 2001); David Armstrong, Ann Gosling, John Weinman, and Theresa Marteau, "The Place of Inter-Rater Reliability in Qualitative Research: An Empirical Study," *Sociology: The Journal of the British Sociological Association,* 31 (3) (August 1997): 597–606; and M. N. Segal, "Alternate Form Conjoint Reliability," *Journal of Advertising Research,* 4 (1984): 31–38.
26. Tom J. Brown, John C. Mowen, D. Todd Donavan, and Jane W. Licata, "The Customer Orientation of Service Workers: Personality Trait Effects on Self- and Supervisor-Performance Ratings," *Journal of Marketing Research,* 39 (1) (February 2002): 110–119; Robert A. Peterson, "A Meta-Analysis of Chronbach's Coefficient Alpha," *Journal of Consumer Research,* 21 (September 1994): 381–391; and L. J Cronbach, "Coefficient Alpha and the Internal Structure of Tests," *Psychometrika,* 16 (1951): 297–334.
27. Patrick Y. K. Chau and Kai Lung Hui, "Identifying Early Adopters of New IT Products: A Case of Windows 95," *Information & Management,* 33 (5) (May 28, 1998): 225–230.
28. Gilad Chen, "Validation of a New General Self-Efficacy Scale," *Organizational Research Methods,* 4 (1) (January 2001): 62–83; D. G. Mctavish, "Scale Validity–A Computer Content-Analysis Approach," *Social Science Computer Review,* 15 (4) (Winter 1997): 379–393; and J. Paul Peter, "Construct Validity: A Review of Basic Issues and Marketing Practices," *Journal of Marketing Research,* 18 (May 1981): 133–145.
29. For further details on validity, see Bruce Keillor, "A Cross-Cultural/Cross-National Study of Influencing Factors and Socially Desirable Response Biases," *International Journal of Market Research* (First Quarter 2001): 63–84; M. Joseph Sirgy, Dhruv Grewal, Tamara F. Mangleburg, Jae-ok Park et al., "Assessing the Predictive Validity of Two Methods of Measuring Self-Image Congruence," *Journal of the Academy of Marketing Science,* 25 (3) (Summer 1997): 229–241; and Rosann L. Spiro and Barton A. Weitz, "Adaptive Selling: Conceptualization, Measurement, and Nomological Validity," *Journal of Marketing Research,* 27 (February 1990): 61–69.
30. For a discussion of generalizability theory and its applications in marketing research, see Karen L. Middleton, "Socially Desirable Response Sets: The Impact of Country Culture," *Psychology and Marketing* (February 2000): 149; Shuzo Abe, Richard P. Bagozzi, and Pradip Sadarangani, "An Investigation of Construct Validity and Generalizability of the Self-Concept: Self-Consciousness in Japan and the United States," *Journal of International Consumer Marketing,* 8 (3, 4) (1996): 97–123; and Joseph O. Rentz, "Generalizability Theory: A Comprehensive Method for Assessing and Improving the Dependability of Marketing Measures," *Journal of Marketing Research,* 24 (February 1987): 19–28.
31. Matthew Myers, "Academic Insights: An Application of Multiple-Group Causal Models in Assessing Cross-Cultural Measurement Equivalence," *Journal of International Marketing,* 8 (4) (2000): 108–121; and Timothy R. Hinkin, "A Review of Scale Development Practices in the Study of Organizations," *Journal of Management,* 21 (5) (1995): 967–988.
32. Alan Page Fiske, "Using Individualism and Collectivism to Compare Cultures—A Critique of the Validity and Measurement of the Constructs: Comment on Oyserman," *Psychological Bulletin,* 128 (1) (January 2002): 78; Michael R. Mullen, George R. Milne, and Nicholas M. Didow, "Determining Cross-Cultural Metric Equivalence in Survey Research: A New Statistical Test," *Advances in International Marketing,* 8 (1996): 145–157; and E. Gencturk, T. L. Childers, and R. W. Ruekert, "International Marketing Involvement—The Construct, Dimensionality, and Measurement," *Journal of International Marketing,* 3 (4) (1995): 11–37.
33. Alan L. Unikel, "Imitation Might Be Flattering, but Beware of Trademark Infringement," *Marketing News,* 21 (19) (September 11, 1997): 20021; and Betsy Mckay, "Xerox Fights Trademark Battle," *Advertising Age International* (April 27, 1992).
34. Denny Hatch, "How Truthful Is Your Offer?" *Target Marketing,* 24 (4) (April 2001): 94.
35. Naresh K. Malhotra, Sung S. Kim, and James Agarwal, "Internet Users' Information Privacy Concerns (IUIPC): The Construct, the Scale, and a Nomological Framework," Working Paper, Georgia Institute of Technology, 2002.

第10章

1. Patricia Kelly, "Questionnaire Design, Printing, and Distribution," *Government Information Quarterly,* 17 (2) (2000): 147.
2. S.L. Payne, *The Art of Asking Questions* (Princeton, NJ: Princeton University Press, 1951): 141. See also Michael Schrage, "Survey Says," *Adweek Magazines' Technology Marketing,* 22 (1) (January 2002): 11; and Bill Gillham, *Developing a Questionnaire* (New York: Continuum International Publishing Group, 2000).
3. These guidelines are drawn from several books on questionnaire design. See, for example, Marco Vriens, "Split-Questionnaire Designs: A New Tool in Survey Design and Panel Management," *Marketing Research,* 13 (2) (Summer 2001): 14–19; Stephen Jenkins, "Automating Questionnaire Design and Construction," *Journal of the Market Research Society* (Winter 1999–2000): 79–95; Bill Gillham, *Developing a Questionnaire* (New York: Continuum International Publishing Group, 2000); Robert A. Peterson, *Constructing Effective Questionnaires* (Thousand Oaks, CA: Sage Publications, 2000); Howard Schuman and Stanley Presser, *Questions & Answers in Attitude Survey* (Thousand Oaks, CA: Sage Publications, Inc., 1996); Arlene Fink, *How to Ask Survey Questions* (Thousand Oaks, CA: Sage Publications, Inc., 1995); and Floyd J. Fowler, Jr., *Improving Survey Questions* (Thousand Oaks, CA: Sage Publications, Inc., 1995).
4. Darlene B. Bordeaux, "Interviewing—Part II: Getting the Most Out of Interview Questions," *Motor Age,* 121 (2) (February 2002): 38–40; Thomas T. Semon, "Better Questions Means More Honesty," *Marketing News,* 34 (17) (August 14, 2000): 10; and Thomas T. Semon, "Asking 'How Important' Is Not Enough," *Marketing News,* 31 (16) (August 4, 1997): 19.
5. Jennifer Hess, "The Effects of Person-Level Versus Household-Level Questionnaire Design on Survey Estimates and Data Quality," *Public Opinion Quarterly,* 65 (4) (Winter 2001): 574–584.
6. Timothy R. Graeff, "Uninformed Response Bias in Telephone Surveys," *Journal of Business Research,* 55 (3) (March 2002): 251; Rachel Miller, "Counting the Cost of Response Rates," *Marketing* (January 18, 2001): 37–38; Arthur Sterngold, Rex H.

Warland, and Robert O. Herrmann, "Do Surveys Overstate Public Concerns?" *Public Opinion Quarterly*, 58 (20 (Summer 1994): 255–263; and D. I. Hawkins and K. A. Coney, "Uninformed Response Error in Survey Research," *Journal of Marketing Research* (August 1981): 373.
7. Barbel Knauper, "Filter Questions and Question Interpretation: Presuppositions at Work," *Public Opinion Quarterly*, 62 (1) (Spring 1998): 70–78; and George F. Bishop, Robert W. Oldendick, and Alfred J. Tuchfarber, "Effects of Filter Questions in Public Opinion Surveys," *Public Opinion Quarterly*, 46 (Spring 1982): 66–85.
8. Timothy R. Graeff, "Uninformed Response Bias in Telephone Surveys," *Journal of Business Research*, 55 (3) (March 2002): 251.
9. Eunkyu Lee, Michael Y. Hu, and Rex S. Toh, "Are Consumer Survey Results Distorted? Systematic Impact of Behavioral Frequency and Duration on Survey Response Errors," *Journal of Marketing Research*, 37 (1) (February 2000): 125–133; Solomon Dutka and Lester R. Frankel "Measuring Response Error," *Journal of Advertising Research*, 37 (1) (January/February 1997): 33–39; and Terry Haller, *Danger: Marketing Researcher at Work* (Westport, CT: Quorum Books, 1983): 149.
10. George D. Gaskell, "Telescoping of Landmark Events: Implications for Survey Research," *Public Opinion Quarterly*, 64 (1) (Spring 2000): 77–89; Geeta Menon, Priya Raghubir, and Norbert Schwarz, "Behavioral Frequency Judgments: An Accessibility-Diagnosticity Framework," *Journal of Consumer Research*, 22 (2) (September 1995): 212–228; and William A. Cook, "Telescoping and Memory's Other Tricks," *Journal of Advertising Research* (February/March 1987): 5–8.
11. Mike France, "Why Privacy Notices Are a Sham," *Business Week* (June 18, 2001): 82; R. P. Hill, "Researching Sensitive Topics in Marketing—The Special Case of Vulnerable Populations," *Journal of Public Policy & Marketing*, 14 (1) (Spring 1995): 143–148.
12. Patrick Hanrahan, "Mine Your Own Business," *Target Marketing* (Feb 2000): 32; Roger Tourangeau and Tom W. Smith, "Asking Sensitive Questions: The Impact of Data-Collection Mode, Question Format, and Question Context," *Public Opinion Quarterly*, 60 (20) (Summer 1996): 275–304; and Kent H. Marquis et al., *Response Errors in Sensitive Topic Survey: Estimates, Effects, and Correction Options* (Santa Monica, CA: Rand Corporation, 1981).
13. Hans Baumgartner and Jan-Benedict E. M. Steenkamp, "Response Styles in Marketing Research: A Cross-National Investigation," *Journal of Marketing Research*, 38 (2) (May 2001): 143–156; and Priya Raghubir and Geeta Menon, "Asking Sensitive Questions: The Effects of Type of Referent and Frequency Wording in Counterbiasing Methods," *Psychology & Marketing*, 13 (7) (October 1996): 633–652.
14. For applications, see Ernest R. Larkins, Evelyn C. Hume, and Bikramjit S. Garcha, "The Validity of the Randomized Response Method in Tax Ethics Research," *Journal of Applied Business Research*, 13 (3) (Summer 1997): 25–32; Brian K. Burton and Janet P. Near, "Estimating the Incidence of Wrongdoing and Whistle-Blowing: Results of a Study Using Randomized Response Technique," *Journal of Business Ethics*, 14 (January 1995): 17–30; and D. E. Stem, Jr. and R. K. Steinhorst, "Telephone Interview and Mail Questionnaire Applications of the Randomized Response Model," *Journal of the American Statistical Association* (September 1984): 555–564.
15. Mildred L. Patten, *Questionnaire Research: A Practical Guide* (Los Angeles: Pyrczak Publishing, 2001); and Lynn M. Newman, "That's a Good Question," *American Demographics*, (Marketing Tools) (June 1995): 10–13.
16. Roel Popping, *Computer-Assisted Text Analysis* (Thousand Oaks, CA: Sage Publications, 2000); and Serge Luyens, "Coding Verbatims by Computers," *Marketing Research: A Magazine of Management & Applications*, 7 (2) (Spring 1995): 20–25.
17. Based on a marketing research project conducted by the author. See also Steven G. Rogelberg, "Attitudes Toward Surveys: Development of a Measure and Its Relationship to Respondent Behavior," *Organizational Research Methods*, 4 (1) (January 2001): 3–25.
18. Anne-Marie Pothas, "Customer Satisfaction: Keeping Tabs on the Issues That Matter," *Total Quality Management*, 12 (1) (January 2001): 83; and Kevin W. Mossholder, Randall P. Settoon, Stanley G. Harris, and Achilles A. Armenakis, "Measuring Emotion in Open-Ended Survey Responses: An Application of Textual Data Analysis," *Journal of Management*, 21 (2) (1995): 335–355.
19. Debra Javeline, "Response Effects in Polite Cultures," *Public Opinion Quarterly*, 63 (1) (Spring 1999): 1–27; and Jon A. Krosnick and Duane F. Alwin, "An Evaluation of a Cognitive Theory of Response-Order Effects in Survey Measurement," *Public Opinion Quarterly* (Summer 1987): 201–219. Niels J. Blunch, "Position Bias in Multiple-Choice Questions," *Journal of Marketing Research*, 21 (May 1984): 216–220, has argued that position bias in multiple-choice questions cannot be eliminated by rotating the order of the alternatives. This viewpoint is contrary to the common practice.
20. Eleanor Singer, "Experiments with Incentives in Telephone Surveys," *Public Opinion Quarterly*, 64 (2) (Summer 2000): 171–188; and Howard Schuman and Stanley Presser, *Questions & Answers in Attitude Survey* (Thousand Oaks, CA: Sage Publications, Inc., 1996).
21. Karen Blumenschein, "Hypothetical Versus Real Willingness to Pay in the Health Care Sector: Results from a Field Experiment," *Journal of Health Economics*, 20 (3) (May 2001): 441; Joseph A. Herriges and Jason F. Shogren, "Starting Point Bias in Dichotomous Choice Valuation with Follow-Up Questioning," *Journal of Environmental Economics & Management*, 30 (1) (January 1996): 112–131; and R. W. Mizerski, J. B. Freiden, and R. C. Green, Jr., "The Effect of the 'Don't Know' Option on TV Ad Claim Recognition Tests," *Advances in Consumer Research*, 10 (Association for Consumer Research, 1983): 283–287.
22. Frederick G. Conrad, "Clarifying Question Meaning in a Household Telephone Survey," *Public Opinion Quarterly*, 64 (1) (Spring 2000): 1–27; Michael McBurnett, "Wording of Questions Affects Responses to Gun Control Issue," *Marketing News*, 31 (1) (January 6, 1997): 12; and M. Wanke, N. Schwarz, and E. Noelle-Neumann, "Asking Comparative Questions: The Impact of the Direction of Comparison," *Public Opinion Quarterly*, 59 (3) (Fall 1995): 347–372.
23. Joseph Rydholm, "Syndicated Survey Monitors Airline Performance Around the World," *Quirk's Marketing Research Review* (November, 2000), online at www.quirks.com/articles/article_print.asp?arg_articleid=623, March 23, 2001.
24. Richard Colombo, "A Model for Diagnosing and Reducing Nonresponse Bias," *Journal of Advertising Research*, 40 (1/2) (January/April 2000): 85–93; G. S. Omura, "Correlates of Item Nonresponse," *Journal of the Market Research Society* (October 1983): 321–330; and S. Presser, "Is Inaccuracy on Factual Survey Items Item-Specific or Respondent-Specific?" *Public Opinion Quarterly* (Spring 1984): 344–355.

25. Christopher R. Bollinger, "Estimation with Response Error and Nonresponse: Food-Stamp Participation in the SIPP," *Journal of Business & Economic Statistics,* 19 (2) (April 2001): 129–141; and Nancy Johnson Stout, "Questionnaire Design Workshop Helps Market Researchers Build Better Surveys," *Health Care Strategic Management,* 12 (7) (July 1994): 10–11.
26. Bill Gillham, *Developing a Questionnaire* (New York: Continuum International Publishing Group, 2000); and Lida C. Saltz, "How to Get Your News Release Published,"*Journal of Accountancy,* 182 (5) (November 1996): 89–91.
27. Mick P. Couper, "Web Surveys: A Review of Issues and Approaches," *Public Opinion Quarterly,* 64 (4) (Winter 2000): 464–494; Brad Edmondson, "How to Spot a Bogus Poll," *American Demographics,* 8 (10) (October 1996): 10–15; and John O'Brien, "How Do Market Researchers Ask Questions?" *Journal of the Market Research Society,* 26 (April 1984): 93–107.
28. Peter M. Chisnall, "Marketing Research: State of the Art Perspectives," *International Journal of Market Research,* 44 (1) (First Quarter 2002): 122–125; and Paul R. Abramson and Charles W. Ostrom, "Question Wording and Partisanship," *Public Opinion Quarterly,* 58 (1) (Spring 1994): 21–48.
29. Bob Becker, "Take Direct Route When Data Gathering," *Marketing News,* 33 (20) (September 27, 1999): 29–30; and "Don't Lead: You May Skew Poll Results," *Marketing News,* 30 (12) (June 3, 1996): H37.
30. Bill Gillham, *Developing a Questionnaire* (New York: Continuum International Publishing Group, 2000); Raymond J. Adamek, "Public Opinion and Roe v. Wade: Measurement Difficulties," *Public Opinion Quarterly,* 58 (3) (Fall 1994): 409–418; and E. Noelle-Neumann and B. Worcester, "International Opinion Research," *European Research* (July 1984): 124–131.
31. Ming Ouyand, "Estimating Marketing Persistence on Sales of Consumer Durables in China," *Journal of Business Research,* 55 (4) (April 2002): 337; Jacob Jacoby and George J. Szybillo, "Consumer Research in FTC Versus Kraft (1991): A Case of Heads We Win, Tails You Lose?" *Journal of Public Policy & Marketing,* 14 (1) (Spring 1995): 1–14; and E. D. Jaffe and I. D. Nebenzahl, "Alternative Questionnaire Formats for Country Image Studies," *Journal of Marketing Research* (November 1984): 463–471.
32. Howard Schuman and Stanley Presser, *Questions & Answers in Attitude Survey* (Thousand Oaks, CA: Sage Publications, Inc., 1996); and Jon A. Krosnick and Duane F. Alwin, "An Evaluation of a Cognitive Theory of Response-Order Effects in Survey Measurement," *Public Opinion Quarterly* (Summer 1987): 201–219.
33. Rating a brand on specific attributes early in a survey may affect responses to a later overall brand evaluation. For example, see Larry M. Bartels, "Question Order and Declining Faith in Elections," *Public Opinion Quarterly,* 66 (1) (Spring 2002): 67–79; and Barbara A Bickart, "Carryover and Backfire Effects in Marketing Research," *Journal of Marketing Research,* 30 (February 1993): 52–62.
34. Peter D. Watson, "Adolescents' Perceptions of a Health Survey Using Multimedia Computer-Assisted Self-Administered Interview," *Australian and New Zealand Journal of Public Health,* 25 (6) (December 2001): 520; Fern K. Willits and Bin Ke, "Part-Whole Question Order Effects: Views of Rurality," *Public Opinion Quarterly,* 59 (3) (Fall 1995): 392–403; and Donald J. Messmer and Daniel J. Seymour, "The Effects of Branching on Item Nonresponse," *Public Opinion Quarterly,* 46 (Summer 1982): 270–277.
35. David Zatz, "Create Effective E-Mail Surveys," *HRMagazine,* 45 (1) (January 2000): 97–103; and George R. Milne, "Consumer Participation in Mailing Lists: A Field Experiment," *Journal of Public Policy & Marketing,* 16 (2) (Fall 1997): 298–309.
36. Jon Van, "New Technology, Fast Internet Connections Give Researchers Easy Data Access," *Knight Ridder Tribune Business News* (February 3, 2002): 1; "A World Press Model Debuts," *Graphic Arts Monthly,* 66 (6) (June 1994): 66.
37. Frederick G. Conrad, "Clarifying Questions Meaning in a Household Telephone Survey," *Public Opinion Quarterly,* 64 (1) (Spring 2000): 1–27; E. Martin and A. E. Polivka, "Diagnostics for Redesigning Survey Questionnaires— Measuring Work in the Current Population Survey," *Public Opinion Quarterly,* 59 (4) (Winter 1995): 547–567; and Adamantios Diamantopoulos, Nina Reynolds, and Bodo B. Schlegelmilch, "Pretesting in Questionnaire Design: The Impact of Respondent Characteristics on Error Detection," *Journal of the Market Research Society,* 36 (October 1994): 295–314.
38. Bill Gillham, *Developing a Questionnaire* (New York: Continuum International Publishing Group, 2000); Nina Reynolds, A. Diamantopoulos, and Bodo B. Schlegelmilch, "Pretesting in Questionnaire Design: A Review of the Literature and Suggestions for Further Research," *Journal of the Market Research Society,* 35 (April 1993): 171–182.
39. Donald J. MacLaurin and Tanya L. MacLaurin, "Customer Perceptions of Singapore's Theme Restaurants," *Cornell Hotel and Restaurant Administration Quarterly* (June 2000) 41 (3): 75–85; and *www.tourismsingapore.com/frameset.asp*
40. Mark A. Davis, "Measuring Ethical Ideology in Business Ethics: A Critical Analysis of the Ethics Position Questionnaire," *Journal of Business Ethics,* 32 (1) (July 2001): 35–53; and R. W. Armstrong, "An Empirical Investigation of International Marketing Ethics: Problems Encountered by Australian Firms," *Journal of Business Ethics,* 11 (1992): 161–171.
41. Raquel Benbunan-Fich, "Using Protocol Analysis to Evaluate the Usability of a Commercial Web Site," *Information & Management,* 39 (2) (December 2001): 151; and Marshall Rice, "What Makes Users Revisit a Web Site?" *Marketing News,* 31 (March 17, 1997): 12.
42. H. Lee Murphy, "Survey Software Gets Simpler, More Effective," *Marketing News,* 35 (January 29, 2001): 4–6.

第11章

1. Joseph Rydholm, "Focus Groups Shape Ads Designed to Expand Market for Federal Duck Stamp Program," *Quirk's Marketing Research Review* (March 2000), online at *www.quirks.com/articles/article_print.asp?arg_articleid= 566*, January 30, 2002.
2. Anonymous, "Random Sampling," *Marketing News* (Jul 16, 2001): 10; Steve Wilcox, "Sampling and Controlling a TV Audience Measurement Panel," *International Journal of Market Research,* 42 (4) (Winter 2000): 413–430; V. Verma and T. Le, "An Analysis of Sampling Errors for the Demographic and Health Surveys," *International Statistical Review,* 64 (3) (December 1966): 265–294; and H. Assael and J. Keon, "Nonsampling vs. Sampling Errors in Sampling Research," *Journal of Marketing* (Spring 1982): 114–123.
3. Bob Brewin, "U.S. Census Bureau Plans for First Paperless Tally in 2010," *Computerworld,* 36 (12) (March 18, 2002): 5; Simon Marquis, "I'm a Research Addict but Even I Can See the Census Is a Waste," *Marketing* (May 10, 2001): 22; and "Frequently Asked Questions About Census 2000," *Indiana Business Review,* 72 (8) (Summer 1997): 10.

4. Anonymous, "Random Sampling: Bruised, Battered, Bowed," *Marketing News,* 36 (5) (March 4, 2002): 12; Arlene Fink, *How to Sample in Surveys* (Thousand Oaks, CA: Sage Publications, Inc, 1995); Martin R. Frankel, "Sampling Theory," in Peter H. Rossi, James D. Wright, and Andy B. Anderson, Eds., *Handbook of Survey Research* (Orlando, FL: Academic Press, 1983): 21–67; and R. M. Jaeger, *Sampling in Education and the Social Sciences* (New York: Longman, 1984): 28–29.
5. Jerome P. Reiter, "Topics in Survey Sampling/Finite Population Sampling and Inference: A Prediction Approach," *Journal of the American Statistical Association,* 97 (457) (March 2002): 357–358; Gary T. Henry, *Practical Sampling* (Thousand Oaks, CA: Sage Publications, Inc, 1995); and Seymour Sudman, "Applied Sampling," in Peter H. Rossi, James D. Wright, and Andy B. Anderson, Eds., *Handbook of Survey Research* (Orlando, FL: Academic Press, 1983): 145–194.
6. Mick P. Couper, "Web Surveys: A Review of Issues and Approaches," *Public Opinion Quarterly,* 64 (4) (Winter 2000): 464–494; and Wayne Smith, Paul Mitchell, Karin Attebo, and Stephen Leeder, "Selection Bias from Sampling Frames: Telephone Directory and Electoral Roll Compared with Door-to-Door Population Census: Results from the Blue Mountain Eye Study," *Australian & New Zealand Journal of Public Health,* 21 (2) (April 1997): 127–133.
7. For the effect of sample frame error on research results, see Gregory B. Murphy, "The Effects of Organizational Sampling Frame Selection," *Journal of Business Venturing,* 17 (3) (May 2002): 237; and Kelly E. Fish, James H. Barnes, and Benjamin F. Banahan III, "Convenience or Calamity: Pharmaceutical Study Explores the Effects of Sample Frame Error on Research Results," *Journal of Health Care Marketing,* 14 (Spring 1994): 45–49.
8. Sean Mussenden, "Florida Tourism Leaders Say Industry is Recovering Slowly," *Knight Ridder Tribune Business News* (March 22, 2002): 1; "The Many Faces of Florida," *Association Management* (A Guide to Florida Supplement) (April 1997): 3; and "Florida Travel Habits Subject of Phone Survey," *Quirk's Marketing Research Review* (May 1987): 10, 11, 31, 56, 60.
9. Linda Ritchie, "Empowerment and Australian Community Health Nurses Work with Aboriginal Clients: The Sociopolitical Context," *Qualitative Health Research,* 11 (2) (March 2001): 190–205.
10. Kate Maddox, "XIX Winter Olympics: Marketing Hot Spot," *B to B,* 87 (2) (February 11, 2002): 1–2.
11. Steven K. Thompson, *Sampling* (New York: John Wiley & Sons, 2002); Seymour Sudman "Sampling in the Twenty-First Century," *Academy of Marketing Science Journal,* 27 (2) (Spring 1999): 269–277; and Leslie Kish, *Survey Sampling* (New York: John Wiley, 1965): 552.
12. Patricia M. Getz, "Implementing the New Sample Design for the Current Employment Statistics Survey," *Business Economics,* 35 (4) (October 2000): 47–50; "Public Opinion: Polls Apart," *Economist,* 336 (7927) (August 12, 1995): 48; and Seymour Sudman, "Improving the Quality of Shopping Center Sampling," *Journal of Marketing Research,* 17 (November 1980): 423–431.
13. For a recent application of snowball sampling, see Lisa Maher, "Risk Behaviors of Young Indo-Chinese Injecting Drug Users in Sydney and Melbourne," *Australian and New Zealand Journal of Public Health* (February 2001): 50–54; and Gary L. Frankwick, James C. Ward, Michael D. Hutt, and Peter H. Reingen, "Evolving Patterns of Organizational Beliefs in the Formation of Strategy," *Journal of Marketing,* 58 (April 1994): 96–110.
14. If certain procedures for listing members of the rare population are followed strictly, the snowball sample can be treated as a probability sample See S. Sampath, *Sampling Theory and Methods* (Boca Raton, FL: CRC Press, 2000); Gary T. Henry, *Practical Sampling* (Thousand Oaks, CA: Sage Publications, Inc, 1995); and Graham Kalton and Dallas W. Anderson, "Sampling Rare Populations," *Journal of the Royal Statistical Association* (1986): 65–82.
15. Lisa Maher, "Risk Behaviors of Young Indo-Chinese Injecting Drug Users in Sydney and Melbourne," *Australian and New Zealand Journal of Public Health* (February 2001): 50–54.
16. When the sampling interval, *i,* is not a whole number, the easiest solution is to use as the interval the nearest whole number below or above *i.* If rounding has too great an effect on the sample size, add or delete the extra cases.
17. For recent applications of systematic random sampling, see Phyllis MacFarlane, "Structuring and Measuring the Size of Business Markets," *International Journal of Market Research,* 44 (1) (First Quarter 2002): 7–30; Hailin Qu and Isabella Li, "The Characteristics and Satisfaction of Mainland Chinese Visitors to Hong Kong," *Journal of Travel Research,* 35 (4) (Spring 1997): 37–41; and Goutam Chakraborty, Richard Ettenson, and Gary Gaeth, "How Consumers Choose Health Insurance," *Journal of Health Care Marketing,* 14 (Spring 1994): 21–33.
18. Ed Garsten, "Poll: Phone Ban Support Tepid," *Chicago Tribune* (July 23, 2001): 9.
19. For a recent application of stratified random sampling, see Gunnar Kjell, "The Level-Based Stratified Sampling Plan," *Journal of the American Statistical Association,* 95 (452) (December 2000): 1185–1191; and Samaradasa Weerahandi and Soumyo Moitra, "Using Survey Data to Predict Adoption and Switching for Services," *Journal of Marketing Research,* 32 (February 1995): 85–96.
20. Anonymous, "Charge, Losses Stifle Growth," *Business Insurance,* 36 (6) (February 11, 2002): 2; and Joanne Gallucci, "Employees with Home Internet Access Want Online Retirement Plans CIGNA Retirement & Investment Services Study Reveals," *PR Newswire,* June 27, 2000.
21. "Jeff D. Opdyke and Carrick Mollenkamp, "Yes, You Are 'High Net Worth,' " *The Wall Street Journal* (May 21, 2002): D1, D3; and Thomas J. Stanley and Murphy A. Sewall, "The Response of Affluent Consumers to Mail Surveys," *Journal of Advertising Research* (June/July 1986): 55–58.
22. Geographic clustering of rare populations, however, can be an advantage. See Poduri S. Rao, *Sampling Methodologies with Applications* (Boca Raton, FL: CRC Press, 2001); John B. Carlin, "Design of Cross-Sectional Surveys Using Cluster Sampling: An Overview with Australian Case Studies," *Australian and New Zealand Journal of Public Health,* 23 (5) (October 1999): 546–551; James C. Raymondo, "Confessions of a Nielsen Household," *American Demographics,* 19 (3) (March 1997): 24–27; and Seymour Sudman, "Efficient Screening Methods for the Sampling of Geographically Clustered Special Populations," *Journal of Marketing Research,* 22 (February 1985): 20–29.
23. J. Walker, "A Sequential Discovery Sampling Procedure," *The Journal of the Operational Research Society,* 53 (1) (January 2002): 119; June S. Park, Michael Peters, and Kwei Tang, "Optimal Inspection Policy in Sequential Screening," *Management Science,* 37 (8) (August 1991): 1058–1061; and E. J. Anderson, K. Gorton, and R. Tudor, "The Application of Sequential Analysis in Market Research," *Journal of Marketing Research,* 17 (February 1980): 97–105.

24. For more discussion of double sampling, see Ken Brewer, *Design and Estimation in Survey Sampling* (London, UK: Edward Arnold, 2001); John Shade, "Sampling Inspection Tables: Single and Double Sampling," *Journal of Applied Statistics,* 26 (8) (December 1999): 1020; David H. Baillie, "Double Sampling Plans for Inspection by Variables When the Process Standard Deviation Is Unknown," *International Journal of Quality & Reliability Management,* 9 (5) (1992): 59–70; and Martin R. Frankel and Lester R. Frankel, "Probability Sampling," in Robert Ferber, Ed., *Handbook of Marketing Research* (New York: McGraw-Hill, 1974): 2–246.
25. Charles J. Whalen, "Jobs: The Truth Might Hurt," *Business Week,* 3725 (March 26, 2001): 34.
26. For the use of different nonprobability and probability sampling techniques in cross-cultural research, see Naresh K. Malhotra and Mark Peterson, "Marketing Research in the New Millennium: Emerging Issues and Trends," *Market Intelligence and Planning,* 19 (4) (2001): 216–235; Naresh K. Malhotra, James Agarwal, and Mark Peterson, "Cross-Cultural Marketing Research: Methodological Issues and Guidelines," *International Marketing Review,* 13 (5) (1996): 7–43; and Samiee Saeed and Insik Jeong, "Cross-Cultural Research in Advertising: An Assessment of Methodologies," *Journal of the Academy of Marketing Science,* 22 (Summer 1994): 205–215.
27. Sunil Erevelles, "The Use of Price and Warranty Cues in Product Evaluation: A Comparison of U.S. and Hong Kong Consumers," *Journal of International Consumer Marketing,* 11 (3) (1999): 67; Taylor Humphrey, "Horses for Courses: How Survey Firms in Different Countries Measure Public Opinion with Different Methods," *Journal of the Market Research Society,* 37 (3) (July 1995): 211–219; and B. J. Verhage, U. Yavas, R. T. Green, and E. Borak, "The Perceived Risk Brand Loyalty Relationship: An International Perspective," *Journal of Global Marketing,* 3 (3) (1990): 7–22.
28. Aileen Smith, "Ethics-Related Responses to Specific Situation Vignettes: Evidence of Gender-Based Differences and Occupational Socialization," *Journal of Business Ethics,* 28 (1) (November 2000): 73–86; Satish P. Deshpande, "Managers' Perception of Proper Ethical Conduct: The Effect of Sex, Age, and Level of Education," *Journal of Business Ethics,* 16 (1) (January 1997): 79–85; and I. P. Akaah, "Differences in Research Ethics Judgments Between Male and Female Marketing Professionals," *Journal of Business Ethics,* 8 (1989): 375–381.
29. Shane Schick, "IT Managers Stress Skills Help," *Computer Dealer News,* 17 (3) (February 2, 2001): 1–2; and *www.surveysite.com/newsite/docs/profile.htm*. April 25, 2002.

第12章

1. *Bicycling* Magazine, *Bicycling Magazine's 2002 Semiannual Study of U.S. Retail Bicycle Stores.*
2. A discussion of the sampling distribution may be found in any basic statistics textbook. For example, see Mark L. Berenson, David M. Levine, and Timothy Krehbiel, *Basic Business Statistics: Concepts and Applications,* 8th ed. (Englewood Cliffs, NJ: Prentice Hall, 2002).
3. Other statistical approaches are also available. However, a discussion of these is beyond the scope of this book. The interested reader is referred to Marion R. Reynolds, Jr., "EWMA Control Charts with Variable Sample Sizes and Variable Sampling Intervals," *IIE Transactions,* 33 (6) (June 2001): 511–530; S. Sampath, *Sampling Theory and Methods* (Boca Raton, FL: CRC Press, 2000); L. Yeh and L. C. Van, "Bayesian Double-Sampling Plans with Normal Distributions," *Statistician,* 46 (2) (1997): 193–207; W. G. Blyth and L. J. Marchant, "A Self-Weighing Random Sampling Technique," *Journal of the Market Research Society,* 38 (4) (October 1996): 473–479; Clifford Nowell and Linda R. Stanley, "Length-Biased Sampling in Mall Intercept Surveys," *Journal of Marketing Research,* 28 (November 1991): 475–479; and Raphael Gillett, "Confidence Interval Construction by Stein's Method: A Practical and Economical Approach to Sample Size Determination," *Journal of Marketing Research,* 26 (May 1989): 237.
4. Steven K. Thompson, *Sampling* (New York: John Wiley & Sons, 2002); Melanie M. Wall, "An Effective Confidence Interval for the Mean with Samples of Size One and Two," *The American Statistician,* Alexandria (May 2001): 102–105; and Siu L. Chow, *Statistical Significance* (Thousand Oaks, CA: Sage Publications, 1996).
5. Richard L. Valliant, Alan H. Dorfman, and Richard M. Royall, *Finite Population Sampling and Inference: A Prediction Approach* (New York: John Wiley & Sons, 2000).
6. "City of Los Angeles Internet Services Project: Market Analysis and Best Practices Report," *e-Government Services Project Reports,* October 29, 1999: Online at *www.ci.la.ca.us/ 311/marketanalysis.pdf*, April 8, 2001.
7. See, for example, S. Sampath, *Sampling Theory and Methods* (Boca Raton, FL: CRC Press, 2000); Nigel Bradley, "Sampling for Internet Surveys: An Examination of Respondent Selection for Internet Research," *Market Research Society,* 41 (4) (October 1999): 387–395; C. J. Adcock, "Sample Size Determination—A Review," *Statistician,* 46 (2) (1997): 261–283; and Seymour Sudman, "Applied Sampling," in Peter H. Rossi, James D. Wright, and Andy B. Anderson, Eds., *Handbook of Survey Research* (Orlando, FL: Academic Press, 1983): 145–194.
8. Adjusting for incidence and completion rates is discussed in Poduri S. Rao, *Sampling Methodologies with Applications* (Boca Raton, FL: CRC Press, 2001); Barbara Bickart, "The Distribution of Survey Contact and Participation in the United States: Constructing a Survey-Based Estimate," *Journal of Marketing Research,* 36 (2) (May 1999): 286–294; Don A. Dillman, Eleanor Singer, Jon R. Clark, and James B. Treat, "Effects of Benefits Appeals, Mandatory Appeals, and Variations in Statements of Confidentiality on Completion Rates for Census Questionnaires," *Public Opinion Quarterly,* 60 (3) (Fall 1996): 376–389; and Louis G. Pol and Sukgoo Pak, "The Use of Two-Stage Survey Design in Collecting Data from Those Who Have Attended Periodic or Special Events," *Journal of the Market Research Society,* 36 (October 1994): 315–326.
9. Judith Green, "Jacksonville Symphony Sets Big Anniversary Fest," *The Atlanta Journal, The Atlanta Constitution* (February 20, 2000): K7; Nevin J. Rodes, "Marketing a Community Symphony Orchestra," *Marketing News,* 30 (3) (January 29, 1996): 2; and "Sales Makes Sweet Music," *Quirk's Marketing Research Review* (May 1988): 10–12.
10. Patrick Van Kenhove, "The Influence of Topic Involvement on Mail-Survey Response Behavior," *Psychology & Marketing,* 19 (3) (March 2002): 293; M. R. Fisher, "Estimating the Effect of Nonresponse Bias on Angler Surveys," *Transactions of the American Fisheries Society,* 125 (1) (January 1996): 118–126; and Charles Martin, "The Impact of Topic Interest on Mail Survey Response Behaviour," *Journal of the Market Research Society,* 36 (October 1994): 327–338.

11. Simone M. Cummings, "Reported Response Rates to Mailed Physician Questionnaires," *Health Services Research,* 35 (6) (February 2001): 1347–1355; A. Hill, J. Roberts, P. Ewings, and D. Gunnell, "Nonresponse Bias in a Lifestyle Survey,"*Journal of Public Health Medicine,* 19 (2) (June 1997): 203–207; and Stephen W. McDaniel, Charles S. Madden, and Perry Verille, "Do Topic Differences Affect Survey Nonresponse?" *Journal of the Market Research Society* (January 1987): 55–66.
12. For minimizing the incidence of nonresponse and adjusting for its effects, see Richard Colombo, "A Model for Diagnosing and Reducing Nonresponse Bias," *Journal of Advertising Research,* 40 (1/2) (January/April 2000): 85–93; H. C. Chen, "Direction, Magnitude, and Implications of Nonresponse Bias in Mail Surveys," *Journal of the Market Research Society,* 38 (3) (July 1996): 267–276; and Michael Brown, "What Price Response?" *Journal of the Market Research Society,* 36 (July 1994): 227–244.
13. Steve Jarvis, "CMOR Finds Survey Refusal Rate Still Rising," *Marketing News,* 36 (3) (February 4, 2002): 4; Artur Baldauf, "Examining Motivations to Refuse in Industrial Mail Surveys," *Journal of the Market Research Society,* 41 (3) (July 1999): 345–353; Reg Baker, "Nobody's Talking," *Marketing Research: A Magazine of Management & Applications,* 8 (1) (Spring 1996): 22–24; and Jolene M. Struebbe, Jerome B. Kernan, and Thomas J. Grogan, "The Refusal Problem in Telephone Surveys," *Journal of Advertising Research* (June/July 1986): 29–38.
14. Van Kenhove, "The Influence of Topic Involvement on Mail-Survey Response Behavior," *Psychology & Marketing,* 19 (3) (March 2002): 293; Robert M. Groves, "Leverage-Saliency Theory of Survey Participation: Description and an Illustration," *Public Opinion Quarterly,* 64 (3) (Fall 2000): 299–308; S. A. Everett, J. H. Price, A. W. Bedell, and S. K. Telljohann," The Effect of a Monetary Incentive in Increasing the Return Rate of a Survey of Family Physicians," *Evaluation and the Health Professions,* 20 (2) (June 1997): 207–214; and J. Scott Armstrong and Edward J. Lusk, "Return Postage in Mail Surveys: A Meta-Analysis," *Public Opinion Quarterly* (Summer 1987): 233–248; and Julie Yu and Harris Cooper, "A Quantitative Review of Research Design Effects on Response Rates to Questionnaires," *Journal of Marketing Research,* 20 (February 1983): 36–44.
15. Steven G. Rogelberg, "Attitudes Toward Surveys: Development of a Measure and Its Relationship to Respondent Behavior," *Organizational Research Methods,* 4 (1) (January 2001): 3–25; and Edward F. Fern, Kent B. Monroe, and Ramon A. Avila, "Effectiveness of Multiple Request Strategies: A Synthesis of Research Results," *Journal of Marketing Research,* 23 (May 1986): 144–153.
16. Michael J. Shaw, "The Use of Monetary Incentives in a Community Survey: Impact on Response Rates, Date, Quality, and Cost," *Health Services Research,* 35 (6) (February 2001): 1339–1346; Sheldon Wayman, "The Buck Stops Here When It Comes to Dollar Incentives," *Marketing News,* 31 (1) (January 6, 1997): 9; and Paul M. Biner and Heath J. Kidd, "The Interactive Effects of Monetary Incentive Justification and Questionnaire Length on Mail Survey Response Rates," *Psychology & Marketing,* 11 (5) (September/October 1994): 483–492.
17. B. Zafer Erdogan, "Increasing Mail Survey Response Rates from an Industrial Population: A Cost-Effectiveness Analysis of Four Follow-up Techniques," *Industrial Marketing Management,* 31 (1) (January 2002): 65.
18. John Byrom, "The Effect of Personalization on Mailed Questionnaire Response Rates," *International Journal of Market Research* (Summer 2000): 357–359; D. A. Dillman, E. Singer, J. R. Clark, and J. B. Treat, "Effects of Benefits Appeals, Mandatory Appeals, and Variations in Statements of Confidentiality on Completion Rates for Census Questionnaires," *Public Opinion Quarterly,* 60 (3) (Fall 1996): 376–389; P. Gendall, J. Hoek, and D. Esslemont, "The Effect of Appeal, Complexity, and Tone in a Mail Survey Covering Letter," *Journal of the Market Research Society,* 37 (3) (July 1995): 251–268; and Thomas V. Greer and Ritu Lohtia, "Effects of Source and Paper Color on Response Rates in Mail Surveys," *Industrial Marketing Management,* 23 (February 1994): 47–54.
19. Jamie Smith, "How to Boost DM Response Rates Quickly," *Marketing News,* 35 (9) (April 23, 2001): 5; James D. Peacock, "Yes, You Can Raise Response Rates," *Journal of Advertising Research,* 36 (1) (January 1996): RC7–RC10.
20. Scott Keeter, "Consequences of Reducing Nonresponse in a National Telephone Survey," *Public Opinion Quarterly,* 64 (2) (Summer 2000): 125–148; G. L. Bowen, "Estimating the Reduction in Nonresponse Bias from Using a Mail Survey as a Backup for Nonrespondents to a Telephone Interview Survey," *Research on Social Work Practice,* 4 (1) (January 1994): 115–128; and R. A. Kerin and R. A. Peterson, "Scheduling Telephone Interviews," *Journal of Advertising Research* (May 1983): 44.
21. Richard Colombo, "A Model for Diagnosing and Reducing Nonresponse Bias," *Journal of Advertising Research* (January/April 2000): 85–93; and M. L. Rowland and R. N. Forthofer, "Adjusting for Nonresponse Bias in a Health Examination Survey," *Public Health Reports* 108 (3) (May/June 1993): 380–386.
22. Michael D. Larsen, "The Psychology of Survey Response," *Journal of the American Statistical Association,* 97 (457) (March 2002): 358–359; and E. L. Dey, "Working with Low Survey Response Rates—The Efficacy of Weighting Adjustments," *Research in Higher Education,* 38 (2) (April 1997): 215–227.
23. Kevin J. Flannelly, "Reducing Undecided Voters and Other Sources of Error in Election Surveys," *International Journal of Market Research,* 42 (2) (Spring 2000): 231–237; and John Maines, "Taking the Pulse of the Voter," *American Demographics* (November 1992): 20.
24. Jing Qin, "Estimation with Survey Data Under Nonignorable Nonresponse or Informative Sampling," *Journal of the American Statistical Association,* 97 (457) (March 2002): 193–200; R. C. Kessler, R. J. Little, and R. M. Grover, "Advances in Strategies for Minimizing and Adjusting for Survey Nonresponse," *Epidemiologic Reviews,* 17 (1) (1995): 192–204; and James C. Ward, Bertram Russick, and William Rudelius, "A Test of Reducing Callbacks and Not-at-Home Bias in Personal Interviews by Weighting At-Home Respondents," *Journal of Marketing Research,* 2 (February 1985): 66–73.
25. Ken Brewer, *Design and Estimation in Survey Sampling* (London: Edward Arnold, 2001); Jun Sao, "Variance Estimation for Survey Data with Composite Imputation and Nonnegligible Sampling Fractions," *Journal of American Statistical Association* (Mar 1999): 254–265; and J. W. Drane, D. Richter, and C. Stoskopf, "Improved Imputation of Nonresponse to Mailback Questionnaires," *Statistics in Medicine,* 12 (3–4) (February 1993): 283–288.
26. Ben Dolven, "The Best Little Airline in China," *Far Eastern Economic Review,* 165 (2) (January 17, 2002): 32–35; and

"Another Chinese Take-Off," *The Economist* (December 19, 1992).
27. Anne-Wil Harzing, "Cross-National Industrial Mail Surveys; Why Do Response Rates Differ Between Countries?" *Industrial Marketing Management,* 29 (3) (May 2000): 243–254.
28. Humphrey Taylor, "Using Internet Polling to Forecast the 2000 Elections," *Marketing Research,* 13 (1) (Spring 2001): 26–30; Vicki G. Morwitz and Carol Pluzinski, "Do Polls Reflect Opinions or Do Opinions Reflect Polls? The Impact of Political Polling on Voters' Expectations, Preferences, and Behavior," *Journal of Consumer Research,* 23 (1) (June 1996): 53–67.

索 引

和文索引

あ行

アルファ係数 ……………………………… 388
暗黙の選択肢 ……………………………… 429
意思決定支援システム …………………… 31
一次データ ………………………… 56, 154
位置バイアス ……………………………… 423
一対比較尺度法 …………………………… 354
一般化可能性 ……………………………… 392
因果関係 …………………………………… 300
因果的リサーチ …………………………… 129
インターネット・サービス ……………… 25
インターネット・データベース ………… 168
枝分かれ質問 ……………………………… 433
エリア・サンプリング …………………… 475
オフライン・データベース ……………… 168
オンライン・データベース ……………… 168

か行

概括的な記述 ……………………………… 67
絵画反応法 ………………………………… 231
外的妥当性 ………………………………… 307
回答誤差 …………………………………… 136
回答潜時 …………………………………… 278
外部供給者 ………………………………… 22
外部データ ………………………………… 161
隠された問題への質問 …………………… 222
各種産業・企業サービス ………………… 186
確率抽出法 ………………………………… 464
確率比例抽出法 …………………………… 476
加重法 ……………………………………… 514
カスタマイズド・サービス ……………… 25
仮説 ………………………………………… 72
課題解決リサーチ ………………………… 12
課題検査 …………………………………… 51

課題定義 …………………………………… 48
課題特定リサーチ ………………………… 12
課題を取り巻く経営環境 ………………… 58
カテゴリー尺度法 ………………………… 374
間隔尺度 …………………………………… 350
監査 ………………………………………… 184
観察法 ……………………………………… 274
関心外変数 ………………………………… 304
完成法 ……………………………………… 227
間接アプローチ …………………………… 208
完了率 ……………………………………… 506
機械観察法 ………………………………… 277
記述的リサーチ …………………………… 119
基準関連妥当性 …………………………… 390
客観的証拠 ………………………………… 69
強制選択尺度 ……………………………… 381
共変動 ……………………………………… 300
偶然誤差 …………………………………… 386
具体的な構成要素 ………………………… 67
クリティカル・パス法 …………………… 139
クリティカル・リクエスト ……………… 271
クロスセクション設計 …………………… 122
経営上の意思決定課題 …………………… 64
傾向分析法 ………………………………… 513
経済的環境 ………………………………… 62
継時（縦断）設計 ………………………… 125
系統誤差 …………………………………… 386
系統的抽出法 ……………………………… 471
言語モデル ………………………………… 70
言語連想法 ………………………………… 226
検証的リサーチ …………………………… 116
現地作業サービス ………………………… 27
限定サービス供給者 ……………………… 27
交互作用テスト効果 ……………………… 309
恒常和法 …………………………………… 358
構成概念妥当性 …………………………… 391
構成的観察法 ……………………………… 274

構成的質問	421
構成的データ収集法	250
構成法	231
購入パネル調査	177
購買者の行動	61
交絡変数	311
コーホート分析	124
個人観察法	277
個人深層面接	219
痕跡分析	280
コントロールド・テスト・マーケット	331
コンピュータ・マッピング	189

さ行

サイコガルバノメーター	277
再テスト信頼性	387
時系列デザイン	319
自己参照規準	79
自然観察法	275
事前テスト	437
実験	304
実験計画法	304
実験室環境	325
実験単位	304
質問項目	71
質問調査	172
質問法	250
シミュレーテッド・テスト・マーケット	331
社会通念の影響	271
尺度化	345
収束的妥当性	391
従属変数	304
集団面接	208
集落抽出法	474
主効果	308
出現率	505
順位尺度法	356
準実験デザイン	313
順序尺度	348
順序バイアス	423
象徴分析	222
人為的観察法	275
シングルソース・データ	187
シンジケート・サービス	25

シンジケート・ソース	171
真正実験デザイン	313
真値モデル	386
信頼性	386
心理的特性	172
数学モデル	70
数値データベース	170
数量トラッキング・データ	158
スキャナー・データ	181
スキャナー・パネル	182
図式モデル	70
スタンダード・サービス	25
スタンダード・テスト・マーケット	329
ステーペル尺度	378
スノーボール抽出法	468
正規分布	495
静止グループデザイン	315
成熟	308
絶対尺度	353
絶対尺度法	371
折半法評価	388
選好の推移率	355
全誤差	134
全数調査	456
全文データベース	170
層化抽出法	472
相対尺度	353
測定	345
測定誤差	386
測定手段の変化	309
ソロモン4群デザイン	319

た行

第三者技法	232
対象選択の偏り	311
対照付き事後のみデザイン	317
対照付き事前事後デザイン	317
代入法	514
代用法	512
多項選択法	250
多重クロスセクション設計	123
多重時系列デザイン	320
脱落	311
妥当性	390

ダブルバーレル式質問 ………………… 411
単一クロスセクション設計 …………… 122
探索的リサーチ ………………………… 114
単純無作為抽出法 ……………………… 470
逐次抽出法 ……………………………… 477
抽出単位 ………………………………… 458
抽出フレーム …………………… 266, 459
調査回収率 ……………………………… 269
調査設計 ………………………………… 114
調査票 …………………………………… 408
重複抽出法 ……………………………… 460
直接アプローチ ………………………… 207
釣合型尺度 ……………………………… 380
デ・ブリーフィング …………………… 334
定性調査 ………………………………… 204
定性リサーチ …………………………… 57
定量調査 ………………………………… 204
データ解析サービス …………………… 27
データベース・マーケティング ……… 162
デザインによる制御 …………………… 313
テスト・マーケティング ……………… 329
テスト市場 ……………………………… 329
デマンド・アーティファクツ ………… 326
テレスコーピング（短縮）…………… 416
電気皮膚反応 …………………………… 277
投影法 …………………………………… 225
統計的回帰 ……………………………… 309
統計的実験計画 ………………………… 313
統計的推定 ……………………………… 494
統計的制御 ……………………………… 311
特殊用途データベース ………………… 170
匿名性に対する認識 …………………… 271
独立変数 ………………………………… 303

な 行

内的妥当性 ……………………………… 307
内部一貫性的信頼性 …………………… 388
内部供給者 ……………………………… 20
内部データ ……………………………… 161
内容分析 ………………………………… 279
二項選択質問 …………………………… 423
二次データ ……………………… 56, 154
二重抽出法 ……………………………… 477

は 行

パネル …………………………………… 125
判断抽出法 ……………………………… 466
パントリー・オーディット …………… 279
判別妥当性 ……………………………… 391
非確率抽出法 …………………………… 463
非構成的観察法 ………………………… 274
非構成的質問 …………………………… 420
ヒストリー ……………………………… 307
非標本誤差 ……………………………… 135
表現法 …………………………………… 231
標準誤差 ………………………………… 495
標本 ……………………………………… 456
標本コントロール ……………………… 265
標本サイズ ……………………………… 460
標本分布 ………………………………… 494
表面的妥当性 …………………………… 390
比率尺度 ………………………………… 352
ファネル・アプローチ（じょうご法）… 433
フィールド環境 ………………………… 325
フィールド担当者 ……………………… 268
フィルター質問 ………………………… 415
符号付け／データ入力サービス ……… 27
不重複抽出法 …………………………… 460
ブランド名付き・マーケティング・リサーチ製品 …… 27
プリコーディング ……………………… 435
フルサービスの業者 …………………… 22
文献データベース ……………………… 169
文章完成法 ……………………………… 228
分析サービス …………………………… 27
分析モデル ……………………………… 70
分類情報 ………………………………… 431
平行形式信頼性 ………………………… 387
ベイズ抽出法 …………………………… 460
便宜抽出法 ……………………………… 464
ボイス・ピッチ分析 …………………… 278
法則的妥当性 …………………………… 391
法的環境 ………………………………… 62
母集団 …………………………………… 455

ま 行

マーケティング・リサーチ …………… 10
マーケティング・リサーチ課題 ……… 64

マーケティング・リサーチ企画書 …………… 139
マーケティング・リサーチのプロセス …………… 14
マーケティング情報システム …………… 31
前実験デザイン …………… 313
マッチング …………… 311
身元確認情報 …………… 431
無回答誤差 …………… 136
無回答バイアス …………… 271
無作為化 …………… 311
無作為標本誤差 …………… 135
名義尺度 …………… 346
名簿データベース …………… 170
メディア・パネル調査 …………… 178
目標 …………… 60
目標母集団 …………… 457
物語完成法 …………… 228

や行

郵送パネル …………… 260
誘導質問 …………… 428
要因実験 …………… 324
要素 …………… 458
予算立案とスケジューリング …………… 139

ら行

ライフスタイル …………… 172
ラダリング …………… 221
ラテン方格法 …………… 323
乱塊法 …………… 322
ランダム・ディジット・ダイアリング …………… 266
ランダム・ディジット・ダイレクトリー・デザイン …………… 266
リッカート尺度法 …………… 374
略画テスト …………… 231
理論 …………… 69
連想法 …………… 226
連続尺度法 …………… 371
ロールプレーイング …………… 232

わ行

割当法 …………… 467
ワン・ショット・ケース・スタディ …………… 313

欧文索引

数字

1グループ事前事後デザイン …………… 315

A

alternative-forms reliability …………… 387
analytical model …………… 70
analytical service …………… 27
area samplimg …………… 475
association techniques …………… 226
audit …………… 184

B

balanced scale …………… 380
bayesian approach …………… 460
bibliographic database …………… 169
branching question …………… 433
branded marketing research products …………… 27
broad statement …………… 67
budgeting and scheduling …………… 139
buyer behavior …………… 61

C

cartoon tests …………… 231
CATVと連携したスキャナー・パネル …………… 182
causal research …………… 129
causality …………… 300
census …………… 456
classification information …………… 431
cluster sampling …………… 474
coding and data entry service …………… 27
coefficient alpha …………… 388
cohort analysis …………… 124
comparative scale …………… 353
completion rate …………… 506
completion technique …………… 227
computer mapping …………… 189
conclusive research …………… 116
concomitant variation …………… 300
confounding variables …………… 311
constant sum scaling …………… 358
construct validity …………… 391

construction technique	231
content analysis	279
content validity	390
continuous rating scale	371
contrived observation	275
controlled test market	331
convenience sampling	464
convergent validity	391
criterion validity	390
critical path method	139
critical request	271
cross–sectional design	122
custmized service	25

D

data analysis service	27
database marketing	162
debriefing	334
decision support system	31
demand artifacts	326
dependent variables	304
depth interview	219
descriptive research	119
design control	313
dichotomous question	423
direct approach	207
directory database	170
discriminant validity	391
double sampling	477
double–barreled question	411

E

economic environment	62
element	458
environmental context of the problem	58
experiment	304
experimental design	304
exploratory research	114
expressive techniques	231
external data	161
external supplier	22
external varidity	307
extraneous variables	304

F

factorial design	324
field environment	325
field force	268
field service	27
filter questions	415
fixed–alternative questions	250
focus group	208
forced rating scale	381
full–service supplier	22
full–text database	170
funnel approach	433

G

galvanic skin response	277
generalizability	392
GERT	139
graphical evaluation and review technique	139
graphical models	70
guasi–experimental designs	313

H

hidden issue questioning	222
history	307
HTML	262
hypertext makeup language	262
hypothesis	72

I

identification information	431
implicit alternative	429
imputation	514
incidence rate	505
independent variables	303
indirect approach	208
industry services	186
instrumentation (I)	309
interactive testing effect (IT)	309
internal consistency reliability	388
internal data	161
internal supplier	20
internal varidity	307
internet database	168

internet service	25	nonresponse bias	271
interval scale	350	nonresponse error	136
itemized rating scale	374	nonsampling error	135
		normal distribution	495
		numeric database	170

J

judgement sampling ·········· 466

O

objective evidence	69
objectives	60
observation	274
offline database	168
one–group pretest–posttest design	315
one–shot case study	313
online database	168
order or position bias	423
ordinal scale	348

L

laboratory environment	325
laddering	221
Latin sguare design	323
leading question	428
legal environment	62
lifestyle	172
Likert scale	374
limited–service suppliers	27
longitudinal design	125

P

paired comparison scaling	354
panel	125
pantry audit	279
percieved anonymity	271
personal observation	277
PERT	139
picture response technique	231
population	455
posttest–only control group design	317
precoding	435
preexperimental designs	313
pretest–posttest control group design	317
pretesting	437
primary data	56, 154
probability proportionate to size sampling	476
probability sampling	464
problem audit	51
problem definition	48
problem identification research	12
problem solving research	12
program evaluation and review technique	139
projective technique	225
psychogalvanometer	277
psychographics	172
purchase panels	177

M

mail panel	260
main testing effect (MT)	308
management decision problem	64
marketing reseach problem	64
marketing research	10
marketing research process	14
marketing research proposal	139
markting infomation system	31
matching	311
mathematical models	70
maturation	308
measurement	345
measurement error	386
mechanical observation	277
media panels	178
mortality (MO)	311
multiple cross–sectional design	123
multiple time series design	320

N

natural observation	275
nominal scale	346
nomological validity	391
noncomparative scale	353, 371
nonprobability sampling	463

Q

Q-sort scaling	360
qualitative research	57, 204
quantative research	204
questionnaire	408
quota sampling	467
Q ソート尺度	360

R

random digit dialing	266
random digit directory designs	266
random error	386
random sampling error	135
randomization	311
randomized block design	322
rank order scaling	356
ratio scale	352
reliability	386
research design	114
research questions	71
response error	136
response latency	278
response rate	269
role playing	232

S

sample	456
sample control	265
sample size	460
sampling distribution	494
sampling frame	266, 459
sampling unit	458
sampling with replacement	460
sampling without replacement	460
scaling	345
scanner data	181
scanner panels	182
scanner panels with cable TV	182
SD 尺度	376
secondary data	56, 154
selection bias (SB)	311
self-reference criterion	79
semantic differential	376
sentence compleion	228
sequential sampling	477
simple random sampling	470
simulated test market	331
single cross-sectional design	122
single-source data	187
snowball sampling	468
social desirability	271
Solomon four-group design	319
special-purpose database	170
specific components	67
split-half reliability	388
standard error	495
standard test marketing	329
standardized service	25
Stapel scale	378
static group	315
statistical control	311
statistical design	313
statistical inference	494
statistical regression (SR)	309
story compleion	228
stratified sampling	472
structured data collection	250
structured observation	274
structured questions	421
substitution	512
survey method	250
surveys	172
symbolic analysis	222
syndicated services	25
syndicated sources	171
systematic error	386
systematic sampling	471

T

target population	457
telescoping	416
test marketing	329
test markets	329
test units	304
test-retest reliability	387
theory	69
third-person technique	232

time series design	319
total error	134
trace analysis	280
transitivity of preference	355
trend analysis	513
true experimental designs	313
true score model	386

U

unstructured observation	274
unstructured questions	420

V

validity	390

verbal models	70
voice pitch analysis	278
volume tracking data	158

W

weighting	514
word association	226

Z

z values	495
z 値	495

著者紹介

ナレシュ・K・マルホトラ

ジョージア工科大学において、経営学のデュプリー大学のリージェンツ・プロフェッサーを務めている。1996～98年にマーケティング・サイエンス・ファウンデーション学会会長、1994～96年はマーケティング学会プレジデント、1990～92年にかけてボード・オブ・ガバナーズ会長歴任。アカデミー・アンド・フェローの特別研究員。

監修

社団法人 日本マーケティング・リサーチ協会
〒112-0004　東京都文京区後楽1-1-5（第一馬上ビル）
TEL 03(3813)3577
FAX 03(3813)3596

監訳

小林　和夫（こばやし　かずお）
㈱リサーチ・インターナショナル・ジャパン相談役、㈳日本マーケティング・リサーチ協会元会長、現在顧問。

2006年11月17日　第1刷発行

マーケティング・リサーチの理論と実践
　　—理論編—

著　者　　ナレシュ・K・マルホトラ
監　修　　日本マーケティング・
　　　　　リ サ ー チ 協 会
監　訳　　小　林　　和　夫
発行者　　脇　坂　　康　弘

発行所　株式会社 同友館

〒113-0033 東京都文京区本郷6-16-2
TEL. 03(3813)3966
FAX. 03(3818)2774
URL http://www.doyukan.co.jp

乱丁・落丁はお取替えいたします。　　美研プリンティング／トキワ製本

ISBN 4-496-04244-4　C 3033　　　　　　　　Printed in Japan